MARTIN BUCERS DEUTSCHE SCHRIFTEN · BAND 11,2

MARTINI BUCERI OPERA OMNIA

Series I

Deutsche Schriften

Im Auftrage der
Heidelberger Akademie der Wissenschaften
herausgegeben von Gottfried Seebaß

GÜTERSLOHER VERLAGSHAUS

MARTIN BUCERS DEUTSCHE SCHRIFTEN

Band 11,2

Schriften zur Kölner Reformation

bearbeitet von

THOMAS WILHELMI

GÜTERSLOHER VERLAGSHAUS

Bibliografische Information Der Deutschen Bibliothek

Die Deutsche Bibliothek verzeichnet diese Publikation in der Deutschen Nationalbibliografie;
detaillierte bibliografische Daten sind im Internet über http://dnb.ddb.de abrufbar.

Gedruckt mit Unterstützung
der Heidelberger Akademie der Wissenschaften

1. Auflage · ISBN 3-579-04896-1

Gesamtherstellung: Memminger MedienCentrum AG
Schutzumschlag: S. und H. Lämmle, Stuttgart
Printed in Germany

Inhalt

Geleitwort

Unter den reformationsgeschichtlichen Editionen, die weithin unbekannte oder nicht genügend gewürdigte Quellen bereitstellen, dürfte die der Opera omnia Martini Buceri die bedeutendste sein. Ihre drei Series – Deutsche Schriften (I), Opera Latina (II) und Correspondance (III) – haben freilich eine sehr unterschiedliche Entwicklung genommen und sind daher unterschiedlich weit fortgeschritten.

Die Deutschen Schriften konnten von der Deutschen Forschungsgemeinschaft gefördert und dann von der Heidelberger Akademie der Wissenschaften übernommen in einer zunächst in Münster und dann in Heidelberg angesiedelten Forschungsstelle kontinuierlich voranschreiten. Für die Opera Latina gab es eine derartig institutionalisierte Förderung nie. Zwar erschien der erste Band dieser Series als der erste aller Bände der Bucer-Gesamtausgabe. Sie nahm aber dann einen nur schleppenden Fortgang, weil die Bände von einzelnen Gelehrten ohne besondere Unterstützung erarbeitet werden mußten, obwohl gerade die Opera Latina mit den umfangreichen und in mehreren Auflagen erschienenen großen Kommentaren zu verschiedenen biblischen Büchern vor besonders schwierige editorische Aufgaben stellen. Glücklicherweise hat sich im vergangenen Jahr die international besetzte Kommission zur Herausgabe der lateinischen Werke unter Leitung von Herman Selderhuis (Apeldoorn) neu konstituiert, so daß nun mit einem hoffentlich zügigeren Erscheinen der Bände auch dieser Series gerechnet werden darf. Nach jahrzehntelangen Vorarbeiten begann dann Jean Rott in Straßburg die Series der Correspondance, von der er – unterstützt von jüngeren Kräften, die er in Bucers nur mit großer Mühe zu entziffernde Handschrift einarbeitete – noch drei Bände vorlegen konnte. Dankenswerterweise übernahm dann die Deutsche Forschungsgemeinschaft die Finanzierung einer von Berndt Hamm geleiteten Forschungsstelle an der Universität Erlangen-Nürnberg, so daß die Arbeit – gefördert auch von der Straßburger Theologischen Fakultät – fortgesetzt werden konnte. Es ist zu hoffen, daß mit der geplanten Übernahme dieser dritten Series durch die HeidelbergerAkademie der Wissenschaften ein kontinuierlich-planmäßiger Fortschritt auch dieser Teil der Bucer-Gesamtausgabe garantiert wird.

Für die Deutschen Schriften, für deren Anlage man sich schon früh gegen ein streng chronologisches Vorgehen zugunsten einer Anordnung nach Sachkomplexen entschieden hat, wird mit diesem Band (11.2) der Planung eines etwa zweijährigen Erscheinens entsprechend ein weiterer Band mit Schriften zu der für die deutsche Reformationsgeschichte, aber auch für die Theologiegeschichte so bedeutsamen Kölner Reformation vorgelegt, dem in absehbarer Zeit noch ein dritter Band (11.3) folgen soll, der Bucers umfangreiche »Beständige Verantwortung“ gegen die Angriffe von Domkapitel, Universität und Stadt Köln enthalten wird. Der von Dr. Thomas Wilhelmi bearbeitete

Band entspricht in der Anlage den leicht veränderten Richtlinien für die Edition, die im Band 11,1 auf Seite 14f. dargelegt sind.

Wenn die Finanzierungsengpässe, die derzeit für die von Bund und Ländern gemeinsam geförderten Forschungsvorhaben der deutschen Akademien der Wissenschaften bestehen, die personelle und sachliche Ausstattung der Bucer-Forschungsstelle Heidelberg nicht allzusehr einengen, werden auch die weiteren Bände zügig vorgelegt werden. Derzeit steht bereits ein weiterer Band mit Schriften zum Abendmahl aus den Jahren 1529 bis 1539 vor dem Abschluß.

Heidelberg, im Mai 2003 Gottfried Seebaß

Chronologia Bucerana

1542, 5. Februar	Bucer und Johannes Gropper kommen mit dem Kölner Erzbischof Hermann von Wied in dessen Jagdschloß Buschhoven zusammen, um über kirchliche Reformen im Kurfürstentum Köln zu beraten. Danach besucht Bucer Johannes Gropper in dessen Kölner Wohnung.
1542, 8. März	Bucer schlägt Hermann von Wied die Durchführung einer Reformation vor.
1542, Mitte März	Hermann von Wied informiert den Landtag über seine Reformationsabsichten. Er erhält von allen vier Ständen (Domkapitel, Landstände, Rat der Stadt Köln und Universität) die ausdrückliche Zustimmung zur Vorbereitung der Reformation.
1542, 8. August	Johannes Gropper schreibt Bucer und bekräftigt die Notwendigkeit einer Reformation.
1542, 2. Dezember	Bucer, vom Straßburger Rat auf Wunsch Hermann von Wieds beurlaubt, und Christoph Söll verlassen Straßburg, treffen am 14. Dezember in Bonn ein und kommen am 15./16. Dezember zu Beratungen mit Hermann von Wied zusammen.
1542, 17. Dezember	Bucer predigt erstmals im Bonner Münster. Er predigt in der folgenden Zeit regelmäßig an den Sonntagen und dreimal in der Woche.
1542, 18. Dezember	Bucer beginnt im Bonner Franziskanerkloster mit einer Vorlesung über den Ersten Korintherbrief.
1542, 19. Dezember	Das Kölner Domkapitel und die Universität Köln protestieren förmlich gegen die Berufung Bucers durch Hermann von Wied. Von diesem Zeitpunkt an erscheinen etliche Schriften von Kölner Altgläubigen gegen Bucer.
1543, 9. Januar	Das Domkapitel unterbreitet Hermann von Wied einen rasch ausgearbeiteten, auf dem alten Herkommen basierenden Reformvorschlag. Dieser wohl von Johannes Gropper stammende Vorschlag – er ist nicht erhalten – wird von Hermann von Wied im Einvernehmen mit Bucer zurückgewiesen.
1543, Januar	Bucer beginnt mit der Ausarbeitung eines umfassenden Entwurfs einer Reformation des Kurfürstentums Köln.
1543, 31. Januar	Bucer wendet sich mit einer ausführlichen Erklärung an Johannes Gropper. Er erhält daraufhin von Gropper keine direkte, persönliche Antwort mehr. Gropper und Bucer stehen sich von nun an verständnislos und feindselig gegenüber.
1543, 3. Februar	Die Vertreter des Domkapitels im Landtag nehmen zur Be-

	rufung Bucers Stellung (»Sententia delectorum per venerabile Capitulum ecclesiae Coloniensis de vocatione Martini Buceri«). Der Text erscheint als Anhang zu Johannes Groppers Schrift »Christliche und catholische Gegenberichtung ...« im Frühjahr 1544 im Druck.
1543, 12.-16. März	Auf dem Landtag in Bonn legt Hermann von Wied drei Artikel zur Verhandlung vor. Erneut wird ihm die Erlaubnis gegeben, Reformen in die Wege zu leiten. Eine Beteiligung Bucers an diesen Reformen lehnen die Stände aber strikt ab. Hermann von Wied insistiert auf der Beteiligung Bucers. Die Vertreter der drei weltlichen Stände geben nach, nicht aber diejenigen des Domkapitels.
1543, März	Bucer erklärt im März mit einer ersten, gegen den Rat der Stadt und die Universität Köln gerichteten Verteidigungsschrift (»Was im namen des Heiligen Euangeli ... jetztund zů Bonn jm Stifft Cőllen gelehret unnd geprediget würdt«) seine Reformpläne. Der Druck erscheint mit fingiertem Impressum in Bonn. Eine zweite Auflage erscheint 1544.
1543, Anfang Mai	Philipp Melanchthon kommt zur Unterstützung Bucers und Hermann von Wieds nach Bonn.
1543, Mitte Mai	Eberhard Billick publizert sein »Iudicium cleri et universitatis Coloniensis de doctrina et vocatione Martini Buceri ad Bonnam«. Die Schrift erscheint kurz darauf auch in deutscher Übersetzung von Jaspar von Gennep.
1543, Mai bis Juli	Zusammen mit Philipp Melanchthon wendet sich Bucer in der Schrift »Christliche und ware Verantwortung« gegen die verschiedenen Angriffe und Verleumdungen.
1543, Mitte Mai bis Ende Juni	Der bereits im Januar in Arbeit genommene Reformationsentwurf wird im Auftrag des Erzbischofs von Bucer in Zusammenarbeit mit Philipp Melanchthon fertiggestellt.
1543, 23. Juli	Hermann von Wied legt dem Landtag den Reformationsentwurf im Manuskript vor. Die drei weltlichen Stände befürworten die Reformpläne, das Domkapitel leistet energischen Widerstand.
1543, 26. Juli	Der Landtag stimmt den Reformplänen Hermann von Wieds zu.
1543, Ende Juli	Bucer publiziert als Reaktion auf die Angriffe des Domkapitels eine zweite Verteidigungsschrift (»Die ander verteydigung und erklerung der Christlichen Lehr«). Edition im vorliegenden Band (S. 31–247).
1543, Spätsommer	Der am 23. Juli dem Landtag vorgelegte Entwurf einer kirchlichen Reformation im Kurfürstentum Köln erscheint in Bonn im Druck: »Einfaltigs bedencken, warauf ein Christliche ... Reformation ... anzurichten seye«. Eine

	zweite, geringfügig revidierte und erweiterte Fassung des umfangreichen Werkes erscheint 1544.
1543, Ende August	Bucer verläßt Bonn und reist nach Kassel.
1543, 1. Oktober	Johannes Gropper läßt Hermann von Wied seine »Christliche und Catholische gegen berichtung eyns Erwirdigen Dhomcapittels zu Cöllen«, eine umfangreiche Entgegnung auf Bucers Reformationsentwurf, zukommen. Das Werk erscheint im Februar 1544 in Köln im Druck. Im März 1544 erscheint es in lateinischer Übersetzung von Eberhard Billick (»Antididagma«).
1544, 20. Februar	Reichstag von Speyer unter Führung Kaiser Karls V. Er dauert bis zum 10. Juni 1544.
1544, 24. September	Das Domkapitel fordert bei Hermann von Wied die Entlassung der fremden Prediger und die Abstellung der Neuerungen.
1544, September bis November	Das Domkapitel, der Klerus und die Universität legen Hermann von Wied eine Appellation an Papst und Kaiser vor. Der Erzbischof läßt sich dadurch von seinen Plänen nicht abbringen. Johannes Gropper überbringt die Appellation persönlich nach Brüssel und wirbt dort für die Annahme der Appellation durch den Kaiser.
1544, 25. Oktober	Das Domkapitel, der Klerus und die Universität antworten auf zwei Schreiben Hermann von Wieds und weisen die Verhandlungsvorschläge des Erzbischofs zurück.
1544, 8. November	Das Domkapitel legt seinen Mitgliedern ein Adhäsionsformular zur Appellation vor und beruft sich hierbei auf die Mandate des Kaisers.
1544, 18. November	An der Versammlung der Landstände wird der vermutlich von Johannes Gropper verfaßte »Vortrag von wegen eins Ehrwürdigen Thomcapittels« verlesen. Das Domkapitel versucht, die weltlichen Stände für ein gemeinsames Vorgehen gegen den Erzbischof zu gewinnen.
1544, 14. November	Kaiser Karl V. wendet sich mit einem Mandat an die geistlichen und weltlichen Stände des Erzstifts, in dem er zur Zurückhaltung und zur Abstellung der Neuerungen auffordert.
1544, 3. Dezember	Hermann von Wied reagiert auf dem Landtag auf den Vortrag des Domkapitels vom 18. November. Die weltlichen Stände beschließen eine Gesandtschaft an Kaiser Karl V.
1544, 15. Dezember	Wormser Reichstag, der bis zum 4. August 1545 dauert. Die Protestanten befürworteten ein weiteres Religionsgespräch, lehnen aber das geplante Trienter Konzil ab.
1544, 19./20. Dezember	Auf die Veröffentlichung der Vergleichsvorschläge der weltlichen Stände reagiert das Domkapitel mit Gegenvorschlägen.

1545, Januar	Bucer publiziert in Bonn seine »Bestendige Verantwortung«, eine sehr umfangreiche Entgegnung auf Johannes Groppers »Gegenberichtung«.
1545, März/April	Bucer publiziert in Straßburg seine Schrift »Wie leicht und fůglich Christliche vergleichung ... in das werck zů bringen«. Edition im vorliegenden Band (S. 355–454).
1545, 5. Mai	Johannes Gropper legt in Köln seine »Warhafftige Antwort und Gegenberichtung«, eine Erwiderung auf Bucers Schrift »Wie leicht und fůglich ...«, vor.
1545, 27. Juni	Kaiser Karl V. stellt einen Schutzbrief für die Appellanten und ihre Anhänger auf dem Reichstag zu Worms aus und zitiert den Erzbischof nach Brüssel.
1545, Juni/Juli	Bucer publiziert in Straßburg seine Schrift »Von den einigen rechten wegen«. Edition im vorliegenden Band (S. 253–349).
1545, 10. Juli	Hermann von Wied protestiert gegen die Appellation des Domkapitels, der Universität und des Klerus.
1545, 18. Juli	Papst Paul III. zitiert Hermann von Wied und seine Anhänger nach Rom.

Vorwort

Der vorliegende Band enthält drei gedruckte Schriften Bucers zum Kölner Reformationsversuch aus den Jahren 1543 und 1545. An erster Stelle steht die umfangreiche Zweite Verteidigungsschrift vom Sommer 1543, an zweiter Stelle eine Schrift, mit der er sich 1545 gegen die Anfeindungen Johannes Groppers zur Wehr setzt, an dritter Stelle eine Schrift, die sich an die 1545 in Worms versammelten Reichsstände wendet und sie zur Einigung in Religionsfragen aufruft.

In Band 11,1 der Deutschen Schriften Martin Bucers wurden bereits drei deutsche Schriften Bucers zur Kölner Reformation aus dem Jahre 1543 ediert. Die im Frühjahr 1545 erschienene »Bestendige Verantwortung«, in der Bucer in aller Ausführlichkeit auf die Darlegungen und Angriffe der Kölner Altgläubigen eingeht, wird in Band 11,3 der Deutschen Schriften ediert werden.

Andere deutsche Schriften Bucers aus den Jahren 1543 bis 1545 beziehen sich nur ganz am Rande oder gar nicht auf den Kölner Reformationsversuch. Sie werden später in den Bänden 12 (Unionsschriften 1544–1545) und 16 (Schriften im Schatten des Konzils 1545–1546) ediert. Bucers lateinische Schriften aus diesen Jahren beziehen sich ebenfalls größtenteils nicht auf den Kölner Reformationsversuch.

Die Briefe aus diesen Jahren, die zum Teil den Charakter kleiner Abhandlungen und Gutachten haben und sich durchaus auf die Kölner Reformation beziehen, werden im Zuge der Edition des Briefwechsels (Briefwechsel/Correspondance, Opera omnia, Series III) vorgelegt. Da deren Vorbereitung noch nicht abgeschlossen ist, konnten die entsprechenden Schriftstücke für Einleitungen und Kommentierung der Schriften dieses Bandes noch nicht ausgewertet werden.

Der Band soll nicht ohne den Dank an die studentischen Hilfskräfte hinausgehen, die im Laufe der letzten zweieinhalb Jahren an ihm mitarbeiteten: Dorothea Draser, Dorothea Laidig, Volker Michaelsen, Andreas Oelze, Matthias Pankau, Tina Schaffner, Andrea Scherer, Sebastian Schünicke und Markus Stamme. Sie haben insbesondere bei der Erfassung der Texte, beim Korrekturlesen, der Erstellung der Register und auch bei der Verifizierung von Bibelstellen wertvolle Arbeit geleistet.

Herrn Professor Dr. Gottfried Seebaß danke ich für seine mannigfache Hilfe und umfangreiche Mitarbeit, Herrn Dr. Stephen E. Buckwalter für nützliche Hinweise und Korrekturen. Für wertvolle Ratschläge und Auskünfte bin ich Frau Professor Dr. Irena Backus (Genf), Herrn Dr. Thomas Becker (Bonn), Herrn Professor Dr. Werner Besch (Bonn), Herrn Dr. Karl-Ferdinand Beßelmann (Köln), Herrn Professor Dr. Christoph Burger (Amsterdam), Herrn

Dr. Joachim Deeters (Köln), Herrn Dr. Manfred Huiskes (Köln), Herrn Professor Dr. Martin Klöckener (Freiburg/Ü.), Herrn Professor Dr. Ulrich Köpf (Tübingen), Herrn Professor Dr. Cornelius Petrus Mayer OSA (Würzburg), Herrn Dr. habil. Christof Müller (Würzburg), Herrn Dr. Christoph Roth (Heidelberg), Herrn Christof Nikolaus Schröder (Heidelberg) und Herrn Prof. Dr. Christoph Strohm (Bochum) zu Dank verpflichtet.

Heidelberg, im April 2003 Thomas Wilhelmi

Zur Edition

Im folgenden werden die bei der Bearbeitung des vorliegenden Bandes zur Anwendung gekommenen Richtlinien raptim aufgeführt:

Alle Texte erhalten vom Bearbeiter eine sinnentsprechende Absatzgliederung. Vorhandene Absätze sind also nicht in jedem Fall übernommen. Neue Absätze werden eingeführt, wenn die Abschnitte zu lang und unübersichtlich sind, Leerzeilen vor Beginn eines größeren Abschnitts.

Doppelte Anführungszeichen bezeichnen direkte Rede oder ein wörtliches Zitat, gleichgültig ob die Vorlage eine Kennzeichnung vornimmt oder nicht.

Zusätze des Herausgebers stehen in eckigen Klammern.

Alle Kürzel (Abbreviaturen und Ligaturen) in deutschen und lateinischen Texten werden stillschweigend aufgelöst. Dabei folgt die Auflösung der Form, die in der betreffenden Überlieferung die übliche ist (z. B. bei der Umsetzung von Nasalstrichen). Bei den bibliographischen Beschreibungen hingegen wird der Titel mit allen typographischen Besonderheiten wiedergegeben.

Abkürzungen werden, soweit nötig, in der Anmerkung betreffenden Ort aufgelöst (Ergänzung in eckigen Klammern).

Die Angaben der Bibelstellen richtet sich nach der deutschen Lutherbibel. Verse werden nach heutiger Zählung zu den Kapitelangaben in eckigen Klammern hinzugesetzt. Bei Zitierung eines Buches ohne Kapitelangabe oder bei unbezeichneten Anspielungen folgt die Erläuterung im kommentierten Apparat. Bei irrtümlich falscher Buch- oder Kapitelangabe soll die Vorlage erhalten bleiben; die Korrektur folgt dann im kommentierten Apparat. Bei Anspielungen auf eine Stelle wird diese mit »Vgl.« eingeführt. Für die Abkürzungen der biblischen Bücher ist das Abkürzungsverzeichnis der Theologischen Realenzyklopädie (TRE) maßgebend.

Hochgestellte kleine lateinische Buchstaben verweisen auf den textkritischen Apparat. Hochgestellte arabische Zahlen im Text verweisen auf den kommentierenden Apparat. Die Zählung der textkritischen Anmerkungen und der kommentierenden Anmerkungen beginnt auf jeder Seite neu.

Blatt- und Seitenwendung wird in senkrechten Strichen kursiv vermerkt (Seiten- oder Blattzählung und Lagenzählung).

Die Zusammen- und Getrenntschreibung folgt in deutschen Texten der Vorlage. In lateinischen Texten richtet sich die Getrennt- und Zusammenschreibung nach den üblichen Gepflogenheiten (Wörterbücher). Enklitische Partikeln werden stets direkt angehängt.

In deutschen Texten bleibt die Groß- und Kleinschreibung der Vorlage erhalten. Bei Personennamen wird hingegen in jedem Fall Großschreibung angewendet. In lateinischen Texten wird die Großschreibung möglichst beseitigt, sofern sie nicht in bestimmten Fällen eine besondere Bedeutung innerhalb des Textes besitzt.

Die Interpunktion deutscher Texte folgt den heutigen Regeln. In lateinischen Texten erfolgt die Zeichensetzung grundsätzlich sparsam.

Der Vokalbestand wird unverändert beibehalten. Dies gilt auch für übergeschriebene Buchstaben. Diakritische Zeichen werden nur in begründeten Ausnahmefällen übernommen.

In lateinischen Texten wird v, wenn vokalisch gebraucht, u. Das e-caudata wird in Richtung der im betreffenden Text sonst zu beobachtenden Schreibung aufgelöst.

Der Konsonantenbestand bleibt in deutschen Texten unverändert erhalten. Das gilt auch für Verdoppelungen und Verdreifachungen. Die unterschiedliche Schreibweise des s-Zeichens wird nicht berücksichtigt.

Im textkritischen Apparat werden nur solche Varianten gebracht, die für den Benutzer des Textes von Bedeutung sind. Offensichtliche Druckfehler werden im Anhang aufgeführt.

Der kommentierende Apparat ist möglichst knapp gehalten und beschränkt sich darauf, dem Benutzer die notwendigen Erläuterungen zu Wörtern, Personen, Orten und Sachen sowie Zitatnachweise und Verifizierung von Anspielungen zu geben. Personen- und Ortsnamen erscheinen in der heutigen Schreibweise.

Damit sind die die Ausgabe prägenden Richtlinien 1999 in einigen Teilen verändert worden. Das geschah nach Beratung und Zustimmung der Kommission zur Edition der Deutschen Schriften Martin Bucers bei der Heidelberger Akademie der Wissenschaften.

Thomas Wilhelmi

Einleitung

Vom 14. Dezember 1542 an weilte Martin Bucer auf Einladung des Kölner Erzbischofs Hermann von Wied in Bonn und entfaltete dort eine umfangreiche, rastlose Tätigkeit[1]. Im Januar 1543 begann er im Auftrag des Kölner Erzbischofs mit der Abfassung eines Reformationsentwurfs (»Einfaltigs Bedenkken«, Edition in BDS 11,1, S. 147–432) für das Kurfürstentum Köln. Kurz zuvor war dem Erzbischof vom Domkapitel schon ein anderer Reformationsentwurf unterbreitet worden, den Johannes Gropper rasch hergestellt hatte. Bucer erhielt bei der Vollendung seines umfassenden und sorgfältig ausgearbeiteten Werkes die Unterstützung von Philipp Melanchthon, der auf Einladung des Erzbischofs von Anfang Mai bis gegen Ende Juli ebenfalls in Bonn war[2], und von dem Straßburger Prediger Kaspar Hedio, der Ende Juni für kurze Zeit nach Bonn kommen konnte. An den Beratungen und Vorbereitungen beteiligt war in jenen Wochen ferner der hessische Theologe Johannes Pistorius. Natürlich hatte auch der Erzbischof seinen Anteil an dem Reformationsentwurf, der schließlich in seinem Namen verfaßt war. Am 23. Juli 1543 wurde er im Manuskript dem Landtag vorgelegt, der den Reformplänen Hermann von Wieds und Bucers ausdrücklich zustimmte. Kurz danach wurde das Werk von Laurentius von der Mülen in Bonn gedruckt.

In denselben Wochen verfaßte Bucer auch zahlreiche Briefe und publizierte mit Melanchthon zusammen die »Christliche und ware verantwortung« (Edition in BDS 11,1, S. 133–145) als eine Entgegnung auf eine Klagschrift der Universität Köln. Zu derselben Zeit arbeitete er aber auch an der zweiten Verteidigungsschrift (»Die ander verteydigung«), mit der er sich ein weiteres Mal gegen die Angriffe und Verleumdungen des Kölner Klerus wandte. Diese Schrift wird im vorliegenden Band (S. 21–247) ediert.

Die Verhältnisse ließen in jenen Wochen bei Bucer und seinen Mitstreitern keine frohe Stimmung aufkommen. So berichtete er Justus Jonas am 19. Juni 1543 über den heillosen Streit: »Patimur a Coloniensi clero, schola, a senatu prosus eadem, quae passi sunt apostoli a Sacerdotibus, Scribis, et Senioribus Ierusalem, nisi quod dominus nos nondum eo honore dignos habuerit, ut de contumelia flagellorum aut carceris vel crucis ab his hostibus Christi illata gloriemur. Caeterum si non par, profecto parum dissimilis furor est.«[3] Melanchthon kehrte Ende Juli über Runkel an der Lahn, einem Sitz der Grafen von Wied, und Erfurt nach Wittenberg zurück. Kaspar Hedio berichtete ihm am 11. August kurz über die unerfreuliche Lage, in der er und Bucer sich befanden und gegen welche Widerstände sie anzukämpfen hatten: »Bucerus et

1. Zu Bucers Tätigkeit in Bonn vgl. *Greschat*, Martin Bucer, S. 192–200; BDS 11,1, S. 16–18; *Varrentrapp*, Hermann von Wied, S. 100–218 und passim; *Drouven*, Hermann von Wied, S. 66–137; *Franzen*, Bischof und Reformation, S. 56–98; *Pollet* I, S. 83–234.

2. Vgl. dazu die in Anm. 1 angegebene Literatur und *Simons*, Melanchthon in Bonn.

3. CR 5, Sp. 122f. (Nr. 2717).

ego adhuc Bonnae sumus, quotidie animas nostras crucifigentes, dum videmus, quoties prospicimus advehi supellectilem miserrimorum rusticorum. Non miror Melancholiam hinc augeri mihi.«[1] Ende August 1543 verließen auch Bucer und Hedio Bonn. Bucer reiste nach Kassel weiter. Von dort kehrte er über Frankfurt am 16. September 1543 nach Straßburg zurück. Auf das Geschehen im Erzbistum Köln konnte er von Straßburg aus nur noch bedingt Einfluß nehmen. Aber auch nach der Rückkehr Bucers nach Straßburg wurde im Kurfürstentum Köln über Monate und Jahre verbissen um die kirchlichen Reformen gekämpft. Auf der einen Seite standen die Altgläubigen, die ihre Anhänger vor allem im Kölner Domkapitel und an der Kölner Universität hatten und deren Wortführer die Theologen Eberhard Billick und Johannes Gropper waren. Sie setzten alles daran, die von Erzbischof Hermann von Wied beharrlich angestrebte protestantische Reform zu hintertreiben und zu vereiteln. Sie bedrängten den Erzbischof mit vielen Eingaben und Unterredungen, wandten sich aber auch an die Kurie in Rom, an Kaiser Karl V. und an die Reichstände. Auf der anderen Seite befanden sich der standhaft reformwillige Erzbischof, sein Berater Albert Hardenberg und die reformwilligen weltlichen Stände des Erzstifts Köln.

Am 1. Oktober 1543 ließ Johannes Gropper dem Erzbischof seine »Christliche und Catholische gegen berichtung eyns Erwirdigen Dhomcapittels zu Cöllen« im Manuskript zukommen. Dieses umfangreiche Werk erschien im Februar 1544 in Köln im Druck. Johannes Gropper, der mit Bucer bis zum Dezember 1542 in beinahe freundschaftlicher Verbindung gestanden hatte, wandte sich mit dieser Arbeit frontal gegen Bucers Schriften, insbesondere den Reformationsentwurf, und gegen die Reformpläne des Erzbischofs. Die Schrift fand einige Beachtung und wurde von dem streitbaren Kölner Karmelitenprovinzial Eberhard Billick sogleich ins Lateinische übersetzt und in Köln publiziert.

Bucer nahm sich im Herbst 1544 die Zeit zur Abfassung einer sehr umfassenden, geradezu ausufernden Widerlegung der Gropperschen Kampfschrift. Das voluminöse Werk (»Bestendige Verantwortung, auß der Heiligen Schrifft, vnd war Catholischer Lehre ...«) erschien im Januar 1545 bei Laurentius von der Mülen in Bonn im Druck[2].

Im Frühjahr und Sommer 1545 reagierte Bucer mit zwei weiteren Schriften auf die Angriffe der Kölner Altgläubigen, insbesondere auf die Schriften ihrer Wortführer Eberhard Billick und Johannes Gropper. Im März oder April 1545 erschien die Schrift »Wie leicht vnnd fůglich Christliche vergleichung der Religion ... zů finden vnd in das werck zů bringen ...« in Straßburg im Druck. Diese Schrift wird im vorliegenden Band (S. 249–349) ediert. Gropper reagierte rasch auf diese Entgegnung Bucers, indem er schon am 5. Mai 1545 seine an den Kaiser gerichtete »Warhafftige Antwort und gegenberichtung ...

1. CR 5, Sp. 156f. (Nr. 2738). MBW 3291.
2. Die Schrift kann ihres Umfangs wegen erst in BDS 11,3 ediert werden.

Vff Martini Buceri Freuenliche Clage vnd angeben wider jm D. Grőpper« vollendete und gleich in Köln in Druck gab[1]. Er suchte die Darstellung Bucers über ihre Beziehungen in den Jahren 1540 bis 1542 in ein anderes Licht zu rücken und zu widerlegen. Vor allem aber erinnerte er an die von Bucer am Reichstag im Juni 1541 in Regensburg gemachten Zugeständnisse und druckte in seinem Werk die »Artickell so Bucer hiebeuor bekennet hat«, den Originalentwurf des »Regensburger Buches«, im Wortlaut ab[2].

Im Juli 1545 verfaßte Bucer in Straßburg die Schrift »Von den einigen rechten wegen«, die ebenfalls in diesem Band (S. 351–454) ediert wird. Bucer nimmt mit diesem Werk auf die erwähnte Schrift Groppers Bezug, geht aber auch auf die Angriffe des Trierer Theologen Bartholomäus Latomus, des niederländischen Theologen Albert Pighius (Pigge), des Kölner Professors Matthias Kremer von Aech und des Breslauer Domherren Johannes Cochläus ein.

Später nahm Bucer auf das Geschehen im Erzbistum Köln von Straßburg aus kaum mehr Einfluß und verlor angesichts des nun nicht mehr abwendbaren Mißerfolgs das Interesse. Er beschränkte sich auf einige Aufmunterungen in Briefen an den im Dienste Erzbischof Hermanns stehenden Theologen Albert Hardenberg in den Jahren 1545 und 1546.

1. *Johannes Gropper*, »An die Rőmsche Keyserliche Maiestat … Warhafftige Antwort vnd gegenberichtung …«, Köln: Jaspar von Gennep, 1545 (s. unten S. 265, Anm. 9).
2. Bl. vija-xxa. Vgl. dazu *Lenz* III, S. 31–72.

Zweite Verteidigungsschrift

1. Entstehung

Für Martin Bucer, der auf Einladung des Kölner Erzbischofs Hermann von Wied seit dem 14. Dezember 1542 in Bonn weilte, um mit ihm zusammen die Reformation im Kurfürstentum Köln vorzubereiten und in die Wege zu leiten[1], war die Zeit von Mai bis Juli 1543 sehr ausgefüllt. Mit der Vollendung seines Reformationsentwurfs (»Einfaltigs bedencken«)[2] und der Abfassung der »Christlichen und waren verantwortung«[3] sowie mit Besprechungen und Verhandlungen im Auftrag des Erzbischofs Hermann, regelmäßigem Predigen im Bonner Münster und einer regen Korrespondenz war er mehr als ausgelastet. Erstaunlicherweise fand er aber in diesen arbeitsreichen Wochen die Zeit zur Abfassung einer weiteren umfangreichen Schrift, nämlich der zweiten Verteidigungsschrift (»Die ander verteydigung ...«)[4] gegen die Angriffe des Kölner Klerus und der Kölner Universität.

Der konkrete Anlaß zur Abfassung dieser Schrift waren die massiven Angriffe und Unterstellungen in dem von dem Kölner Karmelitenprovinzial Eberhard Billick am 11. Mai 1543 fertiggestellten und sogleich bei Jaspar von Gennep in Köln publizierten »Iudicium cleri et vniversitatis Coloniensis de doctrina et vocatione Martini Buceri ad Bonnam«[5]. Eberhard Billick, einer der Wortführer im Kampf gegen die Bestrebungen des mit dem Protestantismus liebäugelnden Erzbischofs Hermann von Wied, beschimpft in dieser Schrift Bucer maßlos. Er kritisiert das ganze Vorgehen des Erzbischofs seit dem Spätherbst 1542 und die aus seiner Sicht nicht zu duldenden Aktivitäten Bucers in Bonn seit Dezember 1542 und nimmt Bezug auf die Darlegungen Bucers in dessen erster Verteidigungsschrift, die im März 1543 im Druck erschienen war[6]. Dabei richtet Billick sein Augenmerk vor allem auf die Lehre von der Erbsünde, die Heiligenverehrung, die Sakramente, die Privatmesse, die kirchliche Hierarchie und den Zölibat der Priester. Er bezichtigt Bucer in kunstvoller Polemik der Willkür, Verlogenheit und Hinterlist[7]. Billicks »Iudicium« erschien im Sommer 1543 in einer weiteren Ausgabe bei Melchior

1. Vgl. dazu oben S. 17–19 und die Einleitung zu BDS 11,1.
2. Edition in BDS 11,1, S. 147–432.
3. Edition in BDS 11,1, S. 133–145.
4. Zur zweiten Verteidigungsschrift vgl. *Varrentrapp*, Hermann von Wied, S. 171–177; *Schlüter*, Die Publizistik, S. 61 und S. 158; *Greschat*, Martin Bucer, S. 197.
5. *Eberhard Billick*, »Iudicium cleri et vniversitatis Coloniensis de doctrina et vocatione Martini Buceri ad Bonnam«, Köln: Jaspar von Gennep, [nicht vor 11. Mai] 1543. Exemplare in Bonn ULB, Köln UStB, Paderborn EAB. *Varrentrapp*, Hermann von Wied, S. 165–167; *Schlüter*, Die Publizistik, S. 56 und S. 145 (Nr. 10).
6. Edition in BDS 11,1, S. 19–131.
7. Vgl. dazu *Postina*, Der Karmelit Eberhard Billick, S. 45–53.

Novesianus in Köln[1]. Außerdem hatte es Jaspar von Gennep in Köln wohl bereits im Mai 1543 in einer von ihm selbst angefertigten deutschen Übersetzung auf den Markt gebracht[2].

Anfang Mai kam auf Einladung des Erzbischofs auch Philipp Melanchthon nach Bonn, um bei der Einführung der Reformation mitzuwirken. In den folgenden Wochen verfaßte dieser mit Bucer zusammen die oben erwähnte »Christliche und ware verantwortung«. Auf Billicks »Iudicium cleri«, diesen überaus heftigen und leidenschaftlichen Angriff der Altgläubigen, reagierte Melanchthon mit seiner ungewöhnlich energischen »Responsio ad scriptum quorundam delectorum a Clero Secundario Coloniae Agrippinae«[3]. Seinem Kurfürsten berichtete er am 6. Juni 1543 aus Bonn darüber: »Es haben auch die Esel zu Collen ein solch schendlich buch wider Bucerum getrukt, darin sie diese lahr und stende also lestern, das es viel zu viel ist, daruff ich geantwort und sind 4 Bogen getrukt, es ist aber noch nit gantz fertig ...«[4]. Melanchthons Schrift befand sich also zu dieser Zeit bei Laurentius von der Mülen in Bonn im Druck und lag am 14. Juni fertig vor[5]. Wenig später erschien sie auch in deutscher Übersetzung[6]. Melanchthon kritisiert in seiner Antwort den Kölner Klerus ungewohnt heftig und nimmt Bucer in Schutz. Er kommt insbesondere auf einige von Billick hervorgehobene Punkte zu sprechen: auf den in der Erzdiözese Köln praktizierten Bilderdienst, auf die Heiligenverehrung und auf die Priesterehe (und dabei auch auf die Ehen Bucers). Auf Melanchthons Schrift reagierte im darauffolgenden Jahr der altgläubige Kontrover-

1. *Eberhard Billick*, »Iudicium deputatorum vniversitatis et secundarij Cleri Colon. de doctrina et vocatione Martini Buceri ad Bonnam«, Köln: Melchior Novesianus, 1543. Exemplar in London BL. *Index Aureliensis* 119.349; BM 20, Sp. 480. *Schlüter*, Die Publizistik, S. 57 und S. 146 (Nr. 11).

2. Deutsche Übersetzung von Jaspar von Gennep: »Vrteil der Vniuersiteit vnd Clerisie zů Cǒlne von Mårtin Bůcers Lerung vnd růffung genn Bonn ...«, Köln: Jaspar von Gennep, [nach 11. Mai] 1543. Exemplare in Augsburg SStB, Augsburg UB, Bonn ULB, Lübeck StB, Paris BNF. BN 58, Sp. 1154. *Varrentrapp*, Hermann von Wied, S. 167 f.; *Schlüter*, Die Publizistik, S. 57 und S. 147 (Nr. 12). Ebenfalls 1543 erschien in Ingolstadt bei Alexander Weißenhorn eine auszugsweise deutsche Übersetzung (»Ain kurtzer Außzug des Urthails ...«) von Johannes Cochläus. Exemplare u. a. in Bamberg SB, Berlin SB, Bonn ULB und Köln UStB. *Index Aureliensis* 142.174. *Schlüter*, Die Publizistik, S. 65 f. und S. 148 (Nr. 13).

3. *Philipp Melanchthon*, »Responsio ad scriptum quorundam delectorum a Clero Secundario Coloniae Agrippinae«, Bonn: Laurentius von der Mülen, 1543. Exemplare in Gotha FLB, München SB, Wolfenbüttel HAB. VD 16 M 4134. *Melanchthon*, Bekenntnisse und kleine Lehrschriften, S. 381–421; *Piel*, Geschichte, S. 26–30 und S. 68 f.; *Varrentrapp*, Hermann von Wied, S. 168–171; *Schlüter*, Die Publizistik, S. 60 und S. 152 (Nr. 16).

4. MBW 3257. *Keller*, Ein ungedruckter Brief Melanchthons.

5. MBW 3261. *Krafft*, Briefe Melanthons, S. 76 f. (Nr. XXIX).

6. *Philipp Melanchthon*, »Antwort Philippi Melanthonis vff die Schrifft etlicher verordneten aus dem vndern stand der Clerisy zů Cǒllen zu gůt, auß dem Latin verdeutscht, durch Gerardum Virgineum ...«, Bonn: Laurentius von der Mülen, 1543. Exemplare in Köln UStB, Wolfenbüttel HAB, Zürich ZB. VD 16 M 4138. *Piel*, Geschichte, S. 27 f. und S. 69 f.; *Varrentrapp*, Hermann von Wied, S. 171; *Schlüter*, Die Publizistik, S. 60 und S. 153 (Nr. 17).

stheologe Johannes Cochläus mit seiner Schrift »Contra Philippi Melanchthonis Responsionem pro Bucero in Colonienses«[1].

Den Druck von Bucers zweiter Verteidigungsschrift besorgte der evangelisch gesinnte Laurentius von der Mülen in Bonn. Bei ihm waren bereits im März 1543 Bucers erste Verteidigungsschrift und im Juni die oben erwähnte Entgegnung Melanchthons erschienen. Bald nach der zweiten Verteidigungsschrift publizierte er auch den oben erwähnten Reformationsentwurf. Mit dem Druck der zweiten Verteidigungsschrift begann Laurentius von der Mülen im Juni 1543. Am 10. Juni 1543 berichtete nämlich Melanchthon dem Landgrafen Philipp von Hessen: »Nu hab ich ein wenig daruff geantwort, und ist jetzund Herr Martini Buceri Antwort auch im Druck«[2]. Zu diesem Zeitpunkt dürften aber erst einige Teile dieser umfangreichen Schrift druckfertig vorgelegen haben. In jenen Wochen erstattete Bucer dem Landgrafen Philipp von Hessen dreimal ausführlichen Bericht über die Geschehnisse in Köln und Bonn[3]. Mit seinem Brief vom 3. Juli 1543[4] schickte er ihm Billicks »lesterbuchlin« in lateinischer und deutscher Version und die »Responsio« Melanchthons und teilte ihm mit: »Meine antwort ist nach im truck. Sobald die fertig, will ich E. f. g. die nachschicken.« Vollendet wurde das Druckwerk dann gegen Ende Juli 1543[5].

2. Inhalt

Bucer setzt sich mit seiner zweiten Verteidigungsschrift ausführlich gegen die Verunglimpfung der Reformation und auch seiner eigenen Person zur Wehr. Er geht auf vielerlei ein, setzt dabei aber, den Angriffen Eberhard Billicks entsprechend, doch gewisse Schwerpunkte. Die in der zweiten Verteidigungsschrift abgehandelten Probleme und Einzelfragen sind weitgehend durch Billicks Themen im »Iudicium cleri et vniversitatis Coloniensis de doctrina et vocatione Martini Buceri ad Bonnam« vorgegeben. So befaßt er sich hauptsächlich mit dem reformatorischen Verständnis der Sünde und der Rechtfertigung durch den Glauben, mit der Heiligenverehrung, mit der Konfirmation, mit Abendmahl und Messe, mit Beichte und Absolution. Damit wiederholt er vieles, was er bereits einige Monate zuvor in der ersten Verteidigungsschrift erörtert hatte und in dem fast zur gleichen Zeit fertiggestellten Reformationsentwurf sorgfältig darlegte.

1. Die Schrift ist enthalten in *Johannes Cochläus*, »Philippica sexta. Cum adiunctis Tractatulis Tribus …«, Ingolstadt: Alexander Weißenhorn, 1544. Exemplare in München SB, Wolfenbüttel HAB. VD 16 C 4359.

2. CR 5, Sp. 118 f. (Nr. 2713). MBW 3258.

3. Briefe vom 10. Juni 1543, 3. Juli 1543 und 26. Juli 1543. *Lenz* II, S. 148–151 (Nr. 168), S. 152- 156 (Nr. 170), S. 157 f. (Nr. 171).

4. Brief vom 3. Juli 1543

5. Vgl. dazu *Piel*, Geschichte des ältesten Bonner Buchdrucks, S. 30 f.

In der Vorrede[1] zur zweiten Verteidigungsschrift nimmt Bucer allgemein auf Billicks »Iudicium« Bezug und verwahrt sich gegen die Angriffe und Verleumdungen des Kölner Klerus. Er verteidigt den Plan des Erzbischofs, mit ihm zusammen im Kurfürstentum Köln eine umfassende kirchliche Reform durchzuführen und will »allein zu gůt den einfeltigen, bloͤden vnd doch Gotsfoͤrchtigen gewissen diese antwort«[2] geben. Seine Absicht ist es, in dieser Schrift die ihm besonders wichtigen Hauptstücke der christlichen Religion »weyter zu erklaͤren vnd gegen diesen Deputaten vnd anderen Sophisten[3] zu verteidingen.«[4]

Im ersten Artikel[5] behandelt er die Frage der Erbsünde und der Erlösung durch Christus auseinander. Im zweiten Artikel[6] erörtert er die guten Werke und die Rechtfertigung. In diesen ersten beiden Artikeln argumentiert er ähnlich wie in der ersten Verteidigungsschrift und im Reformationsentwurf.

Im dritten Artikel[7] befaßt er sich in aller Ausführlichkeit mit der Heiligenverehrung. Er geht dabei besonders auf die in Köln »darbey eingerissnen mißbreuchen vnd Abgoͤttereyen« ein und führt dafür zum Beleg Zitate aus Kirchengesängen und Gebeten an. Er hält dabei fest, daß »die schrifftlichen[8] Historien von heyligen Patriarchen, Propheten, Apostolen vnnd anderen heyligen mennern vnd frauwen sollen dem volck mitt besonderem fleyß – Demnach zů seiner gelegenheit auch deren Martyrer vnd heyligen leuten historien, die von bewerten Lehrern vnd gemeß der H. Schrifft beschrieben sindt – fürgetragen vnnd erzelet werden. Vnnd auß diesem erzelen solle das volck erinneret werden der grossen gnaden vnnd gaben Gottes ... vnnd dahin gewysen, das es Gott vmb soliche seine gůte vnd leutseligkeyt lob vnd danck sage vnd dadurch seinen glauben stercke, auch jm soliche gnaden vnnd gaben von dem so gůtigen gott durch den einigen mitler Christum zů erbitten vnd dem exempel solicher Heyligen ... nach zů eyfferen.«[9] Was darüber hinaus zur Ehre der Heiligen geschieht, ist Götzenwerk: »Den Heyligen opffern, bilder zun ehren fürstellen, zieren vnd schmuͤcken, diese jre Goͤtzen vnd gepein anbetten, das ist: für sie niderfallen, hende vnnd augen zů jnen auffrichten, jnen altar vnd tempel bauwen vnd weyhen, sie – zů erlangen hůlff – vmbher tragenn, diß alles ist Abgoͤttisch.«[10]

In den folgenden drei bzw. vier Artikeln argumentiert er wieder ähnlich wie in der ersten Verteidigungsschrift und im Reformationsentwurf. Im vier-

1. s. unten S. 31–38.
2. s. unten S. 35,3–4.
3. Hier meint Bucer in erster Linie Johannes Gropper.
4. s. unten S. 35,6–7.
5. s. unten S. 38–51.
6. s. unten S. 51–62.
7. s. unten S. 62–162.
8. der Hl. Schrift gemäßen.
9. s. unten S. 138,2–13.
10. s. unten S. 139,21–25.

ten Artikel[1] bringt er die Frage der Konfirmation und der Firmung zur Sprache. Im fünften Artikel[2] behandelt er ausführlich die stets im Mittelpunkt des Interesses stehenden Fragen zum Abendmahl und zur Messe. Im darauffolgenden Kapitel[3] geht er kurz auf Beichte, Buße und Sündenvergebung ein. Im sechsten Artikel[4] kommt er auf verschiedene Fragen der Ordnung der christlichen Gemeinden und der Ketzerei zu sprechen.

Im Anschluß daran[5] wendet er sich gegen die Vorwürfe des Kölner Klerus und Billicks gegen die Protestanten im allgemeinen und gegen die Stadt Straßburg und ihn im besonderen. Dabei geht er auch auf die von den Altgläubigen einmal mehr vorgebrachte Kritik an seinem angeblich gebrochenen Ordensgelübde und seiner Eheschließungen ein.

Bucer untermauert auch in der zweiten Verteidigungsschrift seine Überzeugungen und Darlegungen mit zahlreichen Zitaten aus den Schriften der Kirchenväter. Die Zitate gibt er zuweilen vollständig in eigener deutscher Übersetzung wieder, zuweilen aber nur auszugsweise, zusammengefaßt oder sinngemäß, nicht selten ohne genaue Stellenangabe oder Fundort. Am häufigsten bezieht er sich auf Ambrosius, Augustin, Chrysostomus, Hieronymus und Cyprian. Bucer greift zudem immer wieder auf das Corpus iuris canonici zurück. Wie in der ersten Verteidigungsschrift, der Kölner Reformationsordnung und in vielen anderen Schriften setzt Bucer alles daran, den Altgläubigen die anfängliche Unverfälschtheit und Bibeltreue der alten Väter vor Augen zu halten, und bei jeder sich bietenden Gelegenheit bedient er sich auch der juristischen Beweisführung.

3. Wirkung

Im Sommer 1543 vertieften sich die Gegensätze zwischen Bucer und dem reformfreudigen Erzbischof Hermann von Wied auf der einen Seite und dem Kölner Klerus und dessen Anführern Eberhard Billick und Johannes Gropper auf der anderen Seite. Bucer enthielt sich zwar in seiner zweiten Verteidigungsschrift übermäßiger Polemik, konnte aber die Verschärfung und Ausweitung des Konflikts nicht verhindern. Johannes Gropper verfaßte in den darauffolgenden Monaten ein umfangreiches Werk, die »Christliche und Catholische gegen berichtung eyns Erwirdigen Dhomcapittels zu Cóllen«[6], in

1. s. unten S. 162–165.
2. s. unten S. 165–225.
3. s. unten S. 225–227. Bucers Zählung (»Der fünffte hauptartickel«) ist nicht korrekt.
4. s. unten S. 227–229.
5. s. unten S. 229–247.
6. Köln: Jaspar von Gennep, [nicht vor 4. Februar 1544]. Beschreibung des Drucks in BDS 11,1, S. 433. Das Werk wurde von Eberhard Billick ins Lateinische übersetzt: »Antididagma seu christianae et catholicae religionis … propugnatio«, Köln: Jaspar von Gennep, 1544 (VD 16 G 3401) und Löwen: Servatius Zassen, 1544.

dem er sich eingehend mit dem Reformationsentwurf und auch mit den Darlegungen Bucers in dessen Verteidigungsschriften auseinandersetzt. Die rasch und etwas umständlich abgefaßte zweite Verteidigungsschrift Bucers blieb sonst im wesentlichen ohne größere Wirkung.

4. Überlieferung

Bucers zweite Verteidigungsschrift erschien Ende Juli 1543 in Bonn im Druck[1]. Eine handschriftliche Vorlage ist nicht erhalten. Während des Drucks wurde der Text an mindestens zwei Stellen verändert. So weist das Exemplar, das im Collegium Wilhelmitanum in Straßburg aufbewahrt wird, auf Blatt cvija einen nachträglich verbesserten Text auf[2].

Eine lateinische Übersetzung (oder Fortsetzung) dieser zweiten Verteidigungsschrift, die Bucer hier an mehreren Stellen in Aussicht stellte[3], ist bisher nicht nachweisbar. Vermutlich ist sie nie angefertigt worden oder jedenfalls nicht im Druck erschienen.

Die ander vertey= | digung vnd erklerung der Chriſtlich= | en Lehr/ in etlichen fürnemen haupſtucken/ | die dieſer zeyt zů Boñ / vnd etlichen an= | deren Stetten vnnd orten im Stifft | vnd Churfürſtenthumb Cőllen | gepredigt würdt. | Mit beſtendigem widerlegen des | leſter vrtheyls/ welches etliche/ die ſich nennen | Deputaten der Vniuerſitet/ vñ Secundarij | Cleri zů Cőllen/ hieuor haben | außgehen laßen. | Durch Martinum Bucerum. | Der Herre ſaget Jeſaie. 43. | Dein erſter Vatter hatt geſündiget/ vnd deine Lehrer haben | bőßlich wider mich gehandlet/ darumb hab ich die Fürſten des | Heyligthůmbs entheiliget/ vnnd habe Jakob verbannet/ vnd | Jſrael zum hon hingeben. | Gedruckt zů Boñ / durch Laurentium von | der Můlen Jm jar M.D.XLIII.

Bonn: Laurenz von der Mülen, 1543.

4°. 6 ungezählte Bl., 150 gezählte Bl. Lagen: [*]^6, A^4-Z^4, Aa^4-Nn^4, Oo^6. Bl. Oo^{6}b leer. Schwabacher Drucktype; 26–30 Textzeilen (meistens 29), Vorrede 25 Textzeilen; Seitenkustoden; Marginalien; Kopftitel; große Initiale in verzierter Kanzleifraktur auf Bl. Aja; kleinere verzierte Initialen auf Bl. jb, Ciija, Eijb, Zijb, Zivb, Lliiija und Mija.

Bibliographische Nachweise: VD 16 B 8953. *Index Aureliensis* 126.341. *Piel*, Geschichte 11. *Schottenloher* 30843. *Mentz* 54. *Stupperich*, Bibliographie 76. *Schlüter*, Die Publizistik 22.

1. s. oben S. 23.
2. s. unten S. 185, Anm. 7 und 8.
3. Erstmals S. 34,18–20.

Augsburg SStB, Berlin SB, Coburg LB, Düsseldorf ArchivLK, Köln UStB, Lübeck StB (2 Ex., davon eines ausgelagert), Michelstadt KB, München SB, Paderborn EAB, Straßburg CWilh (Signatur: 16.126/4; von uns in zweiter Linie benutztes Ex.; Druckabweichungen an einigen Stellen), Tübingen UB, Utrecht UB, Wolfenbüttel HAB (Signatur: 471 Theol. 3; von uns in erster Linie benutztes Ex.).

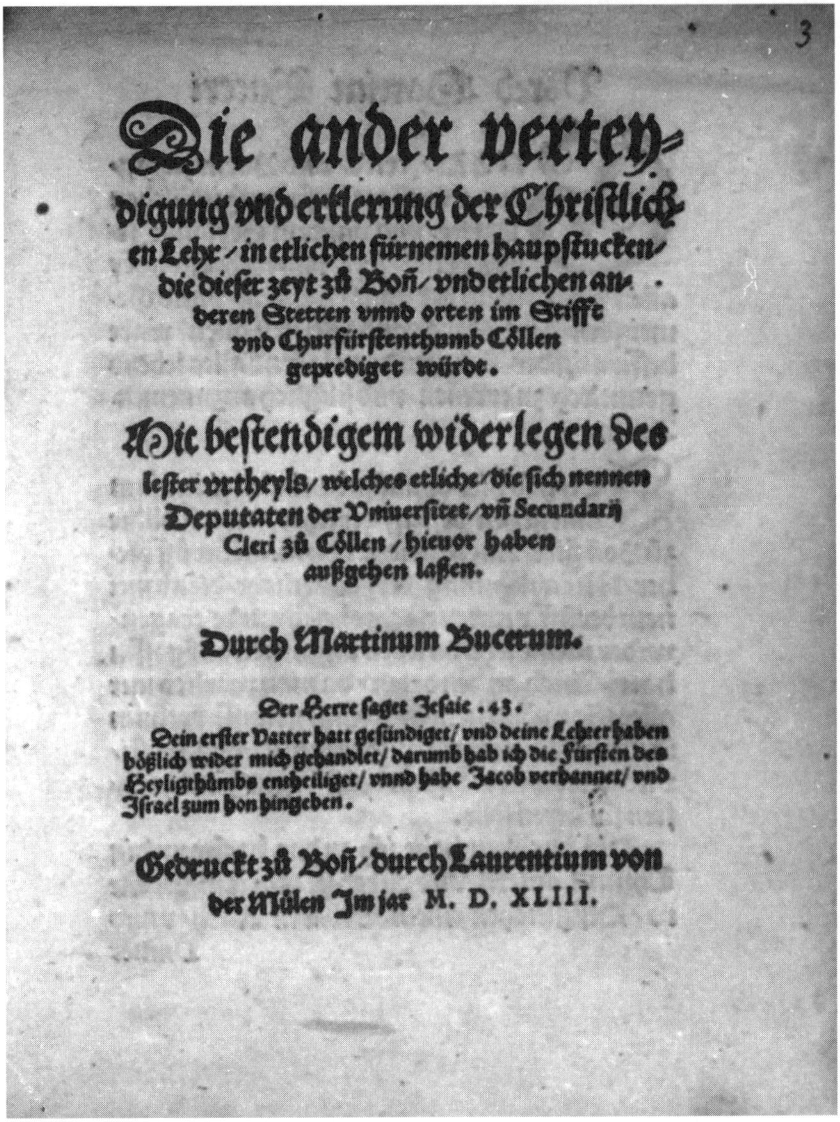

Die ander vertey-
digung vnd erklerung der Christlich-
en Lehr / in etlichen fürnemen haupstucken
die dieser zeyt zů Boñ / vnd etlichen an-
deren Stetten vnnd orten im Stifft
vnd Churfürstenthumb Cöllen
geprediget würde.

Mit bestendigem widerlegen des
lester vrtheyls / welches etliche / die sich nennen
Deputaten der Vniuersitet / vñ Secundarij
Cleri zů Cöllen / hieuor haben
außgehen laßen.

Durch Martinum Bucerum.

Der Herre saget Jesaie .43.
Dein erster Vatter hatt gesündiget / vnd deine Lehrer haben
bößlich wider mich gehandlet / darumb hab ich die Fürsten des
Heyligthůmbs entheiliget / vnnd habe Jacob verbannet / vnd
Israel zum hon hingeben.

Gedruckt zů Boñ / durch Laurentium von
der Mülen Im jar M. D. XLIII.

Martin Bucer: Die ander verteydigung vnd erklerung der Christlichen Lehr. Bonn 1543

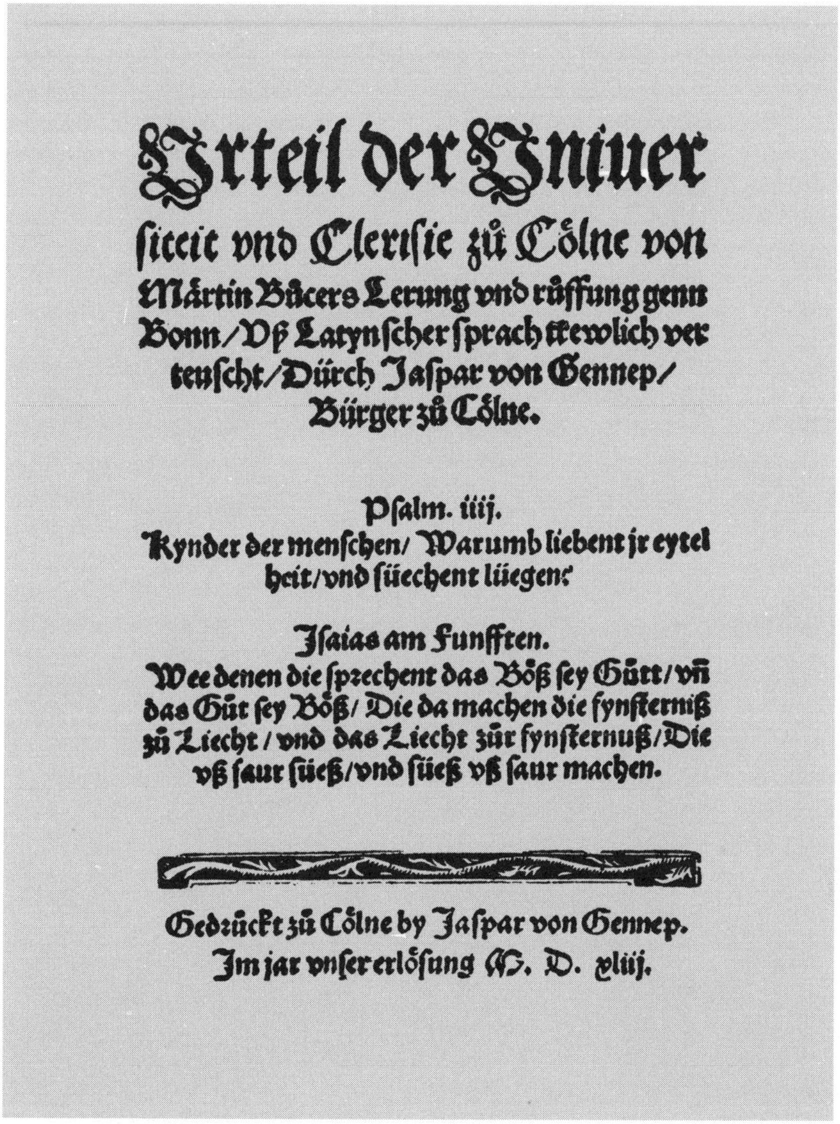

Vrteil der Vniuer
siteit vnd Clerisie zů Cͤlne von
Mártin Bůcers Lerung vnd růffung genn
Bonn/ Vß Latynscher sprach trewlich ver
teuscht/ Dürch Jaspar von Gennep/
Bürger zů Cͤlne.

Psalm. iiij.
Kynder der menschen/ Warumb liebent jr eytel
heit/vnd süechent lüegen?

Jsaias am Funfften.
Wee denen die sprechent das Böß sey Gütt/ vñ
das Güt sey Böß/ Die da machen die fynsterniß
zů Liecht / vnd das Liecht zůr fynsternuß/ Die
vß saur süeß/vnd süeß vß saur machen.

Gedrückt zů Cͤlne by Jaspar von Gennep.
Jm jar vnser erlösung M. D. xliij.

Eberhard Billick: Vrteil der Vniuersiteit vnd Clerisie zů Cͤlne … (Iudicium cleri, dt. von Jaspar von Gennep). Köln 1543.

| *ja* | Die ander verteydigung vnd erklerung der Christlichen Lehr in etlichen fürnemen[1] hauptstucken[a], die dieser zeyt zů Bonn vnd etlichen anderen Stetten vnnd orten im Stifft[2] vnd Churfürstenthumb Coͤllen gepredigет würdt

Mit bestendigem widerlegen des lester vrtheyls, welches etliche, die sich nennen Deputaten[3] der Vniuersitet vnd Secundarij Cleri[4] zů Coͤllen, hieuor haben außgehen laßen[5]

Durch Martinum Bucerum

Der Herre saget Jesaie 43[27–28]: »Dein erster Vatter hatt gesündiget, vnd deine Lehrer haben boͤßlich wider mich gehandlet; darumb hab ich die Fürsten des Heyligthuͤmbs entheiliget vnnd habe Jacob verbannet vnd Jsrael zum hon hingeben.«

Gedruckt zů Bonn durch Laurentium von der Muͤlen Jm jar M.D.XLIII. | *jb* |

Vorred[b] Martini Buceri

GNAD, Fried vnd Barmhertzigkeit von Gott, vnserem Himlischen Vatter, vnd vnserem Heylandt Jesu Christo seye vnd mehre sich bey allen Christen in der gantzen Clerisi[6] vnnd Gemeinden der Stadt vnd Stifft Coͤllen, ware besserung des Kirchen diensts vnd alles lebens gruntlich zu erkennen vnd seliglich anzunemen. Amen.

a) Drf. haupstucken.
b) Drf. Vored.

1. wichtigen.
2. Hochstift (Köln).
3. Abgeordnete.
4. Geistliche des unteren Standes, der niedere Klerus.
5. *Eberhard Billick*, »Iudicium cleri et universitatis Coloniensis de doctrina et vocatione Martini Buceri ad Bonnam.« Köln: Jaspar von Gennep, [nicht vor 11. Mai] 1543. *Varrentrapp*, Hermann von Wied, S. 165–167; *Schlüter*, Die Publizistik, S. 56 und S. 145 (Nr. 10). Exemplare in Bonn ULB, Köln UStB, Paderborn EAB.
2. Aufl.: »Iudicium deputatorum vniuersitatis et secundarij Cleri Colon. de doctrina et vocatione Martini Buceri ad Bonnam.« Köln: Melchior Novesianus, 1543. Exemplar in London BL. *Index Aureliensis* 119.349; BM 20, Sp. 480. *Schlüter*, Die Publizistik, S. 57 und S. 146 (Nr. 11). – Eberhard Billick (1499/1500–1557) war Kölner Karmeliter, von 1542 an Provinzial. Er nahm an mehreren Religionsgesprächen teil und war einer der Wortführer im Kampf gegen die von Hermann von Wied und Bucer angestrebte Reformation im Kurfürstentum Köln. *Varrentrapp*, Hermann von Wied, S. 165–175 und passim; *Postina*, Der Karmelit Eberhard Billick; *Bautz* 1, Sp. 591.
6. Klerus.

JCh hab hievor außgehen laßen einen summarischen begriff[1] der lehre, die ich allhie zů Bonn füre, Auch bericht von meinem berůff[2] hieher, Mit ablehnung deß, das etliche, die ab[3] meinem berůff vnuerursachte beschwerde tragen, wider meine lehr vnd leben vngütlich[4] außgossen hatten, Auch an den orten, da man warlich mit aller Gotsforcht nichts dann gewisse yrthum vnd sunde anfechten vnd die reine lehr Christi vnd getrewen dienst an der selbigen zum hochsten furderen solle.

Diß buchlein[5] habe ich an das hochwurdig Thum Capittel vnd durch sie dem gantzen Clero, Deßgleichen einem Erbaren Rath vnnd | *ija* | Vniuersitet zu Cöllen zugesant mit schrifften, in denen ich diese alle vnd jeden theil besonders vndertheniglich, demütig vnd freundtlich gebetten habe, sie wolten mein büchlein mit freiem vnd Gotseligem gemut vnd vrtheyl lesen vnd erwegen, Was sie darinn fehl oder mangel befinden, mich zů sich beruffen vnd hören, Wolte ich jhnen vermittels Götlicher gnaden alles, das ich geschriben, weiter erkleren vnd mit gutem, gewissen grundt vnd vrsachen auß Götlichem wort, den Canonibus[6], der heyligen Concilien erkantnissen[7] vnd der alten H. Vätter[8] lehre darthun vnd erweisen, das nichts darinnen ist, das nicht Christlich vnd von dem Herren selb vnd seinen lieben Apostolen seiner Gemein also dargegebenn, auch von der selbigen der gestalt, solang in deren die alten H. Vätter gedienet haben, gehalten worden seye, Wie ich mich dann hiezu auch zu end deß ersten theils meines büchleins, darinn ich die summa meiner lehre fürgegeben, erbotten[9] habe.

Hierauff hat mir bißher niemand einige[10] antwort gegeben, dann das[11] jüngst ein buchlein im latin aůßgangen ist mit diesem titel: »IVDICIVM CLERI ET VNIVER- | *ijb*[a] | SITATIS COLONIENSIS DE DOCTRINA ET VOCATIONE MARTINI BVCERI AD BONNAM«[12], Das ist »Ein Vrtheil der

a) falsche Bezeichnung.

1. Inhalt. Frühneuhochdt. WB 3, Sp. 674f.
2. Berufung.
3. infolge, wegen.
4. übelwollend.
5. Bucers Erste Verteidigungsschrift »Was im namen des Heiligen Euangeli vnsers Herrenn Jesu Christi, ietzund zů Bonn jm Stifft Cöllen, gelehret vnnd geprediget würdt …« [Bonn: Laurentius von der Mülen, nicht vor 10. März] 1543. Bibliographische Beschreibung und Edition in BDS 11,1, S. 19–131.
6. Kirchenrecht, das im Unterschied zu den Dekretalen aus Konzilsbeschlüssen hervorgegangen ist. *Denzler/Andresen*, dtv-Wörterbuch der Kirchengeschichte, S. 296f.
7. Urteilen, Entscheiden.
8. Die Kirchenväter des 3. bis 5. Jahrhunderts.
9. angeboten.
10. irgendeine.
11. außer daß.
12. *Eberhard Billick*, »Iudicium cleri et universitatis Coloniensis …«, Köln 1543. 2. Aufl.: »Iudicium deputatorum …«, Köln 1543 (s. oben S. 31, Anm. 5).

Geistlichen vnnd Hohen schul zu Cölen von der Lehr vnnd dem beruff[1] Martini Buceri gohn[2] Bonn«[3], Welcher titel doch zu end des bůchs corrigiert vnd gesetzet ist: »IVDICIVM CLERI SECUNDARII«[4], Der Geistlichen des vnderen stands.

Wie dem aber seye vnd wes sich[5], die diß buch vnnd genantes Judicium zusamen getragen, wiewol sie sich auch mit irem eigenem namen nit zuerkennen geben, So hab ich doch keinen zweyfel, das nit wenig sein, auch in diesem andren Clero vnd der Vniuersitet, denen diß gedicht[6] vnd lesterschrifft von hertzen mißfalle. Die vrsachen wirdt ein jeder verstendiger Christi wol sehen, der das buch liset. Dann wer weiß nicht, das ein Judicium, ein vrtheil in sachen Gőtlicher lehre, die Gemeinde Christi vnd eben das, darumb der Son Gottes von Himel herab gestigen vnd sein theures blut vergossen hat, das ewige leben betreffen, je[7] billich[8] nach so langem bedacht, vilem zusamen komen vnd erwegen | *iija* | im namen des gantzen anderen Cleri vnd Vniuersitet zů Cőllen nit anders, dann mit ernster Gotsforcht, gotseliger einfalt[9], gewissem[10] grunt der H. Schrifft vnd vngezweyfleter[11] zeugnüß der war[12] Apostolischen kirchen auß gehen vnd fürgegeben werden solte on einigs verkeren[13], lesteren oder schelten.

Nun aber, wenn auß diesem genanten Judicio dieser C.[14] Deputaten zwey ding, als[15] nemlich das offentlich verkeren[16] meiner schrifft vnd lehr vnd das vnchristlich vnd onerheblich[17] lestern vnd schelten, genomenn würde, wie vil solte in dem bůch vbrig bleiben? Jn welchem schelten vnd lesteren sie auch

1. Berufung.
2. gen, nach.
3. Deutsche Übersetzung von Eberhard Billicks »Iudicium cleri et universitatis Coloniensis …« (s. oben S. 31, Anm. 5) von Jaspar von Gennep, »Vrteil der Vniuersiteit vnd Clerisie zů Cőlne von Mårtin Bůcers Lerung vnd růffung genn Bonn …«, Köln: Jaspar von Gennep, [nach 11. Mai] 1543. BN 58, Sp. 1154. Exemplare in Augsburg SStB, Augsburg UB, Bonn ULB, Lübeck StB, Paris BNF. *Varrentrapp*, Hermann von Wied, S. 167f.; *Schlüter*, Die Publizistik, S. 57 und S. 147 (Nr. 12).
4. *Eberhard Billick*, »Iudicium cleri et universitatis Coloniensis …« (s. oben S. 31, Anm. 5), Bl. 29b.
5. Wohl unvollständiger Satz, vielleicht auch eine Redewendung: wie es sich damit verhält.
6. Erdichtung.
7. doch wohl, immer.
8. verdientermaßen.
9. Bescheidenheit, Aufrichtigkeit.
10. sicherem.
11. sicherem, eindeutigem, nicht zu bezweifelndem.
12. wahren.
13. Verfälschen.
14. Kölnischen.
15. wie.
16. Verfälschen, Verdrehen.
17. untunliche.

alle menschliche[a] maß so gar[1] vberfaren[2], das ein ieder Christ greiffet[3], das sie der leut sein, die der warheyt in irem gewissen vberzeuget seindt vnd der doch wider fechten. Waß sie dan auch fůr Schriften oder vrsachen wider mich ein furen, das thun sie mitt so liederlicher vnd leychfertiger Sophisterey[4], das sich billich nit allein die ein Gottesforcht, sonder auch die noch allein ein menschliche redlichkeit haben, billich beschaͤmen müssen, das jr namen damit besudlet würt.

Wiewol aber dem also ist, das ein jeder Christ, der diß genant Judicium liset, erkennen kan Vnd | *iijb* | darum niemand Gotsverstendig, der allein mein vorigs buchlein, dawider diese leuth so stürmen, mit Gottes forcht lesen will, weyter antwort auff aller dieser Deputaten verkeren[5] vnd lesteren, forderen würt, Jedoch weyl der kinder Gottes vil von wegenn der liebe dieser welt[6] vnnd mangel[7] der reinen lehr Christi noch ein bloͤden[8] verstandt in diesenn sachen vnsers ewigen heils haben vnnd villeicht durch der C. Deputaten schreiben etwas betrůbt vnd irrig gemacht werden mochten, so will ich dennach der warheit zů steur[9] vnd den gůthertzigen zů gůt dißmal doch etwas auff diß vermeinte Judicium der C. Deputaten antworten, So vil ich verhoffen mag, das es dem teutschen Leser zůr besserung dienen werde, Vnd darnach in der latinischen antwort, die mit der hilff Gottes dieser theutschen bald folgen solle[10], die sachen weytleuffiger[11] vnd eygentlicher verantworten[12], Doch so vil auch, als ich dem Leser besserlich[13] sein vnd mir gepürlich erkennen mage, Das ich nemlich meinen schuldigen dienst am wort des Herren vnnd anderen notwendigen wercken nit zů vil verschlage[14] vnnd den Christlichen Leser mit vberflüssigem schreibenn nit vngütlich[15] beschwaͤre[16]. So hatt auch | *iiija*[b] | bereit mein lieber Herr vnd brůder Philippus Melanthon im latin ein Christlich vnd schon gruntlich antwort vber diß Judicium der Coͤlnischen Deputaten

a) Drf. menscliche.
b) falsche Lagenzählung: iij.

1. gänzlich.
2. übertreten, überschreiten.
3. versteht.
4. Spiegelfechterei.
5. Verfälschen, Verdrehen.
6. Vgl. I Joh 2,15.
7. Ermangelung.
8. schwachen.
9. Unterstützung, Hilfe.
10. Eine lateinische Übersetzung dieser Zweiten Verteidigungsschrift ist nicht nachweisbar.
11. umfassender.
12. beantworten.
13. nützlich, förderlich.
14. unterlasse.
15. böswillig.
16. belaste.

lassen auß gohn[1], die man auch bald verdeutschet haben solle[2], das es wol auch deßhalben weyters antworten nit bedurffte.

Nach dem ich dan allein zu gůt den einfeltigen[3], bloͤden[4] vnd doch Gotsfoͤrchtigen gewissen diese antwort zu schreiben für gůt angesehen, so habe ich etlich hauptstuck vnser Christlichen religion vnd in welchen das einfeltig volck am meisten noch hanget, fürgenomen weyter zu erklaͤren vnd gegen diesen Deputaten vnd anderen Sophisten[5] zu verteidingen: Alß von der angebornen sünden vnd der erloͤsung Christi, Von gůten wercken, Von dem waren vnd falschen anbetten vnd dienst Gottes, Von verehrung der Heyligen vnd darbey eingerissnen mißbreuchen vnd Abgoͤttereyen, Von der rechten firmung, Von dem H. Abendtmal vnd Messen, Von der Beycht vnd Bůß, Von der Christlichen Kirchen, jrer Lehr, Ordnung vnd Dienern Vnd dergleichen heilsamen vnd notwendigen Artiklen, Welche ferner erklerung vnd verteytigung auß grunt[6] Goͤtlicher Schrifft vnd des waren glaubens der waren | *iiijb* | Christlichen Gemeinden mit einfeltiger anzeig[7] der warheit Christi thůn woͤllen, Vnd das lesteren vnd schelten – wie wol ich diesen meinen gegen schribern mit der warheit leider vnd nach dem Gottes wort vil abscheulicher titel zu geben hette – denen laßen, die dem vater der lesterung[8] vnd seinen kindern, die allein lust hieran haben, dienen. Es ist auch ein geringe kunst, alle scheltwort sampt den gemeinen lotterischen[9] schmach namen auß allen Scribenten zu hauff raffen vnd die zu mal vber die außschütten, denen ein jeder feindt vnd heßig[10] seye, ob schon des scheltens an den selbigen einige vrsache nit erscheine, wie diese C. Deput. gegen mir gethan. Solich so gar mutwillig[11] schelten vnd lestern wurt auch bey der erbarkeit[12] nieman beschwaͤren, sonder zeuget wol von denen, die es treiben, das sie jrer sachen keinen grunt haben vnd ihr eigen hertze mit der warheyt vberwunden vnd zu schanden gemacht ist.

1. *Philipp Melanchthon*, »Responsio ad scriptum quorundam delectorum a Clero Secundario Coloniae Agrippinae«, Bonn: Laurentius von der Mülen, 1543. VD 16 M 4134. Exemplare in München SB, Wolfenbüttel HAB. *Melanchthon*, Bekenntnisse und kleine Lehrschriften, S. 381–421; *Piel*, Geschichte, S. 26–30 und S. 68 f.; *Varrentrapp*, Hermann von Wied, S. 168–171; *Schlüter*, Die Publizistik, S. 60 und S. 152 (Nr. 16).

2. *Philipp Melanchthon*, »Antwort Philippi Melanthonis vff die Schrifft etlicher verordneten aus dem vndern stand der Clerisy zů Coͤllen zu gůt, auß dem Latin verdeutscht, durch Gerardum Virgineum ...«, Bonn: Laurentius von der Mülen, 1543. Exemplare in Wolfenbüttel HAB, Zürich ZB. VD 16 M 4138. *Piel*, Geschichte, S. 27 f. und S. 69 f.; *Varrentrapp*, Hermann von Wied, S. 171; *Schlüter*, Die Publizistik, S. 60 und S. 153 (Nr. 17).

3. arglosen, aufrichtigen.

4. schwachen.

5. Wortverdreher.

6. auf der Grundlage.

7. Darlegung. Frühneuhochdt. WB 1, Sp. 1605 f.

8. Teufel. Vgl. Joh 8,44; Apk 13,6.

9. leichtfertigen, liederlichen.

10. verhaßt.

11. absichtliches. *Götze*, S. 164.

12. bei den angesehenen Leuten.

Damit du aber, Christlicher leser, desto baß[1] vernemest, warumb diese leuth wider mich so ein grimmes[2] lesteren furgenomen, so sehe alle mal wol[3] auff die artickel, für die sie furnemlich streiten, Vnd neme war der orten[4], an welchen sie mit jrem lesteren am vngestiemsten[5] herauß brechen. | *va* | Dann wiltu auff die beyde acht haben, würstu wol sehen, das alles jhr streiten vnd fechten ist für die menschen verdienst, satzung, gewalt, würde Vnd wider das wir jnen – aber nit Got, vnserem himlischen Vatter oder einigem[6] waren Christen – den verdienst Jesu Christi, die Gottes gebot, die macht vnd herligkeyt vnsers Herren Jesu Christi zů hohe heben vnd die ware fromkeit vnd dienst der kirchendiener zů streng anziehen[7]. Also würstu auch sehen, das sie an denen orten am grausamsten wider vns mit jrem lesteren vnd schelten wüten, da wir mit klaren vnd tringenden vrsachen zů der notwendigen Reformation der Geystlichen vermanen vnd vnseren dienst hieran, des sie als[8] gern queyt[9] weren, wider jhr falsches verkeren vnd anklagen so verteydingen, das nit allein die verstendigern Christen sonder auch alle, die etwas Gottes forcht vnd liebe der warheit haben, greyffen[10], das sie jres lesterens keinen fůg[11] haben vnnd nichts dann wider die warheit Christi so tzürnen vnd toben.

Auß dem würstu dann, Christlicher Leser, wol erkennen, das es diesen leuten alles darumb zů thůn ist, wie sie jren jetzigen stadt[12], pracht, wolust vnnd gebrauch der kirchen güter erhalten | *vb* | mögen, förchten, ein Christliche Reformation werde ihnen diß ir geliebt leben vnd wesen[13] etwas betruben vnd ringeren[14]. Darumb vnderstahn sie alles, das sie in gemeinem[15] mißbrauch ietzund haben in lehre, in ceremonien[a], im kirchen Regiment[16] vnd leben, wie offentlichen die feyl[17] vnd mengel in dem allen am tag ligen, zu[b] verteydigen, zu ferben[18] vnd zu entschuldigen Vnd dagegen alles, das wyr zů beforderen

a) Drf. cermonien.
b) Drf. zn.

1. besser.
2. grimmiges, schreckliches.
3. gut, genau.
4. Stellen.
5. sehr erregt, sehr heftig.
6. irgendeinem.
7. vertreten, fordern, beanspruchen. Frühneuhochdt. WB 1, Sp. 1619.
8. insgesamt, immer wieder, jeweils, überhaupt.
9. frei, los, ledig.
10. verstehen, begreifen.
11. Recht.
12. Zustand, Würde.
13. Treiben.
14. vermindern.
15. allgemeinem, gewöhnlichem.
16. Herrschaft, Ordnung.
17. Irrtümer.
18. beschönigen.

Christliche Reformation furbringen, wie offenbar das in Gottes wort vnd aller lehre vnd haltung[1] der Gemeinden Christi von anfang, wie hieuon aller H. Vätter schrifften zeugen, vns dargegeben ist, zu verwerffen vnd zu verdammen oder zum wenigsten in falschen verdacht zu ziehen.

Bedencken leider in dem nicht, das diß tringen auff Christlich vnd so gar[2] notwendige besserung des kirchendiensts vnd Religion, daran ich vnd andere, die sie so vbel hassen vnd schewen, dienen nit mein vnd meins gleichen menschen, sonder Gottes thůn vnd werck ist, wider den kein rath noch macht etwas außrichtenn kan, Wie der Herre nun das in xx. jaren je klar vnd ernstlichen gnug bewisen hat mit so gwaltigem fürtringen[3] der reinen lehr des H. Euangelij vnd | *via* | so wunderbarem brechen[4] vnd zu ruck treiben alles, das dagegen practiciert vnd fürgenomen haben, die man doch für die geschwindesten[5] vnd gewaltigsten in der welt nit one vrsach achtet. Aber wie der psalm singet[6]: »Der thorecht man erkennets nicht, vnd der narr verstehet sein nicht«.

Der trieb zu Christlicher Reformation ist Gottes vnd keiner menschen werck.

Psal. 92[7]

Sie glauben auch nicht, wie filfeltig des[7] das Gottes wort vertrostet, das ein Christlich Reformation niemands etwas gůts zerstoret, noch schädlichs einfuret, sonder abtreybet[8] wie den zorn Gottes also alles arges[9] vnd bringet Gottes gnaden vnd segen alles gůts. Der Herre sagts vnd also muß es sein: Die ihn forchten, die ihm vertrauwen, die seinem gericht vnd gerechtigkeyt nach trachten, denen mag kein gůts mangelen vnd kein boses schaden. Des trosts ist die H. schrifft voll[10]. Aber diesse leut erkennen die zeyt ihrer gnedigen heimsuchung nit, Daß[11] jnen zu zeytlichen vnd ewigen friden dienet, ist vor jren augen verborgen[12], Dadurch sie jnen vnd anderen gottes segen vnd milte[13] gutthaten gewißlich erhalten vnd reichlich mehren mochten, dafur forchten sie sich, das schewen vnd flehen[14] sie. Vnd das jnen vnd anderen allen zorn gottes vnd plagen erwecket vnd zufůret, dahin begeben sie sich, dafur streyten sie. Diß mußen wyr den lieben Gott walten laßen, Vnd sehen, wie wyr doch etliche von | *vib* | diesem verderben retten helffen. Darzů ich diese Antwort zů schreiben fürgenomen habe, Jn deren ich diese ordnung zu halten bedacht binn:

1. dem Verhalten, der Beachtung der Gesetze. *Grimm* 10 (= IV,2), Sp. 304.
2. ganz.
3. Vordringen, Ausbreitung.
4. Überwinden, Zerbrechen. Frühneuhochdt. WB 4, Sp. 1016 und 1022.
5. tückischsten.
6. Ps 92,7.
7. darüber.
8. abwendet.
9. Üble, Böse.
10. Vgl. Ps 27,1; Jes 40,1; Jer 15,16; Mt 6,33; Röm 2,6–7; Kol 3,2; I Petr 3,13; Ps 18,31; Ps 84,12.
11. Das, was.
12. Vgl. Lk 19,44.42.
13. reichliche, gnädige.
14. fliehen.

Erstlich will ich ablehnen das Sophistische[1] verkeren vnd schelten der C.[2] Deputaten, das sie treiben an den hauptstücken Christlicher lehr, von mir im vorigen Buchlein[3] dargethan, Vnd derhalben[a] die selbigen Artikel, nemlich die notwendigsten zu gut den einfeltigen etwas weiter erkleren Vnd dan auch antworten auff jhr schelten vnd lesteren wider die Protestierenden, ein Stadt Straßburg[b] vnd meinen berůff[4] vnd leben. Doch diß auffs aller kurtzist. Der Herre Christus, der hertzkündige[5] Richter aller Menschen[6] spreche vnd gebe in dem allen sein vrtheyl zu erkennen allen, die zu seinem Reych gehoren, Amen[7]. Der wurdt auch seine lehr vnd vns mit allen, die auff jnen trawen vor diesen leuten vnd dem, der mechtig in jnen ist, wol bewaren. Jm seye ewigs lob, sig vnd herlichkeyt[8]. Amen.

Martinus Bucer, ein diener Christi[c], vnsers Herren vnd seiner gleubigen. | *ja/ Aja* |

Der erst haupt artickel: von der Erbsünden vnd verletzten[9] natur

SEytenmal vnseren Herrenn Christum, den erloͤser, artzet[10] vnd widerbringer vnser gantzen natur niemand recht erkennen, annemen vnd also von jhm erloͤset, geheylet vnd zům Goͤtlichen leben widerbracht werden mag, der nicht sein angeporne kranckheit vnd verderben recht grundtlich erkenne vnnd komme in war rew vnd leydt des gantzen alten Adams. So lehren vnnd vermanen wir mit aller Goͤtlichenn schrifft die leuth, das sie jhre angeporne sůnd vnd gebrechen wol erkennen Vnnd das ernstlich vnd wircklich[11] bedencken woͤllen, »das sie von wegen jrer verkerten natur Got, sein seliges wort vnd gaben nit erkennen, noch weniger begeren vnd annemen moͤgen[12], | *jb/Ajb* | Als[13] deren sinn, art vnd neygung Got widerstrebet, Wie dann der H. Paulus be-

Buceri bekendtnüß vonn der Erbsünden

i. Cor. 2[14]

a) Drf. derhal halben.
b) Drf. Staßburg.
c) Drf. Cristi.

1. spitzfindige.
2. Kölnischen.
3. Bucers Erste Verteidigungsschrift, 1543 (s. oben S. 32, Anm. 5). BDS 11,1, S. 19–131.
4. Berufung.
5. die Herzen kennende. Vgl. *Grimm* 10 (= IV,2), Sp. 1252: καρδιογνώστης nach Act 15,8.
6. Vgl. I Kor 4,5; II Tim 4,8.
7. Vgl. Joh 7,16–17; II Joh 9; I Tim 6,3–4; Röm 14,9; Röm 15,4; Act 10,42; II Tim 4,1.8.
8. Vgl. I Chr 29,10–11.
9. gefallenen.
10. Heilbringer, Tröster, Retter. Frühneuhochdt. WB 2, Sp. 214.
11. wirksam.
12. Vgl. Röm 1,18–32; Röm 2,17–25; Röm 3,4.9–20; I Kor 2,7–8.14.
13. weil. Frühneuhochdt. WB 1, Sp. 847.

zeuget[1], das der naturlich mensch die Goͤtlichen ding nit fassen noch annemen mag, sonder seyen jm ein torheyt, Vnd das der sinn des fleischs ein feindtschafft seye gegen Got, Darumb, wie der Herr selbs zeuget, Das Reych Gottes niemandt sehen mag[2], dann der auß seynen gnaden vnd geyst in jm new geboren wuͤrdt.«[3] Diß sind die wort im vorigen buͤchlein, das die C. Dep.[4] anfechten im anderen artikel des ersten theyls[5].

Rom. 8[7]
Johan. 3[3]

Buceri bekantniß vom Tauff

Daneben lehren wir auch, das vns Got im H. Tauff zů genaden angenomen, auß gewalt der finsterniß erloͤset, new geboren vnd seynem lieben Son eingeleybet hat, vnß die angeboren suͤnd so abgewesschen, das er vnß die vonn wegen der bezalung[6] seynes lieben Sons zur verdamniß nimmer zů rechnen will, so ferr wir vnß deren nit wider zům dienst ergeben, Vnd so vns »das widerwertig gesetz in vnseren glideren[7] der massen anhanget vnd im weg liget, das wir dem gesetz des Herren nimmer genůg thun, sonder vnserthalben alweg in vngehorsame vnnd arme verdampte suͤnder bleyben, das wir Christum, vnsern Herren den gerechten, bey dem Vatter zů einem fuͤrsprechen[8] haben, der auch nit allein fuͤr vns bittet, sonder die versoͤnung ist fuͤr vnsere suͤnd[9] vnd setzet[10] sein volkomne gehorsame fuͤr vns vnd erstattet[11] damit vnsere vngehorsame.« Diß ist im dritten artikel meynes buͤchleins vom anfang[12].

Der Coͤl. Dep. vrtheyl wider Bucerum

Hierauff geben die Coͤlnischen Deputaten soliches vr- | *ija/Aija* | theil: Jch verkleinere offentlich mit dieser lehre die genad des Tauffs vnd den verdienst des blůts Christi; Jch mache den fal Ade[13] schwerer, dann vnser erloͤsung, geschehenn durch den todt Christi; Jch sage, das vnser natur Got widerspenstig seye vnnd anders nicht thůn moͤge, das die gemeinen lehrer vom Teuffel nit setzen doͤrffen[14].

Diß ist der Coͤl. Deputaten vrtheyl wider mich an diesem ort. Vnd were ja ein schweres vrtheyl, wann es war vnd recht were.

Nun Hoͤre aber auch die vrsachen dieses so beschwerlichen vrtheyls, Dann diese Deputaten, wie sie rhůmen, nicht on vrsachen vrtheylen. Sie sagen, ich

1. I Kor 2,14; Röm 8,7; Joh 3,3.5.
2. kann.
3. Bucers Erste Verteidigungsschrift, 1543 (s. oben S. 32, Anm. 5), Bl. b1b. BDS 11,1, S. 34,4–11.
4. Kölnischen Deputaten.
5. *Eberhard Billick*, »Iudicium cleri et universitatis Coloniensis ...« (s. oben S. 32, Anm. 5), Bl. 3b–5a.
6. Einlösung, Erfüllung.
7. Vgl. Röm 7,23.
8. Verteidiger.
9. I Joh 2,1–2; Röm 8,34; Hebr 7,25.
10. einsetzen, daransetzen.
11. bezahlt, begleicht.
12. Bucers Erste Verteidigungsschrift, 1543 (s. oben S. 32, Anm. 5), Bl. b2b. BDS 11,1, S. 35,7–13.
13. Adams.
14. nicht zu behaupten wagen.

mache die Concupiscentiam[1], das ist die lust nach dem Tauff, ein suͤnde oder vngerechtigkeyt Vnd streyte, das den getaufften von noͤten seye eyner stetigen reuwe vnd verzeyhung dieser suͤnden. Bekenne nicht, das die Erbsuͤnd im Tauff eynmal[2] werde hingenomen[3], Halte es mit dem Luther[4], das die rew vnd ein zerschlagen[5] hertz[6] vor der gnaden, die vns Got angeneme machet, den menschen meer zům suͤnder mache, Jtem, das war rew vnd leidt der suͤnden auß warem glauben vnd liebe Gottes komme. Diß sind dieser Deputaten vrsachen, auß denen sie so ein geschwind[7] vrtheyl wider mich gefellet haben.

Wie wol nůn die C. Deputaten die jetz vermelten[8] reden, die sie zur vrsachen jres vrtheils einfuͤren, in meinem bůchlein nit gelesen, jedoch so halte ich den sinn dieser reden fuͤr war, wa man den recht verstaht, habe den auch | *ijb/Aijb* | in anderen bůchern geschriben vnd verteydiget[9], Nemlich in diesem verstandt, das der boͤse gelust vnd die widerspenstigkeit gegen den Goͤtlichen gesetz[10], welche S. Paulus heisset ein gesetz der suͤnden[11] vnd suͤnde, die in den getaufften vnd new geborenen, wie er ware, wohnet, so lang sie hie leben, warlich ein vngerechtigkeit vnnd suͤnde ist, vmb deren willen wir ewiglich verdammet sein můsten, wann vns der Herre Christus nit erworben hette, das sie vns nit zů gerechnet wuͤrdt, Darumb sie vns auch billich reuwen solle all vnser leben lang vnd die verzeyhung der selbigen in Christo, vnserem Herren durch waren glauben ergreiffen, vnß deren getrosten vnd jme darumb ewigen danck sagen. Dann der Tauff diß widerstreben gegen dem gůtten gesetz Gottes ja nicht von vns hinnimmet, das es nit in vns seye, wie der H. Augustinus[12] so offt sagt[13], sonder bringet, das es vns nit zů gerechnet werde.

Was die vberig Erbsünd in den new gebornen

1. Begierlichkeit, heftiges Verlangen. Vgl. *Altenstaig/Tytz*, Lexicon, S. 167f.
2. ganz, auf einmal.
3. Vgl. Röm 6,1–23.
4. In Betracht kommt hier die folgende Stelle: in der Predigt vom 11. April 1531 über Lk 24,36–47 (*Luther*, WA, Bd. 34I, S. 301–310, hier S. 303,16f.; vgl. Kaspar Crucigers Sommerpostille, *Luther*, WA, Bd. 21, S. 251,25–38). Ferner kommen die folgenden Stellen in Betracht: »Wider die Bulle des Endchrists«, 1520 (*Luther*, WA, Bd. 6, S. 625,7), »Grund und Ursach aller Artikel ...«, 1521 (*Luther*, WA, Bd. 7, S. 359,3) und »Ein Gegenurteil Doktor Luthers«, 1521 (*Luther*, WA, Bd. 8, S. 276,27; S. 277,15). Wir danken Herrn Prof. Ulrich Köpf (Luther-Register, Tübingen) für seine Unterstützung.
5. demütiges. *Grimm* 31 (= XV), Sp. 759.
6. Vgl. Ps 51,19.
7. listiges, tückisches. *Götze*, S. 104.
8. berichteten, genannten.
9. Bucer meint hier wohl in erster Linie seine im Auftrag Hermanns von Wied verfaßte Reformationsordnung für das Erzstift Köln: »Von Gottes genaden vnsers Hermans Ertzbischoffs zů Coͤln ... einfaltigs bedencken ...«, Bonn: Laurentius von der Mülen, 1543, Bl. xva-xvia. Bibliographische Beschreibung und Edition BDS 11,2, S. 147–432, hier S. 192–194.
10. Gesetzen.
11. Vgl. Röm 7,23.25; Röm 8,2.
12. Aurelius Augustinus (354–430), der größte lateinische Kirchenvater. RGG³ 1, Sp. 738–748; LThK² 1, Sp. 1094–1101; TRE 4, S. 646–698.
13. *Augustinus*, Contra duas epistolas Pelagianorum ad Bonifacium III,3,5. PL 44, Sp. 590f.; CSEL 60, S. 490f., hier v. a. S. 491,7–26.

Der H. Geist heist selb den anhangenden boͤsen gelust suͤnd.

Der schrifftlich[1] grundt dieser lehr ist[2]: Der H. Geyst im H. Paulo heyst diese angeporne vnd in vns allen, so lang wir hie leben, noch vbrige vnd wohnende gelust vnd widerspenstigkeit gegen Got, suͤnd an vil orten. Niemand kan eygentlicher[3] vnd besser reden dann er, vnd was er redt, můß also sein. Darumb ist auch dieser bose gelust vnd widerspenstigkeyt gegen Gottes gesetz suͤnd vnd vngerechtigkeit.

Jm Sechsten zun Roͤmern [12–14] lesen wir also: »So laßt nůn die Suͤnd nit herschen in euwerem leyb. Begebet[4] | *iija/Aiija* | nicht euwere glider der Suͤnden zů waffen. Die suͤnd wirdt nicht herschen koͤnden vber euch etc.«, Jm Sibenden Capitel [16–17]: »So ich aber das thů, das ich nicht wil, so willige[5] ich, das das gesetz gůt seye. So thů nun ich das selbige nicht sonder die suͤnd, die in mir wohnet,« Jtem[6]: »Jch sehe aber ein ander gesetz in meinen glideren, das da widerstreytet dem gesetz in meinem gemuͤt vnnd nimpt mich gefangen in der suͤnden gesetz, welches ist in meinen glidern. Jch ellender mensch, wer wuͤrdt mich erloͤsen vonn dem leyb dieses todes? Jch dancke Got durch Jesum Christum, vnseren Herren. So diene ich nun mit dem gemuͤt dem gesetz Gottes, aber mit dem fleysch dem gesetz der suͤnden.«

Secht[7], lieben Christen, in diesen vnd noch meer spruͤchen nennet der H. Geyst selb diese angeborne vnd in den newgebornen noch vbrige widerspenstigkeit gegen Got, suͤnde, wie das ein jeder selb erkennen kan vnnd auch die H. Vätter Ambrosius[8], Hilarius[9], Augustinus vnd andere in außlegung dieser spruͤchen[10] zeugen[11]. Darumb ist sie auch suͤnd. Vnd wie solte nicht vnrecht vnd suͤnde sein, das in vns dem Goͤtlichen gesetz widerstrebet, das gelustet wider den Geyst, das Gottes wort verachtet, Gott seynen schepffer nicht recht erkennet, nach[12] liebet, Welchen jamer alle heyligen in sich befinden[13] vnd klagen[14].

1. durch die Bibel belegte.
2. Vgl. Röm 7,7–25.
3. treffender, nachdrücklicher, genauer.
4. gebt hin, gebt anheim.
5. beschließe, halte für gut. *Grimm* 30 (= XIV,2), Sp. 183.
6. Röm 7,23–25.
7. Seht.
8. Aurelius Ambrosius (339–397), Bischof von Mailand, politisch einflußreicher Kirchenlehrer. RGG³ 1, Sp. 307 f.; LThK² 1, Sp. 427–430; TRE 2, S. 362–386.
9. Hilarius von Rom (gest. vor 382), Diakon. LThK² 5, Sp. 338 f.
10. Die oben erwähnten Bibelverse: Röm 6,12–14 und Röm 7,16–17.
11. *Ambrosiaster* (Pseudo-Ambrosius), In epistolam ad Romanos. PL 17, Sp. 106–108 und 117 f.; CSEL 81/1, S. 198–202 und S. 236 f. Über Ambrosiaster vgl. TRE 2, S. 356–362. *Hilarius (Diaconus)*, Commentarius in XII epistolas B. Pauli. Dies ist der in dieser Anm. erwähnte Kommentar des Ambrosiaster. *Augustinus*, Expositio quarundam propositionum ex epistola ad Romanos. PL 35, Sp. 2069–2072.
12. noch.
13. antreffen, vorfinden.
14. beklagen.

Augustinus, das der vbrige gelust in Heiligen sünd vnd vnrecht seye. Contra Julianum lib. 5, ca. 3

Auß dieser vrsachenn hat auch der H. Augustinus Contra Iulianum, lib. 3[1] bekennet, das dieser gelust suͤn- | *iijb*[a]*/Aiijb* | de seye vnd nit allein genant werde. »Der gelust – spricht er – des fleysches, der wider den gůten geist gelustet, ist suͤnde, dann er in sich hat ein vngehorsame wider die herschung[2] des gemuͤts, Vnd ist ein straff der suͤnden, dan damit ist dem verdienst der suͤnden wider golten[3] worden, Vnd ist ein vrsach der suͤnden von gebrechen vnd schwacheyt wegen eines jeden, der diesem gelust bewilliget[4], Vnnd vber das Euangeli Joannis, als er diese wort Pauli[5] anzeucht[6]: »Es solle die suͤnd nit herschen in euwerem sterblichen leybe«[7], hat dieser H. lehrer also geschriben: Paulus sagt nicht, die suͤnd seye nicht, sonder solle nicht regnieren in euwerem sterblichen leibe. Dann so lang du hie lebest, ists von noͤten, das suͤnd in deinen glidern seye: »Necesse est peccatum esse in membris tuis«[8].

Tract. 41

Jn diesen wortenn sichstu[9] je, Christlicher leser, das auch der H. Augustinus erkennet, das der gelust vnnd widerspenstigkeyt wider Gottes gesetz, die in den Heyligen vbrig bleybet, so lang sie hie leben, suͤnde seyn[b]. Also zeuget er auch an vilen orten, das diese suͤcht »iniquitas«, ein vngerechtigkeyt seye. Zům Iuliano spricht er an gemeltem ort[10]: »Wa[11] du weyßlich klůg werest, so sehest du, das warlich ein vngerechtigkeyt ist, das der vndertheyl des menschen dem obren vnd besseren theyl widerstrebet.« Auß der vrsachen auch der H. Ambrosius diese sucht »iniquitatem« geheyssen hat, wie Augustinus zeuget (2. Contra Iulianum).

lib. 5, ca. 3

Das aber der H. Augustinus an etlichen orten sagt, | *iiija*[c]*/Aiiija* | diese vberblibne sucht in Heyligen, die dem Goͤtlichen gesetz in jnen als[12] widerstrebet, seye nit suͤnde, erkleret er sich selb als bald, wie er das meine. Als[13] an dem ort, das die C.[14] Deputaten anziehen, sagt er ja, das diese sucht nit suͤnde seye vnd

Ad bonifacium li. 1, cap. 13

a) falsche Foliierung: iiij.
b) nach »seyn« wird das bereits oben stehende »erkennet« wiederholt.
c) Foliierung (iiij) fehlt.

1. *Augustinus*, Contra Iulianum V,3. PL 44, Sp. 787f.
2. Herrschaft.
3. vergolten, zurückbezahlt.
4. einwilligt, nachgibt.
5. Röm 6,12.
6. anführt.
7. *Augustinus*, In Ioannis Evangelium Tractatus XLI,12. PL 35, Sp. 1698; CChr.SL 36, S. 364,(12),2.
8. *Augustinus*, In Ioannis Evangelium Tractatus XLI,12. PL 35, Sp. 1698; CChr.SL 36, S. 364,(12),4–5.
9. siehst du.
10. *Augustinus*, Contra Iulianum V,4,16. PL 44, Sp. 793.
11. Wenn.
12. stets, immer wieder.
13. Denn.
14. Kölnischen.

werde suͤnd geheyssen darumb, das sie ein vrsache der suͤnden seye[1]. Wie braucht er aber an diesem ort das wort suͤnde? »Suͤnde – spricht er glych daruff – sind die nach dem gelust des fleysches vngepuͤrlich gethan, geredt oder gedacht werdenn«[2]. Soliche suͤnde ist ja nicht der angeporen boͤse gelust, Dann der nichts thätlichs ist, das man mit gedancken, worten oder wercken wider Gottes gesetz thůe, Sonder eine boͤse sucht vnd neygung wider Gottes gesetz.

Also sagt dieser lehrer im anderen bůch (contra Iulianum)[3]. Diese sucht wuͤrdt suͤnd genant nit des halben, das sie vns der straffen Gottes schuldig mache, sonder von des wegen, das sie von der suͤnden herkommet vnd vnderstaht[4] vns zů ziehen zur suͤnden, durch das sie dem geyst widerspenstig ist.

Derhalben wenn man suͤnd vnd vnrecht das allein heißen will, das vom menschen williglich gedacht, geredt oder gethan würt wider Gottes gesetz vnd jn des zorn Gottes schůldig machet, also ist der vberblibene boͤse gelust in den Christen, so lang sie des boͤsen lusten vnd bewegnůssen[5] nit stat geben, nit suͤnd. So man aber alles, das suͤnd heysset, wie man solle vnd der H. Geyst selb thůt vnnd lehret, was im menschenn dem Goͤt- | *iiijb/Aiiijb* | lichenn gesatz widerstrebet, Also heißt nit allein diese vberblibene widerspenstigkeyt, sonder ist auch ein ware vnd schwere suͤnd, Dann sie wider das zehende gepot Gottes ist[6]: »Laß dich nit gelusten.« Darumb der H. Paulus sagt[7]: »Aber die suͤnd erkennet ich nicht on durchs gesetz. Dann ich wust nichts von der lust, wa[8] das gesetz nicht hette gesaget: ›Laß dich nit gelustenn‹.« Nun des gelustens befande der H. Paulus bey sich auch nach dem Tauff vnd befinden sein alle Heyligen, so lang sie hie in diesem fleysch leben.

Was eygentlich sünde

Rom. 7[7]: Gelust ist wider das zehend gepot, darumb auch sünd.

Weil sie dann erkennen, das dieser gelust in jhnen wider das gesetz Gottes strebet vnd sie alle vberzeuget, das sie Got noch nit von gantzem hertzen, gantzer seelen vnd allen krefften lieben[9] – dann wa[10] die liebe zů Got gantz were, koͤnde oder moͤchte sie nichts gelusten, das er verpeutet[11] – so můß sie ja dieses argen auch von hertzen reuwen. Vnd auß solcher rew vnd leydt vber diese suͤnde schreien sie mit Paulo[12]: »Jch ellender mensch, wer wuͤrdt mich er-

Rom. 8[13]

1. *Augustinus*, Contra duas epistolas Pelagianorum ad Bonifacium I,13. PL 44, Sp. 563,5–7; CSEL 60, S. 445,19–21.
2. *Augustinus*, Contra duas epistolas Pelagianorum ad Bonifacium I,13. PL 44, Sp. 563,9–11; CSEL 60, S. 445,22 f.
3. *Augustinus*, Contra secundam Iuliani responsionem II,226. PL 45, Sp. 1243.
4. maßt sich an, wagt.
5. Beweggründen, Absichten.
6. Ex 20,17.
7. Röm 7,7–8.
8. wenn.
9. Dtn 6,5.
10. wenn.
11. verbietet.
12. Röm 7,24.
13. richtig Röm 7,24.

loͤsen von dem leib des todts?« Aber da bey wissen sie auch, was sie im H. Tauff entpfangen haben, nemlich die gnad Gottes vnd gemeinschafft vnsers Herren Jesu Christi, das Got jnen vmb seynes lieben Sons willen diese Suͤnde nit zůrechnen will, wa sie jren boͤsen lusten nit stadt[1] bey jnen geben. Des[2] sagen sie Got mit Paulo danck durch Jesum Christum, des[3] versichert, das ja an denen, die in Christo Jesu sindt, nichts verdamlichs ist[4], Die nit nach dem fleysch wandlenn, sonder nach dem Geyst[5]. | *va/Bja* |

Diß ist, wie du selb siehest, Christlicher Leser, das vns Got selb in seynem wort von der vberblibnen erbsuͤnd nach dem Tauffe bezeuget, Das die Apostolen vnd alle Heiligen Vätter[6] also erkennet vnd gelehret haben, Auch alle ware Christen bey sich selb befinden vnd klagen, das sie nemlich noch stecken in eynem schwerenn vnwissen vnd verachtung Gottes, daher sie Got in seynem H. wort, beyde[7] der verheyssung vnnd betrauwung[8], nicht gentzlich glauben, darumb jn auch nicht alweg hertzlich vnd getrost[9] anrůffen, nicht von gantzem hertzen foͤrchten vnnd lieben, Sind vertruͤssig[10] vnd treg zur ge-
Galat. 5[17.24], Ephe. 4[22–24], Colloss. 3[2–3.9–10], Rom. 13[12–14]
horsame Gottes geneigt vnd bereyt zů dem, das jhr fleysch begeret wider Got, Derhalb sie auch war rew vnd leid haben jres gantzen alten menschens, creutzigen den vnd ziehen jn auß, begeren vnnd erwecken in jnen vnd ziehen jmmer meer an den neuwen menschen, ja vnsern Herren Jesum Christum, wie der Apostel vermanet[11], Vnd das durch all jhr leben auß[12].

Dadurch machen sie nicht geringe, sonder groß den H. Tauff vnd verdienst des Blůts Christi. Dann sie erkennen vnd sagen Got darumb danck, das er jnen vmb des verdiensts vnnd blůts vergiessens willenn seynes Sons, die gnad im Tauff gethan hat, das er sie seynem lieben Son Christo eingeleibet[a] vnd durch sein H. Geyst in jm versicheret hat, das er jnen solch anhangende suͤnd
Rom. 8[1–17], Galat 5[16–26]
vnd vngerechtigkeyt nit woͤlle zur verdamniß zů rechnen, Auch sein H. Geyst bey jnen erhalten, der in jhnen wider diese vberblibne suͤnd one vnderlaß | *vb/Bjb* | streyte, biß er die gar[13] toͤdte, das new Goͤtlich leben in jnen gantz außma-

a) Drf. eingeliebet.

1. Raum.
2. Dafür.
3. dessen.
4. Röm 8,1.
5. Röm 8,2–17; Gal 5,16–26.
6. Kirchenväter.
7. beyde … vnnd: sowohl … als auch.
8. Bedrohung.
9. ohne Bedenken, mutig.
10. überdrüssig. *Götze*, S. 76.
11. denkt, erinnert. – Röm 13,12–14; Gal 5,17–24; Eph 4,22; Kol 3,2–3.9–10.
12. hindurch.
13. ganz.

che[1] vnd auch jre sterbliche leybe zům hymlischen leben von todten aufferwecke[2].

Jn dem[3] sie auch den fal Ade[4] nicht groͤsser machenn dann die erloͤsung Christi, sonder die erloͤsung Christi machen sie zum guͤten weyt groͤsser dann den fal Ade zum boͤsen. Dann sie erkennen, das die erloͤsung Christi vns nit allein die schuld vnnd sucht der erbsuͤnden, sonder alle suͤnde hinnimet vnnd das leben Gottes gentzlich zůstellet, Aber volkomen erst in der seligen aufferstendtniß[5]. Rom. 5[12–21]

Sie sagen auch nicht, das die suͤnden, beyde[6] erb- vnd thätlich[7], so im Tauff vergebenn, wider wachsen wie har, das man abgeschoren hat. Mit welcher geleychniß die Pelagianer[8] die warheyt Christi von der Erbsuͤnd verhoͤneten, als Augustinus zeuget[9]. Sie bekennen aber auch mit den Apostelen, das sie nach dem fleysch noch suͤnd an jnen selb haben vnd tragen, Vnd dieses reuwet sie vnd ist jnen hertzlich leid, troͤsten sich aber da gegen, das Christus fuͤr diese suͤnd bezalet vnd jnen erworben hat, das sie jnen nit allein nit sollen zur schuld gerechnet, sonder entlich gantz vnd gar hingenomen vnd getoͤdtet werden. Dieser lehre Gottes vnd der Christlichen gemein[10] vonn anfang hange ich auch an, bezeuge vnd lehre sie, wie ich auch in den zweien gemelten artiklen gethan habe, in dem anderen vnd dritten[11]. Die lese, frommer Christ, so wuͤrstu selb wol erkennen, | *vja/Bija* | das diß nit »religiosae censure, sed irreligiosae calumnia« sind, nicht Goͤtliche erkantnißen, sonder vngoͤtliche verkerungen, das die C. Deputaten geschriben, Jch verkleinere offenbarlich den H. Tauff vnd mache den fal Ade groͤsser dann die erloͤsung Christi.

Eben als redlich ists, das sie schreiben, Jch sage, vnser natur widerstrebe Got vnd moͤge anders nit thůn. Dann ich nit die natur, sonder die verkerte natur gesetzet[12] habe, Vnd nit anders vermoͤgen, dann Got widerstreben, nicht der natur an jr selb vnd wie sie Got geschaffen, zůgeschriben, sonder der ver- Das die natur ausser Christo Gott gar widerwertig

1. vollständig mache.
2. Röm 8,1–17; Gal 5,16–26.
3. Womit.
4. Adams.
5. Vgl. Röm 5,12–21.
6. beyde … vnd: sowohl … als auch.
7. Sc. Peccatum actuale im Gegensatz zum Peccatum originale. Vgl. *Altenstaig/Tytz*, Lexicon, S. 660 f.
8. Anhänger des Pelagius (gest. nach 418), der die Erbsünde leugnete und die völlige Unabhängigkeit des freien Willens verteidigte. Auf mehreren Synoden und auf dem 3. Ökumenischen Konzil von Ephesus (431) wurden sie als Ketzer verdammt. TRE 26, S. 176–185; RGG³ 5, Sp. 206–208.
9. *Augustinus*, Retractationes I,9 und 15. PL 32, Sp. 598 und 608. *Augustinus*, Epistolae, Ep. 166 (PL 33, Sp. 723; CSEL 44, S. 555), Ep. 175 (PL 33, Sp. 762; CSEL 44, S. 661 f.), Ep. 178 (PL 33, Sp. 773; CSEL 44, S. 690 f.).
10. Gemeinde.
11. Bucers Erste Verteidigungsschrift, 1543 (s. oben S. 32, Anm. 5), Bl. b1b-b3a. BDS 11,1, S. 34,1 bis S. 36,5.
12. geschrieben, gemeint.

derbten natur, wie sie durch die Erbsuͤnd Got widerspenstig worden ist, Vnd habe das nicht auß mir, sonder auß dem wort des Herren vnd Pauli geschriben, Das ich auch im anderen artikel anziehe[1], Das nemlich der Herre gesagt hat, Niemand mage das Reych Gottes sehen, er werde dann new geporen (Joh.[a] 3[3]), Vnd Paulus: »Der sinn des fleisch ist ein feindtschafft gegen Got. Dann er ist dem gesetz nit vnterthon vnnd vermage es auch nicht« (Rom. 8[7]), Jtem der naturlich mensch mage geystlich ding nit fassen[2]. Jn diesen vnd dergleychen sprůchen als: »Die im fleysch sindt, moͤgen Got nit gefallen.«[3] »Niemandt kan zů mir kommen, der Vatter ziehe in dann«[4] etc., zeuget der H. Geyst ja offenbar, das der mensch ausser Christo anders nit vermage, dann Got widerwertig sein. Diß vnd anders nichts habe ich vom vermoͤgen vnd vnuermoͤgen der menschlichen natur gelehret. Das vnuermoͤgen zum gůten der verderbten natur habe ich dem Gottes wort | *vjb/Bijb* | bekennet vnd bezeuget vnd der natur an jr selb nichts abbrechenn[5]. Darumb ist diß die dritte Calumnia dieser C. Deputaten, das sie schreiben, Jch habe diß: anders nicht vermoͤgen dann Got widerstreben, der natur an jr selb zůgeben.

i. Cor. 2[14], Rom. 8[8], Joh. 6[44]

Die vierdte Calumnia ist, das sie sagen, ich habe Paulum nit recht verdolmetschet[6], dann ich hebe[7] »pro Animalis homo« gesetzet »Naturalis homo«. Darauß werde ich gesehen als der die natur verdamme. Antwort: Paulus hat[8] ψυχικὸς ἄνθρωπος[9] vnd setzet den entgegen πνευματικῷ ἀνθρώπῳ[10] | wie auch hernaher im 15. cap.[11] Diß hat D.[12] Luther wol[13] verdolmetschet[b] »ein naturlichen vnd geystlichen menschen«. Dann ein seeligen menschen sagen von dem wort ψυχὴ, das wir seel heyßen, ist nicht deutsch. So ich nůn den sinn Pauli mit gůten verstendigen worten dar gegeben habe, mit was redlichkeyt konden dann die C. Deputaten hierauß schliessenn, das ich die natur verdamme?

Was der naturlich mensch

Das wil ja der liebe Apostel lehren, das der mensch durch seine seel vnd allen verstandt, den er von dieser verderbten natur haben mag, die Goͤtlichen ding nit verstohn noch fassen kan, wo er nicht mit Goͤtlichem geyst begabet

a) Drf. 1. Joh.
b) wohl Drf. verdolmeschet.

1. anführe.
2. I Kor 2,14.
3. Röm 8,8.
4. Joh 6,44.
5. abgebrochen, genommen.
6. übersetzt.
7. hätte.
8. I Kor 2,14.
9. der sinnliche Mensch. Luther übersetzt: der natürliche Mensch.
10. dem geistigen, durch den Geist lebendig gemachten Menschen.
11. I Kor 15,44.
12. Doctor.
13. treffend.

wuͤrdt vnd jetzund nicht ein natuͤrlicher mensch durch die seel, das ist sein naturlich leben, sonder ein geystlicher mensch ist durch den geyst Christi. Diß bekenne vnd lehre auch ich vnd bekenne zům preyß Christi den feel vnd mangel vnser natur her kommendt | *vija/Biija* | von der Erbsuͤnden, Verdamme nicht die natur an jr selb, wie die C. Deputaten mir on alle vrsachen, die ich jn gegeben, zůmessen[1].

Dann das sie fuͤr ein vrsachen dieser jrer Calumnien anziehen, keyn vrsach ist. Sie schreiben, Jch lehre, ware rew vnd leydt der suͤnden komme auß warem glauben vnnd liebe zů Got, Vnd sagen dann, auß dem erscheine, Das mir D. Luthers meinung gefalle, Das rew der suͤnden vor der gnaden Gottes, durch die wir Gott angenem sind, meer zům suͤnder mache. Wer sicht aber nit, das diese folge[2] weder schein noch farb hat?

War rew vnd leidt der sünden komet auß glauben vnd liebe zů Got.

Dann auß dem, das ich lehre, ware reuwe der suͤnden komen auß dem glauben vnd liebe zů Got, folget weyters nicht, dann das niemand one glaub vnd liebe zů Got ware bůß oder rew der suͤnden haben moͤge[3]. Aber ich will diesen C. Deputaten den vollen geben[4] vnnd D. Luthers rede als war halten, wie sie auch ist. Dann wer nit in genaden Gottes ist, der ist Got widerwertig vnnd wuͤrdt kein ander rew der suͤnden haben moͤgen dann wie Judas mit verzweyfflung, on glauben, on hertzliche begirde der gnaden Gottes, als den er nit kennet, weyl er on glauben ist vnnd darumb auch nit liebet, weyl er jn nicht kennet. Vnd derhalben wuͤrdt ein sollich mensch, der nicht in Gottes gnaden ist, mit seyner rew der suͤnden, die auß dem glauben vnd liebe zů Got nit kommet, jemer[6] meer suͤndenn wie in allen seynem thůn, das er zů Gottes gnaden vnd gefallen, dem er | *vijb/Biijb* | nit glaubet vnnd den er nicht liebet, nicht richtenn kan, wie das auch der Heylige Augustinus an so vil orten zeuget[7].

Lege ca. 3 lib. 4 Contra Julianum[5].

Diß ist aber nicht der natur schuld an jhr selb vnd wie sie Gott geschaffen hat, sonder der Erbsuͤnden, durch die sie Gottes feyndin vnnd im widerspenstig worden ist. Derhalben folget hierauß nicht dann Calumniose[8], das D. Luther oder ich die natur des menschen darumb an jr selb verdammen, so wir nach Gottes wort bekennen, das alle werck des menschen vor der gnaden Gottes vnd dem glauben nit allein zum gůten nicht bereyten, sonder die suͤnde hauffenn[9], wie sie an jnen selb ja suͤnd sein, werck wider Gottes gesetz gethon, weil sie nicht zů der gerhorsame Gottes, die er fordret, gerichtet sein.

Die C. Deputaten vnderstohn aber auch zů erweysen, das vnrecht von mir

1. zuschreiben.
2. Schlußfolgerung.
3. könne.
4. ihre Auffassung ganz lassen.
5. *Augustinus*, Contra Iulianum IV,3. PL 44, Sp. 743–756, hier v. a. Sp. 750.
6. immer.
7. Weitere konkrete Stellen konnte ich hier nicht nachweisen.
8. böswillig.
9. anhäufen, vermehren.

geschriben seye, Ware bůß komme auß warem glauben vnd liebe zů Gott, Sagen, die rew gehe offt dem lebendigen glauben vnnd liebe Gottes fůr[1] vnd bereyte den menschen zů diesen gaben Gottes. Vnd diß wőllen sie damit erweysen, das Christus vnd die Apostolen bůß geprediget haben zů verzeyhung der sůnden vnd Petrus den zauberer Simonem zůr bůß vermanet[2]. Hie sehe, Christlicher leser, wie diese leuth der schrifft acht haben vnd was Logic sie gebrauchen. Man hat denen, die Christum noch nicht erkenneten oder schwerlich gesůndet hatten, bůß vnd rew | *viija/Biiija* | der sůndenn geprediget, ergo: Ware bůß vnnd rew der sůnden komet nicht auß warem glauben vnnd liebe zů Gott, Das ist jhr folge. »Sed in qua figura, in quo modo?« Die leuth laß man rechtschaffenn[3], das sie schaffen.

Aber du, frommer Christ, weyst wol, das ob wol rew vnd schrecken ist one lieb wie jn Juda[4], so ist doch diß allein ware vnd Christliche reuw der sůnden, wann vns die sůnd darumb reuwen vnnd leyd seyn, das wir vnseren lieben Got damit erzůrnet vnd wider seynen heiligen willen gethan habenn. Welche rew wir ja nicht haben kőnden, wenn wir nicht Gott in warem glauben erkennen vnd lieben vnd daher gern seynes gefallens leben wolten. Darumb haben auch die Apostolen vnd alle, die je ware rew geprediget, denen, die Got noch nit erkenneten oder in schweren sůnden lagen, zů vor von Got vnd seynem zorn wider die sůnd vnd gnaden gegen denen, die jhr sůnde reuwen, geprediget,[5] Wie man in allen Apostolischen predigen in geschichten der Apostel sicht. Also seindt auch alle predigen der Propheten zum alten volck, wenn sie das haben zur bůß erwecken wőllen, angestellet[6] gewesen, Haben das volck alle mal der grossen gůthaten Gottes, die er jhnen bewysenn, auch der straffen, die er an seynen verechtern geůbet hat, getrewlich erinneret, Auch vonn der almechtigkeit Gottes fil geprediget.[7] Die weiß hielte auch der Nathan gegenn dem Dauid, da er in zů warer, lebendiger bůß erwecken wolte[8]. Dann | *viijb/Biiijb* | ob wol in der waren reuwe der sůnden angst vnd schrecken vor dem gericht vnd zorn Gottes ist, nach[9] wa[10] der mensch nit auß dem glauben der gůte vnnd barmhertzigkeyt Gottes Gott auch lieb hat vnd gern in seyner gnadenn lebte, mag er der heylsamen reuwe, welche verzeyhung der sůnden suchet vnd entpfahet, nicht haben. Vnd ob wol der glaube, wenn er die verzeyhung der sůnden vnd die genade Gottes recht ergreiffet, ein solche liebe zů

Wie ware bůß zů predigen

2. Samuelis 12[1–25]

1. voran.
2. Vgl. Mk 1,15 par; Act 8,22; Act 2,38; Act 3,19.
3. ruhig schaffen.
4. Mt 27,3–5.
5. Vgl. oben S. 48, Anm. 2
6. ausgerichtet.
7. Vgl. II Reg 17,13; Jes 31,6; Jer 3,14; Jer 35,15; Ez 14,6; Sach 1,4.
8. II Sam 12,1–25.
9. dennoch.
10. wenn.

Got anzuͤndet, die forcht vnd schrecken ab treybet[1], nach[2] erhaltet vnnd meeret er reuwe der suͤnden, damit man den so lieben Got erzuͤrnet hat.

Das dann die C. Deputaten sagen, dem Heuptman Cornelio seyen seyne werck nutz gewesen, ehe er das liecht des glaubens entpfangen habe[3], Sicht[4] ein jeder Christ aber mal, auß was Theologi diese rede kome. Dann ob dieser mann schon die erkantniß Christi noch nicht offenbar vnd gantz gehabt, so ist er doch mit einem grossen liecht des glaubens begabet gewesen, on das er nicht hette moͤgen das lob der Gotseligkeit vnd Gottes forcht in der schrifft haben, noch seyne gepet vnnd almůsen fuͤr Got gelten vnd so genediglich auffgenomen werden. Nůn zeuget die schrifft[5] von diesem mann, das er sey Gotselig vnd Gotforchtig gewesen mit seinem gantzen hauß, habe vil almůsen vnd gůtthaten dem volck gethan vnd stetigs[6] gepetten[7]. Der Engel sagt zů jhm: »Dein gepet vnd dein almůsen sind hinuff komen zur gedechtnuß Gottes.«[8] Vnd die C. Deputaten sagen, Er hab damals das liecht des glaubens noch nit gehabt. | *ixa/Cja* |

Actor. 10[4.31]

Der Herr hat durch die zerstrewung der Jůden in alle land, die durch die Assirier vnd Chaldeer geschehen ist, allenthalben vil Heiden zů dem waren glauben[a] an Got bekeret, Deren etliche das gesetz Mosi angenomen vnd πϱοσηλυτοὶ, das ist Jůdgenossen worden sindt.[9] Etliche habenn sich one die Mosaischen Ceremonien zů Gott ergeben, die verheyssung des Heylands der welt in warem glauben angenomen Vnnd in[10], deren Got, angerufft vnd im[11] durch die wercke der liebe gedienet. Die hat man εὐσεβεῖς, Gotselige leuth[12] geheissen. Ein solcher war der kemmerling[13] der koͤnigin Candaces[14] auß Aethiopien land[15], wie auch der groß koͤnig Nabuchodonosor[16] vnd vil andere. Von dieser sort gleubigen ist auch dieser Cornelius gewesen, Darumb jn der H. Lucas εὐσεβὴς[b] heysset: Gotselig, der Got warlich vnd ernstlich geeret vnd gedienet hat, Auß dem ein jeder Christ wol erkennen kann, das er auch

Vorzeyten dreyerley glaubigen Juden, Judgenossen vnd gotselige Heyden

Actor. 8[27–40]

a) Drf. glanben.
b) Drf. εὐσεβῆ.

1. vertreibt.
2. dennoch.
3. Act 10,1–48.
4. Sieht.
5. Act 10,2.
6. regelmäßig.
7. gebetet.
8. Act 10,4.
9. Zum Phänomen des Proselytismus vgl. TRE 27, S. 521–525.
10. ihn.
11. ihm.
12. φοβούμενοι τὸν θεὸν σεβούμενοι τὸν θεόν; vgl. Act 10,22; Act 16,14; Act 18.7.
13. Kämmerer.
14. Kandaze, Titel der Königin oder Königin-Mutter in Äthiopien (Act 8,27).
15. Act 8,27–40.
16. Nebukadnezar, der wichtigste König des neubabylonischen Reiches.

vor der predig Petri hat ein groß liecht des glaubens haben muͤssen, ob er wol die geheimniß Christi noch nit eygentlich vnnd das Jesus der gecreutzigt, der ware Christus were, erkennete.

Auß diesem nůn allen vnd das ich im anderen vnnd dritten artiklen meynes vorigen buchs, hie zů Bonn außgangen, geschriben habe[1], hastu, Christlicher leser, wol zů sehen, das ich von der erbsuͤnden vnd der verletzten[a][2] natur durch die erbsuͤnde, vom vermoͤgen vnd vnuermoͤgen zum gůten, das der mensch hat, Also auch vom H. Tauff, von der gnaden Gottes vnd dem ver- | *jxb/Cjb* | dienst des Blůts Jesu Christi, von seyner seligen erloͤsung vnnd gaben des H. Geysts, durch den wir erst Got etwas[3] erkennen vnnd lieben moͤgen, welches alles wir im H. tauff entpfangen, Eben das glaube, bekenne vnd lehre, das die Goͤtliche schrifft vns hieuon fuͤrgibt vnd zeuget, Das die ware algemeine kirch Christi alweg geglaubet vnd bekennet hat. Daher richt du nůn selb, ob das Christliche Censurae oder vnchristliche Calumniae seyen, das die Coͤlnischen Deputaten von meinem bůch geurtheylet haben:

Jch verkleinere offentlich den Tauff vnd den verdienst des blůts Jesu Christi.

Jch mache den fal Ade[4] groͤsser, dann die erloͤsung Christi.

Jch verdamme die gůte natur des menschen vnd gebe jr zů, das den Teuffeln nit zůzugeben seye.

Jch verdolmetsche den Paulum nit recht, sonder wie es diene, die gůte natur zů verdammen.

Vnchristliche lehren der C. Deputaten

Von dem aber, das die C. Deputaten Die reuwe der suͤnden, die der gnaden Gottes, durch die wir Got angeneme sindt vnd dem glauben vorgehet, so hoch heben vnd ein bereitung zů der genaden Gottes vnnd glauben machen. So doch in vns, vor dem[5] vns Gott gnediglich zů sich zeucht vnd seynen glauben eingeusset, alles vnglauben vnnd ein greuwel vor Gott ist, | *xa/Cija* | – Denn »vnmuͤglich ists, Gott on glauben zů gefallen« (Ebreern 11[6]) – Jtem, das sie Christo, vnserem Herren, vnd den Apostolen zů geben[6], sie haben zůr bůß vermanet, die nit auß glauben vnnd liebe zů Got komme, Das sie dem

a) Drf. verletztenten.

1. Bucers Erste Verteidigungsschrift, 1543 (s. oben S. 32, Anm. 5), Bl. b1b-b3a. BDS 11,1, S. 34,1 bis S. 36,5.
2. gefallenen.
3. künftig einmal.
4. Adams.
5. bevor.
6. zuschreiben.

theuren Cornelio, der mit glauben so hoch erleuchtet war, das liecht des glaubens absprechenn, Das sie den liebenn Augustinum wider sein selb so offentliche vnnd reyche lehre vonn der vberbleybenden suͤnden in den gleubigen anziehen. Diß alles will ich dir, Christlicher leser, zu richten heimstellen Vnnd, nach dem es in vnseren anderen buͤchern genůgsam widerlegt ist, dich alhie mit weyter disputation daruon nit beschweren.

C. Deputaten ringeren die Erbsünd, erhoͤhenn die natur

Aber des erinnere ich dich, das du hie woͤllest warnemen, des ich dich jm anfang vermanet habe[1] vnd sehen, warumb diese leuth gegen vns streyten. Wir leren, vnser suͤnd vnd verderben grundtlich erkennen, das leyder vil groͤsser ist, dann wirs jmmer erkennenn moͤgen, auff das wir vns zů Christo, dem Herren, vnserem einigen erloͤser vnd Heyland, gentzlich ergebenn, geben alles gůt in vns zů der erloͤsung Christi vnd dem H. Geyst, den vns der Herre erworben hat. Darwider fechten die C. Deputaten, machen die verletzung der natur von der Erbsuͤnd gering, Das naturlich vermoͤgen vor der gnaden vnnd glauben groß. Darin sehe, wer fuͤr das Reych Christi streyte, wer war rew vnd besserung der suͤnden sůche, Wer die erloͤsung Christi vnd Tauff hoch halte. | *xb/Cijb* |

Wie der H. Tauff vonn den C. Deputaten verachtet

Aber das vnd alle ander anzeygen geschwigen, sehe allein an, mit was ernst, verstandt, andacht der H. Tauff, das Sacrament vnser erloͤsung von allen suͤnden vnd der seligen neuwen gepurt, bey jhnen gehalten wuͤrdt, vnd erkenne da her, wie diß hochwirdigste Sacrament vnd eingang ins Reych Gottes mit dem verdienst des blůts Christi, der vns im H. Tauff mit getheylet wuͤrdt, bey diesen leuthen geachtet werde. Der liebe Got woͤlle es besseren vnd zů sich bald bekeren, was sein ist. Was haltung aber des tauffs ich auß dem Gottes wort lehre, hastu zů lesen in dem neundten artikel des ersten theyls meynes vorigen buchs[2]. Halte das gegen der weise zů Tauffen, die bey dem gegentheyl ist, da keyn vermanung bey geschicht vnd wenig die gebet verstehn, Vnnd bit Got, das man sich zů dem besseren kere. | *xja/Ciija* |

Der ander artikel: Von gůten wercken vnd jren verdienst

BEy diesem artickel fechten die C. Deputaten zwey ding an, das ein, das ich leren solle, Got haben vns nichts dann werck, die dem nechsten zů nutz vnd besserung dienen, gepotten vnd das diß allein gůte werck sein, Zum anderen, Das ich verneyn, das Gott fuͤr die gůtenn werck das erb des ewigen lebens schuͤldig sey.

Damit aber du, Christlicher leser, erkennest, wie diese der Coͤlnischen Deputaten anklage nit allein vnnoͤtig, sonder gantz vnchristlich ist, so lese, was ich vonn gůten wercken in dem vierdten vnd funfften artiklen meynes vor-

1. s. oben S. 38,15 bis 39,6.

2. Bucers Erste Verteidigungsschrift, 1543 (s. oben S. 32, Anm. 5), Bl. d1b-d3a. BDS 11,1, S. 43,18 bis S. 45,3.

igenn bůchleins geschriben habe[1], findestu daran ein wort, das du verdammen koͤndest, so will ich in deiner straff stohn[2]. Nun soliche reine Christliche lere anfechten vnd lestern, wes geysts thůn vnd wercke es sey, hastu leicht zů erkennen.

Doch auch etwas auff der C. Deputaten klag: Erstlich hab ich diese wort nit gesetzet, das vns Got vberal nichts gepotten habe, dann die werck, die dem nehesten | *xjb/Ciijb* | nutzen, sonder das vns Gott keyne eussere werck gepotten habe, dann die entlich dem nehesten zů nutz vnd frommen gerichtet seyen vnd auff seyne maß dienen, Vnd das die schrifft solliche werck auch alle mal Matth. 5[16] meyne, wenn sie von gůten wercken redet, Als da der Herr spricht[3]: »Also lasset euwer liecht leuchten fuͤr den leuten, das sie euwere gůten werck sehen i. Tim. 5[9–10] vnd euweren Vatter im Hymmel preysen«, Jtem da Paulus[4] gepeutet, zů der versehung[5] der gemeinde keine witwen zů welen[6], dann die[7] ein zeugniß habe gůter wercken, deren er als bald etlich erzelet vnd saget, So sie kinder auff gezogen hat, so sie gastfrey[8] gewesen ist, so sie der Heyligen fůß geweschen hat, so sie den notturfftigen[9] handreychung[10] gethan hat, so sie allem gůten wercke nachkommen ist, das ist, allen dem, damit sie dem nehsten hat zů nutz vnd trost dienen moͤgen.

i. Tim. 6[17–18] Also[11] redet der Apostel[12] bald hernaher von den reychen, Gepeutet, das sie nit stoltz seyen etc., Das sie gůts thůn, reych werden an gůten wercken, das ist, an denen wercken, durch die sie als die reychen vnd vermoͤglichen, jrem nehsten zů nutz vnd frommen vor anderen helffen moͤgen. Ja, soliche werck heysset die Schrifft gůte werck[13]. Die C. Deputaten aber – thůn sie anders[14], wie gemeinlich die Bettel moͤnch[15] vnnd der gleychen Clericen zů thůn pflegen – werden fuͤr jre gůte werck halten vnnd fuͤrgeben jhre besondere kleider[16], blatten[17] vnd andere zeychen der geystlicheyt tragen, jhr singen, lesen, fasten,

1. Bucers Erste Verteidigungsschrift, 1543 (s. oben S. 32, Anm. 5), Bl. b3a-b4b. BDS 11,1, S. 36,6 bis S. 38,3.
2. deine Strafe hinnehmen.
3. Mt 5,16.
4. I Tim 5,9–10.
5. Betreuung, Versorgung.
6. wählen, d. h. in das Witwenamt einsetzen.
7. außer denen, die.
8. gastfreundlich.
9. Bedürftigen.
10. Hilfe, Unterstützung.
11. Genauso.
12. I Tim 6,17–18.
13. Vgl. Mt 5,20; Röm 2,6–10.
14. nämlich.
15. Mönche, die einem Bettelorden (Franziskaner, Dominikaner, Karmeliten und Augustiner-Eremiten) angehören.
16. unterschiedliche Mönchshabite.
17. Tonsuren. Frühneuhochdt. WB 4, Sp. 555 f.

disciplinen[1], messen vnnd der | *xija/Ciiija* | gleychen. Dann von diesen gůten werckenn geben sie theyl jren gůtthäteren in jhren brůderschafft brieffen[2]. Der leyen gůte werck werden jnen seyn, jnen fil geben, messen vnd gedechtniß bey jhnen stifften, Cloͤster, kirchen vnd altar bauwen, taflen[3] vnd goͤtzen[4] zůrichten vnd schmuͤcken, Einer Columben[5] ein rock oder mantel machen, der ob[6] die hundert guͤlden kost[7], da man dem armen Christo in dem duͤrfftigen[8] nit gern zehen guͤlden gebe.

Nun der H. Geyst sagt durch den Apostel Paulum, Alle gepot Gottes werden im gepot der liebe des nehesten gesummieret vnnd verfasset. »Das gantze Rom. 13[8.10], gesetz wuͤrdt in dem einigen[9] wort erfuͤllet[10], ›liebe deinen nehesten als dich Galat. 5[14] selb‹.« Dann die liebe von reinem hertzen, gůtem gewissen vnd vngeferbten[11] j. Tim. 1[5] glauben ist die summa des gantzen gesetzes[12]. Werden nun alle gepot Gottes jm gepot der liebe verfasset vnnd darin erfuͤllet, so můssen ja auch alle werck, die Got gepotten hat vff die werck der liebe, die jemer dem nechsten dienet vnd nutzet, gerichtet sein.

Vnd zwar welcher Christ erkennet das nit, das alle Gottes gepot dahin gohn, das wir vns selb verleugnen, Christo dem Herren ergeben durch waren glaubenn[13], durch den wir in jhm bleybenn vnnd er in vns, auff das dieser glaube außbreche durch allerley gůte werck[14], durch die Gottes name bey den menschenn geheyliget vnnd jhr heyl gefuͤrderet werde? Gott gepeutet, das wir seyn wort hoͤrenn. | *xijb/Ciiijb* | Warumb? Freylich das wir dem selbigen glauben vnd folgen biß zů dem ende des gesatzes, der liebe des nehesten[15], Vnd die nit allein auff der zungen vnd in worten bleybe, sonder die in der warheyt vnd wercken zum frommen[16] vnd besserung des nechsten erzeyget vnd bewisen werde[17]. Got will, das wir den leyb casteyen vnd betten[18]. Warumb? one zweyffel darumb, das wir im glauben vnd durch den H. Geyst gestercket als gesunde glider am leyb Christi den anderen glideren vnnd dem gantzen leyb

1. Lehren.
2. schriftlichen Satzungen ihrer Bruderschaft. Frühneuhochdt. WB 4, Sp. 1252.
3. Gemälde auf Holz. *Götze*, S. 45.
4. Heiligenbilder.
5. Columba (3. Jahrhundert?), Märtyrerin. Eine der Pfarrkirchen in der Altstadt Kölns ist dieser Heiligen geweiht. LThK² 3, Sp. 13; *Beissel*, Die Verehrung der Heiligen II, S. 58.
6. über.
7. kostet.
8. Vgl. Mt 25,35–46.
9. einzigen.
10. Gal 5,14; Röm 13,8–10.
11. unverfälschtem, aufrichtigem.
12. I Tim 1,5; vgl. auch Mk 12,31; Lev 19,18.
13. Vgl. Mk 8,34–38 par.
14. Vgl. I Joh 4,16–17.
15. Röm 10,4.
16. Nutzen.
17. I Joh 3,18.
18. I Kor 7,5; Mt 6,16–18; Mt 17,21; Act 14,23.

meer nutzen vnd zur besserung dienen[1]. Die H. Sacrament sollen wir andechtig entpfahen. Wa zů? Eygentlich[2] das wir meer in Christo leben vnd er in vns vnd das zům heyl des nehesten mit jme zů sůchen, was verlohren vnd dem zů helffen.

Siehe, frommer Christ, so ich diß bekenne vnd lehre, Schreyben die C. Deputaten, ich lehre felschlich vnnd gantz vbel (»false et pessime«). O Iudices, O Censores, O Magistri nostri![3]

Hören, Lernen vnd schauwen ist hie vmbs thůns willen.

Nun besehe auch jhre argument, die sie wider mich füren. Der Herr, sprechen sie[4], hat Mariam, die jm zůn füssen sasse vnd seyn wort höret, der gescheﬀtigen Marthe fürgezogen. Quid ergo? Was folgt hier auß? Hat dann Maria das wort des Herren vergeblich gehöret, Oder hat der Herre damal nit gelehret, das in seynem neuwen gepot begriffen[5] gewesen seye, das wir einander lieb haben vnd zur besserung dienen sollen? Solle nicht alles hören Götlichs worts vnd schauwen Götlicher güte in die werck der liebe vnd nach folge Göt- | *xiija/Dja* | licher güte außbrechen[6]? Sehe, frommer Christ, was feiner Logicos[7] mache das widerfechten Götlicher lehre[8] vnd haß deren[9], die nichts dann[10] zů Christlicher Reformation vermanen.

Hieran hengen sie dann ein wüste Calumniam[11], ein gantz falsche vnd schmehliche anklag, Sagen, Soliche lehre von güten wercken seye von mir fürgebenn[12] zů schmehlichem antasten der Heyligen Einsidlen vnd Vätter[13], die sich in den öden stetten vnd clöstern gehalten vnd ein schaulich[14] leben gefüret haben.

Wazů der Einsidel vnd waren mönch leben gedienet

Einige[15] Heyligen zů schmehen, habe ich – Got lob! – nie gedacht. Es haben auch alle ware Heyligen Vätter, Einsidel, einwoner der wüsten vnd Clöster jr leben alweg zum heyl des nehesten[a] gerichtet; dann so hieran das gantz gesetz

a) Drf. nehdsten.

1. Vgl. Röm 12,4–8; I Kor 12–14; Eph 4,15–16.
2. eigens (dazu), ausdrücklich (dazu).
3. Anspielung auf die 1515 in Hagenau anonym im Druck erschienenen Dunkelmännerbriefe (»Epistolae obscurorum virorum«), in denen der scholastische Lehrbetrieb verspottet wird. LThK^2 3, Sp. 602.
4. Lk 10,38–42.
5. enthalten.
6. zum Vorschein kommen, sich zeigen, hervortreten. Frühneuhochdt. WB 2, Sp. 920f.
7. was für feine Logiker …
8. bringe der Widerstand gegen die göttliche Lehre …
9. gegen jene …
10. als.
11. Verleumdung.
12. vorgestellt, geltend gemacht.
13. Kirchenväter.
14. kontemplatives.
15. Irgendwelche.

vnd Propheten hanget[1], weren sie ja nicht Heylig gewesen, wa sie das nit gethan hetten.

Wie aber Got im alten testament an den Rechabiten[2] vnd anderen meer die besondere grosse abstinentz, Jtem am Joanne dem Tauffer bewysen[3], Also hat er auch durch die war heyligen Einsidel vnd Cloͤster leut im neuwen volck[4], die vorzeyten gewesen, der welt ein besonder exempel fürgestellet der abstinentz vnd toͤdtens der fleyschlichen lüsten; Nit das er soͤliche abstinentz auch von anderen fordrete – Dann Christus, der Herre, der aller Heyligste Heylig, selb ein gemein leben | *xiijb/Djb* | mit essen vnd trincken gefuͤret hat[5] –, Sonder das er die welt damit vberzeugete[6] jrer schweren sünden vnd Gottes verachtung, die sie beweyset durch jr so gar vnordenlich, muͦtwillig[7], verderbet leben in den fleyschlichen lüsten, Darumb der rechten heyligen Einsidlen – Dann man nit allein den namen ansehen muͦß – sonderen[8] von gemeinen leuten vnd strenge abstinentz, in dem auch zum frommen den gleubigen gedienet hat.

Jere. 35[6–10.14]

Es hat auch der meerertheyl dieser Leuthen in gemeinschafft etlicher bruͤder gelebet, denen sie mit lehre vnd anderem gedienet haben. Anthonius[9], der gelobteste Einsidel, wuͤrdt vom H. Hieronymo[10] in vita Hilarionis[11] gerhuͤmet, das er die bruͤder gar demuͤtig auff genommen, ernstlich vnd getrost vermanet habe. In Tripartita Historia[12] lisset man von jm, das er, den vndertruckten vnd vergwaltigten zuͦ helffen, vil muͤhe vnnd arbeyt auff sich genomen vnd darumb offt in die stet zuͦ den Richteren vnd Oberkeiten gereyset habe. Also hat er auch gethan, da die Arrianischen[13] wolten wider Athanasium[14] vberhandt nemen, Jst in die stette herumbgezogen vnd hat der warheyt zeugniß gegeben vnd die luͤgen widerfochten. Also haben auch andere Einsidel gethon, als man lyset im 4. vnd 5. ca. des 7. buͦchs dieser historien[15], Auß dem zuͦ erkennen ist,

Die H. einsideler zeygen lieb vnnd dienst dem nehesten.
i. Lib. 11

1. Mt 7,12.
2. Sekte der Rechabiten. Vgl. Jer 35,6–10.14 und II Reg 10,15.
3. Mt 11,18; Mk 1,4.6 par.
4. Christenheit. Vgl. Röm 9,25–26; Eph 2,11–16.
5. Mt 11,19; Mk 2,15–16; Mk 3,20; Lk 7,36.
6. überführte.
7. frevelhaft, übermütig, wollüstig. *Grimm* 12 (= VI), Sp. 2835 f.
8. Absonderung.
9. Antonius (251/252–356), Einsiedler in Ägypten, »Vater des Mönchtums«. LThK² 1, Sp. 667 f.; RGG³ 1, Sp. 461.
10. Sophronius Eusebius Hieronymus (347/348–420), Kirchenvater, schuf die »Vulgata«. RGG³ 3, Sp. 315 f.; LThK² 5, Sp. 326–329; TRE 15, S. 304–315.
11. *Hieronymus*, Vita Hilarionis, cap. 24. PL 23, Sp. 30 und Sp. 42.
12. *Cassiodorus*, Historia ecclesiastica tripartita I,11, hier vor allem 18–20. PL 69, Sp. 896–901, vor allem Sp. 899; CSEL 71, S. 33–43, vor allem S. 38,125–143.
13. Die Arianer wurden mit ihren Sätzen, der Gottessohn habe einen Anfang und sei wandelbar, vom Konzil von Nizäa im Jahre 325 verdammt. TRE 3, S. 692–719.
14. Athanasius (ca. 295–373), von Alexandrien, Kirchenvater. RGG³ 1, Sp. 669 f.; LThK² 1, Sp. 976–981; TRE 4, S. 333–349.
15. *Cassiodorus*, Historia ecclesiastica tripartita VII,4–5. PL 69, Sp. 1069–1072; CSEL 71, S. 388–392.

das diese H. Vetter das nit verlassen haben, das der Herre zum fürnemsten gepeutet: Lieb vnd Dienst des nehsten.

Aber, lieber Herr Got, was sol man mit diesen C. De- | *xiiija/Dija* | putaten von solichen sachen, von der waren Einsidel vnd Mönchen leben vnd Abstinentz[a] disputieren? Sind die anderen Deputaten in der Abstinentien fleyschlicher verpotner wolust, in vnzeytigem[1] zechen vnd anderem nit weyter kommen, dann der diß bůch soll geschriben haben, so heyst es wol »Curios simulant, imo ne simulant quidem«[2], Wie es alle die zeugen, die von dem man zeugen mögen.[3]

Hieran hengen die C. Deputaten noch ein schmach vnd Calumnien[4]. Daher, das ich lehre, wie alle gůte werck dem nechsten dienen sollen, sagen sie, komme der wunsch meynes vngeystlichen hertzens, den ich in meinem vorigen bůchlein gesetzet habe im 15. artikel (nach der rechten zal dann an dem ort mißtrucket[5] vnd 13. für 15. gesetzet ist[6]). Jn diesem wůnsch habe ich gewůnschet, das alle, die jetzund Priesterlichen namen haben kondten vnd wolten, sich dem Priesterlichen ampt vnd dienst, wie das der H. Geyst in seyner Schrifft[7] vnd alten Canonibus[8] fordret –, nit die ich fordre – begeben[9], welche aber das nit wusten zů thůn, das sie sich des auch nit verpflichteten, sonder zů denen diensten begeben wolten, die sie mit gůtem gewissen verrichten könden, nit zů weltlichen geschefften. Das ist mein wunsch, diß sind meine wort. Auß dem haben die Cölnischen binen ein solich honig gesogenn: Jch wunsche, das die Clerici vnnd Mönch, die nit geschickt seyen zů denen diensten, die ich gesehen werde zů fordren, weltlichenn geschefften fürgesetzet werden, Hengen dann dran: | *xiiijb/Dijb* | »Jst das Reformieren? Wider das wort Christi ›Niemandt, der die handt an den pflůg schlegt vnd sihet zů rück, ist tüchtig zum Reych Gottes‹«[10]. Haec illi.[11] Wenn nun allein diese so offenbare můtwillige Calumnia in der C. Deputaten Bůch wider mich were, wer solte nit sehen, was[12] geyst diese leuth triebe? Das ist aber nach[13] fiel meer zu

a) Drf. Abstinetz.

1. zur unpassenden Zeit.
2. Vgl. *Juvenal*, Sat. 2,3, ferner *Plinius d. J.*, Epist. 9,9,1.
3. Bucer kannte also offensichtlich den Verfasser, ohne ihn zu nennen.
4. böswillige Auslegung, Verleumdung.
5. falsch gedruckt.
6. Bucers Erste Verteidigungsschrift, 1543 (s. oben S. 32, Anm. 5), Bl. g2b-h3b. BDS 11,1, S. 60,1 bis S. 67,9.
7. Vgl. I Kor 12,4–11; I Tim 3,1–13; Tit 1,5–9.
8. Decretum Gratiani I, Dist. 40–43 (*Friedberg* I, Sp. 145–156).
9. verpflichten. Frühneuhochdt. WB 3, Sp. 544f.
10. Lk 9,62.
11. *Eberhard Billick*, »Vrteil der Vniuersiteit vnd Clerisie zů Cölne von Mårtin Bůcers Lerung vnd růffung genn Bonn …« (s. oben S. 33, Anm. 3), Bl. Ejb, Z. 27–30.
12. was für ein.
13. noch.

beklagenn, das diese leuth jr Clericen- vnnd Mönch wesen, da für sie streyten, dörffen den pflůg des Herren nennen. Wie hoch sind die gericht Gottes vor[a] jren augen?[1] Was die C. Deputaten des orts[2] von gelubden sagen, will ich sparen zů verantworten[3] an sein ort zů dem Artikel von der Möncherey vnd gelubden[4]. Psal. 10[5]

Die ander klag der C. Deputaten wider mich bey dem artikel von gůten wercken ist, das ich jnen nit verdiensts genůg zů gebe, Vnd Schreyben, Jch verneine, das die werck von Got verdienen Oder das jhnen Gott den lohn des Himlischen erbes in eynigem[5] weg schůldig seye[6]. Sic enim ponunt: »Aut Premium coelestis haereditatis eis quovis modo deberi«[7].

Diese wort hab ich zwar nit gesetzet, Die C. Deputaten thůn in dem wie fast in allem anderen, Bringen nichts für, wie wir es schreyben, sonder verkeren es vor[8] nach jrem vorgefasten hessigen[9] sinn vnd fechten dann dar wider meer wider das sie[b] dann das wir geschriben oder geredt haben. Aber thů du so wol, Christlicher[c] leser, vnd besehe erstlich, was ich im fünfften Artikel | *xva/Diija* | in meynem vorigen bůch[10] von belohnung der gůten wercken geschriben habe, vnnd erkenne, ob einiger[11] Christ möge begeren, das ich vnseren so erbseligen[12] gůten wercken, von denen diese Deputaten so vil wissen, so vil sie jr[13] thůn, solte oder hette könden vnuerletzter maiestet Christi vnd des glaubens Götlicher gnaden meer zů geben?

Jch habe bekennet, das der Herre vnsere waren gůten werck, die jm glauben geschehen, vberreyhlich belohnet mit abwenden vnd hinnemmen alles argen vnd mit verleyhen vnd meeren geystlicher vnd leiplicher güter hie vnd in künfftigem leben[14]. Dabey aber habe ich auch das bekennet, Wie auch der

a) wohl Drf. von.
b) Drf. seye.
c) Drf. Chrilicher.

1. Ps 10,5.
2. *Eberhard Billick*, »Vrteil der Vniuersiteit vnd Clerisie zů Cölne von Mårtin Bůcers Lerung vnd růffung genn Bonn ...«, (s. oben S. 33, Anm. 3), Bl. Ejb-Eiija.
3. beantworten.
4. s. unten S. 236,16 bis 239,8.
5. irgendeinem.
6. *Eberhard Billick*, »Iudicium cleri et universitatis Coloniensis ...« (s. oben S. 31, Anm. 5), Bl. 3b–6a.
7. *Eberhard Billick*, »Iudicium cleri et universitatis Coloniensis ...« (s. oben S. 31, Anm. 5), Bl. 4a, Z. 16–17.
8. zunächst, im vorhinein.
9. feindseligen, gehässigen.
10. Bucers Erste Verteidigungsschrift, 1543 (s. oben S. 31, Anm. 5), Bl. b4a-b4b. BDS 11,1, S. 37,5 bis S. 38,3.
11. irgendein.
12. mühseligen. *Grimm* 3, Sp. 739.
13. von ihnen.
14. Mt 5,12.20; Röm 2,6–10; Gal 6,7; Jak 2,13.

glaub in Christum das notwendiglich fordret, Das der liebe Got diese so vberreyche belohnung vnseren gůten wercken thůe auß seyner freyen[1] vnd von vns vnuerdienten barmhertzigkeit vnd guͤtigkeyt[2] vnd vmb vnsers Heylands Jesu Christi, seynes geliebten Sons willen, Dann vnsere werck alle noch mangelhafftig sind vnd dem gesetz Gottes, das alles hanget an dem »Liebe Gott auß gantzem hertzen«[3] etc., in diesem leben nymmermeer genug thůn. Weyter hab ich auch das bekennet, das vnser vertrauwen zů Gottes gnaden vnnd das erwartenn des Himlischen erbes můß gentzlich bestohn auff der freyen Barmhertzigkeyt Gottes vnd dem einigen[4] verdienst | *xvb/Diijb* | vnsers Heylands Jesu Christi Vnd auff keynem vnserem verdienst noch gůten wercken[5].

Das die gůten werck Got etwas abuerdienen, i.[6] mereantur a Deo, wie die C. Deputaten reden, hab ich nicht verneinet, auch nit gesetzet[7], Vnd das darumb das die H. Schrifft die rede nit brauchet Vnnd wir von allen sachen besser vnd eygentlicher[8] nit reden koͤnden, dann so wir vns der reden Goͤtlicher Schrifft halten, So ist auch ein anders sagen: Got belohnet gůte wercke, welche rede die H. Schrifft brauchet, Vnd ein anders: Die werck verdienen vmb Gott. Ein Vatter belohnet das studieren vnd ander gehorsame seynes kinds, welche gehorsame doch das jenige, so der Vatter dem kind auß seyner freyen liebe zů lohn gibt, nit verdienet noch verdienen kan, Dann es diß alles dem Vatter schůldig ist.

Das wort mereri, verdienen, will als[9] lauten auff solichenn verdienst, dem man den lohn von wegen seynes eigen werds schůldig seye. Solichen verdienst moͤgen wir gegen Got nit haben, wie das auch Thomas[10] vnd andere gesundere[11] schůl lehrer bekennen[12], dann wir Got noch vilmeer schuldig sein, dann wir jm jmmer[13] thůn konnen. Wir sind jm je schuldig vnd verpflychtet, jn zů lieben vnnd jhm zů dienen zů heyligung seynes namens vnd erweyterung sey-

1. ungeschuldeten.
2. Vgl. Phil 2,13; Eph 2,10; Gal 5,22.
3. Dtn 6,5; Mk 12,30.
4. alleinigen.
5. Vgl. Röm 3,21–28; Röm 4,1–25.
6. id est.
7. behauptet.
8. genauer, zutreffender.
9. so, folgendermaßen.
10. Thomas von Aquin (1225–1274). TRE 33, S. 433–474; LThK^2 10, Sp. 111–134.
11. besondere, einzelne. *Lexer* 1, Sp. 231; *Grimm* 1, Sp. 1631–1633.
12. *Thomas von Aquin*, Expositio in epistolam ad Romanos, cap. 4, lect. 1 (333–338). *Thomas von Aquin*, Super epistolas S. Pauli, Vol. I, S. 59 f.; Expositio in epistolam ad Romanos, cap. 6, lect. 4 (517). *Thomas von Aquin*, Super epistolas S. Pauli, Vol. I, S. 93; *Thomas von Aquin*, Summa theologica II,1 q. 109, a. 5. *Thomas von Aquin*, Summa theologica, Bd. 14, S. 86–89; Summa theologica II,1 q. 114, a. 1–10. *Thomas von Aquin*, Summa theologica, Bd. 14, S. 208–242; Summa theologica II,2 q. 122, a. 5 ad 4. *Thomas von Aquin*, Summa theologica, Bd. 20, S. 296; Summa theologica III q. 89, a. 6 ad 3. *Thomas von Aquin*, Summa theologica, Bd. 31, S. 152.
13. je.

nes Reychs auß gantzem hertzen, gantzer Seelen etc.[1], Daran vns allen in all vnserem verdienst, so lang wir hie leben, leyder seer vil überbleybet[2]. | *xvja/ Diiija* |

So wir dann in vnseren worten vnd allem thuͦn vnuergleychlich meer sehen sollen, wie wir die ehr vnd den rhuͦm Gottes erheben – dann vnser wercke auch die von Got vnd Gottes gaben seind –, So pflegen wir mit der H. Schrifft gern zuͦsagen, Das Gott die guͦten werck belohne vnd das alle guͦte werck jren reichen lohn von jhm zuͦ warten haben[3]. Das aber vnser werck Got etwas abuerdienen, woͤllen wir nit sagen, dann die Schrifft sagt auch nit also, Vnd warfür wolten wir doch solche rede brauchen, die das verderblich vertrauwen auff eygne werck wol stercken moͤchte vnd aber nichts besseren vnd an deren außlegung wir erst vil muͦhe vnd subtiligkeyt[4] brauchen muͦsten?

Wir bekennen vnd lehren auch, das alle, die etwas vmbs Herren willen verlassen, leyden oder thuͦn, des selbigen hie hundertfeltig ergetzet werden vnd dort das ewig leben ererben[5]; Jtem, das der Herre zuͦ denen, die jn in den seynen gespeiset, gedrencket, bekleidet, beherberget, besuͦchet vnd getroͤstet haben, am jungsten tag sagen wuͤrdt: »Kommet her, jhr gesegneten meynes vatters, vnd ererbet das Reych, das euch bereyt ist von anbegin der welt«[6], vnd was der spruͤchen meer sind. Dauon, das die guͦts thuͦn, von Got hie vnd dort reichlich belonet werden vnd das ewig leben ererben, ist kein Disputation. Damit wir aber Got sein ehr geben, die erloͤsung Christi recht predigen vnd das vertrauwen der armen gewissen nit auff den sand eygner gerechtigkeyt richten vnd also verderben, sonder auff das einige fundament | *xvjb/Diiijb* | Christo seliglich befestigen vnnd erhalten, So lehren vnd zeugen wir hie bey, wa her das komme, das die, so guͦte werck thuͦn, in das lebenn eingohn[7], zur aufferstendtniß des ewigen lebens aufferstohn vnd das himmelreich ererben werden, Nemlich gar nicht auß dem werdt vnd verdienst jrer guͦten wercken, sonder auß der freyen vnd so milten gnaden vnnd guͦte Gottes, die vns vnser Herre Jesus Christus verdient vnnd erworben hat.

Matt. 19[27], Marc. 10[28–30]

Gestohn[8] die C. Deputaten das mit vns, was vrsach haben sie dann, vnser Christliche lehre zuͦ widerfechten? Gestohn sie es nicht, so solten sie jren grundt dargegen darthuͦn, nit also absque ullo elencho[9] gaucklen[10] vnnd

1. Dtn 6,5; vgl. Lev 19,2.
2. fehlt.
3. Vgl. Mt 5,12.20; Röm 2,6–10; Gal 6,7; Jak 2,13.
4. Scharfsinn.
5. Vgl. Mt 25,35–40.
6. Mt 25,34–36.
7. Vgl. Mt 19,17.
8. Geben sie zu.
9. Gegenbeweis.
10. faseln, ohne Grund behaupten.

schrifft fuͤren[1], die meer nicht in sich haben, dann das Got die gůten werck belohne, welches wir nie verneinet haben. Das verneinen wir aber, das die gůten werck, wie gůt die von allen Heyligen auff erden jmmer moͤgen gewircket werden, auß jrem selb[2] werdt solten Got moͤgen diesen lohn also abuerdienen, das jnen Gott den jrethalben in eynigen weg moͤchte schüldig seyn, Vnd zeugen, das alle Heyligen mit allen jhren gůten wercken noch[3] vnnütze knecht Gottes sindt vnd den lohn jrer gůten werckenn, die auch selb Gottes werck vnnd gaben in jhnen sindt, von Got auß seyner freyen gůte vnd miltigkeyt vmb des verdiensts Christi willen entpfahen[4].

Luc. 17[10]
Philip. 2[13]

Damit aber sie sich abermals beweysen, vonn was[5] | *xvija/Eja* | Theologi vnd Logici[a] sie sindt, So bringen sie ein soͤllich argument herfür: Wir verdienen auß gelübden, das ist ja verdienen. Also verdienen auch die leuth vnder sich vnd heissen es schuld. Diß seind jre wort durch jren trucker verdolmetschet. Faciamus ergo analysim huius argumenti. Was bey den leuthen vnder sich verdienst vnd schuld ist vnd heyst, das soll auff seyne maß auch bey Got schuld sein vnd heyssen. Die leuth verdienen vnder sich auß verheyssung vnd heyssen es schuld. Ergo: Es soll auch gegen Got also sein vnd heyssen. Maiorem[6] hette Thomas Aquinas verneinet[b] vnnd gesagt[7], Das entliche[8] werck des menschen keyn vergleychung[9] haben koͤnden gegen dem vnentlichen Got vnd seynem lohn, So seye auch des menschen gůt gentzlich von Got. Minorem[c10] werden auch alle verstendige gemeine leuth verneinen in dem theyl, Das die Deputaten sagen, man verdiene auß verheyssung. Dann wer hat je gehoͤrt oder gelesen in eyniger sprachen, wa eynem auß lauteren gnaden vnd freyer liebe etwas verheyssen ist, das man sage, das selbige er verdienet habe. Das wirdt wolgesaget[11]: Was man verheissen hat, ist man schuldig: Promissum cadit in debitum. Man sagt aber nit, so jemand fordret, das im auß freiem willen, on einige schuld verheyssen ist, das er solichs verdienet habe.

l. 2. Questione 114

a) Drf. Logic.
b) wohl Drf. vernemet.
c) Drf. Minoren.

1. Schriftstellen anführen.
2. eigenen.
3. dennoch.
4. Vgl. Eph 2,10; Gal 5,22.
5. welcher Art.
6. Das Größere.
7. *Thomas von Aquin*, Summa theologica II,1 q. 114, a.1. *Thomas von Aquin*, Summa theologica, Bd. 14, S. 208–212.
8. eifrige. Die hier vielleicht vorliegende Bedeutung »endlich« – als Gegensatz zur unendlichen Gottheit – ist erst für das 18. Jahrhundert belegt. *Grimm* 3, Sp. 462–464.
9. Vergleich.
10. Das Kleinere.
11. allerdings gesagt.

Zů dem ists gar weyt ein anders mit menschlichem, auch gantz freyem verheyssen vnnd dem Goͤtlichen Dann ein mensch dem anderen seyner freyen verheyssung vnd gaben doch als etwas vergleychung[1] thůn | *xvijb/Ejb* | mag, das aber gegen Gottes verheyssung in keinen weg sein kan. Darumb auch die schůl Theologen[2] das für ein algemeine haltung vnd rede, die meniglich auß jr selb bekant seye, erkennet haben: Got ist niemands schüldner. Auß dem[3] auch Thomas sagt: Das Got das jenige, so er vns verheissen, nit vns, sonder jm selb schůldig seye Vnd das er vns auß seiner gnedigen ordnung vnd verheissung vergiltet allein gleychniß weyß[4] vnd nit – eygentlich zů reden – merces[5] geheyssen werde[6].

So vil auff der C. Deputaten klage wider mich vom lohn der gůten wercken. Hie woͤllestu abermal, Christlicher leser, sehen, warumb der streyt zwischen vns seye:

Wir lehren, das diß gůte vnnd Got gefellige werck sind, die er gepotten vnnd zum end alles gepots der liebe des nehesten dienen[7].

Jtem, das alle vnsere gůten werck vnserthalbenn noch vil mangels haben vnd Gottes gesetz nit genůg thůn[8].

Jtem, das durch den verdienst Christi allein wir vnd vnsere werck Got angenem sindt Vnd das wir die gůten werck anders nit thůn dann durch den H. Geyst, den vns der Herre Christus erworben hat vnd zůsendet[9].

Das Got allein auß seyner vberschwencklichen vnd vnaußsprechlichen gnaden vnd liebe gegen vns seynen Son geschencket, vns in dem selbigen geliebten | *xviija/Eija* | im angenem gemacht, seyn H. Geyst, guts zů woͤllen vnd zů thůn, verlyhen vnd dann auch des gůt thůns so reychen lohn verheyssen hat vnd gibt,

Darumb das gantze vertrauwen[a] des hertzens zů der gnaden Gottes vnd das erwarten des ewigen, seligen Erbes allein auff Gottes gnaden vnd dem verdienst Christi bestohn vnd berůwen můß.

Die C. Deputaten fechten diese lehre an, setzen gůte werck, die dem nehesten

a) Drf. vettrauwen.

1. etwas wie einen Ausgleich.
2. sc. die Scholastiker.
3. Weswegen.
4. bildlich, symbolisch. *Grimm* 7 (= IV,1,4), Sp. 8207.
5. Lohn.
6. *Thomas von Aquin*, Summa theologica II,1 q. 114, a.1. *Thomas von Aquin,* Summa theologica, Bd. 14, S. 209.
7. Röm 13,9–10; Gal 5,14; Mk 12,30–31; I Tim 1,5; Mt 7,12.
8. Genüge tun, Ehre machen.
9. Gal 5,22; Phil 2,13; Eph 2,10; Joh 15,5; Röm 8,1–17.

nit zů gůtem beschehen[a] vnd kommen[1], Sůchen vil geschrenckter[2] reden, wie sie den werckenn der menschen ein verdienst schoͤpffen vnd jnen Got zům schůldner machen.

Ertheyle[3] nůn du, Christlicher leser, welche für Gottes gesetz vnnd ehr, für das Reych Christi, für waren glauben an Christum vnnd recht gůte werck auch deren gewisse belohnung streyten.

Vnnd als[4] diß ort, da ich lehre, das diß allein gůte werck sein, die dem nehesten zů gůt geschehen, deren orten eins ist, da die C. Deputaten etwas vngestiemmer wider mich zůrnen vnd schelten (Dann an diesem ort schelten sie mich, ich lehre felschlich vnd gantz boͤßlich, false et pessime, Jtem, ich seie ein Apostata[5], Jch habe ein vngeistlich hertz), so vermercke alhie auch, warumb diese Deputaten doch so wild vnd vngestiem gegen vns seindt. Wa die leuth das allein fuͤr gůte werck halten werden, die Got gepotten vnd die dem nehesten nach dem gepot der liebe zum gůten kommen, so werden die ver- | *xviijb/ Eijb* | meinten[6] vnd falsch gerhuͤmbten gůte werck, das vngoͤtlich singen, lesen, Meß machen nicht meer so vil tragen[7] vnnd in so grosser achtung erhalten werden. Vnd wenn die leuth das jenige, so Got jnen bescheret, dem hungerigen, dürstigen, nackenden, elenden, krancken vnnd gefangenen Christo in den duͤrfftigen geben[8], werden sie die lassen, die onbefindtlichen[9] goͤtzen, seulen vnd wende schmuͤcken vnd zieren, vnd denen geben, die vor[10] meer haben, dann sie recht gebrauchen, welche den lebendigen Christum in den seynen noch nit erkennen vnd sich vor seinem gericht nit entsetzen[11].

Der dritte artikel: Von verehrung, fürbitt vnd anrůffen der Heiligen

WAs ich hieuon glaube vnd lehre, habe ich im Siebenden artikel meines vorigen bůchs[12] beschriben; lyse das, frommer Christ, so würstu selb wol erkennen, das ich von Englen vnd Heyligen jrer[b] verehrung vnd fürbit alles das

a) Drf. besehehen.
b) Drf. jrerer.

1. geraten, bekommen.
2. verwickelter, verwirrter. *Grimm* 25 (= XII,1), Sp. 1150.
3. Urteile.
4. da.
5. Abtrünniger.
6. angeblichen.
7. einbringen.
8. Mt 25,35–36.
9. empfindungslosen, unbeseelten.
10. ohnehin.
11. Mt 25,35–46.
12. Bucers Erste Verteidigungsschrift, 1543 (s. oben S. 32, Anm. 5), Bl. c2a-d1a. BDS 11,1, S. 39,17 bis S. 42,29.

halte vnnd bekenne, das wir hie vonn nach Goͤtlicher Schrifft vnd der Apostolischen kirchen | *xixa/Eiija* | halten vnd bekennen moͤgen vnd sollen, Vnd das diese C. Deputaten auß meynem schreyben, das anzůfechten, einige[1] vrsach nit haben, sonder sich dazů gentzlich noͤtigen[2] vnnd sůchen, da sie nit finden, wie sie mich in verdacht verdampter lehre ziehen moͤchten[3], Allein darumb, das sie meinen dienst auß schew[4] Christlicher Reformation nit leyden moͤgen.

Von verehrung der Engel vnd Heyligen streyten sie nichts, Dan sie die verehrung, so ich gesetzet, nit tadlen vnd ob deren sie halten[5] in keynen weg verteydingen moͤgen.

Die verehrung der lieben Engel erkenne ich in dem stohn[6], Das wir Got vnd seyne gůte vnd gaben in jnen erkennen, loben, preysen vnd mit warem glauben an Christum, durch deß verdienst diß alles ist vnd vns zů kommet, annemen vnd jhm allein dienen.

Verehrung der lieben abgestorbnen Heyligen erkennen wir darin stohn, das wir die grossen gnaden vnd gaben, die jnen Gott verluhen hat vnnd vns zůr gedechtniß durch ware zeugniß kommen lasset, gotseliglich erkennen vnd betrachten, den Herren darumb loben vnd preysen Vnd vnseren glauben vnd hoffnung an jn, seyne gnaden vnd gaben auch vns zů erbetten, darin stercken Vnd vns selb, dem glauben der lieben Heyligen nachzůfolgen, erwecken vnd anhalten.

Soliche verehrung der Engel vnd lieben Heyligen | *xixb/Eiijb* | lehret die Goͤtlich Schrifft vnd alle alten lieben Vaͤtter. Also gedencken die Propheten vnd Apostel Abrahams, Helie vnd anderer Heyligen Gottes vnd stellen vns die gaben Gottes[a] an jnen vnd iren glauben vnd gehorsame für zum trost vnd exempel[7].

Was ist aber die verehrung der Engel vnnd Heyligen, deren[8] die Coͤlnischen Deputaten dienen vnd anhangen? Dieweil sie an dem gemeinen[9] mißbrauch hierin nichts in jrer schrifft erkennen noch sunst offentlich straffen Vnd vnser lehre vnd vermanung gegen solicher schweren, erschrocklichen Abgoͤtterey

a) Drf. Gottts.

1. einige … nit: keine.
2. sich … noͤtigen: sich … bemühen.
3. könnten.
4. Abscheu.
5. ob deren sie halten: die sie betreiben.
6. darin zu bestehen.
7. Zu Abraham: Jes 51,2; Mi 7,20; Lk 3,8; Lk 13,28; Lk 16,22–30; Joh 8,39–58; Act 3,25; Röm 4,16; Gal 3,9; Heb 11,8. Zu Elia vgl. Mal 3,23; I Makk 2,58; Mt 17,1–3; Röm 11,2; Jak 5,17.
8. Verehrung, der(en).
9. überall üblichen.

so ernstlich anfechten, So ist wol zů besorgen[1], das sie eben das[2] jre legitimam venerationem, rechtmessige verehrung der Heyligen halten, die leyder bey jhnen vnd anderßwo nach[3] im schwang gehet[4].

Die gemeine verehrung der Engelen vnd Heiligen

Nemlich das man erstlich allerley erdichte, vngötlichen fabulen von Englen vnd Heyligen mit Predigen vnd Schrifften ins volck bringet[5], welche denen allen in gemein vnd etlichen auch besonders grossen verdienst vnd macht zů geben, den leuthen in allerley nöten vnd kranckheiten zů helffen Vnd fürnemlich in denen nöten vnd kranckheiten, vor denen die leuth am meysten scheuwen, Als da sindt: geher[6] todt, sterben on versönung mit Got, Pestilentz, vnsinnigkeyt[7], krimmen der stein[8], geperende not[9], vnheilsame eyterfluß, besondere schaden vnd kranckheiten an den kinderen etc., Vnglück in kriegen, in reysen, in kauffmans hendlen. Also můß S. Huprecht[10] der rasenden hunde biß, S. Sebastian[11] | *xxa/Eiiija* | vnd S. Rochus[12] die Pestilentz, S. Job[13] die frantzosen[14], S. Quirin[15] die eyterflüssigen schäden[16] vnd ander andere kranckheyten vertreyben. Vnd damit dise abgötterey desto meer bestettiget würde, haben sie besondere bůssen erdichtet, welche, als sie sagen, die Heiligen von denen fordren, welchen sie helffen sollen, Das aber gemeinlich[17] ding sind, die, die schäden zů heilen, one das, durch natürliche wirckung, dienstlich sind, allein das sie etwas zauberwercks dar zů thůn. Also haben sie auch zů anderen sachen, deren die menschen hoch begeren, eigne helffer von heiligen verord-

1. darauf zu achten, Sorge zu tragen.
2. das [für].
3. noch.
4. in Verbreitung, im Gebrauch ist.
5. Zur Intensivierung der Heiligenverehrung im Spätmittelalter vgl. TRE 14, S. 653 und *Angenendt*, Heilige und Reliquien (passim).
6. jäher, plötzlicher.
7. Verrücktheit, Wahnsinn.
8. kolikartige Schmerzen, Darmgicht. *Baufeld*, S. 115.
9. Geburtswehen.
10. Hubertus (ca. 655–727), Bischof von Lüttich, Heiliger, Patron der Jäger, Forstleute und Schützen, auch Patron gegen Hundetollwut. LThK^2 5, Sp. 503.
11. Sebastian (4. Jahrhundert), römischer Märtyrer; Pestheiliger und Patron der Schützen. LThK^2 9, Sp. 557f.
12. Rochus (ca. 1295–1327), lebte in Montpellier. Auf seiner Reise nach Rom pflegte der heilige Rochus Pestkranke, steckte sich dabei an und wurde durch ein Wunder geheilt. LThK^2 8, Sp. 1347f.
13. Jodok, auch Jobst, Jost (7. Jahrhundert), Priester und Einsiedler in Frankreich; Patron gegen Krankheiten. LThK^2 5, Sp. 982.
14. die französische Krankheit, Syphilis.
15. Quirinus von Neuß (2. Jahrhundert), Heiliger, römischer Märtyrer; Patron gegen Ausschlag, Eitergeschwüre und Pocken. LThK^2 8, Sp. 947f.
16. Ausschläge.
17. gewöhnlich.

net: S. Anna[1], Margaretha[a,2] vnd vil andere můssen den schwangeren frauwen helffen[3] zů froͤlicher[4] gepurt, vil den kinderen, das sie wol deyen[5] vnd wachsen. S. Joseph[6] můß die weyber schwanger machen vnd den Toͤchteren vmb gůte[7] menner helffen[8], S. Christopherus[9] vnd Georgius[10] den kriegßleuten, S. Seruatius[11] den kauffleuten. Also hat man S. Michael[12], Gabriel[13] vnd Raphael[14] auch jre besondere hilff zů geeignet. Vnd wer koͤndte diese Abgoͤttereyen alle erzelen[15]?

Das ander, darin die gemeine verehrung der Heyligen steht, ist, das man auß gemelten Gotlosen fabulen den Heyligen eygne brůderschafften[16] vnd bitfert[17], großprechtige fest, eigene Messen, gesange vnd andere Ceremonien anrichtet vnd haltet, erzelete[18] hůlff von jnen zů erlangen, Dazů man jnen auch als neuwen Goͤtteren neuwe Sacrament erdichtet vnd geprauchet, Als da seindt: mit jrem gepein, vnd Goͤtzen[19] bestreychen[20], Etlich gesegnete wasser, kertzen, S. Margarethen gůrtel zů Coͤllen[21] für die geperenden frauwen vnd andere soͤlche zeychen. | *xxb/Eiijb* |

a) Drf. Magaretha.

1. Anna, Mutter Mariens. Sie wurde vor allem im späten Mittelalter wegen ihrer Mütterlichkeit als Heilige verehrt. LThK² 1, Sp. 570f.
2. Margareta (4. Jahrhundert), zu den 14 Nothelfern gehörende Heilige, Patronin der Schwangeren, von denen sie bei Geburtsnöten angerufen wurde. LThK² 7, Sp. 19.
3. verhelfen.
4. froher, schmerzloser.
5. gedeihen.
6. Joseph, der Nährvater Jesu. Als Heiliger wird er im Abendland erst seit dem ausgehenden 15. Jahrhundert verehrt. LThK² 5, Sp. 1129–1133.
7. zu guten.
8. verhelfen.
9. Christophorus, Märtyrer, Patron von Fahrenden und Reisenden, der bei gefährlichen Unternehmungen hilft. LThK² 2, Sp. 1167.
10. Georg, Märtyrer, Patron der Soldaten. LThK² 4, Sp. 690–692.
11. Servatius, im 4. Jahrhundert Bischof von Tongern; Heiliger, der gegen Frostschäden angerufen wird. LThK² 9, Sp. 693. Vielleicht wird Servatius hier in Bezug auf ein angenehmes Reisewetter als der Patron der Kaufleute angesehen.
12. Michael, Erzengel, Beschützer der Kirche und der christlichen Heere. LThK² 7, Sp. 393–395.
13. Gabriel, Erzengel, Patron der Boten. LThK² 4, Sp. 480f.
14. Raphael, Erzengel, Patron der Reisenden und Pilger. LThK² 8, Sp. 991f.
15. aufzählen.
16. Hierzu TRE 7, S. 195–212.
17. Wallfahrten.
18. erwähnte.
19. Götzenbilder.
20. mit Reliquien segnend berühren. *Götze*, S. 30.
21. Gürtel, an dem Margareta (s. oben S. 65, Anm. 2) einen Drachen geführt hat. Der Gürtel befand sich in der seit dem 12. Jahrhundert bezeugten, 1815 abgerissenen Margaretenkapelle in nächster Nähe des Kölner Doms. Erwähnt wird der Gürtel, der sich seit dem 12. Jahrhundert als Schatzzubehör in dieser Kapelle befand, bei *Gelenius*, De admiranda, S. 627; *Arntz*, Die ehemaligen Kirchen, S. 342–345; *Geelen*, Die Margarethen-Kapelle zu

Das dritte, das man jnen allen bilder vnd Goͤtzen[1] machet vnd fuͤrstellet, auch weyhet, koͤstlich bekleidet, zieret vnd schmucket, Dann vor den selbigen wie auch vor jrem gepein kertzen brennet, reucheret, singet, niderfallet, opfferet, allerley zeychen jhrer geleysteten hilffen, andere zů gleycher abgoͤtterey anzůreitzen, auffhenget, Dann auch vmb her treget in den Processionen vnd, wie man sie mit erschrocklichen namen nennet, den Gotstrachten[2], darbey singet, pfeyffet vnd schallet mit allerley seytenspielen, etwan auch dantzet, darnach prasset vnd sich voll vnd toll sauffet Vnd in summa alles das treybet vnd übet, das die Heyden bey[a] jren goͤtzen diensten je[3] getriben vnd geuͤbet haben.

Diß ist die gemeine vermeinte[4] verehrung der Engelen[5] vnd Heyligen, in deren so grausam vil vnd erschrocklich Abgoͤttereyen stecken, als die bey den Heyden je[6] gewesen seindt. Diß sehen die C. Deputaten täglich vor augen, ja dienen sonder zweyffel darzů. Dann stehet einer auff vnd prediget, Wie Dauid sich vor dem Herren gedemoͤtiget, da er vor der archen[7] sprange vnd von seynem weyb, der Michol[8], verspottet warde[9], also springen auch sie in jrem goͤtzen- vnd Sacrament tragen vnd leyden daß gespoͤt von vns ketzeren. Der ander prediget, So man sich neyge vnd daß haupt entdecke[10], wann man den namen Jesu nennet, warumb man sich nicht solte auch vor den goͤtzen[11] vnd dem heyltumb[12] neygen vnd fuͤr[13] sie nider fallen?

Wa[14] bleiben da die Theologicae censuren[15]? Wa eyfer | *xxja/Fja* | für die ere Gottes? Sind nůn die bilder vnnd abgoͤttischen Goͤtzen zůhalten wie der selige name vnsers Herren Jesu Christi? Wie wol sich auch kein Christ neyget oder sein haupt entdecket gegen der leiplichen stimme oder wort, wenn es den na-

a) Drf. hey.

Köln, S. 3. Die Angaben verdanke ich Herrn Dr. Manfred Huiskes (Historisches Archiv der Stadt Köln).

1. hier vielleicht: Standbilder.
2. Herumtragen der Heiligenbilder oder des heiligen Sakraments in einer Prozession. *Grimm* 8 (= IV,1,5), Sp. 1306.
3. immer.
4. angebliche, vermeintliche.
5. Kol 2,18.
6. immer, jemals.
7. Truhe, Kasten, hier: Bundeslade des Alten Testamentes. Frühneuhochdt. WB 2, Sp. 56f.
8. Michal, Sauls zweite Tochter, Gemahlin Davids.
9. II Sam 6,14–23.
10. entblöße.
11. Götzenbildern.
12. Reliquie.
13. vor.
14. Wo.
15. Beurteilungen.

men Jesu hoͤret, wie die armen, verfuͤrten leuth sich vor den goͤtzen neygen, nider fallen vnd sie anbitten, sonder vor Christo vnserem herren selb, den daß glaubige gemoͤt, so es seinen namen hoͤret, im hertzen anschawet. Also solle daß heidnisch goͤtzen gepreng, wider daß offentliche Gottes wort angerichtet, vergleychet werden dem Gotseligen springen[1] vnd Got loben, der besserlicher beweysung deß waren glaubens vnd einbrunstiger liebe zů Got, die der fromme Dauid nach dem wort Gottes vor seiner Arcen[2] erzeygete? Vnd diß sollen die fürnemen liechter diser Theologen sein.

Damit aber du, Christlicher leser, etwas grundelicher erkandtnuͤß vnd Gotseliges vrtheyls faßest auß dem Gottes wort, Von dem waren vnd falschen Gotseligen vnd abgoͤttischen anbetten vnd anrůffen Gottes, Von dem gefelligen[3] Gottes dienst vnd grewlichen goͤtzen diensten vnnd allerley abgoͤtterien, die leider bey vnß genanten[4] Christen lengist schwerlich vberhandt genommen haben in allerley kirchen uͤbungen, Wil ich dir hie von, ee ich den C. Deputaten auff jre Calumnien vnnd Sophismata[5] von der Heyligen verehrung vnnd -anrůffung antworte, etwas berichts thůn auß der Heyligen Goͤtlichen Schrifft, auß deren wir allein des[6] eygentlichen[7] vnnd gewissen bericht haben moͤgen. | *xxjb/Fjb* |

Von dem waren vnd falschen anbetten vnd anrůffen Gottes, von dem waren Gottes dienst vnd allerley Abgottereyen

HJe von gewissen vnd grundtlichen bericht zů vernemen, so sehe, frommer Christ, selb an, bedencke vnd erwege das erste vnnd haupt gepott von dem waren vnd falschen anbetten vnd verehren Gottes, Das also lautet: »Jch, der HERRE, binn dein Gott, der dich auß dem diensthauß Aegypti gefuͤret habe. Du solt keyne gotter neben mir haben. Du solt dir keyne bildtnuͤß noch iergent ein gleychniß machen, weder deß, das oben im himmel, noch deß, das vnden auff Erden, noch deß, das im Wasser vnder der Erden ist. Neyge dich nicht vor ihnen vnd diene ihnen nicht.« Exod. xx[2–5], Deut. v[6–9].

Jn diesem gepott fordret der Herre, das wir ihn, den, der vns diese seine wort vnd gepot fuͤrgeben hat, in Christo vnseren herrn erkennen, halten vnnd anrůffenn als vnserem einigen Gott, der vns alles arges vnd beschwerlichs allein abwende vnd alles gůts allein verleyhe zů seel vnd leyb Vnd das ewige leben[8],

1. Tanzen.
2. Bundeslade des Alten Testamentes. Frühneuhochdt. WB 1, Sp. 56f.
3. ihm wohlgefälligen.
4. sogenannten.
5. Betrügereien.
6. davon, darüber.
7. genauen.
8. Vgl. Mt 6,9–13.

Vnd das alles nit durch einigen vnsern verdienst, sonder allein durch die versuͤnnung vnsers herren Jesu Christi, Welches erkennen, halten vnd anrůffen in solichem gewissen vnd hertzlichem glauben geschehen | *xxija/Fija* | muß, Das wir vns Got in Christo, vnserem Herrn, gentzliche vertrauwen vnnd ergeben, Neben ihm vberall nichts foͤrchten, nichts anrůffen, vns nichts getroͤsten, Sonder allein an ihm, vnserem Gott vnnd Heylandt, hangen, ihm leben, ihn foͤrchten, ihn lieben, im dienen. Dann also hatt Gott selb diß sein gepott durch den Mose erkleret, Deut. vj[4–5]: »Hoͤre, Jsrael, Der HERRE, vnser Gott, ist ein einiger HERRE, vnnd solt den HERREN, deinen Gott, lieb haben von gantzem hertzen, von gantzer seelen vnnd allem vermoͤgen.« Jtem Deut. x[12–13]: »Nun, Jsrael, was fordret der HERRE, dein Gott, von dir, den[1] das du den HERREN, deinen Gott, fürchtest, das du in allen seinen wegen wandlest vnd liebest ihn vnnd dienest dem HERREN, deinem Got, von gantzem hertzen, von gantzer seelen, das du die gepott des HERREN haltest vnnd seine rechte, die ich dir heüte gebiete, auff das dirs wol gehe?«

Ja, ein soliche liebe vnnd solichen dienst fordret der HERRE von vns, das wir seine gepott vnnd rechte halten, die er[a] vns gepeutet, vnnd von den selbigen nicht außtretten, weder zůr rechten noch zur lincken, weder darzu noch daruon thun, in dem nicht vnserem noch einiger[2] creaturen gedicht[3] noch fuͤrgeben folgen, Deuteronom. iiij[2] vnnd xij[1]; Derhalben wir vnß nitt allein kheine bilder, sonder auch kheine andere zeychen, ceremonien oder gepreüche fürnemen | *xxijb/Fijb* | muͤssen[4], da durch oder da bey wir Gottes gnad vnnd hilff besonders sůchen, vnd also Got vnnd sein hilff an soliche vnsere gedicht binden Vnd jm dann alda fürnemlich sein ehr vnd dienst beweysen wolten, one seyn wort, one sein befehl. Dann allein in seynem wort will er erkennet sein; demnach můssen wir seyne gnad vnd hilff durch Christum, seynen lieben Son, suchen vnd annemen, demnach můssen wir jm dienen. Das selbige fůret vns auch allein in rechte, ware, lebendige erkandtniß der Almechtigkeyt vnnd ewigen gůte Gottes in Christo, vnserem Herren[5], stellet vns vnser sünd vnnd verderben vnd das strenge gericht Gottes dagegen recht vor augen vnd treybet vns also gentzlich zů Christo, vnserem Herren vnnd einigen Heylandt, vnd haltet vns in jm, Der dann das endt des gesetzes ist zur gerechtigkeyt einem jeglichen, der an jn glaubet, Ro. x[4]. Jn dem wir allein recht leben vnd Got dienen in warhaffter heyligkeyt vnd gerechtigkeit vnd

a) Drf. ehr.

1. denn, als.
2. irgendwelcher.
3. Erfindungen, Lügen.
4. müssen.
5. Vgl. Röm 10,3.

betten jn an im Geyst vnd warheit, wie er dann anbetter haben wille vnd keyne andere erkennet[1].

Darumb: Goͤtter haben neben dem eynigen, waren Got, geschicht nit allein, wenn die leuth etwas vnsinnigs gedichts[2] (Dann in der warheyt kan nichts solichs sein) fürnemen, von dem sie huͤlff vnnd trost suchen, sonder auch, so sie huͤlff vnd trost suchen durch andere mittel vnd weg, dann Got geordnet hat, vnd vnderstohn[3], Gottes hülff vnd gnad an jre gedicht zů binden. Dann so der mensch die mittel vnd weg Gotlicher hülff | *xxiija/Fiija* | vnd trostes verachtet, die Gott selb vns fürgegeben hat, vnd sůchet oder nimet an andere mittel vnd weg, welche dann allein vom Teuffel vnd seynem gesind můssen erdicht vnd fuͤr bracht[4] werden, so verlaßt der mensch mit dem wort des einigen, waren Gottes auch den selbigen einigen, waren Got, weß er sich sein mit worten rhuͤmet vnd in seinem hertzen von im dichtet, Vnd suchet jetzund die huͤlff nit von Gott, des mittel vnnd ordnung zů helffen er verachtet, sonder vonn seynen falschen gedichten, die nierget sein, ob[5] die der mensch wol Got nennet; Dienet also auch niemand anders, dann eben dem anstiffter vnd fuͤrgeber solcher falschen mittel, dem vatter der luͤgen[6], Dem leydigen Satan, Welches du auß allerley lehren vnnd exemplen der schrifft zů erkennen hast. Nymme aber allein für dich, das[7] die Schrifft vns zeuget vonn der ersten abgoͤtterey des volcks Jsrael nach entpfangenem gesetz[8], So wuͤrstu das eygentlich[9] also befinden.

Der Gottes hilff durch andere mittel sůchet dann Gott geordnet, der sůchet die hülff auch nit von Got.

Dann als vns die schrifft zeuget, da die kinder Jsrael das gůlden kalb machten, vor dem jr opffer thetten vnnd Gottes dienst bewysen, wolten sie mit nichten soͤliche opffer vnnd dienst dem gůldenen kalbs goͤtzen thůn, sonder dem Herren, der sie auß Egypten landt gefuͤret hat, aber bey vnd vor diesem bild vnd gedechtniß[10] Gottes, als sie es fürgaben[11]. Dann also ließ Aharon außrůffen: »Morgen ist des HERREN fest.«[12] Vnd das volck sagte: Diß seindt deine[a] Goͤtter, Jsrael, die dich auß dem landt Aegypti gefuͤret haben[13]. Sie wolten kei-

Die kinder Jsrael wolten den waren Got in jrem gůlden kalb anrůffen vnd eren, nit das kalb, Exod. 32[4.23].

a) wohl Drf. deiner.

1. anerkennt.
2. Ausgedachtes.
3. maßen sich an.
4. vorgebracht.
5. selbst wenn, obgleich.
6. Vgl. Joh 8,44.
7. das [was].
8. Ex 32,1–24; Dtn 9,7–21; vgl. I Kor 10,7.
9. genau, sicher.
10. Gedenken, Erinnerung.
11. zur Schau trugen.
12. Ex 32,5.
13. Ex 32,4.

| *xxiijb/Fiijb* | nen frembden Gott, nach[1] fil weniger dem kalbs Goͤtzen fest halten vnnd opffer thůn, sonder allein dem HERREN vnnd dem Gott, der sie auß Egypten land gefuͤret hat. Sie wusten ja wol, das sie das bild des kalbs gegossen hatten vnnd das es sie nicht auß Egypten gefuͤret hat. Sie wolten aber, das diß bild des Gottes, der sie auß Egypten gefuͤret hat, bild vnd gedechtniß sein solte, dabey sie jn anrůffen, sein rath vnd hilff erbitten vnd erlangen Vnd jm darumb bey diesem bild opffer thůn wolten, haben also Got an einn creatur gebunden one sein befehl vnd wort, gleych als wolt er[a] da gnediger sein vnd sie eer erhoͤren dann an anderen orten.

Dann weyl sie Mosen, wie sie meinten, verloren hatten, der jnen vor augen gewesen, Gottes rath angezeygt vnd hülff erworben hatte, wolten sie etwas anders vor augen haben, durch das sie Gottes rath vnd hilff sůchten vnd erlangeten. Derhalben sie auch das abwesen[2] des Mose zůr vrsach gegen den Aharon fürwandten, das sie ein Goͤtlich bild fordreten. »Mache vns Goͤtter«, sagten sie, »die vns fuͤrgohn; dann wir wissen nicht, was diesem man Mose widerfarenn ist, der vns auß Egypten landt gefuͤret hat«[3]. Darumb wolten sie eben des einigen waren Gottes bild haben, der sie auß Egypten gefuͤret hat, vnd das an stadt des Mose Vnd nicht das bild selb für jren Got halten.

Jn dem soll niemand jrren, das »Goͤtter« hie staht vnd nit »Got«; dann die schrifft diesen namen »Elohim«[4], | *xxiiija/Fiiija* | der »Goͤtter« heysset, allenthalben dem einigen waren Got zů gibt, der in allen regierenden vnd gewaltigen sein krafft vnd werck uͤbet. So ists auch dem brauch der schrifft nit entgegen, das das zeychen vnd die gedechtniß Gottes Got genennet werde, wie die Schrifft solchen namen auch der laden des bundts[5] offt gibt, welche ein zeichen war Goͤtlicher gegenwertigkeyt.[6] Es pflegen auch die gemeinen leuth dermassen von bilderen zů redenn, das sie vnser frauwen[7] bild vnser frauwen, S. Peters Bild S. Peter nennen.

Die alten Goͤtzen diener haben nit die Goͤtzen selb für jre Goͤtter gehalten.

Auß dem nun vnnd anderenn orten der Schrifft, wie auch auß gemeinem menschlichem verstandt, hat daran niemandt zů zweyffelen, das die Juden vnd Heiden, die des Goͤttzendienst in der Schrifft gescholten werdenn, also toͤrecht nie gewesen sindt, das sie hetten gemeint, das die bilder vnd Goͤtzen, die sie gemacht haben, solten jre Goͤtter selb gewesen sein, sonder haben sie

a) Drf. ehr.

1. noch.
2. Abwesenheit.
3. Ex 32,1.
4. Der Form nach Plural. RGG^3 2, Sp. 436; *Kittel/Friedrich*, Theologisches Wörterbuch zum Neuen Testament 3, S. 79–90.
5. Bundeslade.
6. Ex 25,21–22; Ex 26,33–34; Ex 39,35; Ex 40,20–21; Num 10,33–36; Jos 3,1–17; Jos 4,7.
7. Jungfrau Maria.

als[1] jrer Goͤtter gedechtniß vnd vorbildung erkennet[2] vnd gehalten[3], Vnd, wenn sie für sie nider gefallen, hend vnd augen gegen jnen auffgehebt, jhnen opffer vnd rauchwerck gethon, haben sie das nie woͤllen jnen, den onsehenden, onhoͤrenden onbefindenden[4] Goͤtzen thůn, sonder dem ewigen, einigen Got vnd seynen krefften, Englen vnd dieneren, die sie vnder den namen Mercurij[5], Veneris[6] vnd Palladis[7] vnd anderer haben verstohn woͤllen.

Was sagt aber Got darzů in seyner H. schrifft? Sie haben angepettet vnd dienst gethon den wercken jrer hende. | *xxiiijb/Fiiijb* | »Sie machten ein kalb in Horeb, betteten an das gegossen bild vnd verwandleten jre ehre in ein gleychniß[8] eynes Ochsen, der graß isset. Sie vergassen Gottes, jres Heylands, der so grosse ding in Egypten gethon hat«, Psalm Cvj[19–21]. Sehe, frommer Christ, Das volck sagte, sie betteten bey dem kalbs goͤtzen den HERREN an, jren waren Got, hielten dem fest, thetten dem opffer, vnd dieser Goͤtz solte allein ein gedechtniß vnd zeichen Gottes sein. Got sagt aber, sie haben den Goͤtzen angepetten vnd nit jn, haben da nicht seyn gedechtniß gehalten, sonder sein vergessenn. Warumb daß? Got wolt von seynem volck nicht durch die Goͤtzen, sonder durch seyn wort erkennet sein vnd jn[9] zů gedechtniß kommen, Wolte das sie in jn[10] war hertzlichem glauben anrůfften durch den eynigen Messiam, seinen lieben Son, den er jnen verheissen hat vnd in seinen opfferen vnd Ceremonien fürbildet vnnd fürstellet, Wolt, das sie im seyne ere vnd dienst bewysen durch den selbigen Christum mit warer heyligkeyt vnd fromkeyt vnnd darumb nach seynem wort vnnd nit nach jhren gedichten[11].

Psal. 106[19–21]

Wolte auch nicht, das sie jhn, den Schoͤpffer aller dingen vnnd der sich in allen seynen werckenn so herlich erzeyget, etlichen seynen wercken verglichen vnd da durch seyne glori vnd herlichkeit verdunckelten vnd einzuͤgen[12] vnd da mit seyne ware erkantnuß vnd forcht in den hertzen der menschen erloͤscheten[13], Wie er dann durch den Jesaiam klagt vnd spricht[14]: | *xxva/Gja* |

1. für.
2. anerkannt.
3. Röm 1,18–32.
4. empfindungslosen.
5. Merkur (Mercurius), römischer Gott, Beschützer des Handels. Reclams Lexikon der Antike, S. 411; Neuer Pauly, Bd. 8, Sp. 1–4.
6. Venus, römische Göttin der Liebe. Reclams Lexikon der Antike, S. 671; Neuer Pauly, Bd. 12,2, Sp. 17–20.
7. Pallas Athene, griechische Göttin der Künste, des Handwerkes und des Krieges. Reclams Lexikon der Antike, S. 91 f.; Neuer Pauly, Bd. 2, Sp. 160–167.
8. Ähnlichkeit.
9. ihnen.
10. in jn: ihn in.
11. Erdichtungen, Lügen.
12. beschränkten.
13. auslöschten.
14. Jes 40,18–25.

»Wem woͤllet ihr denn Gott nach bilden? Oder waß fuͤr ein gleychniß woͤllet ihr im zurichten? Der meyster geußt wol ein bild, vnd der goldtschmidt vberguͤldets vnd machet sylberen ketten daran. Deßgleychen: wer ein armes[1] opfergelt vermage, der welet ein holtz, das nicht faulet, vnd suchet ein klugen meyster dazu, der ein bilde fertige, das bestendig seie. Wisset ihr nicht? Horet ihr nicht? jsts euch nicht vormals verkuͤndigt? Habt irs nicht verstanden von anbegin der Erden? Er sitzt vber dem kreyß der Erden, vnnd die darauff wohnen sindt wie heuwschrecken. Der den himel außdenet wie ein dünn fell vnd breyttet sie auß wie ein huͤtte, dar in man wohnet, Der die Fürsten zů nicht machet vnd die Richter auff erden eytel machet, als hette ihr stam weder pflantzen noch samen noch wurtzel in der erden, das sie, wo ein wind vnder sie wehet, verdorren vnd sie ein wind wirbel wie stoppeln weg fuͤret. Wem woͤllet ihr denn mich nachbilden, dem ich gleych seie?«, spricht der heylige Esaie. xl[18–25]. Der gleychen klag vnd straffen Gottes wider das goͤttzen werck haben wyr bey diesem vnd andern Propheten vil vnnd gar ernstliche[2].

Warumb Gott so ernstlich vber die frembden Gottes dienst klaget

Jn welchen klagen Gotes woͤllest doch, Christlicher leser, ansehen vnd erwegen, warumb Gott so vil vnd ernstliche klage vber das Goͤttzen werck vnd andere von menschen erdichte Gotes dienst fuͤre. Bedencke vnnd erwyge die wort deines[a] Gottes vnd Heylands, so wuͤrstu selb woll erkennen, das diß die vr- | *xxvb/Gjb* | sach ist solicher ernsten klagen vnnd straffen Gottes, Das seine Goͤttliche mayestet vnd glory, die alles erfuͤllet vnd in seinen selb eigen wercken allen himlischen vnd irdischen so vberherrlich vnd gewaltig an allen orten vnd enden, vns in die augen, sinn vnd hertz, wa wyr nicht wolten so gar blindt vnd thumb[3] sein, scheinet; Durch solche erdichte Gottes zeychen, bilde vnd dienst eingetzogen[4] vnd verkleyneret wurdt Vnd alle ware lebendige erkantniß vnd forcht Gotes in den hertzen deren, die sich zů solichen gedichten wenden, verschlagen[5] vnnd abgewandt, das solche immer tuͤmmer vnd verstockter werden in ihren sünden vnnd verderben, fuͤlen ihre sünd nicht, ergeben sich allen boͤsen lusten[6] vnd begirden des fleyschs, das sie endtlich Gottes gantz vnd gar vergessen, ja auch seine feyndt werden vnd verfolger seines waren glaubens vnd diensts. Wie man das zů diesen vnseren vnd allen zeyten siehet vnd gesehen hatt bey allen denen, die sich an die frembden gottes dienst begeben haben.

Ephes. 2[3]

a) Drf. deinres.

1. das übliche Maß nicht erreichendes. Frühneuhochdt. WB 2, Sp. 118.
2. Dtn 32,17–18; Jes 2,8.18; Jes 10,10–11; Jer 51,47; Ez 23,37; Ez 36,18.25.
3. stumpf, unverständig, töricht.
4. beschränkt.
5. niedergeschlagen.
6. Vgl. Röm 1,18–32; Ex 7–12.

Gotts dienst on Gottes wort geschicht den Teufel, j. Cor. 10[1–22].

Diß ist die vrsache, darumb Gott vber die erdichten Gottes dienst vnd das verbilden[1] Gottes so ernstlich klagt vnnd ihm ein solcher greuwel ist. Darumb er auch allenthalben zeuget, das alle dienst vnd ehr, die ihm die leuth bey vnd durch solche Teuflische gedicht thun woͤllen, den Goͤtzen vnnd Teufflen, nitt ihm thun. Da her auch der Apostel Paulus von den heyden sagt: »Waß sie opfferen, das opfferen sie den Teuffeln vnd nitt Gott«[2], Dafür[3] es aber die heyden nicht hielten, Sonder vermeineten nit weniger denn vnsere Goͤtzen diener, ihr opffer zů thun den Engelen vnd | *xxvja/Gija*[a] | dieneren Gottes, die ihnen des ewigen vnnd oͤbristen Gottes gnad vnd hilff erwerben vnnd beweysen solten, jeder nach seiner macht[4] vnd dem ampt, das er vom oͤbristen Gott entpfangen hette. Weyl aber der einige ware Gott da von nichts befohlen hatt, wie auch nicht von goͤtzen, sonder von anfang erfordert vnd gepotten, das wyr ihn erkennen vnnd ihm dienst beweysen sollen nach seinem wort, Erkennet vnd saget er, des erkantniß allein gerecht vnd deß wort allein war ist, Das Juden vnd Heyden, welche ihn oder seine Engel vnnd diener haben woͤllen, bey den goͤttzen anruffen vnd inen dienst beweysen, das sie nicht ihn noch seine Engel vnd diener, sonder die goͤttzen vnd werck ihrer henden angerufft haben, denen ehr vnd dienst bewysen, Vnd das[5] sie vermeinet haben, den Engelen vnd dienern Gottes zů ihrem heyl verordnet zů opfferen, das sie das nit inen, sonder den teuffeln geopffert haben. Dan sie, weyl sie ihren dienst also wider Gottes wort fürgenomen, allein den Teuffelen damit gefallen vnd dienst gethon haben Vnd dem waren Gott vnd seinen waren dieneren nit allein keynen angenemen dienst, sonder einen greuwel vnd tratz[6] bewysen, alß[7] er in allen seinen Propheten so ernstlich zeuget[8]. Dann der Herr, wie nun so offt gesagt vnnd vns nymer genug gesagt werden mage, will, das wyr ihn nach seinem wort inn Christo vnseren Herrn erkennen, anrůffen, von im seine huͤlff suchen[9], entpfahen, gebrauchen vnd im alle ehr vnd danck darfur sagen vnd beweysen Vnd von dem weder zů rechten noch zur lincken ab- | *xxvjb/Gijb* | weichen[10], Vnd was der mensch in dem allen feylet[11], darin fellet er ab vnd wendet sich von Gott.

a) falsche Lagenzählung: G iij.

1. Einfangen Gottes in Bildern und die damit gegebene Entstellung.
2. I Kor 10,20.
3. wofür.
4. Vermögen, Kraft.
5. das [was].
6. Widersetzlichkeit, Feindseligkeit. *Lexer* 2, Sp. 1499.
7. wie.
8. Dtn 32,17–18; Jes 2,8.18; Jes 10,10–11; Jer 51,47; Ez 23,37; Ez 36,18.25.
9. Act 2,21; Joh 14,13–14; Joh 15,16; Joh 16,23–24.
10. Vgl. Dtn 5,29.
11. fehlt, irrt.

Welches dann in zweyerley weyse geschicht:

Die gemeine abgotterei

Die eine ist, Wenn der mensch nitt alle hilff vnd trost erstlich vnd gentzlich suchet von vnserem einigen Gott[1], der sich vns in seiner schrifft vnnd in Christo zuerkennen gegeben vnd alle hilff verheyssen hatt, Sonder wendet sich zů sich selb oder zů andern creaturen, bey denen[a] er[b] hilff vnd trost suchet, Alß[2] die thun, die in iren nöten vnnd anligen an Gott nit gedencken noch ihn vmb hůlff bitten, sonder keren sich alßbald entweders zu ihrer eygen vernůnfft[c] vnd vermögen vnd vnderstohn[3] ihnen selb zu rathen, Oder aber zu anderen leuthen als zu grossen Herren oder sunst guten freunden, denen sie verstandt, willen vnd macht, ihnen zu helffen, zugeben, Oder zů den gestorbenen heyligen, deren bilderen vnd gepeine, Oder auch zů bösen Teuffelischen kunsten.

Die ander weiß der abgotterei ist, wenn die leuth die hůlff vnnd den trost mit ihren gedancken vnd worten von dem einigen Gott begeren, thůn aber das nitt vff die weg vnd durch die mittel, die Gott darzu verordnet hatt.

Der mittler[4] aller hulff gottes ist Christus[d].

Dann erstlich hatt vns Gott vnseren einigen Mitteler vnd Heyland geschenckt vnd fürgesetzet seinen lieben Son, vnseren herrn Jesum Christum, durch den wir allein ein freyen zugang zů ihm haben, Vnnd wie der allein vns die gnad des vatters durch seinen todt | *xxvija/Giija* | erworben, der vns mit dem vater[5] versünet[6] vnd seine kinder gemacht hat, also will der vatter auch durch jhn von vns in allen anligen angerůffen sein, durch jn wil er vns helffen, so wir[7] vns im mit war rew vnd leidt der sünden vnd hertzlicher begird der besserung ergeben vnnd jhn in dem namen dieses seynes Sons vmb alle hilff anrůffen[8].

Darumb welche menschen nit alle hůlff vnd allen trost von Got durch diesen mitler, seynen lieben Son, in sölcher rew der sünden vnd warem glauben an jhn sůchen, die sůchen auch die hůlff nit bey dem eynigenn waren Got, sonder dichten jnen[9] ein eygen Gott, der helffen wölle ausser dem Herren Christo, der aber nierget ist.

Diener, werckzeug vnd mittel[10] Götlicher hulff

Zům anderen hat Got auch seine diener vnd werckzeug geschaffen, durch die er vns hilffet, Engel vnnd menschenn[11], Auch andere creaturen, die er zů

a) Drf. dennen.
b) Drf. ehr.
c) Drf. vernůfft.
d) Drf. Chistus.

1. Vgl. II Kor 1,3–4; Ps 73,26; Ps 51,14.
2. wie.
3. maßen sich an, wagen.
4. I Tim 2,5–6.
5. Konj. für: den vns mit vater.
6. Röm 5,2.10; I Joh 2,1–2.
7. Vgl. Joh 14,6.
8. Act 2,21.
9. für sich.
10. Vermittlung.
11. Kol 1,15–17; I Petr 3,22; Hebr 1,6–8.13–14; Hebr 2,5.

vnserem gebrauch als mittel verordnet hat: Etliche zum gebrauch des glaubens vnd der neuwen gepurt, als do seind sein H. wort vnd Sacrament[1], Etliche zum gebrauch der natur vnnd auffenthalt[2] dieses lebens, als da sind die ding, die er vns zur speyß, artzney, leyblichem schutz vnd schirm verordnet hat[3]. Aber diese Gottes diener, werckzeug vnd mittel seyner hilff můssen wir also ansehen vnd gebrauchen, als die Got, vns da durch zů helffen vnd seyne gůtthaten zů bewysen, geordnet hat vnd sie auch derhalben gemeinlich darzů geprauchet, aber doch der massen, das er seyne hülff an soliche diener, werckzeuge vnd mittel nit gebunden ha- | *xxvijb/Giijb* | be, Also, das er vns, wenn wir diese seine diener vnd mittel haben, darumb seine huͤlff durch die alwegen bewysen, vnd wenn wir sie nit haben, vns darumb an[4] seyner huͤlff lassen woͤlle. Derhalben will er, das wir vor allem hertz vnd gemuͤt zů jm erheben durch vnseren Herren Christum vnnd jn durch den bitten, das er vns seyne hilff vnd gůtthaten durch solche seine diener vnd mittel beweysen woͤlle oder wie im das süst[5] gefellige seie.

Darumb Got auch verlassen vnd sich in abgoͤtterey begeben

Was Got versůchen

Erstlich alle die, so Gottes huͤlff vnd gůtthaten, die er vns durch gemelte seine diener, werckzeug vnd mittel zů beweysen vnd zů geben in seynem wort versprochen hat, von jm nit sůchen vnd annemen durch die selbigen seine diener, werckzeug vnd mittel, sonder woͤllen die von Gott haben one mittel solcher seyner diener, werckzeug vnnd mitlen. Diß heisset die Schrifft sunst Got versůchen.

Gottes hülff durch mittel sůchen, die er dazů nicht geordnet, ist abgoͤtterey.

Zům anderenn auch die, welche wol Gottes hilff vnd gůtthaten sůchen vnd annemen woͤllen, wie sie selb gedencken vnd sich in worten rhůmen durch die diener, werckzeug vnd mittel Gottes, sich aber deren nit gebrauchen, wie die Got zů jeder seyner hilff vnd gůtthatten in seynem wort fürgeben vnd verordnet hat, Sonder erdichten oder sůchen dienst vnd werck von den dienern, werckzeugen vnd mitlen Gottes, dazů sie Got nit verordnet hat vnnd die sie nit leysten woͤllen noch koͤndenn, Oder wenn sie gleych zů jeder hilff | *xxviija/Giija* | vnd gůtthaten Gottes geprauchen woͤllen eben die diener, werckzeug vnd mittel, die Got dar zů verordnet hat, vnd auch eben das werck vnd den dienst von jnen sůchen, da zů sie Gott geordnet hat, doch das selbige werck vnd dienst nit vff die weyß gestalt vnd maß sůchen, wie Got verordnet hat. Vnd daher kommen dann die groͤberen Abgoͤttereyen, Goͤtzen dienst, zauberey vnnd alles wüste abergleubige wesenn, dadurch die ware religion am greulichsten zerstoͤret wuͤrdt vnnd dar wider die H. Propheten am ernstlichsten schreyen. Als[6] diß durch exempel zů erkleren.

1. Vgl. Tit 3,5.
2. Unterhalt, Erhaltung, Schutz, Halt. Frühneuhochdt. WB 2, Sp. 374.
3. Gen 1,29; Gen 9,3; Ez 47,12; Röm 13,1–7.
4. ohne.
5. sonst.
6. nämlich, und zwar [ist]. Frühneuhochdt. WB 1, Sp. 845.

Wie man der Engel dienst recht gebrauchet

Die lieben Engel hat Got geordnet, das er sie zum dienst außsende vnd gebrauche vmb deren willen, die das heyl ererben, wie die Epistel zun Hebreern zeuget[1]. Weyl nun Got die allein auß seyner Goͤtlichen guͤte außsendet[a], wie vnd wa zů er will, Wa[2] wir dann die hilffe Gottes durch die Engel sůchen woͤllen, wie er sie darzů verordnet hat, muͤssen wir vns vor allem zů Got bekeren mit war rew vnd leydt der sünden vnd lebendigem glauben an Christum vnseren Herren vnd jn bitten, das er sie aussenden woͤlle, vns zů füren vnd zů fürderen zů seiner gehorsame vnnd alles, was vns zů der selbigen dienstlich[b] sein mag, Auch behieten vnd retten vor aller uͤbertrettung seyner Goͤtlichenn gepot vnnd was vns zů der selbigen verleytenn mage Vnd, wa[3] wir in sünde gefallen, das wir vns als bald durch ware bůß wider zur gehorsame Gottes kerenn[4], Auff das wir die Engel nit durch die sünd betrie- | *xxviijb/Giijb* | ben, sonder durch stete besserung vnd Gotseligkeyt erfrewen. Auff soliche weiß allein sucht man die hülff Gottes recht durch die Engel vnd bewyset[5] jnen die rechte verehrung.

Wie man die Engel zů Abgoͤtteren mißbrauchet

Wann nůn aber die leuth schon keine hilff von den Engelen, als[6] von jhnen selb, sonder allein – wie sie sich auch selb bereden[7] – von Got durch die Engel sůchen, sůchen aber soliche hülffe Gottes durch sie[c] nit, das sie Gotseliger leben, Sonder zů fürderung vnd gluͤck in leyplichen, zeytlichen guͤtteren one Gotseligkeyt, Sůchen fürwitzige[8] vnd vnbesserliche[9] erkanntniß verborgner oder künfftiger dingen. Solche leuth vnderstohn[10], die Engel jetz zů anderer hůlff vnnd gůtthaten Gottes zů gebrauchen, dann sie Got geordnet hat, geben jnen dienst vnd werck zů, da zů sie Got weder geordnet hat noch geprauchet. Darumb, weyl sie in dem Gottes ordenung vnnd wort verlassen, sůchen sie jetzund auch nicht die hůlffe Gottes bey vnnd durch die Engel, sonder verlassen Got vnd machen jnen[11] die Engel zů Abgoͤtteren.

Wie man die Heyligen zů Abgoͤtteren machet, Apoc 14[13].

Dergleichenn geschicht auch mit den lieben abgestorben Heyligen. Die hat Got in seyne selige růhe gesetzet vnd vnserem dienst entzogen. Der Geyst

a) wohl Drf. außende.
b) Drf. die enstlich.
c) Drf. sey.

1. Hebr 1,14; vgl. I Kor 6,3.
2. wenn.
3. wenn.
4. Vgl. Hebr 6,4–6; Hebr 12,16–17.
5. erweist.
6. nämlich, und zwar.
7. glauben machen, sich einreden. Frühneuhochdt. WB 3, Sp. 1369f.
8. übermütige, unbesonnene, vermessene. *Grimm* 16 (= XII,2), Sp. 1956–1958.
9. unverbesserliche.
10. wagen (es).
11. sich.

spricht, das sie růgen[1] von jrer arbeyt.[2] Doch wie sie in Christo růgen vnd leben, also schleußt man nit vnfuͤglich[3], das sie auch vmb vnser heyl on vnderlaß bettenn auff die weiß, die jrem leben gepüret. Das wir aber soͤliche jre | *xxixa/Hja* | fürbitt bey ihnen durch einigs anruͤffen oder andere verehrung suchen vnnd dadurch Gottes hulff erlangen sollen, das hatt der Herre nicht befohlen noch gelehret[4], Noch vil weniger, das man sie zu besonderen himlischen hoffmeistern vnd marschalcken[5] vnd heilanden[6] mache, die besondere dienst vnd empter von Gott haben, vns zu helffen, wie sie die prediger, die ihres opffers genieß haben, prysen vnd sie zů erschroͤcklicher verkleynerung Gottes vnd vnsers Herren Jesu Christi vnsere nothelffer nennen vnd außruffen vnd ihnen vnderscheydliche macht zuschreiben, durch die sie vns allerlei plagen vnd straffen zusenden vnd dann widerumb abnemen sollen, wann man ihnen fastet, feyret, opfferet vnd andere dienst beweyset. Welche dann nu solichen lugen glauben vnd durch die heyligen soliche hulff suchen, sie darumb anruffen vnd ihnen dienst bewysen, darzu sie got nicht geordnet hat noch da von in[a] seinem H. wort etwas vorgegeben, die verkeren itzund auch Gottes ordnung vnnd treiben an den heyligen abgotterei, Alß[7] bey denen sie Gottes hulff suchen nit nach dem wort Gottes.

Wie man die Sacrament[b] zu abgoͤteren machet

Also hat Gott geordnet seine H. Sacrament, Tauff vnd Abendmal, das wyr durch die, wenn wyr sie in warem glauben entpfahen, wie sie vnß vnser Herr Christus befohlen hatt, von sünden abgeweschen, im eingeleybet, seiner erloͤsung vertrostet[8] vnd in seinem leben gesterckt wurden. Welche nun diese H. Sacramenten nicht der gestalt vnd massen brauchen, son- | *xxixb/Hjb* | der woͤllen durch das Tauff wasser vnd brot des Abendtmals, vngewitter, allerley suchten, feindt, feur vnd wasser vertreyben, gut gewitter[9], wachsung der fruͤchten vnd andere zeytliche[10] gutthaten erlangen, die verkeren Gott seine ordnung, mißbrauchen diese ding zur Abgoͤtterey, weyl sie die anderswo zů dann sie Gott verordnet zů brauchen vnderstohn.

Wie singen, lesen, betten zur abgoͤtterey mißbrauchet wurdt

Der gleychen hatt vns Gott seine Schrifft vnd selige wort gegeben, das wyr

a) Drf. ihn.
b) Drf. Sacracrament.

1. ruhen.
2. Apk 14,13; vgl. Hebr 4,10.
3. ungebührlich, unziemlich, ungehörig.
4. I Joh 2,1–2; Act 2,21; I Tim 2,5–6.
5. Hofmarschällen.
6. Rettern, Heilbringern.
7. wenn, weil. Frühneuhochdt. WB 1, Sp. 847f.
8. völlig getröstet, zuversichtlich gemacht. *Baufeld*, S. 87.
9. Wetter.
10. weltliche, diesseitige. *Baufeld*, S. 256.

durch lesen[1], sagen[2] vnd singen[3] der selbigen vnseren vnd anderer glauben erbauwen sollen[4]. Die wort der H. gepett hatt er vnß fuͤrgeschriben, das wyr vns vnd andere damitt zuͤ dem warglaubigen betten des hertzens erwecken sollen[5]. Wann nun die leuth die selbigen wort vnd Schrifften Gottes nitt hie zů in Christo gepRauchen, sonder woͤllen das singen oder sprechen der selbigen, so das in den kirchen oder sonst zů seiner eygen zeyt mitt besonderer weyß vnd maß geschicht – da vor bilderen, da vor dem Sacrament, da vber den greberen –, darzu mißbrauchen, das es ein besonder dienst vnd ehr Gottes vnd der heyligen sein solle, denen sie darumb die »Vatter vnser« vnd »Ave Maria« in gewisser[6] zal vffopffren, dadurch ihnen selb vnd den ihren Gottes vnd der heyligen hůlff zů erlangen, Diese treyben ietz mitt solichem iren verkerten singen, lesen vnd betten Abgoͤtterey, suchen die hůlff nitt bey Gott, weyl sie die nitt durch die mittel, die er darzu geordnet hatt, suchen vnd die | *xxxa/ Hija* | mittel, die er vns zum anderen gepRauch geordnet, also mißbrauchen Vnd seinen wercken andere würckung vnd krafft zu eygnen, dann[7] er vns in seinem wort fuͤr geben vnd befohlen hatt.

Was abgotterey in den newen sacramenten vnd gnaden zeychen begangen wurdt

Die meinung[8] hatt es auch mitt denen dingen, die man one Gottes wort zů neuwen Sacramenten vnd wircklichen[9] zeychen vnnd instrumenten machet Gotlicher hilff vnd gnaden, auch die sünden abzuweschen, suchten vnd alle gespenst[10] des Teuffels zuuertreyben, glück vnd heyl an leyb vnd seel zu erlangen, Vnd das nit allein durch des armen volcks aberglauben vnd mißbrauch, sonder auch durch die segen, die die Priester vber solche zeychen vnd new erdichte Sacramenten, wie sie die auch außtrucklich nennen, offenlich singen vnd lesen. Von solchen zeychen vnd new gedichten Sacramenten seind: Das gemein[11] vnd die besonderen geweyheten wasser[12], die sie im namen der Heyli-

Als das[a] saltz bey dem tauff

a) Drf. des.

1. I Tim 4,13; II Kor 3,14.
2. I Petr 1,12.
3. Eph 5,19; Kol 3,16.
4. Vgl. Mt 28,18–20.
5. Mt 6,9–13.
6. bestimmter.
7. als.
8. Bewandtnis, Sinn.
9. wirksamen. *Grimm* 30 (= XIV,2), Sp. 576 f.
10. Verlockungen, Täuschungen.
11. Das allgemein gebräuchliche Weihwasser. In der Volksfrömmigkeit des 15. Jahrhunderts spielte das Weihwasser eine entscheidende Rolle als Heilungsmittel. Vgl. *Angenendt*, Geschichte der Religiosität im Mittelalter, S. 415–417. LThK² 10, Sp. 965–968.
12. Das an bestimmten Festtagen geweihte Wasser, vielleicht auch das Weihwasser, das von den Gläubigen zu Hause aufbewahrt und verwendet wird.

gen weyhen, das geweyhet saltz[1], kertzen, palmen[2] vnd der gleychen, Welche ding Gott wol als mittel vnd instrument seiner guthaten vnd hilff nach ihrer natuͤrlichen wuͤrckung zu guͤt dem menschen geschaffen vnnd geordnet hatt, nitt aber zu Sacramenten vnnd wůrcklichen zeychen einiger vbernatuͤrlichen wuͤrckung, als sünde abzuweschen, Teuffel vnnd ihre gespenst zu vertreyben, kranckheiten[3] vbernatuͤrlich zu heylen.

Welcherley würckung die falschen heyligendiener | *xxxb/Hijb* | auch der heyligen gepein, grebern vnd bildern zů geben, Damitt sie dann das gemein volck bewegt vnd verursacht haben, soliche gepein vnd bilder mit so grosser andacht vnd von so ferrem[4] zů besůchen, inen so reychlich zů opfferen, sie mitt so grossem verwunderen vnnd begirden anzuschauwen, für sie nider zufallen, augen vnnd hend gegen ihnen auffzugeben, sie zu kuͤssen vnnd ihnen allerley ehre zu beweysen, sie vmb ihr frůcht, feld, stette vnd flecken[5] zu tragen[6], Alles darumb, das dise arme leuth beredt[7] sein, diese gepein vnnd bilder sollen Gottes vnnd der heyligen instrument sein, ihnen zů helffen, Gottes vnnd der heyligen gnad vnd krafft, raste[8], wie sie pflegen zů sagen, bey solichen gepeinen vnnd bilderen. Jn dem aberglauben sie dann das auch stercket, das der Papst vnnd Bischoffe ablaß darzu geben. Jn dem allen verkeren die leuth Gottes oͤrdnung vnd suchen darumb ietzund nitt huͤlff von ihm, weß sie deß gedencken oder rhuͤmen, sonder von ihren eygen gedichten vnnd fünden[9] des Satans, Wie alle die Juden vnnd Heyden gethan haben, vber die die Propheten so ernstlich von wegen der Abgotterey vnnd des goͤtzen diensts vnd der gleychen greuweln geschrawen[10] haben. Vnnd wuͤrdt in ihnen nicht weniger erfůllet, dann es in den abgoͤttischen Juden erfůllet worden ist, die klage Gottes[a]; Sie haben geopffert Goͤtteren, von denen sie nichts gewisset haben, neuwen, die von menschen auffkomen sind, deren euwere Vaͤtter nichts geachtet haben. Des Got- | *xxxja/Hiija* | tes aber, der dich geporen hat, des hastu vergessen, vnd des, der dich geformieret[11] hat, hastu nitt gedacht, Deut. xxxij[17–18].

a) Drf. Gotttes.

1. Die Salzweihe erfolgt jeden Sonntag. Die Verwendung von Salz ist bei den vorbereitenden Zeremonien zur Taufe und bei der Weihe von Wasser vorgeschrieben. LThK² 9, Sp. 284–286.
2. Palmweihe, die am Palmsonntag vor der Hauptmesse und der Palmprozession stattfindet. *Braun*, Liturgisches Handlexikon, S. 257.
3. Vgl. Jak 5,14–15.
4. weit her.
5. kleine Orte, Marktflecken.
6. Prozessionen, Umschreitung von Äckern, Feldern und Ortschaften, um ihnen die Kraft des Heiligen zu vermitteln. LThK² 8, Sp. 844.
7. überredet, verführt.
8. Bleibe, Ruhe.
9. Listen.
10. geschrieen.
11. gestaltet, geschaffen.

Diß schelten Gottes ist leyder ja zů diesen vnseren zeyten erschroͤcklicher weyß erfüllet. Dann zů allem gluͤck vnd vngluͤck hat das arme verfuͤrte volck seyne besondere nothelffer vnd patronen, vonn den gerhuͤmten Heyligen seyne besondere dienst, gepein, Goͤtzen[1] vnd anders, dadurch es verhoffet, sich alles vngemachs zů entschuͤtten[2] vnd, was es gůts begeret, zů erlangen. Des Gottes, der es geschaffen vnd durch das blůt seynes Sons vom ewigen todt erloͤset hat, hat es vergessen, denckt an jn nicht; Ein legend von solchen vermeinten nothelffern geht jm meer zů hertzen dann alle historien vnd lehren Gottes, die wir in der gewissen[3] geschrifft Gottes haben, meer dann alle Euangelia von vnserem Herren Jesu Christo.

Des überzeuget es sich selb[4], so es sich in allerley noͤten als bald zů den Heyligen keret, die anrůffet, denen gelůbd thůt, opffer verheysset[5] vnnd brenget on einiges ernstlichs gedencken an Got vnd sein strenges gericht, da von jhm allein die straffen zů kommen[6], On hertzlichs widerkeren zů Got mit warer rew vnd leid vnd abstellung[7] der sünden, On hertzliche gelubden zů Got der grundlichen besserung des lebens Vnnd die angenemen opffer Gottes an den armen vnd duͤrfftigen, seynen kinderen vnd glideren Christi. | *xxxjb/Hiijb* |

Ja, so der Herre selber zeuget, das wir jhn, vnseren eynigen Gott vnnd Heylandt, selb in den duͤrfftigen brůderen speysen, drencken, bekleyden, beherbergen, besůchen, troͤsten vnd erquicken Vnnd das er vns des am juͤngsten tag zeugniß geben vnnd vns in das Hymlische Reych seynes Vatters auffnemen woͤlle[8], Noch[9] gehet das den armenn, verfürten, blinden leuthen nicht zů hertzen, bewegt sie nichts, Aber auß den lugenthafftigen[10], erdichten legenden vnd fabulen deren, die durch das falsche fürgeben von Heyligen jren zeytlichen genieß, můtwillen vnd pracht sůchen, lassen sie sich dahin vermoͤgen, das sie so mercklichen kosten, mühe vnd arbeyt ankeren[11] an die Goͤtzen[12] vnnd gepein der heiligen, wie sie die halten[13], vnd offt nicht wenigers sind, die selbigen zů bekleyden, zů zieren vnnd zů schmůcken mit gold silber vnd sey-

1. Götzenbilder.
2. befreien, heilen.
3. glaubwürdigen, unangreifbaren.
4. Davon gibt es gegen sich selbst Zeugnis.
5. gelobt; vgl. Dtn 12,6.
6. Dtn 32,35.
7. Beendigung, Einstellung. Frühneuhochdt. WB 1, Sp. 409f.
8. Mt 25,34–46.
9. Dennoch.
10. verlogenen.
11. daran wenden.
12. Götzenbilder.
13. für die sie sie halten.

den, jnen koͤstliche sarcken[1], kasten,[2] Altar, tafflen[3], kirchen vnd clausen zů zů richten vnd zů bauwen, so fil geseng, Messen vnd liechter zů bestellen vnd zů erhalten, vnd lassen dieweil den lieben Christum in den armen darbenn vnnd allerley not vnnd kummer leyden, lassen jhn on trost, on dienst.

Solichen greuwelen, solichem offenbaren erschroͤcklichen abfall von Got vnd Abgoͤttereyen solten sich die C. Deputaten vnd alle gemeine priester vnnd Clericen biß an jr blůt entgegen setzen, wie alle Propheten, Apostel vnd ware Clericen Christi gethan haben; So vnderstohn sich[4] jren nach so fiel[5], die zů ster- | *xxxija/Hiiija* | cken vnnd zů verthetigen, dienen selb darzů, fürdrens in jhren predigen. Vnd damit sie jhre maß wol erfüllen, lassen sie nichts vnuersucht, da durch sie verhoffen, alle die abzůtreyben vnd, so vil an jhnen, von der welt zů vertilgen, welche mit freyer anzeyg Goͤtlichs worts soliche greuwel vnd Abgoͤttereyen entdecken vnd, das volck daruon wider zů dem waren, lebendigen Got zů bekeren, vnderstohn. Das wůrdt aber der selbe ware Got vnnd eyfferer, des name HERRE ist vnnd der seyne ehr keynem anderen noch seynen rhum den Goͤtzen geben will[6], bald mit grossem ernst richten vnd seyne ehr an allen Goͤtzen dieneren vnnd Predigern retten vnd rechen.

Esa 42[8]

Wir woͤllen in dem das vnser thůn, so lang vns der Herr hie zů gebrauchen vnd seyn gnad darzů mittheilen will, vnd die leuth berichten vnd abziehen von diesen greuwelen vnd Abgoͤttereyen, die leyder so gar erschroͤcklich in der welt bey vns genanten[7] Christen überhandt genomen haben an den Heyligen, an den Sacramenten, an allerley kirchen ůbungen; Vnnd bitte dich, Christlicher leser, du woͤllest diß alles wol bedencken ond erwegen.

Vnd damit du deinen glauben in dem desto steyffer[8] befestigen moͤgest, so bedenck vnd erwege neben anderen schrifften das wort vnsers Herren Jesu selb hie von, das dir ja allein vberig genůg[9] sein solle. Der sagt in der person des Samaritanischen weybes zů allen denen, die Got anbetten vnd jm dienst beweisen woͤl- | *xxxijb/Hiiijb* | len nicht nach seynem wort: »Jr wissen nicht, was jhr anbetten; wir wissen aber, was wir anbetten.«[10] Warumb sagt nun vnser lieber Herre: »Jr wissen nit, was jr anbetten, vnd wir wissen, was wir anbetten?« Die Samaritaner, vonn welchen das weyb ware, mit deren der Herre diese wort redet, wolten wol den Gott Jsrael nach seynem gesetz anbetten, daneben aber dieneten sie auch jren Goͤtzen, ij. Reg. xvij[33.41], Betteten also

Alle, die Got nit nach seynem wort in Christo anbetten, wissen nicht, was sie anbetten.

1. Schreine (für ein Heiligenbild), Särge. *Lexer* 2, Sp. 607f.
2. Schränke.
3. Gemälde auf Holz. *Götze*, S. 45.
4. machen sich daran.
5. noch viele von ihnen.
6. Jes 42,8.
7. sogenannten.
8. fester.
9. mehr als genug. *Götze*, S. 215.
10. Joh 4,22.

Gott an nit nach seynem wort. Die waren Juden aber, die der Herre jm zů zelet, da er saget: wir betteten Gott an nach seynem wort one eynigen zůsatz frembder gedichten, Auß dem folget ja gantz onwidersprechlich, das auch alle, die nit wyssen, was sie anbetten vnd anrůffen, wem sie dienst thůn, die nit vnseren Got vnd schoͤpffer aller ding nach seynem wort anbetten vnnd anruͤffen vnd jm dienst bewysen in Christo Jesu, vnseren einigen mitler vnd heyland, Vnd darumb auch nit Got, sonder jre gedicht vnd fünde[1] des Satans anbetten. Dann des Herren wort seindt gemeine wort, die alle menschen zů allen zeyten zů gleich treffen.

Also bedencke auch das folgendt wort des Herren, das er deß orts zů diesem weyb ferner saget: »Aber es kompt die zeyt vnd ist schon jetz, das die warhafftigen anbetter werden den Vatter anbetten im Geyst vnd jnn der warheit; Denn der Vatter will auch haben, die jn also anbetten. Got ist ein Geyst, vnnd die jn anbetten, die muͤssen jn im Geyst vnd in der warheyt anbetten«, Johan. iiij[23–24], Das ist: in warem, lebendigen glauben, | *xxxiija/Jja* | der das hertz von allem anderen vertrauwen abzeucht vnd gentzlich auff Christum, den eynigen Heylandt, vertroͤstet, Auch von aller frembden liebe vnd lust abwendet Vnd mit warer lust vnd liebe zů Got anzuͤndet, jhm zů dienen vnnd zů leben Vnd in allen dingen sich seines worts zů halten. Also muͤssen, spricht die ewige warheyt, die waren anbetter Got anbetten.

Was im Geyst vnd warheyt anbetten

Muͤssen dann vnd ists von noͤten, das die Got vnd nit jre Abgoͤtter anbetten woͤllen vnd also ware anbetter Gottes sein, jn also, wie er sagt, im geyst vnd in der warheit, das ist: in hertzlichem glauben an Christum vnd nach seynem wort vnd nicht anders anbetten, So ists ja nicht moͤglich, das jn vnd nit jre Abgoͤtter anbetten solten alle, die jn anders anbetten, das ist: nit nach seynem wort, durch seinen lieben Son, in warem hertzlichen glauben, das ist: nit im geyst vnd der warheit, Auß dem sich ja vnwidersprechlich schleusset, das gewißlich abgoͤtterey begohn vnd den waren Got weder haben noch anrůffen alle, die die hůlffe vnd gnade Gottes durch die Engel, Heyligenn, Sacrament oder etwas anders sůchen, auff andere weyß, gestalt oder maß, dann eben wie vns der Herre diß alles in seinem seligen wort fürgeschriben hat Vnd das auch mit warem[a] glauben vnd richtigem Geyst, der da růffe vnnd bette in vnseren hertzen »Abba Vatter« durch den einigen mitler vnd heylandt Jesum Christum.

Hat doch Gott niemandt je gesehenn, Johann. j[18], | *xxxiijb/Jjb* | vnd kennet den Vatter niemandt dann der Son vnd dem es der Son offenbaret, Matth. xj[27]. Wie moͤchten wyr dann auch wissen oder koͤndten den Vatter recht anrůffen vnnd jhm gefellige dienst beweysen, dann allein so wyr in, den Vatter,

a) Drf. waren.

1. Lügen.

anrůffen vnd bettenn, wie vns das der eingeporne Son, der in dem schoß des Vatters ist, gelehret[1] vnnd so vberreichlich durch seine liebe Propheten, seyne getreuwe Apostel vnd durch sein eygen mundt dargeben hat, Der vns auch alles das kundt gethon hat, was er vom Vatter gehoͤret hat, Johan. xv[15].

Vnd daher ists auch, das Got in seiner H. Schrifft, wenn er die Abgoͤtterey der alten straffet, die sie alle mal begiengen, es were an frembden Goͤtteren vnnd Goͤtzen oder an vermeinten[2], falschen Gots diensten vnd ceremonien oder auch an den Sacramenten, opfferen vnnd anderen ceremonien, die er jhnen selb verordnet hat, wen sie sich deren one waren glauben gebrauchten, also pflegte zů sagen: »Dauon hab ich euch nichts gepotten noch befohlen; Dauon hab ich weder dir noch deinen vaͤtteren etwas gesagt.«[3]

Besehe doch vnd erwege allein, das der Herre durch den Prophetenn Jeremiam wider den mißbrauch der waren ceremonien, die Got selb gepotten hat, redet am vij. cap. [21–24], da er also schreibt: »So spricht der HERRE Zebaoth, der Got Jsrael: Thůt euwer Brandopffer vnd andere opffer zů hauf- | *xxxiija/Jija* | fen vnd fressets fleysch. Denn ich hab euweren Vaͤtteren des tages, da ich sie auß Egypten landt fuͤrete, weder gesaget noch gepotten von brandopffern vnd andern opffern; Sonder diß gepot ich jhnen vnd sprach: Gehorchet meynem wort, So will ich euwer Got sein, vnnd jhr solt mein volck sein; vnnd wandlet auff allen wegen, die ich euch gepiete, auff das euch wolgehe. Aber sie wolten nit hoͤren noch jhre ohren zů neygenn, Sonder wandleten nach jhrem eygen rhat[4] vnd nach jhres boͤsen hertzen geduncken[5] vnnd giengen hinder sich vnd nit fuͤr sich.«

Sehet, weyl die Juͤden die brandopffer vnd andere opffer, die jhnen doch Gott zů opfferen verordnet vnd gepotten hat, nit mit warem glauben, der one rew der sünden vnd ergebung in gehorsame Gottes nit sein mag, opfferten vnd in dem dem wort Gottes nicht gehorchten, saget er, sie solten jre opffer nur hin nemen vnd das fleysch selb essen, er hette jhnen dauon nichts gebotten, nemlich jhm also one waren glauben zů opffren vnnd sich des eusseren wercks zů getroͤsten, one rew vnd leydt der sünden, one waren, lebendigen glauben an den Messias[6].

Durch den Jesaiam j[13–14] Sagt er, soliche opffer seyen jm ein last vnd greuwel, er moͤge sie nit leiden.

1. Joh 1,18.
2. angeblichen.
3. Jer 7,22.
4. Entschluß.
5. Gutdünken.
6. Vgl. Hos 6,6; Mt 12,7.

Siehe, frommer Christ, diß zeuget Gott vonn dem | *xxxiiijb/Jijb* | dienst, den das volck doch jhm selb vnd keynen frembden Goͤtteren beweysen wolte, auch nicht nach den fünden[1] des Teuffels, sonder, so vil das eusserlich antraffe, nach dem wort Gottes, allein darumb, das sie jhm diesen dienst one glauben vnnd wares ergeben an seyne gehorsame durch Christum thůn vnnd leysten wolten. Was solle er dann nun sagen von dem dienst vnserer vermeinten[2] Heyligen vnnd Goͤtzen dieneren, den sie den Heyligen beweysen vnnd offt kaum an Gott in dem gedencken, Oder so sie Gott in dem mit mundt rhůmen vnnd gleych auch im hertzen gedencken, doch soliche dienst bey den Goͤtzen vnd in anderen Ceremonien uͤben nicht nach seynem wort, sonder stracks darwider?

Darumb so wisse, bedencke vnd lasse nimmer vom hertzen vnd gemuͤt, das wir vnseren eynigen waren Got vnd Schoͤpffer dann allein recht anbetten, anrůffen, gnad vnd hülff bey jm sůchen, von jm erlangen vnd jn preisen vnd mit angenemen diensten verehren, Wenn wir vor allem diesem seynem wort vnd Euangelio glauben geben vnnd gehorchen, in dem er sagt: »Jch will euwer Gott sein«[3], Das wir jn in Christo, vnserem Herren, in warem glauben erkennen als vnseren eynigen almechtigen Got, der vns allein erschaffen hat vnd vns vmb des mitlers Christi willenn zů ewiger seligkeit berůffen vnd dar zů erhalten will vnd mit geystlichen gaben erleuchtet vnd mit zeitlicher[4] notturfft[5] darumb versorgen will. Darumb wir jn allein vnd allein | *xxxva/Jiija* | durch seinen lieben Son, vnsern Herrn Christum, anrůffen sollen, das er auß seiner lautern barmhertzigkeyt vnd durch den verdienst seines Sons vns von allem argen erloͤse vnd behiete Vnd vns seinen gůten geyst, mehrung vnd stercke des waren glaubens verleyhe sampt allen dem an seel vnd leyb, das vns darzu immer dienstlich vnd fuͤrderlich sein mage, das wir in allem vnserem leben, thun vnd laßen seinen Gottlichen namen bey den menschen mehr heyligen vnd sein Reych fuͤrdren moͤgen. Vnd wa wyr Gott nitt eben also anbetten, anrůffen vnd im dienen, so sind wyr eben der Gottes diener vnd anbetter, von denen er in erzelter[6] klage sagt: »Sie woͤllen nitt hoͤren noch ihre ohren zů neygen, Sonder wandlen nach ihrem eygen rath vnd nach ihres boͤsen hertzen geduncken, gohn hinder sich vnd nitt fuͤr sich.«[7]

Nun zů dem erzelten waren anrůffen Gottes, bitten vnd erlangen goͤttlicher gnaden vnd hilff moͤgen die gedechtnißen der lieben heyligen vnd herliche ex-

1. Erfindungen.
2. angeblichen.
3. Ex 6,7; vgl. Hos 1,9.
4. irdischer, diesseitiger.
5. notwendigem Zubehör, Bedarf.
6. berichteter.
7. Jer 7,24.

empel ihres glaubens[1] so ferre fürderen, Wa wyr die selbigen[a] exempel in Christo, vnserem Herren, betrachten als lautere geschenck vnd gaben Goͤttlicher gůte vnd milte, in welchen vns der liebe Got seiner grossen gnaden vnd guͤte erinneret, vns da durch zů erwecken vnd anzureytzen, das auch wyr solche gaben von seiner liebe vnd guͤte durch den selbigen, vnseren Herren Christum, verhoffen vnd ihn darumb bitten Vnd dann Gott in solichem glauben preysen vnd den nehesten[2] besseren. | *xxxvb/Jiijb* |

Wa man sich aber das wenigst ihres fuͤrbittens oder verdienstes an im selb getroͤsten oder ihnen einige krafft oder macht zu helffen zuschreiben will, wie so vil verblendter leuth thůn, da ist schon die ware anruͤffung Gottes auß dem mittel[3] gestoßen vnd ongezwyffelte Abgoͤtterey an den Heylgen geuͤbet.

Also geschicht auch, wan man der heyligen gepein vnd bildtnüßen weyters gelten lasset, dan das sie die waren vnd besserlichen[4] historien der lieben Heyligen zů gedechtniß bringen, damit wyr im glauben an Christum gestercket werden.

Also dienen vns auch die H. Sacrament zů dieser waren anruͤffung vnd anbettung Gottes, wenn wyr die in warem glauben an Christum vnd den selbigen zů stercken entpfahen aller dingen[5], wie er sie eingesetzet vnnd vns zu geprauchen befohlen hatt; Wa anders, das man sich der Sacramentlichen zeychen an ihnen selb getroͤstet, stoßet man abermal die ware anruͤffung vmb vnd treybet gewisse[6] abgoͤtterey mit diesen zeichen.

Der gleychen die Gottlichen schrifft lesen, singen, betten sampt anderen kirchen vbungen, wann man sich deren gebrauchet, die erkantniß vnd den glauben Christi zu erbauwen vnd zů gleubiger andacht anzureytzen, dienen auch diese ding zů dem waren anruͤffen vnd anbetten Gottes. So bald man sich aber dieser vbungen an jn selb etwas getroͤsten will, so wurdt das | *xxxvja/Jiiija* | war anbetten Gottes vmbgestossen vnd onuerneinlicht[7] abgoͤtterey getryben.

Eben das thut man auch mitt den natuͤrlichen dingen, Wenn man die nit nach dem sie Got geschaffen gebrauchet vnd sich in solchem geprauch seiner guͤte erinneret, sonder machet die zů Sacramenten vnd gnaden zeychen, dauon wyr kheine Gottes wort noch befelh haben. Summa: im Geyst vnd der

a) wohl Drf. selbegen.

1. Vgl. Apk 13,10.
2. Nächsten.
3. Mittelpunkt. *Lexer* 1, Sp. 2187.
4. zur Besserung nützlichen.
5. durchaus, in jeder Hinsicht. Frühneuhochdt. WB 1, Sp. 790 f.
6. sichere, eindeutige.
7. unableugbar(e). *Grimm* 24 (= XI,3), Sp. 2071 f.

warheyt muͤssen wyr Got anbetten[1] vnd anders nitt; das ist schlecht[2] nach seinem wort vnd in war hertzlichem glauben an Christum Jesum, vnseren Herren.

Diß habe ich, Christlicher Leser, von dem waren vnd falschen anruͤffen vnd anbetten Gottes, von dem rechten Gottes dienst vnd Abgoͤterey an diesem ort etwas reychlicher woͤllen erkleren vnd daruon erinneren, damit du nit allein diese disputation von der Heyligen fůrbit vnd anrůffen, auch von den Sacramenten vnd anderen kirchen vbungen, so ich habe gegen den C. Deputaten, sonder auch allen streyt vnd mißverstandt von der Religion, der sich dieser zeyt erhaltet vnd getryben würdt[3] (wie allwegen, wann Gott die reine lehre seines worts hat in der welt lauten lassen), desto eygentlicher vnd grundlicher verstohn moͤchtest Vnnd dich also bey dem waren, lauteren anbetten vnd anrůffen Gottes erhalten vnd stercken gegen aller geschwindigkeyt[4] vnnd gewalt deren, die sich vnderstohn, das falsche anruͤffen Gottes vnnd die vnuerneinlichen[5] Abgoͤttereyen zů malen[6], zů verteydigen | *xxxvjb/Jiiijb* | vnd zů erhalten. Der Herre gebe dyr alles in vnd nach seinem wort zů erkennen vnnd dich deß zů besseren. Amen.

Nun will ich auff der C. Deputaten klag, falsch vrtheyl vnnd ihre vermeinten argument antworten.

Antwort auff der C. Deputaten fůrgeben[7] vom anrůffen der heyligen vnnd Sophistischem[8] anfechten vnser Christlichen lehre

BEy diesem Artikel streyten die C. Deputaten für das anruͤffen der Engel vnd heyligen vnd vnderstohn[9], vns dabey mit falschem belegen[10] vnd verkeren vnser reden in vilen articulen zů verunglůmpffen.

Erstlich sagen vnnd klagen sie, ich laße nitt zů, das man die Engel anspreche, das sie fuͤr vnß bitten, vnd vermane, das man die heyligen nit solle anrůffen. Jch lehre Gott, den Vaͤtter anrůffen durch vnseren Herren Jesum Christum. Das hatt vnser einiger meyster Christus selb auch also gelehret vnd verheyssen: Was wyr den Vatter in seinem namen bitten, das werde vns der vatter geben, vnd er will vns das selbige selbs thun, Joan. xiiij[13–14], xv[16] vnd

1. Joh 4,23–24.
2. schlicht.
3. Bucer meint hier wohl die Religionsgespräche in den Jahren 1540 bis 1543 und auch die Auseinandersetzungen um die Einführung der Reformation in Köln von 1542 an.
4. List, Tücke.
5. nicht zu leugnenden.
6. darzustellen, zu schildern. *Grimm* 12 (= VI), Sp. 1503 f.
7. Behauptung.
8. spitzfindigem.
9. maßen sich an.
10. Nachweisen, Beweisen. Vgl. Frühneuhochdt. WB 3, Sp. 1199.

xvj[23–24]. Also haben alle heyligen gepetten vnd alles damit erlanget, was sie bedörfft vnd begeret haben. Also bitten die gemeinde Gottes | *xxxvija/Kja* | noch[1] in allen Collecten[2]. So ist vnser Herre Christus allein, der vns bey dem Vatter alles erlanget, wie er vns auch allein des Vatters gnad vnnd alle gutthaten durch seinen todt verdienet vnnd erworben hatt, vnser einiger mittler vnd Heylandt. Dazu mag vns niemand lieber haben dan er vnd sich vber vnser elend meer erbarmen, Vnd was vns die heyligen lieben vnd sich vnser erbarmen, das hat er ihnen gegeben vnd wirckets in ihnen. Der halben sehe ich kein vrsach, warumb nit alle Christen an diesem einigen mittler vnd fürsprechen zů Gott, Christo, vnserem Herren, solten genug haben. An diesem nun werden[a] auch die C. Deputaten ie[3] billich[4] zů friden, weyl sie sehen, zů was erschröcklicher abgötterey das anrůffen der heyligen gerathen ist. Hie sehe abermal, fromer leser, wa wider vnd wa für die C. Deputaten streyten: Für die ehr Christi vnd sicheren trost der armen gewissen oder für das, das ihnen das abgöttisch anrůffen der Heyligen bringet vnd erhaltet?

Kein getreuwer prediger Christi soll lehren, die heyligen anrůffen.

Nun wie wol ich das sie vom ansprechen vnnd anrůffen der Engel vnd Heyligen anziehen[5] in meinem buch nitt gesetzet habe, ie doch gestehe ich das gern, lehre vnd bezeuge, das alle getreuwe prediger Christi die leuth nit lehren sollen, die Engel oder Heyligen selb, alß ob die zugegen weren vnd vnß hörten, ansprechen vnd anrůffen, Sonder die leuth mehr daruon abziehen vnd lehren, darmitt genug haben, das sie den Vatter durch vnseren Herren Jesum Christum anrůffen. | *xxxvijb/Kjb* |

Allein das sie ihre brůder, die noch bey ihnen auff erden sindt vnnd die sie ansprechen mögen, bitten, das sie mitt ihnen vnnd für sie bitten, Auff das sie die damitt verursachen, sich auch zu Gott zů keren vnd die brůderliche liebe zů vben, vnnd das dancksagen vnd der preyß Gottes also gemehret werde, Welche vrsachen des fürbittens, das wyr hie auff erden für ein ander thun sollen, der H. Paulus vermeldet ij. Cor. j[10–11], Alß er schribt: »Wyr hoffen auff Gott, das er vns auch noch[6] erlösen werde, so auch ihr durch das gepett für vns das ewer den[7] zu thun[8], auff das für vnsere gabe von vilen personen vil danck gesaget werde.«

a) Drf. verden.

1. heute noch.
2. Altargebeten, Sammelgebeten. *Braun*, Liturgisches Handlexikon, S. 171 f.
3. jedenfalls.
4. zu Recht.
5. anführen.
6. hinfort.
7. dann.
8. hinzutun.

Warumb die brů-der vff erden vmb ihr fürbit anzusprechen

Es ist auch die art menschlicher naturen also, das alle die, so etwas ernstlich begeren, gern wollten, das jederman das mitt ihnen begeret vnnd darumb bette, darnach sie ein besonder verlangen haben. Daher ists[1], das die waren, einbruͤnstigen Heyligen, die sich nach der gnaden vnd dem Geyst Gottes am hertzlichsten sehnen, am meysten der für- vnd mitbitt zů Gott, wie auch des mitdanckens vnd des lobens gegen Gott von den bruͤderen begeren, Jn dem sie dann auch die ehr vnd herlichkeyt Gottes begeren groß zumachen, Zů des ehr ja dienet, das ihm vmb seinen gnaden vnd guthat vil leut flehen vnd danck sagen.

Also thun auch erbar leuth gegen den menschen, die sie ehrlich vnnd hoch halten vnd deren gutthaten sie theur schetzen. Wenn die etwan ein lehen oder ein- | *xxxviija/Kija* | ander besonder gutthat von einem Fürsten oder anderen furtrefflichen mann entpfahen woͤllen, gegen dem sie sich begeren ehrlich vnd danckbar zu beweysen, nemen sie ihr besten vnd fürnemsten freundt zu sich, den Fürsten oder furnemen mann mitt zů bitten, ob sie gleychwol an des selbigen Fuͤrsten oder furtreffenden[2] mans guten willen gar nichts zweyfflen vnnd ihnen soliche gutthat schon gewißlich versprochen ist. Diese nemen ihre furbitter ia nitt darumb mitt sich, das sie ihrer vnwirde halben am gůten willen deren, die sie bitten woͤllen, etwas zageten, sonder allein darumb, das sie damit anzeygen, wie hoch vnd theur sie deren guthat achten vnnd wie gern sie sich ihnen durch sich selb vnd ihre gůten freuͤnd danckbar bewysen woͤllen. Also pflegen erbar leuth auch zů thun, so man heyradt oder ander besondere wichtige freundtschafft vnd verwandtschafft[a] beschliessen[3] soll.

Furbitter zu Gott suchen darumb, das wyr besorgen, er wolle vnß vmb vnser sunden willen nitt erhoͤren, Jst Gott verleugnen.

Der meinung sollen auch wyr gegen Gott gern vil fürbitter mitt vns bringen vnnd gar nicht, das wyr von wegen vnser sünden wolten für Gott also scheuwen oder sorgen, das er nitt all vnser gepett, so wyr das zu ihm inn warem glauben durch vnseren Herren Christum thuͤn, erhoͤren wolte, Vnd meinen, der froͤmmeren leuth gepett solte bey Gott mehr gelten vnnd ehr dann das vnser erhoͤret werden. Dann in dem theten wyr zwa[4] schwaͤre sünden wider das erst gepot[5]. | *xxxviijb/Kijb* |

Die eine, das wir Gott der onwarheyt verdechten[6] in so vilen herlichen spruͤchen vnd verheyssungen, in denen er allen sunderen, wie schwerlich die gesundigt haben, alle gnad vnd hilff verheysset, wenn sie sich zů ihm in warem

a) Drf. verwandischafft.

1. kommt es.
2. vortrefflichen, vornehmen.
3. unter Beweis stellen.
4. zwei.
5. Ex 20,2–3; Dtn 5,6–7; Dtn 6,4–5.
6. verdächtigten.

glauben keren vnd ihn bitten im namen seines lieben Sons, vnsers[a] Herren Jesu Christi[1]. Die andere, das wyr vns des menschlichen gebettelten[2] vnd mangelhafftigen verdienstes vnnd fromckeyt, die doch keynem Heyligen für sich selb ie hatt moͤgen genug sein, wider Gottes wort getroͤsteten vnd vnser vertrauwen nitt gantz auff den verdienst vnsers Herrn Jesu Christi, sonder auch zum theyl vff der heyligen frumckeit stelleten. Dann so wir vns nitt doͤrffen des Goͤttlichen erhoͤrens durch die einige fürbitt Christi vertroͤsten – es kome dann zů deren auch der heyligen leuth fürbit – so sein wyr ie[3] des onglaubens schon vbertzeuget, das vns der verdienst vnd das vertrauwen Christi fuͤr sich selb vnd allein, one der anderen menschen fürbit[b], nit genůch ist.

Das wyr aber nit auch die lieben Engel vnnd Heyligen, die nun bey Christo rugen[4], halten, auff solche weyß, Gotes ehr, lob vnd danck da durch zů mehren, anzusprechen vnd zuruͤffen sein, das sie fuͤr vns betten, wie wyr die vff erden ansprechenn seind diß die vrsachen:

Warumb wyr die gestorbenen Heiligen nit anrůffen sollen

Wir sollen gegen Got, vnserem himlischen Vatter, nichts handeln nach vnserem oder einiger creaturen gedicht[5] vnnd willen, sonder allein nach seynem willen | *xxxixa/Kiija* | vnd wort, wie er vns das in seyner Heyligen Schrifft eroffnet hat, Deut. iiij[2] vnd xij[1]. Dann was wir mit Got handlen, ja, in allen vnserem thůn sollen wir wissen, das es Got also gefalle. Das selbige wissen gibt allein sein wort. Wa wir das nit haben, da ist keyn glaube; Wa keyn glaub, da ist sünd, Rom. xiiij[23], Da ist Gottloser freuel, das man sich vnderstaht[6], gegen Gott zůgebrauchen, des man nit kan gewiß sein, ob es jm gefalle, Jst auch schwere verachtung Gottes vnd seyner H. Schrifft, als ob er vns in der selbigen nit alles, das vns zum heyl dienen mag, genugsamlich eroffnet hette, So vns doch der H. Geyst von seyner Schrifft zeuget, das sie vns vnderweyse zur seligkeyt vnnd also, das[7] der mensch Gottes zů allen gůten werckenn geschickt vnd gerüstet seye, ij. Timoth. iij[14–17].

Nun hat vns Got in seyner H. Schrifft mit gepotten vnd exemplen gelehret, das wir vnsere brůder, die wir zů gegen[8] oder durch schrifft ansprechen koͤnden, vorgemelter meinung bitten sollen, mit vns Got anzůrůffen vnnd zůfle-

a) wohl Drf. vnser.
b) Drf. fübit.

1. Joh 14,13–14; Joh 15,16; Joh 16,23–24; Lk 11,5–13.
2. erbettelten.
3. ja.
4. ruhen.
5. Erfindung, Phantasterei.
6. sich anmaßt.
7. also das: auf solche Weise, daß. Frühneuhochdt. WB 1, Sp. 855.
8. in Anwesenheit, persönlich.

Abgestorben Heiligen anzůrůffen, lehret weder Schrifft noch exempel der kirchen.

hen. Von verstorbnen Heyligen aber hat er vns des nichts vberal[1] gelehret[a], weder mit worten noch exemplen im alten oder neuwen Testament, Ja auch nicht durch lehre oder exempel der alten kirchen, Wie man auch noch heutigs tags in den gemeinen gepetten der kirchen, die man Collecten[2] heysset vnnd in den gedechtnuͤssen der Heyligen zů betten pfleget[3], nit die Heyligen, sonder allein Got den Vatter anrůffet durch Christum, vnseren Herren, ob man wol der heyligen darbey gedenckt. | *xxxixb/Kiijb* | Darumb sollen die Christen dieses ansprechens vnd anrůffens muͤssig stohn, als des[4] sie vberall keyne vrsach oder grundt im Goͤtlichen wort haben moͤgen vnd sich derhalben auch nicht getroͤsten koͤnden, das es Got wolgefalle.

Wie das ansprechen vnd anrůffen der Heiligen Gottes ehr vnnd den glauben verletzet.

Zům anderen: die Christen sollen sich vor allen dem huͤten, das in einigen weg zů verkleynerung Goͤtlicher ehren vnnd verletzung des waren glaubens an Christum gereychet vnd dienet.

Wir sollen je[5] Got, vnseren Himlischen Vatter, von gantzem hertzen, gantzer seelen vnd allen krefften lieben[6] vnnd darumb mit hoͤchstem fleyß alles das, so zů heyligung seynes namens vnd erbreytung[7] vnnd fürderung seynes Reychs in eynigen[8] weg dienen mage, sůchen, annemen Vnd gebrauchen vnd, was zů verkleynerung seyner glory vnnd verstoͤrung[9] oder verletzung des waren glaubens an jhn gereychen vnnd dienen mag, fliehen, meyden vnnd, so vil moͤglich, fürkommen[10]. Es heysset ja: »Gebt niemandt ergernuͤß, Vnd thuͤth alles zů Gottes ehr vnd zur besserung.«

1. Cor. 8[9], 10[31–32] vnd 14[3.26]

Nun, das das ansprechen vnnd anrůffen der Engel vnd Heyligen zů verkleynerung Goͤtlicher ehren vnnd verletzung des warenn glaubens an Christum diene, hastu, Christlicher leser, dar auß zů erkennen: Die hoͤchste ehr, die wyr Gott thůn moͤgen, ist, das | *xla/Kiiija* | wir vns seyner gůte vnnd barmhertzigkeyt also volkommen getroͤsten, das wir vns zů jhm in allem anligen vnnd thůn auff das aller hertzlichest vnnd vertrauwetest keren, jhn anrůffenn, loben vnnd preysen in vnnd durch vnseren Herren Jesum Christum. So[11] fordret die eygenschafft des waren glaubens an Christum, vnseren Herren, das wir

a) wohl Drf. gelerhet.

1. nichts vberal: in keinem Punkt.
2. Altargebete, Sammelgebete.
3. Kollektengebete an den einzelnen Heiligenfeiertagen.
4. für das.
5. jedenfalls, immer.
6. Dtn 6,5; Mt 22,37 par.
7. Ausbreitung.
8. auf irgendeinem.
9. Vernichtung.
10. zuvorkommen.
11. Entsprechend.

vns seyner versuͤnung seynes vertrettens vnnd fuͤrbittens bey dem Vatter so volkommenlich getroͤsten, das wir eyniges weyteren mitlers oder fürbitters nicht gedencken, Dann das wyr allein, zů fürderen das bekeren zů Gott vnd lobe Gottes bey vnseren bruͤderen, begeren, das auch sie mit vns den Vatter durch Christum, den Herren, anruͤffen.

So gehe doch nun in dich selb, der du Christum, vnseren Herren, vnd den Vatter in jm etwas[1] erkennest, der du den Vatter durch Christum im geist vnd der warheit je[2] angeruͤffen hast[3], Vnd sehe, ob dir auch moͤglich seye, wenn du dich zů deinem Got vnd Vatter recht erhebest, seine ewige vnd almechtige guͤte vnd barmhertzigkeit durch vnseren getreuwesten vnd almechtigen mitler Jesum Christum recht hertzlich anzůruͤffen, das du darbey, die Engel vnd Heiligen selb anzůsprechen vnd anzůruͤffen, einigen gedancken soltest haben Vnd, wa du dich vmb solich ansprechen vnd anruͤffen bekommeren woltest, ob dich das nit irren vnd verhinderen wuͤrde an dem recht hertzlichen, gantz vertrauweten anschauwen vnd anruͤffen deines Himlischen aller guͤtigsten | *xlb/Kiijb* | Vatters durch deinen aller getreuwesten vnd in lieb dein vnd deines heyls aller einbrunstigsten[4] Herrenn vnd Heylandt Jesum Christum.

Wer Got recht herlich anrůffet durch Christum, befindet selb, das jm nit moͤglich ist, die Engel vnd Heyligen anzůsprechen.

Nemlich weil du nit wissen magst, ob die Engel vnd Heiligen von deinem ansprechen vnd anrůffen etwas wissen, Weil du auch von solichem ansprechen vnd anrůffen der Engel vnd menschen nit allein keinen befehl, sonder auch nicht eynige[5] anleitung haben magst auß aller Goͤtlichen Schrifft, aller Apostolischen anrichtung der kirchen, allen gebetten aller Patriarchen, Propheten, Apostolen vnd der gantzen Christlichen Gemein von anfang. Dann das »Ora pro nobis« (bit für vnß) in der Letaney[6], damit man etliche Heyligen in sonderheit anspricht[7], ein neuwer fundt[8] ist, Die Collecten auff der Heyligen fest, wie gesagt, seindt allein zů Got vnd nit den Heyligen gerichtet.

Zů dem, weyl je das ein eygenschafft ist des Goͤtlichen wesens, aller gedancken vnnd anrůffen zů gegen sein[9] vnnd das hoͤren, So bedencke doch das auch, Christlicher leser, das Goͤtlicher Maiestet vnnd dem waren glauben vnd andacht zů der selbigen nit mag onuerletzlich seyn, hertz vnd gemuͤt zůn Englen vnd verstorben geistern der menschen keren vnd sie als gegenwertig vnd,

Die Engel vnnd Heiligen ansprechen vnd anrůffen gibt jnen Goͤtlich eygenschaft zů.

1. ein wenig.
2. jemals.
3. Joh 4,23–24.
4. sehr heftig verlangenden.
5. eine einzige.
6. Wechselgebet.
7. Ruf in der Allerheiligenlitanei in der Osternacht und in weiteren Anrufungen der Heiligen.
8. Erfindung.
9. Vgl. Ps 94,11.

die vns hoͤren sollen, ansprechen vnd anrůffen vnd jnen damit zůgeben[1], das sie[a] allenthalben zů gegen seyen, aller menschen, die sie ansprechenn vnd anrůffen, gedancken vnd gepett vernemen vnnd | *xlja/Lja* | hoͤren, Nemlich, so wir da von doch nit allein keyn außtrucket[2] wort, sonder auch nit die geringest coniectur[3] vnd můtmassung auß aller Schrifft haben moͤgen.

Das wůrstu, frommer Christ, one allen zweyfel selb also befinden, wenn du dein hertz in recht gleubige betrachtung zů Got, deinem Himlischenn Vatter, erhebest durch vnserenn Herrenn Jesum Christum, das du nit allein nit wůrst gedencken moͤgen, eynigen[4] Engel oder Heyligen daneben anzůsprechen vnnd anzůrůffen, als[5] wenig des alle Patriarchen, Propheten, Apostolen vnd gemeine kirchen je gedacht haben, die doch ja recht haben betten koͤndten vnd gewuͤst, zum gepet zů gepr auchen, was dar zů in einigen weg[6] gehoͤrenn, das foͤrderen oder zieren mage, Sonder wůrst dich vor solchem ansprechen vnd anrůffen der Engel vnd menschen gentzlich entsetzen[7] vnd darumb als vom[8] gewissen abzug[9] von dem waren ansprechen vnd anrůffen Gottes scheuwen. Diß seye gesetzet zů allen[10] Gotsfoͤrchtigen vnd andechtigen gemietern im gebet zů Got, zů allen, die Got anbetten im geyst vnd der warheite.

Zum dritten: Es moͤgen fileycht etliche Christen noch so rauh[11] in dieser sachen sein, das sie die erzalten[12] zwo vrsachenn, darumb die recht gleubigen anbetter Gottes die Heyligen vnd Engel nit konden oder moͤgen ansprechen vnd anrůffen (Nemlich das sich niemand getroͤsten[13] kan, das solich ansprechen vnd anrůffen Got gefalle Vnd das es von dem recht hertzlichen | *xljb/Ljb* | anrůffen Gottes durch Christum abzeucht vnd das schwechet, wie von not wegen folgen můß, weyl es von Gott nitt gelehret vnd ein menschen gedicht[14] ist), nicht koͤnden noch[15] genugsam fassen vnnd erwegen[16]. Wie wol alle, die Gott

a) Drf. sey.

1. zulegen.
2. formuliertes, ausgesprochenes. Frühneuhochdt. WB 2, Sp. 958.
3. Deutung, Vermutung.
4. irgendeinen.
5. so.
6. in irgendeiner Weise.
7. dich … entsetzen: dich … lösen. *Grimm* 3, Sp. 620 f.
8. wie vor einem.
9. Abziehen.
10. für alle.
11. ungebildet, ohne viel Gefühl. Vgl. dazu *Grimm* 14 (= VIII), Sp. 268 f.
12. aufgezählten, genannten.
13. (darauf) verlassen. *Baufeld*, S. 57.
14. menschliche Erfindung.
15. bereits.
16. recht bedenken, überlegen. *Grimm* 3, Sp. 1039.

recht foͤrchten vnd seine gnad mitt ernst suchen, bald fůlen, vorab[1] wenn sie des ermanet werden, das es gar nitt tauge, etwas als vns gegen Got fürtreglich[2] suchen oder fuͤrnemen, da von wyr auß seinem wort nit vergewißet sein, das es ihm also gefalle. Diese mercken vnnd fůlen auch, als[3] bald sie des etwas[4] erinneret werden, das dem hertzlichen, lieblichen vertrauwen zu Gott vnnd Christo zu nahe reychen[5] vnd abbruͤchig[6] sein woͤllen alle die neben forderungen zu Gottes gnaden, die man ausser[7] seinem wort immer[8] fürnemen mage, wie diß Engel vnd Heyligen ansprechen ist.

Sich des annemen, da von man ergerniß zu erwarten vnd sich keines guͤtten zu vertroͤsten hat, jst Gott versuchen vnd tratzen[9].

Wie dem aber, seytenmal vil schwacheyt noch bey vilen Christen ist, so bitte vnnd ermane ich alle die, so filicht die vermeldten zwo vrsachen noch nicht recht begreyffen koͤnden, sie woͤllten doch gedencken, Das sich mitt warer Gottes foͤrcht vnnd liebe je[10] nitt vertragen mage, sich vmb ein ding bekuͤmmeren, das also zu grausamer Abgotterey gerathen ist vnd noch dienet, wie diß Engel vnd Heyligen anruͤffen thůt, so man sein doch wol gerathen[11] mage. Dann wer kan doch etwas glaubens Christi haben vnnd daran zweyfflen, das er von Got alles erlangen werde, wenn er ihn selb durch Christum, vnseren Herren, anruͤffe vnd gleych[12] key- | *xlija/Lija* | nen Engel oder Heyligen vmb fürbit nymmer mehr ansuche, wie doch alle Patriarchen, Propheten vnd Apostolen Got gepetten haben, vnd von ihm alles erlanget? So dann niemandt einiges[13] nutzes oder fürderung der Gottseligkeyt von diesem Engel vnnd Heyligen anruͤffen sich getroͤsten[14] kan vnnd die erschroͤckliche ergerniß vnnd Abgoͤtterey also grausam vor augen ist, die daher kommen vnd noch darauff bestoht[15], was solle dann anders sein, sich dieses ansprechens vnnd anruͤffens der Engel vnnd Heyligen annemen, dann gefehrlichkeyt der Gottseligkeyt vnnd verderbliche ergerniß suchen vnd Gott also versuchen vnnd tratzen[16]? Nemlich[17] nach dem wyr hie vor so filfeltig vnd ernstlich verwarnet sein, beide[18] durch die selige lehre des reinen Euangeli Vnd so onaußsprechlichen

1. zumal.
2. nützlich.
3. so.
4. ein wenig.
5. treten.
6. abträglich.
7. außerhalb. Frühneuhochdt. WB 2, Sp. 1366.
8. auch immer, jemals.
9. trotzen, sich widersetzen.
10. jedenfalls.
11. entbehren, entraten, verzichten. *Grimm* 5 (= IV,1,2), Sp. 3576.
12. gleichzeitig.
13. irgendeines.
14. hoffen (auf).
15. weiter besteht.
16. trotzen, sich widersetzen.
17. Vornehmlich, vor allem.
18. beide ... Vnd: sowohl ... als auch.

schaden vnd vndergang der waren Gottseligkeyt, so auß diesem gedicht[1] entstanden vnnd noch so wůst leyder an so vil orten vor augen ist.

Diese vrsachen wöllestu, Christlicher leser, in warer Gottes forcht, alle personen vnd ansehen[2] der welt von hertzen geschlagen[3], bedencken vnd erwegen; So würstu sonder zweyffel bald sehen vnd fůlen, das diß ansprechen vnnd anrüffen der Engel vnd Heyligen sich mit dem waren anbetten vnnd anrüffen Gottes durch Christum, vnseren Herren, nitt vertregt, darumb[4] es von getrauwen[5] predigen Christi nitt mage gelehret werden. Die weil dann die C. Deputaten das selbige | *xlijb/Lijb* | vnderstohn zů verteydingen, in dem hastu aber mal zů sehen, wa für sie streyten: warlich nit für das Reich Christi.

Nun auff jhre argument[a]:

Der C. Deputaten Argument, was vns die Engel thůn, darumb sollen wir sie selb bitten.

Vnd Erstlich von der Engel ansprechen vnnd anrüffen: Das zů verteydingen, sagen sie: Die Engel opfferen vnser gepett für[6] Got, halten vns in hůt, da zů sie das viij. cap. [3–4] Apoc. vnd das xij. cap. [12–14.17–18] Tobie anziehen. Auß diesen zweyen sprüchen deuten sie ein solich argument: Die Engel opfferen vnser gepett für Got vnd hüten[7] vnser, darumb ists recht, das wir sie vmb jhre[b] werck, die sie doch on das thůn, bitten vnd anrüffen. Das ist dieser leuth Theology vnd Logic.

Besehe aber, du frommer Christ, wie ein fein argument das sey. Dann wa dazů, das man etwas vmb sein werck anspreche vnnd anrüffe, genug sein solte, das das selbige ding solich werck on das thůt, so würdt mit gleich so gůter Consequentz folgen, das auch recht seye, das wir Son, Mon, Sternen vnnd ander geschöpff Gottes ansprechen vnnd anrüffen vmb die werck vnnd dienst, die sie vns one das auß Gottes ordnung beweysen. Vnnd ob man sagen wolte, es seye ein anders mit den Englen, die jhr werck auß eygnem verstandt vnnd willen thůn, darumb man sie vmb soliche jre wercke ansprechen solle, welches sich gegen Son, Mon vnd sternen nit also reyme, so tregts[8] | *xlija/Lija* | doch nichts für, dieweil wir gleich[9] so wenig wissen mögen, ob die Engel vnser ansprechen vnd

a) Drf. argnment.
b) Drf. soli- jhre.

1. Erfindung, Phantasterei.
2. Betrachtung, Berücksichtigung, Wertschätzung. Frühneuhochdt. WB 1, Sp. 1434–1436.
3. entfernt.
4. weswegen.
5. getreuen.
6. vor.
7. behüten.
8. tregts … für: nützt es.
9. gerade, gleichermaßen.

anruͤffen vernemen oder nicht als[1] Sonn, Mon vnd sternen, weyl wir da von weder wort noch exempel in der Schrifft haben, das soliche lehre außtrucklich oder durch ein gewisse[2] folge[3], als ein Goͤtliche lehre moͤcht erkennet[a] werden.

Es haben auch die C. Deputaten in dem viij. [3–4] Apocalipsis nit gelesen, das die Engel vnser gepett für Got auff opfferen, welches das werck ist vnsers obristen Priesters Christi. Jm viij. Apoc. [3] staht: »Es seye dem Engel vil rauchwercks gegeben, das er das gebe dem gepett oder zů dem gepet aller Heyligen auff den gůlden reuch altar für dem thron.« So staht es vnd nicht, das die Engel vnser gepett zů Got bringen vnnd auff opfferen.

Die C. Deputaten ziehen das 8. ca. [3–4] Apocalypsis falsch an.

Das man aber liset im Tobia, das der Engel sagt: »Jch habe dein gepett für Got auffgeopffert«[4], Wissen die Christen wol, das man auß diesem bůch nichts streitigs[5] befestigen[6] kan. Vnd ob wir gleych diß bůch woͤllen gelten lassen, so vil den C. Deputaten gefallen mage, wer will vns sagen, was diß opfferen des Engels gewesen seye? freylich Gott hat selb des gůten Tobie gepet gehoͤret Vnd durch den einigen mitler Christum gnediglich auffgenomen vnd ja[7] eer[8] er jn an ruͤffte, wie er durch den Propheten Esaiam verheissen hat lxv[24]. Was hat dann des Engels opfferen weyter darzů thůn moͤgen? Es sey aber auch vmb diß opfferen des Engels, wie es woͤlle; Dennoch hat Tobias weder für[9] noch | *xliijb/Liijb* | nach dem er diß vom Engel gehoͤret, den Engel vmb solich opfferen gepetten vnd angesprochenn; der Engel hats jhn auch nit gelehret. Got, seynen Herren allein hat dieser heilig mann wie alle heyligen Vaͤtter vnd allein durch seynen namen vnd den gebenedeyten[10] samen Abrahe angeruͤffen; das sollen wir auch thůn vnd genůg daran haben. Sehe aber dabey, wie die C. Deputaten Schrifft anziehen vnd was buͤcher, Wa hin sie fliehen. Jm gantzen Mose, in allen Propheten, jn allen Apostolischen Schrifften finden sie nichts, das sie doch mit eim schein[11] anziehen[12] moͤchten; ire sach, da für sie streyten, ist Apocrypha, dunckel vnd verborgen, das sie das gleubige hertz nit sehen kann, darumb suͤchen sie auch zeugniß dar für ex libris apocryphis, auß den ongewissen[13] buͤchern, deren glaub vnd ansehen verborgen ist.

a) Drf. eerkennet.

1. wie.
2. unangreifbare.
3. Beweisführung.
4. Tob 12,12.
5. Strittiges, Umstrittenes.
6. festsetzen.
7. ja [sogar].
8. ehe.
9. bevor.
10. gesegneten, gepriesenen.
11. Beweis.
12. anführen, erwähnen.
13. unsicheren, zweifelhaften.

Hie hengen sie abermal ein Calumniam an, Sagen, ich setze, Christus habe den Engelen verdienet[1], So ich doch nit meer gesetzet habe, dann das S. Paulus schreibet Colloss. j[20], Das der Herre alles versuͤnet habe zů jm selbs, das in Himel vnnd erden ist, Welches ich auch allein darzů eingefuͤret habe, das ich anzeygete die gemeinschafft, die wir mit den Englenn in Christo, dem Herren, haben.

Christus hat den Englen verdienet.

Doch folget auch gar nit auß dem, das die C. Deputaten hie anziehen, Christus sey kommen, den menschen zů helffen, vnd habe den samen Abrahe vnd nicht die Engel angenommen, Ebre. ij[16], Das Christus darumb den Englen mit seynem blůt nichts verdienet habe. Der Herre Christus hat auch nit andere creaturen | *xliiija/Liiija* | angenomen als den samen Abrahe, noch hat er der gantzen Creatur verdienet die erloͤsung vonn der zerstoͤrlichkeyt zů der herlichen freyheit der kinder Gottes, Rom. viij[21–22]. So hat er auch den Englen die freud verdienet, die sie haben vber die sünder, die jhnen jm[a] Himlischen wesen zůgesellet werden, wenn sie sich durch ware bůß zum Herren wider keren.

Der C. Deputaten erst argument für das anrůffen der Heiligen.

Nun lasset sehen, was Argument sie fuͤren, das anrůffen der Heyligen zů erweysen[2]. Deren seindt dreye:

Das erste ist: Es seye Gott gefellig vnnd angeneme, das er durch viler fürbitt geehret vnnd vns geholffen werde; Ergo: Wir sollen die Heyligen anrůffen, das sie für vns bitten. Wa da schrifft? Dann vns die allein vergwisset, was Got gefellig seye. Die Schrifft lehret, sagen sie[b]: »Bettet für ein ander, das jhr gesundt werden«, Jacobi v[16]. Das habe der Apostel gethon vnd, das man für jn bettete, begeret[3]. Sehe, was Theologen, was Logici! Für das, da von kein streit ist, als das wir hie auff erden für ein ander bitten vnnd vmb das selbige ein ander ansprechen vnnd bitten sollen, bringen sie schrifft, für das aber, da von streyt ist, ob man auch die abgestorben Heyligen vmb jr fürbitt selb anrůffen solle, bringen sie keyn Schrifft, Als[4] sie auch keyne zů bringen haben.

Falsch argument, so Got gefellet, das wir die auff erden vmb fürpitt anrůffen, meer gefellet jm, die im himel anrůffen.

Alphonsus aber der Hispanier[5], Pighius[6] vnnd andere, so wider vns ge-

a) Drf. jhm.
b) Drf. sey.

1. entgolten, sich erkenntlich gezeigt.
2. beweisen.
3. Röm 15,30.
4. da, weil.
5. Alphonsus (Alfonsus) de Castro (1495–1558), Minorit, Prediger und Professor in Salamanca, Berater Kaiser Karls V., Teilnehmer an den ersten beiden Tagungen des Konzils zu Trient. Sein Werk »Adversus omnes haereses libri XIIII, in quibus recensentur et revincuntur omnes haereses« erschien in 2. Aufl. gleichzeitig mit der 2. Aufl. von Eberhard Billicks »Iudicium cleri et universitatis Coloniensis ...« (s. oben S. 31, Anm. 5) 1543 bei Melchior Novesianus in Köln. VD 16 A 1939. Exemplare in Basel ÖB, Düsseldorf ULB. LThK² 1, Sp. 330; *Latomus*, Zwei Streitschriften, S. 39 f.
6. Albert Pighius (um 1490–1542), katholischer Kontroverstheologe, Niederländer. Er nahm an Religionsgesprächen teil und setzte sich mit zahlreichen Schriften für die Erhaltung des Katholizismus ein. 1543 erschienen in Mainz seine »Apologiae adversus Martini

schriben vnnd von denen die Coͤlnischenn Deputaten das jhr zům theyl genomen habenn, woͤllen auß den Schrifftenn, die vns | *xliiijb/Liiijb* | lehren, das Got gefellig vnd angenem seye, das wir hie auff erden für einander bitten vnnd darzů einander vermanen vnd ansprechen[1], als[2] von dem minderen[3] das meer schliessen, das Gott nach[4] meer gefellig vnd angenem seye, das wir die abgestorbenen Heyligen vmb jr fürbitt selb anrüffen vnd bitten. Diß schleusset[5] sich aber nit, Setzen als nachgegeben[6], das sie noch zů beweren[7] haben, Das nemlich diese zwey werck, die abgestorbenen Heiligen vnd die noch hie bey vns wallen vmb jre fürbit selb anrůffen, in dem zů vergleichen seyen, das sie beyde Got gefallen, Welches die gleubigen Gottes nit nachgeben moͤgen. Dann vom ansprechen deren, die bey vns hie leben, vmb jre fürbitt haben sie Gottes wort und haltens notwendiglich als ein werck, das Got gefellig seye. Vom anrůffen aber der abgestorbenen haben sie keyn Gottes wort. Darumb ists jnen nit moͤglich, das sie das auß dem waren vrtheyl Christlichs glaubens auch für ein Gotgefellig werck erkennen moͤgenn, ich schweige, für meer Got gefellig. Non igitur est hoc argumentum ab eo, quod videatur minus inesse, ad id, quod magis, sed ab eo, quod necessario inest, quia a Deo pronunciatum, ad id, quod non potest in esse, quia nullo verbo Dei traditum.[8] Dann von welchen wercken die Christen Gottes wort nit haben, das sie jhm gefallen, von den selbigen wercken koͤnden sie auch auß warem vrtheyl des glaubens nicht erkennen vnd halten, das sie Got gefellig seyen.

Petitio principij

Vnd was solten doch die vrsachen sein, darauß ein | *xlva/Mja* | glaubigs hertz schliessen moͤchte, weyl Gott gefellig ist, das wir hie einander vmb fürbit ansprechenn, das jm noch meer solte gefellig sein, auch die abgestorbenen vmb jr fürbit anrůffen?

Da bringen nun die C. Deputaten jhr ander argument herfür vnd deuten auff zwa[9] vrsachen, darumb dieses anrůffen der Abgestorbenen Heyligen vmb jhre fürbitt solte Got gefellig vnd vns heylsam sein. Die eine ist, das man Got

Buceri calumnias, quas et solidis argumentis, et clarissimis rationibus confutati«. VD 16 P 2746. Exemplare in München SB, München UB, Regensburg SB, Tübingen UB, Wolfenbüttel HAB. LThK² 8, Sp. 502. Über Bucers Auseinandersetzung mit Pighius vgl. *Greschat*, Martin Bucer, S. 204; *Varrentrapp*, Hermann von Wied, S. 133 und 176.

1. Kol 3,16.
2. jeweils.
3. Geringeren.
4. noch.
5. ergibt.
6. setzen als nachgegeben: angenommen wie zugestanden.
7. beweisen.
8. Hier dürfte es sich nicht um ein Zitat, sondern um eine eigene Formulierung Bucers handeln.
9. zwei.

damit ein ehre anthůe, so man sich nit vermesse, wuͤrdig zů sein, jn für sich selb allein vnd on fürbit der Heyligen zů bitten; Die ander, das die sündige vnd zitterende Conscientz[1] mit besserem vertrauwen zů dem thron der gnaden komme, wann sie mit sich hat die Heyligen Apostel, Martyrer vnd Notbekenner. Der C. Deputaten dolmetsch[2] macht auß den Confessoribus[3] Beichtiger, fileycht auß verstandt[4] seiner Herren. Die alten H. Vaͤtter aber heyssen die allein Confessores, die mit gefahr des todes den namen Christi für den Tyrannen bekennet, wie Martyrer, die den Herren auch mit dem todt bezeuget haben[5].

Die groͤste ehr Gottes ist, jm die hoͤchste gůte zů geben.

Nun auff die erste vrsache von der ehr Gottes: Richte du, frommer Christ, Ob nit das nach dem Goͤtlichenn wort die groͤste ehr seye, die Gott von vns fordret vnd wir jm beweysen koͤnden, das wir jm die hoͤchste guͤte vnd gnade zů schreiben vnd veriehen[6], vnd daher, wie arme, elende sünder wir sindt, vns den nehesten[7] vnd one eynige mit bitter, von denen er vns nichts lehret, | *xlvb/ Mjb* | zů jm, vnserem Himlischen vnd aller barmhertzigsten Vatter, keren durch den aller sanfftmuͤtigsten vnnd guͤtigsten mitler Jesum Christum, Wie die arme sünderin thette im hauß Simonis[8], der Publican[9] im Tempel[10], Zacheus auff dem baum[11], der Schaͤcher an dem creutz[12] vnd vil andere grosse sünder, die der Herre so gnediglich auffgenomen vnd keynen nie der vermessenheit gescholten hat, das er one Heilige fürbitter zů jm komen were, Ja, hat vns selb also komen gelehret in der gleichnüß von dem verlohren Son[13], Der vberal niemandt an seynen Vatter schicket, auch keyne fürbitter mit sich brachte, sonder, wie vnwürdig er war, den nehesten[14] dem Vatter selb zů lieffe, mit bekantnůß seyner sünden vnd bit vmb gnaden, Welches dem Vatter auch so gefellig war, das er jm entgegen lieffe vnd vmb den halß fiele vnd zů aller gnaden vnd Vaͤtterlicher liebe auff das aller fründtlichest auffname.

1. Gewissen, Bewußtsein.
2. Jasper von Gennep (gest. nach 1564), Kölner Buchdrucker und Verleger, der auch als Übersetzer und Schriftsteller tätig war. *Benzing*, Die Buchdrucker, S. 240.
3. Bekennern.
4. entsprechend dem Verständnis.
5. Vgl. Apk 13,10.15; Act 5,27–33.
6. bekennen.
7. auf dem nächsten Weg. *Götze*, S. 166.
8. Vgl. Lk 7,36–50.
9. Zöllner.
10. Vgl. Lk 18,10–13.
11. Vgl. Lk 19,4–6.
12. Vgl. Lk 23,39–43.
13. Vgl. Lk 15,11–32.
14. auf dem nächsten Weg. *Götze*, S. 166.

Wir sollen vns wol nicht vermessen, wuͤrdig zů sein, Got selb anzůruͤffen, die weil er vns aber das befihlet: »Ruͤffe mich an«, spricht er, »an dem tag deiner trůbsal«, Psal. l[Ps 50,15], Vnd der Herre Jesu, vnser einiger mitler vnd Heylandt, der sanfftmuͤtigest vnd von hertzen demuͤtig, spricht: »Komet her zů mir alle, die jr bekůmmert vnd beladen seyt; ich will euch erquicken«, Matt. xj[28], So folget vnuerneinlich[1], das die Got seine Ehr nemen vnd jren eygen gedichten[2] im namen der Heiligen zůschreiben, die sich in jren noͤten eer zů den Heyligen, als die jr gepet on ander heyligen leuth fürbit gern auffnemen, | *xlvja/Mija* | dann[3] zů Got keren, der in dem solte herter sein dann die Heiligen vnd sie nicht so bereit vmb seines namens willen vnd durch seynen lieben son Christum erhoͤren, wa[4] sie jn allein durch seynen lieben Son vnd one ander Heilige fürbitter selb vmb gnad vnd hülff wolten anruͤffen.

Nicht vermessennheyt, sonder hertzlichs vertrauwen ists, Gott durch Christum allein on weiter mittel anrůffen.

Got will, das wir vns zů jm keren, vns jm gentzlich vnd auff das aller hertzlichest ergeben; das ist die ehr, die wir jm anthůn sollen; das kan anders nit geschehen, dann so wir vns seyner gnaden vnd barmhertzigkeyt zum hoͤchsten getroͤsten vnd sagen mit dem lieben Dauid: »Zů dir, o HERR, hebe ich auff mein seel, mein Gott, ich hoffe auf dich. Vmb deines namens willen, HERRE, sey gnedig meiner missethat. Mein augen sehen stehts zů dem HERREN«, Psal. xxv[1.2.11.15]; Dauon er im lxv. Psal.[5] singet: »Got, man lobet dich in der stille zů Zion Vnd dir bezalet man gelůbde. Du erhoͤrest gepet; Darumb kommet alles fleysch zů dir. Vnser missethat drucket vns hart; Du woltest vnser sünd vergeben.

Auff die ander vrsache der C. Deputaten, Darumb Got gefallen solle, die abgestorbenen Heyligen anruͤffen. Welche ist, das das sündige, zittrende gewissen mit besserem vertrauwen zů dem thron der gnaden komme, wenn es jm die H. Apostel, Martyrer vnd notbekenner Christi zů gesellet hat:

O, das der liebe Gott diesen Deputaten ein mal ein recht erschrocken vnnd zittrendes gewissen der sün- | *xlvjb/Mijb* | den zum heyl gebe, wie solten sie dann so wol befinden[6] vnd fuͤlen, das einem recht erschlagenen vnd zittrenden gewissen vọr dem gericht vnd zorn Gottes nit allein kein bessers, sonder vberal kein recht vertrauwen zů den genaden Gottes jmmer meer[7] geschoͤpffet werden mage, dann so alles, das im Himel vnd erden ist, verlassen, den nehesten[8] vnd auff das gentzlichest zů dem sanfftmuͤtigsten vnd

1. unableugbar, unbestreitbar. *Grimm* 24 (= XI), S. 2071 f.
2. Erfindungen, Lügen.
3. als.
4. wenn.
5. Ps 65,2–4.
6. ganz empfinden.
7. überhaupt jemals.
8. auf dem nächsten Weg.

von hertzen demuͤtigen Herren Jesu Christo fleucht vnd durch den seynen Himlischen Vatter vmb gnad vnd verzeyhung anrůffet. Dann der ist allein das lamb Gottes, das alle vnsere sünde tregt[1], durch den wir verzeihung der sünden vnd alle gnaden vnd gaben Gottes erkennen, erbitten vnd erlangen. Der ist allein der gerechte, den wir bey dem Vatter also zum fürsprechen haben, das er auch die versünung ist für vnsere sünde, wie der heilige Johannes zeuget, j. Johan. ij[1–2].

Die weyl aber auch kinder Gottes sein, die in erkantnuͤß jhrer suͤnden vnd dem fuͤlen Goͤttlichs zorns noch so weyt nit kommen sindt vnd daher sich das scheinbarlich ansehen noch etwas blenden vnd den vermeinten[2] gewalt schrecken lassen deren, die diß anruͤffen der Heyligen verteidingen, Damit denn auch soliche bloͤde[3] leut, wa sie woͤllen dieser sachen etwas gründtlicher nach zů gedencken vnd das vorermelte[4] argument der[a] C. Deputaten eigentlicher zů erkennen haben, was es doch gelten moͤge, So bitt ich, sie woͤllen doch bedencken vnd erwegen, was sie auff diese zwo fragen vermeinen zů antworten sein. | *xlvij/Miija* | Die erste: Waher doch dem sündigen, zitrenden gewissen das besser vertrauwen, sich zu dem Thron Gotes zů keren, enstohn vnd komen solle, wenn es die Apostel, Martyrer vnnd andere Heyligen mitt für Gott als fürbitter brenget, dann so es allein durch Christum die gnad des Vatters suchet, one soliche furbitter, die es mitbringe.

Die andere: wie vnd warmit das erschlagen vnnd angefochten gewissen die abgestorbenen heyligen ihnen[5] zum gebett an Gott zu gesellen vnd mit für Got bringen solle?

Auff die erste frage werden weder die C. Deputaten noch andere etwas anders anzeygen moͤgen, daher dem gewissen, das schon Christum seinen einigen mittler vnd fürsprechen erkennet, one den es auch für den Vatter gar nicht kommen oder etwas von im erbitten mag, solte ein besser vertrauwen entstohn, wenn es im gepett zu Gott vil Heyligen mit brenget, dann so es den einigen Christum hatt vnd mit dem allein für den Vatter kommet, Dan das ein soliches[b] gewissen gedenken můß, das fürbitten der lieben Heyligen gefalle Gott so hoch oder ihr verdienst gelten bey Gott so viel, das er, wann so vil Heyligen mit vnß für ihn kommen[c] vnd für vnß bitten, vns ietz onangesehen vnser vnwirdigkeyt vnd schnoͤdigkeyt[6] zů genaden auff nemen vnnd erhoͤren

a) Drf. de.
b) Drf. soliche.
c) Drf. kom nun.

1. Joh 1,29; vgl. Jes 53,4–7; I Petr 1,18–19.
2. fälschlich angenommene.
3. schwache, schüchterne.
4. zuvor genannte, s. oben S. 97–98.
5. sich.
6. Niedrigkeit, Verwerflichkeit.

woͤlle, das er durch sein selb ewige, grundtlose barmhertzigkeyt vnd das fürbitten vnnd verdienst seines lieben Sons, vnsers Herren Jesu | *xlvijb/Miijb* | Christi, nitt thun oder nicht so gern thun woͤlle, Alß[1] so ein armer sunder, der von wegen seiner schweren vbertrettung sich entsetzte[2], den Vatter durch Christum, vnseren Herren, allein anzuruͤffen, vnd gedechte bey ihm selbs also: Wolan, deine sünd sindt leyder so groß vnnd grawlich vor den Gottlichen augen, das du deinen Himlischen Vatter durch Christum, deinen Heylandt, allein nicht anruͤfen darfst noch dich seines gnedigen erhoͤrens getroͤsten. Wie wiltu im nun thun? Ey, du wilt die lieben heyligen anruͤffen vnnd sie durch deine dienst[a] vermogen[3], das sie mitt dir für Gott keren[4] vnd dich fürbitten. Wenn du dann vber vnd neben dem Christo so vil theurer freunde Gottes, Apostel, Martyrer, Notbekenner vnnd andere Heyligen zuͦ fürbitteren mit brengen wirst, So ist deren fürbit vnd verdienst bey Gott vnnd Christo so wol vnd hoch angesehen, das dich, wie vnfletig[5] vnd vnwuͤrdig du an dir selb bist, Christus, der mittler, bey dem Vatter dennoch vertretten vnd der Vater gnediglich erhoͤren wuͤrdt.

Warlich, soliche gedancken muͤssen in dem hertzen sein, Das mitt besserem vertrauwen zu dem Thron Goͤttlicher gnaden komet, wenn es sich auch der Heyligen fuͤrbitt vertroͤstet, dann so es sich deren nit weiß zugetroͤsten. Welches gemuͤt aber soliche gedancken hatt vnd sich in betrachtung der furbitt vnd verdienst der Heyligen mehr getroͤsten kan, Gott durch vnseren Herren vmb seine gnad vnnd huͤlff zuͦ bitten dann one soliche fuͤrbitt vnnd verdienst, das selbig | *xlviija/Miija* | wuͤrdt ja nicht sein gantzes vertrauwen auff die gnad vnd barmhertzigkeyt Gottes vnnd das fuͤrbitten vnnd den[b] verdienst vnsers Herres Jesu Christi setzen, Sonder auch zum theyl auff der Heyligen fürbitt vnd verdienst; Wuͤrdt dem H. Euangelio, das vns, wie schwerlich wyr gesundigt haben, durch den einigen mittler Christum alle gnad vnnd Vaͤtterlichs auff nemen von Gott verspricht, nit satten glauben geben Vnd darumb bey Gott nichts erbetten.

So sehe nun, Christlicher Leser, was diese leuth auch auff die andere frag antworten moͤgen, Wenn erstritten[6] were, das vil fürbitter von Heyligen mitt für Gott bringen, dem erschlagenen vnnd forchtsamen gewissen ein besser vertrauwen gepere, zuͦ dem thron Goͤttlicher gnaden zuͦ komen, Wie vnd wa durch moͤchten wyr dann die lieben Heyligen vns im gepet zü Got zuͦgesellen

a) Drf. deinst.
b) Drf. denn.

1. Wie.
2. einen Schrecken davor hätte.
3. dazu bringen.
4. (sich) wenden (an).
5. unsauber.
6. gesichert.

vnd sie mit fuͤr Gott bringen, weyter dann sie one das, alß die bey Christo leben, vmb vnser heyle alle on vnderlaß bitten? Sollen wyr jre besonder fürbitt bey jnen erwerben vnnd sie, mit vnß fur Got zů keren, vermoͤgen, da mit das wyr ihren bilderen vnd gebeynen[a] vil liechter brennen, singen, allerley opffer bringen, sie anbetten? Gott hatt vns verpotten, vnß vor den bilderen vnd anderen zeichen zů bucken vnnd ihnen dienst zubeweysen[1]. Sollen wyr sie dann, mitt vns für Gott zu keren, allein mitt worten ansůchen vnnd sie darumb bitten? Dauon haben wyr khein wordt Gottes, das es ihm | *xlviijb/Miiijb* | gefalle oder auch das sie, die Heyligen, solich ansuchen vnd betten vernemen. Denn bald ist gesagt: im ewigen wort Gottes sehen vnnd hoͤren sie alles, was zu ihnen gepetten wuͤrdt, wa aber[2] Schrifft, die es war machen. Der heylige Augustinus bekennet, das er solichs in der schrifft nit habe finden mogen, Libro de cura agenda pro mortuis, cap. xvi[3].

Was ist dann anders, so man die leuth lehret, wenn sie die Heyligen anruͤffen vmb ihre fürbitt zu Gott, das sie damit Got ein ehr anthun, in dem, das sie sich nitt vermessen, ihn durch seinen lieben Son allein anzůruͤffen, sonder brengen vil menschliche Heyligen mitt, Vnnd das sie ihrem armen, zagenden gewissen ein besser vertrauwen schoͤpffen, zům Thron Gottlicher gnaden zů kommen, dan das man die armen leuth lehret, sich nicht auff die grundtlose barmhertzigkeit vnd den ewigen verdienst Christi gentzlich verlaßen, sonder auch eins theyls auff das fürbitten vnnd verdienst der Heyligen? Jst nun das nitt Gott vnd Christum lehren verleugnen vnnd das fleysch seinen arm setzen[4]? Dann so bald vnser hertz sich nitt der barmhertzigkeyt Gottes vnd des verdiensts Christi allein vnd gantz getroͤstet, so ist es schon von Gott vnd Christo abgefallen vnnd halt ihn nitt mehr als seinen Gott vnd Heyland.

Nun sagt aber etwan ein C. Deputat oder der gleychen: Wyr lehren, das die fürbitt vnnd verdienst der | *xlixa/Nja* | heyligen das vertrauwen der armen gewissen allein in vnnd durch Christum mehren vnnd stercken solle. Wie? jnn vnd durch Christum? Warumb lassest du dann nicht die armen leuth den nehesten[5] zů diesem Gnaden stůl, Christo, vnserem Herren, gohn vnd durch

a) wohl Drf. gebeynren.

1. erweisen; Ex 20,4–5; Dtn 5,8–9.
2. zu ergänzen: bleibt die.
3. *Augustinus*, De cura pro mortuis gerenda ad Paulum episcopum, cap. 16. PL 40, Sp. 606 f.; CSEL 41, S. 652–655, v. a. S. 654. Vgl. auch cap. 1 und 15. PL 40, Sp. 591–593, Sp. 605 f.; CSEL 41, S. 621–624 und 650–652.
4. Bedeutung unklar; vielleicht: das Fleisch zu seiner Hoffnung machen, zu dem Arm, auf dessen Kraft man vertraut.
5. auf dem nächsten Weg. *Götze*, S. 166.

den den Vatter vmb alles anrůffen[1], Wie doch mit allen Heyligen die gantze gemeinde Christi thut von anfang der welt her? Warumb machstu ein vermessenheyt darauß, wann sich das arm gewissen den nehesten zů Christo, seinen einigen Heyland, keret vnnd allen trost allein bey im suchet?[2] Warumb sagstu, das es mitt besserem vertrauwen zum Thron der gnaden komme, wann es die Heyligen zů fuͤrbitteren mit sich bringe, Dem du darzů nitt anzeygen kanst, wie oder wa durch es die lieben Heyligen mit sich fuͤr Gott bringen solle? Vnnd so sie bey Christo leben vnnd da fuͤr alle kinder Gottes one vnderlaß betten, was wiltu die leuth erst auff ihr erdichtes anruͤffen vnnd ansprechen weysen, da durch sie die Heiligen, die dir[3] fileicht schlaffen[4], erst auffwecken, vnd, das sie mit fuͤr Christum vnd den Vatter als fuͤrbitter kommen woͤllen, erbitten solle? Das es sich zů Christo, dem Herren, keret vnd alle fürbitt bey im allein suchet, da von hat es sein gepott vnd verheyssung vnd dienet im dazu, das es in, seinen herren, vnd sein gepott desto lieber gewinnet vnd sich im so vil volkumner[a] in alle gehorsame begibet. Dahin sollen wyr die sundigen gewissen weisen vnnd nit zů anruͤffen der abgestorbenen Heyligen.

Du siehest ja nun, frommer Leser, das alles das je- | *xlixb/Njb* | ne, das die C. Deputaten vnnd andere Sophisten fuͤr diß Heyligen Ansprechen vnd -Anrůffen immer mehr fuͤrbringen moͤgen, eytel[5] nichtige, ongoͤttliche, abergleubische gedicht[6] sein, die anders nicht dann die gemuͤter von Christo, dem Herren, vnnd dem Vatter auff der menschen vnd des Satans luͤgen abfuͤren.

Nun komet aber das dritte vnd haupt argument der C. Deputaten vnd aller deren, die in dieser sachen wider vns fechten: Die Christlich Algemeinde[7], sagen sie, vnd H. Vaͤtter haben die abgestorbenen Heyligen auß ermelten[8] vrsachen selb vmb ir fuͤrbit angeruͤffen vnnd gelehret anruͤffen. Dabey bleibe die Gemeinde Christi noch; Darumb woͤllen auch sie da bey bleiben.

Das dritte Argument: die gemeinden Christi vnd H. Vaͤtter ruͤffen die heyligen an.

Antwort: Die ware Gemeinde Christi sind wol die war gleubigen, die in ihm

Alle glaubigen auff erden irren sich noch.

a) Drf. wolkumner.

1. Gnadenstuhl als Sitz der göttlichen Gnade und Erbarmung, der Sündenvergebung durch Christus. Vgl. Röm 3,25 und Hebr 4,16.
2. Vgl. Hebr 9,14; Hebr 10,2; Hebr 10,22.
3. in Bezug auf dich.
4. schlafen.
5. lauter.
6. Erfindungen, Lügen.
7. (universale) Gemeinde.
8. erwähnten.

bleiben vnd in denen er bleybet[1]; die H. Vaͤtter sind fürneme vnd erliche[a][2] glidmaßen des leybs Christi, Die alle der Herre durch seinen Geyst getriben hatt vnnd treybet, Noch[3] so lang sie auff erden gewesen sein, hatt ihnen vil irthumb vnnd mangel angehangen, ob sie wol in den hauptstucken vnsers glaubens inn der warheyt durch den Geyst Christi erhalten vnd entlich von allem menschlichen irthumb vnd feyl erloͤset worden sindt.

Welche eygentlich die Allgemeinde[5] Christi lehren vnnd breuch sein.

Weyl dann alle Heyligen, so lang sie hie auff erden vom Herren wallen[4], sich noch in vilen dingen irren moͤgen vnnd irren, So kan das keyn gewisse folge sein: | *Ia/Nija* | Das haben die Gemeinen gleubigen vnd auch fuͤrneme Heyligen lang fuͤr guͦt gehalten vnd geübet, darumb muͦß es recht vnd guͦt sein. Der Vater saget von dem Herren Christo: »das ist mein geliebter Son; den solt ihr hoͤren«[6]; Vnd Paulus zeuget von der Schrifft, das vns die zuͦm heyl vnd allen guͦten wercken weys vnd geruͤst mache[7]; Derhalben haben die Gemeinden Christi vnd H. Vaͤtter das alwegen allein für gewiß in Goͤtlichen sachen gehalten, das man durch die H. Schrifft vnd wares Apostolisch dargeben[8] kan beweren[9] vnnd erhalten.

Es seindt auch das allein, eygentlich zuͦ reden, der Gemeinden Christi vnd Heyligen lehre oder wercke, die der Herre Christus vnd sein H. Geyst ihnen lehret vnd thut. Daneben aber wuͤrdt vil von ihnen gelehret vnd gethon, das lehr vnd werck seindt der Vernunfft, die wol fehlen kan, ia, auch etwan der Sünden vnd irthumb, die noch in ihnen wohnet, Wie Paulus von ihm selbs klaget, Rom. vij[7–25].

Was der Christlich Gemein eignet, des muß sie von anfang gebrauchet haben.

So muͦssen auch die lehren vnnd thaten, die eigentlich[10] der Gemeinden Christi sollen zuͦ geschriben werden vnd ihr autoritet glauben, vnd ansehen haben, solich lehren vnd werck sein, die die Gemein Christi zu allen zeiten gehalten vnd geubet habe. Dann die Apostel das Euangeli Christi vnd allen rath Gottes getreuwlich gelehret vnd ins werck gerichtet vnd nichts, das zur | *Ib/Nijb* | Gottseligkeyt moͤchte fürderlich sein, verhalten[11], So haben auch die Apostolischen kirchen der Apostel lehre gantz angenomen vnd gehalten.

a) Drf. rerliche.

1. Vgl. I Joh 4,15–16.
2. ehrbare.
3. dennoch.
4. so lange sie Gott auf der Erde (laufen) läßt.
5. Gemeinde.
6. Mk 9,7.
7. II Tim 3,16–17.
8. Darlegung.
9. erproben.
10. als charakteristisch.
11. vorenthalten, verhehlen.

Weyl dann offenbar, das daß anruͤffen vnd ansprechen der lieben abgestorbnen Heyligen in der Schrifft nit gelehret, noch durch einig[1] exempel dargeben ist, auch von den alten Apostolischen kirchen nie gehalten, so wuͤrt niemandt sagen moͤgen, das es ein lehre der Algemeinden Christi oder der H. Lehrer als heiliger lehrer seye, Ob man gleych wol finde, das etliche Vaͤtter vnd Lehrer in etlichen ihren lobpredigen von Heyligen vnd in ihren besonderen gepetten sie vmb ihre fuͤrbit angesprochen vnd angeruͤfft, auch, solichs zu thůn, gelehret hetten.

Vnd wie keme die liebe Algemeinde[2] Christi darzu, das alles, das vnder ihrem namen, glauben vnd ansehen solte gehalten vnd den leuten vffgetrungen werden, das iede vnbesonnene, fuͤrwitzige, aber gleubige[3], gelt- vnd eergeytzige Clericen vnd genante[4] fuͤrgenger in ihre lehr vnd breuch mengeten? Der H. Augustinus klaget, das schon zů seinen[b] zeiten die Christlich Religion mitt vil menschlichen, vermeinten vnnd vermessen gepotten vnd gewonheyten (Humanas praesumptiones et servilia onera vocat religionem prementia) seer beschwaͤret gewesen seye Vnnd das auch das gemein, vnuerstendige volck mitt schwerer verachtung Goͤttlicher gepotten, wie es dann auß solichen men- | *lja/ Niija* | schen gepotten pfleget zů kommen, ob solichenn vermessen menschen gepotten vnd -breuchen gehalten habe. Lege Epistolam alteram ad Ianuarium de hac re, quae est numero 119[5].

Nit alles, das in gemeiner haltung der Christen ist, muß darumb[a] ein haltung der Gemeinden Christi sein.

Warumb haben aber die leuth damals ob solichen, nit lehren vnnd ordnungen der Gemeindenn Christi, sonder menschlichen vermessenheyten, so hart gehalten? Sonder zweiffel darumb, das auch sie jhre vermessene menschen gepott vnnd -gepreuch wolten für lehre vnd gepreuch der Gemeinden Christi halten, Das[6] aber die nicht allein nicht waren, sonder waren der rechten lehr vnd haltung der Allgemeinden Christi gar entgegen vnd zerstoͤreten sie.

Haben nun die menschen gedicht moͤgen schon zun zeyten des H. Augustini also gemehret werden vnnd vberhandt nemen, auch in so gar abergleubische haltung komen, das man die vbertrettung der offenbaren grossen gepotten Gottes[7] weniger geachtet hat dann der vnderlassung solicher menschen fün-

a) Drf. da= umb.
b) Drf. seinem.

1. irgendein.
2. (universale) Gemeinde.
3. abergläubische.
4. sogenannte.
5. *Augustinus*, Epistola altera ad Januarium LV (119),19. PL 33, Sp. 221; CSEL 34/2, S. 210.
6. Das [was].
7. Dekalog.

den[1], Da[2] die gemeinden Christi noch durch so vil gelehrte vnd eiffrige Bischoffe versorgt wurden, auch noch keyn solich gemeine zerstoͤrung der kirchen ergangen ware, wie her naher durch die Gothen, Wandalen vnd andere voͤlcker geschehen ist[3]; Was solle dann seyther von jrthumb vnd mißbreuchen taͤglich eyngerissen sein, nach so vil grausamen zerstoͤrungen der kirchen vnd der regiment[4] Vnd nach dem aller gewalt der kirchen so vil hundert jar bey denen leuthen gestandenn ist, vber die der H. | *ljb/Niijb* | Bernhardus[5] gar nahet[6] vor fier hundert jaren geklagt hat[7], das die gemeinde Christi von jnen schwerlicher vndertrucket vnd beschediget werde, dann sie von[a] anfang weder von den verfolgern noch von den ketzeren je vertrucket[8] vnd beschedigt worden seye? Was darffe[9] es aber weit[10] bewerens[11], das vil schwerer mißbreuch in die haltung der kirchen komen sein, so doch das alle verstendigen selb bekennen, Vnd das auch zum fürnemsten in der verkerten ehr vnnd anruͤffung der abgestorben Heyligen? Aber hieuon hernaher im Artikel von der waren vnd falschen Gemeinden Christi weiter vnnd eygentlicher[12].

Nun aber, wie wol das das Anruͤffen der abgestorbenen Heyligen keyn lehr noch thůn seye der Algemeinden[13] Christi, sonder ein lauter menschen gedicht[14] vnnd vermessenheit, auß dem, so ich hie von bißher fürbracht habe, genůgsam erwysen ist, Nemlich Weil dargethan ist, das diß anruͤffen nit allein in Goͤtlicher schrifft vnd durch die Apostolische ordnung nit dargeben, sonder das es auch dem waren anruͤffen Gottes durch Christum entgegen vnd abbruͤchlich[15] ist, jedoch so solle vns in dem des waren Augustini ware zeugniß vonn C. Deputaten vnnd meniglich[16] vnuerworffen bleiben, Welcher zeuget, das das heyligen anruͤffen nit allein kein lehre nach brauch der Gemeinden

a) Drf. vnd.

1. Erfindungen.
2. als.
3. Bucer erinnert an das Eindringen der Wandalen und der West- und Ostgoten im 5. Jahrhundert nach Westeuropa (Gallien und Italien). LThK² 10, Sp. 612 und Sp. 1072; LThK² 7, Sp. 1285.
4. Staatswesen, Staatsregierungen.
5. Bernhard von Clairvaux (1090–1153), Kirchenlehrer und Abt, Zisterzienser. TRE 5, S. 644–651; LThK² 2, Sp. 239–242.
6. ganz nahe, fast.
7. *Bernhard von Clairvaux*, Ad clericos de conversione, cap. 22. *Bernhard von Clairvaux*, Sämtliche Werke, Bd. IV, S. 238–243.
8. unterdrückt.
9. bedarf.
10. ferner, zusätzlich.
11. Belegens, Beweisens.
12. genauer (zur Sache); s. unten S. 227,5 bis 229,16.
13. Gemeinden.
14. Erfindung, Phantasterei.
15. schädlich, abträglich.
16. jedermann.

Christi seie, sonder seye ein jrthumb vnd mißbrauch, den die Gemeinde Christi durch die gesunde lehre straffe vnd nicht gedulde. Dan also schreibt er im xxij. bůch de civitate Dei von der Gemeinden Gottes im x. cap.[1]: | *lija/ Niiija* | »Wir aber (meinet die Christen Algemein) bauwen vnsern Martyrern nicht tempel wie den Goͤtteren, sonder gedechtnissen wie verstorbnen menschen, deren geyster bey Got leben, Vnnd richten nicht da Altar auff, vff welchen wir den Martyrern opfferen, sonder auff denen wir dem eynigen[2] – der Martyrer vnd vnserem – Gott opffer thůn; Bey welchem opffer sie als menschen Gottes, die die welt in jrer bekentniß vberwunden haben, an seynem ort vnd in seyner ordnung genennet, aber nicht von dem Priester, der das opffer thůt, Angeruͤffet[3] werden. i.[4] invocantur. Dann er Got, nit jnen opffert, ob er wol opffert in jhrer gedechtniß. Dann er ist Gottes Priester, nit jr, der Martyrer.

Mercke diesen spruch des Heiligen Augustini.

Diß sind die wort deß H. Augustini, in denen er die Christliche Gemeinde gegen den Heiden verteydiget vnd von jrer haltung zeuget. So mercke nun das wol, Christlicher leser, das dieser Heylige lehrer schreibet, Das der Priester, der von wegen der gantzen gemeinden Christi bettet vnd opffert, die Heyligen nit Anrůffet[5] vnd jnen nicht Opfferet[6]. Jn dem xx. bůch wider Faustum, den Manicheer, schreibt er[7]: »Wenn jemand in solichen jrthumb fellet, das er einem Martyrer oder Heyligen seelen[8] oder einem Engel opfferen will, so wurdt er durch die gesunde lehre gestraffet, das er entweders gebesseret werde oder das man sich vor jm hiete.«

Jm gemeinen gepet der kirchen ruͤffet man die Heyligen nit an, ergo sie anruͤffen ist kein werck der Christen.

Mercke auch, das der H. Augustinus das Anrůffen vnd Opfferen gleych haltet vnd beyde dem zůgibt, der | *lijb/Niiijb* | nicht Gottes, sonder der Heyligen Priester ist. Dann wie er gesagt hat, die Heyligen werden nicht vom Priester, der opffert, angeruͤffen, henget er gleych[9] diese vrsach daran: Dann er opffert jnen nicht. Dann er ist Gottes, nit jr Priester. Auß diesem ist ja offenbar, das die Algemeinde Christi zů den zeyten Augustini die Heyligen anruͤffen – invocare – vnd jnen opfferen für ein[10] jrthumb gehalten hat, nit für ein Christliche lehre oder brauch, Vnd für ein solichen jrthumb, darumb man die leuth, die dauon nit hetten woͤllen abstohn, hette gemitten[11] vnd sich vor jnen gehůttet. Daher die Christliche Gemeinde das auch behalten hatt, das man

Die Heyligen anruͤffen vnd jnen opfferen sind beyde jrthumb.

1. *Augustinus*, De civitate dei XXII,10. PL 41, Sp. 772; CSEL 40/2, S. 614,12–20; C. ChrSL 48, S. 828,18–26.
2. einzigen.
3. Wort in größeren Lettern gedruckt.
4. id est.
5. Wort in größeren Lettern gedruckt.
6. Wort in größeren Lettern gedruckt.
7. *Augustinus*, Contra Faustum XX,21. PL 42, Sp. 385; CSEL 25, S. 563 f.
8. den Seelen eines Märtyrers oder Heiligen.
9. genau. *Grimm* 7 (= IV,1,4), Sp. 7999 f.
10. einen und denselben.
11. gemieden.

noch heutigs tags keinen Heyligenn in gemeinen gebetten bey der Messen anspricht, wie meer malen gemeldet[1], Vnd so[2] die besonderen[3] gepett der Christen nach dem gepett des Priesters, das er von wegen der gantzen gemeinden Christi thůt, angestellet vnd gehalten werden sollen, So schleußt[4] sichs ja vnwidersprechlich, allein auß diesem exempel der kirchen, Das das ansprechen vnnd anruͤffen der Heyligen, das geschehe in gemeinem[5] oder besonderem gepett, in keynen weg als ein lehr oder gebrauch der Christlichen gemeinden gehalten werden mage.

Etliche H. Vaͤtter haben die Heyligen in jren lobpredigen angesprochen, aber auff Rhetorische weiß, nit in ernsten gebetten.

Dagegen aber wuͤrfft man vns für, das die H. Vaͤtter Gregorius Nazianzenus[6], Chrisostomus[7] vnd etliche andere in jren lobpredigen von den Heyligen[8], Jtem Prudentius[9] in seynen lobgesengen vonn den Martyrern, die verstorben Heyligen angesprochen vnd vmb | *liija/Oja* | jre fürbit gebetten haben. Darauff sagen wir, das diese menner soliches nach der Rhetorischen vnd Poëtischen weyß gethan haben, Auff die weyß die Graecischen vnd Latinischen redner auch allerley verstorbene vnd abwesende leuth als gegenwertig pflegen anzůsprechen, die sachen, die sie handlenn, damit etwas scheinbarer[10] dem gemůt für augen zů stellen. Also sprechen die Propheten vnd Psalmen an auch die Himmel, berg vnd andere vnbefindtliche[11] Creaturen vnd vermanen sie zum lobe Gottes, alß ob sie die rede vnnd das vermanen wie menschen verstuͤnden[12].

Das wuͤrdt man aber weder bey diesen vermelten[13] noch anderen H. Vaͤtteren finden, das sie in den ernsten gepetten die Heyligen selb angesprochen vnd angeruͤffet haben. Vnd ob man schon anzeygen koͤndte, das sie solichs in jren

1. s.S. 86f., 89, 111f.
2. wenn.
3. persönlichen, Einzel-.
4. ergibt.
5. gemeinsamem.
6. Gregor von Nazianz (ca. 325/329–390), Kirchenvater. TRE 14, S. 164–173; RGG^3 2, Sp. 1844.
7. Johannes Chrysostomus (ca. 350–407), Kirchenvater. TRE 17, S. 118–127; RGG^3 1, Sp. 1818f.
8. *Gregor von Nazianz*, Oratio XXI (In laudem magni Athanasii), PL 35, Sp. 1081–1128; SC 270, S. 86–193. Oratio XXIV (In laudem sancti martyris Cypriani), PL 35, Sp. 1167–1194; SC 284, S. 40–85. Oratio XXXV (De martyribus et adversus Arianos), PL 36, Sp. 255–262; SC 318, S. 228–239. Oratio XLIII (Funebris oratio in laudem Basilii Magni), PL 36, Sp. 493–606; SC 384, S. 116–307. *Johannes Chrysostomus*, Sermones panegyrici in solemnitates Jesu Christi et Sanctorum. PG 50, Sp. 471–720.
9. Aurelius Prudentius Clemens (geb. 348, gest. nach 405). Sein Werk »Peristephanon« umfaßt balladenartige Loblieder auf Märtyrer. Die Märtyrerlegenden im Mittelalter wurden dadurch inspiriert. PL 60, Sp. 275–594. CSEL 61, S. 289–431.
10. eindrücklicher, deutlicher, sichtbarer.
11. unbeseelte.
12. Ps 69,35; Ps 89,6; Jes 44,23.
13. genannten.

besonderen gebetten gethan hetten, wie Pighius[1] etliche gebet an die Mů̊tter des Herren anzeucht[2] vnd dem H. Augustino wider sein gewissen zů schribet, noch[3] weil kundtlich[4], das die lieben Heyligen Vätter in den gemeinen gebetten die Heyligen nie angesprochen haben, als[5] es die Gemeinde Gottes noch nit thůt, so möchte man doch darauß nit schliessen, das diß anrůffen der Heiligen ein werck der gemeinden Christi je gewesen seye, in dem wir den alten Christen vnd gemeinden Gottes nachfolgen solten.

Jn dem bůch von den witwen, dem H. Ambrosio zůgeschriben, ist wol auff die weiß, wie die C. Deputa- | *liijb/Ojb* | ten vnnd andere widerfechter der reinen lehre Christi das ansprechen der angestorbenen Heyligen für geben, das exempel eingefüret des fürbittens S. Peters vnd Andreas für die Schwiger[6] S. Peters, da durch diese zwen Apostel vom Herren erbatten, das er vber die selbige, S. Peters Schwiger, stunde[7] vnd dem Feber[8] gepotte, das es von jr liesse[9]. Dann der dichter des selbigen bůchs auß jetz vermeldtem exempel schreybet[10], Wie S. Petrus vnd andreas für die Schwiger Petri den Herren gebetten vnd jr gesundtheyt erworben haben, Also: wenn vnser fleysch schwach ist, das gemůt siech[11] vnd durch die band der sünden verhindret, das es zum stůl[12] des artzets seinen blöden[13] gang nit fürbringenn mag, seien die Engel für zů vns bitten, die vns zůr hůt[14] gegeben seindt, auch zů bitten die Martyrer, deren vertretten vnd vorgang wir vns gleich als von wegen des pfands jrer leibe, die sie bey vns haben, forderen vnd gebrauchen mögen.

Diese Rhetorische rede laßt sich wol ansehen, als[15] lehret sie eben das ich jetz hie vor durch die H. Schrifft vnd natur des waren glaubens an Christum verlegt[16] vnd erwisen habe, das es anders nichts seye, dann die armen, zagenden gewissen von Christo, jrem Heilandt, verleyten[17], wenn man sie also erstlich

1. Albert Pighius (s. oben S. 96, Anm. 6).
2. *Albert Pighius*, »Apologiae adversus Martini Buceri calumnias«, Mainz 1543 (s. oben S. 96, Anm. 6). Die Stelle, die Bucer hier meint, habe ich in diesem Werk nicht finden können.
3. erst recht.
4. erkennbar, deutlich.
5. wie.
6. Schwiegermutter.
7. sich (schützend) darüberstelle.
8. Fieber.
9. Lk 4,38–39; vgl. auch Mt 8,14–15; Mk 1,29–31.
10. *Ambrosius*, De viduis, cap. 9 (55). PL 16, Sp. 250f.
11. krank.
12. Amtssitz.
13. schwachen.
14. Behütung, Schutz.
15. als lehret sie: als ob sie lehrte.
16. widerlegt.
17. wegführen.

zůn Heyligen weyset, als ob die selbigen sie gnediger auffnemen solten dann Christus selb. Diese rede laute aber, wie sie woͤlle, so ists doch weyt dar von, das auß dieser rede geschlossen werden moͤge, das das anruͤffen der abge- | *liiija*[a]/*Oija* | storbenen Heyligen ein werck der gemeinden Christi seye, das wir zů einem Gotgefelligen exempel ziehen[1] moͤchten.

Dann erstlich werden die gelehrten, so diß bůch von den witwen, dem lieben Ambrosio zůgeschriben[2], recht besehen vnnd gegen den ongezweyfleten[3] buͤcheren Ambrosij halten, nicht für Ambrosij werck erkennen, Als das[4] mit meerem gepreng zierlicher reden geschrieben[b] ist, dann der H. Ambrosius zů schreiben gepfleget hat.

Es sindt auch noch andere Rhetorischen reden in dem bůch, deren sich der H. Ambrosius gar ongern wuͤrde gebraucht haben, Als die[5] an diesem ort stehet. Die Martyrer moͤgen fuͤr vnsere sünde bitten, die jre sünden, wa[6] sie etlich gehabt, mit jrem eygem blůt abgewaschen haben. Der H. Ambrosius hat das gar volkommen erkennet, das hie[7] niemandt one sünde ist vnd das allein das blůt Christi alle Heyligen von allen sünden reyniget, wie Johannes zeuget, j. Johan. j[7–8]. Also wuͤrde der war[8] Ambrosius auch nymmer meer gesagt haben, das die Martyrer fürgesetzte vnd auff seher[9] seyen vnsers lebens vnd thůns. Dann diß ist das werck Gottes vnd vnsers Herren Jesu Christi. Deren[10] zů fil Rhetorischen[c] reden sind nach[11] meer in diesem bůch, die der einfalt[12] des glaubens zů nahe lauten. Darumb můß diß bůch eins anderen mans gedicht sein, dann des H. Ambrosij[13].

Zum anderen: so setzet[14] der tichter in diesem bůch: Es sind[15] die für ein tugent halten, die sünde durch das eysen[16] vertrucken[17], Vnd redet von denen, die

a) falsche Foliierung: iliij.
b) Drf. geschreiben.
c) Drf. Rethorischen.

1. als ein Exempel heranziehen.
2. *Ambrosius*, De viduis. PL 16, Sp. 233–262.
3. sicheren, nicht bestrittenen.
4. als eines, das.
5. wie die, die.
6. wenn.
7. hier auf Erden.
8. echte.
9. Beschützer.
10. Solcherart.
11. noch.
12. Klarheit.
13. Vgl. jedoch *Altaner/Stuiber*, Patrologie, S. 382. Die Schrift wird heute Ambrosius zugewiesen.
14. behauptet.
15. Es gibt Leute.
16. Messer.
17. unterdrücken.

jnen[1] selb außschneiden[2], damit sie nit in die sünd der vnkeuscheit fallen, Vnd | *liiijb/Oijb* | spricht dann hier auff: Von welchen, ob wir wol[3] vnser vrtheyl nit geben wöllen, wie wol der elteren gesetz vor handen sindt etc. Wer wolte nun diese rede glauben, des H. Ambrosij sein? Wie solte er geschriben haben, das er nit wolte seynen sententz wider die geben, die jnen[4] selb außschneiden vnnd jre natur mit gefahr jres lebens verletzen, So doch die solichs thůn im xxij. Canone, deren, die man den Apostelen zůschreibet[5], für todtschleger vnd feindt der natur erkennet worden seindt. Weyl dann der H. Ambrosius ferr von dieser meinung gewesen, so můß diß bůch auch nicht sein gedicht sein, sonder etwan[6] eynes gelerten latiners, der sein Rhetoric in dem bůch hat beweysen wöllen.

Zům dritten: so schreibt dieser Heylige man Ambrosius[7] vber das erste capitel zun Römern [18–32] – welches bůch onzweiffel sein ist – wider die Heiden, die sich eben[8] der entschuldigung, das sie so vil Götter hatten, behelffen[9] wolten, deren sich vnsere Heylgen Prediger gebrauchen, also: Darumb komet man zum König durch die haupt- vnd amptleuth, das der König ja ein mensch ist vnd nit weyß, wem er des Reichs sachen vertrauwen[10] solle. Aber vmb[11] Gott etwas zů erwerben, der ja alles weyß, weyl jm aller verdienst bekant sein, darff[12] man keynes fürbitters vnd fürdrerß – suffragatore non opus est –, sonder eins ergebenen vnd andechtigen gemůts. Dann wa das reden wůrdt, da wůrdt er antwortenn. Diß sindt die wort des waren, nit erdichten Ambrosij des orts[13], Vnnd auff die meinung redet er vom anrůffen | *lva/Oiija* | vnd betten zů Got selb durch Christum allenthalben in seinen schriften. Darauß ja klar zůerkennen ist, das die vorerzelte meinung auß dem bůch von den witwen[14] nitt Ambrosij sein můß, sonder eines vnbekanten, der sein gedicht vnder dem namen Ambrosij gern hoch anbracht hette. Derhalben auß solichem bůch mitt nichten dargethon werden mage, was der alten Gemeinden Christi glaube vnnd haltung vom anrůffen der Heyligen gewesen seye.

1. sich.
2. kastrieren. Frühneuhochdt. WB 2, Sp. 1326.
3. ob … wol: obwohl.
4. sich.
5. Apostolischer Kanon 22 (= Apostolische Konstitutionen VIII,47,22). Les constitutions apostoliques III, S. 280,72–74; Decretum Gratiani I, Dist. 55, c. 4 (*Friedberg* I, Sp. 216).
6. vielleicht.
7. *Ambrosiaster* (Pseudo-Ambrosius), In epistolam ad Romanos. PL 17, Sp. 58.
8. genau.
9. bedienen.
10. anvertrauen.
11. um bei.
12. bedarf.
13. *Ambrosiaster* (Pseudo-Ambrosius), In epistolam ad Romanos. PL 17, Sp. 58.
14. Die kleine Schrift »De viduis«, wohl im Jahre 377 entstanden, wird heute Ambrosius zugewiesen.

Aber gesetzet[1] – vnnd nit nach geben[2]-, das diß erzelet bůch Ambrosij seye oder sunst eines, der ein besunder ansehen haben solle, so wuͤrdt doch darauß nicht zů erhalten sein, das der tichter dieses bůchs das anruͤffen vnd anbetten der Heyligen habe verteydingen woͤllen, da für die C. Deputaten streyten, da durch man die Heyligen anspricht, gleych als ob sie zu gegen weren vnd vnser anligen gewißlich erkenneten. Dann da der Schriber diß bůchs lehren will, wie man die Martyrer zů fürbitteren bekommen solle, schreybt er also: Die schwiger[3] Petri hat gefunden, die für sie batten[4]; Also findest auch du, witwe, die für dich bitten, wenn du als eine, die warlich eine wittwen vnd einsam ist, auff Gott hoffest, ligest ob[5] dem flehen, beharrest im gepett, haltest deinen leyb, als die taͤglich stirbt, damitt du durch das sterben wider lebest. Sehe, wadurch dieser Schreyber lehre, die fürbitt der Heyligen vberkomen[6]: Nitt zwar damitt, das man sich ihres verdiensts vil getroͤste vnd sie anruͤffe, sonder | *lvb/ Oiijb* | das man auff Got hoffe vnd dem gepett zu Got oblige.

Also saget er bald hernaher: Der mage allein die reinikeyt des gemuͤts vnd hertzens halten, der sich weyß dem Priester fürzustellen, den wyr zum fürsprechen fuͤr vnsere sünd angenomen haben, Dem gesagt ist: Du bist ein Priester in ewigkeit nach der weyß Melchizedech[7]. Da sehe, zů welchem fürsprechen für deine sunde dich diser schreyber weyse. Es gibt[8] auch das eingefuͤrte exempel nicht, das wyr die Heyligen bitten sollen, das sie für vns bitten, wie Lucas auch nit meldet, das die schwiger S. Peters den Petrum vnnd[a] Andream darumb gebetten habe[9], sonder das wyr sehen sollen, das wyr den Heyligen durch die Gotseligkeit vnnd gute werck verwandt werden, das sie dann fuͤr sich selb[10] für vnß bitten; Deren furbitt, die sie für sich selb thůn, wyr dann geniessen mogen, so wyr inn Christo durch waren glauben leben vnd in dem mitt inen vereiniget sein. Aber von diesem ort weyter in der Lateinischen antwort[11].

Es sei[b] aber gesetzet vnd doch nit nachgeben, das der ware Ambrosius vnd andere Vaͤtter die abgestorbenen Heyligen nit allein in den rhetorischen reden, sonder auch in ihren ernsten gebetten haben angeruͤffet vnd anruͤffen gelehret,

a) Drf. vnud.
b) Drf. sie.

1. angenommen.
2. eingeräumt, zugestanden.
3. Schwiegermutter.
4. Lk 4,38.
5. obliegst.
6. zu erhalten.
7. Ps 110,4; Hebr 5,6; Hebr 6,20; Hebr 7,17.21.
8. beweist.
9. Lk 4,38–39.
10. aus eigenem Antrieb.
11. Eine lateinische Übersetzung von Bucers Zweiter Verteidigungsschrift ist nicht nachweisbar.

noch[1] mage vns das kein gewisse zeugniß geben vom glauben vnnd halten[2] der Algemeinden Christi, Weyl die alle nach[3] in den gemeinen gebetten[4] der versamleten Gemeinden Christi alles gebett an Got, den Vatter selb, durch vnseren Herren Christum vnnd keinen Heyligen gethan haben, | *lvja/Oiiija* | Wie es auch der liebe Gott biß auff vnsere zeyten wunderbarlich erhalten hatt. Dann diß algemein gebett zeuget vom glauben der Gemeinden Christi vnd nitt das, so die H. Vätter in ihren besonderen gebetten gleych[5] mit besonderem ernst vnd vermeinter[6] andacht haben mögen auß menschlicher blödigkeyt[7] mitt ein lauffen lassen, Wie sie dann alle noch menschen gewesen vnd von menschlichen feylen[8] noch nitt haben gar frey sein mögen.

Mitt dem Pighio[9] werffen die C. Deputaten ferner hie für das exempel Theodosij[10], seines Cleri vnnd volcks, mit denen dieser Keyser, als er sich wider den Tyrannem Eugenium[11] gerüstet, solle durch alle bettstett[12] vmbher gezogen vnnd fur den Sarcken[13] der Apostel vnnd Martyrer auff der Erden gestrecket gelegen sein vnnd vmb die treuwe hilff der Heyligen gebetten haben[14], Darauff wyr antworten: Wenn gleych gewiß were, das dieser Keyser der Heyligen hůlff, wie vermeldet, gesůchet hette, so mag doch darauß nit geschlossen werden, das er daran recht gethan vnd ein ware thatt bewysen habe der Christlichen gemeinden. Er war ein mensch, wie auch alle seine priester vnnd volck. Die menschen aber fallen gar leycht dahin, das sie neben Christo, dem Herren, trost vnnd hilff suchen. Doch[15] schreybet Theodoritus[16], der Bischoffe, von diesem Keyser libro v. capite xxiiij[17], Das er, da er des genanten Tyrannen heer angreyffen wolte, die gantze nacht vber in einem bett heußlin, | *lvjb/*

1. dennoch.
2. Brauch.
3. danach.
4. Kollektengebeten.
5. wenn auch.
6. (von ihnen) dafür gehaltener.
7. Schwachheit.
8. Fehler, Irrtümer.
9. *Albert Pighius*, »Apologiae adversus Martini Buceri calumnias«, Mainz 1543 (s. oben S. 96, Anm. 6), Bl. Zja-Zjb.
10. Theodosius I. (347–395), der Große, römischer Kaiser. TRE 33, S. 255–258; RGG^{3} 6, Sp. 750; LThK^{2} 10, Sp. 50 f.
11. Flavius Eugenius, dessen Usurpation 394 von Theodosius niedergeschlagen wurde. TRE 33, S. 255; RGG^{3} 6, Sp. 750.
12. Gebetstätten.
13. Särgen.
14. *Eberhard Billick*, »Iudicium cleri et universitatis Coloniensis …« (s. oben S. 31, Anm. 5), Bl. 4b.
15. Allerdings.
16. Theodoret von Cyrus (um 393–460/466), Bischof von Kyros. RGG^{3} 6, Sp. 749 f.; LThK^{2} 10, Sp. 32–35.
17. *Theodoret von Cyrus*, Historia ecclesiastica V,24. PG 82, Sp. 1251 f.

Oiiijb | das er auff den berg, daran sein Heer lage, gefunden hatte, dem Herren[a] aller dingen, Gott, geflehet habe, nitt den Heyligen.

Die alten Litanien sindt ernste gepett vnd flehen zu Gott durch Christum gewesen, nit das »ora pro nobis« zum Heyligen.

Zům letsten werffen die C. Deputaten die Litanias[1] für vnd thun, als ob sie etwas groß für sich vnnd wider vns funden hetten, das die Litanie vor den zeyten Gregorij[2] gewesen sein, Welches wyr ihn wol one das wolten gestanden[3] haben, ja auch, das man sie vor der geburt Christi gehalten hatte. Was heyssen aber vnd seind der alten Gemeinden Christi Litanien gewesen? Meinen die C. Deputaten, das die alten Gemeinden Christi in ihren Litanien das »Ora pro nobis« zu den Heyligen, wie sie thun, gesungen haben? Das werden sie nicht erweisen[4], Wie auch nicht, das man die Heyligen sunst habe angeruffen, ob wol das volck zů deren gedechtnissen, das ist: greberen, versamlet worden ist vnd alda die Litani, das ist: das Gemein gebett vnd flehen, mitt ihren Priestern gehalten hatt. Augustinus zeuget[5] ia clar, Das der Priester[b] in dem gemeinen gebett der Gemeinden Christi die Heyligen nicht anrůffe, als[6] wenig, als er ihnen opfferet.

Das der H. Augustinus fur vnß vnd wider den gemeinen mißbrauch an den heyligen geschriben

Jn dem aber, das ich den H. Augustinum hierinn anziehe[7], schelten mich die C. Deputaten ein Sycophanten[8] vnd impostoren[9], der ich der H. Våtter sprůch ontreuwlich anziehe, die verkere vnnd in fremden sinn krůmme vnd biege; Dann ich habe das der H. Augustinus meldet von dem, das wyr Altar bey den gedecht- | *Ivija/Pja* | nißen der Heyligen auffrichten vnd Gott opffer thun, Jtem von fürbitt vnd verdienst der Heyligen außgelaßen etc. Damitt du aber, Christlicher Leser, zwischen vns recht vrtheylest, so lese die drey letsten Paragraphos im siebenden Articel meines vorigen bůchs[10], Da das ort ist, darumb sie mich also vbel schelten. Jch habe ia nicht alle wort des Heyligen Augustini von dieser sachen in mein vorig bůch gesetzet, wie es die sach auch nit erfordret, auch keinem, der die H. Lehrer anzeucht, ie auffgeleget worden ist. Jch hab aber auch mitt auffsatz[11] keyn wort außgelassen, das zur sachen die-

a) Drf. Herrem.
b) Drf. Preister.

1. Wechselgebete (Bitt- und Fürbittegebete).
2. Gregor I. (um 540–604), Papst seit 590. LThK² 4, Sp. 1177–1181.
3. zugestanden.
4. beweisen.
5. *Augustinus*, De civitate dei XXII,10. PL 41, Sp. 772; CChr.SL 48, S. 848 (vgl. auch oben S. 107, Anm. 1). Den Hinweis auf die Stelle verdanke ich Herrn Prof. Cornelius Petrus Mayer OSA, Würzburg.
6. als … als: so … wie.
7. anführe.
8. falschen Ankläger.
9. Betrüger.
10. Bucers Erste Verteidigungsschrift, 1543 (s. oben S. 32, Anm. 5), Bl. c4b-d1a. BDS 11,1, S. 42,8–29.
11. Vorsatz, Absicht. Frühneuhochdt. WB 2, Sp. 648.

net. Vnnd damitt ein ieder lesen moͤchte alles, das der H. Augustinus hie von geschriben, habe ich am rand des bůchs drey ort auß den bůcheren verzeychnet[1] vnnd damitt den Leser gewysen dahin, da er lesen mage alles, das ich der kuͤrtze halben zů verdolmetschen[2] nach gelassen[a] habe. Heyßt das die rede Augustini verschlagen[3] oder verdunckeln?

Das aber die C. Deputaten lesteren, ich verkere ihnen vnd den lieben Vaͤtteren ihre wort vnd schrifften vnd krůmme sie auff einen frembden sinn, das haben sie geschriben als onwarhaffte leuth, Vnd trutz ihnen vnnd allen feinden der warheyt Christi, das sie mich des in einigem spruch[4] in allen meinen schrifften immer mehr[5] vberweysen[6]. Dann ich, Gott seye lob, der mir den sinn gegeben hatt, mitt besonderem fleiß alle mal darauff sehe, wenn ich gegen meine widerwertigen schribe, das ich ihre wort anders nicht deute, noch dar- | *lvijb/ Pjb* | gebe, dann sie die selb gemeinet vnnd haben fuͤrgeben woͤllen. Also wa ich der Vaͤtter spruͤch anziehe, sehe ich nit mit wenigerm ernst darauff, das ich weiter nicht darauß ziehe oder folgere, dann sie in ihrem waren, eygentlichen verstandt geben. Haec vero istorum iudicum, istorum Magistrorum nostrorum, gravitas est haec synceritas adeo manifeste calumniari et falsa imponere crimina?

Offentlich vnwarheyt der C. Deputaten

Aber damit du sehest, was ich hie von auß dem Augustino nitt verdolmetschet habe vnd ob das fuͤr oder wider die C. Deputaten seye, so will ich dir das selbige vollendt auch verdolmetschen, doch etwas weyter, dan es die C. Deputaten fuͤrbringen, denn die da auffgehoͤrt[7], da es offenlich wider ihren mißbrauch zeuget. Also hatt der liebe Lehrer Augustinus wider Faustum, den Manicheer, geschriben lib. xx., cap. ij[8]:
»Das Christlich volck haltet die gedechtnůß der Martyrer herlich, mitt andechtigen festen, das es da durch ihnen nach zufolgen erwecket vnnd ihren verdiensten zugesellet vnd im durch ihr gebett geholffen werde, Doch der gestalt, das wyr keynem Martyrer Altar auffrichten, sonder dem Gott der Martyrer, bey den gedechtnußen der Martyrer.« Hie haben die C. Deputaten die redt Augustini abgeschnitten. »Dann welcher Bischoffe oder fuͤrsteher hat ie gesaget, wenn er am altar in den stetten der Heyligen gestanden ist: Wyr opf-

Der Bischoffe[b] sprichet die Heyligen nit an, opffert inen nit.

a) Drf. gelasen.
b) Drf. Biscoffe.

1. *Augustinus*, De civitate dei VIII,27. PL 41, Sp. 255 f.; CChr.SL 47, S. 248 f.; a. a. O. XXII,10. PL 41, Sp. 772; CChr.SL 48, S. 828; *ders.*, Contra Faustum XX,21. PL 42, Sp. 385; CSEL 25, S. 563 f. Vgl. BDS 11,1, S. 42, Marginalie und Anm. 104.
2. übersetzen.
3. verbergen, verschwinden lassen.
4. Äußerung, Urteil.
5. jemals.
6. überführen.
7. das Zitat dort beendet haben.
8. *Augustinus*, Contra Faustum XX,21. PL 42, Sp. 384; CSEL 25, S. 562.

fren dir, o Petre oder Paule oder Cypriane[1], Sonder was da geopffert wuͤrdt, das wuͤrdt Gott ge- | *lviija/Pija* | opffert, der die Heyligen gekroͤnet hatt, Auff das auß der erinnerung, so von den staͤten[2] kommet, entstehe ein groͤsser anmuͤtigkeyt vnd hertzlicheyt, vnd also die liebe gescherffet werde, beyde[3] gegen denen, denen wyr moͤgen nachfolgen, vnnd gegen dem, durch des hilff wyr ihnen moͤgen nachfolgen. Darumb so verehren wyr die Martyrer mitt der verehrung der liebe vnnd der gemeinschafft, mitt welcher die Heyligen leuth auch in diesem leben verehret werden, deren hertz wyr vermercken[4] zů solichem leyden für die Euangelischen warheyt bereytet sein. Aber jene verehren wyr so vil[5] andechtiger, so vil wyr das sicherlicher thun, nach dem diese vber alles ongewisses komen sindt vnnd so vil wyr sie mitt trostlicherm lobe preysen, als die nun nach dem syg in dem seligen leben sindt.«[6] Haec ille.

Die abgestorbnen heyligen solle man eren wie die heyligen vff erden.

Sehe da, Christlicher Leser, nun hastu diesen spruch weyter – vnd das auch verdolmetschet –, das die C. Deputaten klagen von mir hie vor vmbgangen sein. Welches wort aber ist dar in, das ir Anruͤffen der Heyligen lehre, darumb allein der streyt ist zwuͤschen vnß, oder das dem, das wyr von der verehrung der Heyligen hie vor geschriben haben, entgegen seye? Wie vil ist aber hie, da durch der Heyligen dienst, da für die C. Deputaten streiten, gar[7] vmbkeret wuͤrdt?

Dann erstlich, das man der H. Martyrer, von denen man ware zeugniß hatt, gedechtnuͤß herlich halten solle, damitt mann erwecket werde, ihrem glauben nach zufolgen, welches der heylig Augustinus | *lviijb/Pijb* | an diesem ort die erste vrsache setzet, das lehre ich auch vnd hab es[a] im vorigen bůch geschriben[8]. Jch lehre aber das auch darbey, das dieser Lehrer hinbey gesetzet hatt im viij. de Civitate Dei, cap. xxvij[9], Das wyr Gott vmb[b] die hůlff, ihnen nachzufolgen, anruͤffen sollen, nit sie, die Martyrer. Also lehre ich auch, das das aller erste in den gedechtnuͤßen der Martyrer seye, wie das dieser Lehrer am ietzgemeltem ort setzet, das wyr Gott danck sagen vmb den sig, den er den Martyreren verluhen hatt.

Das furnemst inn festen der martyrer ist, Gott vmb iren syg danck sagen.

a) Dittographie.
b) Drf. vnb.

1. Caecilius Cyprianus (200/210–258), Bischof von Karthago, Kirchenvater, Märtyrer. LThK² 3, Sp. 115–117; TRE 8, S. 246–254.
2. Orten (der Märtyrerbegräbnisse).
3. beyde … vnnd: sowohl … als auch.
4. feststellen, bemerken (daß es …).
5. so vil … so vil: umso … als.
6. *Augustinus*, Contra Faustum XX,21. PL 42, Sp. 384; CSEL 25, S. 562. – Vgl. auch Apk 20,4–6; Lk 16,19–31.
7. völlig.
8. Bucers Erste Verteidigungsschrift, 1543 (s. oben S. 32, Anm. 5), Bl. c2a-d1a. BDS 11,1, S. 39,17 bis S. 42,29.
9. *Augustinus*, De civitate dei VIII,27. PL 41, Sp. 255 f.; CChr.SL 47, S. 248 f.

Wie wyr der Heyligen verdinst zu gesellet werden.

Die andere vrsache, darumb wyr der Heyligen gedechtnuͤß herlich halten, setzet dieser Lehrer, das wyr ihren verdiensten zů gesellet werden. Das lehren wyr auch. Was seind aber ihre verdienst bey diesem Lehrer? Sagt er nicht lib. Confess. ix., cap. xiij.[1] zů Got selb also: Wer dir, o Gott, seine ware verdienst erzelet[2], was erzelet dir der anders dann deine gaben? Wie werden wyr dann nach der lehr dieses lehrers solichem verdienst der Martyrer zugesellet, das ist: wie kommen wyr zů gleychem verdienst vnd angenemen leben bey Gott? Freylich allein durch den waren glauben an Christum, wie den die H. Martyrer gehebt haben? Denn one diesen glauben kommen wyr nimmermehr zů ihren verdiensten, das ist: zů recht glaubiger bekantnuͤß Christi in worten vnd wercken, die Gott vmb seines lieben Sons willen gnediglich auffneme vnnd auß freyer gnaden belohne, wie er der Martyrer bekantnuͤß auffgenomen vnd belohnet hatt[3]. | *lixa/Piija* |

Der C. Deputaten dolmetsch hat hie verdolmetschet, das sie jres verdienstes moͤgen theylhafft werden. Sed est: Vt meritis eorum consocietur[4], non, ut meritis eorum fiat particeps. Der Heyligen verdienst hat jnen selb nit koͤnden, die seligkeyt zů erlangen, genůg sein, wie das dieser Lehrer doch so vberreychlich lehret vnd zeuget an so vilen orten[5]. Wer ist nu hie trew oder vntrew im dolmetschen?

Die dritte vrsach, das wyr der Heyligen gedechtnüß halten, ist, das vns mit jrem gepet geholffen werde[6], Aber von Gott vnnd gentzlich durch Christum, vnsern Herren. Dem haben wir auch nie widersprochen, Dann ich ja bekennet habe auch im vorigen bůch, das die lieben Heiligen, wie sie bey Christo leben, also auch für vns bitten Vnd das mit nichten vmb sonst, darumb jr gepet auff seyne maß zů vnser hůlff auch dienet[7]. Wir werden aber jres gepets dann erst theylhafftig vnd geniessen – wir, sage ich, die jr gedechtniß halten –, wann wir selb auch in warem glauben Got durch Christum anruͤffen vnd mit jnen bitten. Darumb ist auch diese vrsach nach den vorigen gesetzet als der dancksagung vmb der Heyligen sig, der nachfolge jres glaubens vnd der zůgesellung jres verdiensts.

Sehe, was ist nun in diesem allen wider meine lehre oder für die C. Deputaten, das ich dise spruch des H. Augustini solte mit vntreuwen auffsatz[8] außgelassen haben.

1. *Augustinus*, Confessiones IX,13. PL 32, Sp. 778–780; CChr.SL 27, S. 152–154.
2. aufrechnet, aufzählt.
3. Vgl. Mk 8,34–38 par.
4. *Augustinus*, Contra Faustum XX,21. PL 42, Sp. 384; CSEL 25, S. 562.
5. *Augustinus*, Contra Faustum XX,21. PL 42, Sp. 384; CSEL 25, S. 562. *Augustinus*, De peccatorum meritis et remissione II,34. PL 44, Sp. 183. Den Hinweis auf diese Stelle verdanke ich Frau Prof. Irena Backus, Genf.
6. Vgl. Apk 8,3–4.
7. Bucers Erste Verteidigungsschrift, 1543 (s. oben S. 32, Anm. 5), Bl. c2a-d1a. BDS 11,1, S. 39,17 bis S. 42,29.
8. Vorsatz, Absicht.

Vber das ziehen die C. Deputaten an, das der liebe | *lixb/Piijb* | Augustinus hie sagt, Wie wol bey der gedechtnuß der Martyrer, Damit er anzeyget, das die alten bey den, ja auff den grebern der Martyrer altar auffgericht vnd dann opffer da gethon haben. Diß widersprech noch verwerffe ich auch nicht, wenn man das thůt, wie der H. Augustinus dar bey lehret, cap. 27. lib. de Civitate Dei 8.[1] Zů der ehr vnd dem dienst Gottes, nit der Heyligen – Dann er hat geschriben ad Dei honorem cultumque –: Vnd opffert da Got, nit den Heyligen, vnd wie das Got verordnet hat, zur stercke vnd meerung des glaubens an jn, vnseren einigen Heyland, nit wie die menschen Gottes ordnung verkeret haben zum aberglauben an die Heyligen.

Den heyligen opfferen altar vnd tempel bauwen ist Abgoͤtterey.

Nun sehe, wie vil in vermeldten vnd von mir angezogenen orten Augustini seye, da durch der Heyligen verehrung vnd das anrůffen, da für die C. Deputaten streiten, moͤge verfochten vnd verteydiget werden, des findestu ja nichts vberal, Aber da durch soliche Abgoͤttische verehrung vnd anrůffung gar vmkeret vnd gantz abgoͤttisch vnd heydnisch erwysen werde, das findestu in verzelten[2] sprůchen klar vnd gewaltig. Dann erstlich siehestu hie, das die Christlich Gemeinde als ein Abgoͤttischen, heidnischen jrthumb vnd mißbrauch erkennet, den Heyligen oder jnen zů ehren vnd dienst tempel vnd altar bauwen, Priesterthumb vnnd Priester, Heylige empter vnd opffer verordnen, zůrichten vnd thůn. Dann diß alles, wie der H. Augustinus zeuget, gehoͤret zů dem dienst vnd der verehrung, die Gott allein gepů- | *lxa/Piiija* | ret. Sic enim habet lib. de civit. Dei 8., cap. 27[3]. Nec tamen nos eisdem martyribus templa, sacerdotia, sacra et sacrificia constituimus, quoniam non ipsi, sed Deus ipsorum nobis Deus est. Wir richten den Martyrern nicht tempel zů, noch Priesterthumb, noch Heylige åmpter, noch opffer werck, Dann nicht sie, sonder jhr Got ist auch vnser Got. Auß dem sich ja schleusset, das die, welche soliche ehre vnd dienst den Heyligen an thůn, jetzund sie für jre Goͤtter vnd nicht den waren, einigen Got der Martyrer vnd aller recht gleubigen für jren eynigen Got vnd Heylandt erkennen noch halten.

Keinem heiligen solle man opfferen.

Diß zeuget dieser heiliger lehrer an dem vor angezogenen ort auß dem xx. bůch Contra Faustum, cap. xxj.[4], da er also schreibet: Die weyl zů dem dienst, der Got allein zů stoht, gehoͤret das opfferen des Heyligen ampts, daher dan Idolatria der goͤtzen dienst geheyssen wůrdt, deren, die solichs auch den Goͤtzen thůn, so opfferen wir keynem Martyrer, keyner heyligen seelen, keinem Engel etwas solichs in einigen weg vnd lehrens nicht, sonder wer in solichen jrthumb fellet, der wůrdt durch die gesunde lehre gestraffet, das er entweders gepessert oder gemitten[5] werde. Haec ille.

1. *Augustinus*, De civitate dei VIII,27. PL 41, Sp. 255 f.; CChr.SL 47, S. 248 f.
2. erwähnten.
3. *Augustinus*, De civitate dei VIII,27. PL 41, Sp. 255 f.; CChr.SL 47, S. 248 f.
4. *Augustinus*, Contra Faustum XX,21. PL 42, Sp. 385; CSEL 25, S. 563 f.
5. gemieden.

Sehet, den Heyligen solle man nichts solichs opfferen vnnd thůn, wie die Heyden jhren Goͤtzenn opfferen vnnd thůn[1]. Was ist aber nun, das die Heyden jhren Goͤtzenn je geopffert habenn, allein außgeno- | *lxb/Piiijb* | men die schlacht- vnd brandtopffer, das vnser verkerte Heyligen diener jren Heyligen, deren gepein vnd Goͤtzen nit auch opfferen? Sie geloben vnnd opfferen ja den Heyligen jre kinder, Soͤne vnd doͤchter in die vermeinten[2] brůder- vnd schwester orden in den Priesterlichen stadt[3] zů bitferten[4] vnd andere. Zů Coͤllen opfferen sich die leuth den H. dreyen Koͤnigen, das sie sie bewaren sollen, wenn sie reysen woͤllen.[5]

Greuliche heyligen opffer

An vilen orten opffert man die kinder vnd alte leuth den Heyligen vnnd loͤset[6] sie dann also mit frucht, die gleych wiget, oder mit wachs[7] oder gelt[8]. Also[9] opffret man jnen auch allerley viehe, voͤgel vnd fisch, welche sie die lebendigen opffer heyssen; Jtem korn, fleysch, gelt, wechsene bilder, kertzen vnd allerley liechter, reuchwerck vnd anders, Was alles[10], das die Heyden jren Goͤtzen vnd falschen Goͤtteren je geopfferet haben. Sie opfferen jnen auch das gebet, die Vatter vnser, die Ave Maria[11], Rosenkrentz[12], Psalter[13], Salve regina[14] vnd andere gebet vnd geseng.

Jren vil kommen auch in so verkerten sinn, das sie den Heyligen vnzůchtige, abschewliche opffer bringen vnd für[15] jre Goͤtzen frey auffhengen, Als[16] nit weyt von Pariß opfferen die weyber, die gern kinder hetten, eynem Goͤtzen

Schandopffer den heyligen

1. Röm 1,21–23.25.
2. angeblichen.
3. Stand.
4. Wallfahrten.
5. Ein Beleg dafür konnte nicht gefunden werden.
6. löst (sie) ein, kauft (sie) los.
7. Wachskerzen.
8. Bucer spricht hier von der im Mittelalter aufgekommenen und verbreiteten Praxis der Wachszinsigkeit. Stifter, die Wachszins zahlten, gewährten zur Erlangung ihres eigenen Seelenheils Unfreien die Freilassung. Diese Freiwordenen unterstanden nun demjenigen Heiligen, zu dessen Ehren sie frei geworden waren. *Angenendt*, Heilige und Reliquien, S. 194–196; *Meister*, Studien zur Geschichte der Wachszinsigkeit.
9. Ebenso.
10. ergänze: das ist.
11. Marianische Antiphon, Volksgebet, Hauptbestandteil des Rosenkranzes. LThK² 1, Sp. 1141 f.
12. mehrteilige außerliturgische Gebetsart zu Ehren Marias. LThK² 9, Sp. 45–47.
13. Psalmengebete, oft zur Verehrung Marias (»Mariengrüße«). LThK² 8, Sp. 863.
14. Marianische Antiphon während des Jahreskreises. Sie beschließt die Komplet und damit das Stundengebet des ganzen Tages. LThK² 9, Sp. 281 f.
15. vor.
16. wie (zum Beispiel).

oder vermeinten Heyligenn mans nider wat[1]. Nit so fern von hinnen opfferen sie für das verzauberen der mannes krafft formen Menlichs glides; zů Augspurg hat man vor der Christlichen Reformation | *lxja/Qja* | gleyche opffer geopffert S. Simprecht[2] für die schaͤden an solichem glied, welches allein daher entstanden[a], das der nam S. Simprecht, den sie des orts Zimpert nennen[b], etwas gleych lautet vff den namen des menlichen glieds[3]. Der gleichen onsinnigkeyten findet man allenthalben onzelich fiel.

Die verfürten leuth sagen auch frey stracks wider, das der H. Augustinus zeuget der Gemeinden Christi brauch vnd haltung sein. Jch opffere dir, o werde[4] Můtter Gottes; O lieber Himmelfürst vnd Heilandt, S. Antoni[5], S. Quirin[6], S. Huprecht[7], dieses kind, dieses Schwein, diese gans, dieses lamb, diß gebet, diese Vatter vnser vnd was es dann ist. Vnd was darff[8] es vil erzelens[9]? Jsts doch mit diesen greuwelen allenthalben, wa es die reine lehr des H. Euangeli mit abgetriben hat, vberschüttet.

Dieses so grewlich Abgoͤttisch opffern sehen vor augen vnd geniessen fileicht sein[10] auch die C. Deputaten vnd jre mitgesellen, die vns taͤglich der neuwen vnd falschen lehre felschlich vnd Gotloßlich bezůchtigen vnd lesteren. Sind aber hie wider[11] stummende hund, konden nicht bellen, ligen vnd schlaffen.
Jesa. 56[10–11] Waher mage das komen? Der Prophet sagt fort[12], nit ich: Es sindt starcke hund von leib, vnd koͤnden nit sat werden[13]. Wenn sie wider diese so grausamen Ab-

a) Drf. enstanden.
b) Drf. nemen.

1. Beinkleider, Schenkelbinden. Lexer 2, Sp. 71 (nidergewant); *Götze*, S. 167. – Die Hose vertritt das männliche Geschlecht. Sie ist im Fruchtbarkeitszauber von Bedeutung, und sie spielt im Aberglauben bei Schwangerschaft und Geburt eine Rolle. Handwörterbuch des deutschen Aberglaubens 4, Sp. 401–411. – Zu dem von Bucer hier erwähnten Brauch aus der Gegend von Paris läßt sich nichts Näheres sagen.

2. Sintpert (Simpert, Simbert), Heiliger (gest. um 807), Bischof der Diözese Augsburg. LThK² 9, Sp. 789 f.

3. Zipfel. Bezeichnung des männlichen Gliedes. *Grimm* 31 (= XV), Sp. 1548.

4. werte, würdige.

5. Antonius (251/252–356), Abt und Einsiedler in Ägypten. LThK² 1, Sp. 667 f.; RGG³ 1, Sp. 461.

6. Quirinus von Neuß (2. Jahrhundert), Heiliger, römischer Märtyrer; Patron gegen Ausschlag und Pocken. LThK² 8, Sp. 947 f.

7. Hubertus (ca. 655–727), Bischof von Lüttich, Heiliger, Patron der Jäger, Forstleute und Schützen, auch gegen Hundetollwut. LThK² 5, Sp. 503.

8. bedarf.

9. Aufrechnens, Aufzählens.

10. seiner (Genetivus partitivus).

11. im Vergleich.

12. weiter.

13. Jes 56,10–11.

goͤttereyen frey vnd streng[1] ruͤffen wolten, wie die waren Propheten[a] Gottes zů thůn pflegen vnd sie zů thůn auffs hoͤhest verpflichtet sein, wuͤr- | *lxjb/Qjb* | de es jnen nit allein der ehrlichen, froͤlichen, wolharrenden[2] bancketen[3] vnd ander zeytliche ehr vnd niessung[4] nit meer gebenn, sonder auch allerley verfolgung, schand, creutz vnnd tode erwecken, welchen lohn die Goͤtzen diener auch den Propheten vnnd Apostolen vnd Christo, dem Herren selb, geben haben. Des glust[5] diese leuth nit so wol als der feysten Pastoreyen vnnd ander zeytlichen nutzung vnd ehren. Diß aber will ich gegen denen allein geschriben haben, die sein[6] offenbarlich schuldig seind.

Wa sie aber sagen wolten, der H. Augustinus rede alhie vom opffer, das der leyb Christi ist[7], welches auch weder sie noch die jren den Heyligen auffopfferen, Darauff ist die antwort: Dieser Heylige Lehrer sagt wol de civit. Dei lib. 22., cap. 10.[8], da er anzeygen will, was vnd wem der Priester Gottes von wegen der Gemeinden Christi opffere: Das opffer aber ist der leyb Christi, welches nit jnen geopffert wurdt; dann der selbige leyb sindt sie selber. Aber contra Faustum[9] saget er, wie jetzund an hie vor[10] noch ein mal angezogen ist, Das die Christen den Heyligen nichts solichs opfferen wie die Heyden jhren Goͤtzen Vnd das alles opfferen ein dienst ist, der Got allein eigne, Damit er ja klar bezeuget, das die waren Christen den Heyligen vberal[11] nichts opfferen, sonder Abgoͤttisch vnd Heydnisch erkennen, was man jhnen opffere, es seye gleych, was es woͤlle. Christen betten Got allein an vnd thůn jm allein alle opffer vnd dienst. | *lxija/Qija* |

Alles opffer, das man den heyligen thůt, ist abgoͤtterey.

Nun handlen aber die Heiligen diener nit allein in dem Abgoͤttisch nach dem spruch des H. Augustini[12], das sie den Heyligen, jhren Goͤtzen[13] vnd gepeinen allerley vnnd auch gantz abschewliche opffer opfferen, sonder auch in dem, das sie jnen tempel, Altar vnd eygne empter zů richten vnd halten.

Den heiligen tempel vnnd Altar bauwen ist Abgoͤtterey.

a) Drf. Prophen.

1. mächtig, gewaltig.
2. lange dauernde. Vgl. *Grimm* 10 (= IV,2), Sp. 494.
3. Bankette, festliche Gelage.
4. Genuß.
5. gelüstet, gefällt.
6. dessen.
7. Hebr 10,10.
8. *Augustinus*, De civitate dei XXII,10. PL 41, Sp. 772; CChr.SL 48, S. 828.
9. *Augustinus*, Contra Faustum XX,4. PL 42, Sp. 370–371; CSEL 25, S. 537f.
10. in dieser Schrift oben.
11. überhaupt.
12. *Augustinus*, Contra Faustum XX,3. PL 42, Sp. 370; CSEL 25, S. 537. Contra Faustum XX,5. PL 42, Sp. 371; CSEL 25, S. 539. Contra Faustum XX,15. PL 42, Sp. 380; CSEL 25, S. 555.
13. Götzenbildern.

Vnd ob sie schon sagen wolten, jre leuth bauweten kirchen vnd Altar vnd hielten jhre kirchen empter fürnemlich Got vnd allein zů der ehr der Heyligen, So sagt doch der H. Augustinus[1], das die Gemeinde Christi die Altar, auch die sie auff die Heyligen leyb der Martyrer zůrichtet, zůrichte zur ehren vnnd dienst Gottes, nit der Heyligen. Also geschehe auch aller kirchen dienst allein Got, der die Martyrer zů menschen vnd Martyrern gemacht hat, vnd nit den Heyligen, welche darbey allein genennet werden als menschen Gottes, die die welt mit jrer bekantnůß vberwunden haben. Was darff es aber wort? Sagen jr nit selb: das ist vnser Frauwen[2], das ist S. Pantaleon[3], das ist S. Quirinus[4] kirchen oder altar? Also[5] sagt jr nicht: das ist vnser frauwen, S. Sebastians[6], S. Quirins fest[7], Meß, kertz vnd der gleychen? Hat nit euwer fürnemster Prediger[8] diß nehest[9] verteydiget Auß dem, das die menschen alhie jnen[10] selb vnd den jren heuser vnd gemach bauwen vnd nach jren namen nennen? Als ob es mit den geystern, die bey Christo im himel leben, vnnd den leuthen auff erden einn gleyche rechnung[11] hette. | *lxijb/Qijb* |

Vnd ob vnser widerpart wolte sagen: Augustinus liesse doch zů, das wir den Martyrern gedechtnissen[12] bauwen vnd die ehren, Jst war. Was sagt er aber darbey? Wir bauwen jhn[13] gedechtnüssen als todten menschen. Jtem wir ehren jre gedechtnissen als menschen Gottes, die biß an den todt jrer leyb für die warheyt gestritten haben, damit die ware Religion erkennet vnd die falschen vnd erdichten Religionen vberwunden wurden. Das sindt seine wort, De civitate Dei lib. 22., cap. 10[14] et lib. 8., cap. 27[15].

Wie die alten der heiligen greber ehrlich gehalten

Die herliche bekantnüß Christi, in deren die Martyrer den todt gelitten, in gedechtnüß der menschen zů seligem exempel zů erhalten, haben die alten die greber der Martyrer etwas scheinbarlich gebauwenn vnnd altar darauff zů gerichtet, das volck dann dahin versamlet vnnd jhn[16] das wort Gottes da selbet[17]

1. *Augustinus*, Contra Faustum XX,21. PL 42, Sp. 385; CSEL 25, S. 563 f.
2. Jungfrau Maria.
3. Pantaleon (gest. um 305), Heiliger, einer der vierzehn Nothelfer. Patron der Ärzte, Hebammen und Haustiere. LThK^{2} 8, Sp. 24 f.
4. Quirinus von Neuß (2. Jahrhundert), Heiliger, römischer Märtyrer; Patron gegen Ausschlag und Pocken. LThK^{2} 8, Sp. 947 f.
5. Ebenso.
6. Sebastian (4. Jahrhundert), römischer Märtyrer; Pestheiliger und Patron der Schützen. LThK^{2} 9, Sp. 557 f.
7. 30. April.
8. Bucer meint hier wohl Eberhard Billick (s. oben S. 31, Anm. 5).
9. vor kurzem.
10. (für) sich.
11. Bewandtnis.
12. Gedenkstätten.
13. ihnen.
14. *Augustinus*, De civitate dei XXII,10. PL 41, Sp. 772; CChr.SL 48, S. 828.
15. *Augustinus*, De civitate dei VIII,27. PL 41, Sp. 255 f.; CChr.SL 47, S. 248 f.
16. ihnen.
17. daselbst.

verkuͤndet vnnd das H. Abentmal sampt dem gebet vnnd was der Christlichen vbungen meer sindt gehalten. Warumb aber das alles? Das man den Heyligen damit ehr vnnd dienst bewyse, das man sie anruͤffte, huͤlff vnnd trost bey jhnen suchte? Jn keinen weg. Augustinus sagt[1]: ad Dei honorem cultumque (Zů der ehr vnnd dem dienst Gottes), Et ut ex ipsorum locorum admonitione, maior affectus exurgat etc. Das durch die erinnerung der selbigen stetten im volck ein groͤssere hertzlichkeyt entstunde[a] vnnd die liebe gescherffet vnnd einbruͤnstiger wurde, beyde[2] gegen den Heyligenn Martyrern, denen wir nachfolgen | *lxiija/Qiija* | moͤgen vnd sollen, vnnd gegen Gott, durch des hilff wyr das vermoͤgen. Alles solle es dahin gerichtet sein vnnd dienen, das der glaube in Christum, den Herren, stercker vnd thetiger werde, das wyr ihm mehr leben vnd dienen, vns vnd das vnser im opfferen vnd ergeben, nitt den Heyligen. Diß end[3] schreibet der H. Augustinus allenthalben für aller Heyligen verehrung.

Es hatt auch ein Aphricanisch Concilium[4], darinn freylich auch der H. Augustinus gewesen, geboten[5], das man die Altar vnd vermeinte[6] gedechtnuͤssen Canon 51 der Martyrer, da von man kein grundlich wissen hatt, abbrechen vnnd vmb keren solle. Wa dencken die C. Deputaten solichem Goͤtlichen gesatz nach zukomen, wie sie schuldig sind, so sie doch wissen, das es allenthalben vollen betrugs vnd abergleubischer beredung[7] ist mit dem vermeinten Heyltumb[8]? Wie vil altar vnnd genant[9] Heylthumb muͤsten sie von iren tempelen auß fegen vnd wie vil wol treglicher[10] gutzel benck[11] selb vmbstoßen, wann sie diesem Canoni nach kommen wolten, wie sie schuldig sindt?

a) Drf. enstunde.

1. *Augustinus*, Contra Faustum XX,21. PL 42, Sp. 384; CSEL 25, S. 561–565.
2. beyde … vnnd: sowohl … als auch.
3. Ziel.
4. Das sog. Concilium Africanum ist eine Sammlung afrikanischer Canones, die größtenteils die capitula gestorum des Konzils von Karthago im Jahre 419 n. Chr. wiedergeben. CChr.SL 149, S. 173–228. Zum Concilium Africanum vgl. *Klöckener*, Liturgiereform, S. 163 f. (weitere Literatur in Anm. 128).
5. Concilium aphricanum … Tituli canonum diversorum conciliorum Aphricae provinciae, Canon 51: Item placuit, ab Imperatoribus gloriosissimis peti, ut reliquiae idololatriae, non solum in simulacris, sed in quibuscunque locis vel lucis vel arboribus omni modo deleantur. Wiedergegeben in: Concilia (1551), Bd. 1, S. 509; CChr.SL 149, S. 205 (hier Canon 84).
6. angebliche.
7. Überredung, Rechtfertigung. Frühneuhochdt. WB 3, Sp. 1377.
8. Heiligtum, Reliquien.
9. sogenannte, angebliche.
10. einträglicher.
11. Bettelbänke, auf denen Bettler oder bettelnde Pfaffen sitzen. Vgl. *Grimm* 9 (= IV,1,6), Sp. 1491 und *Schmidt*, Historisches Wörterbuch der elsässischen Mundart, S. 161.

Der liebe Gott lehre doch die seinen in diesen dingen erkennen ihre angeporne sucht vnnd neygung zů solcher Abgoͤttereye. Gott in seinem wort erkennen vnd ehren fordret ein hertzlich bekerung von sunden zů seiner gehorsame; darab scheuwet der mensch. Aber solcher falscher Heyligen dienst wie alle abgoͤttereyen lassen den menschen in sünden vnd aller verke- | *lxiijb/ Qiijb* | rung vnnd vertroͤsten ihn doch durch den verdienst der Heyligen vnd eusserliche ceremonien Gottes gnaden vnd hůlff; das geliebt[1] dem menschen. Daher – vnd auß keiner anderen vrsachen – ist kommen, das die armen, blinden blindenleyter wider alle ware Goͤttliche vnd kirchen lehre vnd gebrauch den abgestorbenen Heyligen so vil Altar vnd ander zierliche gepeuw, Empter, dienst vnd opffer zugericht, gehalten vnnd gethan haben Vnd damitt nichts dann offenbaren vnd gantz greuwlichen abfall von Christo, dem Herren, vnd vnuerneinliche abgoͤterey eingefuͤret, gefordret vnd gestercket, Welche das arme, verblente volck begoht an den Heyligen, ihren Goͤtzen[2], gepein, bůssen[3], wasser, brot, segen vnd anderen greuwelen, der weder zal noch maß ist.

Auß diesem ist nun offenbar, wa[4] man der lehre des H. Augustini, der Gemeinden Christi vnd Christi, des Herren selb, in diesen vorgesetzten spruͤchen, die die C. Deputaten felschlich lesteren, von mir hie vor nit gantz vnd getrewlich angezogen sein, folgen vnd statt geben will, alß[5] wyr zuthun vor Got schuldig sein, Das man fuͤrs erst ein grossen, mercklichen theyl der falschen vnd Abgoͤttischen verehrung der Heyligen, da fuͤr aber die C. Deputaten streyten, abschaffen můß, Nemlich[6] das man keinem Heyligen noch zů der ehr der Heyligen einigen tempel, altar, ampt, opffer noch dienst zurichte, halte noch thů. Vnd wa den Heyligen soliche Gottliche ehr vnd dienst angerichtet vnd gehalten werden, die alß bald wider abschaffe. Wie ein gro- | *lxiiija/Qiiija* | sses fach[7] aber solte das hinreyssen, von dem genieß[8], pracht vnd wolust des gesinds, denen der Heyligen dienst lieber ist dann das Euangelion des gekreutzigten Christi?

Das anrůffen der Heyligen durch den H. Augustin verdamnet.

Also zum anderen woͤllen wyr bey dieser lehre Christi vnd seiner kirchen, die vnß der H. Augustinus in vermelten spruͤchen bezeuget, fest bleyben vnd ir nachkommen, so wuͤrdt auch der gantz bodem[9] der falschen Heyligen verehrung muͤssen außgestossen werden; das Anrůffen, dann wie vor genugsam erzelet, vergleychet das selbige dieser Heilige Lehrer dem opfferen vnd nennet sie beyde gleych Abgoͤttisch vnd Heydnisch.

1. beliebt, ist angenehm.
2. Götzenbildern.
3. Büchsen, Reliquiare, Gefäße für Hostien. Frühneuhochdt. WB 4, Sp. 1328 f.
4. wenn.
5. wie.
6. vornehmlich, insbesondere.
7. Loch. *Götze*, S. 71.
8. Genuß.
9. Grundlage, Voraussetzung. Frühneuhochdt. WB 4, Sp. 718.

Vnnd ob sie dem Invocare[a] gern wolten ein ander definition geben vnd sagen, diß seye nit die Heyligen angeruͤffen, wenn man sagt: S. Quirin[1], erhoͤre mich vnd bette Gott fuͤr mich, das ich meines eyterflůssigen schadens abkomme vnd der gleychen, sonder wenn man spreche: du heylandt S. Quirin, heyle myr meine schaden, So laut es doch nicht, bestaht nicht, Dan iemand Invocare, anruͤffen, heyßet den selbigen etwar vmb[2] anruͤffen, es seye, was es wo̊lle, fuͤrbitten oder anders.

Wie wol vnsere Heyligen vnd Goͤtzen diener es bey dem Anruͤffen vmb das fuͤrbitten, das doch, wie vor erwysen[3], an im selb dem waren anruͤffen Gottes, entgegen vnd abbruͤchlich ist, nit bleyben lassen, sonder ruͤffen die Můter des Herren, die Engel vnd Heyligen fast vmb alles das an, darumb man Got anruͤffen solle, | *lxiiijb/Qiiijb* | vnd das auch in ihren offentlichen kirchen gesengen, Da von ich dyr etlich wenig exempel anziehen[4] will.

Von den Engelen singen sie in einem Sequentz[5]:

Hoͤre vns, Michael[6], hoͤchster Engel, steyg ein wenig herab vom himlischen stůl, bring vns hilff des Herren vnd erleychterung der begnadigung. Du, Gabriel[7], sturtze vnser feinde. Du, Raphael[8], thu artzney den krancken, wische ab die suchten, tilge die sünden vnd schaffe, das wyr kommen zů der freude der seligen.

Grausame vnnd gantz abgottische anruͤffen der Heyligen

Zů der Můter des Herren in Hymno[9]:

Maria, ein Můter der gnaden, ein můter der barmhertzigkeit, beschirme vns vor dem feind vnnd nyme vns auff in der stunde des todes.

Jtem: Seye gegruͤsset, du meeres stern, du himel port[10], lo̊se die bandt den schuldigen, bringe herfür das liecht den blinden, vertribe vnser vbel. Mache vns milt[11] vnd keuͤsch vnd verleyhe vns ein rein leben.[12]

Jn einem anderen Hymno

a) Drf. Iouocare.

1. Quirinus von Neuß (2. Jahrhundert), Heiliger, römischer Märtyrer; Patron gegen Ausschlag und Pocken. LThK² 8, Sp. 947 f.
2. um irgendetwas.
3. s. oben S. 106,16 bis 107,13; S. 118, 12–29.
4. anführen.
5. in die Meßliturgie eingefügte Dichtung. LThK² 9, Sp. 679–681.
6. Vgl. Apk 12,7–9; Jud 9.
7. Vgl. Dan 8,16; Dan 9,21; Lk 1,19.26.
8. Vgl. Tob 3,25; Tob 5,18; Tob 8,3; Tob 9,6; Tob 11,4.7; Tob 12,15.
9. »Maria, mater gratiae«, eine Mariensequenz. *Analecta Hymnica* 39, S. 68 f. (Nr. 72).
10. Portus: Hafen, Ruhe- und Zufluchtsort.
11. reich.
12. »Ave maris stella«, Vesperhymnus der meisten Marienfeste (7./8. Jahrhundert). LThK² 1, Sp. 1141 f.

Jn einem sequentz

Jtem: Durch dich wuͤrdt den schuldigen verzeyhung, durch dich wuͤrdt den[a] gerechten gnade verlihen.[1]

Jn einem gemeinen[2] versikel[3]

Jtem: Jn aller vnser truͤbsal vnd angst komme vns zů huͤlff, du seligste jungfrauw Maria.[4]

Jm gemeinen Salve[5]

Jtem: Vnser leben, susse, hoffnung, zů dir schreyen wyr ellenden kinder Eve, zů dir sehnen wyr vns mit seuͤfftzen vnd weinen etc. Jtem: Zeyge vns nach diesem elendt die benedeite[b] frucht deines leyb. | *lxva/Rja* |

Von den Apostolen im Hymno[6]:

Euch, gerechte richter der welt vnd ware liechter, bitten wyr mitt hertzen begyr: erhoͤret das gebet der flehenden, Die ihr mitt dem wort den himmel schließet vnd seine schloß offnet. Wyr bitten: loͤset vns durchs gehey/ß von allen sünden[7]. Jtem: Deren gebott vnderthan ist alles heyl vnd kranckheyt, heylen die krancken an sitten vnd bringent vns wider zů den tugenden[8].

Von S. Peter[9] im Hymno[10]:

Bettet man vnseren ewigen Got auch anders an?

O herlicher Patron, werckmeyster[11] vnsers heyls, gib, das vnsere hertzen befinden deinen schutz; du bist vnser zuflucht vnsere mechtigste stercke. Du, vnser heyl vnd schirm, kome vns gnediglich zů hulff.

Von einem Martyrer im sequentz[12]:

Du starckmuͤtigster kempffer, seye vns ein gantz gůter vogt vnd beschirmer des leybs vnnd der seelen.

Von vilen Martyrern im sequentz[13]:

Sie geben trost dem volck Christi in aller arbeyt[14].

a) Drf. denn.
b) benediete.

1. Die Sequenz hat sich nicht identifizieren lassen.
2. allgemeinen.
3. kurzer überleitender Vers.
4. In omni tribulatione et angustia succurrat nobis pia Virgo Maria. Der Versikel ist in der Karmeliter-Liturgie in der »Flos Carmeli«, hier in der »Oratio S. Simonis«, enthalten.
5. »Salve Regina«, Antiphon in der Tagzeitliturgie, vor allem in den abendlichen Salveandachten verwendet. LThK² 9, Sp. 281 f.
6. Der (lateinische) Text findet sich im »Breviarium Coloniense«, gedruckt in Köln von Hermann Bungart 1500 (GW 5313), am Beginn des Commune Sanctorum, Bl. LVIIa unter den Texten der Apostelmesse. Den Nachweis verdanke ich Herrn Dr. Karl-Ferdinand Beßelmann, Universitäts- und Stadtbibliothek Köln.
7. Mt 16,19; Mt 18,18; Joh 20,23.
8. Mk 16,17–18; Mt 10,8; Lk 9,1–2.
9. Petrus, Apostel. Patron gegen Fieber, Fallsucht, Diebe und Schlangen. LThK² 8, Sp. 334–347.
10. Den Text haben wir nicht nachweisen können.
11. Urheber. *Grimm* 29 (= XIV,1,2), Sp. 386.
12. Den Text haben wir nicht nachweisen können.
13. Den Text haben wir nicht nachweisen können.
14. Mühe.

Von einem Confessor im sequentz[1]:

Gebe hilff deinem volck, vermerck das gepett, durch milte hůlff tilg ab die maculen[2], hilff vns auff den weg, setze vns ins Vatterland stelle vns zů die gůter, die wyr hoffen.

Von S. Anna[3] im Hymno[4]:

O blům der weyber, schaff durch dein kind, das wyr die ware Sonne beschauwen in dem Himmel.

Von einem Martyr Gregorio[5] im Sequentz[6]:

O Martyr lobenlich, der du bist der welt erlich. | *lxvb/Rjb* | O du zierd der Stadt Cöllen, wyr klopffen bey dir an durch das gebett[7]; füre vns mitt den dreyen Königen zů dem Thron der herlichkeyt.

Von S. Nicolaus[8] im sequentz[9]:

Vns, die wyr sein in dieser welt vnnd in der tieffe der laster schiffbruch erlitten, ziehe, o herlicher Nicolaus, zů dem port[10] des heyls.

Von S. Anthoni[11] im sequentz[12]:

Er vertrybet die pestilentz vnd kranckheyt.

Der gleychen ist noch seer vil in den gesengen von den Heyligen, die sie das iar offt vnd dick[13] in ihren vermeinten heiligen empteren vnd diensten offenlich singen vnd alß ein ordenlichen Gottes dienst in namen der Algemeinden[14] Christi haldten.

Was greuwels ist dann in den besonderen legenden von den Heyligen, in den bettbůchlin vnd tafflen[15], welche dem armen volck durch fürgeben[16] vil

1. Den Text haben wir nicht nachweisen können. Er ist in dem oben (S. 126, Anm. 6) erwähnten »Breviarium Coloniense« im Formular nicht enthalten.

2. Flecken, Makel.

3. Anna, Mutter Mariens. Sie wurde vor allem im späten Mittelalter wegen ihrer Mütterlichkeit als Heilige verehrt. LThK^{2} 1, Sp. 570f.

4. Der (lateinische) Text findet sich im »Breviarium Coloniense« (s. oben S. 126, Anm. 6) unter den Texten der Messe zum Fest der Heiligen Anna im Hymnus »Salve sancta parens«, Bl. CCCIIIIb.

5. Gregorius von Spoleto (gest. um 303), Märtyrer, am 22. Dezember in Köln verehrt. Seine Gebeine wurden von Erzbischof Bruno von Köln (925–965) in den Kölner Dom übertragen. Bibliotheca sanctorum 7, S. 212f.

6. Den Text haben wir nicht nachweisen können.

7. Vgl. Lk 11,9–10.

8. Nikolaus von Myra (4. Jahrhundert), einer der 14 Nothelfer, Patron u. a. der Schiffer, Seefahrer und Kaufleute. LThK^{2} 7, Sp. 994f.

9. Den Text haben wir nicht nachweisen können.

10. Hafen.

11. Antonius (251/252–356), Abt und Einsiedler in Ägypten. Patron gegen Pest und andere ansteckende Krankheiten. LThK^{2} 1, Sp. 667f.; RGG^{3} 1, Sp. 461.

12. Den Text haben wir nicht nachweisen können.

13. häufig.

14. Gemeinden.

15. Gemälden auf Holz. *Götze*, S. 45.

16. Anbieten.

Ablaß vnd ander lauter Abgoͤttischer vnd zauberischer zu sagen auffgetrochen[1] vnd durch den trůck vnd das auffhengen in den Tempelen bey den bilderen vnd gepeynen der Heyligen dargeschoben[2] werden?

Von S. Margreden Abgotterey

Zů Coͦllen tragen sie ein gereimte Legenden vmbher von S. Margreden mitt einem gebett, Welches sie den gůten weiberen also dargegeben vnnd auff gemůtzet[3] haben vnnd ihren gar vil damitt verleytet, das sie sich in ihren kinds noͤten durch alles das ihnen der Almechtige, barmhertzige, reyche Gott durch sei- | *lxvja/Rija* | nen lieben[a] Son Christum ie verheyssen hatt, so vil nit wissen zů getroͤsten, das sie genug hetten, wenn sie seine hůlff im namen vnsers Herren Jesu angeruͤfft haben, wa sie nicht auch die selbige S. Margreden legenden bey sich haben vnd das gebett, das an die Legend getrucket ist[4], von jnen oder jret wegen gebetten werde, jnn welchem gebett vnder anderen also staht:

Ein gepett der Colnischen monch

»Margareta[5], reine maget,
Vernim meines sündigen weybes klage:
Zů meinen grossen peinen
Laß deine[b] gnade scheinen
Vnd kuͤrtz mir meinen rauwen[6]
Vnd gedenck der grossen trauwen[7],
Die du Got verhiessest.
Jtem So schone meines gebuͤrdes[8]
Vmb diner martyr ehre,
Das es sich zů meiner geburt kere.
Dar an thu deinen segen
Vnnd kere das nun zů den rechten wegen
Durch deinen heyligen segen,
Das ich zů lieb moͤge bleiben,
Vnnd schon mir armen weybe
Vnnd laß meinen leib[9] gefristen[10],

a) Drf. leiben.
b) wohl Drf. diene.

1. aufgezwungen. Frühneuhochdt. WB 2, Sp. 769.
2. hingeschoben.
3. übermäßig gelobt, hervorgehoben.
4. Sent Margareten passie. [Köln:] Johannes Koelhoff, [um 1498]. 4° 10 Bl. *Voulliéme*, Der Buchdruck Kölns, Nr. 895. Borchling-Claussen 309. Exemplar in Darmstadt LHB. Sent Margreten passie. Köln: [Ulrich Zell, um 1500]. 4° 10 Bl. *Voulliéme*, Der Buchdruck Kölns, Nr. 896. *Borchling-Claussen* 344/345. Exemplar in Berlin SB.
5. Margareta (4. Jahrhundert), zu den 14 Nothelfern gehörende Heilige, Patronin der Schwangeren, von denen sie bei Geburtsnöten angerufen wurde. LThK² 7, Sp. 19.
6. Kummer. *Lexer* 2, Sp. 473.
7. Treue, Versprechen. *Lexer* 2, Sp. 1519.
8. stehe meiner Entbindung bei.
9. Leben.
10. schützen, erhalten. *Baufeld*, S. 103.

Das diß kind werde Christen[1].
Nun ruͤffe ich mitt grimme:
Erhoͤr, Jungfrauw, mein stimme
Vnd laß mich nit toͤdten[2];
Erloß mich von diesen noͤten
Durch deine[a] gehüre[3] auffart« etc.

So lehret man die leuth zů Coͤllen betten! Der geyst Gottes aber bettet im xxij. Psal. [10] also zů Got: Du bist, der mich auß můter leyb gezogen hat, du warest mein zuuersicht, da ich noch an meiner mutter brüsten ware. Wa sind da die inquisitores vnd Magistri nostri, die die gifftigen, vorfürischen[4] bůcher suchen vnd hinemen?[5] Ja, wan es bücher weren der reynen Christlichen lehr. Sed ad rem. | *lxvjb/Rijb* | Du, Christlicher Leser, sehe nun auß dem wenigen, so ich ietzund eingefuret habe von dem Heiligen Anruͤffen, das[6] der C. Deputaten part[7] noch offentlich in den kirchen vnd sunst singet vnd bettet, ob in dem nicht den Heyligen fast alles das zů geben vnnd von ihnen gebetten werde, das Gott vnnd vnserem Herren Christo allein zustaht vnnd von im allein gebetten werden solle? Sindt das nitt allein Gottes werck vnnd vnsers einigen mittlers Jesu Christi; Die sunden vertilgen, kranckheyten des gemůts Heylen, das gemůt erleuchten, mildt, keusch vnd from machen, vnser heil wircken, in aller trůbsal helffen, alles vbel vertreyben, vom todt erloͤsen, selige gepurten geben inn allem leben fuͤren, leyten, schůtzen, schirmen, vnser hůlff vnd zuflůcht, leben vnd hoffnung sein vnnd in der stunden des tods auffnemen in die ewige freud, setzen in den himmel, geben zů niessen die verhofften guͤter? So sehe da, fromer Christ, diß alles schriben diese leuth den Heiligen zů, bittens von den Heiligen auch in ihren offentlichen kirchen gesengen. O des erschroͤcklichen greuwels! Wie wuͤrden die waren Propheten, Apostel vnd Lehrer der kirchen sich ab solichem anruͤffen entsessen[8], ihre kleder zerryssen[9] vnd die herbste klag gefuͤret haben?

Sihe, was greuwel im Heyligen anruffen sey.

Vnsere widerwertigen vnd lesterer zu Coͤllen rhůmen sich, wa mißbreuch seyen, die woͤllen sie helfen besseren. Sind nun ihnen daß nit gantz grewliche vnd erschreckliche mißbreuch, da durch daß selige, ware anruͤffen zů Got

a) wohl Drf. diene.

1. ein Christ werde.
2. sterben.
3. edle, ehrenwerte.
4. verführenden.
5. Anspielung auf die in den »Epistolae obscurorum virorum« (erschienen 1515–1517) immer wieder erwähnten Magistri nostri und die Vernichtung der jüdischen Bücher durch die Kölner Geistlichkeit.
6. das [was].
7. Gruppe.
8. entsetzen, erschrecken.
9. Vgl. Hi 1,20; Esr 9,3; Act 14,14.

doch gantz vnd gaͤr verstoͤret vnd so wü- | *lxvija/Riija* | ste, vberheydnische[1] abgoͤtterey getriben wurdt? Was besserung soll man dann von jnen verhoffen, waß werden jnen doch[2] mißbreuch sein, wenn jnen diß nit mißbreuch seind? Jre besserung wirdt freylich sein, wie der ein zů nechst sein volck mit vilen worten gestraffet hat, das sie ein glesine[3] lampen für S. Laurentzen Goͤtzen[4] vngebessert[5] liessen. O Herre, erloͤse dein volck von solchen zerstoͤrern deiner heyligen Religion.

Auß diesem nun ist klar vnd offenbar, das auch daß heyligen Anrůffen, deß sich der C. Deputaten part gebrauchen, der lehre vnd brauch Christlicher gemeinden, die der H. Augustinus bezeuget, gantz vnd gar zů wider ist vnd einmal gentzlich erligen můß, wa die selbige lehr vnnd gebrauch der gemeinden Christi gehalten wirdt, Auch wen man die Heyligen schon allein vmb jr fürbit anrůffen wolte, Auff die dann die jetzigen beglimpffer[6] vnd maler[7] der offenbaren jrthumb vnd mißbrauchen alles so grewlich abgoͤttische Anrůffen deuten vnd außlegen woͤllen, Das aber die wort nit geben; so haben auch die Heylgenprediger soliche abgoͤttische reden der massen ins volck getrieben, das es die verstoht, wie sie lauten, vnd darumb Christum mit seinem Heyligen wort gentzlich verlasset, wie es mit allem seynem leben bezeuget Vnd doch von vnd durch die Heyligen erloͤsung von allem vbel vnd verleyhung alles gůten an leib vnnd seel in zeyt vnnd ewigkeit suchet. Wenn sie auch wider vnsere leut, die sich zů Christo, jrem eynigen Heyland, allein halten, reden woͤllen, sagen | *lxvijb/Riijb* | sie: Sie glauben nicht an die heiligen, das sie die leuth plagen koͤnden. Vnd wenn sie schon der heyligen kranckheiten haben, so woͤllen sie doch die heyligen nit anrůffen.

Zum dritten: so wuͤrdt durch die erzelte lehr vnnd brauch der gemeinden Christi von verehrung der Heiligen, wie die der H. Augustinus in eingefuͤrten sprůchen bezeuget, die gemeine Heyligen verehrung, die sich bey der C. Deputaten part noch haltet vnd geůbet wuͤrdt, auch in dem gantz vnd gar vmb gestossen, da er schreybet wider den Faustum[8]: Wir ehren die Martyrer mit der ehr, der liebe vnd gemeinschafft, mit deren die Heiligen leuth auch in diesem leben geehret werden; Allein das wir die Martyrer so vil hertzlicher – devotius – ehren, so vil wir sie sicherlicher ehren vnd sie mit getrosterem lobe preysen, weil sie vber alles vngewisses komen[9] sindt.

Gestorben Heiligen solle man ehren wie die lebendigen.

Nun sehe, frommer Christ, welchen Heyligen auff erden bettet man an, das

1. sehr heidnische.
2. überhaupt.
3. gläserne.
4. St. Lorenz-Bild. – Laurentius, Heiliger, Diakon in Rom (gest. 258), Patron der Köhler und Glasbläser. LThK² 6, Sp. 830f.
5. unausgebessert, ohne Ersatz.
6. Beschöniger. Frühneuhochdt. WB 3, Sp. 629.
7. Darsteller.
8. *Augustinus*, Contra Faustum XX,21. PL 42, Sp. 384; CSEL 25, S. 561f.
9. hinweggekommen.

Anbetten ist für etwas nider fallen.

ist: fellet für jn selb nider, ich schweige[1] für[a] seine bilder, für sein gebein oder fleysch, ich schweig für seine hosen, hembder vnd andere kleyder, Welcher dienst gegen den abgestorbenen heiligen bey der C. Deputaten part noch allenthalben imschwanck geht[2]. Cornelius, der Gottes man, wolte Petrum mit dem anbetten, das ist: mit dem fußfallen verehren. Was thet aber er darzů? Er richtet jn auff vnd sprach: Standt auff, dann ich bin auch ein mensch; Vnd sůchet dennoch der from Cornelius nichts anders bey dem Petro dann die lehre Christi vnd das H. Euangelium, darumb der Petrus vom Herrenn selb zů im gesant ware. So war auch Petrus aller ehren werdt[3]. | *lxviija/Riiija* |

Sehe, für die Heyligen oder jre zeichen niderfallen, welches adorare ist, ist sie zů Goͤttern machen.

Vnd auß diesem exempel zeyget auch der H. Hieronymus wider den Vigilantium[4] an[5], das man die Heyligen nit anbetten solle, das ist: jnen zů ehren nider fallen, Vnd schilt derhalben den Vigilantium, das er die Christlich Gemeinden des felschlich anklagt hatte. Wer hat je, sagt er, du vnsinnigs haupt, die Martyrer angebettet? wer hat einen menschen Got geachtet?

So wir denn nun nach der lehre der waren Gemeinden Christi, wie vns mit dem H. Hieronymo der H. Augustinus dauon zeuget, die lieben Heyligen nit als Goͤtter, sonder als Heylige menschen vnd wie die Heyligen menschen, die noch bey vns auff erden sindt, ehren sollen, sie nit anbetten, nit für sie niderfallen noch weniger für jre bilder, So siehestu auch in diesem, Christlicher leser, das der vermeinte Heilgen dienst, dafür[6] die C. Deputaten streyten, gar auch bey jhnen verfallen[7] muͤste vnd außgerottet werden, wenn sie der vngezweiffleten[8] lehre vnd dem gewissen[9] brauch der Christlichen gemeinden folgen wolten, die vns der H. Augustinus hieuon beschriben hat in denen spruͤchen, von denen die C. Deputaten klagen, das ich sie betruͤglich angezogen vnd vntrewlich verkuͤrtzet habe.

Sie fuͤren auch des orts den Cyprianum ein, der jhm begeret[10] die tag anzůzeigen, auff welche die Martyrer[b] durch den herlichen todt, den sie vmbs Herrenn wilenn erlitten, zur vnsterblichkeit komen, das er mit seynem volck opffer vnnd Heylige empter halten moͤchte vmb jhrer gedechtnuͤß willenn[11]. Diß

a) Drf. sür.
b) Drf. Matyrer.

1. geschweige denn.
2. verbreitet ist.
3. Act 10,25–26.
4. Vigilantius (um 400), Kirchenschriftsteller, der sich gegen den Märtyrer- und Reliquienkult wandte, Gegner des Hieronymus. LThK² 10, Sp. 787; RGG³ 6, Sp. 1395.
5. *Hieronymus*, Contra Vigilantium, cap. 4 und 5. PL 23, Sp. 342 und 343.
6. für den.
7. vollständig fallen.
8. unanfechtbaren.
9. nachgewiesenen.
10. begehrte, daß man ihm.
11. *Cyprian*, Ep. 37. PL 4, Sp. 337; CChr.SL III/B (hier Ep. 12), S. 69 f.

hat | *lxviijb/Riiijb* | aber dieser Lehrer nit allein an diesem ort[1], ist auch nit wider vns. Wolte Got, das diese C. Deputaten mit jrem hauffen[2] solche gedechtnuͤß der Martyrer halten vnd in den selbigen soliche opffer vnd Heylige empter zů warer besserung[a] vnd stercke des glaubens an Christum vben wolten, wie dieser H. Cyprianus gehalten vnd geuͤbet hat, so wolten wir der wuͤsten greuwel so viler erschroͤcklichen abgoͤttereyen, so durch die falsche verehrung der Heyligen vnd durch die Messen bey diesen leuten nach[3] für gohn[4] vnnd geuͤbet werden, schon ledig sein. Da von aber weyter im Artikel vonn der Messen[5].

Auß diesem allen nun wuͤrstu, Christlicher Leser, wol zů erkennen haben, wie auch gantz nichtig vnnd vnbestendig ist der C. Deputaten vnd aller wider christischen[6] Lehrer hoͤchstes argument in dieser matery: Das Heyligen anruͤffen seye ein lehre vnd brauch der Christlichen Gemein. Dann du nun siehest auß dem gewissen grundt Goͤtliches wort vnd zeugniß des Catholicissimi καὶ ὀρθοδοξοτάτου Augustini[7], der die gemeine Lehre vnd brauch der Christlichen Gemeinden gentzlich gewist vnd auffs trewlichst darbey bliben vnd darob gehalten hat, erwysen ist, das das anruͤffen vnd ander verehrung der abgestorbenen Heyligen, da für die C. Deputaten vnd jr hauff streyten, ein lauter[8] Heydnischer, Abgoͤttischer mißbrauch ist. | *lxixa/Sja* |

Befestigung des, das wir nit wissen moͤgen, ob die abgestorbenen Heiligen vnser gebet an sie hoͤren oder wissen.

JN diesem, so ich zů gůt den kinderen Gottes von der verehrung vnd dem anruͤffen der Heiligen, in dem noch so manigfaltig jrthumb vnd Abgoͤtterey bey der C. Deputaten part geuͤbet, verteydiget vnd beschirmet wuͤrdt, hab ich vnder anderem als bekantlich gesetzet, das wir nit wissen moͤgen, ob die Heiligen vnser ansprechen vernemen, welches sich aber also vnd nit anders haltet. Damit sich aber die C. Deputaten hie gegen nit vergeblich erbrechenn[9], můß

a) Drf. hesserung.

1. Weitere Stellen konnte ich nicht nachweisen.
2. sc. ihren Anhängern.
3. noch.
4. vorgehen.
5. s. unten S. 165,17 bis 227,4.
6. antichristlichen.
7. Bucer bezieht sich hier wohl wieder auf *Augustinus*, Contra Faustum XX,21. PL 42, Sp. 384–386; CSEL 25, S. 561–565.
8. reiner, purer.
9. aufbrechen, losbrechen. *Grimm* 3, Sp. 735 f. und *Lexer* 1, Sp. 618.

ich jnen fürkommen vnd ein wenig auff die Argument dagegen antworten, welche etliche jres hauffens, als Alphonsus[1] vnd andere, fürbringen.

Diese vndersthon[2], das neuwe gedicht[3] in der Gemeinde Gottes, das die abgestorbenen Heyligen im ewigen wort Gottes, Christo, vnserem Herren, sehen vnnd erkennen sollen, wenn wir sie anruͤffen, auß dreyen anzeygen zů erweysen. Das erst: Solich wissen diene den lieben Heiligen zů besonderen ehren vnd freuden vnd werde derhalben erfordret zů jrer seligkeit. Das ander: Soliche meinung seye ein lehr der Christlichen gemeinden. Zum dritten: Bezeuge diß auch der H. Hieronymus.

Auff diese drey gegenwuͤrff gebe ich die kurze antwort[a]. Auff den ersten: Welche Schrifft Gottes oder | *lxixb/Sjb* | gewisse anzeyge macht vns das kůndlich[4], das den Heiligen zůn ehren vnd freuden diene, welche ehr vnd freud jre seligkeyt erfordere, wenn sie vernemen, das wir sie vmb jre fürbit anruͤffen? Haben sie dann nit ehren vnd freuden genug in Christo, vnserm Herren? Gilt es dann also vnsere gedancken on einigen grundt Goͤtlichs worts fürgeben in den sachen des glaubens vnd des gepets, das allein auß gewissem glaubenn Goͤtliches worts komen muͤß, solle es anders Got gefallen?

Ein nichtig gedicht ist, das es den Heiligen solte ein freud sein, das wyr sie anruͤffen.

Den Heyligen ist ein ehr, wenn wir den Vatter durch Christum, vnsern Herren, anruͤffen, Dann diß haben sie auff Erden gelehret, ob[5] allem gesucht vnnd begeret, darumb haben sie jhr blůt vergossen. Sie anruͤffen, weyl das Gott nit gelehrt vnnd dem waren anruͤffen Gottes, wie oben erwysen, zů wider ist, gereychet jhnen zur schmach, nit zůn ehren, zů leyd, wa[6] sie es wissen solten vnnd noch trauren koͤndten, nit zur freud. Anders wuͤrdts kein mensch mit einigem grundt, der bey waren Christen gelten moͤchte, erweysen[7]. Dann auch die Schul lehrer das bekennen, das die Heyligen das ewige wort Gottes nit gar[8] begreiffen vnd alles darin sehen, sonder so vil[9] sie zů ewiger freuden ersettiget. Das nun in dem begriffen seye das wissen vnsers anruͤffens, mage bey waren Christen nit allein nit erstritten werden, sonder das gegentheyl. Dann die Heyligen begeren nichts meer, dann das wir bey dem wort Gottes bleyben vnd jn allein anbetten vnd anruͤffen in Christo, vnserem Herren. | *lxxa/Sija* |

a) Drf. anwort.

1. *Alphonsus de Castro*, »Adversus omnes haereses libri XIIII«, Köln 1543 (s. oben S. 96, Anm. 5), lib. XIII, Bl. CXCVIIa–CXCVIIIb.
2. wagen es, machen sich daran.
3. Erfindung.
4. weist … nach.
5. über, bei.
6. wenn.
7. beweisen.
8. ganz.
9. weit.

Auff das ander, Das diese lehre der Gemeindenn Christi sein solle: Wie[1] dann, das der H. Augustinus, der so hoch gelerte, fleyssiche Bischoffe in aller lehre der Gemeinden Gottes, das nit auch gewisst hat? Dann der schleußt frey[2] in gemein – vnd das auß der Heiligen Schrifft –, das die verscheidnen auß diesem lebenn nit wissen, was wir hie thůn, Vnnd zeuget, wann etwan die abgestorbenen Heiligenn erscheinen oder etwas wunders bey jren gedechtnissen geschicht, das solichs Goͤtliche wunderwerck seyen, darauß man keyne gemeine folge machen[3] koͤnde. Es seye auch vber seinen verstandt, wa etwan bey eynes Heyligen gedechtnuß etwas wunders geschicht, ob Got das selbige auff das gemeine gebet der Heiligen jnen zů ehren durch die Engel wuͤrcke oder ob ers jnen, den Heiligen, zů wuͤrcken verleyhe.

Diß lisestu ja offenbar im 13., 14., 15. vnnd 16. capitelen des bůchs »De cura pro mortuis agenda«[4]. War nun der zeit nit auch ein Gemeinde Christi? Oder wuͤste der so hoch Gots gelerte Bischoffe nitt, was der Gemeinden Christi lehre ist? Das[5] aber die Schůl lehrer die Argument des H. Augustini vnderstohn zů brechen durch jhr gedicht von der vorhellen[6], in welcher der alten Heiligen seelen sollen verschlossen gewesen sein vnd das wort Gottes nit gesehen haben wie die Heiligen des Neuwen Testaments, Welches auch Pighius[7] anzeucht vnd das argument damit vnderstaht auß zů schlagen, das man in den gebetten der schrifft vnd Psalmen niergent findet, das man je einen Heyli- | *lxxb/Sijb* | gen hette angerůffen. Nun aber diß gedicht von dem, das die alten Heiligen vor der aufferstendtniß Christi Got nit gesehen haben, thůt eben so vil als jre andere gedicht one Gottes wort vnnd darwider erdichtet. Der Herre saget[8] ja vom Lazaro, das er ergetzet worden seye auch vor seinem leyden, Das Abraham seinen tag gesehen vnd sich des erfrewet habe. So haben Mose vnd Helias[9] vor[10] mit jm im himlischen Liecht vnd freuden geredt.

Auffs drit vom lieben Hieronymo[11]: So ists nit, wie Alphonsus[12] fürgibt, das

1. Wieso.
2. eindeutig.
3. keine generellen Folgerungen ziehen.
4. *Augustinus*, De cura pro mortuis gerenda ad Paulum episcopum, cap. 13–16. PL 40, Sp. 604–607; CSEL 41, S. 621–660.
5. Daß.
6. Vorhölle. Aufenthaltsort der alten Väter des AT, aus dem sie Christus zwischen Kreuzigung und Auferstehung befreit. *Grimm* 26 (= XII,2), Sp. 1212.
7. *Albert Pighius*, »Apologiae adversus Martini Buceri calumnias«, Mainz 1543 (s. oben S. 96, Anm. 6). Die Stelle, die Bucer hier meint, habe ich in diesem Werk allerdings nicht finden können.
8. Lk 16,19–31.
9. Lazarus wurde von den Engeln in Abrahams Schoß getragen. Dieser Himmelfahrt wird mit dem Tod Moses (Dtn 34) und Elia, der im feurigen Wagen gen Himmel fuhr (II Reg 2,11), in Verbindung gebracht.
10. vorher.
11. *Hieronymus*, Contra Vigilantium, cap. 1. PL 23, Sp. 339.
12. *Alphonsus de Castro*, »Adversus omnes haereses libri XIIII«, Köln 1543 (s. oben S. 96, Anm. 6), lib. XIII, Bl. CXCVIIa.

der streyt zwuͤschen Vigilantio[1] vnd Hieronymo gewesen seye vom Anruͤffen der abgestorbenen Heiligen. Dann der Hieronymus setzet anfangs seiner Schrifft, das dieser streit gewesen seye von dem verehren der greber der Martyrer. Da wuͤrdt keynes anruͤffens gedacht, vnd schilt der H. Hieronymus Vigilantium, das er dem volck Christi felschlich zůgelegt habe, das sie die Martyrer oder jre gebein anbetten, wie vor gemeldet.

Das ist aber war: wie dieser Lehrer im streit alweg[2] hat gepfleget, hefftig zůsein vnd offt mit der rede zů vberschlagen[3], Also hat er auch an diesem ort ein rede gefuͤret, die die C. Deputaten mit den Schullehrern selb nicht richtig halten.

Er spricht: die Martyrer folgen dem Lamb Gottes, wa es hin geht. Jst nun das Lamb allenthalben, so solle man glauben, das auch die allenthalben sindt, die bey dem Lamb sindt. Diß gestaht aber niemandt, das die | *lxxja/Siija* | Heyligen solten allenthalben sein, dann das ist ein eygenschafft der Goͤttlichen natur. Das man von den 144000 liset im xiiij. Apocalyp. [1–5], die dem Lamb folgen, wa es hingoht, ist ein rede eines gesichts[4], darauß man nichts schliessen kan, Vnnd zeyget weyters nitt an, dann das soliche Christo immer anhangen. So hatt das auch keyn rechnung[5], das den Heyligen alles das eygnen solte, das Christo, dem warem Gott vnd menschen, eygnet. Wyr leben, Actor. 17[28] wefren[6] vnnd sindt in Gott[7]; darumb sind wyr aber nitt allenthalben wie Gott, saget der H. Augustinus ad Dardanum[8].

Alphonsus zeucht auch die xxiiij Alten im Apoc. an[9], welche in ihren gulden schalen die gebett der Heyligen haben[10]. Also[11], wa[12] man nichts gründtlichs hatt, můß man sich flicken[13] mit gesichten[14], darauß man doch nichts zů schliessen hatt. Wer seindt diese xxiiij Alten? Was gebett haben sie in ihren schalen? Warumb nitt ir eigen gebett, Dann sie die frommen seelsorger bedeuten, die staͤtig fuͤr ihr Volck betten.

1. Vigilantius (s. oben S. 131, Anm. 4).
2. immer.
3. zu weit zu gehen.
4. Vision.
5. Annahme aus Überlegung, Folgerung aus Gedankenreihen.
6. hin und her gehen, sich bewegen. *Götze*, S. 224.
7. Act 17,28.
8. *Augustinus*, De praesentia dei liber, seu epistola CLXXXVII,12 (Retractationes II,49). PL 33, Sp. 836.
9. *Alphonsus de Castro*, »Adversus omnes haereses libri XIIII«, Köln 1543 (s. oben S. 96, Anm. 5), lib. XIII, Bl. CXCVIIIa.
10. Apk 5,8.
11. Derart.
12. wo, wenn.
13. behelfen, seine Blöße decken. *Götze*, S. 86.
14. Visionen, Erscheinungen.

Dieser man zeucht auch die Engel an, die wissen muͤssen, was den kinderen begegne, die sie verwaren sollen, Matth. xviij[10]. Der H. Hieronymus[1] fuͤret wider den Vigilantium auch die Teuffel ein, die in der gantzen welt vmbher fliegen vnnd durch wunderschnelle allenthalben zů gegen seyen. Antwort: Ein anders ist mitt den lieben Engelen dann mit den abgestorbenen Heyligen. Die Engel, welche als dienstbare geyster | *lxxjb/Siijb* | außgesandt werden vmb der kinder Gottes willen, Heb. j[14], werden ia wissen vnd sehen můssen, was zů irem befelch[2] vnd ampt gehoͤret. Den abgestorbenen Heyligen aber hatt der geyst gesagt, das sie bey Christo rugen[3], Apoc. xiiij[13]; die haben keynen solchen befehl von denen, die noch auff Erden sindt; darumb duͤrffen[4] sie auch des wissens nicht von irem thun vnd betten.

Also verhenget[5] Gott den Teufflen, das sie sich an manchem orte[a] erzeigen vnd seine wunderbare gericht schaffen; darumb seindt sie aber auch nicht allenthalben. Dazu ist auch von ihnen kein argument a minori zů machen an die Abgestorbenen Heyligen; Dann sie mitt den Heyligen nitt eines thůns vnd in diesem, da von wyr reden, Comparabiles – das ist: zů vergleychen – sein.

Also bleibt, wie es ist, ein lauter menschen gedicht, nitt allein one wort Gottes vnd Lehre der Gemeinden Gottes (dann der H. Augustinus von der Gemeinden Christi ware zeugniß gibt), sonder auch dar wider erdichtet, das die abgestorbenen Heyligen wissen solten, das wyr sie anrůffen vnnd des besondere freud vnd ehr haben, Also das sie nit recht selig sein solten, wa sie diß nicht wisten.

Beschluß dieser materi

Es ist mitt diesem Artikel von verehrung, fuͤrbitt vnd anrůffen der Heyligen die disputation eben[b] weyt gelauffen, Christlicher Leser, dazu mich | *lxxija/ Siija* | aber verursacht hatt, das ich leyder sehe, wie das arme volck dißes lands – vnnd wa die reine lehre des H. Euangelij noch nit angenomen – in der so gar Heidnischen vnd manigfaltigen Abgoͤtterey, die es an den abgestorbenen Heyligen, ihrem gepein vnnd Goͤtzen begaht, noch so tieff stecket; Auch wie verstoͤcklich[6] die falschen hirten[7], so die milch, woll vnnd fleysch der Schafen vnnd nit ihr heyl suchen, solche Abgoͤtterey schuͤtzen vnd verfechten

a) Drf. ore.
b) Drf. eben ben.

1. *Hieronymus*, Contra Vigilantium, cap. 6. PL 23, Sp. 359.
2. Auftrag.
3. ruhen.
4. bedürfen.
5. gestattet.
6. verstockt, verbohrt.
7. Vgl. Jer 23,1–4; Joh 10,1–30.

durch huͤlff ihrer falschen Propheten, Welche ihre lehr vnd gaben Gottes, solche Abgoͤtterey zů beschirmen vnd wider die ware Lehre Christi von dem seligen Anrůffen des Vatters in namen Christi zů stuͤrmen vnd zů lesteren, verdingen vmb den zeytlichen genieß[1], weltlichen pracht vnnd fleyschlichen wolust, Wie das an diesen gesellen offenbar vor augen. Sie bekomen ja die feysten Prebenden[2] darumb vnd nemen sie gern an, lassen sich vngenoͤtiget allenthalben herfuͤr ziehen vnd blehen sich auch selb wol auff, finden sich zeytlich[3] bey den langen bancketen[4], da auch schoͤne frauwen sein, Da neben sie auch ihre Visitationes[5] vnd ander gelegenheyt mehr haben, das zů bekommen, des das fleysch begeret.

Weyl dann diese feindt Christi vnd verstoͤrer seiner herdt sich so hoch befleyssen, die armen schaͤfflin Christi von ihrem gůten hirten Christo in so vil weg ab zuhalten vnd in ewiges verderben zufuͤren[6] Vnder dem schein der Heyligen ehr, die die armen leuth ihnen beweysen, vnd des trosts, den sie von den Heyligen | *lxxijb/Siiijb* | haben sollen, So gepuͤret warlich allen Christen, vil grosseren fleyß an zůkeren, wie sie ihre bruͤder vnd verwanten, alle ihre nehesten, so vil sie durch Gotes gnad immer vermoͤgen, von solichem abfal von Christo vnd verderblichem yrthumb retten vnd wider zů Christo, vnserem Herren vnnd hirten, fuͤren. Da mitt ich dann meinen dienst[a] hie zů den fromen Christen bewyse, die zů solichem noͤtigen vnd schuldigen dienst vnd gutthaten gegen ihren bruͤderen geneyget, aber inn der lehr Christi noch nitt so vil eruͤbet sindt, das sie dem gaucklen vnd betruͤglichen fuͤrgeben[7] der Goͤtzen diener vnd beschirmer dieser Abgoͤterien allemal genugsam[8] begegnen koͤnden, hab ich recht diesen artikel vnnd des gegenteyls Sophisterey[9] vnnd alefantzen[10] dagegen etwas voͤlliger tractieren vnd handlen woͤllen. Der Herre gebe, das es vilen zuͤr besserung diene. Die Summa des alles staht darauff.

a) Drf. deinst.

1. Nutzen.
2. kirchlichen Pfründen.
3. schnell, rechtzeitig.
4. Banketten, festlichen Gelagen.
5. Besuch einzelner Pfarreien durch Bischöfe oder Archidiakone zur Überprüfung der Seelsorge und des Kirchengutes. *Denzler/Andresen*, dtv-Wörterbuch der Kirchengeschichte, S. 618 f.
6. Joh 10,1–30.
7. Darlegungen.
8. ausreichend, erschöpfend.
9. Spitzfindigkeit, Spiegelfechterei.
10. Gaunereien, Betrug.

Summari dieses gantzen artikels

Die schrifftlichen[a][1] Historien von heyligen Patriarchen, Propheten, Apostolen vnnd anderen heyligen mennern vnd frauwen sollen dem volck mitt besonderem fleyß – Demnach zů seiner gelegenheit auch deren Martyrer vnd heyligen leuten historien, die von bewerten Lehrern vnd gemeß der H. Schrifft beschrieben sindt – fürgetragen vnnd erzelet werden.

Vnnd auß diesem erzelen solle das volck erinneret werden der grossen gnaden vnnd gaben Gottes | *lxxiija*[b]*/Tja* | – dem menschlichen geschlecht in solichen Heyligen vmb seines lieben Sons willen verlauhen[2] – vnnd dahin gewysen, das es Gott vmb soliche seine gůte vnd leutseligkeyt lob vnd danck sage vnd dadurch seinen glauben stercke, auch jm soliche gnaden vnnd gaben von dem so gůtigen gott durch den einigen[3] mitler Christum zů erbitten vnd dem exempel solicher Heyligen – auff maß[4] seiner berůffung – nach zů eyfferen[5], das ein iedes Gott mitt gleycher gehorsame vnnd frůchten des waren glaubens nach seinem berůff[6] preyse.

Diß ist die einige Christliche ehr, die wyr den Heyligen anthůn moͤgen[7] vnd sollen. Hie zů solle alles das dienen, das man von Heyligen singet vnd saget, Auch alles, das, zů erhalten jre gedechtniß bey vns, immer mehr behalten oder gepraucht werden mage; Vnd was man zůr Heyligen ehr fuͤrnimet, das hie zů nit dienet, das ist Abgoͤttisch vnd Goͤtzen werck, es seye was es woͤlle.

Darumb der Heiligen legenden von menschen beschriben bey dem volck Christi mehr oder alß[8] vil treyben alß das, so die Goͤttlich Schrifft[c] von Heyligen fuͤrgibt, ist ein verkerter vnchristlicher mißbrauch. Dann vns das gewisse Gottes wort vnd die Heyligen, die es vns rhuͤmet, so vil mehr gelten sollen dann alle menschen gedicht[9] vnd von menschen gerhuͤmpte Heyligen, so vil vns Got mehr ist dann die menschen.

Onbewerte vnd fabulische historien der Heyligen den Christen fuͤrtragen ist Abgoͤttisch, Dann | *lxxiijb/Tjb* | wer vom wort Gottes vnd der warheit abtrittet, der trittet auch ab von Got.

a) Drf. schrifflichen.
b) falsche Foliierung: lxxij.
c) Drf. Shrifft.

1. der Hl. Schrift gemäßen.
2. verliehen.
3. alleinigen.
4. entsprechend.
5. Vgl. Röm 12,3; Eph 4,7.
6. Antrieb, Berufung.
7. können.
8. alß … alß: in dem Maße … wie. Frühneuhochdt. WB 1, Sp. 843 f.
9. Erfindungen, Phantastereien.

Also ist auch den Heiligen besondere krefft, zů plagen vnd zů helffen, zů schreiben, Dann diß allein auß menschlichen fablen herkomet wider das wort Gottes, das Got allein alle straff vnd hülff zůgibt.

Dergleychen ist auch die Heyligen anruͤffen vnd auch allein vmb jhre fürbit. Dann weyl Got das nit gelehret hat, weder in seiner Schrifft noch durch das dargeben der Apostel vnnd seiner Gemeinden, můß es ein vngoͤtlicher freuel sein, solichs im gebet, das allein zů Got gohn solle, gebrauchen. Es kan auch nit geschehen one abbruch[1] des waren, hertzlichen anruͤffens Gottes durch vnseren Herren Jesum Christum. Vnd dieweyl man dauon, das die abgestorbenen Heyligen vnser ansprechen hoͤren, kein wissen haben mage, gibet solich Anrůffen den Heyligen zů, das Got allein gepuͤret, Als[2] vns in dem himlischen thůn erhoͤren, wa[3] wir sie anruͤffen.

Begnadigung deren, die sich mit dem Heiligen anrůffen auß onwissen vergryffen haben

Das aber vil lieber Christen, die zeyt dieses jrthumbs die Heyligen vmb jhr fürbit – auß vnwissen vnnd das sie nit betrachtet, wie es dem waren anruͤffen Gottes entgegen vnnd abbruͤchlich ist – angeruͤffen vnnd noch anruͤffen, weil die das fundament, Christum[4], behalten vnnd doch all jhr Heyl vnnd trost auff das Anruͤffen Gottes durch vnseren Herren Jesum Christum gesetzet haben, so hat jhnen der barmher- | *lxxiiija/Tija* | tzig Got durch das blůt seynes Sons diß neben Anruͤffen[5] gnediglich verzigen[6] vnd verzeyhet es solichen noch, biß sie bessers vnderwisen werden.

Den Heyligen opffern, bilder zun ehren fürstellen, zieren vnd schmuͤcken, diese jre Goͤtzen vnd gepein anbetten, das ist: für sie niderfallen, hende vnnd augen zů jnen auffrichten, jnen altar vnd tempel bauwen vnd weyhen, sie[7] – zů erlangen hůlff[8] – vmbher tragenn, diß alles ist Abgoͤttisch; Denn diese ehr allein Got gepůret, wie die Gemeinde Christi durch den H. Augustinum bezeuget[9].

Das wyr vnsere nehesten, an die wir mit mundtlichem vnnd schrifftlichem ersůchenn gereychen koͤnden, vmb jhre für- vnnd mitbit ansprechen vnd bitten, das ist ein werck des glaubens vnnd der liebe, gefellet Gott wol, wie ers auch in seynem wort gelehret hat. Dann die rechten Christen des mit nichten begeren, darumb das sie sich der Heiligen leuth fürbit vmb jhres verdienstes willenn besonders getroͤsteten Oder nit jhr hertz vnnd gemůt zů Gott vor al-

1. Schädigung.
2. nämlich.
3. wenn.
4. Vgl. I Kor 3,11.
5. falsche Anrufen.
6. verziehen.
7. um sie.
8. Hilfsmittel, Geld.
9. *Augustinus*, De civitate dei XXII,10. PL 41, Sp. 772; CSEL 40/2, S. 614; C. ChrSL 48, S. 828,18–26.

lem erhieben[1] mit gůtter vertroͤstung, von jm durch den eynigen mitler vnnd fürsprechen, vnseren Herren Christum, allein alles zů erlangen, Sonder allein darumb begerenn sie, das vil leuth mitt jhnen bitten, das sie die gaben Gottes so theur schetzen vnd jre brůder gern zů Got fürderen vnd ein gemeines dankken vnd loben Goͤtlicher guͤte erwecken woͤllen. | *lxxiiijb/Tijb* |

Solche gemeinschafft haben wyr mit den abgestorbenen[a] Heyligen nitt mehr, wissen nit, wie ihr wesen ist, dann das sie bey Christo, dem Herren, vnd selig sind. Darumb gilt nicht, von dem Ansprechen der gegenwertigen heyligen, das ein Gotes wort vnd sein befindtliche frůcht der Gotseligkeit hat, das[2] Ansprechen der abgestorbenen Heyligen schliessen, Dar von wyr keyn lehr Gottes haben vnnd sein keyn besserung zů befinden wissen.

Vnd darumb ist das anruͤffen der Heyligen nit allein kein ehr Gottes vnd gibt kein mehrers vertrauwen, Gottes gnad zůerwecken, wie die C. Deputaten wider die Gottliche Schrifft[b] vnnd art des glaubens fürgeben, sonder ist ein abbrůch Goͤttlicher ehren, Dann sie Gott nitt die groͤste vnd vns armen sünderen bereyteste guͤte zuschreybet Vnnd zerstoͤret das recht vertrauwen Goͤttlicher gnaden, weyl es die nit durch den einigen Christum sůchen laßet.

Weil auch diß Anruͤffen der Heyligen on vnd wider Gottes wort auffkommen, hatt es nitt konden bleyben bey dem bitten vmb die fuͤrbitt der Heyligen allein, sonder ist da hin gerathen (wie dann alle menschen fuͤnde[3] in Gotes dienst zůr Abgoͤtterey entlich außbrechen), das die armen, verblendten leuth fast alles das von Heyligen bitten vnd ihnen zuschreyben, das man von Gott betten mage vnnd solle vnd Gott allein eygnet; Vnd geschicht das nitt allein in gebetten, die besonder einfaltige leuth fuͤr sich selb erdichten, | *lxxva/Tiija* | sonder auch in denen gebetten, die die vermeinten[4] hirten vnd lehrer dem volck mit ablaß vnd anderem auffmutzen[5] fürgeben, ja auch in denen, die diese selb in kirchen offentlich singen vnd lesen.

Es ist auch diß anruͤffen der Heyligen nit allein kein lehr oder gebrauch der Gemeinden Gottes, als es die C. Deputaten one grundt fuͤrgeben, wie alt joch[6] das »Ora pro nobis« vnd ander ansprechen der Heyligen bey etlichen Vaͤttern gefunden wuͤrdt, Sonder ist der offenbaren Lehre vnd gewissem brauch der Gemeinden Gottes entgegen, Wie das erweysen nit allein des H. Augustini

a) Drf. abgestor storbenen.
b) Drf. Shrifft.

1. erhöben.
2. [auf] das.
3. Erfindungen, Ausgedachtes.
4. angeblichen.
5. Herausputzen, Aufbauschen.
6. auch immer.

zeugniß[1], sonder auch die Collecten[2], die gemeinen[3] gebet der Gemeinden Christi, welche alle zum Vatter gohn, durch Christum, vnseren Herren[4].

Vnd damit du, Christlicher Leser, sehest, wie die alten Collecten in den gedechtnissen der lieben Heyligen gestellet sein, so will ich dir etliche alhie verdeutschen.

Etliche Collecten von Heyligen

Jn der gedechtnůß des aller Heyligsten vnnd grősten vnder allen Propheten, Johannis des teufers[5], bettet die Gemeinde Christi also:

Allmechtiger Got, wir bitten, verleyhe, das dein gesind den weg des Heyls gange vnnd dem vermanen des fürlauffers[6] also folge, das es zů dem sicherlich kome, von dem er verkůndet hat, durch vnseren Herren Jesum[7] etc. | *lxxvb/ Tiijb* |

Jtem: O Got, der du vns diesen tag[8] in gedechtniß der geburt des seligen Johannis des Tauffers[9] eerlich[10] gemacht hast: gebe deinem volck die gnad geystlicher freuden vnd richte die gemůter aller gleubigen in den weg des Heyls, Durch vnseren Herren Jesum Christum[11] etc.

Jn S. Peter vnd Paulus[12] gedechtnüß:

O Gott, der du diesen tag[13] durch die martyr deiner Apostolen Petri vnd Pauli geheiliget hast: gibe deiner gemeinden, jrer lehr in allem nachzůfolgen, durch die sie den anfang der Religion bekomen hat, Durch vnseren Herren Jesum[14] etc.

Jn der gedechtnüß S. Stephans[15]:

O Herr, wir bitten: gib vns dem nachzůfolgen, des gedechtniß wir ehren, auff das wir lernen auch die feinde lieben, dann wir des widergeburt begohn,

1. s. oben S. 139, Anm. 9.
2. Altargebete.
3. überall üblichen.
4. Abschließender Teil der Oration im Stundengebet.
5. Mk 1,1–8; Mt 3,1–12; Lk 3,7–18.
6. Vorläufers.
7. s. oben S. 141, Anm. 4.
8. 24. Juni.
9. Lk 1,5–25.57–80.
10. ehrenvoll.
11. s. oben S. 141, Anm. 4.
12. Die Apostel Petrus und Paulus, die als Gründer der römischen Kirche gelten und dort gemeinsam verehrt werden. LThK² 8, Sp. 341.
13. 29. Juni.
14. s. oben S. 141, Anm. 4.
15. Stephanus, Erzmärtyrer (Act 6–8). LThK² 9, Sp. 1050–1052.

der auch fuͤr seine verfolger hat betten koͤnden[1], Durch vnseren Herren Jesum[2] etc.

Jn der gedechtnüß[a] S. Laurentzen[3]:

Wir bitten: gib vns, Almechtiger Got, die flammen vnser laster außzůleschenn, der du dem seligen Laurentio verlihen hast, die brunst[4] seyner pein zů uͤberwinden, Durch vnseren Herren Jesum[5] etc.

Jn der gedechtnüß S. Sebastian[6]:

O Gott, der du den seligen Sebastianum deinen Martyrer mit krefften der bestendigkeit im leyden gestercket hast: verleyhe vns, das wir auß der liebe zů | *lxxvja/Tiiija* | dir die glůckseligkeit der welt verachten vnnd keine jhre widerwertigkeit foͤrchtenn, Durch vnseren Herren Jesum[7] etc.

Jn der gedechtnüß[b] S. Agneten[8]:

O Got, der du vns durch das jaͤrlich fest[9] S. Agneten deiner Martyrerin erfreuwest: gebe, das wir deren, die wir auß gepůrendem dienst verehren, auch mit exempel eynes Gottseligen wandels nachfolgenn, Durch vnseren Herren Jesum Christum[10] etc.

Jn der gedechtnüß S. Lucie[11]:

Erhoͤr vns, O Gott, vnser Heylandt, das wir also mit hertzlicher, Gotseliger andacht vnderwysen werden, wie wir vns in dem fest der seligen Lucie[12], deiner jungfrauwen, erfrewen, durch vnseren Herren Jesum[13] etc.

a) Drf. gedechtuüß.
b) Drf. gedechnüß.

1. Act 7,60.
2. s. oben S. 141, Anm. 4.
3. Laurentius, Heiliger, Diakon in Rom (gest. 258). Patron der Köhler und Glasbläser. LThK² 6, Sp. 830f.
4. Brand, Brennen.
5. s. oben S. 141, Anm. 4.
6. Sebastian (4. Jahrhundert), römischer Märtyrer, Pestheiliger und Patron der Schützen. LThK² 9, Sp. 557f.
7. s. oben S. 141, Anm. 4.
8. Agnes (3./4. Jahrhundert), römische Märtyrerin, Patronin der Kinder und Jungfrauen. LThK² 1, Sp. 196f.
9. 21. Januar.
10. s. oben S. 141, Anm. 4.
11. Lucia (3./4. Jahrhundert?), Märtyrerin in Syrakus, Patronin der Augenkranken. LThK² 6, Sp. 1171f.
12. 13. Dezember.
13. s. oben S. 141, Anm. 4.

Dergleichen Collecten hat man seer vil, vnd sindt die eltesten vnd bewertesten, Jn welchen du siehest, wie die Gemeinde Christi auch in den gedechtnissen der Heiligen allein den Vatter durch vnseren Herren Jesum Christum anrůffet, gedenckt der gaben, die Got den Heiligen verlihen, vnd bittet auch jr[1] vmb die selbigen, das sie dem exempel der Heiligen zum preiß Gottes nachfolgen moͤge. Hernaher aber hat man auch der Heiligen für bit, Demnach auch jhre verdienst, Zů letst auch die besondere macht zů helffen in die Collecten[2] mit eingemenget. Dann wie in aller Christlichen lehr vnd gebrauch das elter jmmer das reiner vnd das besser ist, wie der fromme Tertulianus[3] sagt[4], also ist auch alles so vil erger, so vil es newer vnd neher ist der | *lxxvjb/Tiijb* | zeit der finsternuͤß, für die die C. Deputaten streiten, des[5] sich auch kein verstendiger zů verwunderen hat, wenn er gedenckt, was[6] fuͤrsteher die Gemeinden Christi in diesen letsten zeyten gehabt habe vnd noch: φιληδόνους μᾶλλον ἢ φιλοθεούς[7]. Noch[8] ist Got hoch zů dancken, das er vns erhalten hat, das noch alle Collecten, wie vil von jren fuͤrbitten, verdiensten vnd kreﬀten eingemischt worden ist, doch allein den Vatter anruͤffen durch vnseren Herren Jesum Christum vnd keine die Heyligen. Das bedencke, frommer Christ, vnd erken darbey, das das ansprechen vnd anruͤffen nichts wenigers ist dann ein lehr oder brauch der war Christlichen Gemeinden. So vil von diesem Artikel.

Antwort auff etlich neben Calumnien vnd felschliches verkeren[9] vnd anklagen der C. Deputaten bey diesem Artikel

BEy dieser matery in meynem vorigen bůch habe ich angezeygt, wa[10] her kome, das die Leuth so vngern den Vatter selb durch vnseren Herren Jesum den nehsten[11] vnd allein anruͤffen, nemlich »das sie sich vor Got scheuwen, als dem sie sich noch nit in gantze gehorsam ergeben woͤllen«[12]; Jtem, das sie Got nit die groͤste macht vnd auch die milteste vnd vns armen sünderen bereyteste barmhertzigkeit zůge- | *lxxvija/Vja* | ben[13]. Zum dritten, das sie auch meer das

1. für sich.
2. Kollektengebete aus den Propria der Heiligenfeiertage.
3. Florens Quintus Septimius Tertullian (um 160–225 n.Chr.), christlicher Schriftsteller in Karthago. TRE 33, S. 93–107; Reclams Lexikon der Antike, S. 629; RGG^{3} 6, Sp. 700f.
4. Vermutlich folgende Stelle: *Tertullian*, Adversus Marcionem IV,4f. PL 2, Sp. 365–366.
5. worüber.
6. was [für].
7. das Vergnügen Liebende eher als Gott Liebende.
8. Dennoch.
9. Verdrehen.
10. wo.
11. unmittelbar.
12. Bucers Erste Verteidigungsschrift, 1543 (s. oben S. 32, Anm. 5), Bl. c4b. BDS 11,1, S. 41,27–28.
13. Vgl. Bucers Erste Verteidigungsschrift, 1543 (s. oben S. 32, Anm. 5), Bl. c4b. BDS 11,1, S. 41,30–32.

zeytlich von Got dann die Gotseligkeit vnd gerechtigkeit sůchen.[1] Diß hastu zů lesen, frommer Christ, im vij. Artikel des ersten theyls meines vorigen bůchs.

Offentlich vnwarheyt der C. Deputaten

Nun sehe, was erbar vnd warhaffte leuth diese C. Deputaten sindt. Auff dieses mein erinneren haben sie geschriben: Jch liege[2] auff sie, das sie so lehren, vnd das seye[a] ein Calumnia, die anzeige, das nichts redlichs vnd erbars – nihil plane candoris – in mir vbrig seie. Welcher gleubiger[3], sagen sie, ist je auß diesen vrsachen beweget zůn Heyligen geflohen? Wenn[4] hat die Gemeinde Christi das je gelehret? Noch[5] erdicht ich solichs auff sie als ein falscher ankläger vnd lesterer, das sie so lehren. So verdolmetschts[6] jr drucker, der seyner Herren schrifft gemeinlich[7] ins arg bessert.

Wa her die Leuth zum Heyligen anrůffen so geneigt sind.

Du aber, Christlicher Leser, besehe mein bůch, so wůrstu finden, das nit ich, sonder die C. Deputaten hie, wie an so vil anderen orten meer, die offne vnwarheit schreiben, Dann ich also geschriben[8]: »Nun aber, das die leuth der abgestorbenen Heyligen fürbit so hoch achten, will als[9] daher kommen, wie das die that augenscheinlich beweiset« etc. Jrer, der C. Deputaten, lehre, nach[10] vil weniger der Gemeinden Christi, hab ich mit keynem wort gedacht. Wer leuget nun, wer verkeret[11] dem anderen seine rede? Wer ist ein Calumniator? Die Christliche gemein lehret ja nit also, vnd die war gleubigen, wenn sie auß warem glauben handlen, fliehen sie[b] | *lxxvijb/Vjb* | zů Christo, nit zůn Heiligen. Was thůt aber der arm gemein hauff, von den falschen Propheten vnd Heyligen Predigern, denen jr euch nun zůgesellet, verfüret vnd verblendet?

Was treybet den[12] zůn Heyligen, so er seynen Gott vnd Schöpffer, seynen einigen Herren vnd Heylandt Christum, so gentzlich verlasset? Freylich: wer in offentlicher Simony[13] vnd beraub[14] der armen Pastoreyen vnd ander kirchen

a) Drf. eye.
b) Das Wort steht nur im Reklamant.

1. Vgl. Bucers Erste Verteidigungsschrift, 1543 (s. oben S. 32, Anm. 5), Bl. c4b. BDS 11,1, S. 42,2–3.
2. löge.
3. Glaubende.
4. Wann.
5. Gleichwohl.
6. übersetzt es.
7. normalerweise.
8. Bucers Erste Verteidigungsschrift, 1543 (s. oben S. 32, Anm. 5), Bl. c4a-c4b. BDS 11,1, S. 41,25–26.
9. insgesamt.
10. noch.
11. fälscht, verdreht.
12. vermutlich: denn.
13. (unsauberer) Handel mit geistlichen Sachen, Kauf und Verkauf geistlicher Ämter und Pfründen.
14. Ausraubung.

versehung[1], in ehbruch, hůrerey, fuͤllerey, geytz, neid vnd haß verharret, der scheuwet ja vnd fleucht[2] vor Got vnd Christo, will vnd kan jn nit recht anruͤffen, – Dann wer seinen namen in der warheit anruͤffet[3], dem wuͤrdt geholffen vnd mag im todt vnd solichen sünden nit verharren, – Diese leuth sindt aber die meisten, die die můtter des Herren vnd allerley Heiligen mit fasten, feiren, opfferen, singen vnd lesen, bildern vnd Goͤtzen verehren, haben jr zůflucht zů jhnen, Sůchen auch bey den Heiligen in diesem leben nicht fromkeit oder tugent, sonder gesundtheit, gluͤck vnd fürderniß[4], das sie lang leben moͤgen vnd in dem gemach[5] vnd freuden, deren sie sich geprauchen, Das ist, das sie lang Got schmehen vnd lesteren, den nehesten[6] beschwaͤren[7] vnd verergeren[8] moͤgen. Das sindt ja dieser beum offenbare fruͤcht, dabey man sie wol kennen kan[9].

Auß was lehre kommet nun disse blindtheit, diß verkeret wesen? Dienet nichts[10] hie zů der C. Deputaten Gotlose[11], hie vor verlegte[12] lehre[13], das das gemuͤt für den Thron Goͤtlicher gnaden mit besserem vertrauwen komme, wann es vil fürbitter von verstorbenen Heyligen | *lxxviija/Vija* | mit sich für Gott bringe, Wie auch, das[14] sie an diesem ort schreiben, Nemlich das sie die abgestorbenen Heiligen darumb meer, dann die noch hie leben, vmb jre fürbitt ansprechen, das sie glauben, die selbigen heben[15] ein reinere vnd ein einbrünstigere liebe zuͤ jnen als die jres eygen Heyls sicherer seyen, dann die noch hie wallen[16] vnd für sich selb sorgfeltig[a][17] sindt vnd selten zůr volkommenheit der liebe kommen; Jtem, das auch vil zů eynem wuͤrdigen, heiligen gebet gehoͤret, das man eer bey den Heiligen, die von diesem leib erloͤset seind[18], finde dann in denen, die noch in diesem leben seindt.

Jn dem sicht man abermal, wahin diese Doctoren die leuth weisen, warauff sie lehren, das vertrauwen des gebets zů Got setzen. Diß ist ja jr argument.

a) Drf. sorfeltig.

1. Ausstattung. *Grimm* 25 (= XII), Sp. 1264.
2. flieht.
3. Vgl. Ps 81,8; Ps 107,13.
4. Förderung.
5. Frieden, Ruhe.
6. Nächsten.
7. belästigen, beleidigen.
8. (ihm) Ärgernis geben.
9. Mt 7,16–20; Lk 6,43–44.
10. nicht.
11. Gottlosigkeit.
12. widerlegte.
13. s. oben S. 130,8 bis 132,19.
14. das [was].
15. hätten.
16. laufen, wandeln.
17. besorgt, sorgenvoll.
18. Vgl. Röm 7,24.

Die abgestorbenen Heiligen haben ein reinere liebe zů vns dann die hie leben, darumb wͦllen sie auch desto gerner für vns bitten, Vnd jr gebet ist Heiliger vnd wirdiger dann deren auff erden, darumb kͦnden sie vns auch meer erlangen. Jst das nit das hertz der bettenden auff der menschen würdigkeit vnd Heiligkeit gewisen? Wann gedencken sie doch mit einem wort der grundtlosen barmhertzigkeit vnsers Himlischen Vatters vnd des vnentlichen verdienst vnd liebe zů vns vnsers einigen mitlers vnd fürsprechen Jesu Christi? Der ists vnd kein Heilig, ja nit alle Heiligen, der die rechte, reine vnd grͦste liebe zů vns hat vnd darumb vns zů fürbitten der[1] bereit ist. So ist auch sein gebet allein das wirdig vnnd Heilig gebett, das dem Vatter gefellet vnd recht von im alles erwͧrbet.

Warumb Gott von vns will gebetten sein.

Ein ander Calumnia vnd verkerung bringen sie fͧr bey | *lxxviijb/Vijb* | dieser matery: Jn meynem vorigen buch hab ich wͦllen anzeygen[2], warumb Gott von vns wͦlle gebetten sein – Darumb nemlich, das wir vns zů jm keren, seyne gaben theur schetzen vnd, so er vnser gebet so gnediglich erhͦret, jn desto lieber gewinnen vnnd vns im in alle gehorsame desto gentzlicher begeben – Wie ein Vatter von seinem kind will gebetten sein[3], darumb das er jm one das zů geben bedacht ist. Got wisse sust[4] vnd wͦlle helffen, da er helffen solle, auch ehe wir jn darumb bitten. Er dͦrffe vnsers gebets gar nicht darzů, lasse sich auch dardurch zů nichten, das er nit von jhm selb von ewigkeyt habe thůn wͦllen, bewegen.

Offenbare verkerung der C. Deputaten

Diß verkeren mir die C. Deputaten vnd schreiben, es seye offenbar, das ich hie vnder dem deckel[5] der Gͦtlichen versehung[6] wͦlle den glauben vnd die hoffnung deren, die betten, zerstͦren vnd alle einfeltigen dahin fͧren, das sie fleischlich[7] sicher seyen vnd alles auff die notwendigen erfolgung[8] aller ding stellen, auff das fatum, Welches so verderblich seye, das man nichts verderblichers wider die Gotseligkeit erdencken mͦge. Fͧren darauff vil sprͧch ein, in denen vns Gott zům gebet vermanet.

Sehe, fromer Christ, sind die leuth auch werdt, das ein Christ etwas mit jnen handle? Will ich den glauben der bettenden zerstͦren, die leuth fleyschlich sicher machen vnd auff die notwendige verfolgung[9] aller ding i.[10] Fatum verleyten, Der ich doch jmmer Auff das Got- | *lxxixa/Viija* | tes wort, Zů der ewigen

1. sc. Christus.
2. Vgl. Bucers Erste Verteidigungsschrift, 1543 (s. oben S. 32, Anm. 5), Bl. c4a. BDS 11,1, S. 41,7–24.
3. Lk 11,11–13.
4. ohnehin.
5. Vorwand.
6. Vorsorge, Prädestination.
7. leiblich, sinnlich. *Lexer* 3, Sp. 397.
8. Folge. *Grimm* 3, Sp. 804.
9. Folge.
10. id est.

gnaden Gottes, Zů dem lieben Christo weise Vnd lehre, das Gott von vns gebetten sein woͤlle? Wen solle das auff fleyschliche sicherheit oder auff Philosophische notwendigkeit verleyten?

Das ich dann darbey auch anzeyge, man doͤrffe zům gebet zů Got nit vil Heiligen verdienst sůchen, sonder muͤsse steyffen[1] glauben haben auff seyne verheyssene guͤte vnd den[2] verdienst Christi, vmb des willen vns der Vatter zů vnserem Heyl in allem anligen erhoͤren will, Jtem, das ich lehre, Got woͤlle darumb von vns gebetten sein, das wir vns desto hertzlicher zů jhm keren, jn lieber gewinnen vnd jm vns gentzlicher in alle gehorsame darstellen vnd nit, das er vnsers gebets bedoͤrffe oder das er nit von jm selb vns thůn woͤlle, was er thůn soll, Warinn solle diß den glauben brechen oder falsche sicherheit geberen? Solle ich dann lehren, das Gottes wille nit ewig seye oder das Got nit alles vmb seynen selb willen thůe, wie er von jhm selb zeuget? Oder solle ich lehren, das die leuth jr vertrauwen jm betten, nit auff den gůten willen Gottes, sonder auff das werck jres gebets setzen vnnd nit vor allem betten sollenn, das gottes name geheyliget werde vnd sein reich erweyteret[3]. Aber du siehest wol, lieber Christ, das sich die leuth in diesem jhrem vermeinten vrtheyl allein dahin begeben vnnd gerichtet haben, die war Christlich lehr zů verkeren vnd zů verlesteren, Ja nit[a] allein felschlich zů verkeren vnd zů lesteren, | *lxxixb/Viijb* | Sonder auch offenbare vnwarheit von vns fürzůgeben vnd zů schriben, das[4] wir nie gedacht, Ja, da wir das widerspiel[5] außtrucklich geschriben haben; Als[6] in dieser materi schreiben sie, Jch verneine, das vns Got etwas gůts thůe in ansehung vnd verdienst seiner Heiligen, So ich doch das widerspiel außtrucklich geschriben vnd bekennet habe, Das nemlich Got den leuthen auff Erden vmb seiner lieben Heiligen willen, die bey jm leben, gůts thůe, Vnd, das zů beweren, eben das ort auß dem xvj. cap. des ersten bůchs der Koͤnig[7] angezogen, das sie, die C. Deputaten, selb auch anziehen von dem koͤnig Abia[8], Dem Got einen Sůn vmb Dauids willen gegeben hat, darumb das Dauid gethan hat, das dem Herren wolgefellig gewesen ist. Diß hastu, Christlicher Leser, zů sehen im vierdten Paragrapho des siebenden Artikels in meinem vorigen bůch[9].

Ein gantz offenbare, můtwillige luͤgen der C. Deputaten

a) Drf. mit.

1. festen.
2. das.
3. Mt 6,9–10.
4. woran.
5. Gegenteil, Gegenargument.
6. nämlich.
7. richtig I Reg 15,4–5.
8. Abia(m), auch Abija, der zweite König von Juda (916–914).
9. Vgl. Bucers Erste Verteidigungsschrift, 1543 (s. oben S. 32, Anm. 5), Bl. c2b. BDS 11,1, S. 40,3–7.

Heist nun das ein vrtheyl geben in Gottes sachen, wie das Gotsgelerten Priestern vnd Doctoren gebůͤret, Oder offentlich liegen[1] vnd lesteren, wie es eygnet den feinden vnd lestern Gottes vnd aller warheit? Dan jnen nit genůg gewesen, soliche offenbare vnwarheit wider mich zůͤ schreiben, sonder hengen erst[2] daran: Jch verkleinere mit Gotslesterlichem mundt die gůͤte vnd freye miltigkeit Gottes, Jtem: Got belohne die verdienst seiner Heiligen auß freyer gnaden, wenn es vns Gotlosen ketzeren schon leydt seye, Vnd vnser Gotlosigkeit seie so groß, das wir nit bekennen moͤgen[3], das doch der Goͤtzen diener Laban bekant habe Gene. | *lxxxa/Viiija* | am xxx[27], Das jn Got vmb Jacobs willen gesegnet hat. Diß sindt jhre wort! Sindt das nun nit kinder des, der von anfang ein lůͤgner, διάβολος i.[4] Calumniator vnd moͤrder ist[5]? Wir glauben, bekennen Got lob, diß vnd alles, was vns die Heilig Schrifft zeuget; theten jhr das auch, jhr elenden feind des creutzes Jesu Christi[6], so were kein zanck oder streit zwůͤschen vns vnd wůͤrde das arm volck Christi nit so jemerlich von Christo, jhrem Heylandt, auff euwere erdichte Heiligen vnd Goͤtzen verfůͤret.

Doch sehe dennoch auch, wie sie jmmer jhre gedicht für Gottes wort fürsetzen. Got saget, er wolte Jsaac vnd seinen nachkommen gůts thůn, darumb das Abraham seine stim gehoͤret vnd seine gebott gehalten hat[7], Jtem, das er dem Abia ein Sůn geben habe vmb Dauids willen, darumb das Dauid gethan hat, das jhm gefellig gewesen[8]. Dergleichen reden seindt in der H. Schrifft meer[9]. Wa ist aber das wort merita – verdienst – der Heyligen, Das die C. Deputaten jmmer einfůͤren? Got belohnet der seinen gůte werck ja[10] vberreichlich, aber, wie jr selb bekennet, auß freyer gnaden. Darumb sind sie, eygentlich zů reden, nit verdienst. Aber dauon oben[11] im anderen haupt Artikel von gůten wercken vnd jrem verdienst.

Schrifft hat nit verdienst, wie die C. Deputaten, sonder gehorsam.

Nun zur sachen, dauon die Coͤlnischen Deputaten sich so vil streyts annemen vnnd so schwerlich lesteren, da doch kein streyt ist vnnd so vil Schrifftenn fürbringenn, da es seyn[12] gar nitt bedarffe, | *lxxxb/Viiijb* | allein das sie dem Leser ein gespenst[13] vor den augen machen, als ob sie vns ein mal durch die H. Schrifft etwas abbrechen[14] moͤchten, das sie doch im geringsten, Gott

1. lügen.
2. erst recht.
3. könnten.
4. id est.
5. Vgl. Joh 8,44.
6. Vgl. Phil 3,18.
7. Gen 17,19.21.
8. I Reg 15,4–5.
9. s. unten S. 149,4–11.
10. sicherlich.
11. s. oben S. 51–62.
12. sc. des Beibringens.
13. Blendwerk, Täuschung.
14. wegnehmen.

lobe, nymmer meer vermoͤgen. Dauon ist ja kein streyt; das bekennen wir vnd habens alweg bekennet vnd preysen darinn die reyche guͤte Gottes meer dann jr, das Got vmb der seynen vnd jhres glaubens willen auch anderen vil vnd groß gůts thůt, Wie er dem lieben Paulo alle die seelen schenckete, die mit jm schiffeten[1], Vnnd den Laban reych machete vmbs Jacobs willen[2] Vnd wolte allen zů Sodoma verschonet haben, wenn allein zehen frommer da gewesen weren[3]. Es hat auch Got verheyssen allen denen, die jhn lieben vnd seyne gebot bewaren, gůts zů thůn in das tausents geschlecht, Exod. xx[6]. Dabey zeugen wir aber auch, das der milte Got soliche gůtthaten seynen lieben Heyligen thůt allein vnd gentzlich auß seyner freyen guͤte vnnd durch den verdienst seynes lieben Sons, vnsers Herren Jesu Christi.

Darinn ist aber vnser streyt wider euch, Das jr vnd euwer hauff das arme volck in den jrthumb gefuͤret habt vnd darinn stecken lasset, Das es die gůtthaten vnd hilff Gottes den Heyligen nach ongoͤtlichem gedicht[4] abtheylet[5], das Gott, vmb des willen die, vmb eins anderen willen ein ander kranckheit hinnemen, vmb des willen die gabe, vmb eines anderen willen ein andere geben solle Vnd das man dann soliche gůtthaten mit den erdichten diensten, die sie den Heyli- | *lxxxja/Xja* | gen thůn, mit fasten, Messen vnd dergleichen erlangen moͤge. Dann diß ist[6] die freye, vnangebundene gnad vnd hilff Gottes an die creaturen vnnd deren wercke; wider Gottes wort hefften, Jst[7] neuwe mittel Goͤtlicher huͤlff erdichten vnd also vngezweyfflete Abgoͤttereye treiben, wie oben bewert[8] ist im Artikel vom waren vnd falschen anrůffen Gottes[9]. Da wider streyten wir, das fechten wir an. Vnd weil die C. Deputaten soliche offenbare Abgoͤttereyen erhalten vnd verteydigen, da solten sie Schrifft fuͤrbringen, wa[10] sie moͤchten[11], da solten sie sich erbrechen[12] vnnd nit vns mit offenbarer vnwarheit zů messen[13], da wir das widerspiel[14] geschriben, vnd dann wider das selb, jhre eygen gedicht, sich fast[15] erbrechen vnd vil Schrifften einfuͤren.

1. Act 27,13–44.
2. Gen 30,27.
3. Gen 18,32.
4. Erfindung, Fälschung.
5. zuordnet. Vgl. Frühneuhochdt. WB 1, Sp. 434f.
6. heißt, bedeutet.
7. heißt.
8. bewiesen.
9. s. oben S. 67,19 bis 86,17.
10. wo, wenn.
11. möchten.
12. losmachen. *Grimm* 3, Sp. 736.
13. zuschreiben.
14. Gegenteil.
15. stark, schnell, heftig.

Dieweil aber fiel sind, die für jetz ermelte[1] Abgoͤttereye die erfarniß vnd auch exempel der Schrifft vnd der alten Vaͤtteren fürwenden, will ich zů gůt den einfeltigen dauon allhie auch ein wenig berichts anhengen.

Wie Gott den Leuthen vmb seiner Heyligen willen gůts thůt Vnnd von den beroͤmpten wunderwercken, die bey den Heiligen gedechtnissen geschehen sollen

ERstlich werffen[2] die vnbestelten[3] Rentmeister[4] der Heyligen, die mit jrem gebein vnd erdichten wunderwercken jren genieß[5] vnd bracht[6] sůchen, | *lxxxjb/Xjb* | die erfarnüß[7] für. Man habe das erfaren, das eben vilen, die S. Anthoni[8] haben angerůffen vom brand[9], die S. Cornelius[10] von[a] fallenden siechtagen[11], die S. Huprecht[12] von der rasenden hundt biß vnnd also die andere Heyligen haben angerůffen, von anderen plagen geholffen worden seye.

Wa her man besondere hülffe durch besondere Heyligen sůchet.

Da frage ich aber euch armen blindenleyter: habt jr das eygenlich erfaren vnd wisset, das allen denen in der warheit geholffen seye, deren hülff man sich an den orten, da man solcher Heyligen hülff sůchet, rhůmet, Da man die tafflen[13] dauon vffhenget Vnnd die wechsenen bilder fürstellet?

Zum anderen: ob jhr dann[14] des gewisse kundtschafft hetten, die jhr doch freylich nit haben moͤgen, das etwas wunders vnd leiplicher hülff bey ewer Heiligen gedechtniß geschehen seye, Jsts darumb gleych gewiß, das soliche warhaffte zeychen vnd wunder seien Goͤtlicher gnaden vnd nit meer gespenst[15] vnd betruge des teuffels vnd versůchung Gottes? Es hat vns ja Gott auch verwarnet vor den falschen vnd luͤgenthafften zeychen vnd wunderwercken, durch die er vns versůchen will vnd durch die der Widerchrist ein-

Falsche wunderzeichen

a) wohl Drf. vom.

1. erwähnte.
2. werffen ... für: halten vor Augen, halten entgegen.
3. unbefugten.
4. Sachwalter, Schatzmeister. *Grimm* 14 (= VIII), Sp. 817.
5. Nutzen.
6. Prahlen, Prunk im Auftreten.
7. Erfahrung, Erfolg.
8. Antonius (251/252–356), Abt und Einsiedler in Ägypten. LThK² 1, Sp. 667 f.; RGG³ 1, Sp. 461.
9. Antonius galt als Retter vor Feuersbrunst.
10. Cornelius, Papst (gest. 253). Er wurde als Heiliger vor allem im Rheinland gegen Krämpfe und Fallsucht angerufen. LThK² 3, Sp. 57 f.
11. Krankheiten, hier: Fallsucht. *Grimm* 16 (= X,1), Sp. 852–855.
12. Hubertus (ca. 655–727), Bischof von Lüttich, Heiliger, Patron der Jäger, Forstleute und Schützen, auch gegen Hundetollwut. LThK² 5, Sp. 503.
13. Gemälde auf Holz.
14. selbst wenn ihr.
15. Blendwerk, Täuschung.

bricht vnd die falschen Propheten jre jrthumb also bestetigen, das auch die erwelten kaum bey der[a] warheit erhalten werden[1], Deut. xiij[2–6], Math. xxiiij[3–5.11.24] vnd ij. Thess. ij[3–12].

Ja, weyl alle ware wunderwerck allein zů bestetigung des H. Euangelij vnd des reynen glaubens an Christum dienen, Wie der Herr auch seine zeychen allein darzů verheissen hat, Joh. xv.[2], Marc. vltim.[3], wel- | *lxxxija/Xija* | cher warer, verstendiger Christ mag daran zweyfflen, das alle die zeichen vnd wunder, da durch die Gepein, Gŏtzen[4], Stett[5] vnd ander soliche eussere ding den leuthen in soliche hohe achtung gebracht sindt, das sie Gottes gnad vnnd hülff dabey, als ob die besonders bey diesen dingen rastete, wie sie sagen, sůchen, nichts dann gewisse versůchung Gottes, gespenst des Teuffels vnd werck des widerchrists seyen?

Zum dritten: wenn dann auch gantz gewiß were, das Got bey den gedechtnůssen seiner lieben Heiligen an etlichen orten rechte, gewisse, warhafftige zeychen vnd wunder gewürckt vnd jemandt geholffen hette zů bestetigung seines H. Euangelij, folget darumb, bey warem glauben an Got, das Got einem jeden, der zů solcher gedechtniß der Heiligen komme vnd da Gottes hülff sůche, auch also helffen wŏlle Vnd das man also des orts ein bitfart anrichten vnnd soliche gepein oder stett also zů newen Sacramenten – das ist: gewissen zeychen Gŏtlicher gnaden vnd hülff -machen solle wie die Heiligen gutzler[6] gethan haben?

Ob schon Got an eynem ort ein zeychen thůt, darumb kan man da nicht mit warem glauben meer fordren.

Die Moabiter kriegßleuth warffen einen todten kŏrper in das grab Elisei des Propheten, vnd da der des Propheten gepein anrůret, warde er lebendig vnd trat auff seine fŭß[7], ij. Reg. xiij[20–21]. Damit hat Gott seynen Prophetenn geehret vnnd hat diß zeychen auch zum theyl vmb seinet willen gethon. Haben aber darumb die leuth, wie die Abgŏttischen Heyligen diener thůn, sollen ein bittfart zů diesem grab auffrichten | *lxxxijb/Xijb* | vnd alle jre todten dahin tragen, das sie wider lebendig würden?

Jm grab Helisei ward ein todt erweckt.

Also da dieser Prophet vnd sein meister noch in diesem leben waren, hat der Herr durch sie beide vil grosser zeychen gethan, Aber die allein an denen, an welchen er das nach seinem Gŏttlichem rath fürgenomen, nit an allen, denen[8] es die menschen begeret haben. Es waren vil witwen, sagt der Herr, in Jsrael zůn zeyten Helie, doch sandte Got diesen seinen Propheten allein zů

a) Dittographie.

1. Dtn 13,2–6; Mt 24,3–5.11.24; II Thess 2,3–12.
2. richtig Joh 12,18.37.
3. Mk 16,17–18.
4. Götzenbilder.
5. (Wallfahrts-)Orte.
6. Bettler, Hausierer. *Grimm* 9 (= IV,1,6), Sp. 1495.
7. II Reg 13,20–21.
8. für die.

der witwen in Sarepta bey Sydon, das er die solte mit jrem Sůn in der teuren zeyt durch wunderwerck erhalten. Vnd als zun zeyten Elisei in Jsrael vil aussetzigen waren, warde doch durch diesen Propheten allein der Naeman auß Syrien gereyniget[1], Luc. iiij[25–27].

Also kuͤndte der Herre, wie Marcus zeuget vj[5], nicht ein einige that zů Nazareth thuͤn, one[2] wenig siechen leget er die hende auff vnnd heylet sie[3]. Seinen lieben Apostel Paulum hat er darzů berůffen, das er sein Euangeli solte allen Heyden Predigen[4]; noch liesse jhn der Heylige Geyst nit reden in Phrigia noch in Bithinia, Acto xvj[6–7]. Der gleichen hat Gott auch durch Mose, durch andere Propheten vnd die Apostel vilerley zeychen gethan, Alle aber noch seinem Goͤtlichen rath vnnd willen, one einiges anhefften[5] an einige stett, personen, wunderwerck, noch vil weniger on einigs[6] Gebein, Goͤtzen vnd Goͤtzen dienst.

Auß diesem hastu, frommer Christ, dieses zů lernen: | *lxxxiija/Xiija* | Erstlich, das du nit alles, das die leuth so jren gewinn mit den Heyligen sůchen, für zeychen vnnd wunder fürgeben, glaubest; Denn der leychtfertigs hertzens ist, der den Leuthen in sachenn Gottes, one Gottes wort vnd gewisse[7] anzeige Goͤtlicher wercken, leychtlich glauben gibt.

Vil erdichte zeichen

Wie die geruͤmpten wunderwerck zů beweren

Zům anderen: ob denn schon die zeychen vnd wunderwerck, deren man sich rhumet, offenbar sindt, das du doch sehest, ob es soliche zeychen sindt, die sich in warhaffter thaten sehen vnd fůlen lassen, Wie des Herren vnd der Apostel wunderwerck waren, nit allein in treumen vnnd gesichten oder sunst verletzten gemůtern meer erscheinen, dann wůrcklich befunden werdenn, wie der Goͤtzen zeichen zů sein pflegenn. Fürnemlich aber sehe, ob sie eygentlich[8] darzů dienen, das der ware glaube an Christum durch sie gestercket vnd das gemuͤt allein an Gottes wort gehefftet vnd zů Goͤtlicher gehorsam gefůrdret werde, Welches die gewisse prob ist der waren zeychen vnd wunderwercken Gottes. Dann so sie ein theurschetzung[9] einfůren der menschen werck, der Stetten, Gebeinen, Goͤtzen vnd dergleichen vnd die Gottes gnad vnd -hůlff an diese[a] ding hefften, so sindt sie sonder zweyffel zeychen des widerchrists.

a) Dittographie.

1. I Reg 17,8–24; II Reg 5,1–27; Lk 4,25–27.
2. außer.
3. Mk 6,5.
4. Gal 1,16.
5. Anfügen.
6. irgendein.
7. sichere.
8. wirklich.
9. Hochschätzung.

Zů letst: wenn es dann schon gantz gewiß were, das es warhaffte zeychen vnd wunder seindt, die man darfür außgibt, das sie nemlich in wůrcklicher that be- | *lxxxiijb/Xiijb* | funden sein vnnd zů auffbauwung des glaubens an Christum thetlich gedienet haben – deren man bey den heyligen gedechtnüssen freylich in vilen jaren wenig vernomen hat, dann Got mit seinen zeichen vnd wundern nit jrthumb vnd aberglauben, wie bei diessen heiligen stetten, wie man sie nennet, geschicht[1], Sonder ware Christliche Religion stercket vnnd fůrderet –, so soltu doch wissen, das dir, weyters auß solichen zeychen vnd wundern zů machen, nit gepüret, dann das du Got darumb danckest in Christo, vnserem Herren, Vnd dich also im vertrauwen zů Got besserest vnnd sterckest, der die seinem H. Euangelio, das die Apostel vnd Martyrer gepredigет vnd mit jrem blůt bezeuget haben, bestendiglich anhanget, nimmer verlasset, sonder jnen eer vber die natur vnd wunderbarlich hilffet.

Dann wie der Herre alle zeychen im leben seiner Apostel vnd ander heiligen auff jre gebet gewürcket hat, allein jre rede vnd Predig damit zů bestetigen vnd also nit sie, sonder seinen lieben Son Christum zum Heylandt vnd nothelffer der welt fürzůgeben vnd zů bezeugen, Also würdt der liebe Gott auch bey den gedechtnissen der Martyrer seine wunderwerck allein gethon haben, wa[2] er die je gethon hat, zů bestetigen solichen glauben seines H. Euangeli vnd vns zů seinem lieben Son, den die Heiligen geprediget vnd so theur bezeuget haben, zů ziehen vnd bey jm zů halten, wie das der liebe Augustinus an meer orten zeuget[3].

Aber eben darumb, das diß wunderwerck gewesen | *lxxxiiija/Xiiija* | – sein vns in gemein von Got nit verheissen vnd auch nit in der gemeinen ordnung der wercken Gottes begriffen –, so hastu dir von solichen wunderwercken vberall kein folge zů machen, soliche zeychen durch einigs eusser mittel an einiger stett, durch einiges Heiligen gebein oder ander eusserlich thůn, zů sůchenn, Sonder solst die lassen werck sein der freyen gnaden vnd gůte Gottes; Vnd wa du dir die auch woltest forderen vnd darumb zů solichen Heiligen gedechtnissen lauffen vnd deine bittfert[4] thůn, so versuchtestu deinen Got vnd tribest abgötterei, Dann du seine hülff durch weg vnd mittel sůchtest, die er dir nit fürgegeben hat, vnd verliessest seine so reiche zůsage, in deren er dir versprochen vnd vergewisset hat, wa du jn, deinen Got vnd Vatter, anrüffest im namen seines lieben Sons, vnsers eynigen mitlers vnd Heylandts, Das er dich da selbet zů deinem Heyl in allen nöten vnnd anligen erhören vnd helffen wölle[5], Ja, er, der Herre Christus, wölle selb mitten vnder denen sein, die sich

Dieweyl vnß Gott seine wunderwerck an keinen stetten verheissen, mögen wir sie auch an keinen stetten mit glauben sůchen.

1. geschieht.
2. wenn.
3. Solche Stellen konnte ich nicht nachweisen.
4. Wallfahrt.
5. I Tim 2,5–6.

in jhm vereinbaren[1] vnd in seinem namen zů samen komen[2]. Darbey sollen wirs bleiben lassen vnd den lieben Christum in allem vnser einigs[3] Heilthumb der hülff vnd gnadenstůl erkennen vnd halten, bey dem wir reichlich alle Gottes hülff finden werden.

Die folge gilt nit, da man die wunderwerck bey den Heiligen jm leben vernomen, ist man zů jnen gelauffen[a], warumb nit auch zů den todten.

Da werffen sie aber für das exempel der leuthen, die zů Christo, dem Herren, vnd den lieben Apostolen hie auff erden gelauffen sein vnd die hůlff Gottes durch jre wunderwerck gesucht habenn, nach dem sie soliche wun- | *lxxxiiijb/ Xiiijb* | derwerck, anderen bewysen, vernomen hatten, Welches exempel die schrifft als loblich vermeldet. Warumb, sagen sie, solten wir dann nit also auch zů den Gedechtnissen der Heiligen lauffen, wenn wir vernemen, das warhaffte wunderzeichen alda geschehen sindt, Nemlich[4], wa wir alda allein Gottes hůlff durch den verdienst Christi sůchen?

Wunderwerck Gottes bey der Heiligen gedechtnissen sůchen hat kein verheissung; darumb ists vnrecht.

Antwort: Zů Christo, dem Herren, kamen billich vnnd sůchten[b] Gottes hülff bey jm durch seine wunderwerck alle, die in leiden vnd anfechtung waren, weyl er selber zů jm kommen hiesse alle, die bekuͤmmert vnd beladen waren, Matt xj[28], Also auch zů den Apostolen, dieweil der Herre jnen gewalt vnd befelh gegeben hatt, vber alle sůchten vnd allen gewalt des feindts, Mat. x[8], Luc. x[9]. Mit den Heyligen gedechtnissen hat es aber nit die meinung, Dann von denen haben wir keyne soliche verheyssung; Vnnd darumb, weyl man bey solichen Gedechtnuͤssen die wunder Gottes one sein wort gesůchet, hat so gar zeitlich[5] der Teuffel sein gespenst[6] an solichen orten angerichtet vnnd so grausame Abgoͤttereye erwecket, Des vns die Historien zů vil grobe[7] exempel anzeygen.

Jst kein gleubige folge: Die alten haben wunderwerck bey den todten heyligen gesůchet; darumb moͤgen wir das auch thůn.

Hie bringen sie dann das exempel der alten Vaͤtter vnd Christen für, die Gottes wunderbare hülff durch Christum bey solichen Heiligen gedechtnuͤssen gesucht haben, wann sie vernommen, das etwan wunderwerck bey solichen gedechtnissen geschehen sein. Darauff ge- | *lxxxva/Yja* | be ich die antwort: Es seind nit alles Heilige werck vnd exempel, denen wir nachfolgen sollen oder auch mit Got moͤgen[8], welche die Heiligen gethan haben, dauon oben weyter gesagt ist im xlix. vnnd folgenden zweyen blettern[9]. Es haben ja die alten al-

a) Drf. gelnuffen.
b) Drf. sůch- chten.

1. identifizieren, in Übereinstimmung bringen.
2. Mt 18,20.
3. alleiniges.
4. vor allem.
5. dann ganz schnell.
6. Blendwerk, Täuschung.
7. deutliche, leicht verständliche.
8. vermögen, können.
9. s. oben S. 103,25 bis 106,15.

lerley von solchen wunderwercken gemeldet, das wol meer bewerens[1] bedoͤrfft hette, ob es auch alles ware vnnd Goͤtliche wunderwerck gewesen seyen, die man darfür gerhůmet hat. So haben auch etliche der alten Vaͤtter das volck soliche zeychen vnnd wunder lassen sůchen vnd jnen nachlauffen, da sie die vil meer solten zů Christo, vnserm Herren, gewisen haben.

Der Herre ists ja allein, der vns schlegt[2], vnnd wille vns damit wider zů sich vnd in seine gehorsame treyben. Darumb wille er auch, das wir vns den nehesten[3] zů jm keren vnd jn im Geyst vnnd der warheit anrůffen[4] durch seynen lieben Sůn, vnsern Herren Jesum Christum. Es ist jhm mit vns – das bedenck wol, mein frommer Christ – alles darumb zů thůn, das wir vns in warem glauben in die gehorsam seines worts begebenn, das wyr fromlich leben, jhm zum preyß vnnd dem nehesten zur besserung. Darumb hat er vns seynen lieben Sůn auff erden gesandt vnd den bittern todt leiden woͤllen. Vnnd auff das er die leuth zů seynem wort vnd solichem glauben zůge, hat er alle seine wunderwerck durch den selbigen, seinen lieben Sůn, durch alle seine Propheten vnd Apostel gewircket. Der selbige, vnser einiger heylandt Christus, hat vns zůge- | *lxxxvb/Yjb* | sagt, es seye, wa es woͤlle auff Erden, wa wir vns in seinem namen versamlen, da selbet woͤlle er mitten vnder vns sein[5], vnnd was wir den Vatter in seinem namen bitten, das woͤlle er vns thůn[6]. So wir nun alle diese verheissung haben, wer sich dann deren nit getroͤsten kan, das er von Gott in seynen noͤten durch vnseren Herren vnd einigen fürsprechen Jesum Christum erbetten moͤge, was jm nutz oder gůt sein mag, wa er ja seye, Sonder verhoffet die hilff Gottes eer zů erlangen an den orten, da der Heyligen gedechtnissen sein, der můß ja der theuren vnd so reichen zů sage Gottes nit glauben vnd jm selb neuwe mittel Goͤtlicher hůlff erdichten oder, von anderen erdichtet, gebrauchen, Welches dann vnuerneinliche[7] Gottes verachtung, -versůchung vnd Abgoͤttereye ist, wie vor erwysen.

So vil von den wunderzeichen, die bey den grebern vnd gedechtnissen der Heyligen sollen etwan geschehen sein oder auch geschehen seindt vnd noch gerhůmet werden. Erwige alles wol, frommer Christ, dann dieser jrsal zeitlich[8] eingerissen vnd vil vnnd schwere Abgoͤttereye eingefůret hat, wie leyder vor augen.

1. Beweisens.
2. Vgl. Jes 60,10.
3. auf dem nächsten Weg; direkt. *Götze*, S. 166.
4. Vgl. Joh 4,24.
5. Mt 18,20.
6. Vgl. Joh 14,13.
7. nicht abstreitbare, unableugbare.
8. frühzeitig.

Da wider solten die C. Deputaten streyten, das lassen sie, dann sie vnd jr Part des nit geringe profeyt[1] haben, ja streyten meer darfür, ob sie sich wol des nit frey vernemen lassen. Dann da zů dienet, das sie so ernstlich dafür fechten, das Gott vmb seyner Heyligen willen anderen gůts thůt, vnnd dann von vns | *lxxxvja/Yija* | schreiben wider jr eygen gewissen vnd vnser offenbare Schrifft, wie wir solichs verneinen. Dann sie wol wissen, das wir solichs, wie es die Schrifft zeuget, nit verneinen. Aber wie es bey jhrer Part dahin gezogen würdt, das man darumb die hülff Gottes, deren sie sich an jren genanten Heyligen stetten rhuͤmen, an solchen stetten sůchen solle, weyl Got den Leuthen vmb seyner Heyligen willen gůts thuͤe, Diese falsche folge die[a] verneinen wir vnd zeugen auß eingefuͤrten gruͤnden, das sie abergleubisch vnd Abgoͤttisch ist. Da richte nůn abermal, frommer Leser, wes Gottes leuth das seyen.

Ferner antwort vff der C. Deputaten verkeren[2]

Wie[b] diese leuth vnß allein darumb hassen, verfolgen vnd lesteren, das wir das Reich vnsers einigen Heylands Christi gern wolten getrewlich predigen vnd vns mit dem H. Paulo nichts zů wissen anmassen dann den selbigen, vnseren Herren Jesum Christum, vnd den gecreutziget[3], Also moͤgen sie nichts onangefochten, nichts vngelestert lassen, das von vns dahin geredt vnd geschriben wuͤrdt, das sich das hertz vnd gemůt der menschen zů jm, Christo, vnserem Herren, gantz vnd gar erheben vnd ergeben solle.

Jch hab in meinem vorigen buch in dem vij. Artikel vnder anderem geschriben: »wer sich nit zů Christo, vnserem Herren, mit gantzem hertzen kere vnnd alle hülff vnd trost bey jhm sůche, den werden nicht erkennen weder die můter der[c] Herren noch einige[4] Heiligen.«[5] | *lxxxvjb/Yijb* | Jtem, das »sie von vns kein lieberen vnd angenemern dienst oder ehre erkennen oder auffnemen, dann das wyr vns Christo, vnserem vnnd jhrem einigen Herren vnd Heylandt, gentzlich vertrauwen, von jhm allein vnd durch jn in warem glauben an jhn allen trost vnd huͤlff suchen vnd annemen, wie auch sie gethan, geleret vnd mit jrem blůt bezeuget haben.«[6] Diß sein mein wort.

a) Dittographie.
b) Drf. WWie.
c) Drf. des.

1. Profite, Vorteile.
2. Verdrehen, Fälschen, Entstellen.
3. Vgl. I Kor 2,2.
4. irgendwelche.
5. Bucers Erste Verteidigungsschrift, 1543 (s. oben S. 32, Anm. 5), Bl. c3a-c3b. BDS 11,1, S. 40,27–29.
6. Bucers Erste Verteidigungsschrift, 1543 (s. oben S. 32, Anm. 5), Bl. c3b. BDS 11,1, S. 40,32–36.

Die C. Deputaten moͤgen nitt lyden, das man lere, alle hilff bey Christ zů sůchen sein.

Dis ist den C. Deputaten auch vnrecht geschriben, da wider haben sie sich mit vilen worten erbrechen[1] můßen Vnd vns einen namen eines newen yrthumbs erdencken vnd zůschreyben: Solariorum, der Alleinler; so hůpsche namen kan die liebe dieser leuth erdichten. Dabey magstu aber wol sehen, frommer Leser, was sie von Christo, dem Herren, halten, wie sie zů seinem Reych gesinnet sein. Nun hoͤre aber, was sie wider diß mein bekantniß vnd Lehre fuͤrbringen.

Wiewol, sagen sie, Gott, alß[2] der Almechtig ist, alles thůt vnd wuͤrcket vnd aller trost vnd hůlff von jm herkommet, so volbringe er doch nit alles allein one einige mittel. Dann er habe seinen creaturen etwaß krafft vnd macht eingetrucket, nach der sie folgents auch wuͤrcken, Alß[3] der Sonnen zů leuchten, dem feur zů wermen; Also habe er auch den menschen geben, seinen brůder zů troͤsten vnd jm zů helffen. Haec illi. Wer widerspricht aber dem? Wer hatt gesagt, das man allen trost vnd hilff bey Christo on mittel, nemlich one die mittel, die er zů jeder hilff geordnet habe, sůchen solle? | *lxxxvija/Yiija* |

Da lese aber vnd erwege wol, was ich von den mittelen Goͤttlicher hůlff vnnd trosts, beyde[4] den natürlichen vnnd denen, die zů der Religion geordnet sein, hie vor erinneret habe im Artikel vom Waren vnnd falschen anbetten Gottes von dem xxvij. blat bis ins xxxj[5]. Den vnbestelleten[6] Heyligen rentmeistern[7] beyden[8] Gebeinen vnd Goͤtzen der Heyligen vil bringen, die selbige gebein vnnd Goͤtzen anbetten vnd küssen, bitfert[9] zů jhnen thůn vnd dergleichen abgoͤttische gedicht, das sein mittel Goͤttlichen zorn wider vns zů erwekken, nit aber etwas hůlff vnd trost von jhm zů erlangen. An diesen mittlen aber ists vnser part[10] gelegen vnd nit an denen, die der Here selb geordnet hatt vnd gebrauchet, Welche wyr, wie sie wol wissen, nitt verwerffen. Dauon ist aber hie vor genůg gesagt. Es ist Gott versůchenn, seine hůlff one die mittel sůchen, die er zů ieder sachenn verordnet hatt, Abgoͤtterey ists aber, die selbige durch andere mittel sůchen dann er vns zů iedem werck selb fuͤrgegeben hatt.

Die C. Deputaten woͤllen, den leuthen moͤge geholffen werden, die sich zů Gott nitt keren.

Gleiche redlichkeit vnnd Gottes forcht beweysen sie, das sie auch diß anfechten, Das ich geschriben habe, Es moͤge vns nitt geholffen werden, es bitte für vns, wer da woͤlle, so lang wyr vns nitt auch selb zů Gott, vnserem lieben Vatter, keren vnnd jhn bitten, Welches ich von vns, die der menschen fuͤrbitt

1. losmachen.
2. da [er] ja.
3. wie zum Beispiel.
4. beyde … vnnd: sowohl … als auch.
5. s. oben S. 74,15 bis 80,10.
6. unbefugten.
7. Sachwaltern, Schatzmeistern. *Grimm* 14 (= VIII), Sp. 817.
8. beyden … vnd: sowohl … als auch.
9. Wallfahrten.
10. hier: Gegenpartei.

sůchen vnnd darumb auch selb betten moͤgen, geschriben habe. Das solle nun auch seer vnrecht geschriben sein. Du aber, fromer Christ, laß die leuth jrem Gott faren[1]. | *lxxxvijb/Yiijb* | Du weist ja wol, das alle die im ewigen todt stekken bleyben, die sich zu Gott nicht keren vnd jn selb vmb seine gnad bitten, nach dem sie[2] ihres gemiets[3] eigen brauch[4] haben. Wer den namen des Herren anrüfft, dem wuͤrdt geholffen; wer ihn nitt anrůffet, der kennet ihn auch nitt, glaubet im nitt; darumb ist im noch nit geholffen vnd bleybet der zorn Gottes ob im.

Die C. Deputaten sagen, Alß ob sich ie ieman auß eigen krefften zu Gott bekeret hette vnd vns nit meer[5] Gott bekerte, das wir bekeret wuͤrden, Das sich der mensch auß eygen krefften zů Gott keren moͤge. Dauon ist wol bey euwern Sophisten disputiert worden. Wyr aber bekennen gern, das zů Christo, dem Herren, niemandt komme, der Vatter bekere ihn dann vnnd ziehe ihn zu ihm[6]. Wen aber der Vatter zeucht vnd bekeret, des verstandt erleuchtet er vnd des willen bewegt er, das er sich ia selb auch zum Herren Christo keret vnd ergibt, da fur nemen[7] sich sust diese leuth an, wider vns zů streyten. Nun sind sie, Gott lob, Luthersch worden.

Weyter sagen die C. Deputaten: Vnd als[8] moͤchten die Heyligen nitt erlangen, das Gott in vns solichs, das ist vnsere bekerung, wuͤrckete, Welches gesagt werde wider vnzelige sprůch der Schrifften vnd den angenomen glauben der kirchen. Diß ist aber ein Calumnia. Wer hatt vnsers teyls gesagt, das die lieben Heyligen nitt solten Gott erbetten moͤgen, das er etliche zů sich bekeret, die er zum ewigen leben verordnet hatt? Wenn[9] werden aber die selbigen, fur die die Heyligen bitten, | *lxxxviija/Yiija* | salvi, wenn wuͤrdt ihn geholffen sein, wenn werden sie das heyl erlangen? Wenn sie noch von Gott, ihrem Himlischen Vatter, abgewendt seindt vnnd seiner gnaden nitt begeren? Nein freilich.

Es haben ja, die den erlammeten[10] fuͤr den Herren bracht, ihm das heyl durch ihren glauben erbetten[11]. Es hatt der Obrist von der Schůl seiner dochter das leben[12], Das Cananeisch weyb ihrer dochter erloͤsung vom Satan er-

1. leben. *Lexer* 3, Sp. 23.
2. da sie doch.
3. Gemüts.
4. Gebrauch.
5. nicht vielmehr.
6. Joh 6,44.
7. nemen sich … an: nehmen sich vor, beabsichtigen. Frühneuhochdt. WB 1, Sp. 1345–1347.
8. wie, als ob.
9. Wann.
10. Gelähmten.
11. Mk 2,1–12.
12. Mk 5,22–24.35–43.

worben[1]. Noch ist deren keinem geholffen[a] worden, der hůlffe, da von wyr des orts reden, des ewigen heylß, biß sie sich auch selb zům Herren bekeret vnd vmb seine hůlff gebetten haben. Vnd sehe hie, wie Gotts foͤrchtig diß volck seye, Sagen: Als die Apostel den Herren fuͤr die schwiger[2] Petri gebetten haben[3], da lese man nicht, das sie auch gebetten habe. Ergo: Sie hatt nitt selb auch gebeten. Wenn wyr so argument macheten, wie wuͤrden sie die dentzlen[4].

Das ist aber noch vil freueler vnd vnuerschempter, das sie hie von mir schreyben: Wa wuͤrdt er hin verzucket[5], das er verneinet, das die Apostolen, da sie batten fuͤr das Cananeisch weyb, seyen nicht erhoͤret worden, welches doch ist wider die meinung der Veter, die rechter christlicher[b] lehr seindt[6]. Diß ist ihr freuel red. Antwort: Welcher Vetter[7]? Nennen vns doch einen! Gilt[8] es euch dann in diesen hohen Goͤttlichen sachen also gaucklen[9] vnd offentlich falsch fuͤrgeben?

Das heylig Euangelion zeuget doch selb, das die fuͤrbitt der Apostel diß weyb nit geholffen habe, da aber sie selb im betten verharret, da habe sie erlanget, was sie[c] | *lxxxviijb/Yiiijb* | begeret, Von welchem ort der H. Chrysostomus, inter orthodoxos primarius, also geschriben hatt: »Wiltu lernen, das wyr durch vns selb bey Gott, so wyr betten, meer außrichten, dann so andere fuͤr vns bitten? Diese – redet von dem Cananeischen weyb - hat geruͤffen, vnnd seindt die Apostel herbey gangen vnnd sagen: Laß sie hin, sie ruͤffet vns nach. Da hat er ja zů diesen gesagt: Jch binn nicht gesandt dann zů den verloren schaffen vom hauß Jsrael. Da aber sie selb herbey getretten ist vnd verharret hat mit ruͤffen vnd gesagt: Ja, Herre, aber doch essen die huͤndlein von den broͤsemlin, die von jhrer herren tisch fallen, da hat er die hůlff gethan vnd sprach: Dir geschehe, wie du wilt[10]. Sihestu, wie er sie verworffen hat, da andere batten, vnd wie er bewilliget[11] hat, da sie selb kame vnd vmb die gaben rüffet vnd batte. Dann zů jenen saget er: Jch bin nitt gesandt dan zů den ver-

Mit eignem gebett richten wir bey Gott meer auß dann mit fuͤr bitt. Das Cananeisch weib verwarff der Herr, da die Apostel fuͤr es baten, da es selb bat, erhoͤret ers.

a) Drf. gehoffen.
b) Drf. Cchristlicher.
c) Das Wort steht nur im Reklamant.

1. Mt 15,21–28.
2. Schwiegermutter.
3. Lk 4,38.
4. schaukelnd hin und her bewegen. *Grimm* 21 (= XI,1,1), Sp. 124f.
5. hingerissen. *Grimm* 25 (= XII,1), Sp. 2653.
6. Text ungenau zitiert aus »Vrteil der Vniuersiteit vnd Clerisie zů Coͤlne von Mårtin Bůcers Lerung vnd růffung genn Bonn ...«, 1543 (s. oben S. 33, Anm. 3), Bl. Biija (unten) – Biijb (oben).
7. Kirchenväter.
8. Kommt es ... darauf an.
9. faseln, ohne Grund behaupten.
10. Mt 15,23–28.
11. eingewilligt.

lornen schafen vom hauß Jsrael. Zů dieser aber sagt er: Dein glaube ist groß, dir geschehe, wie du wilt«. Diß hatt der liebe Chrysostomus geschriben in Homelia de profectu Euangelij, quae habetur Tomo vj.[1]. Zeygen nun die C. Deputaten an[2], welche Vaͤtter dem Euangelio vnnd Chrysostomo widersprechen.

Chrisostomus: Gegen Gott darff man keine Patronen. Got erhoͤret nit so bald, wenn andere fuͤr vns bitten, als wenn wyr selb bitten.

Welcher warlich Orthodoxus, recht gesunde Lehrer, inn ietz angezogener Homeli auß der erzelten thaten Christi weyter schreybet: Gegen Gott darff[3] man keyner Patronen noch vil vmblauffens[4], das du anderen freundtlich zůsprechest; du wuͤrst, wann du schon allein bist vnnd keinen Patronen hast vnnd durch dich | *ixxxixa/Zja* | selb bittest, nicht desto weniger erlangen, was du begerest. Dann Gott bewilliget nit so bald, wenn andere fuͤr vns bitten, als wenn wyr selb bitten, ob wyr schon voller boͤses sindt. Diese rede vnd Christlich lehre des heyligen vnnd warlich recht gelerten Chrysostomi halte, frommer Leser, gegen dem, das die C. Deputaten lehren, wie das erschrocken gewissen fuͤr Gott mit besserem vertrawen komme, wenn es vil fuͤrbitter von den verstorbenen Heyligen fuͤr Gott mitbringe, Vnd seye Gott ein ehr, wann sich der mensch nitt wuͤrdig achte, Got selb anzůruͤffen one fürbitter.

Also sichstu abermal, Christlicher Leser, das dieser C. Deputaten streyt wider vns nichts ist dann falsches zůmessen ihrer selb gedichten, verkeren vnd lesteren vnser gesunden lehr, wider nit allein die Goͤttlich Schrifft vnnd haltung[5] der waren Gemeinden Christi vnd aller H. Vaͤtter, sonder auch wider jhr selb vnd aller menschen gewissen vnd verstandt.

Christus ist vnd thut alles gůt allein.

Wie dann auch ist (da mit ich bey diesem Artikel nichts außlasse), das sie zů letst bey dieser Materi anfechten, das ich geschriben, der Herre Christus habe allein allen gewalt in Himel vnd Erden[6], seye, thůe vnd gebe alles, das wyr vns nuͤtzlich begeren moͤgen, Schreyben, Jch spreche: Christus allein, als ob der Vatter seiner gewalt beraubt were. Jtem: der Herr gebe vnd beweise seine gutthaten, auch durch die Sacrament vnd andere seine mittel, die ja nit Christus seien, darumb | *lxxxixb/Zjb* | seye er nit alles, das wir nuͤtzlich begeren moͤgen. Sehet, soliche vngotsfoͤrchtige Sophistereye geperen vns die schew vnd der haß des creutzes Christi, lieb eyteler ehren vnd wollusts. Sie singen teglich Christo, dem Herren: »Tu solus sanctus, tu solus altissimus, Iesu Christe[7]«: Du bist allein heylig, du bist allein der Hoͤchste, Jesu Christe; solle ich darumb sagen, das sie den Vatter seyner Heyligkeit vnd Hoheit berauben?

1. *Chrysostomus*, Hom. de profectu evangelii, 12. PG 51, Sp. 320.
2. Zeygen ... an: Es sollen ... anzeigen.
3. bedarf.
4. Herumlaufens.
5. Brauch.
6. Mt 28,18.
7. Teil des »Gloria in excelsis Deo«, des Lob- und Bittgesanges in der katholischen Messe. Vgl. Ps 83,19 und Lk 1,35.

Also ist Got allein gůt vnd kein Got dann Christus, der Herre; můß dann nit er allein der sein, der alles das ist, das ich nuͤtzlich[1] vnnd heylsamlich begeren mage? Dann was ich sunst nuͤtzlich jmmer begeren vnnd gebrauchen mage, můß ich ja allein darumb begeren, wuͤrdt mir auch allein darumb gůt sein moͤgenn, das mein Herre Christus da durch oder mit[2] sein seliges werck vnd gůtthaten wuͤrcket vnd vbet, Darumb der Psalmist singet: Wen wolt ich mir im Himel? Vnd neben dir gelustet mich nichts auff Erden, Psal. lxxiij[25]. Aber was solle man mit denen leuthen von diesen Goͤtlichen sachen handlen, die ein jeder Christ, der jre lesterung liset, wol sicht, feinde sein wie des creutzes also auch der ehren vnd des Reychs Christi.

Jedoch weil leyder in diesem Artikel von der Heyligen ehr, fürbit vnnd anrůffen die leuth noch seer tieff stecken, wa das reine Euangeli nitt gepredigt wuͤrdt, Vnnd die feinde Christi so mit der Religion handtieren, weil sie sich durch jhre gleißnerey[3], als[4] die | *xca/Zija* | lengest so dinn vnd durchsichtig worden, bey wenig menschen meer in besonder achtung erhalten moͤgen, alle jre spitzfuͤndigkeyt vnd geschwetz dahin richten vnd ankeren[5], das sie der abgestorbenen Heyligen verdienst vnd vermoͤgen bey Got, jr fuͤrbit vnd verehrung dem armen, verblendten volck jmmer theurer machen vnd in groͤssere theurschetzung bringen, Welches dann das arme volck jm auch so vil lieber auffreden lasset, so vil es zů dem Euangelio des creutzes Christi, zů warer bůß vnd besserung des lebens, dadurch es auch jm selb Heyligkeyt erlangen solte, weniger lust hat, Auß diesen vrsachen habe ich recht in diesem Artikel auff alle Sophismata[6], Calumnias[7] et Blasphemias[8], alefantzen[9], falsches verkeren[10] vnd lesterung Der C. Deputaten antworten woͤllen Vnd, was argument auch andere in dieser materi fürbringen, widerlegen, Den frommen Christen, die in diesen sachen noch nit so vil eruͤbet sein, fürderung hiemit zů thůn, sich selb, wa sie noch etwas in diesen stricken hiengen, vnd andere von dieser schweren vnd so vilfeltigen Abgoͤtterey, die die leuth an den Heyligen, jhren gebeinen, Goͤtzen vnnd anderen zeychen begohn, außzůwicklen[11] vnd zů dem waren anrůffen Gottes durch vnseren Herren Jesum Christum, durch welches wir al-

Wa her die leuth die falsche[a] lehr von Heiligen so gern annemen.

a) Drf. falesche.

1. [als] nützlich.
2. damit.
3. Heuchelei.
4. weil.
5. verwenden.
6. Betrügereien.
7. Verleumdungen.
8. Lästerungen.
9. Possenreißereien, Betrügereien.
10. Abändern, Verdrehen.
11. loszubinden, zu befreien.

lein alle gnad vnd hůlff Gottes erlangen muͤssen, widerzůbringen vnd darbey zů erhalten.

Du, frommer Christ, besehe vnd erwege alles mit vnangefochtenem vnd Gotsfoͤrchtigem gemůt, halt es wol gegen dem eynigen Gottes wort, welches vns | *xcb/Zijb* | allein zům heyl vnderweiset, so wuͤrstu sonder[1] zweyffel befinden, das ich dir hierinn anders nichts, dann das in dem selbigen eigentlich vnd gentzlich begriffen ist vnd das von anfang darfuͤr erkennet vnd gehalten hat die ware Christliche Gemeinde, Auch die recht bewerten[2] H. Vaͤtter vnd Lehrer bezeuget, fuͤrgeben habe. Vnser lieber Herre Jesus treybe ab von seiner herd alle miedling[3], woͤlff, dieb vnd moͤrder vnd gebe jhr getreuwe hirten vnd seelsorger[4], die sie mit dem reinen Gottes[a] wort vnnd heylwertigen[5] Euangelio weyden, so wuͤrd es aller dieser disputation nichts bedoͤrffen. Amen.

Der vierdte hauptarticel: von der Confirmation, das ist: der Firmung vnd bestetigung in die gantze Christliche Gemeinschafft

HJe von lese, frommer Christ, was ich im zehendenn Artikel meines vorigen Bůchs[6] geschriben von dem, Wie die Seelsorger die kinder, die Christo, dem Herren, durch den Tauff eingeleybet sein, sollen mit allem fleyß, so bald sie des verstendig sein moͤgen, den Catechismum, das ist die hauptstuͤck Christlicher lehre, lehren vnd darinn vben; Vnd | *xcja/Ziija* | wenn sie[b] den gefasset, thůn ihren glauben in der versamlung Gottes bekennen vnd sich in die gehorsame Christi vnnd seiner Gemeinden selb begeben Vnd sie darauff mit dem gebett vnd hendt aufflegen[7] in die gantze Gemeinschafft Christi vnd seiner Gemeinden bestetigen.

Diese heylsame vnd nottwendige vbung hatt vnser gegenpart gar[8] fallen lassen nun etlich hundert jar[9]. Das ficht die C. Deputaten nicht an, ja, so wyr

a) Drf. Gotres.
b) Drf. sin.

1. ohne.
2. erprobten, wahren.
3. die für Lohn Arbeitenden, Taglöhner (hier in verächtlichem Sinne).
4. Vgl. Joh 10,7–15.
5. heilbringenden.
6. Bucers Erste Verteidigungsschrift, 1543 (s. oben S. 32, Anm. 5), Bl. f2b-g1a. BDS 11,1, S. 54,35 bis S. 58,17.
7. Act 6,6; Act 8,14–17; Act 9,17; Act 13,3; Act 19,6.
8. ganz.
9. Handauflegung (vgl. Act 8,14–17; Act 19,6; II Kor 1,21–22; Hebr 6,2) bei der Taufe, der Firmung und der Übertragung geistlicher Amtsvollmachten. Im Mittelalter wurde diese Praxis etwas vernachlässigt. *Braun*, Liturgisches Lexikon, S. 128 f.; LThK² 4, Sp. 1343–1346; *Angenendt*, Geschichte der Religiosität im Mittelalter, S. 414 f. und passim.

die gern wolten wider ins werck richten, so legen sie sich in weg, hindern vnd lestern vnser Christlich vorhaben, das best[1] ihnen Got verhenget[2].

Nun sehe aber, Christlicher Leser, was sie bey diesem Artikel ab mir klagen. Jch habe diese bestetigung nitt ein Sacrament geheyssen[a], Habe nichts gesagt von dem eygnen diener dieser ceremonien, der allein der Bischoffe sein solle, Sage auch nichts vom Chrisam[3]. Da sehe: vmb den namen, nitt vmbs werck, vmb die eussere laruen[4] des dieners, nitt vmb den dienst, vmb den menschlichen anhang, nitt vmb den befelch Gottes streyten diese leuth.

Des namen halben solle man nitt zancken, wann mans werck hat.

Nu des namens halben, were das werck wider recht imschwanck, solte es ein geringe disputation haben, Weyl doch die H. Vätter auch das zeychen des creutzes ein Sacrament heyssen Vnnd der C. Deputaten part disen namen auch dem saltz gibt, so sie bey dem Tauff segenen vnnd brauchen[5]. | *xcjb/ Ziijb* |

Des Bischoff ampt im firmen

Die ware Confirmation kan auch ein gemeiner priester recht halten.

Des dieners halben ists war, die alten Gemeinden Christi, wie der H. Hieronymus vermeldet in Dialogo adversus Luciferianos[6], haben den brauch gehabt, das der Bischoffe in die kleineren stett, seiner seelsorg[7] vertrauwet[8], zů denen, die durch die Priester vnnd Diaconos geteuffet waren, außzoge vnnd ihnen zů der anrüffung[b] des heylig Geystes die hend aufflegte. Diß, sagt aber der heylig Hieronymus, seye geschehen mehr zun ehren des Bischofflichen priesterthumbs dann von nottwendigkeyt wegen des gesatzes, Dann der H. Geyst ja auch im Tauff, den in nöten auch ein ieder mitt zutheylen hatt[9], verlichen[10] würdt. Non ad legis necessitatem inquit[11]. Am werck ist es den Christen gelegen, darumb sie das auch von gemeinnen Priestern gern annemen, wenn man da zů nitt ware Bischoff hatt, die es wöllen vnd köndten zů rechter zeit vnnd mit gepürendem fleyß vnd ernst besser verrichten.

a) Drf. gebeissen.
b) Drf. anüffung.

1. so gut.
2. zubilligt, zuläßt.
3. Salbung mit dem Chrisam bei der dem Bischof vorbehaltenen Firmung.
4. Maske, äußere Erscheinung.
5. Zur Salzweihe vgl. oben S. 79, Anm. 1.
6. *Hieronymus*, Dialogus adversus Luciferianos, cap. 9. PL 23, Sp. 164.
7. hier: Seelsorgebezirke.
8. anvertraut.
9. Nottaufe, die bei Todesgefahr des Täuflings oder sonst einer dringenden Veranlassung ohne Zeremonien gespendete Privattaufe. Wenn kein Kleriker rechtzeitig zur Verfügung steht, kann sie auch von Laien, auch den Eltern, gespendet werden, möglichst in Anwesenheit von Zeugen. *Braun*, Liturgisches Handlexikon, S. 232; LThK² 7, Sp. 1053.
10. verliehen.
11. *Hieronymus*, Dialogus adversus Luciferianos, cap. 9. PL 23, Sp. 164f.

So sehe abermal, was die C. Deputaten der Gemeinden Christi suchen, was sie inn vnser lehr anfechten. Das ein Bischoff außziehe vnd besuche alle gleubigen seines Bistumbs, besehe, wie die kinder in allen stetten vnd flecken[1] den Catechismum gelehret werden, Laß sie, wa[2] er sie genungsam vnderwysen befindet, vor aller Gemein den glauben bekennen vnd sich in die gehorsame Christi vnd die gantze Gemeinschafft Gottes begeben[3], die Gemeinde fuͤr sie bitten Vnnd lege ihnen dann im namen des Herren die hend auff[4], Also sampt gemeiner[5] besserung in Christlicher lehr vnd leben auch | *xcija/Ziiija* | die Christlich einigkeyt vnd gemeinschafft inn seinem Bistumb besser zů fordren[6] vnd zuerhalten, wie das der alten gemeinden Gottes brauch vnd ordnung ist vnd vermage, Darnach fragen die C. Deputaten nichts, fichtet sie auch nichts an[7], das diß so heylsames vnnd notwendigs werck gar[8] vnder lassen wurdt vnd dagegen ein lauter gespoͤtt Gottes angerichtet ist, Das nemlich der genante[9] weyhe Bischoffe[10] in seiner Persischen[11] ruͤstung[12] vnd bey allen den H. Vaͤtteren onerhoͤrten[13] geprenge da sitze vnd nach mittag wider die Canones one einige vnderweisung der alten oder der kinder, one wissen vnd bedencken meniglichs[14], was man da mache, den kindlein, ihre stirn mit ole bestreyche vnd sie an ein backen schlahe[15], da mit ein gelt entpfahe, die Paten den kindlin das firmtůch vmbbinden vnd dann dahin gehen, gemeinlich mitt gelechter vnnd ander vppigkeyt[16]. Dieser greuwel in so hoher Goͤttlichen sachen irret[17] diese C. Deputaten nichts[18], aber das wyr nit einem erkaufften falschen

Gespoͤt der firmung

1. kleinen Ortschaften.
2. wenn.
3. Vgl. I Kor 12,13.
4. Vgl. Act 6,6; Act 8,14–17 u.a.
5. allgemeiner.
6. fördern.
7. bekümmert sie auch nicht.
8. gänzlich.
9. sogenannte.
10. Der Weihbischof steht dem Diözesanbischof zur Seite und ist diesem allein als Hilfsbischof (Suffragan) unterstellt. Er erfreut sich der Rechte und Privilegien eines Titularbischofs. LThK^2 10, Sp. 980.
11. nach der Art der Metropoliten (Nestorianer) in Persien. Vgl. *Denzler/Andresen*, dtv-Wörterbuch der Kirchengeschichte, S. 420f.; LThK^2 7, Sp. 885–888.
12. Kleidung. *Grimm* 14 (= VIII), Sp. 1553.
13. nicht bekanntem.
14. jedermanns.
15. schlage. – Die Zeremonie des Backenstreiches bei der Firmung kam im 13. Jahrhundert in Frankreich auf und wurde bald allgemein gebräuchlich. Diese heute nicht mehr übliche Zeremonie, eine Abwandlung der Handauflegung, folgte im Firmungsritus auf die Salbung. Mit ihr wurde die Mitteilung des Heiligen Geistes und der Mehrung der heiligmachenden Gnade der Taufe symbolisiert. *Braun*, Liturgisches Handlexikon, S. 40f.
16. Die Firmung wurde in früher Zeit bald nach der Taufe, in späterer Zeit im siebenten Lebensjahr vorgenommen. Zum Firmungsritus vgl. *Angenendt*, Geschichte der Religiosität im Mittelalter, S. 471–473; *Braun*, Liturgisches Handlexikon, S. 113–115.
17. beirrt, stört.
18. nicht.

namen eines Bischoffes von Cyren[1], von Bethlehem oder einem anderen erdichten ort hinbey gesetzet haben[2], das muͤssen sie alß feindt Christlicher Reformation anfechten.

Also thůn sie auch mitt dem Chrysam[3], welches zeychen ja eines alten gebruchs ist, doch auch nitt nottwendig. An der salb des H. Geysts, die wyr auch one das zeichen des oͤles erbitten konden, ists gelegen vnd nit am zeychen fuͤr sich selb. Ja, weyl leyder vil leuth diß zeychen mehr achten dann den Tauff, darumb das es der Bischoff allein weyhet, vnd geben ihm eygene | *xcijb/ Ziiijb* | krafft zu one Gottes wort, mißbrauchen sie es zur abgoͤttereye. Der H. Hieronymus gedencket auch dieses zeychens nicht, da er diese Ceremoni beschreybet[4].

Hie sehe abermal, frommer Christ, wa[5] fuͤr diese Leuth fechten: Vmb leere namen, vmb erdichte vnd erkauffte titel vnd onoͤtige zeychen; Vnd lesteren vns, die gern die waren heylsamen werck vnnd dienst Christlicher Gemeinden nach dem befelch Gotes wider auffrichten vnd in vbung bringen wolten. Gott helffe seinem volck zu seiner waren gehorsame. Amen.

Der fuͤnffte hauptartikel: Von dem H. Abendtmal Christi vnd Messen

HJe von hab ich vnseren glauben vnnd lehre im Eylfften artikel meinß vorigen bůchs[6] dermassen dargethan auß dem Gottes wort, haltung vnd brauch der alten Gemeinden Christi vnd schrifften der H. Vaͤtter, das die C. Deputaten dem mitt allen ihrem anhang nichts abzubrechen vermoͤgen. Das wuͤrstu leycht erkennen, wa[7] du allein, das ich dauon vnnd sie darwider geschriben, recht gegen einander vnd der heyligen Schrifft, brauch der waren | *xciija/Aaja* | Gemeinden Christi vnnd der lieben Vaͤtter halten wuͤrst.

Doch damitt ich dir dennach[8] hie zů auch etwas diene, weyl mitt dem Heyligen Anruͤffen die Messen das hoͤchste werck sein, daran sich die genanten[9] Christen zům verderblichsten vergreyffen vnd die grewlichste Abgoͤttereye treyben, so will ich in dem die warheyt Christi etwas erkleren Vnd darin diese ordnung halten: Erstlich will ich dir anzeygen, was das seye vnd was diese

1. Kyrene, eine der Hauptstädte der Kyrenaika (das heutige Tripolis, Libyen).
2. Kleriker konnten auch für Diözesen geweiht werden, die nicht mehr bestanden oder überhaupt nie bestanden hatten. Sie hatten als Titularbischöfe keine Gewalt und auch keine Verpflichtungen. LThK² 10, Sp. 212f.
3. mhd. krisem, cresem: Salböl, Firmung.
4. *Hieronymus*, Dialogus adversus Luciferianos, cap. 9. PL 23, Sp. 164f.
5. wo.
6. Bucers Erste Verteidigungsschrift, 1543 (s. oben S. 32, Anm. 5), Bl. d3b-f2a. BDS 11,1, S. 45,14 bis S. 54,34.
7. wenn.
8. dennoch.
9. sogenannten, angeblichen.

leuth[a] damitt suchen, das sie wider mich in dem geschriben, das[b] ich auß dem Gottes wort fuͤrgegeben habe, Welche leuth diß H. Sacrament handlen[1] vnd entfahen sollen, welche nicht. Zum andern will ich dir auch darthůn, was das seye vnd wahin es diene, das sie wider die ware haltung des H. Abendtmals, die ich auß Gottes wort vnd haltung der Gemeinden Gottes fuͤrgeschriben habe, einbringen.

Das sie sich vom ersten so vnnuͤtz machen, weyl doch, das ich dauon geschriben, nichts dann das gantz helle wort Gottes ist, wie das in der Gemeinden Gottes alweg one einigen[2] zweyffel ie vnd ie vnd noch erkennet ist, moͤchte einen wol wunder nemen, Der nit bedechte, das diesen leuten so vil vnnd hoch daran gelegen were, das sie diese handtierung[3] der Messen also in ihren henden behalten, das sie, die zu halten, befehlen moͤgen, wem sie wollen, auch darzu vnd daruon lassen vnnd die Sacrament ausspenden[c] gantz vnd halb[4], wie sie meinen, das ihnen solchs, zů erhalten | *xciijb/Aajb* | jren stadt[5], dienstlich seye, erkennen moͤgen.

Nun vom ersten, das die C. Deputaten bey diesem Artikel widerfechten, ist, das ich in meinem vorigen bůch geschriben habe[6]: Erstlich, das diß H. Sacrament von vnnd vor niemandt solle gehandelt, auch niemandt zů gesicht[7] oder zů niessen[8] fuͤrgestellet, getragen noch dargegeben werden dann[9] die soliche Christen sein, das man sie von jhren frůchten nach recht Christlichem vrtheyl fuͤr junger des Herren, das ist fuͤr die, die dem wort des Herren in warem glauben zu gehorchen vnd zů leben begeren vnnd sich befleyssen, erkennen vnd halten kan vnd solle. Zům anderen: wie alle die von diesem H. Sacrament abzuhalten sein, die so leben, das sie nach dem vrtheyl Goͤttlichs worts kein theyl am Reych Gottes vnd Christi haben[10]; Jtem, das man den Priestern, wa die soliche Leuth sein, nach[11] vil weniger gestatten solle, die Meß zu halten, vnnd, wa sie sich des onderstohn, das die frommen Christen ihre Messen vnnd allen dienst an dem H. Sacrament schewen vnnd fliehen sollen.

1. Cor. 5[11] vnd 6[9–10]; Gal. 5[21]; Ephes. 5[5]

a) Drf. leutch.
b) wohl Drf. da.
c) wohl Drf. auspenden.

1. verwalten.
2. irgendeinen.
3. Geschäft.
4. halb: nur das Brot.
5. Stand.
6. Bucers Erste Verteidigungsschrift, 1543 (s. oben S. 32, Anm. 5), Bl. d3b-f2a. BDS 11,1, S. 45,14 bis S. 54,34, vor allem S. 47,19–26.
7. zu sehen.
8. einzunehmen.
9. als.
10. I Kor 5,11; I Kor 6,9–10; Gal 5,21; Eph 5,5.
11. noch.

Zům dritten: das man alle die, so bey der handlung der H. Sacramenten sein vnd fuͤr junger Christi moͤgen gehalten werden, fleyssig ermanen solle, die H. Sacramenten mit zů niessen.

Von dem ersten, das die H. Sacrament nicht sollen vor denen gehandlet werden noch ihnen mitt getheylet, die man nit nach dem wort Gottes mage fuͤr | *xciiija/Aaija* | junger Christi halten, ist diß der grundt Goͤttlichs worts: Die H. Schrifft zeuget vns, das es ein schwere schmach Gottes vnnd grewel fuͤr ihm seye, wenn die H. Sacrament, so er allein denen, die ihre suͤnden fuͤlen vnd bereuwen vnd sein gnad vnd heyl durch seinen lieben Son, vnseren Herren Christum, in warem glauben an ihn suchen, zůr seligen artzney ihrer schwacheyt vnd stercke des gottseligen lebens verordnet hatt, Die leuth gebrauchen, die one rew der sünden vnd waren glauben an ihn leben, Wie dann alle die sein, die in einigen eusserlichen sünden verharren. Des[1] lese man das erste Capittel Jesaie[2]: »Bringen mir nitt falsches opffer; das rauch werck ist mir ein greuwel« etc. Lese hie fort[3], Vnd Psal. l[4]: »Aber zum Gotlosen spricht Gott: was verkůndigst du meine rechte vnnd nimst meinen bundt in deinem mundt? So du doch zucht hassest vnd wůrffest meine wort hinder dich? Wenn du einen dieb sahest, so liffestu mitt ihm, vnnd dein theyl war mitt den ehbrechern« etc. Lese fort! Dazu dienet nun auch das wort des Herren, Matt. vij[6]: »Jr solt das Heyltumb nit den hunden geben vnd euwere perlen nitt fuͤr die seuw werffen.« Nun solle ja kein Christ zů solicher schmach vnnd grewel Gottes dienen noch sich des in einigen weg theylhafft machen. Es stet: Schaue!

Jtem: alle die, so den leyb Christi nicht vnderscheyden, geprauchen diese H. Sacrament vnwůrdiglich[5]. Alle, die diese H. Sacrament nitt wůrdiglich gebrauchen, das ist: wie sie der Herr eingesetzet vnd zů gebrauchen befohlen[a] | *xciiijb/Aaijb* | hatt, das nemlich die leuth mitt war reuwe vnd leydt der sůnden dar bey sein, die gnad Gottes durch vnseren Herren Christum suchen vnd die H. Sacrament entpfahen zur stercke des glaubens an ihn vnnd mehrung seines lebens in ihnen, die gebrauchen diese H. Sacrament ihnen[6] zum gericht, erwecken den vntreglichen[7] zorn Gottes vber sich[8], Es sei[b], das sie allein bey dieser heyligen handlung sein vnnd zů sehen vnd –horen, oder das sie die H.

a) »fohlen« steht nur im Reklamant.
b) Drf. sie.

1. Darüber.
2. Jes 1,13.
3. Lese hie fort: Möglicherweise war dieser Satz für die Marginalie vorgesehen und ist versehentlich in den Text geraten.
4. Ps 50,16–18.
5. Vgl. I Kor 11,27.
6. sich selbst.
7. unerträglichen.
8. I Kor 11,27.29.

Sacrament auch mitt niessen. Darzu solle ja kein Christ dienen vnnd sich des auch mitt nichten theylhafft machen.

Darumb solle kein Christlicher priester denen, die er nach dem Gottes wort nitt fuͤr junger Christi zů erkennen hatt, einige[1] gemeinschafft dieser Sacramenten, so vil an ihm, zu lassen. Hie von hatt der H. Chrysostomus in der xviij. Homeli[2] in Matthaeum also geschriben:

Chrysostomus

Chrysostomus wolt eer seinen leib hinliffren vnd sein blůt vergiessen, dann den onwirdigen die H. Sacrament reychen.

»Es solle kein vnfruntlicher, harter mensch her zů gohn, kein vnbarmhertziger, keiner, der in einigem weg[3] vnrein seye. Diß will ich gesagt haben nitt weniger zů euch, die diesen dienst verrichten, als zů denen, die die Sacrament entpfahen. Jch muß solichs ja auch zů euch sagen, das ihr mitt grossem fleyß vnd ernster sorgen diese gaben auß theilen; Dann euch nit ein kleine straff vor ist[4], wa ihr iemandt wissen, mitt vngerechtigkeit behaffet sein, vnd jm doch die gemeinschafft dieses disch zů lassend. Wa[5] schon ein grosser hauptman, wa der Consul, der obrist Burgermeister selb, wa der, der mit der | *xcva/Aaiija* | kronen gezieret ist, vnwuͤrdig herzů gohn wolte, were jm[6], halt jn ab, dann du hast groͤssern gewalt dann er«. hernaher saget er[7]: »Darffestu[8] ein solichen nit abtreyben, sage mirs, ich wils nit geschehen lassen. Jch will eer[9] meynen leib lyfferen, dann ich jemandt den leyb des Herren vnwirdig gebe, eer leyden, das mein blůt vergossen werde, dann das ich das blůt des Herren jemandt dann[10] dem wuͤrdigen reichen wolte«.

Die sůnder hat man bey den H. Abentmal nit gelitten.

Dieser Lehrer meldet auch den alten, rechten brauch der Gemeinden Christi, den man zů seinen zeyten noch gehalten hat, Da der Diacon noch[11] der gemeinen predig vnnd gebet mit lauter stymm die vnwirdigen hat heyssen abtretten, Vnd da man die, die in sůnden waren, ehe man das H. Abentmal anfieng zů halten, von der versamlung Christi außgetriben vnd die thůren der kirchen zů geschlossen hat, damit solche auch dem handel[12] Gottes nit zůsehen moͤchten, Wie man auch zůuor vmb den Altar ein vorhang gezogen hat, das der gemeine, vnreine hauff auch das ort[13] vnd růstung[14] des H. Abendtmals nit sehen moͤchte. Diß lisestu in der dritten Homeli vber die Epistel zůn Ephesern[15] vnd

1. irgendeine.
2. *Chrysostomus*, In Matthaeum hom. LXXXII al. LXXXIII,5. PG 57, Sp. 744.
3. in irgendeiner Weise.
4. bevorsteht.
5. Wenn.
6. gebiete ihm Einhalt.
7. *Chrysostomus*, In Matthaeum hom. LXXXII al. LXXXIII,6. PG 57, Sp. 746.
8. Hast du Ursache, brauchst du. *Lexer* 1, Sp. 494.
9. eher.
10. anderem als.
11. nach.
12. Tat, Handlung.
13. Anfang, Beginn. *Lexer* 2, Sp. 169.
14. Bereitung.
15. *Chrysostomus*, In epistolam ad Ephesios cap. 1 hom. III. PG 62, Sp. 28 f.

in der xvij. vber die Epistel zů Hebreern[1] vnnd in der xxiiij. vber das Euangeli Mathei[2].

Auß diesem hastu, Christlicher Leser, ja eygentlich zů erkennen, das man die, so in sünden ligen vnd nitt als ware junger Christi nach dem Gottes wort moͤgen erkennet werdenn, nitt allein die Sacrament nit | *xcvb/Aaiijb* | entpfahen, Sonder auch bey der Heyligen handlung der Sacramenten, deren allein zů zůsehen, nit lassen solle.

Kein Priester, der in wissenlichen sünden ligt, solle die H. åmpter halten.

Von dem anderen, das keyn Priester, der also lebt, das er nach dem wort Gottes keyn theyl am Reych Gottes haben mag[3], diß Heylig ampt halten solle, ist genugsam zů erkennen auß dem jetz vermelten auß dem Propheten Jesaia, dem Psalmen vnd Paulo[4]. Vnd wer wolte daran zweyflen, das die Priester, so die den Leyen in aller Heyligkeit sollen fürgohn, jr liecht vnd saltz sein[5], auch in handlung dieses H. Sacraments meer heyligkeit beweisen sollen, Vnd das es ein schwerere verletzung Goͤtlicher Maiestet ist, wenn ein Priester, der vnchristlich lebet, diß H. ampt zů halten zů gelassen wurdt, dann so ein solcher Leye die Sacrament entpfahet?

Das man der offentlich sündigen Priester Messen fliehen[a] solle.

Wa sich aber soliche Priester des nicht desto weniger wider die Gottes vnd der Canonum gebot vnderstohn[6], das als dann die Christlichen Leyen solicher Messen vnd empter sich entziehen sollen, so vil[7] sie das one verlust Goͤtlicher geheimnissen vnd one zerrůttung Christlicher gemeinschafft thůn moͤgen; hieuon verneme, Christlicher Leser, was dir ein Heiliges Concilium zů Carthago[8] gehalten, dem der theure Martyr vnd Bischoff Cyprianus[9] vorgewesen[10] vnd diese schrifft in des Concilij namen gestellet hat, auß dem wort Gottes zeuget jn der 4. Epist. 1. lib. Epistolarum D. Cypriani[11].

Das Volck, sagen sie, solle jm[12] selb nit schmeichlen, als ob es von beflekkung der sünden moͤchte rein sein, wenn es mit dem sündigen Priester gemeinschafft hat vnd bewilligt[13] in das onrecht vnd ongepůrlich bischofflich

a) Drf. fliehe.

1. *Chrysostomus*, In epistolam ad Hebraeos cap. 9 hom. XVII. PG 63, Sp. 131 f.
2. *Chrysostomus*, In Matthaeum hom. XXIII al. XXIV,3. PG 57, Sp. 311.
3. Vgl. I Kor 6,9.
4. Vgl. I Tim 3,1–5; Tit 1,7–9; Jes 1,13; Ps 1,1–6; Ps 50,16–18; I Kor 5,11; I Kor 6,9–10; I Kor 11,27.29; Gal 5,21. Vgl. auch oben S. 167,13–30.
5. Mt 5,13–16.
6. machen sich daran, wagen es.
7. soweit.
8. karthagische Synoden unter Cyprian 255–256. LThK² 6, Sp. 1; RGG³ 3, Sp. 1160f.
9. Caecilius Cyprianus (200/210–258), Bischof von Karthago, Kirchenvater, Märtyrer. LThK² 3, Sp. 115–117; TRE 8, S. 246–254.
10. vorgestanden.
11. *Cyprian*, Ep. 68. CChr.SL III/C, S. 463–468.
12. sich.
13. eingewilligt.

| *xcvja/Aaiiija* | ampt des, der jnen fürgesetzet ist, So doch das Gŏtlich vrtheyl durch den Propheten Osea treuwet[1] vnd sagt: »Jre opfferwerck sindt als das klag brott[2]: Wer daruon isset, würdt verunreiniget[3]«. Damit das Gŏtlich vrtheil lehret vnd anzeiget, das die gewißlich mit der sünden verstricket werden, die sich mit dem opffer werck des vngeistlichen vnd vngerechten Priesters beunreinen. Auff diese meinung hat dieser heilige martyr[4] noch meer vnd vil ernstliches in dieser Epistel, Deß gleychen auch in der Sibenden Epistel diß ersten bůchs[5].

Ein Gŏtzen dienst ist, eyns Priesters Messe hŏren, den man ongezweifflet weiß ein Concubin halten.

Auß dem haben auch etliche Concilia vnd Påpst erkennet vnd mit hŏchstem ernst gebotten, das die Priester so vnordenlich vnd vnheilig leben, sich aller Heyligen empter gentzlich enthalten Vnd das Christlich volck keines Priesters Meß hŏren oder in anderen Priesterlichen emptern gemeinschafft mit einigem[6] Priester haben solle, den es vngezweyfflet weyß, einen Simoniacum[7] seyn oder ein Concubin[8] oder sonst ein beiwonende frauwe, es were dann sein můtter oder schwester, bey sich haben[9], Vnd das alle, die darůber mit solichenn Priesteren in den Heyligen empteren gemeinschafft haben, warlich Idololatrae seyn, Gŏtzen diener, vnd den fluch, nit den segen von solichen empteren bekommen Von wegen der vngehorsame vnd verachtung Gottes vnd seyner Gemeinde, die sie in dem begohn, das sie vber Gottes vnd seyner Gemeinden gebot mit solichen verdampten Priesteren gemeinschafft haben, Ob wol die empter, wa die nach dem wort des Herren gehalten werden, an jnen selb gůt vnd Heilig, auch den | *xcvjb/Aaiiijb* | gůten vnd Heyligen nit vnfruchtbar sein. Diß ist dir klar vnd gar[10] mit ernstlichen worten dargeben dist. 32, cap. Nullus etc. praeter[11] et dist. 81, cap. Si qui[12].

Auß dem du zů erkennen hast, das auch die gemeynen Christen, deren Priester, die offentlich in sünden ligen, empter in diesem H. Sacrament vnd anderen kirchen diensten meyden vnnd fliehen sollen, So vil doch diß geschehen kan one verlust der lehre vnd des trosts von den geheimnůssen Gottes für sie vnd one zerruttung schüldiger gemeinschafft Christi mit den anderen kinderen Gottes.

1. droht.
2. In der Übersetzung Luthers »das Brot der Trauernden«.
3. Hos 9,4.
4. sc. Cyprian.
5. *Cyprian*, Ep. 64. PL 4, Sp. 401–406; CChr.SL III/C (hier Ep. 65), S. 426–433.
6. irgendeinem.
7. geistlichen Wucherer.
8. Geliebte, Beischläferin.
9. Vgl. I Tim 3,2; Act 8,18–19.
10. vollends, gänzlich.
11. Decretum Gratiani I, Dist. 32, c. 6 (*Friedberg* I, Sp. 117f.).
12. Decretum Gratiani I, Dist. 81, c. 15 (*Friedberg* I, Sp. 284).

Dann wa etwan ein Gemeinde Gottes were, die ein offentlich[1] sündigen Priester nit darfür haltenn oder aber nit gemeinlich meiden wolte vnd der selbige doch das wort Gottes rein predigte vnd die H. Sacrament vermoͤge des wort Gottes handlete vnnd reychete, ausser dem einigen mangel seines lebens, da muͤssen die fromen Christen die den feyl[2] am leben jres Priesters erkennen, jn derhalben auch gern meyden vnd einen onstreflichen an sein stadt haben wolten, wie das Gottes wort gebeutet, aber gleyche erkantniß vnd die folge hiezů bey der gantzen Gemeinden nit haben moͤgen, die sachen recht Got befehlen vnd sie sich darumb nit selb des worts vnnd der Sacramenten, die solcher onreiner Priester, doch an jhm selb recht, auß spendet, berauben, Noch weniger sich von den anderen Gotsforchtigen vnd gleubigen ab- | *xcvija/Bbja* | sonderen vnnd also ein trennung in der Gemeinden Christi anrichten.

Dann das meyden vnnd fliehen solicher Priester allein dazů vom Herren gebotten ist, wie das der H. Augustinus gar Gotseliglich lehret lib. 3 Contra Epistolam Parmeniani, cap. 2.[3] vnd an anderen orten meer, Das soliche strefliche Leuth durch das meyden vnd fliehen zur bůß meer beweget, wa das moͤglich, andere von sünden meer abgeschrecket vnd die Gemeinden Gottes von befleckung solicher besser bewaret werden, Welche fruͤcht man nit erlangen kan, wann das meerer theyl der Gemeinden die sündigen nit meyden will[4], Dagegen aber wůrdt gefahrliche spaltung angerichtet, zů dem, das solche onzeitig eyffrige leuth, die die gemeinen diener der kirchen meyden wolten, on beyfal der Gemeinden sich selb des worts der Sacramenten vnd gemeines bettens beraubeten, Denen doch, so sie auff den rechten Priester Christum, des die wort vnd Sacrament sein vnd der da alles zů vnserem heyl wůrcket, mit warem glauben sehen, der vnreinen Priester feyl nichts schaden noch die Heyligen gaben Gottes verunreynen koͤndten.

Noch ist diß Gottes recht vnd gebot, das alle vnchristliche Priester sollen gemitten vnd jre dienst in allen Goͤtlichen sachen geflohen werden, Allein das solichs geschehe mit gehelle[5] des meeren[6] theyls jeder Gemeinden Gottes, Wa nemlich am Priester allein des lebens halben[7] mangel ist; Dann wa auch an der lehre vnd am brauch der Sacramenten mangel ist, das nem- | *xcvijb/Bbjb* | lich eyner wider das wort Gottes lehret vnd handlet, da muͤssen alle schaffe Christi soliche frembde, ja dieb vnd moͤrder fliehen vnd sie mit nichten hoͤren oder jnen folgen; Alle die, sage ich, welchen der Herre das zů erkennen gegeben hat, Vnd in allen dem, das soliche wider Christum, den Herren, fürbringen.

Vom dritten: das die frommen Priester jr volck dahin weysen vnd treulich vermanen sollen, das sie das H. Abentmal nit woͤllen zů eynem schauspiel ma-

1. offenkundig.
2. Fehler, Mangel.
3. *Augustinus*, Contra epistolam Parmeniani III,2. PL 43, Sp. 86–95.
4. Vgl. I Kor 5,1–13; II Thess 3,6; I Tim 5,20.
5. Zustimmung.
6. größeren.
7. wegen der Lebensführung.

chen vnd dem allein zuͦsehen vnd hoͤren, sonder das sie auch die H. Sacrament zeytlich[1] mit entpfahen, Des[2] staht ja das exempel vnd wort des Herren klar da. Allen seinen juͤngern, die er damals bey sich hat, hat er die beyden Sacrament außgespendet; Vnd wie er zuͦm kelch gesagt: »Drincken alle darauß«, also hat er freylich zum Brot auch gesagt: »Essen alle daruon«[3]. Auß diesem grundt schreibet auch der H. Apostel, das die gleubigen mit dem H. Abentmal auff ein ander harren vnnd von einem brot vnd kelch gemeinschafft nemen sollen, wie sie ein leyb vnd brot sein, j. Corinth. xj[33] vnd x[16–17], Von dem ort wyr hernaher weyter reden werden[4].

De consecra. dist. 2, c. Peracta

Vnd auß diesem grundt hat Papst Calixtus[5] hieuon also gebotten: Wenn die heyligung der Sacramenten geschehen, so sollen alle, die nit woͤllen des eingangs in die kirchen manglen[6], Communicieren, die Sacrament mit entpfahen. Dann also habens die Apostel geordnet vnd haltet es die Roͤmisch kirch[7] dist. 2, c. Peracta.[8] Sihe, also habens die Apostel geordnet Vnd die Roͤmisch kirchen, da sie jre ware bischoff hatte, gehalten.

Chrysostomus: »Wer die H. Sacrament nit mit niessen wille, der staht onuerschemet[a] [9] vnd freuel[10] bey dem H. Abendtmal.«

Merckt: C. Deputaten das lobgesang mit gesungen, Vnd das waren leien.

Auß diesem grundt saget der H. Chrysostomus in | *xcviija/Bbija* | der dritten Predig vber die Epistel zuͦn Ephesern[11]: »Ein jeglicher, der die Sacrament nicht mit neusset[12], der stoht vnuerschemet vnd freuel darbey.« Dann darumb werden die, so in sünden sindt, zuͦ vor außgetriben. Vnd nach etlichen worten spricht er weyter: »Sage mir an: Wa einer zuͦ einer malzeit beruͦffen, hette die hend gewaschen vnd sich zuͦ disch gesetzet vnd were aller ding[13] bereyt, die speise zuͦ nemen, vnd ruͤret dann nichts an von der speiß, schmehet der nit seynen wuͦrt[14], der jhn geladen hette? Were nicht besser, ein solicher were nicht herbey kommen? Also auch du, weyl du herbey kommen bist, das lobgesang mit gesungen vnd dich damit, das du nit mit den vnwirdigen abgetretten bist, vnder die wirdigen bekennet hast, Wie dann, so du darbey bliben bist, das du nit auch die Sacrament mit entpfahest? Du sprichst: Jch bin vnwirdig; So bistu auch vnwirdig der gemeinschafft, die jhm[15] gebet gehaltenn wuͦrdt.« Diß sindt

a) wohl Drf. onwerschemet.

1. gleichzeitig.
2. Dafür.
3. Mt 26,26–28.
4. s. unten S. 201,10 bis 202,13.
5. Calixtus I., Papst (217/218–222). LThK² 2, Sp. 883 f.; TRE 7, S. 559–563.
6. vermissen, entbehren.
7. Decretum Gratiani III, De consecratione, Dist. 2, c. 10 (*Friedberg* I, Sp. 1317 f.).
8. Dieser Satz war vermutlich für die Marginalie vorgesehen und ist versehentlich in den Text geraten.
9. schamlos.
10. frevelmütig, sündig.
11. *Chrysostomus*, In epistolam ad Ephesios cap. 1 hom. III. PG 62, Sp. 29.
12. genießt, Anteil hat.
13. durchaus, in jeder Hinsicht.
14. Wirt, Gastgeber.
15. im.

die wort des H. Chrysostomi, Jn welchen du ja siehest, wie schwer ers machet, bey dem H. Abentmal seyn vnd die Sacrament nit mit entpfahen Vnd das zwar auß dem wort des Herren vnd der natur dieser Heiligen vnd seligen handlung. Warumb solten dann die getrewen Hirten vnd seelsorger jr volck nicht mit allem fleiß ermanen, das sie die thewre gemeinschafft des leybs vnd blůts vnsers Herren in diesen Sacramenten nicht so gering schetzeten, nit ein schawspiel darauß macheten, sonder meer[1], wie der Herr heisset, seynen leyb vnd blůt mit essen vnd -drincken zů merung vnd stercke des waren vnd seligen lebens in Christo vnserem Herren[2]? | *xcviijb/Bbijb* |

Auß diesem hastu zů erkennen, Christlicher Leser, wie sichs haltet mit dem ersten theyl der Goͤttlichen lere vom heiligen abentmal, die ich in meinem vorigen bůch[3] fürgegeben vnd die C. Deputaten vnderstanden haben an zů fechten, Das nemlich das Gottes wort vnd haltung der waren Gemeinden Christi, sampt der lehr vnd ordnung der H. Vaͤtter, fordren, das das Heilige Abentmal Christi vnd die Sacrament seines Leibes vnd blůts niemandt handlen, sehen oder niessen solle, der in sünden liget, Vnd das die war gleubigen diener vnd Leyen mit solichen im brauch dieses H. Sacraments kein gemeinschafft haben sollen, wenn jhre sünde kundtlich vnd offenbar sindt; Jtem, das die getreuwen prediger vnnd seel sorger die sachen bey den Christen dahin mit allem fleyß befuͤrdren sollen, das alle, die bey dem heiligen Abentmal erscheinen, des selbigen gemeinschafft auch mit in warem glauben entpfahen. So richte nůn, ob ich in dem allen etwas neuwes einfuͤre, wie die C. Deputaten hie mit offentlicher vnwarheit schreiben, oder ob ich das herfür bringe, das der almechtig Got gebotten, die ware Gemeinde Christi gehalten vnd alle H. Vaͤtter mit allem ernst geleret vnd erfordret haben.

Antwort auff der C. Deputaten Sophismata[4] vnd Calumnias hiewider vnd nemlich vff die Sophismata vnd Calumnias wider das abhalten vom H. Abentmal der sündigen vnnd meyden der sündigen Priester | *xcixa/Bbiija* |

DJe erste falsche anklag wider meyn vorigs Bůch ist: Jch werde gesehen (jr dolmetsch machet auß dem videtur: ich befleissige mich), die weyse, Messen zů halten, die bißher in der gemeinde geubet ist, gentzlich abthun vnd hinnemen vnd ein neuwe einfuͤren. Antwort: keine neuwe, sonder die ware alte weyse des H. Abendtmals, die der Herre selb befohlen vnd die ware Gemeinde vnd rechte Bischoffe Christi gehalten haben, die wolte ich gern wider in erkantnůß vnd seligen brauch bringen vnd die vnweyse[5] vnd verkerung der selbigen Christlichen weysen, so bey der C. Deputaten part nun lang vber-

Die alte weyse des H. abendtmals wolten wyr gern wider bringen.

1. vielmehr, eher.
2. Vgl. Joh 6,33–35.48–58.
3. Bucers Erste Verteidigungsschrift, 1543 (s. oben S. 32, Anm. 5), Bl. d3b-f2a. BDS 11,1, S. 45,14 bis S. 54,34.
4. Betrügereien.
5. verkehrte Weise, Torheit.

handt genomen, wider abtreyben vnnd auß aller welt brauch durch Gottes[a] wort hinnemen. Das werden alle Christen auß dem, so ich ietz vermeldet vnd fuͤrt[1] melden vnnd einbringen werdt, leycht erkennen.

Die andere klag, ja offenbare verkerung vnser Christlichen lehre ist wider den ersten vnnd anderen ietz vermelten artikel, das die Priester zu dem H. Abendtmal niemandt laßen sollen, den sie wissen in solchen suͤnden ligen, das er nach dem wort des Herren keyn theyl am reych Gottes haben mag, Vnnd das die gemeinen Christen soliche priester meyden vnd mit ihren Sacramenten keyne gemeinschafft haben sollen.

Offenbarer falsch vnnd verkerung der C. Deputaten

Wie ich nun vnd auß was grund diese beyde lehren gesetzet, hastu, Christlicher Leser, genugsam zů vernemen auß dem, so ich im vorigen buͤchlein vnd auch alhie ietzund dar gethon habe. Jch habe nit geschriben secundum iudicium praesumptum de facie externa, i.[2] nach | *xcixb/Bbiijb* | dem vermessen vrtheyl vnd nach dem eusseren ansehen Oder wider die form vnd gesetz der Christlichen zůcht von brůderlicher straff, die vns Math. xviij[15–18]. vom Herren selb fuͤrgeschriben ist, Wie die C. Deputaten mitt offenbar falscher belegung[3] auß haß des creutz Christi von myr schreiben.

Offenliche, nit heimliche sunder solle man meyden.

Von denen, die in bekanten vnd offentlichen sunden ligen, habe ich geschriben, nitt von denen, die in heimlichen vbertretten seind, Vnd von denen mit namen[4], welche der H. Geyst j. Cor. v[11], vj[9–10], Gal. v[19–21] vnd Ephes. v[5] erzelet, Alß Huͤrer, Ehbrecher, Goͤtzen diener, Die jhren nehesten verforteylen[5], Trunckenboͤltz, Reuber vnd der gleychen; Dann diese ort Pauli habe ich angezogen. Von solichen offenbaren suͤnderen ist das wort des Herren nitt geredt »Wa dein brůder wider dich suͤndiget, straffe ihn zwuͤschen dir vnd ihm«[6] – diß gehet auff die sunden, die einem allein bekant seind –, Sonder[7] das der Geyst Gottes durch Paulum sagt: »Die suͤndigen, straffe vor allen, da mit die anderen ein forcht haben.«[8] Dann wie der geyst Gottes des orts bald hernaher zeuget, sindt etlicher menschen suͤnde zů vor offenbar vnd gond dem gericht fuͤr, Etlicher aber werden hernaher[b] offenbar, j. Timoth. v[24].

Hie merck aber, frommer Christ, wa[9] es diesen leuthen gelegen. Solte man niemand laßen Meß halten noch bey den Messen sein, dann[10] die man nach

a) Drf. Gotres.
b) Drf. hernahrr.

1. von jetzt an, im folgenden.
2. id est.
3. Nachweisen, Beweisen. Vgl. Frühneuhochdt. WB 3, Sp. 1199.
4. vornehmlich.
5. übervorteilen.
6. Mt 18,15.
7. ausgenommen.
8. I Tim 5,20.
9. woran.
10. als.

dem wort Gottes fuͤr junger Christi zu erkennen hatt Vnd alle, die von diesem ampt vnd gemeinschafft dieses ampts abhalten, so in offenbarer Simony[1], vn- | *ca/Bbiiija* | zůcht, trunckenheyt vnd anderen lasteren ligen, wie das der Almechtig Gott in seiner H. Schrifft, in den waren Canonib. der alten Concilien vnd Lehr aller H. Vaͤtter zum ernstlichsten gebotten, erfordret, gelehrt vnd bezeugt hat, Wa[2] wuͤrde man Messen finden, wa die, die Messen bedingeten[3] vnd belohneten? Was wurde dann da durch diesen leuten von zeytlichen gůtern, ehren pracht vnnd wolust verfallen[4]? Nun sindt aber die Canones vnd Schrifften der H. Vaͤtter mit der H. Schrifft in dem so klar, das sie nichts darwider moͤgen, ja sind noch durch die Decretales Gregorij noni[5] von allen denen, die in todt sunden gefallen, bestetigt worden, Wann solcher fal durch die offne that, das mans mitt keynem schein verhelen kan, inn gemein kundtlich ist i.[6] notorium. De cohabit. cler. et mulie., cap. f.[7]

Solten Gottes helle gebott vnd offenbare Canones gelten, so wuͤrde man wenig Messen finden.

Hie gegen haben sie aber den fundt[8] gefunden, es seyen der Priester laster, wie[9] notoria sie woͤllen, das ist: meniglich kůndtlich vnd offenbar, auch auß der Hellen, vnleugbaren that, so solle doch gegen ihnen keine straff geuͤbet werden, die schon in Gottes oder seiner Gemeinden gesetz vnd regulen wider sie offentlich erkandt ist, Vnd also erkendt, das in die ein ieder alß bald durch die that gefallen sein solle, on einige ferner erkantniß einiges richters; Nach[10] so sollen soliche priester von den leyen in ihren emptern nitt gemitten[11] werden, so lang sie nitt durch ihr genant[12] ordenlich gericht vnd sententz, in soliche poenam gefallen, erkent worden sein.

Wie sich die streffliche priester aller straff entziehen.

So sein dann soliche ihre genante ordentliche richter gemeinlich auch selb soliche leuth, die inn offenbarer | *cb/Bbiiijb* | Simoni vnd hurey vnd anderen lasteren ligen, Wie man der gemeinen Official[13] leben wol erkennet. Wann dann Gott etlichen von solichen Richteren, Officialen vnd Bischoffen schon die gnad gibet, das sie gern mitt ernst soliche laster straffen wolten, so werden, die der straff schuldig sein, des Papst familiares[14] oder appellieren sunst gehn

Die streflichen priester[a] haben keinen richter, da von sie die straffen der Canonum zů foͤrchten haben.

a) wohl Drf. prister.

1. Pfründenjägerei.
2. wo.
3. »mieten«, stiften.
4. anfallen.
5. Gregor IX. (um 1170–1241), Papst. Die Dekretalen Gregors, teilweise von Raymund de Pennaforte verfaßt und 1234 in Kraft gesetzt, stellen eine wesentliche Fortentwicklung des kanonischen Rechts dar. TRE 14, S. 152–155; LThK² 4, Sp. 1186f.
6. id est.
7. Decretales Gregorii IX. lib. III, tit. II (*Friedberg* II, Sp. 454–467).
8. Kniff.
9. so.
10. dennoch.
11. gemieden.
12. angebliches.
13. Leiter der bischöflichen Gerichtsbehörde. LThK² 7, Sp. 1119f.
14. Vertraute.

Rom, da dan kein suͤnd ist – wie ir eigen sprichwort lautet[1] –, denn[2] arm sein, dem Papst offentlich vbel reden vnd iemandt thatlich[3] vergewaltigen. Da her haben sie dann, wie offenbar sie in lasteren ligen, schutz vnd schirm wider alle straff des Goͤtlichen gesetzes vnd der Canonum. Jst aber das[4] nitt fein alle straffen, von Gott vnd allen Vaͤtteren gesetzet, eins mals[5] auffgehaben vnd zů nichten gemacht?

Allen Christen ist gebotten, offenliche suͤnder zu meiden, wenn sie Christen sein woͤllen.

Der Geyst Gottes aber gepeutet offenbar allen Christen, leyen vnd clericen, das sie mitt keinem essen sollen, der ein bruder genant wuͤrdt vnd ein Christ sein solle vnd aber ein huͤrer ist, einer, der seinen nehesten verfortheylet, ein Goͤtzen diener, ein trunckenboltz, ein rauber etc. So nun die Christen mitt solichen leuthen nicht gemeine speyß niessen sollen, wie dan die speyse Gotes, die gemeinschafft vnsers Herren Jesu Christi? Da ist nichts von rechtlicher declaration vnd sententz gesetzet, die vorgohn[a] sollen. Paulus schreibet diß[6] – »Jr solt mit solichen kein gemeinschafft haben, nit mit in essen« – Zu allen Corinthern.

Darumb auch die gelehrten nitt allein der heyligen Schrifft, sonder auch der Canonum erkennen vnnd lehren, alle die meiden on einige fernere erkantnuß, | *cia/Ccja* | welche in solichen offentlichen suͤnden ligen, die mitt nichten moͤgen verhelet[7] werden, Vnd geben des zum exempel die vnordenlichen[8] beyßitz[9] der priester, Nennen soliche suͤnden notoria facti, die auß der that iederman oder vilen bekant sindt; Jtem sagen, das soliche notoria – kundtliche suͤnden – den sententz, das vrtheyl, in den Canonibus gesprochen, in sich begreyffen; darumb die gemeinen Christen solich vrtheyl exequieren[10] sollen one weyter erkantnůß. Die weyl nemlich von den verdampten inn solicher execution nichs erfordert wuͤrdt, das sie thůn doͤrffen, sonder allein das sie andere meyden sollen. Soliche verdampten werden auch nit gezelet vnder die, welche die Gemeinde Christi noch dulde. Dauon lese die Gloß vber das c. vestra[11] vnnd final. de cohabitatione clericorum et mulierum[12] Vnd das Antonius de Rosellis[13] schreybet in seiner Monarchi zů end des

a) wohl Drf. vorghon.

1. Das Sprichwort konnte ich nicht nachweisen.
2. als.
3. gewaltsam.
4. Heißt das aber.
5. auf einmal.
6. I Kor 5,11.
7. verborgen.
8. ordnungswidrigen.
9. Konkubinate.
10. vollstrecken.
11. Decretales Gregorii IX. lib. III, tit. II, c. 7 (*Friedberg* II, Sp. 455 f.).
12. Decretales Gregorii IX. lib. III, tit. II, c. 8–9 (*Friedberg* II, Sp. 456 f.).
13. Antonius de Rosellis (um 1380–1466), italienischer Kanonist, Professor in Bologna und Padua. LThK² 1, Sp. 675.

Tractats[1], da er beschreybet, wer Richter sein solle, wenn man sagt, das der das Papstumb in hatt, solichs nitt mitt recht inhabe.

Gerichtliche sprüch werden ja darumb allein erfordret, damit man nitt auß vnuerstandt für sünd vnd vnrecht halte, das nitt sünde oder vnrecht ist, Oder iemandt als ein[2] sünder oder vngerechten halte vnd meide, der es nit ist. Nun aber: wer zweyfflet, das trunckenheyt, hurey, Simoni, Gottes lestern vnd der gleychen sünd vnnd vnrecht seye? Wer darff[3] dann etwas rechtlichs erklerens, das die priester in hurey ligen oder Concubinen bey sich haben, wenn die Concubinen one alle | *cib/Ccjb* | scheuwe offentlich bey ihnen wohnen vnnd sich ihrer schanden selb rhümen, auch die kinder vor augen lauffen, Also auch von der Simony, wenn am tag liget, wie sie Prebenden[4] offenlich kauffen vnnd verkauffen, durch schenck[5] vnnd miet[6] bekomenn vnnd hingeben? Also ist nun auch trunckenheyt Gots lesterung vnd andere laster. Was mage es dann anders sein, in solichen so gar[7] wüst offenbaren ergernissen vnd greuwelen erst rechtliche declaration vnnd sententz erforderen vnd das von denen das mehrer theyl[8], die selb den ernst der Canonum vnd Götlichs gesatzes nitt erdulden mögen, dann[9] Gottes[a] vnnd aller rechten spotten, Gott vnd seine liebe Gemeinde tratzen[10] vnnd verhönen?

Die lieben H. Vätter[b] haben bedacht, das soliche so offentliche ergerliche priester dem armen volck gefehrliche ergernüß geben vnnd die Religion Christi gar zerstören, auch von sich selb bezeugen, das sie lauter Epicureij[11] sindt vnnd von Gott nichts halten. Darumb haben sie auß Gottes gepott so gar ernstlich gesetzet vnnd gebotten, das die Christen leyen mitt sollichen so offenbaren lesterlichen[c] priesteren in einigem Göttlichen ampt keine gemeinschafft haben sollen, vnd, wo sie das thün, das sie sich ires Gotlosen wesens

a) Drf. Göttes.
b) Drf. Våtter.
c) Drf. lesterlichem.

1. *Antonius de Rosellis*, De monarchia seu de potestate imperatoris et papae, cap. 71. *Antonio de Rosellis*, Monarchia seu Tractatus, S. 262 f.
2. für einen.
3. bedarf.
4. kirchliche Pfründen.
5. Schenkung, Gabe zur Bestechung.
6. [gegen] Rentenzahlungen.
7. ganz.
8. das von denen das mehrer theyl: das zum größeren Teil von solchen.
9. darüber hinaus.
10. vor den Kopf stoßen, reizen. *Lexer* 2, Sp. 1498.
11. Menschen, die auf materiellen Genuß aus sind. Bucer meint hier wie Luther bewußt herabsetzend und polemisch Intellektuelle, die auf das Diesseitige aus sind, in ihrer kirchenfernen Haltung die Religion verspotten, über die Gläubigen lachen und damit das Christentum von innen her gefährden. *Greschat*, Martin Bucer, S. 136; *Lienhard*, Croyants et sceptiques au XVIe siècle, S. 15–54; *Maron*, Martin Luther und Epikur, S. 29–33 und passim.

theylhafft vnnd sich zů Goͤtzendieneren dadurch machen, den flůch Gottes fuͤr[1] die benedeyung[2] dauon entpfahen. Das můstu, Christlicher Leser, dir gelten lassen, dann es Gottes vrtheyl ist, dem Himel vnnd Erden weychen můssen, was joch[3] die C. Deputaten | *cija/Ccija* | vnnd ihr verderbter hauff da gegen Gott vnd sein wort tratzen vnd verhoͤnen.

Ja, sagen aber ferner diese leuth, die allein auff erden sein woͤllen, die offentlich alle gesetz vbertretten vnd doch aller gericht vnd straffen freye seyen, Auß dem, das du da fuͤrgibst, wůrde folgen, das die vnderthanen auch ihre Oberkeyt, wenn die vbel lebte, verlaßen vnnd meyden, Jtem, das sie vmb der Priester willen, wa[4] sie nitt theten, was ihnen gefiele, rumor[5] vnd entboͤrungen[6] erwecken wůrden.

Der oberkeyt sindt die gleubigen gehorsam, sie seye boͤß oder gůt.

Nein, boͤser geist, diese folge bringestu auß dir selb, nitt auß dem, das ich alhie auß Gottes wort vnd den H. Canonibus fuͤrbracht habe. Wir haben das helle Gottes wort, das alle seelen der Oberkeyt, die das schwerdt tregt, wann sie gleych gar[7] vngleubig ist, gehorsamen[8] solle, in allen dem zuthůn vnd zu leyden, das Gott nitt offentlich verbotten hat zuthůn vnd zů lyden[9]. Diß lehren wyr, da bey bleyben die frommen Christen, denen wyr allein schreyben vnd predigen; darumb werden sie ihren ordenlichen Oberkeyten von hertzen gehorsamen, was die joch[10] glauben oder leben, Vnnd sie in keinem dienst oder gepuͤr[11], was sie mitt Got leysten moͤgen, verlassen oder meyden, Aber fleyssig fuͤr sie betten, das sie Got so erleuchte vnd fuͤre, das sie vnd andere durch iren dienst ein ruͤwig vnd stilles leben fuͤren[12].

Die gleubigen fliehen lesterliche fuͤrsteher one einige onrůwe oder bewegniß.

Also folget auch auß dieser vorgesetzeten, nit vnser, sonder Christi, vnsers Herren, Lehre kein vnruwe oder bewegniß[13] in den Gemeinden Gottes, dann wyr nicht solich scheuwen vnd fliehen der sündtlichen priester | *cijb/Ccijb* | lehren, das auß fuͤrwitz, stoltz vnnd vermessenheyt, sonder das auß recht gleubiger reuwe vnd scheuwe der sünden, auß liebe vnd eyfer zů Gott vnnd seinen H. Sacramenten entstehe. Solichs schewen vnd fliehen ist ein werck des Geistes Christi, der nitt ein geyst der vnordnung oder auffrůr, sonder ein geyst des fridens vnnd der besserung ist[14].

1. anstelle von.
2. Segnung.
3. auch immer.
4. wenn.
5. Gerede, Unruhe.
6. Aufstände.
7. ganz.
8. Gehorsam leisten.
9. Röm 13,1–7.
10. auch immer.
11. Schuldigkeit. *Grimm* 4 (= IV,1,1), Sp. 1885.
12. I Tim 2,1–2.
13. Anstoß.
14. Vgl. I Kor 14,33.

Darumb werden soliche Christen, die vnser lehr folgen, sich alwegen in aller stille vnnd demůt in den Gemeinden Gotes halten Vnd, so sie offenbare[1] ergerliche vnd lesterliche priester vnd fuͤrgenger haben, erstlich alle die weg versuchen, die sie nach Christlicher liebe immer mehr versůchen moͤgen vnd sollen, damitt sie die selbigen, ihre priester vnnd pastoren, zůr besserung bewegen. Wa[2] sie aber damitt nichts schaffen kondten vnd dann des[3] Christliche folge bey ihrer Gemeinden haben moͤgen, Werden sie bey jhrer ordenlichen oberkeyt vnd wa sichs gebuͤret vmb andere, besserliche Pfarrer vnd seelsorger ansuchen vnd die verstockten in offentlichen sünden vnnd schanden meyden. Wa sie aber in dem der Gemeynden Gottes folge vnnd ware verbesserung Christlicher versehung der Gemeinden Gottes nitt haben moͤgen, werden sie sich doch still vnd gedultig beweysen, vberall kein vnruwe erwecken, sich auch nicht von waren Christen oder auch dem wort vnd befelh Gottes, wa sie das rein haben moͤgen, absuͤnderen.

Das die C. Deputaten hie hinbey setzen, den | *ciija/Cciija* | H. Cyprianum, von mir angezogen, lib. 1., cap. 4 et 7[4] – dann auß dem ij. bůch habe ich des orts weder die x.[5] noch einige[6] andere Epistel eingefuͤret – thůe nichts zů meynem vorhaben, sonder thůe meer wider mich[a], in dem fürnemlich, das Cyprianus die rotter[7] von der gemeinschafft vnd der Gemeinden außschliesse, Des besehe, frommer Christ, die zwa Epistolen, die ich angezogen; Vnd das die C. Deputaten mich vnder die rotter zelen, das thůn sie auß jrem eygnem freuel vnd verachtung Goͤtlichs worts.

Darzů ist in beyden Epistolen, von mir angezogen, nichts von den rotten, sonder von boͤsen, falschen Pfaffen, die den Gotspfennigen[8], opfferen vnd gewinn, den gůten malzeyten vnd bancketen nachtrachteten, wie der H. Cyprianus in der angezognen vij. Epistel des ersten bůchs[9] von jnen klaget, vnd dann in der verfolgung Christum verleugneten vnnd Goͤtzen dienst thetten, Darumb sie jre Gemeinden an den orten, da sie Bischoffe gewesen waren vnd, noch zů sein, vnderstunden, one vorgohnde erkantnuͤß von den Heiligen empteren abgehalten haben vnnd sindt des[10] von dem H. Cypriano vnd dem

Cyprianus recht angezogen

a) Drf. nich.

1. offensichtliche.
2. Wenn.
3. dessen, dabei.
4. *Cyprian*, Ep. 68. CChr.SL III/C, S. 463–468; *Cyprian*, Ep. 64. PL 4, Sp. 401–406; CChr.SL III/C (hier Ep. 65), S. 426–433.
5. *Cyprian*, Ep. 61. PL 4, Sp. 372–374; CChr.SL III/B, S. 6–8.
6. irgendeine.
7. Aufrührer.
8. Almosen, Kollektengeldern.
9. *Cyprian*, Ep. 64,2–3. PL 4, Sp. 403 f.; CChr.SL III/C (hier Ep. 65), S. 429 f.
10. dafür.

Merckt hie: Papstlich[a] vrtheyl solle dem rechten Gottes weychen.

Concilio, zů Carthago[1] gehalten, gelobt vnd in jrem fürhaben bestetigt worden, ob wol der verstossnen Bischoffen eyner, mit namen Basilides[2], den Papst zů Rom, Stephanum[3], mit falscher anzeyge hindergangen vnd dadurch erlanget hat, das derselbige jhn wolte wider in sein ampt auffgenomen werden. | *ciijb/Cciijb* |

Dann als die gůten leuth – Felix[4], eyn Priester, vnnd die Gemeinde zů Legion[5] vnnd Asturicen[6], da der Basilides sich vermasse, Bischoff zů seyn, Aelius[7], ein Diacon, vnnd die Gemeinde zů Emeritenn[8], da der ander, nemlich Martialis[9], das Bischofflich ampt haben wolte – hatten ins Concilium zů Carthago[10] geschriben vnd gebetten, das jhnen die lieben Bischoff, daselbet versamlet in dieser sachen, wolten mit jrer erkantnůß trost vnd hülff beweysen, Da haben jnen die lieben Vätter vnder anderem geschriben: »Euwerer begirden antworten meer die Götlichen gepot dann vnsere Antwort«[11] vnd füren darauff ein etliche sprůch von heyligkeyt, die Got an den Priestern fordret, Vnd schliessen[b] auß den selbigen mit solichen worten: »Weyl dann vns solichs vorgesagt oder meer[13] befohlen vnd bekant ist, so solle vnser willige folge den Götlichen gebottenn dienen Vnnd mag die menschlich mildtigkeit in dem kein person beuor haben oder jemand etwas anders nachgeben, da das Götliche verschreyben vorhanden ist vnd ein gesetz gibet.«[14] Haec illi[15]. Daß besehe, erwege vnd bedencke, frommer Christ, So würstu wol erkennen, das die C. Deputaten wie mit dem H. Gottes wort also auch der lieben Vätter schrifften allen můtwillen treyben one alle scheuwe vnd schame.

»Nec aliud cuiquam largiri potest humana indulgentia, ubi intercedit et legem tribuit Divina praescriptio.«[12]

a) wohl Drf. Papstlisch.
b) Drf. schleissen.

1. karthagische Synoden unter Cyprian 255–256. LThK^{2} 6, Sp. 1; RGG^{3} 3, Sp. 1160f.
2. Ein Bischof namens Basilides läßt sich nicht nachweisen. Vielleicht ist hier ein Anhänger der von Basilides gegründeten Sekte gemeint. Vgl. LThK^{2} 2, Sp. 39.
3. Papst Stephan I. (254–257). Er ergriff disziplinarische Maßnahmen gegen sektiererische spanische und gallische Bischöfe. LThK^{2} 9, Sp. 1038.
4. Felix, der von dem ketzerischen Bischof Privatus zum Bischof geweiht worden war. *Hefele*, Conciliengeschichte I,1, S. 116.
5. León.
6. Asturien.
7. Er läßt sich nicht nachweisen.
8. Mérida.
9. Martialis (Mitte 3. Jahrhundert), später Bischof von Limoges. LThK^{2} 7, Sp. 112.
10. 4. Konzil von Karthago (254). *Hefele*, Conciliengeschichte I,1, S. 114–116.
11. Concilia Carthaginensia, Concilium Carthaginense sub Cypriano quartum. PL 3, Sp. 1021f.
12. Concilia Carthaginensia, Concilium Carthaginense sub Cypriano quartum. PL 3, Sp. 1022.
13. besser.
14. Concilia Carthaginensia, Concilium Carthaginense sub Cypriano quartum. PL 3, Sp. 1022.
15. sc. die oben erwähnten Konzilsväter.

So fil von dem, welche das H. Abentmal halten, darzů gelassen werden vnnd seyn gemeinschafft entpfahen sollen. | *ciiija/Cciiija* |

Auff die sophismata der C. Deputaten, wider das ich geschriben, das alle gleubigen, die bey dem H. Abentmal sein, zů vermanen sein, das sie auch die H. Sacramenten mit entpfahen.

DJe erste falsche verkerung der C. Deputaten hie wider ist, das sie schreiben[1], Jch fordere etwas gewaltiglich – satis imperiose –, das bey jeder Messen alle, die zůgegen sein, die Sacrament mitt entpfahen, Vnd das ich sage[2], soliche schüldig sein des gerichts, vnd sie demnoch[3] von gemeinschafft der Sacrament vnd des gebets auß schliesse. Diß alles schreiben sie wider mich mit offenbarer vnwarheit; Dann ich in meynem bůch für mich selb nichts gefordret noch etwas geurtheylet habe, sonder allein fürbracht, wie war ist vnd sie auch nit leugnen, das die lieben Vaͤtter die gar ernstlich gescholten haben, die bey dem H. Abentmal blyben vnd die H. Sacrament nit mit entpfingen, vnnd das Papst Calixtus[4] solichen auch den Bann getrauwet[5] habe. Diß hastu auß den worten des H. Chrysostomi vnd Calixti, die ich oben eingefuͤret im xcvij. vnd xcviij. blat[6], genůgsam zů erkennen.

Das[7] sie aber daran hengen, diß gesetz oder gewonheit, das alle gegenwertigen bey dem H. Abentmal auch die Sacrament mit entpfahen sollenn, sei[a] in der Gemeinden nie angenomen worden, Jn dem straffet Papst Calixtus sie der offenbaren lůgen, Dann er geschriben[8]: »Also habens die Apostel geordnet vnd haltet es (merck[b]: | *ciiijb/Cciiijb* | haltet es) die Roͤmische kirch«. Sehe, da zeuget dieser Papst klar, das die ordnung gehalten worden seye.

Jst das nit ein fein Argument dieser M.[9] nostrorum? Chrysostomus[10] schiltet die leuth, das sie allein zů den hohen festen die Sacrament entpfangen. Ergo:

a) Drf. sie.
b) Das Wort steht nur im Reklamant.

1. »Vrteil der Vniuersiteit vnd Clerisie zů Coͤlne von Mårtin Bůcers Lerung vnd růffung genn Bonn ...«, 1543 (s. oben S. 33, Anm. 3), Bl. Hija. *Eberhard Billick*, »Iudicium cleri et universitatis Coloniensis ...« (s. oben S. 31, Anm. 5), Bl. 20b.
2. Hier ist offenbar durch Homoioteleuton ein Satzteil ausgefallen, der sagt: daß alle die, die das Sakrament nit empfahen.
3. demnach.
4. Calixtus I., Papst (217/218–222). LThK² 2, Sp. 883 f.; TRE 7, S. 559–563.
5. angedroht.
6. s. oben S. 171–173.
7. Daß.
8. Decretum Gratiani III, De consecratione, Dist. 2, c. 10 (*Friedberg* I, Sp. 1317).
9. Magistrorum. Anspielung auf die Dunkelmänner. Vgl. dazu S. 54, Anm. 3.
10. *Chrysostomus*, In epistolam ad Ephesios cap. 1 hom. III,4. PG 62, Sp. 28 f. Ferner folgende Stellen: *Chrysostomus*, In epistolam primam ad Timotheum cap. 2 hom. V,3. PG 62, Sp. 529 f. *Chrysostomus*, In epistolam ad Hebraeos cap. 10 hom. XVII,4. PG 63, Sp. 131 f.

Man hats in der kirchen nit gehalten, wie es die Apostel auß des Herren that vnd befelh geordnet, das nemlich alle die die Sacrament mit entpfangen habenn, die bey dem H. Abentmal gewesen sindt. Warumb folget nit meer, weil die H. Vaͤtter vbertrettung dieser ordnung schelten, so ist sie etwan gehalten worden? Dann das ehrlich vnd heylig ist, wie sie diß sein, das alle, die bey dem H. Abentmal bleyben, die Sacrament auch mit entpfahen, selb bekennen vnnd, wie Calixtus[1] zeuget[2] von den Apostolen geordnet ist, wuͤrdt dennoch etwan gehalten worden seyn.

Das sie dann dem Canoni Calixti[3] entgegen andere Canones anziehen, die die Communion sollen frey machen, vnd eynen, der Augustini seye, Auch in dem treyben sie nichs dann offenbaren muͦtwillen. Der H. Augustinus[4] redet von dem teglichen Sacrament entpfahen; das will er weder loben noch schelten, redet kein wort von denen, die bey dem H. Abentmal bleyben vnd doch nit comunicieren, vermanet aber dennoch, auff alle Sonnentag zuͦ Communicieren. Dann als dann pflegeten die gleubigen alle zuͦ dem H. Abentmal zuͦ kommen, das[5] sie nit theten, wann etwan die lieben Vaͤt- | *cva/Ddja* | ter auch auff andere tag Privatas missas[6] – das ist: besondere Abentmal – mit etwan[7] wenigen besonderen[8] leuthen vnd nit für die gantze Gemeinden hielten.

Die anderen zwen Canones, die sie anziehen, reden wider die, so nimmer oder gar selten die Sacrament entpfingen; die straffen sie, Vnd fordret die rede Fabiani[a][9], welche doch auch Apocrypha ist, das die leuth, wa nit offter, doch dreymal im jar Communicieren woͤllen[10]. Damit ists noch nit frey gemacht[11], zuͦ anderen zeyten bey dem H. Abentmal bleyben vnd doch nit communicieren. So schelten auch diß so selten communicieren der war authenticus[12] vnd

a) Drf. Fabriani.

1. s. oben S. 181, Anm. 4.
2. zeuget, (daß dies).
3. s. oben S. 181, Anm. 4.
4. *Augustinus*, Ep. 54,2 und Ep. 54,4. PL 33, Sp. 200, 201 f.; CSEL 34,1, S. 160, 162 f. *Augustinus*, In Ioannis evangelium tractatus XXVI,15. CChr.SL 36, S. 267 f. Die Hinweis auf die Stellen verdanke ich Herrn Prof. Cornelius Petrus Mayer OSA, Würzburg, und Herrn Prof. Martin Klöckener, Freiburg/Üe.
5. das [was].
6. Zur Privatmesse vgl. *Angenendt*, Geschichte der Religiosität im Mittelalter, S. 495 f.; *Angenendt*, Missa specialis, v. a. S. 153–163.
7. zuweilen, dann und wann.
8. einzelnen.
9. Fabianus, Papst (236–250). RGG^3 2, Sp. 855; LThK^2 3, Sp. 1331 f.
10. Decretum Gratiani III, De consecratione, Dist. 2, c. 16 (*Friedberg* II, Sp. 1319). Eine dreimalige jährliche Kommunion schreibt erstmals das Konzil von Agde (506) vor. CChr.SL 148, S. 202. Vgl. dazu *Jungmann*, Missarum Sollemnia, Bd. 2, S. 449, Anm. 9; *Browe*, Die Pflichtkommunion, S. 27–46, hier v. a. S. 35–39. Den Hinweis verdanke ich Herrn Prof. Martin Klöckener, Freiburg/Üe.
11. freigestellt, erlaubt.
12. wahre, echte.

gewisse[1] Chrysostomus, Ambrosius, Hilarius[3], Augustinus vnd anndere Vätter. Darumb ist auch das selten Communicieren, wenn man schon mit bey den Messen ist, niemandt frey gelassen.

De cons. dist. 2, ca. 5. quotiescunque. Si non sunt. Si quis[2]

Erwege aber vnd besehe, du frommer Christ, in dem vor angezogenen spruch Chrysostomi[4] die vrsach, die dieser H. Lehrer anzeucht, so würstu wol[5] erkennen, das es ja one freuel oder verachtung der so theuren geheymniß Christi nit seyn würdt, bey dieser seligen malzeyt Christi stohn vnd jhr doch nit wöllen geniessen[a], nemlich[6] wa die leuth nun dieser geheymnüß vnd des rechten gebrauchs der selbigen genůg berichtet[b][7] sein, Vnnd das auch dem die gemeinschafft des gebets nit gebüren mag, der die gemeinschafft der Sacrament nit haben solle.

Was darff es aber rede? Bekennen doch die C. Deputaten selb, es seye ehrlich vnnd Heylig, das, wer bey | *cvb/Ddjb* | dem H. Abentmal seye auch die Sacrament mit entpfahe. Nun, so vermanet der H. Paulus zů allen dem, das ehrlich vnd Heylig ist, nach zů trachten, Phil. iiij[8], So konde es auch nit ehrlich vnd Heilig seyn, wann es nit in der that vnd dem befelch Christi begriffen were.

Sie sagen ferner hie bey, wa[8] ich auß Gotseligem fleyß vnnd heyliger meynung, wie die H. Vätter gethan, auff die Communion so tringe, so wolten sie es leiden, aber es seye die forcht der warheyt gleycher[9], das ich, als ein feind der kirchen vnnd der Sacramenten, darauff handle, das ich das volck mit solichem schreyben von dem Meß hören abhalte.

Got, der hertzkündiger[10], weyß, das ich nichts hierinn sůche oder meyne, dann das der Gemeinden[11] Christi, deren ich beger ein getrewer diener zů seyn vnd keyn feindt, diese theureste geheymniß Christi wider in recht Gottselig erkentniß vnnd brauch gebracht werde. An den früchten erkenne vnnd richte man der Gemeinden Gottes vnd Sacramenten feind vnnd getreuwe diener[12].

Offenbare vnwarheit der C. Deputaten[c]

a) wohl Drf. geniesen.
b) Drf. berichet.
c) Drf. Eeputateu.

1. gesicherte, zuverlässige.
2. Decretum Gratiani III, De consecratione, Dist. 2, c. 3 (*Friedberg* I, Sp. 1315).
3. Hilarius (ca. 315–367), Bischof von Poitiers. RGG³ 3, Sp. 317; LThK² 5, Sp. 337f.; TRE 15, S. 315–322.
4. s. oben S. 181, Anm. 10.
5. genau.
6. besonders, vor allem.
7. (darin) unterrichtet, vorbereitet.
8. wenn.
9. seye … gleycher: komme … näher.
10. Vgl. Act 15,8.
11. für die Gemeinde.
12. Mt 3,10; Mt 7,16–20.

Wie der C. Deputaten part[1] jren taͤglichen genieß[2] vnnd weltlich ehr von der offenbaren[3] grausamsten verkerung des H. Abentmals gern nimmet vnnd sůchet, liget am tag. Darumb ists ja keyn wunder, das sie die rechte Gottselige haltung dieses Sacraments nit dulden moͤgen. Dann wa die wider recht erkennet were, wuͤrde es mit jren grempel Messen[4] ein ort haben[5].

Zů letst des orts setzen sie noch einn offenbare vn- | *cvja/Ddija* | warheyt hiebey: Jch zwinge das bey wesende volck zůr Communion vnd lasse dem Priester zů, das er die Sacrament anderen gebe vnd er doch die selbigen nit mit niesse. Das hab ich nie gedacht, halt vnd lehre das widerspiel[a][6], dann der Priester mit seynem exempel dem volck in dem vnd allem gůten vorgehen solle. Von dieser materi wuͤrdt hernaher auff der C. Deputaten gegenwurff wider die gesunde lehre von dem waren brauch des H. Abentmals weyter gesagt werden[7].

Von der haltung des H. Abendtmals

WEyl diese staht[8] in der zů bereytung vnd heyligung des volcks vnd der H. Sacramenten des leybs vnnd blůts vnsers Herren Jesu Christi Vnnd der außspendung vnd niessung der selbigen, so will ich erstlich von der zůbereytung vnd heyligung des volcks vnd der Sacramenten vnsere Christliche lehre verteydigen vnnd dann auch von der außspendung vnd entpfahung der Sacramenten.

Drey stuͤck: der bereytung vnd heiligung des volcks vnnd der H. Sacramenten

Von der bereitung vnd heyligung des volcks vnnd der Sacramenten zeugen vns die H. Euangelisten, das der Herr dise bereytung vnd heiligung volbracht hat Durch dise drey stuͤck: Durch die Lehre, die Dancksagung vnd Verkuͤndung seiner schenck vnd gaben sampt dem befelh, die zů gebrauchen. Jn der lehr hat er jnen mit grossem ernst fürgegebenn vnnd sie gelehret, | *cvjb/Ddijb* |

Die lehre im H. Abentmal

durch daß fuͤß waschen vnnd die angehengte erklerung[9], desselbigen wercks drey dinge[10]: Daß erste: ware erkentnuͤß jhrer sünden, beyde[11] der angebornen, die in vns wonende allerley boͤse gelust, begirde, wort vnd werck wider Gottes gebot erwecket vnnd wircket, Vnd die selbigen boͤsen luste, begirden, wort

a) Drf. widerspeil.

1. Partei.
2. Genuß, Nutzen, Unterhalt.
3. offensichtlichen.
4. Kleinhandel-Messen, Messehandel.
5. ein Ende haben.
6. Gegenteil.
7. s. unten S. 184,14–189,4.
8. besteht.
9. Verklärung.
10. Joh 13,1–20.
11. beyde … Vnd: sowohl … als auch.

vnd werck, damit[1] auch die gleubigen, die in Christo, vnserem Herren, gantz rein sein, jre füß, das ist disen täglichen wandel, beflecken, so lang sie noch vff diser erden wandlen, Durch welche erkentnüß der Herre ein rechte schewe, rew vnd leyd dises so grewlichen vnflats[2] vor den augen Gottes, der vns noch anhanget, hat in seinen jüngern erwecken vnd sie damit zů sich, der sie von solichem vnflat allein weschet vnd reiniget, treiben wőllen.

Das ander, das er seine jünger gelehret vnd sie damit zů disem H. Sacrament bereytet vnd geheyliget hat, ist die ware, lebendige erkentnüß sein[3], das er nemlich allein der ist, der vns von allen sünden, angeporen vnd begangen, reiniget, wie er auch allein der ist, der vnsere sünden durch seynen todt bezalet vnd gebůsset hat. Damit hat der Herre seine jůnger erwecken vnd anreytzen wőllen, das sie sich jm, vnserem eynigen heylandt vnd erlőser von allen sünden, volkumner ergeben vnd er sie also von tag zů tag von allen nach blybnen[4] vnnd begangnen sünden abweschet vnnd reyniget, wie er sie im H. Tauff von aller vngerechtigkeyt so abgeweschen vnd gereiniget hat, das jnen die selbigen, so sie in jm durch waren glauben bleiben, | *cvija/Ddiija* | nimmer mehr sollen zugerechnet werden. Darumb sie auch Got gantz rein heltet, ob sie wol die füß nach als[5] beflecken, das ist: sich im brauch dises lebens, auß vnwissen vnd schwacheyt ihres fleysch, verunreinigen. Dann der Herre Christus solche vnreinigkeit durch sein blůt auch hinnimet Vnd bey dem Vatter verzeyhung solcher vbertrettung erwürbet, Auch er durch seinen[7] heyligen Geyst immer zů seiner bildnuß gentzlicher die seinen[8] erneuweret.

Der Her hat alles seinen jungeren alles mit hőh[a] ernst[6] vnd zum besten verstandt geredt.

Zům dritten hatt der Herr seine junger auch gelehret, wie sie, so er sie von sunden reiniget, sich gegen einander demütigen vnd in alle dienst begeben, auch bereyt sein sollen, für ihre guthaten alles arges zů leyden vnd den lohn von jm erwarten, Der solche seine junger so haltet, das in[9] vffnimet, wer sie vffnimet[10]. Diß alles hat der Herr in seinem exempel mitt dem füß weschen vnnd allem dienst, den er den jungeren bewisen, auch mitt der gedult gegen dem Juda sampt angehengter lehr in worten gelehret vnd furgegeben[11], Wie

a) Drf. hőh=.

1. mit denen.
2. Schmutzes.
3. seiner (selbst).
4. noch übrig gebliebenen.
5. immer wieder.
6. Drf. Möglicherweise: hőhstem ernst.
7. So im Exemplar des Protestantischen Seminars (Collegium Wilhelmitanum), Straßburg. Im Exemplar der HAB Wolfenbüttel steht für »er durch seinen« hingegen: »die seine durch«.
8. So im Exemplar des Protestantischen Seminars (Collegium Wilhelmitanum), Straßburg. Im Exemplar der HAB Wolfenbüttel steht für »die seinen« hingegen »seinen«.
9. ihn.
10. Mt 10,40; Joh 13,20.
11. Joh 13,1–35.

du, Christlicher Leser, dis, mit dem vorigen allen, in der that vnd worten des Herren, die Joannes beschreibet xiij. Cap. [1–35] seines H. Euangelij, klar zusehen hast. Die lese vnd betrachte wol.

Warinn der hoͤste schaden der Messen

Daher hat die Christliche Gemeind daß genomen, daß man in rechter haltung deß H. Abendtmals durch die lectionen alt vnd neuwes Testaments, psalmen vnd gebette, welche daß glaubige hoͤren Gottliches worts alwegen erwekket vnnd bringet, die leuth furet in erkentnüß jrer sunden vnd der erloͤsung Christi, | *cvijb/Ddiijb* | vnsers Herren, sampt getreuwer lehr vnd vermanung zu recht Gottseligem leben vnnd gutten wercken in Christo. Also lesen wyr auch von der ersten Gemeinden zů Hierusalem, wie die gleubigen verharreten inn der lehre der Apostolen, in der gemeinschafft, in dem brot brechen vnnd gebett, Act. ij[42].

Die dancksagung im H. Abendtmal

Das ander stück der bereytung vnd heyligung deß volcks vnd der Sacramenten, die der Herre gethon, ist die Dancksagung. Dann wie die Euangelisten vnd Paulus schreyben, hatt er dem Vatter lob vnd danckgesaget zuͤ dem brot vnd zů dem kelch, das ist: erzelet vnd geprisen die vnaußsprechlichen[a] gutthaten Gottes, seines himlischen Vatters, vns verlihen. Darumb der[b] H. Paulus den kelch deß H. Abentmals ein kelch der benedeyung, das ist: des Gottlichen lobs vnnd dancksagung, genennet hat[1], i. Cor. x[16], Auß dem auch die alten waren Apostolischen Gemeinden bey disem Sacrament alwegen mit hochster andacht die genaden vnd gutthaten, vns in Christo, dem Herren, bewisen, verkundet vnd gepreysen haben, Wie der H. Chrysostomus zeuget[2] in daß x. cap. i. Cor[3].

Verkundigung der gaben Christi

Daß dritte in der bereytung vnnd heyligung deß volcks vnd der H. Sacramenten, daß der Herre gethon hat, ist die verkündigung vnd bezeugung seiner geschencken vnd gaben, Daß er sagt, da er inen daß brot dar reychet: »daß ist mein leyb, der für euch hingeben wirdt«, Vnd da er jnen den kelch gabe: »das ist mein blůt deß neuwen Testaments, daß für euch vnnd für vil vergossen würdt zů verzeyhung der sünden«[4], Jn | *cviija/Ddiiija* | welchen worten der Herr verkündiget vnnd bezeuget hat, daß er seinen Jüngeren nit allein sein leyb vnnd blut mitt brot vnnd wein gebe, sonder auch den[5] verdienst seines bitter leyden vnd sterbens, bezalung vnd verzeyhung der sünden, daß neuwe testament, den gnaden bundt vnd gemeinschafft deß ewigen lebens.

Die gedechtnuß Christi durch der verkundigung zu halten

Hieran hat der Herr gehenget den befelch vom gebrauch deß H. Abendmals vnd gesagt, »thůn mir daß zu gedechtniß«[6], Welche gedechtniß also zu-

a) wohl Drf. vnaußprechlichen.
b) Drf. Der.

1. Lk 22,19–20; Mt 26,26–28; Mk 14,22–24; I Kor 10,16; I Kor 11,23–26.
2. *Chrysostomus*, In epistolam ad Corinthios primam hom. XXIII. PG 71, Sp. 191 f.
3. I Kor 10,16–17.
4. Lk 22,1–20; Mt 26,26–28.
5. das.
6. Lk 22,19; I Kor 11,24–25.

halten ist, daß bey dem H. Abentmal verkündiget vnd bedacht werde mit hoͦhster andacht vnd Gotseligkeyt, wie sich gepüret zů halten die gedechtnis vnsers Gotts vnd Heilandts, alles daß er ist, daß er vns worden ist, waß er vns gethon, fur vns gelitten, vns erworben vnd verheyssen hatt, nach[1] thut vnd thun wille. Darumb hat der H. Apostel vff diß wort des Herren »Thun das zu meiner gedechtnüß« gesaget: »Dann so offt ir diß brot esset vnd diesen kelch drincken, verkünden ir den todt deß Herren, biß er kommet«[3] oder solt in verkünden, dan das wort, so hie staht, καταγγέλετε[4] sie beyde heysset; Damit der Apostel ja klar angezeyget hat, das dise gedechtniß[a] deß Herren also zu halten ist, daß man alda seinen todt verkünden, das ist: frey[5] offentlich allem beiwesenden volck predigen solle, Vnd freylich wie seinen todt also auch seine menschwerdung, seine selige Vfferstentnuß, vffart gohn[6] himel vnd sein sitzen zůr gerechten des Vatters, sampt seiner verheyßnen zukunfft zů dem gericht, Wie dann beyd[7] die Griechen vnd Lateinischen noch heutigs tag in ihren Messen vff die wort des Herren solches alles zusamen fassen. | *cviijb/ Ddiiijb* |

Cyprianus legit[2]: annunciabitis.

Nun dise drey stuck: die Lehre, die Dancksagung vnd Verkůndigung seiner gaben mit angehengtem befelch von seiner gedechtnuß, hat vnser Herre mitt solichen worten gethon, zů vnd vor seinen jüngeren gethon, daß sie die selbigen alle haben verstohn moͤgen, Vnd mit sollichen grossen ernst, daß sie dadurch haben zů lebendiger erkantnüß vnd reuwe jrer sünden, auch hertzlichem vertrauwen vnd liebe zů ihm konden beweget, Vnnd also daß neuwe Gottliche leben, seine Gemeinschafft in jhnen thetliche[8] gefordret werden.

Eben daß aber, das der Herre bey diesem H. Sacrament gethon hat, daß hat er auch vns zů thun befohlen. Deß selbigen hat sich die Christliche Gemein, wenn sie ire recht getreuwe diener gehabt, alweg getrewlich gehalten. Diß bezeugen alle H. Vaͤtter.

Der C. Deputaten part vbet wol dise stuͤck alle drey mitt worten, Die Lehr sampt dem gebett, die Dancksagung vnd Verkündigung, hatt sie aber, alle dise drey stuck, in dem schwerlichen[9] verkeret, daß sie die nit mit gebürendem ernst vnd andacht vnd zum verstandt vnd thetlicher besserung der beywesenden vbet.

a) Drf. gedetchniß.

1. noch.
2. *Cyprian*, Ep. 63,10.17. PL 4, Sp. 393 und 399; CChr.SL III/C, S. 402 und 413.
3. I Kor 11,24–26.
4. 2. Pers. Plur. Ind. Präs. oder 2. Pers. Plur. Imp.
5. ganz.
6. gegen.
7. beyd ... vnd: sowohl ... als auch.
8. wirksam.
9. schwerwiegend.

Welches ja ein gantz erschrecklicher greuwel ist, gehr[1] dann einige[2] menschen zungen außsprechen[a] mŏgen. Denn da durch wůrdt der aller thewriste Gŏttlichste handel Christi in seiner versamlung, daß H. Abendtmal, nit allein nichtig vnd vnfruchtbar, sonder auch zům grewlichsten Abgott verkeret. Daß ist: so die | *cixa/Eeja* | leuth durch dises werck solten zum aller ernstlichen, volligsten vnd krefftigisten dahin geleret, ermanet, gefüret vnd bracht werden, das sie inen selb absturben vnd in im, vnserem herren Christo, lebten nach seinen wort »Wer mein fleysch isset vnd drincket mein blůt, der bleybt in mir vnd ich in im vnd hat daß ewig leben«[3], So wirdt durch dise verkerung, das man da nit alles mit recht Christlichem ernst vnd zum verstand der beywesenden vffs heyterist[4] vnd clarist fürbringet, diß werck dahin gerichtet, daß die leut vff das selbige allein, wie es der meßmacher[5] vbet, daß hochste vertrawen setzen, dadurch Gottes genad vnd hulff jn allen dingen, geystlichen vnd ewigen, zu erlangen, Vnd daß wie one ware erkentniß vnd rewe der sunden, also auch one hertzliches vertrawen vnnd ergeben an Christum, vnseren[b] herren, Welches alles ir rauhloß[6] vnd in allen sünden vnd schanden verharrendes leben zu fil grob vnd wüst bezeuget, Gesetzet[7] an aller Gots forchtigen vrteyl vnd der Meßmacher selb gemeinste exempel.

Also richtet[c] dise erschrecklichste verkerung daß aller heyligste werck der Gemeinden Christi, Ja Christi in seiner gemeinden, dahin, daß die armen gewissen durch nichts in aller welt mehr in iren sunden vnnd verachtung Gottes versichert werden, die sünden in ihnen hefftiger gestercket vnd der geyst, so die sünde straffen, vnd lebendige rew vnnd haß derselbigen erwecken soll, darnider geschlagen, So doch durch diß werck die war, lebendige erkantnus[d] vnd rew der sün- | *cixb/Eejb* | den, schrecken vnnd zitteren vor dem gestrengen gericht Gottes vff das aller wircklichst[8] vnd ernstlichst erwecket vnd gescherffet werden solle; Also wirdt auch daß hertzliche fliehen zů Christo vnnd gentzlich ergeben an jn durch nichten[9] schwerlicher verhindert, daß

a) wohl Drf. außprechen.
b) Drf. vnferen.
c) Drf. richet.
d) Drf. erkantnuůs.

1. jäher, plötzlicher. *Lexer* 1, Sp. 722.
2. irgendwelche.
3. Joh 6,54.56.
4. hellste.
5. sc. Priester.
6. ruchloses.
7. Stelle unklar. Vielleicht: ... ein Leben, gesetzt (geführt) ohne das Urteil aller Gottsfürchtigen ... Oder: ... ein Leben, vorgestellt (gemessen) am Urteil aller Gottesfürchtigen ...
8. wirksamste.
9. nichts.

doch durch diß werck solte zum aller gewaltigsten erregt, befordret vnd immer fürbracht vnd gestercket werden, Das ich ja aber vnd abermal[1] will gestellet haben, zů erkennen vnd zů vrteylen, an alle, die ein ware Gotsforcht haben vnd disen dingen mit etwas gleubigem ernst nach dencken.

Wie schwerlich der glaube an Christum verletzet Vnd der aberglaube gesterkket werde durch daß vnuerstendig singen vnd lesen in den Messen

Daß vnuerstendtlich in Messen befordret hoch[2] daß falsch vertrauwen vffs eussers werck.

NVn aber kan das ein ieder Gottsverstendiger mensch wol vermercken, wie vil zů solicher erschrecklichsten, verderblichsten verkerung diene vnd befordre, daß der C. Deput. part bey disem Goͤttlichsten handel[3] alles – die Lehre, die Dancksagung vnd Verkundigung der gaben Christi – in frembder sprachen, die offt auch sie selb nit gantz, daß volck gar nicht versteht, singen vnd lesen, Ja offt so Gottloslich dahin plauderen vnnd vber einander werfen | *cxa/ Eeija* | Vnnd dann daß hauptstück deß gantzen wercks[4], die wort deß Herren, damitt er vns sein leyb vnnd blut vnd ewigs testament der Gottlichen gemeinschafft vbergibt, wider alle lehr vnd brauch der alten Gemeinden Gottes so heimlich[a] wißblen[5], daß sie sich etwan selb kaum hoͤren moͤgen, Da mitt[6] dann geschicht, daß sich auch die daß latein verstohn deßen, so diese leut schon auß Gottes wort bey den Messen sprechen, nicht besseren koͤnden. Es muß alle andacht vnd besserung bey disem H. handel auß dem lebendigen, wircklichen glauben entstahn, Vnd mage derselbige nicht dann allein auß dem verstandenen[b] Gottes wort geboren, erwecket vnd gestercket werden.

Damit aber du, fromer Christ, dise so schwere verkerung, die vil weyter reychet vnd schadet, dann ieman gnugsam bedencken konde, Das man bey diser aller heyligesten handlung Gottes, dem H. Abendtmal, ja, in allen H. Ceremonien gegen dem volck ein sprachen gebrauchet, die das volck in Gemein nitt verstaht, etwaß doch ernstlich betrachtest, So besehe vnd erwege, waß vnd wie ernstlich der Geyst Gottes wider dise verkerung geschriben habe, Auch wenn man die sprachen schon auß des H. Geysts wunder werck hatt, i. Cor. xiiij[1–33].

Erstlich sagt er: »Der mit zungen redet,« – daß ist mit einer sprachen, welche die, zu denen man redet, nit verstehen – »der redt nicht den menschen, sonder Gott, dann es hoͤrets nieman«[7]. Jtem: »Nun aber, lieben bruͤder, wenn

a) Drf. hiemlich.
b) Drf. verstandenem.

1. zu vielfach wiederholten Malen.
2. sehr.
3. Handlung.
4. Verrichtung, Meßhandlung.
5. flüstern.
6. wodurch.
7. I Kor 14,2.

ich zů euch keme vnd redet mit zungen, waß were ich euch nutze?«[1] | *cxb/ Eeijb* |

Mercke: reden mit leuten in einer sprach, die sie nitt verstohn, ist vor Gott nichts mitt ihnen reden, Jst reden[a], das sie nitt hoͤren vnd nutzet inen nichts.

Weiter: »Helt sichs doch auch also in den dingen, die da lauten vnd doch nitt leben, es seye ein pfeiff oder ein harffe, wenn sie nicht vnderschiedliche stimmen von sich geben, wa kan man wissen, was gepfiffen oder geharffet ist? Vnnd so die posauͤne[2] einen vndeutlichen dohn gibt, wer will sich zum streyt richten[3]? Also auch ihr, wenn ihr mit zungen redet, so ihr nicht ein deutliche rede gebet, wie kan man wissen, waß geredt ist? Dann ihr werdet in den windt i. Cor. 14[2] reden. Zwar es ist mangerley art der stimme inn der welt, vnd der selbigen ist doch keine vndeutlich. So ich nu nicht weis der stimme deutunge, werde ich vndeudsch[4] sein dem, der da redet, wirdt mir vndeudsch sein. Also auch ir.«[5]

Sehe, der Geyst Gottes erkennet, daß wider die natur sey aller menschen, einige stimme gegen leuten gebrauchen one gewisse[6] deutung vnnd lehr, welche die selbigen leuth vernemen künden; Jtem, es seye inn windt geredt. Jtem mache, das der da redet, dem, zu welchem er redet, vnnd herwider[7] der hoͤret dem, der zů im redet, ein vndeutscher[8] vnnd also halb ein vnmensch seye, mitt dem er kein gemeinschafft[b] haben koͤnde, i.[9] Barbarus[10].

Der leye[c] solle vff alles Amen sagen.

Ferner: »Wenn du aber segnest im Geyst, wie soll der, so anstatt des leyen steht, Amen sagen auff deine dancksagung, seytemal[11] er nicht weyß, waß du sagest. Du dancksagest wol fein, Aber der ander wirdt nicht da- | *cxja/Eeiija* | uon gebessert. Jch dancke meinem Got, daß ich mehr mit zungen rede denn ihr alle, aber ich will in der gemein lieber fünff wort reden mitt meinem sinn, auff das ich auch andere vnderweyse denn sunst zehen tausent wort mit zungen. Lieben bruͤder, werdet nicht kinder an dem verstentniß, sonder an der boͤßheyt seyd kinder, an dem verstendtniß aber seyd volkomen.«[12]

Hie sihestu, das in der Gemeinde Gottes ein sprach geprauchen, die in gemein nit verstanden wirdt vnd darauff der leye nit koͤnde Amen sprechen vnd

a) wohl Drf. redent.
b) gemeinschaff.
c) wohl Drf. leyr.

1. I Kor 14,6.
2. Verwendung als Signalhorn im Krieg. LThK² 5, Sp. 485.
3. bereiten, aufrichten, erheben.
4. unverständlich. *Grimm* 24 (= XI,1,3), Sp. 437.
5. I Kor 14,7–12.
6. sichere, unangreifbare.
7. umgekehrt.
8. Unverständlicher.
9. id est.
10. einer, der den Glaubens- und Zivilisationsnormen nicht entspricht.
11. da ja.
12. I Kor 14,16–20.

sich auß dem verstandt der gehörten rede besseren, vor Got ein Gottloser raub seye der besserung vnnd gemeinschafft in sachen des ewigen heyls vnnd ein verdamtes kinderwerck.

Folget: »Jm Gesetz stehet geschriben: Jch will mit anderen zungen vnd mit anderen lippen reden zů disem volck, vnd sie werden mich also auch nicht hören, spricht der Herr. Darumb so sind die zungen zům zeychen nicht den gleubigen, sondern den vnglaubigen. Jtem: Wenn nu die gantze gemeine zůsamen keme an eynen ort vnd redeten alle mit zungen, Es kemen aber hinein leyen oder vngleubige, würden sie nicht sagen, jr weret vnsinnig?«[1]

Jn dem hastu, das, Gottes wort mit frembden sprachen fürtragen, allein den vngleubigen, verstockten leuten gebüre, das sie es hören vnnd nit verstanden vnd also nit selig werden, Jtem, das es ein werck der vnsinnigen seye.

Zů letst: Auff diß alles lehret vnnd ermanet, ja gepeut der | *cxjb/Eeiijb* | geyst Gottes, wer mit filen sprachen reden könde, der solle betten, das ers auch vßlege, vnd, wo er keyn vßleger ist, das er in der versamlung Gottes, da es alles zur vffbawung des glaubens durch verstandene lehr, trost, straff vnd vermanung geredt, gesungen vnd gelesen werden soll, schweige, Vnd zeuget, das diß gebot des Herren seyen. So sich jemand lasset düncken, spricht er[2], er seye ein Prophet oder geistlich, der erkenne, was ich euch schreibe[3]. Denn es sind des Herren gebot.

Jst dann nun das nit die Göttliche Maiestät vffs schwerlichst verhönet, verspottet, Ja verleugnet, jm namen vnsers Herren Jesu vnd seyner H. Gemeinden handlen vnd reden mit seinen leuthen, seinen brůdern vnd glideren, vmb deren willen, das jnen seyne wort zům besten verstandt fürbracht, das ist gepredigt würde, er in diese welt komen ist, Vnd das im höchsten werck jres heyls, das sie vben könden vnd das zů jrem heyl zům hochsten gereychet, Von den geheymnissen, an denen alle jre seligkeyt vnd ewiges leben stoht[4], Vnd doch solichs der massen mit jnen reden, das es der geist Gottes heysset nit mit jnen geredt seyn, geredt seyn, das sie nit hören vnd das sie nit nützet, das wider alle natur vnnd vernunfft der welt ist, das in windt geredt ist, das die menschlich gemeinschafft gegen einander zerstöret vnd barbaros gegen einander machet, das eyn Gotloser raub ist brůderlicher besserung vnd gemeinschafft vnnd allein gebůre zů gebrauchen gegen den vermaledeyten, verstockten leuthen, die Gottes wort alleyn zů jrem verdamniß hören sollen, Jtem, die vn- | *cxija/Eeiiija* | sinnig seyn vnd handlen wider die offenbare gebot Gottes. Dann alle diese titel[5] gibt der geyst Gottes dem zů, wa man die geheymnüssen Gottes jn der Gemeinden Christi in einer sprachen fürliset oder singt, die nit in gemein von der versamleten Gemeinden verstanden würd.

Wie greulich der geist Gottes verdammet, in der Gemeinden ein frembde sprache gebrauchen.

Erwege vnd bedencke nůn diß alles, frommer Christ, mit recht Gotsforch-

1. Jes 28,11–12; I Kor 14,21–23.
2. sc. Paulus.
3. I Kor 14,26–33.
4. abhängt.
5. Namen.

tigen ernst, so wirstu dich freilich der so lang gewerten schweren blintheit der Prelaten vnd fürsteher Christlicher Gemeinden zům hochsten entsitzen[1] Vnd wol sehen, das es nichts dan ein gantz verderblicher griff[2] des widerchrists ist, vnderstohn, die leut zů bereden, das alles das ordnungen der Christlichen Gemeinden sein sollen, das von den genanten Priesteren in den kirchen etlich hundert jar geuͤbet worden ist. Dann lise den H. Ambrosium[3] vnd Chrysostomum[4] vnd welche von den alten vber diß capitel geschribben oder vom brauch der alten kirchen in dem etwaß gemeldet haben, so wirstu bey jnen allen finden, das sie vnd die gantze Gemeinde Gottes von anfang erkennet haben, Das ein vergeblich, vnnütz, ja Gotloß vnd heydnisch ding seye, jm Gottes dienst ein sprach für[5] dem volck gebrauchen, die das volck nit verstaht[6]. Noch[7] duͤrffen[8] die C. Dep. vnd jre hauff rhuͤmen, solichs seye der H. kirchen ordnung.

Von der Außspendung vnd niessung der H. Sacramenten

DJse hat der Herr Christus also gehalten, daß er allein vnd eine[9] Sacrament[10] vnd die gantz allen seinen gegenwertigen juͤngeren außgespendet hat, | *cxijb/ Eeiiijb* | Vnnd die selbigen haben sie auch von im alle gantz entpfangen. Also solle in einer jeden versamlung der glaubigen ein diener sein, der eine[11] Sacrament[12] vnnd die gantz allen gegenwertigen ausspende[a], die sollen auch die gegenwertigen alle von im entpfangen. Des habenn sich die alten, ware Christlichen Gemeinden[b] von anfang gehaltenn, wie sie es von Apostolen gelehret[13], so lange sie von recht gelerten vnd eyfrigen Priesteren versehen worden sind, Gezogen[14] vff alle, die der H. Våtter schrifft gelesen haben.

Der Herre hat gesagt: »das thůt zů meyner gedechtnüß«, das ist: das, so jr sehet, das ich mit euch thuͤe. Diß ist eyn gebot vnsers Gottes vnd heylandts,

a) wohl Drf. anspends.
b) Drf. Gemeindeu.

1. Trotz bieten, (vor ihr) entsetzen.
2. Kniff, List.
3. Gemeint ist wohl *Ambrosiaster*, In epistolam ad Corinthios primam, cap. 14. PL 17, Sp. 257–259.
4. *Chrysostomus*, In epistolam ad Corinthios primam hom. XXXVI. PL 61, Sp. 310–316.
5. vor.
6. Vgl. Röm 10,17.
7. Dennoch.
8. haben nötig.
9. allein und als einziger.
10. die Sakramente (Plural, wie in der Überschrift).
11. als einziger.
12. die Sakramente.
13. gelernt.
14. bezogen, berufen.

das vberall keynem[1] menschen noch keyner creaturen vff erden oder im himmel gebůren mag zů enderen, Darumb da gegen auch keyn ander brauch oder gewonheit gelten mage, wie das der Heilig Martyr Cyprianus mit filen schonen vnd ernsten worten bezeuget in der iij. Epistel des anderen bůchs seyner Epistel[2], da er vnder anderem also schreibet: »Wa wir nicht eben die selbigen ding thůn, die auch der Herr gethon hat – nisi eadem, quae Dominus fecit, nos quoque faciamus –, so werden wir erfunden[3] nit halten, das vns befohlen ist.« Jtem, das Christus allein solle gehoͤret werden, bezeuget auch der Vatter vom himel, als er spricht: »Diß ist mein gelibter Sůn, an dem ich ein wolgefallen habe; den solt jr hoͤren.«[4] Darumb, so Christus allein gehoͤret werden solle, muͤssen wir nicht achten, waß jemand vor vns habe gemeind[5] zů thůn | *cxiija/ Ffja* | seyn, sonder was Christus vor[6] gethon hat, der vber alle ist, Dann wir nicht eines menschen gewonheit, sonder der warheyt Gottes folgen sollen, Nach dem Gott durch den Propheten Esaiam redt vnd sagt: Sie dienen mir vmb sonst, weyl sie menschen gebot vnd -lehren lehren[7], Vnd der Herr diß wider fürbringet jm Euangelio vnd sagt: jr verwerffen das gebot Gottes, damit jr euwer fürgeben vnd ordnung vffrichten[8]. So saget er auch an einem anderen ort vnd spricht: »Wer eins von diesen geringesten gebotten vffloͤsen wůrdt vnd die leut so lehren, der solle der geringest im himelreich geheyssen werden.«[9] So sichs dann nicht gebůret, die geringesten von den gebotten des Herren vff zů loͤsen, wie fil meer ists vnrecht vnd mage nieman gebůren, so grosse, so wichtige gebot vnd die so nahe belangen das Sacrament des leydens vnsers Herren vnnd vnser erloͤsung verbrechen[10] oder die in etwas anders, dan von Got eingesetzet ist, durch menschlichs dargeben enderen. Dann so Jesus Christus, vnser Herre vnnd Gott, selb ist der Obriste Priester des Vatters vnd hat das erst[11] das Heilige ampt – id est sacrificium – Got dem Vatter selb vffgeopffert vnnd das selbige gebotten, zů seyner gedechtnüß zů thůn, So wirdt ja der Priester die stadt[12] Christi warlich vertretten, der dem folget, das Christus gethon hat. Vnd dan opffert er auch Got dem Vatter, in der gemeind das ware vnd gantze H. ampt, wann ers also anfahet[13] zů opffren, nach dem das er sicht, das Christus geopffret hat. Sunst würdt alle zucht vnd gehorsame der

Christo, der ob allen ist, keinen menschen, der warheit vnnd keiner gegen gewonheit solle man folgen.

1. nirgendwo einem.
2. *Cyprian*, Ep. 63,10. PL 4, Sp. 393; CChr.SL III/C, S. 402.
3. erweisen wir uns als die, die …
4. Mt 17,5.
5. gemeint, was …
6. zuvor schon.
7. Jes 29,13.
8. Mt 15,3.6.
9. Mt 5,19.
10. übertreten.
11. zum ersten Mal.
12. Stelle.
13. anfängt.

religion vnd warheit vmb- | *cxiijb/Ffjb* | gekeret, wann nicht, das geystlich gebotten ist, auch getreulich gehalten wirdt.

Wer nach erkanter warheit im mißbrauch des H. Abentmals verharret, dem mag nit verzigen werden.

Nach diesem schreibt dieser heylige Martyr[1]: »wo etliche von seynen fürfaren[2] auß vnwissen oder einfalt in dem H. Abentmal das nit gethon vnd gehalten haben, das vns der Herr durch sein Exempel vnd lehr gelehret hat, so kan jrer einfalt von der gůtte Gottes verzigen[3] werden. Vns aber moͤge nit verzigen werden, die nůn vom Herren vermanet vnd vnderwisen sind, wo bey vns das Euangelisch gesatz vnd sein, des Herren, dargeben[4] vnd ordnung nit gehalten vnd von dem abgewichen wirdt, das Christus gelehret vnd gethon hat.«

Psal. 50[16–18]

Ferner schreibt er[5]: »Dieses fürt[6] verachten vnd im vorigen jrsal verharren, was ist das anders dann sich des scheltens des Herren jm Psalmen schuldig machen, als er spricht: ›Warumb verkündigestu meyne rechte vnd nimest mein Testament in deinen mundt? Du hassest doch die zucht vnd hast meine reden zů ruͤcken geworffen. Sahestu einen dieb, so lieffestu mit jhm, vnd hattest dein teyl mit den Ehebrecheren.‹[7] Dann verkuͤndigen vnd fürbringen[8] die rechte vnd das Testament des Herren vnd nit eben das thůn, das der Herr gethon hat, was ist das anders, dann seyne rechte hinwerffen vnd seyne lehr vnd zucht verachten Vnd wol[9] nit irdische, aber geistliche diebstal vnd ehbruch begohn, So einer nemlich von der Euangelischen warheyt die wort vnd thaten des Herren stielet vnd die Gotlichen gebot zerstoͤret vnd felschet, wie bey dem Jeremia geschriben ist[10], Was sollen die sprewer[11] bey dem weyssen[12]? Darumb sag ich zů | *cxiiija/Ffija* | den Propheten, spricht der Herre, die meyne wort jeder von seynem nechsten stelen vnnd verfuͤren mein volck mit jren luͤgen vnd mit jren jrsalen; Vnnd bey[a] dem selbigen Propheten sagt er an eynem anderem ort von seyner Gemeinde: Sie hat gehůret mit holtz vnd stein, vnd in dem allen hat sie sich nit wider zů mir gekeret[13]. Das nůn solche diebstal vnd hůrerey nit auch vff vns falle, dafür sollen wir vns sorgfeltiglich, mit forcht vnnd Gotseliger gewarsamkeyt, versehen vnd verhieten[14].«

Wer etwas an dem endret, das der Herre im H. Abentmal gehalten, der blybet vnd felschet die werck Christi.

Diß sind alles die wort des H. Martyrers in angezogener Epistel von hal-

a) Dittographie.

1. *Cyprian*, Ep. 63,17. PL 4, Sp. 399; CChr.SL III/C, S. 413,313–414,322.
2. Vorgängern.
3. verziehen.
4. Vorgabe.
5. *Cyprian*, Ep. 63,18. PL 4, Sp. 399 f.; CChr.SL III/C, S. 414,323–415,340.
6. weiterhin.
7. Ps 50,16–18.
8. ausführen.
9. zwar, allerdings.
10. Jer 23,28.30–32.
11. Spreu.
12. Weizen.
13. Jer 3,9–10.
14. hüten.

tung deß H. Abentmals. Die vrsache des schreybens war, das etliche auß vermeinter[1] geystlichkeit[2] vnd fürwitz[3] hatten angefangen, zům H. Sacrament des blůts Christi nit wein, sonder wasser gebrauchen, als ob das zur nůchterkeit baß[4] dienet. Aber da der heilige Martyrer diesen mißbrauch recht verwerffen vnd abtreyben wolte, hat er die wort vnd das exempel des Herren in gemein vnd gantz für gestelt vnnd auff die selbigen alle so ernstlich gewisen, Eben wie auch der H. Paulus zů den Corintheren thette, da er den mißbrauch, so bey den selbigen an diesem H. Sacrament eingeschlichen, verbesseren wolte[5], Vnd hat dann auß dem selbigen, das der Herre in dem H. Abentmal geredt vnd gethon, sampt anderen hellen[6] schrifften vnwidersprechlich erwysen, das sich alles des scheltens vnnd aller verdamniß, die er auß der schrifft einfůret vnnd schleust, verpflicht vnnd schuldich machen alle, die etwaß an der haltung Christi | *cxiiijb/Ffijb* | in diesem H. Sacrament enderen oder vnderlassen, das der Herre da bey gethon vnd gelehret hat[7].

Derhalben keyn Christ darwider mag[8], er můß bekennen, das alle die, so nicht alles das jenige, das der Herr in seynem H. Abentmal mit wort vnd wercken geůbet vnnd gehalten hat, mit hochstem fleiß vnnd trauwen halten vnnd ůben, das die selben nitt Priester Christi seyn, nit das ware H. ampt, das der Herre eingesetzet, halten, sonder Christum verhalten[9], seyne gebot vfflősen, jhnen menschliche gedicht[10] fürsetzen, Gottes wort vnnd werck jhrem nechsten stelen, Diese allerheyligste handlung des Herren vnd seyner gemeinden zerstőren vnd folgend geistlich hůrerey vnd ehbruch mit jhren vnd menschen gedichten wider den Herren treyben.

Nůn ist das das heuptstück in dem H. Abentmal des Herren, wie er das gehalten, das er nach der lehr vnd dancksagung, darinn das gebett auch begriffen ist, hat die H. Sacrament beyde allen seynen gegenwertigen jűngeren außgespendet vnd sie alle die selbigen heyssen entpfahen, das sie auch gethon haben.

Derwegen ligt am tag bey allen war Gotsforchtigen also, das es keyn mensch noch Engel mit eynigen grundt widersprechenn mag, das alle die Meß halten sonder[11] Außspendung der H. Sacramenten, vnd der beidenn, die sie den jűngeren Christi, so zů gegen sein, außteylen vnnd die auch zů entpfahen alle getreulich vermanen, in dem nicht Priester Christi sein, nit seyn Abentmal haltenn, nitt das ampt thůn, das | *cxva/Ffiija* | der Herr gethon vnnd ein-

1. angeblicher.
2. Frömmigkeit.
3. genauer Kenntnis, Übermut.
4. besser.
5. I Kor 10,1–22.
6. klaren.
7. I Kor 11,17–34.
8. dagegen etwas kann, anders kann.
9. vorenthalten, verbergen.
10. Erfindungen, Phantastereien.
11. ohne.

gesetzet hatt, sonder Christum offentlich verachten, sein gebott zerstoren, seine wort jhrem nehesten stelen vnnd geystlich hůrrerey treiben mit irem vermeintenn gegen brauch, Welchen sie der Christlichen Gemeinde, die Gott lob kein solche diebin vnnd felscherin der seligen wort vnd ordnung jres herren noch ein hůr ist an den verderblichen menschen gedichten, felschlich vnd mit offenbar verletzung der ewigen Maiestet Christi vnnd der würde seiner H. gemeinden zuschreiben.

So vil von der Außspendung der H. Sacramenten – die bey gegenwertigen jüngeren Christi sollen mitt allem treuwem vleyß angebotten vnnd außgespendet werden, welches also ein wesendlich stück ist des H. Abentmals, daß on das daß nachtmal Christi nitt mag gehalten werden – Vnd von der Niessung der Sacramenten, dazu alle gegenwertigen jünger getrewlich vermanet werden sollen vnd one die die leuth, nach dem sie der sachen gründtlich berichtet, nit allein vergeblich, sonder vnuerschemet vnd freuelich bey disem H. ampt bleyben, Wie der H. Chrysostomus[a] zeuget[1].

Antwort vff der C. Deputaten verkerung vnd lesterung hie wider Vnd erstlich vff die, so sie wider die haltung deß H. Abendtmals einbringen | *cxvb/Ffiiijb* |

C. Deput. bekennen, das der alten Apostolischen gemeinden ietzige Meß ordnung der iren zu wider seye.

ERstlich werfen die C. Deputaten in gemein für wider daß, so ich von der haltung vnd außspendung des[b] H. Abendtmals geschriben, Jch bringe her für (wils recht, wie es ihr Dolmetsch abermal ins erger gebesseret hat, setzen) zur lesterung ihrem Christlichen kirchen brauch den brauch der anhebenden[2] newen kirchen, da noch kein ordnung vnd gesetz der Meß halben gewesen ist. Haec isti ter miseri et eorum miserabilis interpres.

Du nun, fromer Christ, sehe, waß das für Theologen vnnd Dolmetschen sein. Hatt nun die gantze Gemeinde Christi von der Apostel zeyten an durch alle zeyt der Heyligen Martyrer biß vff die zeyt Chrysostomi, daß ist: in ihren aller besten zeyten, in jrer blüenden seligen jugent, da alle Gottliche ordnung zum besten gehalten worden sindt, kein ordnung noch gesetz der Messen halben gehabt, so müssen ja die Messen, der ordnung vnd gesetz damals nit gewesen, gewisslich nit von Christo, sonder seyther von dem wider Christo[3] vffkomen sein. Paulus hatt ja nitt gelogen, das er der Gemeinden Gottes alle Gottselige ordnung, wie ers vom Herren entpfangen, furgegeben hat, Acto xx[28] vnd i. Cor. xij[28]. Secht, wie blind vnd vnsinnig dise feind Christi sein. Wie selig weren wir, daß wir die ordnung vnd gesatz der Messen wider hetten,

a) Drf. Chrysostomns.
b) Drf. de.

1. *Chrysostomus*, In epistolam ad Ephesios cap. 1 hom. III. PG 62, Sp. 29.
2. beginnenden.
3. Antichrist.

die die lieben Gemeinden Gottes zun zeyten der Apostel, Martyrer vnd Vätter gehabt haben.

Vnd weyl dise leuth klagen, daß es irem gebrauch | *cxvja/Ffiiija* | zur schmach reyche, das ich die weyse vnnd haltung in den Messen diser heyligsten handlung, deß Abentmals Christi, wie die von alten gehalten worden ist, wider herfurbringe, zeugen sie von jnen[1] selb, daß ire weyß wie[2] wider Gottes wort also auch wider alle ordnung vnnd haltung ist der alten waren Gemeinden Gottes.

Alle ware Gemeinden Christi von anfang haben die fürnemen vnd wessenlichen stück deß Abentmals Christi, die Lehr, die Dancksagung vnd Verkundigung der gaben Christi sampt der Außspendung vnd Niessung der H. Sacramenten gehalten wie die von Christo, dem Herren, selb vnd den Apostolen dargeben sindt; Allein der zeyt vnd maß[3] halben, das etliche daß H. Abendtmal allein vff die Sonnentag vnd andere fest, etliche auch vff andere tag, etlich kurtzere, etlich lengere, etliche mit disen, etlich mit anderen worten die Lehr, Gepett vnd Dancksagung gehalten, haben sie die ding nach jedes volcks besserung gemessiget[4] vnd geenderet.

Die Gemeinden Gottes haben das heilig Abentmal jn wesentlichen stücken gleich gehalten, jn anderen vngleych.

Es hatt auch daß Gerundense Concili[5] von keiner anderen gleychformigkeyt der Messen, dann[6] so vil die maß der Lehr, Gebett vnnd Dancksagung belanget, geredt, Auch nitt gefordret, daß alle kirchen inn dem gleyche maß halten sollen, wie die C. Deputaten one warheyt furgeben, sonder allein, daß in jeder Prouintz die anderen kirchen mit der Metropolitanischen sich in dem vergleychen[7] solten. | *cxvjb/Ffiiijb* |

So will auch ich nicht, das jemand hierin mehr dann besserliche[8] freyheyt zugelassen werde; man lasse allein nach daß[9] abergleubische anbinden an menschen gedicht[10] vnd lasse alles zu warer besserung verordnen. Den vermeinten[11] Latinischen Canon[12], der nichts dann ein zusamen gepletzet[13] von den alten gebetten vnd mit neuwen fünden vermischet ding ist, halten jren vil[14] in

1. sich.
2. wie … also auch: sowohl … als auch.
3. Art und Weise.
4. geordnet, eingerichtet.
5. Reformsynoden von Gerona (in Katalonien) in den Jahren 1068 und 1078. LThK² 4, Sp. 758 f.
6. als.
7. verständigen, den Ausgleich finden.
8. zur Besserung dienende.
9. das.
10. Erfindungen, Phantastereien.
11. angeblichen.
12. das lateinische Hochgebet bei der Eucharistie. LThK² 5, Sp. 1284–1286.
13. zusammengeflicktes.
14. ihrer viele.

hoͤherer achtung[a] vnd heyligkeyt Dann das Euangelion. Etwan[1] wa einer ein wort darin miß redet oder außliesse, must er sein eygen buß drumb thun. Deß H. Euangeli halben hat es die nott[2] gar nit. So vindet man auch vnder tauset Messmachern[3] nitt drey, die den selbigen, jren Canonem, verstünden vnd wüsten, war auff die wort alle gohn sollen.

Die alten haben der gebett vnd des lesens halben bey dem heyligen Abentmal mehr nit gefordret, dann daß in solichen gebetten nichts wider den glauben seye Vnd daß die Priester solche zuuor mit den verstendigeren brüderen conferiert[4] haben, Can. xiii. Concilij Carthaginiensis[b][5]. Jn eim anderen Concilio[6] ist gefordert, daß solche gebett auch von dem Synodo alß recht erkent werden. Sollicher Synoden haltet man aber nun keinen mehr. Summa ist, daß solch gebett vnnd ordnung zů besser vffbawung des glaubens gehalten werden; das fordret der H. Geyst, daß begere ich auch. Die C. Deputaten vnd ir hauff binden die leuth an vnuerstandene vnnd abergleubische wort; daß ist abgottisch vnd zeubrisch.

Weyter klagen sie vber das ich von der haltung des[c] | *cxvija/Ggja* | H. Abentmals geschriben, man solle bey dem H. Abentmal allenthalben[d] die sprachen gebrauchen, welche das volck iedes orts verstohn kan; Sagen, diß seye wider die gewonheyt der kirchen durch so vil zeyten vnd jar bewehret[7].

Die C. dep. wollen nicht, daß man die geheymnüß Christi bey dem Abentmal dem volk erklere.

Hieuor aber hab ich auß dem H. Paulo erwysen, daß bey dem H. Abentmal oder in einiger[8] anderen gemeinen religion handlung, die man vor dem Christlichen volck vben solle, ein sprach brauchen, die die beywesenden Christen nit verstohn, ein vnsinniger, heidnischer, Abgoͤtischer mißbrauch ist wider die helle, offenbare gebott[9] Gottes eingefuͤret, das auch alle H. Vaͤtter bezeugen[10]. Darumb hatt diß nie kein gewonheyt der Gemeinden Christi sein moͤgen oder durch einige zeyt beweret[11] vnd gůt werden, Dann wider Gottes gepott kan der mensch nichts gutt machen.

An diser so grewlichen lesterung nit meiner, sonder der schrifft des H. Geysts seind dise leuth onersettiget[12], fechten auch an, das ich geschriben, man

a) Drf. achthung.
b) Drf. Carthaginensisij.
c) Drf. das.
d) allenthalhen.

1. Zeitweilen.
2. Notwendigkeit.
3. Priestern.
4. besprochen.
5. Decretum Gratiani I, Dist. 58, c. 2 (*Friedberg* I, Sp. 224).
6. Welches Konzil Bucer hier meint, ließ sich nicht herausfinden.
7. erprobt.
8. irgendeiner.
9. I Kor 14,1–33.
10. s. oben S. 192, Anm. 3 und 4; S. 193, Anm. 2; S. 194, Anm. 1 und 5; S. 196, Anm. 1.
11. erprobt, bewahrheitet.
12. noch nicht zufrieden.

solle die geheymnüß Christi bey dem H. Abentmal den gegenwertigen[1] vleyssig erkleren; Sagen, man solle dise geheimnüssen[a] mehr an betten dann erforschen Vnd es seye nit ieder man gegeben, diese geheimnüssen zu fassen vnd zu verstohn, sonder seer wenigen, Vnnd seye der warheyt vngeleych[2], daß diese geheimnüß in der kirchen ie[3] von allen verstanden seye, Welches ich setze vnd nymer mehr beweisen möge.

Sehe, lieber Christ, solle man auch mit disen leuten in Gottlichem thůn einige wort verlieren? | *cxvijb/Ggjb* | Sollen[b] wyr dann die H. Sacrament entpfahen Vnd nit wissen, waß vnd wa zu wir die entpfahen? Sollen wyr die wort vnsers Herren Jesu Christi hie von nitt verstohn? Die wort deß ewigen lebens, die wort, die er zu seinen jungeren vnd nit vergeblich geredt hat, sonder das sie die zů jhrem ewigen heyl verstohn solten. Wohin treybt doch dise leuth der Geyst des Widerchristi[c]? Die armen leuth sollen niderfallen vnd anbetten, wenn ihr zů latein lesen vnnd singen, das ihr offt selb nitt verstohn? So, sagt der H. Ambrosius[4], haben die Götzenpfaffen ir religion gehalten.

Die geheymnüssen Christi sollen wyr weder in disen noch in anderen seinen lehren vnd wercken fleischlichs fürwitzes[5] wollen ersuchen vnd ergrunden, aber wa wir sie nitt, so fern sie der Herre, vns zuerkennen, fürgegeben hat, mit glaubigem verstandt fassen vnnd vernemen, waß nutz oder besserung mögen sie vns dann bringen? Waß vertrawen vnd liebe zu Christo, darin alles rechtes verehren diser geheymnissen stadt, werden sie in vns erwecken? Der Herre saget zů seinen jungeren vnnd allen erwelten Gottes: »euch ist gegeben, die geheymnüß deß reychs zů wissen.«[6] Dann er gleych drauff sagt, daß die vnuerstandenen reden von seinem reych denen gebüren, die hören sollen vnnd nit verstohn, da mit sie sich auch nit bekeren vnd selig werden[7].

Die C. Dep. zelen die fromen leyen vnder die Gottes wort nit verstohn vnd darumb verdamnet sein sollen.

Also finden sich dise C. Deput. in gleycher meinung mit dem Barfůsser monich[8], der in einem getruckten buch hat wollen beweren[9], daß man die Gottlichen empter in latein vnd nit zů deutsch halten solle, eben mit di-

a) Drf. geheinmüssen.
b) Dittographie.
c) Drf. Widerchrsti.

1. Anwesenden.
2. wenig entsprechend.
3. jemals.
4. *Ambrosiaster,* In epistolam ad Corinthios primam, cap. 14. PL 17, Sp. 253.
5. Neugier.
6. Mt 13,11.
7. Mt 13,12–15.
8. Wen Bucer hier meint, bleibt unklar. Es muß sich um einen (Kölner?) Angehörigen eines Bettelordens handeln, vielleicht um einen Franziskaner. Barfüßer ist meistens die Bezeichnung für Franziskaner. Der Kölner Karmeliter Eberhard Billick kommt nicht in Betracht; von ihm liegt 1543 nur das »Iudicium cleri et universitatis Coloniensis …« (s. oben S. 31, Anm. 5) als gedrucktes Buch vor.
9. beweisen.

| *cxviija/Ggija* | sem spruch deß Herren: »Euch ist gegeben, das ir die geheymnüß deß himelreichs vernemet; disen ists aber nit gegeben«, Math. xi[1]. Jtem mit dem Math. vij[6]: »Jr solt daß heyltumb nicht den hunden geben, vnd ewere perlen solt ir nit für die sewe werffen.«[2] Also siehestu, frommer Christ, daß dise junger nit Christi, sonder des Widerchristi, die geheyligten Christen vnnd kinder Gotts, denen Gott, ir himlischer Vater, seinen H. Geist geben hat, daß sie wissen konden, waß inen von Gott gegeben ist – i. Cor. ij[12] – für verstockte hinwurfling[3] vnnd teuffels kinder, für hundt vnd sew halten, denen man die Go̊ttlichen wort zu keinem verstandt, sonder allein zům gericht vnd verdamnuß für tragen solle. O depastores gregis Christi, dissipatores mysteriorum Dei!

Die geheymnussen Christi werden wyr wol erst gar[4] verstohn in jener welt; noch[5] so sollen die getreuwen diener Christi vnd außspender der geheimnüssen Gotes den Gotseligen verstant der selbigen mit aller getrewen lehr vnd vermanung so weyt bey den kinderen Gottes bringen, als sie immer koͤnden vnd sie selb von Gott empfangen haben. Deß haben sich zum hohsten beflissen alle Apostel vnd alle heylige Lehrer.

Dann in diser heyligen handlung solle alles gemein[6] sein vnd mit einem geyst, verstand vnd andacht vom priester vnd volck gehandlet werden, Welches alle alten H. Våtter vnd nit allein der fromme, wolgelerte vnd beredte Abt Guericus[7], den ich in meinem vorigen buͤch[8] angezogen vnd die C. Dep. one vrsach verachten, geschriben habe. Daß werck des H. Abentmals ist ein werck der | *cxviijb/Ggijb* | gantzen Gemeinden Christi, nitt allein des priesters, der in dem allein Christo, dem Herren, vnnd der gantzen Gemeinden dienst verrichten solle. Christus, der Herre, ist da selb zugegen vnd volbringet die heyligung des volcks vnd der Sacramenten durch sein eygen krafft. Darumb es nitt giltet, die Apostel mit Christo, dem Herren, wie[a] die C. Deputaten ja auß ihrer verderbten weyßheyt thun, so vergleychen[9] vnd eins machen, als[10] das

a) Drf. we.

1. richtig Mt 13,11.
2. Mt 7,6.
3. Auswürfe, Weggeworfene. Vgl. *Lexer* 1, Sp. 1301; *Grimm* 10 (= XIV,2), Sp. 1564 und 1543.
4. ganz.
5. dennoch.
6. gemeinsam.
7. Guerricus (ca. 1070/81–1157). Er trat 1122 unter Bernhard von Clairvaux in den Zisterzienserorden ein und wurde 1138 Abt von Igny. LThK2 4, Sp. 1264. – Das von Bucer genannte Zitat findet sich in der Predigt »De mundanda et adornanda Christo anima«, die dem Zisterzienserabt Guerricus zugeschrieben wird (vgl. PL 185, Sp. 87).
8. Bucers Erste Verteidigungsschrift, 1543 (s. oben S. 32, Anm. 5), Bl. e3b. BDS 11,1, S. 51,14–20.
9. gleichzustellen.
10. wie.

volck mitt ihrem diener zůuergleychen ist vnnd ein leib Christi sein solle. Christus ist der rechte consecrans[1], der das volck vnnd die Sacrament heyliget, nit der priester, vnnd was der priester an disem werck dienet, dienet er von der gantzen Gemein wegen. Darumb auch der H. Augustinus sagt[2]: »Die Gemeinde seye die, die opfre vnd geopfret werde«.

Damitt du aber sehest, waß die gantz H. Christliche Gemeinde von diser gemeinschafft deß volcks mit dem priester erkennet vnnd gehalten habe, so will ich hie die zeugniß des H. Chrysostomi[a] erzelen, der hatt also geschriben in der xviij. Homeli vber die andere Epistel zůn Corintheren[3]:

»Es ist, da der priester von der vnderthonen keinen vnderscheydt hatt, Als wenn sie sich der hochwirdigen geheymnissen gebrauchen vnnd niessen[4] sollen, Dann wir zu den selbigen alle zugleych zugelassen werden. Es ist nitt wie im alten Testament, da der priester dises asse[5], der vnderthon ein anders vnd nitt zůgegeben ward, das daß volck von denen dingen teyl | *cxixa/Ggiija* | entpfangen mochte, deren der Priester teilhafftig[b] ware. Aber nůn ists nit also, Sonder allen wirdt ein leyb fürgelegt vnd ein trinckgeschirr, Vnnd in den gebetten sicht man, das das volck vil mit opffret. Dann für die vom boͤsen geyst eingetryben werden vnd für die in der bůß sindt geschehen gemeine gebett von dem Priester vnnd von dem volck, vnnd alle sprechen ein gebett, ein gebett voller barmhertzigkeit; Widerumb nach dem wir von dem H. Chor abgeschafft[6] haben die des H. Disch nit moͤgen teylhafft sein vnnd man ein ander gepet thůn solle, so ligen wir alle zů gleych vff der erden, stohn alle zů gleych wider vff; Als[7] man den friden entpfahen vnd geben solle, so gruͤssen wir zů gleych alle einander, Vnd in den hochwirdigen geheymnissen wuͤnschet der Priester dem volck vnnd wuͤnschet das volck dem Priester. Dann das das volck sagt: »Vnd mit deinem geyst«[8], ist anders nichts dann die ding, so in der dancksagung geredt werden, sollen gemein[9] seyn; Denn er, der Priester, nit allein dancksaget, sonder auch alles volck, Dann er nimmet vor[10] jhre stimmen

Merck: im H. Abendtmal ist kein vnderscheid zwischen priester vnd leyen.

Mercke: nůn ist nit also.
Allen ein leyb, allen ein tranck
Sehe, was opffren seye.
Alle ein gebet

Sihe: das volck sagt »et cum spiritu tuo«.
Mercke: auch alles volck.

a) Chrystomi.
b) Drf. tellhafftig.

1. Heiligende.
2. Vermutlich meint Bucer folgende Stelle: *Augustinus*, De civitate dei X,6. PL 41, Sp. 284; CChr.SL 47, S. 279,53–55. Vgl. auch die folgenden Stellen: *Augustinus*, De civitate dei X,1,1. PL 41, Sp. 277; CChr.SL 47, S. 272; *Augustinus*, De civitate dei XXII,10. PL 41, Sp. 772; CChr.SL 47, S. 828.
3. *Chrysostomus*, In epistolam ad Corinthios secundam hom. XVIII. PG 61, Sp. 527.
4. genießen, einnehmen.
5. aß.
6. wegschicken, wegjagen. Frühneuhochdt. WB 1, Sp. 309.
7. So, wie.
8. Antwort des Volkes im Einleitungsdialog zu Orationen in Messe und Stundengebet.
9. gemeinsam.
10. zuvor.

an vnd setzet demnach sein vnd jhr dancksagen zů samen, damit es wirdiglich vnnd recht geschehe, vnd als dann fahet er die dancksagung an[1]. Vnnd wunderst[a] du dich, das das volck des orts[2] mit dem Priester redet, so es doch alda auch mit den Cherubin vnd gewaltigen geystern in der hȍhe die heyligen lobgesang gemeinlich opffret?« Haec ille.

Hie hastu einen theuren zeugen von der waren haltung der war Christlichen Gemeinden, den kein Christ | *cxixb/Ggiijb* | verwerffenn wirdt, wie auch alle, so der H. Våtter schrifft gelesen, wol wissenn, das er die warheyt zeuget; Vnd sichst in dieser zeugnüß klar, das man in einer versamlung zůmal[3] allein ein Abentmal halten vnd allen ein brot vnd ein kelch des Herren fürgeben solle; Jtem, das in diesem Ampt des H. Abentmals Lehre, Gepet, Dancksagung, Grůß vnd Niessung beyder Sacramenten vnd alles, so in diesem ampt geu̍bet würdt, dem Priester vnd volck gemein sein solle.

Die wort des Herren »Nemet; das ist mein leyb« sollen offentlich zům volck gesprochen werden.

Daher ists, da noch heutigs tags dieser brauch bey den Griechen gehalten würdt, wie er auch bey den alten Lateinischen gewesen ist, des wir in H. Ambrosio[4] vnnd Augustino[5] zeugniß haben, das der Priester die wort des Herren »Nemen vnd essen; das ist meyn leib« etc. mit lauter, verstendtlicher stimmen fürsagt Vnnd das volck »Amen« darauff antwortet, Welches auch das Gottes wort im H. Paulo[6], hieuor angezogen[7], genůgsam lehret, das so klar fordret, das in jeder versamlung Christi alle Lehr, Gepet, Segnen vnd Dancksagen dermassen fürgesprochen vnd gesungen werde, das der leye seyn Amen darauff antworten kȍnde mit heller[8] bezeugung, das sunst den leyen nichts bessere[9], wiewol man bette vnd dancksage.

Auß dem erkenne, Christlicher leser, auß was geyst die C. Deputaten hiewider schreiben vnd wȍllen, man solle diese geheymnüssen dem volck Christi mit der lateinischen sprachen vnd jrem stillen wißblen[10] verschlagen[11] vnd es lehren, diese ding anbetten, die es nit verstaht. | *cxxa/Ggiiija* |

a) Drf. wunderstu.

1. Lobpreis und Danksagung (Eucharistie) in der Einsetzungsliturgie zum Abendmahl.
2. gleichrangig.
3. zur gleichen Zeit.
4. *Ambrosiaster*, In epistolam ad Corinthios primam, cap. 14. PL 17, Sp. 255 f.
5. Vgl. *Augustinus*, Sermones de tempore, Sermo CCXXXVII,4. PL 38, Sp. 1124.
6. I Kor 14,1–33.
7. s. oben S. 189,22 bis 191, 12.
8. deutlicher.
9. gut mache.
10. Flüstern, Zischeln.
11. unterschlagen.

Von den Winckelmessen

FVr die besonderen[1] vnd winckelmessen[2] vnnd das man deren fil zů mal[3] in eyner kirchen halten möge wolten die C. Deputaten auch gern etwaß furbringen, so haben sie nichts, Schemen sich diewyl nicht, mit offenbarer vnwarheyt vor dem einfeltigen volck zu gaugklen[4] vnd zu schreyben, daß etlich fil Canones auß den eltisten vetteren ins decreet gezogenn, de Const. distin. i.[5] anzeygenn, daß dise verkerte gewonheyt auch bey den alten in der kirchen gewesen seye, Daß aber nit ist, dann einiger[6] Canon, deß orts eingefüret auß den alten oder newen Vätteren, ein wort dauon nit zeuget. Lese vnd richte selb, frommer leser. Vnd daß wissen sie selb war sein, darumb haben sye keinen nennen oder besonders anziehen dörffen[7].

Offenbare onwarheyt der C. Deputaten

Etliche Canones[8] reden wol von besonderen Messen[9], die man etwan in besonderen bettheuseren für besondere[10] personen vnd nit in der algemeinen kirchen vor der gantzen versamlung gehalten hat, die selbige Messen aber hat man nie on communicanten oder auch in einem tempel deren zumal[11] meer dann eine gehalten.

Was besonder Messen

Die alten Christen, so zů ein[12] komen mochten vnd sich in einem tempel versamlen, wie die sich vor dem Herren erkenneten ein leib vnd ein brot sein[13], also haben sie auch von einem Sacrament alle genossen, jren einigen Christum, Vnd wie der einige[a] Christus jnen zum heylandt vnd speyß deß ewig lebens, also ist jnen auch ein Sacrament vnd Abentmal | *cxxb/Ggiiijb* | nach seyner einsetzung genůg gewesen, disen jren Christum darinn zů entpfahen. Es würdt wol weder das Sacrament noch Christus an jm selb geteylet, ob man schon das H. Abentmal an filen orten zůmal haltet, die Christen aber halten sich des befelchs jres Herren, thůn im H. Abentmal, das er gethon vnd gelehret hat. Er aber hat in seyner versamlung seynen iüngeren nur ein Sacrament allen außgespendet. Wo dann die Christen in eyner versamlung alle von eynem Sacrament die gemeinschafft des leibs vnd blůts Christi entpfahen mögen, warumb solten sie doch zwey oder drey anrichten? Were das nit fallen

Jn einer versamelung allein ein sacrament

a) Drf. enige.

1. gesonderten.
2. private Messen. *Grimm* 30 (= XIV,2), Sp. 374. Zur Privatmesse vgl. unten S. 203, Anm. 9.
3. gleichzeitig.
4. flunkern. *Grimm* 4 (= IV,1,1), Sp. 1558 f.
5. Decretum Gratiani I, Dist. 1, c. 4 f. (*Friedberg* I, Sp. 1 f.).
6. einiger … nit: kein einzelner.
7. können.
8. Decretum Gratiani III, De consecratione, Dist. 1, c. 33–35 (*Friedberg* I, Sp. 1302 f.).
9. Privatmessen. Vgl. dazu *Angenendt*, Geschichte der Religiosität im Mittelalter, S. 495 f.; *Angenendt*, Missa specialis, v. a. S. 153–163.
10. einzelne.
11. gleichzeitig.
12. einander.
13. I Kor 10,17.

in die straffe des H. geysts, vns durch den H. Apostel – j. Corinth. xj[17–34] – dar gegeben an den Corinthern, bey denen jede roth[1] jhr eygen Abentmal hielte[2], Welche der geyst Gottes so hart straffet, das er sagt, sie hielten nicht meer das Abentmal Christi[3], Ja, zeyget solichs nit an ein trennung, wie jren selb, die in eyner kirchen meer dan eyn Abentmal halten wolten, also auch Christi, des einiger leyb sie sein sollen vnd darumb von eynem Sacrament seine gemeinschafft entpfahen? Sehe das vrtheil Gottes an, j. Corinth. xj[11,17–22.33–34] vnd j[10].

Darumb wie Messen on außspendung der H. Sacramentenn, also wirdt auch das keyn Abentmal Christi seyn, wann man in eyner versamlung, in deren alle gegenwertigen eynes Sacraments wol teylhafftig sein möchten, wille zů mal meer dann eyns haltenn. Diß zeuget Paulus, vnd schleust sich auß dem, das diß al- | *cxxja/Hhja* | lein des H. Abentmal mage vnd solle[4] erkennet vnd gehalten werden, das man also haltet, wie es der Herre gehalten vnd zů halten gebotten hat.

Vff das sie wider das Christliche außspenden vnd niessen der H. Sacramenten geschriben haben

Jm H. Abendtmal entpfahet man verzeyhung der sünden.

ERstlich, damit sie jren geyst gleych wol her auß lassen, tadlen sie, das ich geschriben habe, das im H. Abentmal drey ding außgespendet werden: Die zeychen, brot vnd wein, Die gaben, der leyb vnd das blůt vnsers Herren Jesu, Vnd bestettigung des neuwen Testaments, verzeyhung der sünden[5], Sagenn, das weder die schrifft noch die Våtter dieser weyß zů reden gebrauchen, Vnnd staht doch klar im Luca[6] vnd Paulo[7], das der Herr, als er den kelch gabe vnd hiesse sie alle drauß drincken, sagte: »Das ist das new Testament in meinem blůt, Welches ja in sich hat verzeyhung der sünden.«[8] Dann wie der H. Ambrosius de penitentia lib. 2., cap. 3.[9] Daruon geschriben, also habens erkennet vnd geprediget gemeinlich alle H. Våtter, das wir im H. Abentmal verzeyhung der sünden entpfahen. Darumb ists nit allein recht, sonder notwendig geredt, nit newe vffkommen, sonder vom Herrenn im anfang also fürgebenn, das wir im H. Abendtmal drey ding entpfahen: Brot vnnd weyn, Den leyb vnd das blůt des Herren, Vnnd dadurch | *cxxjb/Hhjb* | auch seynenn verdienst vnnd

1. Gruppe.
2. I Kor 11,17–34.
3. I Kor 11,20.
4. ... und geht aus dem hervor, daß dies allein als das H. Abendmahl könne und solle ...
5. I Kor 11,25.
6. Lk 22,20.
7. I Kor 11,25.
8. Vgl. auch Mt 26,28.
9. *Ambrosius*, De paenitentia II,3. PL 16, Sp. 521 f.; CSEL 73, S. 170 f.

erloͤsung, die genad vnnd bestettigung des neuwen Testaments, verzeyhung der sünden.

Die C. Deputaten, weyl sie nit brot vnd weyn da lassen, sonder setzen einn verendrung des brots vnnd weins[1] vnd dann das aller groͤste, die frucht des Sacraments, bestettigung des neuwen Testaments, abschneidenn, bringen sie ein neuwe, verderbliche weyß für, von diesem H. Sacrament zů reden.

Von der Transubstantiation, verwandlung brot vnd weins

Vom gedicht[2] der Transubstantiation[3], das noch nieman je hat gewißlich erkleren konden, was es doch sein solle, will ich mit der hylff Gottes jm[a] Latinischen Bericht[4] genůgsame antwort geben. Die alten Vaͤtter vnnd Papst Gelasius[5] – wider die Euthycher[6] von den zweyen naturen in Christo[7] – zeugen, wie in Christo, dem Herren, beyde naturen, Gottliche vnd menschliche, vnuermischet vnnd gantz bleyben, das also im H. Sacrament bleybe auch die natur vnd Substantz des brots vnnd weyns vnnd werde vns doch die gemeinschafft Christi, vnsers Herren, damit mit geteylet. Es ist kein natürliche, sonder ein geystliche verenderung der zeychen, Also das, so die vor nichts dann brot vnnd wein waren, wir nach dem wort des Herren seyn leyb vnnd blůt da haben vnd entpfahen vnnd nit allein brot vnnd wein; diß ist ja ein grosse enderung, Von welcher die lieben Vaͤtter etwan herlich geredt haben, aber im rechten verstand, Als[8] das aber die nachkommen nit verstanden, haben sie jhr vnentlich vnnd vnerorterts[9] gedicht[10] der Transubstan- | *cxxija/Hbija* | tiation herfürbracht[11]. Dauon aber in der Lateinischen antwort[12].

Tamen esse non desinit substantia vel natura panis et vini.

a) Drf. jhm.

1. Nach Auffassung der Altgläubigen wurden Brot und Wein in Leib und Blut Christi gewandelt, wenn der Priester die Wandlungsworte spricht. Bucer löste sich im Spätherbst 1524 von dieser Auffassung der Transsubstantiation und lehnte am Reichstag zu Regensburg 1541 diese von Kardinal Gasparo Contarini verteidigten Dogmen ab, worauf es dort am 5. Mai 1541 zum Bruch kam. *Greschat*, Martin Bucer, S. 84 und 189.
2. Phantasie, Erfindung.
3. Luther lehnte in der Diskussion um das Abendmahl die Lehre von der stofflichen Wandlung des Brotes und Weines in Leib und Blut Christi (Transsubstantiation) ab, behielt jedoch die Gegenwart von Leib und Blut (Realpräsenz) bei. Vgl. auch oben S. 205, Anm. 1 und 11.
4. Eine lateinische Übersetzung von Bucers Zweiter Verteidigungsschrift ist nicht nachweisbar.
5. Gelasius I., Papst von 492 bis 496. LThK² 4, Sp. 630; TRE 12, S. 273–276.
6. Eutyches (4. Jahrhundert) und seine Anhänger, die die zwei Naturen in Christus nach deren Vereinigung ablehnen. LThK² Sp. 3, Sp. 1213 f.; TRE 10, S. 558–565.
7. *Gelasius*, De duabus naturis in Christo. PL Suppl. 3, Sp. 763–787.
8. weil.
9. erörterte, auseinandergesetzte.
10. Erfindung.
11. Im vierten Laterankonzil im Jahre 1215 wurde lediglich eine Kurzfassung der Transsubstantiation anerkannt. LThK² 10, Sp. 311–314.
12. Eine lateinische Übersetzung von Bucers Zweiter Verteidigungsschrift ist nicht nachweisbar.

Wie beyde gestalt der H. Sacramenten von noͤten

DJe C. Deputaten Sagen, ich schreybe, das[1], beyde gestalt im H. Abendtmal entpfahen, seye allen Christen von noͤtten, Vrtheylen dann, diß seye ein ketzerische lehr, Vnnd alle, die beyde gestalt des H. Sacraments geben vnnd entpfahen, seien Scismati, trennen sich von gehorsam vnnd eynigkeyt der kirchen.

Nůn last aber sehen, wie sie diß beweren[2]; Sagen, Es seyen die gaben Gottes, nit die zeychen zům heyl von noͤten. Das ist wol zům gůtten verstandt[3] war. Wie aber? Wolten jr denen auch das heyl Christi zůsprechen, die das zeychen des heyligen Tauffs vnd dis gantzen Sacrament des leybs vnnd blůts Christi nimmer entpfahen wolten, so sie die doch wol entpfahen moͤchten, vnnd sagten wie jhr: Ey, nitt die zeychen, sonder die bezeychneten gaben Gottes sind zum heyl von noͤten? Wir wissen wol, das an im selb vns zum heyl nichts von noͤtten ist dann die gnad vnnd gemeinschafft Christi, in warem glauben ergriffen vnd gefasset. Wa ist aber warer glaube an Christum, wenn man seyne ordnung so freuenlich vbertrittet? | *cxxijb/Hhijb* |

Gepott des herren von beyder gestalt

Das klare gebot des Herren staht da, Das[4] das, das ich euch gethon, das thůn mir zů gedechtnüß, vnnd nichts anders, dann wir nichts zů des Herren worten noch dar von zů thůn haben, Deut. iiij[2]. Hie oben hastu wieder H. Martyr Cyprianus[5], [der] vff diß »Das thůt« tringet.

Nun ists offenbar vnnd aller ding vnuerneinlich, das der Herr die gemeinschafft seynes blůts allen juͤngeren mit dem kelch gegeben; darumb werden keyne menschen, die seyne Priester vnd juͤnger sein woͤllen, jemmer meer[6] anders thůn, wenn sie des befelhs Christi recht berichtet sindt.

Vber das spricht der Herr zů seynen juͤngern, als er jhnen den kelch reychet: »Drincken alle darauß«[7],Vnnd hat jhnen das nit als Priesteren, sondern alles seynen juͤngeren gebotten[8] vnnd in jhrer personen allen Christen, allen die auch seyne juͤnger sein woͤllen.

Welches sich vnuerneinlich erweyset auß dem, das der H. Apostel allen Corintheren, Leyen vnnd Clericen, jhren mißbrauch am heyligen Abendtmal zů bessern, die gantze einsatzung der H. Sacramentenn, so wol des kelchs als des brots des Herren, zůbetrachten, fürgestellet vnd jnen damit bezeuget hat, das sie alle schuͤldig wåren, sich dieser einsatzung des Herren gentzlich zů halten

1. das, [um … zu].
2. beweisen.
3. in rechtem Verständnis.
4. Daß.
5. s. oben S. 187, Anm. 2 und S. 193, Anm. 2.
6. jemals.
7. Mt 26,27.
8. Mit der Behauptung, die Jünger seien Priester gewesen, wurde der Kelchentzug gerechtfertigt.

vnd daran nichts zů endren. Darumb sagt er zů jnen allen in gemein: »Wenn jr diß brot essen vnd diesen kelch drincken, verkůndiget jr den todt des Herren«[1]; Jtem: »Wer vnwirdig diß brot isset vnd den | *cxxiija/Hhiija* | kelch deß Herren drincket«[2]; Jtem: »Es bewere[3] sich der mensch selb vnnd esse alß dann von disem brot vnd drincke von disem kelch«[4]. Der mensch, sagt er, nitt der priester allein. Jtem: »wer vnwirdig isset vnnd drincket, der isset vnd drincket jm[5] daß gericht[6]; Sagt nit allein: wer isset, sonder auch: wer drincket. Sehe, diß alles schreybet der H. Apostel zů allen Corintheren ihn[7] gemein, nit allein den priesteren.

Also im zehenden Capitel, da er die Corinthier auch in gemein von gemeinschafft der Goͤtzenopfer wolte abziehen, würfft er jnen allen fur so wol die gemeinschafft deß blůts Christi, die sie entpfingen auß dem kelch[a] der Dancksagung, als des leibs Christi, den sie entpfingen ihm[8] brot brechen. Vnnd gilt dawider nichts, das der Apostel des orts hernaher deß brots allein gedencket, Als er spricht: »Ein brot, ein leyb sindt wir vil; Dann wir alle eines brodts teylhafftig sein«[9]; Dann[10] der Apostel zu vor den kelch der Dancksagung allen gemein gemacht hat, wie er gesagt »Jst der nitt die gemeinschafft deß bluts Christi«[11], Da durch er die Corinther alle von der gemeinschafft des kelchs der Goͤtzen hat abschrecken woͤllen, Wie er her naher auch sagt: »Jr moͤget nit den kelch des Herren trincken vnd den kelch des teufels«[12]. Jn welchen worten er ja den kelch des Herren gleych so wol als den tisch deß Herren allen Christen zů Corintho gemein machet.

Darumb es eben schimpflich ist, das auch die C. Deputaten diß ort für iren mißbrauch haben anziehen dorffen. Der Apostel setzet auch im xj. Capit.[13] den leib | *cxxiijb/Hhiijb* | allein, als er sagt: Wie daß gericht[14] essen vnd trincken, die vnwirdig essen vnd drincken[15], Darumb daß sie den leyb deß Herren nit vnderscheiden, geschweiget da des[b] blůts. Wer wolt aber darumb sagen, daß er deß orts von einer communion deß leibs allein geredt hette, die weil er

a) Drf. klech.
b) Drf. das.

1. I Kor 11,26.
2. I Kor 11,27.
3. prüfe.
4. I Kor 11,28.
5. sich.
6. I Kor 11,27.29.
7. in.
8. im.
9. I Kor 10,17.
10. weil.
11. I Kor 10,16–17.
12. I Kor 10,21.
13. I Kor 11,27.29.
14. zum Gericht.
15. I Kor 10,27.29.

daß blůt zuuor so offt vßgetrucket[1] hat. Also kan auch nieman auß dem, das der Apostel jm x. cap.[2] an einem ort des brots allein gedencket, schließen, das er da rede von einer communion, die allein mit brot geschehen sei, weyl der Apostel den kelch vor vnd nach auß trucklich hin bey gesetzet hatt.

Welches er auch im xij. Capit. diser Epistel gethon hat. Wir alle, sagt er, sein in einem Geist zu einem leib geteuffet, eß seyen Juden oder Griechen, es seyenn leybeygen oder freyenn, Vnd sind alle zu einem geyst getrencket[3], Nemlich durch den kelch deß blůts Christi, Wie diß auch der H. Chrysostomus[4] auß leget, Jn dem der Apostel den kelch deß Herren nit weniger allen Christen gemein machet dann den tauff vnd den H. geist.

Jn dem allen nun sihestu, frommer Christ, waß der liebe Apostel vom Herren entfangen vnd wie den Corintheren so auch allen Christen fürgegeben hat als die einsetzung vnd ordnung vnsers Herren Jesu Christi, an deren die menschen, wer die ioch[5] seyen, daß wenigest nit zů enderen haben, wie der H. Martyr Cyprianus vnwidersprechlich erwisen hat[6] in der Epistel, dauon ich hieuor ein vßtzug verdolmetschet habe[7].

Am 112. vnd 113. blat

Vnd hie bey erkenne auch, wie vnuerschemet vnnd freylich rasend der Cőlnisch Licentiat, so sich Mathis von Ach[8] nent, geschriben vnd gelestret habe, Jn seinem offen truck[9] wider mich diese tag außgangen. Es | *cxxiiija/Hhiiija* | seye ein grobe, offentliche[10] lůgen, daß der H. Paulus allen Corintheren ingemein gesagt solt haben, daßelbig zu thun, daß Christus im letsten nachtmal gethan hat; Jtem, das der H. Paulus solt diß H. Sacrament den Corintheren gegeben haben vnder beyder gestalt.

Matthisen von Ach vnuerschemte Gotts lesterung

Nitt vil weyser sind die diß Sacrament verkeren[11], verteydigen wollen auß dem, das der Euangelist Lucas allein das brot brechen deß Herren meldet zu Emauß[12]; So doch nitt gewyß ist, das der Herre damals seinen leyb gegeben habe, Vnnd ob schon daß were, wer wil sagen, das er jnen nit sein blůt im

1. genannt.
2. I Kor 10,17.
3. I Kor 12,13.
4. *Chrysostomus*, In epistolam ad Corinthios primam hom. XXX,1. PG 61, Sp. 250f.
5. auch immer.
6. *Cyprian*, Ep. 63,10. PL 4, Sp. 393; CChr.SL III/C, S. 402.
7. s. oben S. 193,3 bis 194,28.
8. Matthias von Aech (Matthias Kremer von Aich), Professor an der Kölner Montanerburse.
9. *Matthias von Aech*, »Christlich berichtt, war vff zů gruntfestigenn, der standhafftich will bleiben in dem vffrechtigen Christen glauben, mit widerlågung der principalicher articulen der verfůriger lehr Martini Bucers im bůch zů Bon außgegangen ...«, Köln: Jaspar von Gennep, [nicht vor 14. Juli] 1543. VD 16 K 2341. Exemplare in Köln UStB, München SB, München UB. *Schlüter*, Die Publizistik Nr. 21; *Ennen*, Geschichte der Stadt Köln IV, S. 424; *Varrentrapp*, Hermann von Wied, S. 168; *Lipgens*, Kardinal Johannes Gropper, S. 141; *Schlüter*, Die Publizistik, S. 58 und 157.
10. offensichtliche.
11. diese Verkehrung des Sakraments.
12. Lk 24,30.

kelch auch mit gegeben habe? Vnd ob daß auch nit geschehen, So haben wir doch nit den wunderthaten, sonder der claren ordnung vnd befelch Christi zů folgen.

Solche doctoren sollen haben, die[1] sich wider das reych Christi setzen. Du aber, frommer Christ, hast auß den worten vnsers Herren Christi selb vnd seines lieben Pauli wol zu erkennen, daß, wie ich dirs dargegeben habe, die ordnung vnd einsatzung ist vnsers Herren Jesu Christi, deren sich auch alle ware Christliche Bischoff alweg[2] gehalten haben, deß man bey allen heyligen Vätteren clare vnd vnwidersprechliche zeugniß hat.

Vnd was solle ich von den alten H. Vätteren sagen[3]? Wir haben doch auch in den Statuten der Carthewser[4], Praemonstratenser[5] vnnd viler ander Orden[6], die nit vber cccc. jar alt sein, daß man das blůt deß Herren noch zu ihren zeyten den Layen außgespendet hatt, So hatt man noch in vilen kirchen sylbern rörlin[7], die man da zu gebrauchet hatt. Also hatt man des auch zeugniß inn alten meßbücheren, deren ich eins hie zů | *cxxiiijb/Hhiiijb* | Bonn gesehen hab. Ja noch zun zeyten Thomae Aquinatis[8] hat man den brauch Christi in vilen kirchen gehalten[9]. Dann da er den gegen mißbrauch beschirmen will, auß der so gar nichtigen vrsachen der vermeinten gewarsamkeyt[10], da mit nichts verschuttet werde, sagt er: Darumb würdt es in etlichen kirchen – in quibusdam Ecclesijs – gehalten, daß man dem volck daß blut Christi nit gebe.

Parte 3., c. 80, art. 12

Jn etlichen, nit in allen, ia nit in vilen

Weil nun dem also, das vnser Herr Christus die außspendung vnd niessung[11] beyder Sacramenten allen Christen verordnet vnd gebotten hat, wie das die lieben Euangelisten vnd der Apostel Paulus so hell vnd klar bezeugen vnd es

1. diejenigen, die.
2. immer.
3. Warum soll ich die alten Väter anziehen?
4. Kartäuser: von Bruno von Köln Ende des 11. Jahrhunderts gegründeter Eremitenorden. Die »Statuta antiqua« (bis 1259), die »Statuta nova« (1295–1367) und die »Tertia compilatio Statutorum« (1367–1509) wurden 1510 zusammengefaßt publiziert. *Denzler/Andresen*, dtv-Wörterbuch der Kirchengeschichte, S. 303 f.; LThK² 5, Sp. 1381–1384. Vgl. etwa Disciplina ordinis Cartusiensis lib. I, cap. VIII, cap. 68. *Hogg*, The evolution, S. 135 f. Bucers Feststellung trifft nicht zu.
5. Prämonstratenser: von Norbert von Gennep 1120 gegründeter Orden regulierter Chorherren. Ihre Statuten stammen aus der Zeit um 1140. *Denzler/Andresen*, dtv-Wörterbuch der Kirchengeschichte S. 475 f.; LThK² 8, Sp. 688–694. Vgl. etwa Statuten von 1290. Les Statuts de Prémontré, S. 81. Bucers Feststellung trifft nicht zu.
6. In den Ordensstatuten der Zisterzienser und anderer Orden findet sich keine entsprechende Stelle.
7. Röhrlein, durch die die Laien den Kelch aufnahmen. Vgl. *Angenendt*, Geschichte der Religiosität im Mittelalter, S. 489 und S. 514. Zur Kelchentziehung vgl. RGG³ 3, Sp. 1236; *Smend*, Kelchversagung. Zur Laienkelchfrage in Köln (bei Hermann von Wied) vgl. *Franzen*, Die Kelchbewegung am Niederrhein, S. 17–27.
8. Thomas von Aquin (1225–1274).
9. *Thomas von Aquin*, Summa theologica III q. 80, a. 12. *Thomas von Aquin*, Opera omnia, Bd. 2, S. 908; *Thomas von Aquin*, Summa theologica, Bd. 30, S. 273–276.
10. Sicherheit.
11. Einnehmen.

auch also erkennet vnd gehalten haben alle Christlichen Gemeinden, da sie nach[1] durch ware Bischoffe versehen worden sind, so werden alle, die vnseren Herren vnd Heylandt Christum auch für iren heylandt halten, soliche seine einsatzung vnd gepot neimmer mehr vbertretten moͤgen, Sonder werden deren haltung so nottwendig zum heyl erkennen alß[2] aller seiner anderen gebotten von euserlichen[3] dingen, Daß nemblich dise ordnung des Herren niemand on verlust seines heils nachlassen mag, wenn er sie erkennen vnd halten kan, dann es ein schwåres Sacrilegium[4] were, wie Papst Gelasius[5] recht erkennet hat[6]. Wenn es aber nit moͤglich ist, da hatt der Herr ja daß heyl daran nicht gebunden, als[7] wenig als an daß gantze Sacrament oder einiges[8] euserliches thun. Also halten vnnd lehren wyr von der notwendigkeit der Außspendung vnd Niessung beyder Sacramenten. | *cxxva/Ji ja* |

Das aber die C. Deputaten dise notwendigkeit deß gantzen Sacraments zůuernichten einführen, Es entpfahen doch die layen daß blut Christi im leyb Christi[9]: wa für sie dann des kelchs bedoͤrffen? Antwort: Sie moͤgen auch wol den leyb vnd daß blůt des Herren im glauben, ohn alle Sacrament entpfahen; solle man darumb die Sacrament gar[10] abthun oder sie nicht, wenn man kan, entpfahen? Jtem: So auch die priester mit dem Sacrament deß leybs allein daß gantze opfer Christi representieren, opfren vnnd alles daß thun moͤgen, daß sie jhnen[11] in dem zůthun anmassen (dann da ist ie[12] der gantze Christus mit leyb vnnd blůt vnd allem dem, das er ist vnd hatt), was důrffen[13] dann auch sie des kelchs in jren Messen? Sie moͤchten[14] in ja auch verschütten, wie offt geschehen.

Weyter sagen sie, wann es so nottwendig were, das H. Sacrament außzůspenden[a], wie es der Herr auß gespendet hat, so müst man auch die füß vor[15]

a) Drf. außůspenden.

1. noch.
2. wie.
3. weltlichen, hinzugehörenden.
4. Religionsfrevel.
5. Gelasius I., Papst von 492 bis 496. LThK² 4, Sp. 630; TRE 12, S. 273–276.
6. *Gelasius I.*, Epistola 37. Epistolae Romanorum pontificum genuinae, S. 451 f.; PL 59, Sp. 141 (hier teilweise).
7. als … als: so … wie.
8. irgendein.
9. Konkomitanz (von lat. concomitantia: Begleitung, Mitwirkung). Wie im Leib das Blut, ist im »Brot« der »Wein« mit enthalten; daher empfängt der Laie mit der Hostie den ganzen Christus; der Genuß des Weines ist nicht mehr notwendig und kann dem Priester vorbehalten bleiben. Mit dieser Lehre wird die Laienkelchforderung abgewehrt. *Hauschild*, Lehrbuch der Kirchen- und Dogmengeschichte I, S. 578 f.
10. ganz.
11. sich selbst.
12. jedenfalls, immer.
13. bedürfen.
14. könnten.
15. davor.

weschen[1] vnd die zeyt vngehöfflet[2] brot essen. Der fromme Christ sicht aber wol, warauff daß gebot Christi[a] goht »Das thun mir zu gedechtnüß«, Nemlich allein vff die Außspendung vnd Niessung beyder Sacramenten, mitt Lehr vnd Dancksagung, in dem das Gebett auch begriffen wirdt, Nit vff andere vorgohnde[3] vnd neben vbungen, zeyt oder weyß, die zům alten Testament gehöret oder sondere[4] Sacrament sindt, wie dann daß fußweschen ware, alß auch der H. Bernardus[5] zeuget[6].

Aber diß Gottloß spielen mitt Gotteswort vnnd befelch werden alle frommen kinder Gotes den feinden | *cxxvb/Ji jb* | Christi lassen[7] vnd Gott, jrem himlischen Vatter, gehorchen, der von seinem lieben son Christo vnß also gebotten hat: »Den solt ir hören«[8]; Vnd wie der seinen Apostelen befohlen hat, werden sie sich des claren befelhs Christi bey dem H. Abentmal nit weniger denn in anderen mit aller Gotes forcht halten, wann inen das möglich ist, vnangesehen, was alle menschen, Concilien vnd gewonheit da gegen je einbracht haben oder einbringen mogen, Dann sie Christo, ires guten hirten, nit der fremden stim hören vnd folgen[9]. So vil von der nottwendigkeit des gantzen Sacraments außzuspenden vnnd zu entpfahen.

Nun sehe, was die C. Dep. darwider[b] einbringen: Erstlich vnderstohn sie anzuzeygen, das diß Sacrilegium vnnd Gottloser mißbrauch des gehalbirten Sacraments alt seye, darnach, daß er auch so angenomen vnd bewert[10] seye von der Christlichen Gemeinden, daß sich der von Christlicher Gemeinden trennet, der den waren brauch Christi wider annimet. Daß aber diser mißbrauch solte alt sein, vnderstohn sie (sehe, wie Gott die feinde seiner warheyt blendet), durch daß zubeweren, daß Papst Gelasius[11] darwider so ernstlich vor tausent jaren geschriben hat[12]. Sie sagen, vnder dem Gelasio seye dise gewonheyt gewesen. Gelasius aber straffet[13] die den leyb deß Herren entpfiengen vnd sich deß kelch enthielten so hart, das er sagt, solchs seie auß aberglauben

a) Drf. Christ.
b) Drf. dawirder.

1. Joh 13,1–14.
2. nicht gehefetes, nicht durchsäuertes. *Baufeld*, S. 123.
3. vorausgehende.
4. besondere.
5. Bernhard von Clairvaux (1090–1153), Kirchenlehrer und Abt, Zisterzienser. TRE 5, S. 644–651; LThK² 2, Sp. 239–242.
6. *Bernardus von Clairvaux*, In coena Domini, Sermo de baptismo, 4. PL 183, Sp. 273. *Bernardus von Clairvaux*, Sämtliche Werke, Bd. 2, S. 642.
7. überlassen.
8. Mt 17,5.
9. Joh 10,11.14.27.
10. ausgeführt, bevorzugt.
11. Gelasius I., Papst von 492 bis 496. LThK² 4, Sp. 630; TRE 12, S. 273–276.
12. *Gelasius I.*, Epistola 37. Epistolae Romanorum pontificum genuinae, S. 451 f.; PL 59, Sp. 141 (Wiedergabe des Textes hier teilweise).
13. schilt, tadelt.

geschehen vnd seye ein groß Sacrilegium, gebeutet darumb, daß man die soliches thun von dem Sacrament gar abhalten solle, das ist verbannen. Sehe, solich eerlich[1], beweret herkomen hat die gewonheit, deren sich diese leut ruh- | *cxxvia/Ji ija* | men. Vnd das Gelasius diß nit allein von priestern, wie es Thomas[2] vnd die alten Sophisten[3] fürgeben, sonder von allem Christlichen volck rede, wirdt ein jeder Christ selb wol erkennen, der disen sententz Gelasij liset. Es werden auch alle feinde der ordnung Christi einigen bedachten[4] vnd ansehlichen[5] anfang dises mißbrauchs nimer mehr anzeygen konden.

Jn den letsten zeyten, da die ware seelsorg so gar verfallen, hat etwan ein vnbesonnener priester den kelch im darreychen verschuͤttet vnd dann, solichs hinfuͤre zů verhieten, das hůpsch gedicht[6] herfuͤrbracht, jm leyb seye doch auch das blůt[7], so dann die Leyen das blůt Christi im leyb wol one gefahr solichs verschuͤttens entpfahen moͤgen, so seye weger[8], man gebe den Leyen den kelch nicht. Thomas zwar[9], der doch gern die besten vrsachen bringet, wenn es die sachen geben moͤgen, gibet keine andere vrsachen[10].

Ferner schreiben sie, man habe vorzeyten den abwesenden vnd krancken daß Sacrament gesendet in einer gestalt, welches nit schwer sey zu erweysen auß vilen Canonibus vnd allgemeinen Concilien. Wie heyssen aber die selbigen Canones vnnd Concilia? Sie sind ja euch zu schwer anzuzeigen. Wa[11] anders, so nennen doch eines! Alphonsus schemet sich hie nicht anzuziehen[12], daß wir lesen in Ecclesiastica historia lib. vj., ca. 33[13], Wie ein priester[a] einem krancke habe mit einem knaben ein eingegossens vom Sacrament gesant. Erat infusum. Vnde? war das eingossen nit vom kelch deß Herren? Diser gelerter, beredter man zeucht auch fur ein argument | *cxxvib/Ji ijb* | deß alters dises Sacrilegij an, daß wir seinen anfang nitt wissen anzuzeygen, So doch jm vnnd anderen, die sich vndernemen, diß Sacrilegium alt vnnd gůt zu machen, zů staht, seinen anfang vnnd bewerten[14] anfang zuerweysen. Vns ist genug, daß

a) wohl Drf. prister.

1. ehrenhaftes.
2. *Thomas von Aquin*, Summa theologica III q. 80, a. 12. *Thomas von Aquin*, Opera omnia, Bd. 2, S. 908; *Thomas von Aquin*, Summa theologica, Bd. 30, S. 273 und 275.
3. spitzfindige Philosophen, Wortverdreher.
4. überlegten.
5. bemerkenswerten, beachtlichen.
6. Erfindung.
7. Konkomitanzlehre (s. oben S. 210, Anm. 9)
8. günstiger, besser, vorteilhafter, angemessener.
9. nämlich.
10. *Thomas von Aquin*, Summa theologica III q. 80, a. 12. *Thomas von Aquin*, Opera omnia, Bd. 2, S. 908; *Thomas von Aquin*, Summa theologica, Bd. 30, S. 275 f.
11. Wo, falls.
12. *Alphonsus de Castro*, »Adversus omnes haereses libri XIIII«, Köln 1543 (s. oben S. 96, Anm. 5), lib. VI, Bl. CIXb–CXa.
13. *Cassiodorus*, Historia ecclesiastica tripartita VI,33. PL 69, Sp. 1052 f.
14. bezeugten.

wyr erwisen haben, das diß ein offenbare verkerung ist der einsatzung Christi, vnerhoͤrt in den alten, besseren zeyten der kirchen, vnd verlengest[1] verdampt ist vnd als ein Sacrilegium verdamnet.

Aber es seye dieser mißbrauch vnnd verkerung des H. Sacraments gleich seer alt vnd aller welt gemein gewesen, so lang es die C. Deputaten selb erdichten doͤrffen, moͤgen sie[2] darumb Christen leuthe für recht vnd gůt erkennen? Tausent jar vnnd so lang die welt gestanden ist vnrecht gethan – vnd wenns schon alle menschen auff erden gethan haben vnnd thůn – warde nie recht. Der liebe Cyprianus schreybet – vnnd ist war – Epist. viij., lib. j.[3]: »Ehbrecherisch, Gottloß, Gotts raub, i.[4] Sacrilegium[a] ist alles, das auß menschlicher vnsinnigkeyt angericht wuͤrdt, das[5] die Goͤttlich ordnung verletzet wurdt«. Furor humanus, non sapientia est, non cultus Dei, sed abominatio Deo, verbo Domini addere quicquam vel detrahere[6].

Die C. Deputaten sagen aber, ihre kirchen hebe[7] deß macht, vnd weyl dieser mißbrauch so vil jar in der kirchen angenomen gewesen seye vnd durch den langen brauch bestetiget worden, heben ihn billich das Costentzer[8] vnd Baßler Concilium[9] bestetiget; Vnd daß die kirch die traditiones auß rechten vrsachen endere, die Leh- | *cxxvija/Ji iija* | re vnuerletzet (Verstohn vileicht durch die traditiones eussere ordnungen), solle niemant frembd duncken oder der regel der kirchen vngemeß. Die Apostel habens auch gethan, Als sie getaufft haben im namen Jesu Christi, so der Herre doch befohlen hatte zů tauffenn im namen des Vatters, Sůns vnd H. Geysts[10]; Jtem, da Paulus vnnd die kirchen die notwendige satzung des H. Geysts vnd Christi von nichts ersticktes[11] vnnd blůt essen gar ab than haben; Jtem, da Paulus das H. Abentmal niechtern[12] zů halten vnnd zů entpfahen geordnet hatte[13].

Got erloͤse sein volck von diesen zerstoͤrern Goͤtlichs gesetz vnd aller Religion Christi. Jst das am H. Abentmal etwas geendret, die fuͤglichste[14] zeit darzů ordnen? Hat dann der Herr gesagt, thůn diß, zů der oder ander zeyt? Er

a) Drf. Sacrilegum.

1. schon vor langer Zeit. *Grimm* 25 (= XII,1), Sp. 722 f.
2. sc. den Mißbrauch und die Verkehrung.
3. *Cyprian*, Ep. 40,5. PL 4, Sp. 345; CChr.SL III/B (hier Ep. 43), S. 205,93 f.
4. id est.
5. [so] daß.
6. Die lateinische Formulierung stammt wahrscheinlich von Bucer.
7. habe.
8. Konstanzer Konzil (1414–1418). Sessio XIII (15. Juni 1415). Conciliorum Oecumenicorum Decreta, S. 394 f.
9. Basler Konzil (1431–1448). Sessio XXX (22.–30. Dezember 1437). Monumenta Conciliorum generalium, Concilium Basiliense 2, S. 1112–1144.
10. Taufe nur auf den Namen Jesu: Act 2,38; Act 8,16; Act 10,48; Act 19,5.
11. Verdorbenes. *Grimm* 3, Sp. 1014.
12. nüchtern.
13. I Kor 11,21–22.
14. schicklichste.

hat gesagt, thůn das, nit thůns dann. Jtem ist der zůsatz in der ordnung des H. Geysts, sich zů enthalten von Hůrerey vnnd Gőtzen opffer, das sich die Christen von den Heyden, die bey den Juden waren, des erstickten vnd blůts enthalten solten, biß soliche eussere gebot Mose mit friden gar[1] abkemen vnd die gemeinschafft der Juden vnd Heyden in Christo baß[2] ersterckte, dem zů gleichen[3], das vns vnser Herre Jesus Christus sein H. Blůt mit seynem kelch zů geben verordnet hat vnd gesaget: »trincket darauß alle; das ist das neuwe Testament« etc.? Oder wa habt jr Gottes wort von diesem allerheiligsten Sacrament, das jr es gantz oder halb geben mőgen, wie es euch gefalle, als jr von aller speyß habenn: »Den reynen ist alles rein«[4]? | *cxxvijb/Ji iijb* |

Wie gelert vnd achtsam seyt jr dann in diesen dingen, das jr auß dem, das Lucas schreibet, die Apostel haben die leuth im namen Jesu geteuffet[5], fürgeben, das sie nit im namen des Vatters, Sůns vnd H. Geist geteuffet haben? Jm namen Christi teuffen ist teuffen, wie er es befohlen hat, im namen des Vatters, Sůns vnd H. Geysts, nit im nammen des Herren Jesu allein, welchs von Apostolen Lucas auch nit zeuget[6].

Darumb haben die C. Deputaten vnnd andere Sophisten mit diesen argumenten noch nit erwysen vnd werdens auch nimmer meer[7] jrgendt auß erweysen, das die Christliche Gemein macht haben solte, eynige ordnung vnsers Herren Jesu Christi zů enderen. Der Herr ist ja weyß genůg gewesen, das er seine ordnung so hat geben kőnden, das sie keyner menschlichen besserung bedőrffte. So hat er gesagt durch seyn lieben[a] Paulum: »So offt jhr diß brot essen vnnd diesen kelch trincken,« – mercke: auch diesen kelch trinckenn – »verkůnden jhr den todt des Herren, biß er komet«[8], Nemlich zů seinem herlichen gericht, das euch vnnd allen verkereren[9] seyner ordnung ontreglich[10] sein wirdt.

Darumb werden alle war Christliche Gemeinden, denen die diener des widerchrists die wort vnd Sacramenten Christi nit stelen vnd rauben, wie das der H. Cyprianus[11] schrifftlich[12] nennet, zur gedechtnůß Christi beyde[13] das Brot des

a) wohl Drf. liebn.

1. gänzlich.
2. besser.
3. vergleichen.
4. Tit 1,15.
5. Vgl. Act 2,38; Act 8,12; Act 10,48; Act 16,33; Act 18,8.
6. Diese Deutung Bucers ist unhaltbar.
7. mit irgendetwas.
8. I Kor 11,26.
9. Veränderern, Verderbern.
10. unerträglich.
11. Möglicherweise ist hier diese Stelle gemeint: *Cyprian*, Ep. 63,18. PL 4, Sp. 399 f.; CChr.SL III/C, S. 414 f.
12. der Hl. Schrift entsprechend.
13. beyde … vnd: sowohl … als auch.

Herren essen vnd seynen kelch trincken biß an den juͤngsten tag, wie das der Herre | *cxxviija/Ji iiija* | geordnet vnd die Apostel vom Herren entpfangen vnnd wie den Corintheren also vns allen in aller welt, biß der Herr wider komet, zů halten fürgegeben hat[1], vnangesehen, was da wider alle menschen vnnd Engel vom Himmel jmmer fürgeben oder gebraucht haben oder noch fürgeben vnd gebrauchen.

Aber sagen an, jhr gelerten von Co̊llen, welche moͤgen doch die vernunfftigen, rechten vrsachen sein, die iustae causae, die in zeyten der letsten fuͤnsternuͤß vnnd jrsals[2] die abergleubischen Priester vnnd Prelaten, wie sie Papst Gelasius billich[3] nennet[4], oder so gar weltlichen vnd offt Epicurischen[5], zů diesem grossen vnnd schweren Sacrilegio der halbierung des hochwuͤrdigenn Sacraments verursachet haben, So doch die selbigen vrsachen gar nichts[6] bewegt haben die waren, getreuwen diener Christi vnd rechten Bischoffe zůn zeyten, da das liecht des Euangeli in der Gemeinden Gottes noch heyter schine vnd mit menschlichen neblen nit so schwer vertuncklet ware? Wollen sie mit Thoma[7] die gefahr des verschuͤttens in der menge des volcks vnd der kinder fuͤrwenden? Die alten, lieben Bischoffe zů Rom, zů Constantinopel, zů Meylandt vnd in anderen grossen stetten haben vil mehr volcks vnd juͤnger kinder mit dem kelch Christi berichtet[8], Dann die hernaher dem Herren seyn H. Sacrament gefelschet haben, Dann die alten Christen vil offter communiciert haben dann zůn zeytenn des halbierten Sacraments. Doch[9] haben diese H. Våtter | *cxxviijb/Ji iiijb* | soliche gefahr des verschuttens nicht geachtet, die doch zů der waren ehr des H. Sacraments recht eyffrig, auch klůg vnd fürsichtig[10] waren.

Woͤllen sie dann fürwenden mit dem Gersone[11], Es gepuͤre sich, mit diesem halbieren des Sacraments die Priesterlich wuͤrde zů erhalten[12], So stehet der H. Chrysostomus dagegen vnnd zeuget[13] im namen der gantzen Christenheit, das

1. I Kor 11,25–26.
2. Irrwegs, Irrlehre, Ketzerei.
3. mit Recht.
4. *Gelasius I.*, Epistola 37. Epistolae Romanorum pontificum genuinae, S. 451 f.; PL 59, Sp. 141 (Wiedergabe des Textes hier teilweise).
5. auf den materiellen Genuß aus Seiende, im übertragenen Sinne auch: unkirchliche Intellektuelle. Vgl. dazu S. 177, Anm. 10.
6. nicht.
7. Thomas von Aquin (s. oben S. 58, Anm. 10).
8. versehen.
9. Dennoch, gleichwohl.
10. umsichtig.
11. Johannes Gerson (1363–1429), einflußreicher Theologe und Kirchenpolitiker. LThK² 5, Sp. 1036; TRE 12, S. 532–538.
12. Bucer meint hier wohl folgende Stelle: *Johannes Gerson*, De necessaria communione laicorum sub utraque specie, Alter denarius regularum practicarum, Nr. 10. *Johannes Gerson,* Oeuvre polémique, S. 63 f. Ich danke Herrn Prof. Christoph Burger für diesen Hinweis.
13. *Chrysostomus*, In epistolam ad Corinthios primam hom. XXVII,3–4. PG 61, Sp. 229.

im newen Testament der Priester in diesem Sacrament vor dem volck keyn vortheyl[a] haben, sonder das da alles gemein sein solle.

Woͤllen sie dann die vrsach fürwenden, das man damit den glauben bestettigenn woͤlle, das der leyb Christi nit one blůt seye[1], Daran hat doch niemandt je gezweyfflet, vnnd allein auß jrem Gottlosen freuel schreyben die C. Deputaten vnd jr hauffe von mir vnnd anderen, wir trennen den leyb vnnd das blůt des Herren.

Wa finden sich da die so wichtigen, grossen vrsachen, welche euwere vorfaren vnnd euch bewegt haben vnd bewegen, vnserem Herren Jesu Christo seyne heylsame ordnung also zů zerreissen, Seyne rechte vnd zůcht hin zů werffen, seyner Heyligen Gemein seyne wort vnd Sacrament zů stelen, wie euch deß alles der H. Cyprianus[2] schrifftlich schiltet?

Vrsachen des Herkommens der halbirung[b] des H. Sacraments

Papst Gelasius[3] zeyget die rechte vrsachen an des Herkommens dieses Sacrilegij: den Aberglauben. Dann nichts dann Aberglauben war es, so seer scheuwen die gefahr des verschuͤttens, das sie darumb die Goͤttlich einsetzung des Sacraments haben enderen doͤrffen. | *cxxixa/Kkja* |

Das aber die C. Deputaten mit den jren so drob halten[4] vnd lestren doͤrffen, wer jr Sacrilegium verlasse vnd sich der einsatzung Christi halte, das der ein abtruͤnniger sey von der Gemeinden Christi, ist das die vrsache: Sie wollen aller ding herschen vber das erb Christi, vnd was sie ein mal in mißbrauch der kirchen angenomen, das seye geschehen auß was aberglauben, auß was vnwissenheit, ja vnsinnigkeyt, auß was geytz[5] vnnd bracht[6] es woͤlle, wie das der geyst des widerchrists jmmer hat einbringen moͤgen, das woͤllen sie verteidingen vnd erhalten vnd das wenigeste daruon nit nachlassen[7]. Dann solten sie im geringsten einen fehl bekennen, moͤchte man an dem anderen, damit sie vmbgohn, auch zweyfflen; darumb vnderstohn[8] sie, Christum vnd sein helles wort vnd ordnung vnd alles, das Got je gebotten vnd geordnet hat, eer, so fil an jnen, gar zů vndertrucken vnd abzůthůn, dann das sie eynigen[c] fehl, jrthumb vnd verkerung, wie offentlich die am tag ligen, erkennen vnd besseren woͤllen.

So vil von Notwendigkeit, beyder gestaltenn im H. Abentmal zů niessen.

a) Drf. ortheyl.
b) Drf. halbirrung.
c) Drf. eyni=nigen.

1. Konkomitanzlehre (s. oben S. 210, Anm. 9)
2. Möglicherweise ist hier diese Stelle gemeint: *Cyprian*, Ep. 63,18. PL 4, Sp. 399f.; CChr.SL III/C, S. 414f.
3. Gelasius I., Papst von 492 bis 496. LThK² 4, Sp. 630; TRE 12, S. 273–276.
4. darauf beharren.
5. Geldgier.
6. Aufwand.
7. Vgl. I Joh 4,3.
8. wagen, machen sich daran.

Antwort vff das die C. Deputaten von jren neuwen neben fünden[1] bey diesem Sacrament fürwerffen

Was opffren in der Messen seye.

ERstlich von dem wort Opffren: Dauon habe ich in meynem vorigen bůch[2] geschriben, wenn die H. Vaͤtter brauchen die wort immolare, sacrificare, | *cxxixb/Kkjb* | offerre patri filium, das sie dadurch meer nicht verstohn, denn das man da dem Vatter dancksaget, das er vns sein Sůn vnnd mit im alles geschencket hat vnd das wir jn durch den Sůn anruͤffen.

Diß solle das wort opffern, wie es die H. Vaͤtter brauchen, vnrecht außgelegt seyn, Vnd setzen die C. Deputaten dagegen ein solchen verstandt: Die vnuergeltliche[3], ewige opfferhandt setzen wir für den Vatter vnd machen widder gegenwertig vnd erzeygen[4] jm[5] das bitter leyden seyns Sůns, bittende, das der Vatter die aller wolrüchenste[6] opfferhand annemme vor[7] ein bezalung vnd gnůgthůung vnser sünd vnnd vns, die wir nun mit jm mitleychnamlig[8] worden seyn, versont werden. Haec illi per suum mirabilem interpretem.

Jr C. Deputaten setzen hie, wie jr das opffer Christum für den Vatter setzen vnd erzeygen im das bitter leyden seynes Sůns. Wa mit thůt jr das? Sitzet er jm dan nit zůuor[9] zur rechten vnnd erzeyget jm selb seyn leyden vor[10] vns vnnd vertrit vns damit? Was koͤnden wir doch meer zů diesem thůn, dann das wir vns solches wercks vnsers heyls in warem glauben auß dem H. Euangelio erinneren, betrachtens, danck sagen darumb vnnd betten, das diß opffer Christi an vnnd in vns jmmer krefftiger werde, Darzů, das wir in Christo meer leben vnnd er in vns? Habt aber jr Coͤlnischen Priester was weyters Got, dem Vatter, an seynem Sůn fürzůsetzen vnnd zůerzeygen, so vermeldtets. Aber dauon im Latein[11] weyter, dann diß der gemeine deutsche, weyl es die namen belanget vnd wei- | *cxxxa/Kkija* | sen zů reden der H. Vaͤtter, nit so wol grüntlich verstohn kan. Den Dionysium[12] ziehen sie falsch an[13], dann er kein opffer wort hat.

1. Erfindungen, Moden.
2. Bucers Erste Verteidigungsschrift, 1543 (s. oben S. 32, Anm. 5), Bl. d1a. BDS 11,1, S. 42,20–29.
3. unvergeltbare. *Grimm* 24 (= XI,3), Sp. 2033.
4. weisen.
5. ihm.
6. wohlriechendste.
7. für.
8. zusammen gestorben.
9. ohnehin.
10. für.
11. Eine lateinische Übersetzung von Bucers Zweiter Verteidigungsschrift ist nicht nachweisbar.
12. (Pseudo-) Dionysius Areopagita (um 500), Verfasser mystischer Schriften. Er verschmolz Neuplatonismus und Christentum zu einer Einheit. LThK² 3, Sp. 402 f.; TRE 8, S. 772–780.
13. *Eberhard Billick*, »Iudicium cleri et universitatis Coloniensis …« (s. oben S. 31, Anm. 5). Die entsprechende Stelle habe ich hier nicht entdecken können.

Daran ist aber der groͤste feyl[1], so die lieben Vaͤtter diß opffern, das ist: dancksagen vmb das opffer Christi vnd betten vmb volkumnere vernemung[2] der frucht desselbigen der gantzen Gemeinden Christi zů geben vnnd woͤllens ein werck sein aller Christen[3], das jr es allein den Priesteren zů geeygnet vnd damit euch ein gewinlich[4] handtwerck vnd gewerb drauß gemacht haben; Vnd ja mit der that – vnnd fil von euwerem hauffenn auch mit worten – habenn die leuth vff das eusser werck des Priesters so verleytet, das so ein grosser hauff zeitlich[5] vnd ewigs heyl bey vnd durch diß werck des Priesters sůchet – dann je[6] sie darumb so geflissen meßdingent vnd horent[7] –, der[8] doch in offentlichen[9] sünden vnd schanden lebet on rew vnnd eyniges ernstliches gedencken der thatlichen[10] besserung, wie es jhr gantzes lebenn als auch so ein grosse theyl der Meßmacher[11] zů fil wüst bezeuget.

Offenbare vnwarheit der C. Deputaten, das das vmbtragen des Sacraments alt seye.

Die C. Deputaten klagen auch, das wir vom Einschliessen[12] vnd[13] vmbher tragen des Sacraments nicht[14] halten, Vnd sagen wider vns mit offenbarer, vnuerschemeter vnwarheit, das solchs auch die Vaͤtter der alten kirchen gethon haben, die nit lang nach der zeit der Apostel gewesen sind, Vnd das nit schwer seye, solchs auß den Vaͤttern, bewerten Historien vnd Decreten der Concilien darzůthůn[15]. Ey, warumb zeygen diese fledermeuß doch nit ein ort an auß dem allen, das solchs beweise? | *cxxxb/Kkijb* |

Das Sacrament ist zů Niessen gegeben, nit vffzůheben vnd vmher zůtragen.

Vnser Herre vnd meyster Jesus Christus hat, da er vns die Sacrament seynes leybs vnd blůts gabe, gesagt: »Nemen vnd essen; Nemen vnd trincken«[16]. Diesem seynem gebot sollen wir selb gehorsam sein vnd es auch andere lehren[17]. So wirs nůn auß dem geheyß Christi essen vnd trincken sollen, wie koͤndten wirs einschliessen vnnd behalten[18]? Noch vil weniger moͤgen wirs vmbher zům schawspiel tragen[19] Vnd die leuth lehren oder lassen eynenn Abgott darauß machenn, Welches sie thůn, wenn sie sich beredenn, sie schaffen jhr heyl

1. Fehler, Irrtum.
2. Aufnahme.
3. … wollen, daß es ein Werk aller Christen sei.
4. gewinnbringendes.
5. diesseitiges, weltliches.
6. wenigstens, jedenfalls.
7. Messe(n) mieten (kaufen) und Messen hören.
8. sc. der Haufe.
9. offenkundigen.
10. sich durch Taten äußernde.
11. sc. Priester.
12. in die Monstranz.
13. konj. (ergänzt).
14. nichts.
15. zu beweisen.
16. Mt 26,26–27.
17. Mt 18,20.
18. aufbewahren.
19. Gemeint sind hier Fronleichnams- und andere Prozessionen.

vor Gott damit, das sie das Sacrament leyblich sehen vnd verehren, das der Herr nit befohlen, ja welches man nitt thůn kann, wen man thůt, das er befohlen hat, nemlich[1], so mans isset vnnd trincket. Wir sollen Christum, den Herren, nicht nach menschen gedichten[2], sonder nach seynem wort im geyst vnnd der warheyt anbetten[3], Welches wir thůn, so wir das H. Sacrament handlen, entpfahen vnnd niessen, wie er vns das befohlen hat, Vnnd da die knie vnsers hertzens vnnd leybs vor im in recht hertzlichem glauben biegen vnnd den Vatter durch in anrüffen vnd preysen[4].

Das recht anbetten Christi bey dem Sacrament

Sollichen brauch vnd ehr der H. Sacramenten vnnd anbetten vnsers Herren Jesu Christi haben die alten H. Gemeinden vnnd jre getreuwe diener erkennet, gehalten vnd gelert vnd von den neuwen vnd so grewlichen Abgöttischen fünden[5] vnd Sacramentuerkerungen, die in kurtzen[6] jaren vffkommen sind, gar nichts gewisset, Das man nemlich das brot gegen fewer | *cxxxja/Kkiija* | vnd wasser, bösem lüfft[7], feinden vnnd freunden als grosse herren zů entpfahen, vmb die frucht vnd festigung der stett vnd flecken[8] tregt, mit singen, klingen, allerley seytenspielen, trummen[9] vnd pfeyffen, mit kertzen vnnd facklen, mitt götzen vnd ander geschmuck, damitt allerley vnglück abzuwenden vnnd allerlei gluck von Gott zuerlangen[10], Vnd daß sonder[11] reuw vnd leyd der sünden, on vbung des glaubens an Christum, ja wol mit gantz vppigem pracht vnd heidnischer torheyt vnd leychfertigkeyt, Ja von solchen so erschrecklichen greuwelen haben die lieben alten kirchen vnd Vätter nit allein nichts gewisset, sonder würden dar wider zum ernstlichsten, wa der Widerchrist sie damals vff bracht hette, gestritten vnd geschryben haben.

Der greuwel der processionen des Sacraments

Das ist wol war: in etlichen kirchen hat man etwaß vom brot vnd kelch des Herren behalten für die krancken. Man hatt auch etwan[12] den gesten vnd anderen dauon zur herberg vnd hauß geschicket. Etliche haben aber auch daß[13], vberbliben vom H. Abentmal, verbrennet. Wie dem allen aber, so hatt man

Wie daß vberblibe von Sacrament gehalten worden[a] seye.

a) Drf. werden.

1. namentlich.
2. Erfindungen, Phantastereien.
3. Joh 4,23–24.
4. II Chr 11,33.
5. Kniffen, neuen Moden.
6. in den letzten.
7. Seuchen.
8. kleine Orte, Marktflecken.
9. Trommeln.
10. Bittprozessionen, zum Beispiel um Fruchtbarkeit bei Flurumgängen, um Verschonung vor Wasser- und Feuersnot bei St. Christophorus-Prozessionen, um Verschonung vor Feuersnot bei St. Floriansprozessionen, um Verschonung vor Seuchen bei St. Rochus- und Sebastiansprozessionen.
11. ohne.
12. gelegentlich.
13. das, [was … ist].

daß Sacrament alwegen[1] in daß gleubige nemen vnd niessen gestalt[2] mit der Lehr, Gebett, Dancksagung, Verkundigung vnd glauben der worten deß Herren. Vnnd so mans zu den krancken getragen, inen mit zuteylen, wie hie vor[3] anzogen[4], haben doch die lieben Vätter deß gebrengs[5] vnd thuns nichts getriben, wie nun geschicht, Wie man auch in keiner alten kirchen findet die kostlichen[6] Sacrament heußlin[7], die mitt der kirchen gebauwen weren, oder auch einige[8] alte monstrantzen[9] oder | *cxxxjb/Kkiijb* | deren ding etwaß, daß alte seye. Das diß alles erst die angerichtet haben, die den waren brauch vnnd rechte ehr der H. Sacrament, das gleubige niessen, verlassen vnnd wenig geachtet haben, wie Christus in den leuten wohnet vnd in solchen rechten heyligen vnd lebendigen tabernaculen[10] vnd monstrantzen, das ist: gezeige geuessen[11]; vmbher getragenn; durch allerley Gottes werck gezeyget vnd in solchen lebendigen Monstrantzen mitt den waren diensten der liebe verehret werde, Dahin aber der alten vleyß[12] vnnd eer dises Sacraments vnd vnsers Herren Jesu Christi gar[13] gerichtet vnd angekeret[14] worden ist.

Ad Rusticum monachum

Darumb der fromme Exuperius[15], Bischofe zů Tholosa[16], vom H. Hieronymo[17] gelobt warde, daß er den leib deß Herren in einem körblin vnd daß blůt in einem glaß truge, Dann er alles silber vnd[a] golt, daß er von im selb vnd von wegen der kirchen hat, vff die armen gewendt hatte, wie auch der H. Ambrosius, den dürfftigen vnd gefangen zů helfen, seine kelch vnd gefeß der Gottlichen handlung zerbrochen hat Vnnd das selbige damit verteydiget, daß die Sacrament nit gold forderen vnd soliche ding sindt, die vmb gold nit erkaufft werden vnd darumb auch durch gold nitt herlicher oder lieblicher werden, Jtem, das ein zierde der Sacramenten seye, erlösung vnd hulffe der gefan-

Ambr. lib. offici. 1., cap. 28

a) Dittographie.

1. immer.
2. als das … betrachtet.
3. s. oben S. 212,15 bis 213,2.
4. angeführt, zur Sprache gebracht.
5. feierlicher Pracht, äußerlichen Prunks.
6. kostbaren.
7. ein in der Nähe des Hochaltars befindlicher Schrank zur Aufbewahrung der Sakramentsgefäße. *Grimm* 14 (= VIII), Sp. 1676f. Hier sind die großen steinernen Sakramentshäuser gemeint.
8. irgendwelche.
9. Schaubehälter für die große Hostie.
10. Sakramentshäuschen (in dem die Monstranz aufbewahrt wird).
11. Schaugefäßen, Ausstellungsgefäßen.
12. Eifer.
13. ganz.
14. verwendet, ins Werk gesetzt.
15. Exuperius, 405–411 Bischof von Toulouse. Er erwarb sich durch Wohltätigkeit allgemeines Ansehen und die Bewunderung des heiligen Hieronymus. LThK² 3, Sp. 1323.
16. Toulouse.
17. *Hieronymus*, Epistolae, Ep. 125 (ad rusticum monachum). PL 22, Sp. 1085.

genen vnd armen, vmb deren willen doch daß blůt Christi vergossen sei etc.[1] Solche zierd der Sacramenten haben die alten Våtter gesuchet vnd gefordret.

Nun sagen aber vnser gegen part: Der Exuperius | *cxxxija/Kkiiija* | trug dennoch den leyb vnd daß blůt Christi. Ja, wahin aber? Vmb daß feld vnd andere plåtze[a] zů schauwen mit ewerem Persischen geprenge? Nein, nein! Zu niessen in der kirchen vnd bey den krancken, Dann von einigem[2] anderem prauch deß Sacraments haben diese H. Våtter vberal nichts gewisset.

Weyter klagen dise leut auch vber vns der frucht halben, so von den Sacrament oder Messen kommen sollen zu den todten vnd den lebendigen, abwesenden vnd gegenwertigen, die schon die Sacrament nit empfahen. Nun, frommer Christ, daß hauptstück im H. Abentmal ist die außspendung vnd niessung der Sacramenten. Wie kan nun die an jemand, der die Sacrament nitt neusset, gereychen? Wa wort Gottes, wa zeugnüß einiges H. Vatters hieuon?

Wie die alten fůr die todten gepetten vnnd das ampt des H. Abentmals gehalten haben.

Die alten haben wol bey dem H. Abentmal für jederman gebetten, fůr abwesende vnd gegenwertige, die schon die Sacrament nit mit entpfiengen, Das wir noch thun sollen. Dann nach der lehr des[b] H. Geists – j. Tim. ij[1] – sollen wir da fůr iederman betten. Solch gebett komet auch auß der freyen barmhertzigkeit Gotes vilen zu trost vnd besserung, Nitt aber wie wirs anlegen vnnd verordnen, vil weniger, wie es die Mesmacher[3] vmb gelt außspenden vnd abteilen[4], sonder wie es die freye Gnade Gottes verordnet vnd auffnimet.

Das dann die Våtter etwan sagen, man habe für die abgestorbenen das H. Ampt vnsers heyls – Sacrificium salutis nostrae – geopffert – oblatum esse –, haben sie doch das anders nitt verstanden, dann das man diß H. Ampt zu jhrer gedechtniß gehalten vnd dabey fůr | *cxxxijb/Kkiiijb* | sie gebetten hatt, Das[5] ich mitt ihren selb, der Våtter schrifften in der latinischen antwort[6] also mitt Gottes gnaden darthun wille, das weder die C. Deputaten noch andere da gegen etwas mitt grundt der warheyt auff bringen sollen.

Es haben auch die alten kirchen, nemlich[7] zu den zeyten Augustini, nie gedacht, die seelen auß einigen poenen[8] oder fegfeur mit ihrem gebett zu erretten, Dann sie in ihren leychpredigen allemal die freundt der abgestorbenen vnd die gantze Gemein Gotes von der abgestorbenen seligkeyt vnnd freuden, in denen sie bey Christo damals schon gewesen sein, getrőstet haben, Vnd

a) Drf. påltze.
b) Drf. de.

1. *Ambrosius*, De officiis ministrorum II,28. PL 16, Sp. 139–142; *Ambrosius*, De officiis ministrorum (ed. Testard) II, S. 138–140.
2. irgendeinem.
3. sc. Priester.
4. in Teile gliedern, austeilen.
5. Das [was].
6. Bucer meint hier vielleicht die von ihm geplante lateinische Übersetzung der Zweiten Verteidigungsschrift; sie läßt sich nicht nachweisen.
7. namentlich.
8. Strafen.

auch das von denen abgestorbenen, die doch mitt vilerley bloͤdigkeyt[1] des glaubens vnd lebens von hinnen gescheyden waren Als die Keyser Gratianus[2], Valentinianus der jünger[3], der auch vngetaufft gestorben ware, Theodosius[4] vnd andere. Dauon lese die Leychpredigen Ambrosij[5], Also auch die grab predigen, die man bey dem Gregorio Nazianzeno[6] vnnd Hieronymo[7] hatt.

Darumb die lieben Vaͤtter den todten die ruge[8] bey Christo nitt gebetten haben, als die gezweyfflet hetten, das sie die selbige damals noch nitt solten gehebt haben, sonder haben mitt ihrem gebett vnd befehlen[9] die verstorbenen also verfolget[10] vnd damitt sich vnnd andere versichern woͤllen, weil der glaubigen gebett nitt vergebens ist, das die abgestorbenen schon hetten, darum sie batten. Haben also ihre begirde vnd gebett der gaben[11] den Herren auff die maß, so ihnen moͤ- | *cxxxiija/Llja* | glich, zugefuͤget vnnd deren nachgefolget, Wie man an den lebendigen offt thut, denen man bittet vmb verzeiung der sünden, die sie schon erlanget haben, Vnd vmb genad, in deren sie schon sind. Diß lehret hievon Dionysius[12] in Ecclesiastica Hierarchia[13]. Da her saget auch der liebe Augustinus im[a] gebet fuͤr sein muͦter[14]: »Jch glaub, O Herre, du habest schon gethan, das ich dich bitt; doch so laß dir gefallen das willige gebetopffer meines mundts.«

In lib. Confess. 9., cap. 13

Der H. Augustinus zeuget auch, das die Gemeinden Gottes noch zu seinen zeyten vom fegfeur nichts gewisses gehalten haben, jm Enchiridio ca. lxix.[15], Da er auch den spruch Pauli, auff den man her naher das fegfur hatt vnder-

a) Drf. ihm.

1. Schwachheit.
2. Gratian (359–383), weströmischer Kaiser (375–383). LThK² 4, Sp. 1169.
3. Valentinian II (371–392), Halbbruder des Gratian. Ambrosius hatte erheblichen Einfluß auf ihn. LThK² 10, Sp. 600f.
4. Theodosius I. der Große (347–395), römischer Kaiser (379–395). Gratian erhob ihn 379 zum Mitaugustus im Osten. TRE 33, S. 255–258; LThK² 10, Sp. 50f.
5. *Ambrosius*, De obitu Valentiniani. PL 16, Sp. 1417–1444. *Ambrosius*, De obitu Theodosii. PL 16, Sp. 1447–1468; CSEL 73, S. 369–401.
6. *Gregor von Nazianz*, Oratio XVIII (Funebris oratio in patrem), PG 35, Sp. 985–1044. *Gregor von Nazianz,* Oratio XLIII (Funebris oratio in laudem Basilii Magni), PL 36, Sp. 493–606.
7. Vielleicht sind folgende Texte gemeint: *Hieronymus*, Vita S. Pauli primi Eremitae. PL 23, Sp. 17–30; Vita S. Hilarionis. PL 23, Sp. 29–54; Vita Malchi Monachi captivi. PL 23, Sp. 55–64.
8. Ruhe.
9. wohlwollende Einstellung, Aufsicht, Obsorge.
10. nachgefolgt, begleitet.
11. Bitte um die Gaben.
12. (Pseudo-) Dionysius Areopagita (s. oben S. 217, Anm. 12).
13. *(Pseudo-) Dionysius Areopagita*, De ecclesiastica hierarchia. VII,3,6. PG 3, Sp. 577.
14. *Augustinus*, Confessiones IX,13. PL 32, Sp. 778.
15. *Augustinus*, Enchiridion, cap. 69. PL 40, Sp. 265.

stohn[1] zůbauwen, j. Cor. iij[12–15] vom feur, da durch das werck, deren[2] sie, die auff das fundament Christum bauwen, beweret[3] werden sollen, Von dem feur der gegenwertigen truͤbsal vnd bewerung außgelegt hate, nitt von einem feur in jener welt, Welches er auch auß den worten Pauli gewaltig erweyset[4]. Dann nach den worten Pauli můß daß feur ein feur sein, dadurch beyde werck probiert werden, alß[5] wol die gůten, so er dem Gold, Silber vnd Edelstein, als die argen, welche er dem holtz, stupffeln[6] vnnd heuw verglichet. Dann er sagt: »Eines ieden werck, wie das seye, wurdt das feur bewysen«[7]. Daher hatt man auch in den gemeinen gebetten vnd lectionen, die man die todten vigilien[8] heißet, ein wort nitt vom fegfeur, sonder vom strengen gericht Gottes, dem todt, vnd der aufferstendtnüß. »Erloͤse mich, Herre, von dem ewigen | *cxxxiijb/Lljb* | todt, auff jenem erschrecklichen tag«[9] etc. »Verdamme mich nitt, wann du kummest zu richten«[10]. Aber von dieser disputation woͤllen wyr im Latin[11] mitt Gottes hilff die sachen eygentlicher[12] dar thůn.

Die frommen Christen sollen jhre sterbenden auff Christum getrewlich[a] weysen vnnd ihnen die spruͤch wol einbilden[13], Das die das ewig leben schon haben, die an jhn glauben[14], Vnnd, so sie[15] in anrůffung des Herren hinscheiden, auch sich selb dieser spruͤch troͤsten vnnd daran nicht zweyfflenn – wie der Herre gesagt: »wer mein rede hoͤret vnnd glaubet dem, der mich gesandt hat, der hat das ewig leben vnd komet nit ins gericht, sonder ist auß dem todt ins leben durch kommen«[16], nit ins fegfewr – Das jhre verscheydene bey Christo, dem Herren, jhre selige růge schon haben vnd warten auff die begerte aufferstendtniß auch jhres fleyschs, Vnnd sollen sich jhrer selb sůnden erinnerenn, zůr waren bůß fůrderen vnnd im glauben Christi stercken. Dazů ha-

a) Drf. getrelwich.

1. sich angemaßt.
2. dessentwegen.
3. erprobt, bewährt.
4. beweist.
5. alß … als: sowohl … als auch.
6. Stoppeln. Symbolisch: das Leichte, Nichtige. *Grimm* 20 (= X,4), Sp. 554–557.
7. I Kor 3,12–15.
8. Totenwachen.
9. Responsorium des Totenoffiziums: »Libera me domine de morte in die illa tremenda.« (CAO 7091)
10. Responsorium des Totenoffiziums: »Ne recorderis peccata mea domine, quando veneris iudicare saeculum per ignem.« (CAO 7209)
11. Eine lateinische Übersetzung von Bucers Zweiter Verteidigungsschrift ist nicht nachweisbar.
12. genauer, nachdrücklicher.
13. einprägen, vor Augen halten, faßlich machen.
14. Joh 3,15–16.36; Joh 6,40.47.
15. sc. die Sterbenden.
16. Joh 5,24.

ben die altenn das H. Abentmal bey den leychen gehalten, sich dadurch in Christo zů trösten vnnd den glaubenn der aufferstentniß zů stercken.

Ambrosius Epistola 8, lib. 2. Von trost der todten halben

Also lesen wyr[1], das die alten Vätter der todten begenckniß[2] gehalten vnnd die leydigen[3] der verstorbenen halben getröstet haben. Dauon der H. Ambrosius, als er seynen gůten freundt Faustum seyner verstorbenen schwester halben trösten wolte, tröstet er | *cxxxiiija/Llija* | jhn mit diesen Worten[4]: »was ist doch, darumb wir für die todten seufftzen solten, So doch die Versünung der welt bey dem Vatter schon geschehen ist durch vnseren Herren Jesum? Weyl wyr dann die gůthaten Christi haben, so wöllen wyr von Christi wegen bey allen vnnd auch bey dir die botschafft[a] werbenn[5], das du erkennen wöllest, das Gottes gabenn vnwiderrüfflich sein, auff das du glaubest, das du alweg glaubet hast, vnnd deinen sinn vnnd glauben nit durch zů vil trauren in zweyfel ziehest. Dann darumb ist der Herr Jesus ein sündopffer worden, das er die sünde der welt hinneme vnd das wir in jm seyen die gerechtigkeyt, nit jetz meer der schůlden verpflichtet, sonder durch die belohnung der gerechtigkeyt sicher.«

Sehe, frommer Christ, so haben die lieben H. Vätter der verstorbenen begencknissen gehalten. Soliche begencknissen solte man den leuthen zů erkennen geben, darauß sie lehreten recht leben vnd seliglich sterben. Aber das trüge[6] nitt so vil als die jetzigen Vigilien vnnd seelmessen, die nůn beyde so gesungen vnd gelesen werden, das Got alle fromme Christen von der selbigen verdienst behüten wölle.

Wasser jm kelch

Zů letst machen sich die Cölnischen Deputaten auch damit vnnutz[7], das ich nichts vom wasser geschriben habe, damit man den weyn im kelch mischenn solle, Welches bedeutet, das das volck Christo, dem Herren, in diesem Sacrament solle eingeleybet vnnd | *cxxxiiijb/Llijb* | vereiniget werden vnd in ihm leben[8]. Da sehe, frommer Christ: alles, was wir auß Gottes wort vnd ordnung lehren vnnd fürbringen, dazu dienend, das sich das volck im H. Abentmal Christo, vnserem Herren, mehr ergebe vnd, ihm vereiniget, in ihm volkumner lebe, Alß[9] daß bey diesem H. Sacrament alles zum verstandt der beiwesenden geredt vnd gesungen, die geheimnüßen Christi fleyßig erkleret vnd die H. Sacramenten, wie sie der Herr geordnet, außgespendet werden, Das verdam-

a) wohl Drf. botschaffft.

1. *Ambrosius*, Epistolae, Ep. 39. PL 16, Sp. 1146f.; CSEL 82/1, S. 67.
2. Leichenfeier, Totenmesse.
3. Hinterbliebenen.
4. *Ambrosius*, Epistolae, Ep. 39. PL 16, Sp. 1147f.; CSEL 82/1, S. 70.
5. ins Werk setzen, ausrichten.
6. trüge ein.
7. überflüssig; sie ereifern sich unnötig. *Götze*, S. 220.
8. *Eberhard Billick*, »Iudicium cleri et universitatis Coloniensis ...« (s. oben S. 31, Anm. 5), Bl. 7a.
9. Wie.

men vnd lesteren die C. Deputaten. Vnd vmb das zeychen, das solichs allein bedeuten solle, welches zeychen, wie sie wissen, auch ihre Schůllehrer fuͤr vnnoͤtig erkennen, dafuͤr streiten sie. Darauß erkenne abermal, waran es diesen leuten gelegen seye, an vil zeychen vnd deuten, dadurch aber die werck des Herren mehr verduncklet dann anß liecht gebracht, mehr verschlagen, dann erkennet vnd recht gehalten werden, Das volck aber sie von wegen solicher wunderlichen wercken, da von niemand weyß, waß sie sein oder bedeuten, in desto hoͤher verwunderung vnd achtung habe.

Hiemitt will ich auff dißmal, frommer Christ, dich vff diese vnd alle vorgeschribenen[1] Materien[2] zu richten, der gnaden vnd schrifft Gottes befehlen. Der gebe dir seinen Geyst durch vnseren Herren Christum, das du alles zu seinem preyß vnnd heyl richtest vnnd das recht vnnd Christlich ist erkennest vnnd behaltest. Amen. | *cxxxva/Lliija* |

Es weren noch wol mehr hauptartikel, an denen die C. Deputaten jhr verkeren[3] vnnd lesteren versůchet, dauon die einfeltigenn etwas berichtes bedoͤrfften. Diß bůch ist aber, wie du siehest, zů groß worden, vnd sindt auch andere vrsachen, dieser disputation diß mal ein end zů machen. Darumb ich von der Penitentz[4] vnd der Christlichen Gemeinden, jhren glideren, ordnungen vnd dienern mit wenig worten der C. Deputaten verkeren vnd lesteren abwenden vnd dann ein kurtze verantwortung thůn will auff jr lesteren wider die Protestierenden stende, die stat Straßburg vnd mein person vnnd dich damit dem Herren befehlen, damit ich auch zur Latinischen antwort[5] deste ehe kommen moͤge.

Der fünffte[6] hauptartickel: von der Penitentz

JM dreyzehenden Artikel meyns vorigen bůchs[7], in dem nehsten, so vff den Artikel von dem H. Abentmal folget (Die zal ist des orts auß gelassen), hab ich von der waren Christlichen Bůß geschriben; das lise vnd richte, frommer Christ, so würstu wol sehen, das der C. Deputaten gegenschreiben nichts dann lauter můtwillig, vngoͤtlich sophisterey[8] vnd verkeren ist.

Von der Beycht sagen sie, ich erfordere die nit von wegen der Absolution vnd verlache die erzelung[9] der sünden in der beycht. Beydes schreiben sie

Offenbare onwarheit der C. Deput.

1. vorher geschriebenen.
2. Angelegenheiten.
3. Verdrehen, Verfälschen.
4. Buße.
5. Eine lateinische Übersetzung dieser Verteidigungsschrift ist nicht nachweisbar.
6. Bucers Zählung ist nicht korrekt.
7. Bucers Erste Verteidigungsschrift, 1543 (s. oben S. 32, Anm. 5), Bl. f2b-g1a. BDS 11,1, S. 54,35 bis S. 58,17.
8. Spitzfindigkeit, Betrügerei.
9. Aufzählung.

mit offen- | *cxxxvb/Lliijb* | barer vnwarheit. Die beycht solle ja dienen, zů entpfahen vnderweysung vnnd rath, nit weniger aber auch den trost der Absolution. Erzelung der sünden verspotte ich nicht, aber aller sünden erzelung sage ich nit notwendig, dann sie Got nit erfordret, auch nit můglich sein; Erfordre der erzelung souil, als da zů nutzen kan, das die beychtenden zů war rew vnnd besserung, trost vnd stercke im glauben an Christum erbauwen werden.

Die C. deputat. ziehen die schrifft vff den widersin an.

Man sehe aber, wie dise doctoren die erzelung der sünden beweren[1], Ziehen an auß dem 43. Cap. [26] Jesaie, daß nit drinnen ist, nemlich: »Sage du vor deine vngerechtigkeyt, vff daß du gerechtfertiget werdest.« Dan es redt Gott deß orts von gutten wercken vnd spricht: »Erinnere[a] mich, das wir gegen einander gerichtet werden. Erzele nemlich, wo du etwaß guts hast, daß du moͤgest gerechtfertiget werden.« Solch schrifft gelerten sind dise Theologen, daß sie die schrifft vff den wider sinn einfuͤren. Gott will deß orts dem volck anzeygen, daß es vberal nichts für sich gegen jm für wenden moͤge, dadurch es konde gerecht erkennet werdenn; darumb solle es sich blaß[2] seiner gnaden vnd barmhertzigkeyt vertroͤsten, die er im mit disen worten zu gesagt hat: »Jch tilge deine vbertrettung vmb meinet willen vnd gedencke deiner sunden nicht.[3]«

Von den wercken der Satisfaction genant, daß ist der genugthůung, hatt der getrewe diener Christi M. Philippus[4] genugsam geantwortet, doch will ich in der latinischen Antwort[5] auch dar thůn, daß ich dise | *cxxxvja/Lliiija* | wort Satisfactionis in den spruͤchenn der H. Vaͤtter, auch was Schriften von solichen wercken zeugen, recht auß gelegt habe. Wer ware rew vnd leydt seiner sünden hat mit recht glewbiger begirden der gnaden Gottes vnd besserung, der wird warlich, vor ab[6] wen er in schwere sünden gefallen, sein fleysch gar mit grossem ernst demüttigen, in betten vnd almussen geben sich vleyssig vben. Aber die bezalung vnd daß genugthůn seiner sünden wirdt er nit vff solich seine werck, sonder allein vff das bitter leyden vnd sterben vnsers Herren Jesu Christi setzen Vnd erkennen, was[7] erlosens[8] der sünden, reinigens von sunden oder der gleychen die Schrifft disen werken zu gibt, daß sie jnen doch

a) Drf. Erinnerre.

1. beweisen.
2. bloß.
3. Jes 43,25.
4. *Philipp Melanchthon*, »Responsio ad scriptum quorundam delectorum a Clero Secundario Coloniae Agrippinae«, Bonn 1543 (s. oben S. 35, Anm. 1). *Melanchthon*, Bekenntnisse und kleine Lehrschriften, S. 390f.
5. Eine lateinische Übersetzung von Bucers Zweiter Verteidigungsschrift ist nicht nachweisbar.
6. besonders.
7. das selbst wenn.
8. etwas an Befreiung von …

solchs nit auß jren eygnen verdienst zu gibt, sonder allein auß der lauteren gnaden Gottes vnd dem verdienst Christi vnd so fil belanget daß nachgeben[1] der verdienten straffen[2]. Dauon aber ferner in der lateinischen antwort[3].

Der vi. hauptartikel: von der Christlichen Gemeinden, jren waren glideren, dieneren, gewalt vnd ordnung, Vnd wer als ein ketzer vnd von der kirchen abtrinnig zu halten seye

DJE Christliche Gemeinde, wie wir im glauben bekennen, ist die gemeinschafft der Heyligen, der war glaubigen an vnserenn | *cxxxvjb/Lliijb* | Herren Jesum Christum, Die ein leyb Christi[4] ist. Diser waren glidmassen der kirchen sind wol in eusserer gemeinschafft der Sacramenten eingemischet, die Christo, vnserem Herren, nit angehoͤren, Als alle die in denen lasteren ligen, Die Paulus erzelet j. Corinth. v[9.11] vnd vj[9–10], Galat. v[19–21] Ephes[5], vnder welchen sind die Simoniaci[6] vnd hůrer vnnd alle Sacrilegi, die mit dem kirchen dienst vnd Sacramenten hantieren[7]. Diese alle, weyl sie nit Christi sein, haben sie auch keynen theyl an seynem reych[8] vnd sind vor Got nit ware glidmassen Christi. Vnd wann solche laster offenbar sind vnnd sie nit mit ernster bůß daruon stohn[9], sollen sie nit allein in keinem kirchen dienst geduldet, sonder auch von aller gemeinschafft der gleubigen außgeschlossen werdenn, doch mit der bescheydenheit[10], dauon hie oben gesagt ist im 100. vnd etlichen folgenden blettern[11]. So fil von den waren glidmassen der kirchen.

Welche ware kirchen diener

Ware vnd wirckliche diener der kirchen, waß[12] namen die haben, sind die das Wort des Herren, Die H. Sacramenten, Christliche zucht, zů deren auch die versehung der armen gehoͤrt, nach dem wort des Herren[13] mit allen treuwen in vnstrefflichem leben predigen, außspenden vnd verrichten Vnd die ob solichem dienst halten[14], den anrichten, fordren oder dar zů dienen, Also, das sie Christo, dem Herren, jmmer mer leuth zůfuͤren vnd die jm zů komen sind,

1. das Erlassen.
2. Vgl. Röm 3,24; Röm 11,6; Eph 2,8–9 u. a.
3. Eine lateinische Übersetzung von Bucers Zweiter Verteidigungsschrift ist nicht nachweisbar.
4. Vgl. Röm 12,4–5; I Kor 12,12–27; Eph 1,22–23; Eph 4,4.12.15–16; Kol 1,18.
5. Eph 5,5.
6. geistliche Wucherer.
7. Geschäfte machen. *Götze*, S. 115.
8. Eph 5,5.
9. abstehen.
10. Erwägung.
11. s. oben S. 176–180.
12. was für einen.
13. Mk 10,21; vgl. Act 4,32.34–35; Act 6,1; I Tim 5,16.
14. wachen über.

im glauben an jn erbauwen. Die sollen auch vnder jnen jre eygen zucht vnd regierung haben, alles aber zůr besserung. Erkenne auch die ordnung vnder jnen gůt vnnd besserlich sein, | *cxxxvija/Mmja* | welche in den fier grossen Concilien[1] fuͤr gůt erkennet worden ist. Die selbige aber last das gentzlich bleiben, das die Bischoffe in den wesentlichen wercken dieses ampts gleychen gewalt haben, Welches nach dem Gottes wort Mathei[2] vnd Marci vltimo[3], Joh. xx[22–23], j. Corinth. iij[5–11] vnnd iiij[1–5] Ephes.[4] auch die Heyligen Cyprianus – de simplicitate praelatorum[5] – vnnd Hieronymus – ad Euagrium[6] – bezeugen. Darumb solle mit Christlicher reformation der kirchen dienst nach dem gewissen Gottes wort zů verbesseren keyner vff den anderen harren, Vnd hat keyner den anderen darin etwas zůuerhinderen oder vff zůziehen[7]. Hiemit zerstore ich keyne Heylige ordnung, sonder bestettige sie. Was ich von der Concili vrtheyl geschriben, das ist war, berůff mich des vff der selbigen Concilien edicta von mir angezogen[8]. So fil dißmals von dieneren der kirchen, Vnder welche die Moͤnch zůn zeyten der Vatter nit seyn gezelet worden. Hieronymus, der sich vnder die Moͤnch zelet, schreibet also[9]: »Die Clerici weiden die schaffe; ich werde geweydet«. Diß eignet ja den leyen, laicis i.[10] popularibus ecclesiae. Gewalt vnnd ordinantzen der kirchen müssen auch allein vff dem Gottes wort stohn vnd zů warer besserung des glaubens an Christum gerichtet sein, vergwaltet vnd geuͤbet werden. Was dar wider ist, mag kein gewalt noch ordnung der kirchenn Christi heyssen oder eynigen Christen binden[11].

Ad Heliodorum

Was ordnungen auch nit für sich selb ein gemein vnd allenthalben zům glauben Christi besseren, dar- | *cxxxvijb/Mmjb* | uber hat ein jede recht geordnete vnd mit jhren gepůrenden dieneren versehene Gemeinde Christi gewalt,

1. Konzilien von Nizäa (325), Konstantinopel (381), Ephesus (431) und Chalkedon (451). An diesen Konzilien wurde die Bedeutung des untadeligen Lebenswandels der Kleriker hervorgehoben.

2. Mt 28,18–20.

3. Mk 16,15–18.

4. Vgl. Eph 4,1–16.

5. Eine dem Cyprian zugeschriebene Schrift: (Pseudo-) *Cyprian*, De simplicitate praelatorum plane aureum. Antwerpen: Johannes Grapheus für Johannes Stelsius, 1535, hier v. a. Bl. a3b. Index Aureliensis 149.060; BN 34, Sp. 1089. Exemplare in Aberdeen UL, Amsterdam VUB, Basel ÖB, Den Haag KglB, Freiburg/Br. UB, Köln UStB, Paris BNF.

6. Den angeblich von Hieronymus stammenden Text entnahm Luther dem Decretum Gratiani I, Dist. 93, c. 24: Er ließ ihn 1538 in Wittenberg im Druck erscheinen: Ad Evagrium de potestate papae cum praefatione Lutheri. *Luther*, WA 50, S. 338–341, hier v. a. S. 339,5 f. und 340,13.

7. hindernd einzugreifen. Frühneuhochdt. WB 2, Sp. 812 f.

8. Bucers Erste Verteidigungsschrift, 1543 (s. oben S. 32, Anm. 5), Bl. g4a. BDS 11,1, S. 62,11 bis 63,10.

9. *Hieronymus*, Epistolae, Ep. 14 (ad Heliodorum monachum),8. PL 22, Sp. 352.

10. id est.

11. von den Gnadenmitteln der Kirche ausschließen, exkommunizieren. Frühneuhochdt. WB 4, Sp. 440.

das selbige zur besserung des glaubens bey den jhren zůhalten oder nit zu halten oder sunst zu messigen[1].

Ein ketzer – das ist ein Haereticus (wie man diesen namen gemeinlich brauchet) – ist einer, der in notwendigen Artiklen vnsers Christlichen glaubens ein falsche lehre verstocklich[2] haltet vnd lehret; Schismaticus[3], der wol keiner falschen lehr anhanget, aber die Christlich gemeinschafft entzeucht[4], denen er sie nit entziehen solle.

Nun, Gott seye lob, einiger[5] lehre, die nit in Göttlichem wort gegründet vnd war Christlich seye, werden mich weder die C. Deputaten noch andere feindt Christlicher Reformation nimmer mer erweysen[6]. So will ich auch alle Christliche gemeinschafft allen Christen vnd Christlichen Prelaten gern leisten in allen dem, darinn ich sie leysten kan vnd solle, das nemlich zům Reich Christi in einigen weg dienen mag. Derhalben hat mich kein mensch ein ketzer oder Schismaticum anders den[7] auß Gottlosem mutwillen zu schelten. Weil ich dann meer zeyt dißmal nit habe, so will ich, was weyters hie zusagen sein möchte, sparen in die latinische antwort[8].

Ablenung der falschen vnd grewlichen lesterung wider die Protestierenden Stende, ein Stat Straßburg vnd mein person | *cxxxviija/Mmija* |

DJe Christlichen Churfürsten, Fürsten vnd Stende, so man nennet die Protestierenden, die nůn, Gott lob, so einn gewaltiger theyl Deutscher nation[a] sein (Vnd vnder denen mit namen[9] ein Stat Straßburg), schelten diese Deputaten der höchsten vnd grausamsten[b] laster, damit ein mensch mage gescholten werden: Abtrünnige von Christo vnd seiner heiligen Gemeinden, ja feind vnd zerstörer der selbigen vnd aller gesunden lehre, der H. Sacrament vnd ceremonien, aller ordnung, zucht vnd gehorsam bey dem volck vnd Clerisi, kirchen dieb, reuber vnd verherger[10]. Diese lesterung findestu zusammen gehauf-

a) Drf. mation.
b) Drf. graumsamsten.

1. zu ordnen, einzurichten.
2. hartnäckig.
3. der eine Kirchenspaltung herbeiführt.
4. entzieht.
5. irgendeiner.
6. (mich) ausweisen (als jemanden, der eine falsche Lehre vertritt); nachweisen.
7. als.
8. Eine lateinische Übersetzung von Bucers Zweiter Verteidigungsschrift ist nicht nachweisbar.
9. ausdrücklich.
10. Verderber.

fet im latinischen truck der C. Dep. im quatern[1] E ij[2], F j[3] vnnd H iij[4], im Deutschen G ij[5], H iij[6], K iij[7].

Nun, so vil die lehr, Sacrament vnd allen kirchen dienst belanget, ist vorhanden[8] dieser Stenden Christliche Confession zu Augspurg der Kayserlichen Maiestat vnd allen Stenden des Reychs vberantwort[9]. Also sind auch am tag fil besonderer kirchen ordnungen dieser Stenden[10]; Des gleichen ist auch jre haltung in jren kirchen meniglich[11] vnuerborgen[12]. Jn dem allen wie auch in dem, das ich hieuor in meynem Bůch von der lehr vnd Predig, die ich zů Bonn nun in den achten Monat mit anderen meinen mit gehuͤlffen fuͤre, habe außgohn lassen, Werden die C. Dep. noch einige menschen vff erden, wa man solche vnsere bekantnissen, ordnungen vnd haltungen recht vnd vngefelschet ansehen vnd erwegen wil, wie es bey diesen Stenden vnd vns allen gelehret vnd geuͤbet würdt, vnd nit wie es die vngoͤtlichen Sophisten | *cxxxviijb/ Mmijb* | felschen vnnd verkeren, eynige lehr oder brauch anzeygen moͤgen, die an jhnen selb dem wort des Herren vnd der Apostolischen ordnung in eynigem stück entgegen seye.

Weyl nun diese C. Deputaten in allen lehren vnd gebreuchen dieser Christlichen stenden biß her vnd noch[13] nichts haben moͤgen fürbringen vnd dar thůn, weß sie sich joch[14] in jrem lester vrtheyl rhuͤmen, das vnchristlich[a] seye, Vnd die Keyserliche Maiestat vnnd alle andere stende des reychs die selbigen[15] in allen reychs hendlen vnnd geschefften nach[16] als Christliche stende halten,

a) Drf. vnchrilich.

1. Quaternio-Lage.
2. *Eberhard Billick*, »Iudicium cleri et universitatis Coloniensis ...« (s. oben S. 31, Anm. 5), Bl. 18a–18b.
3. *Eberhard Billick*, »Iudicium cleri et universitatis Coloniensis ...« (s. oben S. 31, Anm. 5), Bl. 21a–21b.
4. *Eberhard Billick*, »Iudicium cleri et universitatis Coloniensis ...« (s. oben S. 31, Anm. 5). Die Lage H umfaßt bloß zwei Blätter; ein Blatt mit der Lagenbezeichnung Hiij gibt es nicht.
5. »Vrteil der Vniuersiteit vnd Clerisie zů Coͤlne von Mårtin Bůcers Lerung vnd růffung genn Bonn ...«, 1543 (s. oben S. 33, Anm. 3), Bl. Gija-Gijb.
6. »Vrteil der Vniuersiteit vnd Clerisie zů Coͤlne von Mårtin Bůcers Lerung vnd růffung genn Bonn ...«, 1543 (s. oben S. 33, Anm. 3), Bl. Hiija-Hiijb.
7. »Vrteil der Vniuersiteit vnd Clerisie zů Coͤlne von Mårtin Bůcers Lerung vnd růffung genn Bonn ...«, 1543 (s. oben S. 33, Anm. 3), Bl. Kiija-Kiijb.
8. liegt vor.
9. »Confessio Augustana«, die am Reichstag zu Augsburg entstand und dort am 25. Juni 1530 öffentlich verlesen wurde..
10. Zahlreiche Einzelordnungen der Kirchen aus der Zeit nach 1530. TRE 18, S. 670–673.
11. jedermann.
12. Die agendarischen Formulare sind Teil der Kirchenordnungen.
13. vorderhand, erst recht.
14. auch immer.
15. sc. die Protestierenden.
16. dennoch.

solten sich diese leuth, die doch jhre namen nit haben dörffen in jhrem bůch vßtrucken, solches grausam lesteren wider so fil Gotsforchtiger Fürstenn, Grauen, Edlen vnd Stet gemässiget haben. Wa sie aber nachmals meynen, das sie etwas vnchristlichs in aller vnser lehr oder gebreuchen anzůzeygen wissen, Wöllen wir vns jnen zů gebürender Christlicher verhöre[1] vnd verantwortung erbotten haben vor vnserem gnedigsten Ertzbischoff vnd Churfürsten zů Cöllen, für allen Grauen vnd Adel diß Ertzstiffts vnd Churfürstenthumb[a] sampt eynem Rath der stat Cöllen.

Weyl sie nůn das, als die das liecht nit on vrsachen schewen, nit thůn wöllen, das sie doch vor Got, vermöge jhrer pflichten, damit[2] sie der kirchen verwandt seyn, zům höchsten schüldig seyn, So lese du, frommer Christ, die verantwortung M. lieben Herren vnd bruders Philippi[3] vff dieser C. Deputaten genant vrtheyl[4] vnd dann, das ich in diesem bůch vff jhr fal- | *cxxxixa*[b]*/Mmiija* | sches anklagen vnd lesteren geantwort habe Vnnd im Latin weyter mitt Gottes gnaden antworten[c] will, vnd richte dann zwischen vns.

Vnser Herre Christus, alle seine Propheten, Apostel vnd getrewe diener haben auch solches lesteren[d] von denen leyden müssen, die jhnen die religion zur hantierung[5] vnnd falscher sicherheyt in jren sunden mißbrauchet haben. Ob wyr dann wol in reychthumb deß Geysts disen leider nach seer vngleych sein, noch, weyl wir, Gott sey lob, dennoch auß seinen gnaden auch die zeugnüß vnsers Herren Jesu Christi begeren getreulich zu predigen vnd zu zeugen, wie daß iedem nach seinem[e] beruff gebüret, müssen wir vns alles dises falschen[f] lestrens auch erwegen[6] vnd des worts Christi trösten: »Selig seyt ir, wenn euch die menschen vmb meinen willen schmehen vnd verfolgen vnd reden allerley böses wider euch, so sie daran liegen[7]. Seyt frölich vnd getrost; es wird euch im himel wol belohnet werden. Denn also haben sie verfolget die propheten, die vor euch gewesen sindt.«[8]

a) Drf. Churfüstenthumb.
b) falsche Foliierung: cxxix.
c) Drf. anwortetn.
d) Drf. lestereren.
e) wohl Drf. seinen.
f) Drf. falchen.

1. Prüfung.
2. mit denen.
3. Philipp Melanchthon.
4. *Philipp Melanchthon*, »Responsio ad scriptum quorundam delectorum a Clero Secundario Coloniae Agrippinae«, Bonn 1543 (s. oben S. 35, Anm. 1). *Melanchthon*, Bekenntnisse und kleine Lehrschriften, S. 381–421.
5. zum Geschäftemachen.
6. (uns) gefaßt machen.
7. lügen.
8. Mt 5,11–12.

Vom kirchen raub

Daß[1] sie dann vom kirchen raub für werfen, dauon hab ich im vorigen buch[2] genug gesagt. Die kirchen guͤtter sind nicht der falsch genanten oder auch waren kirchen diener, sonder der gantzen Gemeinden Christi an iedem ort; daß zeugen alle Canones[3]. Die geben auch der oberkeyt zu, das sie das nach Gotlichem gesatz helfe, solche gütter erstlichen[4] zu fuͤrderen vnd erhalten die religion vnd versehung[5] der dürfftigen, für- | *cxxxixb/Mmiijb* | ter[6] zu aller notturfft der gemeinden, daß ist aller Christen in der selbigen angelegt vnnd außgespendet werden. Die selbigen Canones erkennen auch – vnd das simpliciter, nicht hyperbolice, wie die C. Deputaten Gottes vnd seiner Gemeinden gesatz vnderstohn zu entkrefftigen –, daß alle die rechte Sacrilegi – kirchen reuber – vnd durch die Oberkeyten von solchem raub ab zutreyben sind, die des waren kirchen diensts besoldung einnemen vnd den Gemeinden Gottes sollichen dienst nit trewlich verrichten. Auß dem schleust sichs vnwidersprechlich, das alle ordenliche Oberkeyten, die die keyserliche oberkeyt bey den jren verwalten vnd merum[7] imperium[8] haben, bey den selbigen, so irer regierung befolhen, recht, macht vnnd befelch haben, alle gemelte[9] ware Sacrilegia zu straffen vnnd taͤtlich[10] abzuschaffen, Auch jrer kirchen guͤter widerumb zů irem rechten gebrauch vnd nieß[11] zůuerordnen.

Hatt ieman von den Protestierenden diese maß vber schritten, den will ich nit entschuldigen. Die aber dabey bliben sind, hat kein mensch des kirchen raubs zu schelten. Nun weyß ich mitt vilen anderen auch die Stat Straßburg darzugeben[12], alß die bey diser maß bliben ist. Dann sie einigen haller[13] nicht von allen kirchen gütteren, die in jr verwaltung komen, in gemein oder besonderen gebrauch, sonder alles dahin gewendet hatt, dahin es gestifftet vnd gegeben vnd durch die Canones verordnet ist, So sie doch in den pur religion sachen grossen, mercklichen vnkosten erlitten haben, | *cxla/Mmiiija* | der jhnen von kirchen gütteren billich solte erstattet werden.

1. Das [was].
2. Bucers Erste Verteidigungsschrift, 1543 (s. oben S. 32, Anm. 5), Bl. g2a-h1a. BDS 11,1, S. 59,22 bis S. 64,11.
3. *Decretum Gratiani* II, Causa 17, qu. 4, c. 20f. (*Friedberg* I, Sp. 819f.); Causa 12, qu. 2, c. 5 (*Friedberg* I, Sp. 688).
4. als erstes.
5. Versorgung.
6. als Zweites.
7. reine, lautere, ungeteilte.
8. Merum Imperium, die ungeteilte Amtsgewalt des Herrschers, die aus der kaiserlichen Gerichtsgewalt und Rechtspflege hergeleitete herrschaftliche Macht. Vgl. dazu BDS 10, S. 403, Anm. 2.
9. erwähnten.
10. mit Taten.
11. Nutzen.
12. anzugeben, anzuführen.
13. Heller.

Es ist auch weyt feyl[1], daß ein ieder, der den nieß der kirchen gütter in hat[2], moge mitt recht der besitzer der selbigen güter erkennet werden. Es müste Possessio bonae fidei sein. Man mů̈ß mit rechten zugen[3], nit durch offentlich Simoney[4] vnd Sacrilegia zum falsch berümbten besitz komen sein. Waß ich hierinn von den Canonibus an gezogen[5], haltet sich also, wie ichs furgeben, wissen alle, die sie geleßen, will das auch in der Latinischen Antwort mitt Gottes gnaden weyter darthun[6].

Wer ware besitzet der kirchen guter.

Daß die C. Deputaten in ihrem Lateinischen lesterbuch geschriben G. iij[7] vnd in deutschen K. iij[8], wie von dem, daß vnsere Fürsten vnd obren von den kirchen geraubt haben sollen, ir feyges, mů̈twilliges leben füren die ketzermeyster, die gelübdbrüchigen, die gleysner[9], die stinckenden von den blutschendlichen Ehen, welche titel dise erbar leuth vns predigeren dises teyls geben, Jn dem schriben sie als vnuerschempte lesterer vnnd feind der warheyt, daß sie wissen[10] erdicht vnnd onwar sein.

So vil denn belanget daß kirchen- vnnd altar abbrechen vnd abthun der bilder vnd ander ergernů̈ßen, ist das die verantwortung: Die ordenlich oberkeyt ist schuldig, alle kirchen, altar, Gotzen, bilder vnd was der gleychen ist, daß nit zu erbawung deß glaubens Christi dienet, sonder darwider, tethlich abzuschaffen, Deut 7[5][11]. | *clxb/Mmiiijb* | So wȏllen auch die Canones vnd Keyserlichen recht, wan in dem die kirchen prelaten seumig sein, das solches die ordenlichen Oberkeyten erstatten sollen, Vnd fordren, das man ergerlich altar vnd kirchen oder anders nit gedulden solle. Was nun kirchen, Altar, bilder vnd der gleychen vnsere oberen abgethon, waren ergerlich vnd nit besserlich, daß erbieten sie sich zu erweysen. Darüber sollen sie von ir Ordenlichen Oberkeit zu vor verhȏret vnnd gerichtet Vnd nit also von den C. Deputaten vnd jrem hauffen geschendet vnd gelesteret werden. Diß alles will ich mit Gottes hilff in der Latinischen Antwort klar vnd vnwidersprechlich auß fů̈ren[12].

1. gefehlt.
2. innehat.
3. auf rechtmäßige Weise.
4. Handel mit Kirchengütern.
5. Bucers Erste Verteidigungsschrift, 1543 (s. oben S. 32, Anm. 5), Bl. B2a. BDS 11,1, S. 77,35 bis S. 78,2.
6. Eine lateinische Übersetzung von Bucers Zweiter Verteidigungsschrift ist nicht nachweisbar.
7. *Eberhard Billick*, »Iudicium cleri et universitatis Coloniensis ...« (s. oben S. 31, Anm. 5), Bl. 27a–27b.
8. »Vrteil der Vniuersiteit vnd Clerisie zů Cȏlne von Mårtin Bůcers Lerung vnd rů̊ffung genn Bonn ...«, 1543 (s. oben S. 33, Anm. 3), Bl. Kiija-Kiijb.
9. Heuchler.
10. schreiben sie (Dinge) in dem Wissen, daß sie ...; schreiben etwas, von dem sie wissen, daß sie ...
11. Vgl. I Kor 14,26; Eph 4,15–16.
12. Eine lateinische Übersetzung von Bucers Zweiter Verteidigungsschrift ist nicht nachweisbar.

Nun vff die Calumnien wider mein Person

DJe C. Deputaten schreyben, ich sey ein verdampter ketzer, geboren zur vffrur, der nichts dann nach den guͤteren der kirche trachte, felsche der Vaͤtter schrifften, klage fålschlich vber sie vnd iren hauffen, zerstoͤre vnnd vertilge alle Gottseligkeit, gehorsam, zůcht vnd erbarkeit, vnd ist deß falschen lestrens kein maß noch ende. Vnnd die weyl sie wol wissen, daß jhnen deß lesterens niemand glauben geben würdt Dann die[1] sie one daß zůr vnwarheyt vnd verfürung gefangen haben, reyssen sie sich mit besonderem ernst vmb das, daß ich, ein priester vnd moͤnnich, solle zum anderen mal ein Nonnen zur eh geno- | *cxlja/Nnja* | men vnd also ein blutschand vnd Gots raub begangen haben, incestum et sacrilegium, Vnd in dem meinen sie mich gentzlich zu halten[2].

Gott sey lob: alle, die Christum vnd meine lehr erkennen, wissen wol, daß die selbige lehre, daran ich diene vnd die ich fuͤre, bey allen Gottes kinderen aller ketzerey oder jrthums wol vnuerdammet bleyben wirt vnd ist[3]; Daß ich denn mein leben lang zu vffruͤr ie[4] gerathen oder geprediget, wissen mich alle die wol zu entschuldigen, bey denen ich mich meine tag gehalten, welches sie auch thun vnd gethan haben. So ich dann nach zeytlichem guͤtt trachtete vnd daß mein Helena[5] were, mit verleugnen meines einigen Heylandts[a] vnd Herren Christi vnnd durch die sacrilegia der kirchen guͤtter mit hauffen filer pfründen vnd pastorien[6] der welt reychtumb vnd pracht zu suchen, so hette ich warlich dorecht[7] gethon, daß ich solche Sacrilegia nitt vor zwentzig Jaren angenomen hette, do ich noch iung ware vnd man mir nit geringe anbotte, allein der warheyt zu geschweygen[8], Vnnd das one solche arbeyt, in deren ich dise zwentzig jare mit Gotts hulffe verzeret habe, Dar bey ich, Gott sey lob, zu Christlicher notturfft[9] genung gehabt[b] habe; aber warlich: disen C. Deputaten were es ein bettlerey.

Dise leuth, wie sie wider das reych Christi fechten[10], also schewen sie sich nichts wider die, die daß selbige predigen vnnd bezeugenn, zu lesteren, wie offenbar falsch vnd freuel darinnen scheine vnnd am tag lige. | *cxljb/Nnjb* |

a) Drf. Helandts.
b) Drf. gehat.

1. diejenigen, die.
2. festzuhalten.
3. unverdammt ist und bleiben wird.
4. jemals.
5. Helena, Gattin des Menelaos. Im übertragenen Sinn: Verlangen, Wunsch.
6. Pfarrstellen.
7. töricht.
8. nur damit ich die Wahrheit verschweige.
9. Erfordernis, Notwendigkeit.
10. kämpfen, streiten.

Will derhalben diese[a] so gar muttwillige vnscheinliche lesterung faren lassen Vnd zum beschluß vff das ein wenig antworten, das sie mir der Eh halben vnd felschen der Vatter schrifft fürwerfen. Sie sagen, ich habe zuuor wider mein gelübd ein Gott verlobte person zur Eh genomen. Die beyde sind vnwar; Dann ich vnd mein vorige Haußfrauw selig[1], die orden gelubd, die wir beyde gethon, in dem alter, in dem vnwissen vnd zwang gethon haben[2], daß sie für keine krefftige[3] vnd bindige[4] gelubden, auch nach jren selb, der C. Deputaten, lehren[b], haben moͤgen gehalten werden, welches meinet halben auch der Paͤpstlich richter rechtlich erkennet hat[5]. So habe ich weiter gelübden, die Eh berüren, weder in der Priester weyhe noch sunst ie gethon implicite oder explicite mein leben lang.

Jch hab kein gelubd gebrochen.

Vnnd ob ich schon einige solche gelubd gethon hette, weyl ich befunden, daß mir der ehlich stadt[6] zu allem Christlichen leben vnnd diensten beforderlich hat sein moͤgen, als er mir auch auß Gottes genaden mercklich gewesen ist, so hette mich doch dauon kein gelubd abhalten sollen; Dann kein Christ sich durch gelubde oder etwaß anders dar an zuuerhinderen macht hatt, das ihm zu recht Christlichem leben vnd diensten forderlich sein kan vnd jm darumb von Gott selb fürgegeben ist, wie die heylige Eh ist allen denen, die der Herr nitt ausser der Eh zu leben durch mangel der natur oder ander geschefft beruffen hat. Aber dauon vnd von der gantzen disputation der ge- | *cxlija/Nnija* | lubden in der Latinische antwort[7]. Die ietzige fraw[8], so mir der Herre gegeben, ist kein Closter person gewesen, als die C. Deputaten auß ir gewonheyt mitt vnwarheyt fürgeben.

a) Drf. dese.
b) wohl Drf. lehrern.

1. sc. Elisabeth Silbereisen (um 1495–1541), Klosterfrau in Lobenfeld (im Kraichgau), Eheschließung mit Bucer 1522. Sie starb in Straßburg am 16. November 1541 an der Pest. *Ebert*, Elisabeth Silbereisen; *De Lange*, Martin Bucer, S. 23.

2. Bucer legte 1508 die Mönchsgelübde ab (Profeß bei den Dominikanern). *Greschat*, Martin Bucer, S. 28. Elisabeth Silbereisen trat wohl 1511 oder 1512 ins Benediktinerinnenkloster Lobenfeld ein und legte ihre Gelübde einige Jahre danach ab. *Ebert*, Elisabeth Silbereisen, S. 33–42.

3. rechtskräftige.

4. bindende.

5. Die Bulle betreffend die Entlassung Bucers aus dem Orden wurde im März 1521 ausgefertigt. *Greschat*, Martin Bucer, S. 47.

6. Stand.

7. Eine lateinische Übersetzung von Bucers Zweiter Verteidigungsschrift ist nicht nachweisbar.

8. Wibrandis Rosenblat (1504–1564). Sie heiratete in vierter Ehe den ebenfalls verwitweten Martin Bucer am 16. April 1542. *De Lange*, Martin Bucer, S. 23; *Staehelin*, Frau Wibrandis.

Nun daran stehts aber, daß ich im[a] Priesterthumb zum anderen mal zur Eh gegriffen hab, daß sich mir nit ein mal habe gezimmen moͤgen, wenn ich gleych mitt keinen besonderen gelübden verstricket gewesen were. Wie daß? Paulus sagt, Man solle zum Bischoffe welhen, der eins weybs mann seye, nitt solches hernaher erst werde, weyl[1] er inn disem hohen Ampt vnnd dienst ist[2]. Wie aber das ein ehlich weib haben nitt hindert am priesterlichen dienst, wenn man das vor dem Priesterlichen[b] dienst genomen hatt, vnnd solle daran hinderen, wenn mans hernaher nimet? Jst es iedes ehe weybs eygenschafft, daß es am kirchen dienst hindere vnnd belade mitt weltlichen sorgen, daß man Gott im[c] priesterlichen dienst nitt dienen kan, Warumb hatt dann Paulus, ja der Geyst Gottes im Paulo, nit befohlen, zu wehlen den, der keyn weyb hette, wie es doch hernaher geordnet ist? Freylich: man hatt damals wol als[3] geystreiche menner vnnd der welt vnd dem fleysch abgestorbene ausser[d] der eh finden moͤgen, als man die inn etlichen hundert[e] jaren zu Coͤllen vnnd gleichen orten[f] befunden hatt.

Jst die Eh heylig vnnd vnbeflecket, als sie ist, | *cxlijb/Nnijb* | ist das weyb dem man zum gehülffen geschaffen, nitt zur hindernuͤß, vnnd zum gehuͤlffen eines Gottseligens lebens[4], ia daß ein Gottselig weib nit allein iren man zur Gotseligkeyt dienen, sonder auch iren man zur Gottseligkeit gewinnen kan, Wie Petrus[5] vnnd Paulus zeugen, Haben daß so vil heyligste, Gotforchtiste Patriarchen[6], Propheten[7] vnd Apostel[8] vnd Petrus[9] selb also befunden, Warumb solte dann soliche gabe Gotes vnd huͦlff in der heiligen eh nit auch moͤgen gefunden werden, wenn man die im priesterthumb vnd gleich[10] zum anderen mal eingangen ist? Was solle das der eh nemen oder geben, das sie vor oder im[g] priesterstandt ein- oder zwei mal eingangen würdt?

Noch sagt Paulus, es seye gut, kein weyb beruͤren vnnd bleyben, wie er ware, kein weib suͦchen, so einer ledig ist. Solchs macht der welt sorg frey,

a) Drf. ihm.
b) Drf. Priestlichen.
c) Drf. ihm.
d) Drf. auffer.
e) Drf. hundett.
f) Drf. oretn.
g) Drf. ihm.

1. während.
2. I Tim 3,2; vgl. I Kor 7,1–9.
3. als … als: soviel … wie.
4. Gen 2,18.20.
5. I Petr 3,1–7.
6. Gen 11,29; Gen 25,1.20; Gen 26,34; Gen 29,21–24.29 u. a.
7. Jer 29,6; Ez 24,18; Ex 4,20 u. a.
8. Paulus.
9. Petrusbriefe.
10. sogar.

seye fein, helffe, daß der mensch sorge vff die ding, die Gottes sein, Gott stettigs anhange. So die inn der Eh sein vff der welt sachen sorgen, wie sie jhren gemahlen gefallen, haben triebsal im[a] fleysch[1] etc. Ja alle dise wort hat der H. Geyst durch Paulum geredt, j. Cor. vij[1.8.32–34]. Waß hatt aber eben der selbige H. Geyst an disen vnd anderen orten meer geredt? Hat er nicht auch gesagt:

»Es ist nitt gut, daß der mensch allein« – das ist: on ein weyb – »seye; wyr wöllen im ein weyb zum gehůlffen schaffen, nicht zur hindernüß«[2]. Jtem: »was Gott zu samen gefüget hat, solle der mensch nit scheiden«[3]. Vnd: Gott habe die ehleuth vnd ihr Ehlich gemeinschafft gesegnet[4]; | *cxliija/Nniija* | Die Eh seye erlich in allen menschen vnd das eh beth onbeflecket[5]. Jtem: »die jungen witfrawen sollen in die eh kommenn«[6]. »Ein gleubig, Gotselig weyb kan jhren man Christo gewinnen, vnnd ein gleubiger man seyn weyb. Eins wirdt auch durchs ander geheyliget«[7]. »Es habe jeder seyne gabe, einer so, der ander sunst«[8]. »Vnd jeder solle sein eygen weyb, jede jhren eygen man haben, bůlerey zůuermeiden«[9]. »Es ist besser, in die eh komen, den brennen«[10]. Jch rede euch das zů euwerem nutz, nit das ich euch ein strick anwerffe. Wer in die Eh kommet, thůt wol. Diß sind ja auch eytel[11] Gottes wort: Genesis ij[18], Math. xix[6], j. Corinth.[b] vij[39.12.7.2.9], j. Pet. ij[12], Heb. xiij[4].

Mage nun der H. Geyst jm selb nit zu wider sein, so muß man ja auch sehen, wie diese reden zu sammen stimmen: Es ist nit gut, das der mensch one weyb seye, Vnd: es ist gut, one weyb sein; Jtem: das weyb ziehe ab von Gott auff sorge der welt; Vnnd: daß weyb seye des mannes gehůlff vnd fürderniß zu aller Gotseligkeit, als Gottes gůte vnnd heilige gabe, von Gott selb zugefůget.

Wer nun in dem wolte einfeltiglich auff Gott vnd ware zucht vnd erbarkeit sehen, der würdt gar leycht erkennen, das Paulus die wort »Es ist gut, kein weib haben vnd sein wie er«[13], nit in gemein auff alle menschen, auch nit allein auff

a) Drf. ihm.
b) Drf. Corinh.

1. I Kor 7,1.8.32–34.
2. Gen 2,18.
3. Mt 19,6; Mk 10,9.
4. Gen 1,27–28.
5. Hebr 13,4.
6. I Tim 5,14.
7. I Kor 7,39.
8. I Kor 7,7.
9. I Kor 7,2.
10. I Kor 7,9.
11. reine.
12. richtig II Petr 2,13–14.
13. I Kor 7,7.

diß leben geredt hat, sonder auff die allein, so Gott besonders, jm ausser der ehe zu dienen, beruffen hat, vnd das er auch in dieser rede all[1] mit | *cxliijb/Nniijb* | gesehen hat, ins künfftige leben, da der brauch der Eh vnd alles zeitlichen vffhoͤren würdt, zů dem sich die etwas mehr dann andere nåhen, welche freye von allen anderen weltlichen geschefften bleiben, vff das sie das reych Gottes desto baß[2] fuͤrdren moͤgen. Wenn man dann in das gantze vnd ewige leben der kinder Gottes sehen will, so kan man auch sagen: es ist gůt, aller zeytlichen sachen vnbekommert sein[3], wie der Herr sagt[4]: »Maria hatte den gůtten theyl erwehlet«, Ja sagen: es ist gůt, weder essen noch trincken, vnd gar sterben, da mit man, von allem brauch[5] dieser welt erloͤset, bey Christo seye, vnd also ist im auch. Wie solle man aber das vffnemen vnd verstohn? Das der haußvatter oder andere als bald die sorge vnd leibliche versehung[6] der jren fallen lassen, sitzen dieweyl dem Herren zůn fuͤssen, hoͤren sein wort vnd betten allein? Das wer, spricht Paulus j. Timoth. v[8], den glauben verleugnet vnd soliche, die also jre haußgenossen verliessen, wåren loser[7] dan die Heyden. Darumb will der geist Gottes, das sich ein jeder wie anderer geschefften dieses lebens also auch der Eh frey halte oder mache so frei[a], das er doch die zeit seyner bilgerfart, seyner berůffung[b] vnd diensten der liebe gegen den nechsten nit abstande vnd doch sich imer dahin richte, Das er einmal aller welt sorgen vnd geschefften ledig bey Christo lebe, auch hie alles gebrauche, mit so freyem gemuͤt, als gebrauchet er sich des nit[8]. Das sind dann Heilige Gottes dienst vnd welt gescheefft.

Also findet sich auch, das der geyst Gottes nit saget, das ein jedes weyb von Got vff zeytlich sorg, jr fley- | *cxliiija/Nniiija* | schlich zů gefallen, abziehe, Weil er zeuget, ein weyb, im Herren genomen, seye einn heyliger gesegneter gehülff zůr Gotseligkeit, sonder[9] von den vngleubigen vnd weltlichen weyberen vnd die man nit im Herren nimmet, die noch weltlich gesinnet[c] sein.

Also ist auch zwar das nit in gemein zůuerstohn, die ausser der eh sein, sorgen vff Goͤtliche ding, denn je nit alle, die auß der eh bleyben, vff Goͤtliche dinge sorgen, wie man leyder an vnseren ehlosen Priesteren vnnd Moͤnchen wol sicht.

Darumb würdt das Gottes wort ewig bestohn, das in diesem leben nit gůt

a) Drf. feir.
b) Drf. berůffuug.
c) Drf. gefinnet.

1. bereits. Frühneuhochdt. WB 1, Sp. 738.
2. besser.
3. Mt 6,25–34.
4. Lk 10,42.
5. Last.
6. Versorgung.
7. böser, sittenloser.
8. Vgl. I Kor 7,29.
9. besonders.

ist, das die zur H. eh berůffen sind ausser der Eh bleiben Vnd das die, so nach jrem berůff ein weib vom Herren betten vnd entpfahen, durch solch weib der sorge der welt meer erleychteret vnd zů Gott gefuͤrdret werden. Den[1] solchen jr weib ein geheyligter gehülff zů aller Gotseligkeit seyn můß vnd zů allen Gottes diensten, auch den Priesterlichen, Wie fil Heiliger frawen gewesen sind den Patriarchen, Propheten, Apostolen, Martyren, Die fromme Elizabet dem Zacharie. Darumb das vernünfftig Concili zů Gangra[2] billich verbannet hat, die ein Priester der eh halben schewen.

So dann nůn dem also ist, wie im ist, das die H. Eh an den berůfften[3] darzů einn Heylige fuͤrdernüß ist zů allen Gottes diensten, da zů jeder berůffen, auch den Priesterlichen, vnnd ein jeder von der gab Gottes, im verlauhenn[4], selb, nit aber auß den fleyschlichen begirden, wie mir die C. Deputaten felschlich zůlegen, | *cxliiijb/Nniiijb* | sonder auß dem Geyst Gottes erkennen vnd vrteylen můs, So würdt kein Priester, der ein Gottfoͤrchtig weyb auch im priesterthumb oder nach deß erstenn absterben ein anders nimmet, von einigen[5] Christen zu verwerffen vnnd seines dienstes zů verstossen sein; Dann solches ein gabe vnnd werck Gottes ist, vnnd thůn wol, die in die ehe kommen, entpfahen von dem Herren ein gehůlffen zu Gottes diensten, kein hindernüß, wie offt sie auch das im Herren thůn. Wa es anders were, so müste ie etwas arges in der ehe sein an jhr selb. Wer nun das sagen wolte, der widerspreche aller Gottes Schrifft vnd wer[6] Manicheisch[7]. Darum ist vnd bleibet war, daß auch die priester, so zůr eh berůffen, wen sie gleich die im priesterthumb eingohn, mit nichten sünden[8], sonder recht vnd wol thůn vnd sich zům priesterlichen dienst fürderen, nicht hinderen. Dan die H. eh nit ein mutwillig vnzuͤchtig leben ist, wie es Alfonsus beschreibet[9] nach der vnsinnigkeit, so vil Hispanier in lieb der weyber beweisen, sonder ein heilige gemeinschafft alles Goͤttlichen vnd menschlichen thůns, in deren jedes gemahel dem andren dienet in allen dingen zůr heiligung Goͤttliches namens vnd fürderung seines Reychs in aller heyligkeit vnnd gerechtigkeyt. Was die Ehe

1. Denn.
2. Synode von Gangra (in Paphlagonien), wohl um 340/341. LThK² 4, Sp. 514.
3. Berufenen.
4. verliehen.
5. irgendwelchen.
6. wäre.
7. der manichäischen Lehre zugehörig. Gnostische Weltreligion der Spätantike mit dualistischer Konzeption. Dem Gott des Lichtes steht der Herrscher der Finsternis gegenüber. Der Mensch ist körperlich und seelisch von der Sünde gefesselt. Die hohen ethischen Anforderungen, die die Manichäer deshalb stellen, führen zum Verzicht auf eigene Arbeit und auf die Ehe. TRE 22, S. 25–45.
8. sündigen.
9. *Alphonsus de Castro*, »Adversus omnes haereses libri XIIII«, Köln 1543 (s. oben S. 96, Anm. 5), lib. XI, Bl. CLXVIb–CLXVIIa.

Dagegen sind aber, sagen sie, die Canones vnd auch der Apostolen[1]. Lieber, welcher Apostolen? Man hatt freilich zůn zeyten der Apostolen sich vmb die zeyt, Ostern zů halten, gezancket[2], Die Bistumb eigentlich[3] vnderscheiden, Guldene vnnd silberne kirchen geschirr | *cxlva/Ooja* | gehabt, Die bischoffs dienst durch weltlich gewalt uͤberkomen, von welchen dingen die selbigen genanten[4] Canones Apostolorum gesatz geben. Aber wer weyß nicht, wes würden vnd glaubens diese Canones sind? Doch sie seyen wie alt vnd ansichtig[5] sie woͤllen, noch můß man sie Gottes wort nitt vorsetzenn, dasselbige schewet[6] die eh an kirchen dieneren nit, sonder fordret sie meer. Dann es will, das jeder in dem sich halte nach seyner gabe, j. Corinth. vij[7].

Wa nůn einem jungen Priester, der von Gott zům kirchen dienst wol begabet were vnnd den trewlich verrichtet, besser dann man als bald eynigen anderen bekomen moͤchte, seyn weyb sturbe, were auch nit von denen, die den waren Celibatum[7] fassen koͤnden, sonder meer von den brennenden, von welchen der H. geyst sagt, das besser seye, solche greiffen zůr ehe[8], Das er nůn mitt Gott nitt dorffte ausser der ehe bleyben, Wolte man jn nůn vom kirchen dienst, den keyn ander besser verrichten koͤnde, darumb, das er Gottes berůff gehorsam sein vnnd das besser in seynem leben hette woͤllen fürnemen, abstossen, Was solte doch dessen vrsach sein? Nemlich, weyl die ehe an jr selb Heylig vnd in den berůffenen darzů zů allem gůten forderlich ist?

Hie sagen sie nůn: Ey, der Apostel fordret doch selb, das ein Priester eins weybs mans seie[9]. Also ist auch ein jeder, der zůmal[10] nur ein weyb hat. Dann eins weibs man hat der Apostel gegen die gesatzt, so zůmal meer dann eins hatten. Diß zeuget der H. Chrysostomus | *cxlvb/Oojb* | vnd andere Vaͤtter mehr, die auch der H. Hieronymus anzeucht vnnd darinn nit straffet in Epistola ad Titum[11].

Die Coͤlnischen Deputaten sagen aber hie, ich seye nequissimus falsarius Chrysostomi. Ja, so sind sie, die mich des falschs so falschlichen[a] vnd můtwilliglich zeihen, dann diß sind die wort vnd der sententz Chrysostomi[12]: »Diese

a) Drf. faschlichen.

1. 85 apostolische Kanones, enthalten in den Apostolischen Konstitutionen (VIII,47). Les constitutions apostoliques III, S. 275–309.
2. *Eusebius*, Ecclesiastica historia V, 23–25. PG 20, Sp. 489–510.
3. zutreffend, genau.
4. erwähnten.
5. angesehen, geachtet.
6. nimmt Anstoß. *Grimm* 14 (= VIII), Sp. 2616.
7. Zölibat, zu dem man von Gott selbst aufgrund entsprechender Konstitution berufen ist.
8. I Kor 7,2.9.
9. I Tim 3,2.
10. gleichzeitig, auf einmal.
11. *Hieronymus*, Commentariorum in epistolam ad Titum III,5. PL 26, Sp. 565.
12. *Chrysostomus*, In epistolam ad Titum, hom 5. PG 62, Sp. 694.

wort – eins weybs man – setzet der Apostel nitt, das er einn gesetze dauon gebe, als solte keyner Bischoff werden, er hett dann ein weyb, sonder verbeutet die vnmaß, dieweyl den Juden zůgelassen ware, auch zů der anderen[1] eh zů greyffen vnnd zůmal zwey weyber haben. Dann die eh ist ehrlich. Etliche sagen, diß sey geredt, das einn Bischoff solle von eynem weyb seyn, das ist: sein tag[2] nur eynigs[3] gehabt haben«; diß sind die wort vnd der ware sinn Chrysostomi.

Da sehe, wie erbar, gelert vnd auff merckende[4] diese Cölnischen Deputaten sein: δευτέροις ὁμιλεῖν γάμοις[5] Vnd δύο ἔχειν καταταύτον γυναίκας[6], das ist: zur zweyten eh greyffen vnd zwey weyber zů mal haben, machen die Cölnischen Deputaten zwey ding vnd wöllen das erste, zur zweyten eh greyffen, verstohn von denen, die nach absterben der ersten ein andere nemen, So doch Chrysostomus die zwey für eins gesetzet vnd die ander meynung deren, die in diesen worten des Apostels den verstohn wöllen: eins weybs man seinn, der nie meer dann ein weib gehabt hat, darnach auch angehenget hat. Vnd was hette er dörffen sagen? den Juden ware nach gegeben[7], das eyner möchte nach absterben ey- | *cxlvja/Ooija* | nes weybs ein andere nemen, welchen leuthen ist dann diß verpotten gewesen, oder noch[8]? wie solte der H. Chrysostomus auch, ein ander weyb nemen, nach tödlichem abgang des ersten, ein verpotne vnmaß heyssen?

Darumb: wer des H. Pauli lehr[9] – j. Corinth. vij[1–16.25–38] vnd dann auch j. Timoth. iij[2] vnd v[9.14] – sampt anderen schrifften recht ansehen wille vnd nach Got vnd warer keuscheit fraget, der wirdt sonder zweyffel das wol erkennen, das der H. Paulus die ander[10] eh den Priestern, so darzů berůffenn, als[11] wenig hat verpieten wöllen, als die erste.

Hie gegen sprecht jhr nun: die alten Våtter aber sind dieser meynung gewesen vnnd haben den Priesteren verpotten, zům anderen mal in die Eh zů kommen, Also auch ein wit fraw zůnemen. Jst war; die Våtter haben aber auch niemand damit einn strick wöllen anlegen, noch auch vmb des vnnötigen willen von dem nöttigeren vnd der gemeinden Gottes nützlicherem abtreyben. Wie der H. Cyprianus[12], also sind die anderen auch gesinnet gewesen, das besser seye, Epist. 11, libro 1

1. zweiten.
2. sein Leben lang.
3. ein einziges.
4. aufmerksam beobachtend, aufpassend.
5. in zwei Ehen zusammensein.
6. zwei Frauen gleichzeitig haben.
7. zugestanden, eingeräumt.
8. erst recht, zudem noch.
9. I Tim 3,2; I Tim 5,9.14; I Kor 7,1–16.25–38.
10. zweite.
11. als ... als: so ... wie.
12. *Cyprian*, Ep. 62,2–3. PL 4, Sp. 377–379; CChr.SL III/B (hier Ep. 4), S. 20f.

das auch die sich ausser der eh zů leben verlobt[1] haben, in die eh kommen, wenn sie sich nit woͤllen oder nit moͤgen enthalten, Darumb sie auch die Ehe, uͤber[2] die gelübde eingangen, haben woͤllen vnzertrennet bleyben, So haben sie auch so vil vff die tauglichkeyt, das volck zů lehren, gesehen, das sie auch den Leien solchen dienst vor[3] den Bischoffen zůuerrichten, vffgelegt habenn, wann sie tauglich darzů gewesen sind. So gar[4] ist bey | *cxlvjb/Ooijb* | den altenn H. Vaͤttern weder[a] die erste oder ander eh für ein hindernüß am dienst Gotlicher lehre gehalten worden. Dauon ist im vorigen bůchlin[5] genůg gesagt vnd solle, ob Got will, alles mit gewissem grundt der schrifft, zeugniß vnd haltung der H. Vaͤtter erwysen werden, in der Latinischen antwort[6].

Jetzund solle das der beschluß sein, daruͤber richten alle Christen. Wann ein gesetz ist, das zwey teyl in sich hat vnnd das ein auß dem Goͤttlichen gesatz, das ander auß dem menschlichen genomen, vnd sind leuth, die solich gesatz in dem theyl offentlich vnd beharlich übertretten, der auß Gottes gesatz ist, gibt solichenn leuthen doch die natur oder einiges recht zů, vnder allen voͤlckern des erdbodems, das sie mit dem selbigen gesetz andere anfechten vnd an gůtten, nützlichen dingen hinderen, Welche das selbige gesatz in dem teil allein übertretten, der auß menschlichem gůtduͤncken ist, vnd haltens getreulich in dem teil, der auß Gottes gesetz genommen ist, Das wirdt freylich niemand sagen. Nůn ist in fielen Concilien der Canon erkennet[7] vnnd getrieben[8], der da fordret, das man die, so in hůrey fallen oder in gleublichem[9] argwohn[10] der vnzucht verharren, solle vom kirchen dienst vnd gantzer communion der gemeinden Gottes verstossen, Welcher aber im Priesterthumb ein ehweyb neme, allein vom kirchen dienst entsetzenn[11]. Die C. Deputatenn haben nůn so vil hundert jar diesen Canonem im ersten theyl übertretten, ja, so fil an jnen, gantz abgethon, Dann sie im kirchen dienst gedulden vnnd mitt solichen Com- | *cxlvija/Oiija* | municieren, die in offentlicher hůrerey, ehbruch vnd sunst ergerlichem leben ligen, wie mage dann jnen gebuͤren nach einigem rechten, das in aller welt je recht moͤchte geheissen werden, das sie vns mit dem anderen teil dieses Canons beschweren solten, der doch nit allein in Got-

a) wohl Drf. wider.

1. gelobt, durch Gelöbnis verpflichtet.
2. trotz.
3. eher als.
4. sehr.
5. Bucers Erste Verteidigungsschrift, 1543 (s. oben S. 32, Anm. 5), Bl. h1a-h3b. BDS 11,1, S. 64,12 bis S. 67,9.
6. Eine lateinische Übersetzung von Bucers Zweiter Verteidigungsschrift ist nicht nachweisbar.
7. anerkannt.
8. gefördert, gelehrt. *Götze*, S. 54.
9. glaubwürdigem.
10. Verdacht.
11. entheben, absetzen.

tes wort kein grundt hat, sonder auch nit darbey bestohn mag. Dann Gottes wort ja nit leyden mag, das die H. Eh in den berufften darzů vnd die zur Eh im Herren greiffen, solte als ein straffbar ding, welchs beyn Christen allein sünde sein mage, gehalten werden, Oder auch, das einer, der sunst der kirchen fruchtbarlich zuͤ dienen Got begabet, solte solcher heiligen eh halben, die doch ein segen Gottes vnd fürdernüß zů allem Gottes dienst sein můß, von seiner beruffung vnd nützlichem dienst mit offenbarem nachteyl der gemeinden Christi verstossen werden.

Derhalben beschliesse ich dißmals darauff, wenn die C. Deputaten vnd jr hauffen alle jr offenbar ehbrecher, hůrer, Cloͤster- vnd ander Jungfrauwen schender, alle, die argwenig[1] beywohnung der weyber, verpotne zůgeng der selbigen, eingang in die Cloͤster vnnd ander Jungfrawen vnd frauwen versamlungen nit wircklich abstellen, vom kirchen dienst abgeschaffet haben, als dann woͤllen wir jnen auch der ersten vnd anderen eh halben im Priesterthumb eingegangen zům rechten ferner antwort geben. Was du, Christlicher leser, in diser materi weyter begeren magst, soltu, ob[2] Got will, in der Latinischen antwort[3] finden. So hab ich zwar diese materi im vorigen bůch[4] auch so reichlich | *cxlvijb/Ooiijb* | mit Gottes gnaden dargethan, das du dich auch auß dem selbigen in diese sachen leicht würst zu richten haben Vnd erkennen, das ich mit dem allen, das ich von der H. eh geschriben, nichts dann ware zůcht vnd keuscheyt suche vnd darzu vermane, nit dar von, wie die C. Deputaten wider jhr eigen gewissen mich lesteren. Aber wer[a] diese leut kennet, der weyß wol, was jn an warer keuscheit gelegen. Vnd zeigets nun jhr vorfechter[5], Matis von Ach[6], zu vil wüst an, Der offentlich hat im truk schreiben doͤrffen[7] vnd, damit diß kleinot in seinem bůch[8] nit vbersehen werde, auch am randt verzeichnet, Daß ein priester weniger sünde[9], wen er sich mit hundert hůren vergehe, dann so er ein eh weib hab. Wes keuscheit dan berhuͤmet seye, der der schreiber dieses bůchs der C. Deputaten sein solle, weiß man zu Coͤllen vnd anderß wo auch wol. Gott erbarms vnd erloͤse sein Gemein von solcher leuth keuscheit.

a) Drf. wet.

1. verdächtige.
2. wenn.
3. Eine lateinische Übersetzung von Bucers Zweiter Verteidigungsschrift ist nicht nachweisbar.
4. Bucers Erste Verteidigungsschrift, 1543 (s. oben S. 32, Anm. 5), Bl. h1a-h3b. BDS 11,1, S. 64,12 bis S. 67,9.
5. Verfechter, Vorkämpfer.
6. s. oben S. 208, Anm. 8.
7. können, müssen.
8. *Matthias von Aech*, »Christlich berichtt, war vff zů gruntfestigenn, der standhafftich will bleiben in dem vffrechtigen Christen glauben ...«, Köln 1543 (s. oben S. 208, Anm. 8), Bl. Kiija.
9. sündige.

Des felschens halben der Vaͤtter schrifften, deren mich kein mensch vff erden jmmer meer[1] erweysen würd, ist zům theil – vnd nemlich des Chrysostomi halben – schon geantwort[a]; lese selb diß ort (Homelia ix. uͤber die erste Epistel ad Timoth.[2]), so ich angezogen. Die C. Deputaten aber haben diesem H. lehrer sein schrifft felschlich dargeben, das sie ein gestorben weyb gesetzet haben, da er von eim abtrettenden geschriben hat (in der anderen Homelia über die Epistel ad Tit.[3]), Wie ichs im vorigen bůch[4] auß dem greco habe dargethon. Die Canones, so ich im vorigen bůch ein gefuͤret, findet man an denen orten, die ich vermeldet; wer mangel daran | *cxlviija/Ooiiija* | hat, kome zů mir, so wil ich im die finger drauff legen. Daß ich von dem H. Gregorio eingefüret[5], hat er selb geschriben in der lxxviij. Epistel, lib. iiij.[6]

Vom H. Ambrosio sehet, wie erbar leut diß sein, daß ich jm vorigen Buch angezogen[7], wie sich diser heylige Bischoff erbotten habe, mit dem Auxentio[8], dem Arianischen, der zu Meylandt wolte Bischoffe sein, vor dem Christlichen volck zu Meyland in der kirchen zu disputiren mit dem geding[9], das nach gehaltener[b] disputation bischoffe sein solte, wem daß volck wolte folgen, Dises hab ich, vß fel[10] der gedechtnüß, furgegeben, geschriben sein in der Epistel an Marcellinam[11], der schwester Ambrosij, So hatt ers geschriben in der Epistel zum Keyser Valentiniano dem jungeren[12]. Nun, dise Epistel haben die C. Deputaten, da sie wider mich geschriben, gelesen, dann sie auß derselbigen auch etwas für sich, aber vergeblich eingefüret haben, da werden sie nun

a) Drf. geantwoit.
b) Drf. gebaltener.

1. jemals.
2. *Chrysostomus*, In epistolam I. ad Timotheum, hom. IX und X. PG 62, Sp. 547–550.
3. *Chrysostomus*, In epistolam ad Titum, cap. 1, hom. II. PG 62, Sp. 671.
4. Bucers Erste Verteidigungsschrift, 1543 (s. oben S. 32, Anm. 5), Bl. F3b. BDS 11,1, S. 103,16–25.
5. Bucers Erste Verteidigungsschrift, 1543 (s. oben S. 32, Anm. 5), Bl. g4a. BDS 11,1, S. 62,5–6.
6. Bucer meint hier wohl Gregor I. Die Stelle, die Bucer hier nennt, habe ich nicht finden können. Die Zählung (IV,78) ist mir nicht bekannt. Auch in Bucers Erster Verteidigungsschrift (Bl. g4a, ferner Bl. A3b), ist die Stelle nicht genau genannt und in der Edition (BDS 11,1, S. 62,5–6, ferner S. 75,1–3) nicht identifiziert. In den katholischen Gegenschriften (s. oben S. 31, Anm. 5 und S. 96, Anm. 5) wird die Stelle auch nicht angeführt.
7. Bucers Erste Verteidigungsschrift, 1543 (s. oben S. 32, Anm. 5), Bl. H3a. BDS 11,1, S. 113,3–12.
8. Auxentius, arianischer Bischof, gest. 364. LThK^{2} 1, Sp. 1138.
9. Bedingung.
10. Mangel.
11. Bucer hatte hier (s. oben S. 32, Anm. 5) fälschlich einen der Briefe des Ambrosius an seine Schwester Marcellina angegeben: Ep. 76. CSEL 83/3, S. 108–125; Ep. 77. CSEL 82/3, S. 126–140; Ep. ex. 1. CSEL 82/3, S. 145–161. Die Stellenangabe in BDS 11,1, S. 113, Anm. 566 ist nicht richtig.
12. *Ambrosius*, Epistolae I, Ep. 21,6. PL 16, Sp. 1046; CSEL 82/3, S. 76,46–77,52.

gewißlich gefunden haben, daß[1] ich gesetzet; noch[2] dörffen[3] sie schreiben, ich seye hie rursus falsus[4], das im latein wol künde verstanden werden, ich hette gefehlet mitt dem allegieren[5] Vnnd nitt die rechte Epistel genent. [Epi. 32, lib. 3] Aber jr Dolmetsch, der es als[6] erger machet, schribet, ich sey hie abermal falsch. Nun sind aber diß die wort des H. Ambrosi in der Epistel ad Valentinianum[a] Imperatorem[7]:

»Kommen[8] gleych, wa soliche sind, in die kirch, hören[9] mitt dem volck, nit daß ieman als ein richter da sitze, sonder ein ieder habe die bewerung[10] vnnd vrteyl, deß so geredt würdt nach seinem willen vnnd gemütt, | *cxlviijb/Ooiiijb* | vnnd erwele, wem er folgen wölle. Die sach ist darumb, wer diser kirchen[b] priester sein solle. Wann dan jn das volck gehöret vnnd achten würdt, er disputiere besser dann ich, so folge es seinen glauben; ich wils im nicht vergunnen.«

Diß seyn die wort des[c] H. Ambrosij, vnnd also müssen auch warlich die disputationem deß glaubens entlich zu dem vrteyl eins ieden hertzens vnd gemüts gestellet werden. Wen da Gott erleuchtet vnd sein wort recht zuerkennen gibt vnnd zu seinem Son zeuhet[11], der wirdt kommen, wem die gnad nit geschicht vnd den der Vatter nitt so herbeybringet vnd zeucht, der würt auch nit kommen, Joh. 6[44].

Derhalben so beschliesse ich disen teyl meiner antwort vff der C. Deputaten verkeren[12], anklagen vnnd lesteren nach dem exempel des H. Ambrosij, ja aller Propheten, Apostolen, Martyrern vnd H. Vätteren vnnd waren Theologen, so in der kirchen Gottes ie gewesen sind, Also:

Der streyt zwischen den C. Deputaten sampt jrem anhang vnnd mir ist aller[13] von der Christlichen lehr vnd dem dienst an der selbigen, ob auch ich vnd meins gleychen dise lehr vff ordenlichen beruff V. G. Herren inn disem Ertzstifft vnnd Churfürstenthůmb füren solle oder nicht. So erbeute[14] ich vnnd

a) Drf. Valentiannum.
b) Drf. kichen.
c) Dittographie (des deß).

1. das [was].
2. dennoch.
3. wagen [zu].
4. noch einmal ein Falscher.
5. Anführen, Beibringen. *Götze*, S. 7.
6. immer.
7. *Ambrosius*, Epistolae I, Ep. 21. PL 16, Sp. 1004; CSEL 82/3, S. 17f.
8. Kommt.
9. hört.
10. Beweis, Erprobung.
11. zieht.
12. Fälschen.
13. allerdings, durchaus.
14. biete ich mich an.

stelle mich dar vonn aller meiner Lehr, dienst an der selbigen, meinen gegenwertigen beruff in diesen Stifft vnd auch von allen meinem leben thun vnd halten | *cxlixa/Oova* | vnd hie vor geuͤbtem dienst, wo ich den ie geleystet habe, Christlich, demuttig vnd sanfftmütig ware, gegründte[1] rechenschafft vnd antwort zu geben nit allein disen C. Deputaten vnnd allen, die sie, wider mich zu schreyben, deputieret haben, sonder auch dem hochwirdigen Thumcapittel[2], gantzer Vniuersitet, Rath vnd Gemein der Stat Coͤllen vnd were im gantzen Ertzstifft oder anders wo vermeinet, etwaß wider mich in dem allen zu haben vnd an zuzeygen vermoͤgen, Vnd das vor dem hochwirdigisten, durchleuchtigsten M. G. Herren Ertzbischoff zu Coͤllen, als dem die ordentlich verhoͤre hierin zum vordersten vnd hochsten zustehet, Jn bey sein deß hochwirdigen Thumcapitels, auch der wolgeborenen, Edlen, Strengen, Ernuesten[3], Fürsichtigen, Weysen Grafen, Ritterschafft vnd Gesanten der stetten vnd aller, die zu den großwichtigen sachen dises Ertzstiffts vnnd Churfürstenthumbs pflegen gezogen zu werden, wie dann zwar dise sachen von der waren religion vnd dem waren dienst an der selbigen der groͤsten sachen eine ist, so Christliche Fürsten, Herren vnd Stende iemer mehr handlen moͤgen.

Vnd wo den C. Dep. dise verhoͤr nit gelegen, wehlen sie zu solcher verhoͤre, welche sie wollen zum halben teyl, vnd lassen mich auch den halben teyl darzu wehlen, den ich doch nicht, dann von ehrlichen Herren, Edlen vnd anderen dises Stiffts vnd Stat Coͤllen welhen wille, vnd die, so in ehrlichen empteren vnd geschefften deß Stiffts sindt. Besonderer richter, wie | *cxlixb/Oovb* | der H. Ambrosius zeuget[4], in disen sachen bedarff man nit; jeder muß da nach seinem glauben vnnd fur sich richten. Aber nit desto weniger solle bei solchen Richteren stohn, ob ich an Gottes wort dienen solle oder nitt, an den orten, da sie die Oberkeit haben.

2. Tim. 3[14–17] Vnnd wiewol die Goͤttliche schrifft alles, das vns zur seligkeyt dienet, vberflüssig[5] lehret[6], auch alles arges vber genungsam straffet vnnd verwürffet, nit desto weniger, damitt sie, die C. Deputaten[a], sich desto weniger zu beklagen haben, will ich gern in der Disputation gelten lassen alle Canones vnnd H.

a) Drf. Deputattn.

1. begründete.
2. Dem Kölner Domkapitel gehörten zu dieser Zeit an: als Propst Georg, Herzog von Braunschweig, als Dechant Heinrich Graf von Stolberg-Wernigerode, als Afterdechant Thomas Graf von Rieneck, Chorbischof Christoph Graf von Gleichen, als Scholaster Johann Graf von Eppstein, als Keppler Georg Graf von Sayn-Witgenstein, als Thesaurar Friedrich Graf von Wied-Runkel, als Priesterherren die Juristen Bernhard von Hagen, Hieronymus Aichhorn, Johann Schulen, Tilman Kriech, Nikolaus von Steinwick, Peter Kannengießer, Johannes Gropper und Jodocus Hoitfilter. *Roth*, Das kölnische Domkapitel.
3. ehrenwerten (lat. honoratus).
4. *Ambrosius*, Epistolae I, Ep. 21. PL 16, Sp. 1004; CSEL 82/3, S. 17f.
5. überreichlich.
6. II Tim 3,14–17.

Vaͤtter schrifften von Apostolen biß auff den H. Augustinum, der mit eingeschlossen sein solle, Vnd so vill gelten, als die beruͤrten[1] H. Lehrer vnd Vaͤtter selb erkennen, daß sie gelten sollen.

Solch erbieten thu ich auch keiner anderen meinung, dann Christo vnnd seiner H. Gemeinde dadurch meinen schuldigen dienst[a][2] an seinem H. Euangelio zu leysten, vnd auß keyner fleyschlichen vermessenheyt oder durstigkeyt[3], wie mir die Col.[4] Deputaten, wie anders[5], auß freuelem[6] haß vnnd vnwarheyt zulegen. Vnnd die Col. Deputaten sind vor Gott vermoͤge aller rechten schuldig, solche disputation gegen mir an zunemen[b] oder aber abzustohn von irem vngoͤttlichen lesteren vnd schelten.

Diß vnnd alles, so ich hieuor vnd in disem buch ge- | *cla/Oovja* | schriben, seye damitt gestellet zu dem Christlichen vrteyl aller kinder Gottes, Die der selbige, vnser Himlische Vatter, woͤlle durch seinen H. Geyst genediglich in aller warheyt leyten vnnd darbey ewiglich behalten. Amen.

a) Drf. deinst.
b) Drf. zunemem.

1. oben genannten.
2. den Dienst, den ich schuldig bin.
3. Keckheit.
4. kölnischen.
5. sonst.
6. mutwilligem, frechem.

Von den einigen rechten Wegen, deutsche Nation in christlicher Religion zu vergleichen

1. Entstehung

Dieses Werk Bucers ist im wesentlichen eine Reaktion auf Johannes Groppers Schrift »An die Rômsche Keyserliche Maiestat, vnsern Allergnedigsten Herren Warhafftige Antwort vnd gegenberichtung, H. Johan. Grôpper, Keyserlicher Rechten Doctor, Canonichen des Dhoms vnd Scholastern zu sanct Gereon zu Côllen, Vff Martini Buceri Freuenliche Clage vnd angeben wider jm D. Grôpper, in eynem jüngst außgangen Trůck beschehenn«, die im Mai 1545 in Köln bei Jaspar von Gennep gedruckt worden war[1] und die Gropper schon bald auch dem Kaiser und den auf dem Reichstag in Worms versammelten Reichsständen zustellte. Mit dieser Schrift reagierte Gropper auf Bucers nur wenige Tage zuvor publizierte Schrift »Wie leicht vnnd fůglich Christliche vergleichung der Religion ... zů finden vnd in das werck zů bringen ...«[2]. Gropper weist, wie vor ihm auch Bucer, auf die einst guten, freundschaftlichen Beziehungen hin. Er bedauert genauso enttäuscht wie Bucer, beleidigt und polemisch deren Beendigung im Dezember 1542/Januar 1543 und schiebt die Schuld dafür Bucer zu[3]. Danach nimmt er Stellung zu den einzelnen Punkten, die Bucer in der oben erwähnten Schrift zur Sprache bringt, um Bucers Auffassungen zu widerlegen. Bucers Antwortsschrift »Von den einigen rechten wegen ....«[4] entstand in der Zeit von Ende Mai bis Juni 1545 in Straßburg und wurde wohl im Juli von Wendel Rihel in Straßburg im Druck herausgegeben.

2. Inhalt

Bucer wendet sich mit seiner Schrift an den Kaiser und die Reichsstände, die zum Reichstag in Worms versammelt waren, um ihnen detailliert aufzuzeigen, wie Gropper ihn »auffs grewlichst vnd aber gentzlich mit der vnwarheit vnd falschem, erdichtem anklagen verklagt« habe, und um darzulegen, »durch was wege vnd mittel wir die ware vergleichung Christlicher religion erlangen vnd bekommen müssen«[5].

1. Exemplare u.a. in Augsburg SStB (2 Ex.), Augsburg UB, Köln UStB, Leipzig UB, London BL, München SB (2 Ex.), Paris BNF, Regensburg SB, Wolfenbüttel HAB. VD 16 G 3389. *Schlüter*, Die Publizistik, S. 125f. und 212f.; *Varrentrapp*, Hermann von Wied II, S. 28–48.

2. Edition in diesem Band, S. 355–454; Einleitung dazu auf S. 351–353.

3. Vgl. dazu auch oben S. 17–19.

4. Zu dieser Publikation Bucers vgl. *Varrentrapp*, Hermann von Wied, II, S. 28–48; *Schlüter*, Die Publizistik, S. 122, 126–128 und 214f.

5. s. unten S. 253–255.

Zuerst zählt er die Mittel und Wege auf, die zu einer Verständigung und Einigung in den Religionsfragen führen könnten: Als das »erste und gewaltigste mittel« nennt er die Bitte zu Gott, dies möglich zu machen[1]. Das zweite Mittel ist »das gotsferchtig vnd hertzlichs ersuchen der lehre vnd des willens vnsers Gottes vnd Heylands aus seiner gӧtlichen Schrifft«[2]. Als drittes Mittel empfiehlt er die Auswahl und Einsetzung von geeigneten Leuten, »die der h. Schrifft vnd Kirchen sachen waren verstandt vnd zů̊r gehorsame der selbigen bereiten willen haben«[3]. Im folgenden[4] legt Bucer dar, »Was auff den tagen zů Hagnaw, Worms, Regenspurg vnd seither für vnd wider Christliche Vergleichung gehandlet worden«.

Danach beginnt die »Warhaffte Antwort auff D. Groppers falsches anklagen«, eine weit ausholende Entgegnung auf die Anschuldigungen und Verleumdungen, die Johannes Gropper insbesondere in seiner im Mai 1545 erschienenen Schrift »Antwort und gegen berichtung«[5] verbreitet hatte. Bucer verwahrt sich gegen Groppers Behauptung, er habe ihm jemals mit seinen theologischen Auffassungen nicht zu vereinbarende schriftliche Zugeständnisse gemacht und ihm Zusicherungen gegeben[6]. Mit seiner Antwort will er zeigen, »wie nichtig seine falsch berůmpte bewerungen wider mich seien«[7]. Im ersten Abschnitt erinnert er an seine Meinung, »das wir Christen vor aller leere vnd haltung der kirchen vnd der alten Vätter vff die h. Schrifft sollen sehen vnd aus der selbigen den willen Gottes in allem lernen«[8]. Darauf kommt er auf die bischöflichen Befugnisse und Pflichten sowie die Verwendung der Kirchengüter zu sprechen[9].

Im folgenden legt er dar, »wie vnd inn was handlung ich mit Groppern kommen bin«, äußert sich über die von Gropper und den Altgläubigen damals geplante »Reformation«[10] und berichtet über die Verhandlungen in Worms und Regensburg in den Jahren 1540/41[11]. Danach zählt er einige der »grӧberen vnd offenbarer onwarheyten« in Groppers »Antwort und gegen berichtung« auf[12] und publiziert in diesem Zusammenhang mehrere lateinische Briefe Groppers aus den Jahren 1541 bis 1543 (mit deutscher Übersetzung)[13], um damit Groppers 1543 vollzogenen Sinneswandel zu belegen.

3. Wirkung

Eine konkrete Reaktion auf die wohl im Juli 1545 publizierte Schrift Bucers läßt sich nicht nachweisen. Bucer hatte Bonn bereits Ende August 1543 verlassen. Zwar wurde in den folgenden zwei Jahren die heftige literarische Fehde mit dem Kölner Klerus, besonders mit Johannes Gropper, fortgesetzt.

1. s. unten S. 255–261. 2. s. unten S. 261–269. 3. s. unten S. 269–278.
4. s. unten S. 278–289. 5. s. oben S. 249, Anm. 1. 6. s. unten S. 289–292 und S. 317f.
7. s. unten S. 291,17–18. 8. s. unten S. 292,19–21. 9. s. unten S. 294–297.
10. s. unten S. 297–303. 11. s. unten S. 304–316. 12. s. unten S. 325–329.
13. s. unten S. 330–343.

Doch konnte Bucer von Straßburg aus kaum mehr Einfluß auf das Geschehen in Köln nehmen. Die reformationsfreundlichen weltlichen Stände des Erzstifts Köln und Erzbischof Hermann von Wied kamen zunehmend in Bedrängnis und standen sozusagen auf verlorenem Posten. Bucers an den Kaiser und »alle lieben, fromen Christen« gerichteter Aufruf blieb am Wormser Reichstag ohne nachweisbare Auswirkungen und ohne Nachhall. Auch Johannes Gropper reagierte auf Bucers Entgegnung nicht mehr.

4. Überlieferung

Das Werk erschien etwa im Juli 1545 in Straßburg im Druck[1]. Eine handschriftliche Vorlage ist nicht erhalten.

Von den einigen rech= | ten wegẽ vnd mitlen Deutſche nation | inn Chriſtlicher Religion zu vergleichen/ Vnd was | darfür/ vnd darwider auff den tagen zu Hag | naw/ Worms vnd Regenſpurg/ An= | no 40 vnd 41/ vnd ſeither für | genomen vnd gehan | delt worden iſt. | Mit | Warhaffter Verantwortung auff | das offenbar falſch erdichtes anklagen/ des | ſich an die Kei. Maie^{t}. D. Johan. | Gropper/ wider Mart. Bucerũ | angemaſſet hat. | Durch Martin. Bucerum. | Pſal. CXX. | Jch ſuche fride/ So ich aber rede/ richten ſie | krieg an. Herre/ erloͤſe mein ſeel von | den lugenhafften lefftzen/ vnd | falſcher zungen. | An. M.D.XLV.

Straßburg: Wendel Rihel, 1545.

4°. 117 gezählte S., 3 ungezählte S. Lagen: A^4-P^4. Bl. A^1b und P^4ab leer.
Schwabacher Drucktype; 31 Textzeilen; Blattkustoden (nicht konsequent); Marginalien; Kopftitel.

Bibliographische Nachweise: VD 16 B 8940. *Index Aureliensis* 126.355. *Mentz* 60. *Stupperich*, Bibliographie 80. *Schlüter*, Die Publizistik 72.

Augsburg UB, Basel ÖB (Signatur: FM^{1} IX 14 Nr. 1; unvollständiges, von uns in zweiter Linie benutztes Ex.), Berlin SB, Braunschweig PSem, Darmstadt LHB, Dillingen StudB, Esslingen StArch, Halle ULB, Hannover LB, Jena ULB (4 Ex.[2]), Linz OÖLA, London BL, Marburg/L. UB, München SB, St. Petersburg NB, Stuttgart OKR, Ulm StB, Wien NB, Wien UB, Wittenberg Lutherh, Wolfenbüttel HAB (Signatur: 355 Theol. 8°; von uns in erster Linie benutztes Ex.), Zürich ZB (2 Ex.).

1. s. oben S. 249.
2. *Stupperich*, Bibliographie, S. 59 führt unter Nr. 80a ein in der ULB Jena aufbewahrtes Ex. als Variante auf. Es sind aber alle vier Ex. der ULB Jena mit VD 16 B 8940 exakt identisch.

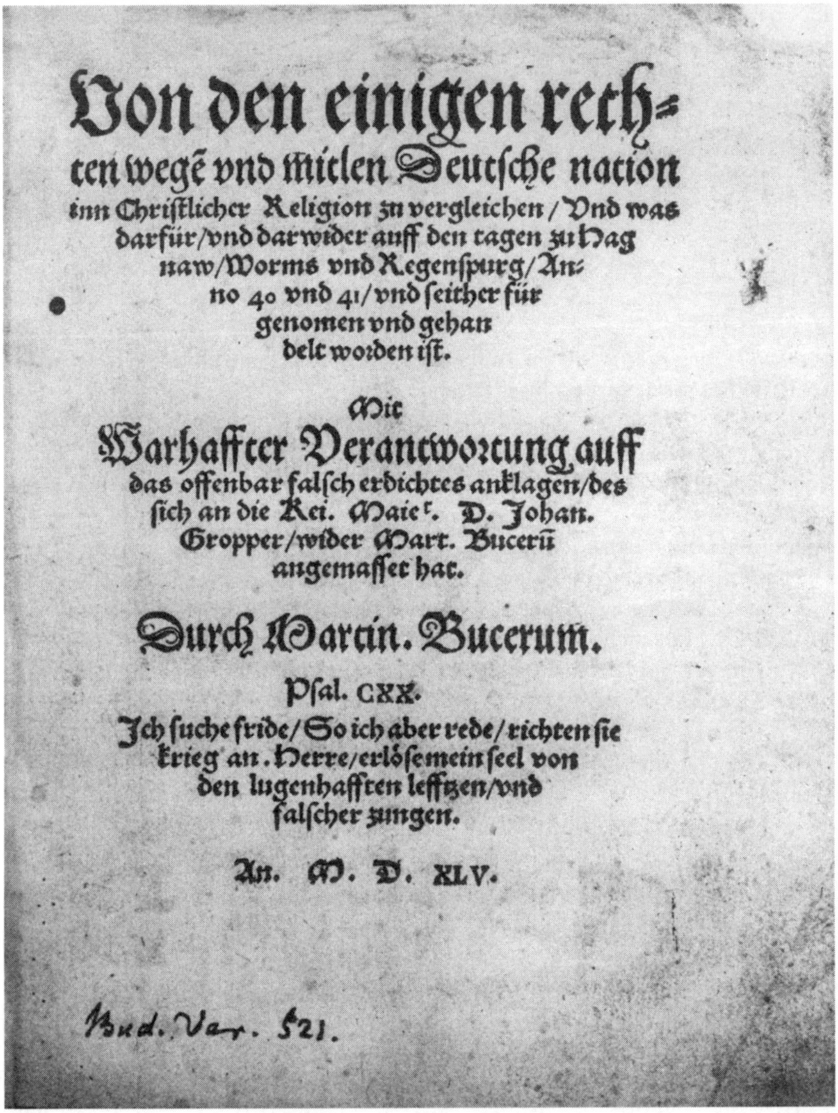

Von den einigen rech-
ten wegẽ vnd mitlen Deutsche nation
inn Christlicher Religion zu vergleichen / Vnd was
darfür / vnd darwider auff den tagen zu Hag
naw / Worms vnd Regenspurg / An-
no 40 vnd 41 / vnd seither für
genomen vnd gehan
delt worden ist.

Mit
Warhaffter Verantwortung auff
das offenbar falsch erdichtes anklagen / des
sich an die Kei. Maie t. D. Johan.
Gropper / wider Mart. Bucerũ
angemasset hat.

Durch Martin. Bucerum.

Psal. CXX.
Ich suche fride / So ich aber rede / richten sie
krieg an. Herre / erlöse mein seel von
den lugenhafften leffzen / vnd
falscher zungen.

An. M. D. XLV.

Martin Bucer: Von den einigen rechten wegen vnd mitlen Deutsche nation inn Christlicher Religion zu vergleichen. Straßburg 1545

| *1/Aja* | Von den einigen rechten wegen vnd mitlen, Deutsche nation inn Christlicher Religion zu vergleichen[1], Vnd was darfür vnd darwider auff den tagen zu Hagnaw[2], Worms[3] vnd Regenspurg[4] Anno 40 vnd 41 vnd seither für genomen vnd gehandelt worden ist.

Mit Warhaffter Verantwortung[5] auff das offenbar falsch erdichtes anklagen, des sich an die Kei. Maiet.[6] D. Johan. Gropper[7] wider Mart. Bucerum angemasset hat.

Durch Martin. Bucerum

1. in Einklang zu bringen, zur Übereinstimmung zu bringen.
2. Religionsgespräch in Hagenau. Es dauerte vom 25. Mai bis Anfang August 1540. Zunächst fanden sich die Altgläubigen zusammen, unter ihnen auch Johannes Gropper (s. unten S. 253, Anm. 7). Die Evangelischen, unter ihnen auch Bucer, nahmen vom 6. Juni an daran teil. Geleitet wurde dieses vorbereitende, weitgehend ergebnislos gebliebene Gespräch von König Ferdinand von Österreich. *Bizer*, Reformationsgeschichte, S. K 118 f.; *Greschat*, Martin Bucer, S. 182–184; *Neuser*, Die Vorbereitung, S. 15–19; *Remy*, Die Reichsreligionsgespräche.
3. Religionsgespräch in Worms. Es dauerte vom 25. November 1540 bis zum 18. Januar 1541. An ihm nahmen als Vertreter des Kaisers der Kanzler Nicolas Perrenot de Granvella (s. unten S. 314, Anm. 6) und der kaiserliche Rat Gerhard Veltwyck (s. unten S. 289, Anm. 3) teil. Thomas Campeggi war als päpstlicher Legat zugegen. Beteiligt waren u. a. auch die Altgläubigen Johannes Eck (s. unten S. 281, Anm. 11) und Johannes Gropper (s. unten S. 253, Anm. 7) und von evangelischer Seite Bucer, Wolfgang Capito (s. unten S. 304, Anm. 5) und Philipp Melanchthon. Der wichtigste Verhandlungsgegenstand war die Rechtfertigungslehre. Es wurde in dieser Frage eine weitgehende Einigung erzielt. Am 31. Dezember kam ein Vergleichsentwurf zustande. *Bizer*, Reformationsgeschichte, S. K 119–121; TRE 28, S. 658 f.; *Remy*, Die Reichsreligionsgespräche. Über Bucers Beteiligung an diesem Religionsgespräch vgl. *Augustijn*, Die Religionsgespräche, S. 45–48; *Greschat*, Martin Bucer, S. 184–187; *Neuser*, Die Vorbereitung, S. 41–56; BDS 9,1, S. 323–330.
4. Reichstag von Regensburg. Er dauerte vom 5. April bis zum 29. Juli 1541. Dieses Religionsgespräch wurde von Kaiser Karl V. einberufen und geleitet. Die Verhandlungen begannen am 27. April; an ihnen nahmen, vom Kaiser ernannt, Julius Pflug, Johannes Eck (s. unten S. 281, Anm. 11), Johannes Gropper (s. unten S. 253, Anm. 7), Philipp Melanchthon, Bucer und Johannes Pistorius (1503–1583) teil. Die Einigung in der Rechtfertigungslehre kam nicht zustande. Im Reichstagsabschied vom 29. Juli wurde der Abschied von Augsburg (1530) bestätigt, und es wurden ein Generalkonzil und ein neuer Reichstag in Aussicht genommen. *Bizer*, Reformationsgeschichte, S. K 121–125; TRE 28, S. 464 und 659 f.; *Remy*, Die Reichsreligionsgespräche; *Greschat*, Martin Bucer, S. 188–192.
5. Rechtfertigung, Verteidigung.
6. Kaiserliche Majestät.
7. Johannes Gropper (1503–1559), Jurist, Theologe und Kirchenpolitiker. Er befand sich von 1526 an im Dienste des Kölner Erzbischofs Hermann von Wied und strebte innerkatholische Reformen an. Er hatte maßgebenden Anteil an mehreren Konzilien. Um 1542 entwikkelte er sich wegen der reformatorischen Bestrebungen zum vehementen Gegenspieler des Erzbischofs und trug zur Verhinderung der Kölner Reformation bei. RGG^3 2, Sp. 1883 f.; LThK^2 4, Sp. 1241 f.; *Lipgens*, Kardinal Johannes Gropper; *van Gulik*, Johannes Gropper; *Beckmann*, Johann Gropper; *Varrentrapp*, Hermann von Wied (passim); *Ennen*, Geschichte der Stadt Köln IV (passim); *Braunisch*, Die Theologie der Rechtfertigung; *Braunisch*, Johannes Gropper; *Greschat*, Martin Bucer, S. 184–188, 194–196, 202, 205.

Psal. CXX[1]

Jch suche fride. So ich aber rede, richten sie krieg an. Herre, erloͤse mein seel von den lugenhafftten lefftzen[2] vnd falscher zungen.

An. M. D. XLV. | *3/Aija* |

Aller Durchleuchtigister, Großmechtigister, Gnedigister Keyser vnd alle lieben, fromen Christen! Die gnad vnsers Herren Jesu Christi vnd sein h. Geist mehre sich E. K. Mai.[3] vnd euch, den friden Jerusalem[4] der waren Gemeinden Christi hertzlich zů sůchen, seliglich zůfinden vnd ewiglich zů erhalten. Amen.

ES hat gegen E. Kei. Mai. vnd meniglich[5] D. Johan Gropper, ein beruͤmpter Schůlherre oder meister[6] zů S. Gereon[7] vnd sunst vilfeltiger Canonic, Prelat[8] vnd Pastor zů Coͤllen vnnd anderswo, mich auffs grewlichist vnd aber gentzlich mit der vnwarheit vnd falschem, erdichtem anklagen verklagt, als ob ich mich gegen jm vnd etlichen anderen im handel[9] Christlicher vergleichung[10] der Religion zů Hagnaw, Worms, Regenspurg vnnd hernacher im Stifft Coͤllen solte nit Christlich noch redlich, sonder einer gotlosen onbestendigkeit, falschs vnd betrugs gehalten vnd bewisen[11] haben. Darauff gepürt mir, zů retten die Ehre vnsers Herren Jesu Christi vnd warheit seines heiligen Euangelj, mein warhaffte, begründte antwort vnd entschuldigung[12] zů geben vnd dar zuthůn.

Damit aber ich nit etwann lieben Christen mit dem, so vnsere person, Groppers vnnd mein, besonders belanget, one besserung[13] die zeit benemme[14] vnd sie beonlustige[15], Auch damit desto gründtlicher verstanden werde, was an disem werck Christlicher vergleichung in vorigen handlungen[16] forderlich oder hinderlich gewesen, Was auch durch Gropper oder mich wol oder vbel

1. Ps 120,7.2.
2. Lippen.
3. Eurer Kaiserlichen Majestät.
4. Vgl. Ps 122,6–8.
5. jedermann.
6. Magister.
7. Stiftskirche St. Gereon in Köln. Dem Range nach war St. Gereon die zweite Kirche der Stadt und des Bistums. Vgl. dazu *Nattermann*, Die Goldenen Heiligen.
8. geistlicher Würdenträger, Vorgesetzter.
9. Verhandlung. *Grimm* 10 (=IV,2), Sp. 370f.
10. Ausgleichs, Verabredung, Übereinkunft, Übereinstimmung.
11. betätigt.
12. Excusatio, Rechtfertigung.
13. Entschädigung.
14. wegnehme.
15. Überdruß, Ärger errege. *Grimm* 24 (=XI,3), Sp. 1145–1155 (v. a. Sp. 1155).
16. Verhandlungen.

doran bis her gedienet seie, will ich, vordem ich D. Grop- | *4/Aijb* | pers erdichtes, falsches anklagen ablehne, ein kurtze erinnerung fürbringen, durch was wege vnd mittel wir die ware vergleichung Christlicher religion erlangen vnd bekommen můssen, Auch durch was mittel vnd wege der alte feind vnd zerstörer aller einigkeit solche selige vergleichung pflege ab zůwenden vnd zu verhinderen, Welche Erinnerung ich so vil lieber wil meiner warhafften verantwortung gegen des Gröppers falschem belegen[1] vnnd schmützen[2] vorsetzen, weil der liebe Gott noch immer etliche gůthertzige Fürsten vnd Herren erwecket, die nach solichen wegen vnd mitlen eyferen vnd sich bearbeiten[3], durch die die Kirchen Christi in deutscher nation ordenlicher vnd fridlicher weise in Christlicher Religion möchten vereiniget vnd gebessert werden.

Jn diser Erinnerung wil ich alda mit anzeigen, was in den vorgeůbten handlungen zů Hagnaw, Worms, Regenspurg[4], fernig[5] zů Speir[6], dis jars wider zů Worms vnd sunst an gotseliger vergleichung der Religion gefürdert vnd gehindert habe.

Dem nach wil ich dann aus Gottes gnaden clar vnd gewißlich darthůn, das ich zů disem werck Gottes alle mal auffs trewlichst zů dienen begert habe vnd noch, Auch in dem weder dem Groppero noch anderen grösseren oder kleineren leuthen, dann er seie, etwas anders je bekennet, zugesagt oder vertröstet, dann ich im Stifft Cöllen vnd sunst mit Gottes hilff allemal ins werck gern gericht vnd gebracht hette.

Was das Erste vnd gewaltigste mittel, Christliche vergleichung in der Religion zů erlangen, seie. | *5/Aiija* |

SO vil dann den Ersten theil diser schrifften belanget, von den wegen vnd mitlen beide[7] die ware vnd gotselige vergleichung vnd besserung der Religion in vnseren Deutschen vnd anderen kirchen zů erlangen vnd auch die zů verhinderen vnd auff zuhalten, Wölle der liebe Gott geben, das wirs ein mal so wol bedencken vnd recht würcklich[8] erkennen vnnd fůlen, als[9] gemeinklich vnd gleichhellig[10] wirs mit dem mund alle bekennen, das das Erste vnd kreff-

1. Beweisen, Beschuldigen. Frühneuhochdt. WB 3, Sp. 1199.
2. Schmähen.
3. sich etwas zu erreichen bemühen, auf etwas hinarbeiten. Frühneuhochdt. WB 3, S. 331 f.
4. s. oben S. 253, Anm. 2–4.
5. voriges Jahr.
6. Reichstag von Speyer. Er dauerte vom 20. Februar bis zum 10. Juni 1544. Kaiser Karl V. erhielt die von ihm verlangte Hilfe gegen die Türken und die Franzosen. Die Religionsfragen wurden auf einen dafür vorgesehenen Reichstag im darauffolgenden Herbst oder Winter vertagt. *Bizer*, Reformationsgeschichte, S. K 133–135; TRE 28, S. 465.
7. beide … vnd: sowohl … als auch.
8. wirksam.
9. wie.
10. einhellig.

tigste mittel, christliche vergleichung[1] vnd besserung inn vnsern kirchen inn Deutscher nation zů erlangen, ist Ein gantz hertzlich, wargleubig vnd beharrend gebet zu Gott, vnserm himlischen vatter, durch vnseren einigen mitler vnd Heiland Jesum Christum, Welchem gebett notwendiglich anhanget ein gentzliche bekerung in allen gůten willen vnd selige gebot Gottes. Vnd das dis die aller gefehrlichste vnd verderblichste verhindernüs vnd aufhaltung[2] ist war[3] Christlicher vergleichung vnd einigkeit, das man die nit vor allem allein vnd gentzlich bey Gott, vnserm himlischen Vatter, durch vnsern Herren Jesum Christum suchet durch ein selig, recht gleubig, einbrünstig vnd beharrend gebet, mit hertzlicher vnd gentzlicher bekerung vnd begebung in alle gehorsame Gottes Vnd also auch mit gentzlichem abstand von sünden vnnd aller ongehorsame Gottes, von allem fleischlichen vnd weltlichen gesůch[4] zeitlicher ehren, nutzes vnd wollusts wider Got, Sonder vnderstaht[5] immer, vergleichung vnd friden in der Religion zů machen aus eigner fleischlicher klůgheit vnd nit allein mit verharren in wissendem[6], bekantlichen onrechten, sonder auch mit solchen wegen vnnd mitlen, dadurch man vnderstaht[7], freiheit vnd macht zů | *6/Aiijb* | enthalten[8], immer in solchem onrechten zu verharren.

Dis bekennen wir zwar mit dem mund alle, befindens auch in der that also, das dises, das man sich nit zů allen theilen, von gantzem hertzen zu Gott, vnserem Herren vnd Vatter, keret vnd jn vmb seinen h. Geist, den Geist alles rechten verstands vnd einigkeit, bittet vnd anrůffet durch vnseren Herren Jesum Christum, die hӧchste Vrsach ist, das wir nun so lang inn also geferlichem vnd verderblichem zwyspalt vnd trennung Christlicher Religion stekken vnnd, vns daraus zu wicklen vnd wider zu gleichem verstand vnd willen der selbigen zu bringen, so gar keinen raht noch wege nůn inn die xxv. jare finden kӧnden, Sonder den ontreglichen[9] zorn Gottes wider die gantze Deütsche nation imer grewlicher anreitzen vnd selb alles zů gewissem vnd ewigem vndergang vnd verderben richten vnd das wir vns von disem verderben in keinen anderen wege retten vnd wider zu warer einigkeit christlicher religion mӧgen komen, dann so wir vns zu allen theilen zů Gott, vnserem vatter, inn Christo Jesu von gantzem hertzen keren vnd bey jm one vnderlaß anklopffen[10], sůchen vnd bitten, das er vns aus gegenwertiger gefårlichster trennung vnd spaltung zů gleichem verstand[11] vnd gehorsam seines worts wӧlle verhelffen.

1. Übereinkunft, Übereinstimmung.
2. Behinderung. Frühneuhochdt. WB 2, Sp. 463.
3. wahrer.
4. Anstrengung, Bestreben.
5. wagt.
6. bewußtem.
7. wagt, sich anschickt.
8. erhalten.
9. unerträglichen.
10. Vgl. Mt 7,7–8.
11. gleichem verstand: einheitlichem Verständnis.

Aber wiewol man dis zů allen theilen[1] also bekennet, so sind doch deren allzu wenig, die sich darumb von den wissentlichen[2] lastern abziehen[3] vnd sich jrgent[4] mit liessen vernemen, als wolten sie sich zů Gott, vnserem himmlischen Vatter, widerkeren vnd seine gnade mit rechtem ernst suchen. Aller geitz, betrug vnd falsch, aller pracht, stoltz, můtwillen vnd onzucht wechset | *7/Aiija* | noch leider bei allen stenden vnd bei allen so grewlichen geißlen Gottes, mit denen er vns schlegt, vnd bei dem so erschroͤcklichen traͤwen[5] der eussersten[6] plagen Gottes, der hingebung in die hend vnser ergisten feinden.

Es wille sich leyder kein Koͤnig von Niniue[7] herfür thůn, der von seinem stůl ab steigen, allen pracht von sich legen vnd sich mit allem seinem volck zů eim war ernsten fasten, betten vnd flehen mit gentzlicher bekerung von allem argen in die gehorsame Gottes wolte demuͤtigen vnd begeben[8]; Kein Hiskiah[9], der den abfal vom Gott der vaͤtter vnd alles volcks vnd alle jre sünden recht erkennte vnd vor Gott beichtete, die Priester vnd Leuiten zů jrem ampt vnd dienst wider einsetzete vnd anhielte vnd also alles volck wider inn den Bund vnd gehorsam des Herren brechte[10]; Kein Josias[11], der nach gefundenem vnd vorgelesenem bůch Goͤttlichs gesatzs seine kleider zerrisse, die gnad Gottes mit ernst sůchete, allem volck das gesatzbůch liesse vorlesen vnd es inn Bund des Herren wider fürte[12]; Kein Priester Esdras[13], kein Fürst Nehemias[14], der sampt allen Fürsten, Priesteren vnd dem volck gnad vnd hilff bei Gott mit fasten weinen vnd betten sůchete, das der Tempel vnd statt Gottes wider erbawen vnd der bund des Herrn vnd warer Gottesdienst wider wirde auffgerichtet vnnd bestetiget[15].

Darumb bleibet es alles so jaͤmerlich zerstoͤret vnd felt noch jmer schwerlicher dahin wie inn der Religion vnd Gottes dienst also auch in der eusseren[16] Policey[17] vnd wesen, vnd erwarten warlich, das vns der Herre des nechsten

1. auf allen Seiten.
2. offenkundigen, bekannten. *Grimm* 30 (=XIV,2), Sp. 802–805.
3. sich abwenden, sich lossagen. Frühneuhochdt. WB 1, Sp. 513 f.
4. jemals.
5. Drohen.
6. letzten, höchsten.
7. Vgl. Jon 3,6–9. Die Stadt Ninive, am oberen Tigris gelegen, kam im 14. Jahrhundert v. Chr. an Assyrien und wurde bald Reichshauptstadt. Seit König Sinacherib (7. Jahrhundert) war Ninive eine prächtige, ständige Residenz. LThK² 7, Sp. 1008.
8. Jon 3,6–10.
9. König von Juda 719–691. Vgl. II Reg 18–20, bes. 19,15–19.
10. II Reg 18.
11. König von Juda 638–608.
12. II Reg 22–23.
13. Esr 9,3–15.
14. Vgl. Neh 1,4–11; Neh 5.
15. Neh 1–13.
16. weltlichen.
17. Staatsordnung, Regiment. Deutsches Rechtswörterbuch 10, Sp. 1110–1116.

tags gentzlich hinwerffe[1] von seinem angesicht vnd verkauffe vns one gelt vnseren ergisten fein | *8/Aiiijb* | den in die aller herbiste, schandtlichste vnnd verdamlichste dienstbarkeyt.

Derhalben warlich die hoͤchste vnd eusseriste not vor augen ist, das alle, die solichs nun in der warheyt erkennen, sich auch mit hoͤchstem ernst zů recht Christlichem fasten, betten vnnd flehen begeben vnnd inn dem anhalten vnd betten auffs aller trewlichest vnd trünglichest[2] für alle vnsere Heüpter vnd welche Got gesetzet hat, das sie anderen zů der erkandtnüs vnd gehorsame seines gesetzes sollen vorgehn vnd beholffen[3] sein, das auch sie solche letste not vnd gefahr christlichs volcks wolten, wie sie mit worten dauon offt reden, also auch würcklich zů hertzen fuͤren, auff das sie ein mal nach den eingefuͤrten exempeln der gotseligen Koͤnigen vnd Fürsten sich zů Got vnd Christo, vnserm Herren, dem Herren aller Herren vnd Koͤnig allen Koͤnigen, keren vnd ergeben vnd dan auch mit rechtgleubigem vnd anhaltendem gebet betten, das er, vnser Got vnd vatter, der es allein thun kan, wolte vns armen jrrigen schaͤfflin selb von allerley zestrewung, beide[4] fleischlichs gesuchs, weltlicher ehren, nutzes vnd wolusts vnnd auch geistlicher falscher klugheit vnd verwehnung[5] zů dem selbigen, seinem lieben Son, vnserm ertz[6] vnd einigen[7] gůten Hirten[8], alle ziehen vnd treiben vnd jm, vnserem haupt, als seine ware glieder alle recht vereinigen, jm einleiben vnd durch jhn regen, bewegen vnd brauchen zů seinem preis vnd besserung seines gantzen leibs.

Johan. 6[44.65.45] Es ist ja war, das vnser lieber Herre bezeuget hat: »Nieman mag[9] zů mir kommen, der Vatter, so mich gesandt hat, ziehe jn dann.« Jtem: »es mag niemand zu | *9/Bja* | mir kummen, es werde jm dann von meinem Vatter gegeben, vnd ein jeglicher, der es hoͤret vom Vatter vnd lernets, der kommet zů mir.«[10] Darumb hat auch der Herre selb den Vatter gebetten für seine Apostel vnd die durch das wort der Apostel geglaubt haben vnnd noch glauben sollen: »Heiliger Vatter, beware sie inn deinem namen, die du mir hast gegeben, auff das sie eins seyen, wie wir.«[11] Jtem: »Jch hab jnen dein wort gegeben, vnd die welt hasset sie, dann sie sind nit von der welt, wie dann auch ich nit von der welt bin. Jch bitt nit, das du sie von der welt nemest, sonder das du sie bewarest vor dem übel. Sie sind nit von der welt, gleich wie ich auch nit von der welt bin. Heilige sie in deiner warheit; dein wort ist die warheit.«[12] Jtem: »Jch bitte, das

Johann. 17 [11.14–23]

1. verwerfe.
2. eindringlichste.
3. behilflich.
4. beide … vnnd: sowohl … als auch.
5. Annahme.
6. ersten, obersten. *Kluge*, S. 233 f.
7. einzigen.
8. Vgl. Joh 10,12.
9. kann.
10. Joh 6,44.45.65.
11. Joh 17,11.
12. Joh 17,14–17.

sie alle eins seien, wie du, Vatter, in mir vnd ich in dir, auff das auch sie in vns eins seien, auff das die welt glaube, das du mich gesandt hast; vnd ich hab jn die herlicheit geben, die du mir hast gegeben, auff das sie eins seien, wie wir eins sind, Jch in jnen vnd du in mir, auff das sie volkomen eins seien vnd auff das die welt erkenne, das du mich gesandt hast.«[1]

Jnn disen worten des Herren vermercke, frommer Christ, erstlich, das der Herr clar vnd ernstlich zeüget, das die kinder Gottes anders nicht, dann durch den Vatter müssen zů jm vnd zů recht Christlicher einigkeyt inn jm gezogen vnd gebracht werden; Zum anderen, das er auch darumb will mit allem ernst gebetten sein, wie von seinem lieben Son, dem erstgebornen der kinder Gottes[2], also auch von allen anderen seinen kinderen, vnd das mit solchem hertzlichen, gentzlichen ergeben an seinen willen, wie sich vnser | *10/Bjb* | Herre Christus an den, bis in den tod begeben hat; Zum dritten, das solche, denen der Herre vmb dise selige einigkeit bittet, die allein sind, denen er sein wort gibt vnd die von der welt nit sind, sonder von der welt verhasset sind, das ist von allen denen leuten, die weltlichen nutz, pracht, ehr vnd wollust vnd nit das Reich Christi sůchen; Zum vierden, das auch dise einigkeit der kinder Gottes ein solche einigkeit muss sein, durch welche die gleübigen in jhm, dem Vatter vnd Son, eins sind vnnd darumb eins sind von allem hertzen sinn vnd willen, wie der Vatter vnd er, vnser Herre, eins sind[3] inn vnd zů allem dem, das dem Vatter vnd dem Sone wolgefellet, das heilig, warhafftig vnd recht ist[4], Welches wir dann erst erlangen, so der Herre selb inn vns ist, lebet vnd alles anrichtet vnd volbringet, wie der Vatter inn jm ist vnd in jm alles geredt vnd gethon hat, Welches gőtlich leben vnd thun auch also clar vnnd gewaltig durch allerlei gute gőttliche werck inn allen denen, inn welchen der Herre ist vnd lebet vnd die in jm eins sind, ausbrechen vnd sich herfür thun, das auch die welt sehen kőnde, das Gott seinen Son zů solchem gesandt hat vnd er inn jnen selb seie vnd würcke; Dann die ware kirch vnd Gemeinde Christi mit aller heiligkeit vnd gerechtigkeit also gezieret sein můss, das sie menigklich wol erkennen kőnde, Wie dann der h. Prophet Jesaia von jr zeüget: »Jch wil einen ewigen Bund mit jnen machen man soll jren samen kennen vnder den Heiden vnnd jre nachkomen vnder den vőlckeren das wer sie sehen wirt solle sie kennen das sie ein samen sind gesegnet vom Herren.«[5] | *11/Bija* | Esaie 59[21]

So dann nun am tag ligt vnd von niemand mag widersprochen werden, das auff erden nit leüt sind, inn welchen das leben Christj weniger vnd die werck des fleischs vnd sathans mehr vnd grewlicher erscheinen zů erschrockenlichster verkerung[6] der lehre der h. Sacramenten vnd alles kirchendiensts inn of-

1. Joh 17,18–23.
2. Vgl. Röm 8,29.
3. Vgl. Joh 10,30.
4. Vgl. Phil 4,8.
5. Jes 59,21.
6. Entstellung, Verdrehung, Verfälschung.

fentlicher Simoney[1], kirchenraub, allerley wuͤster onzucht vnd onrechtem, so schleusst sichs ja clar vnnd eigentlich[2], das man alle die, so rathen, das man die eynigkeit der kirchen bei disen leüten suchen vnd den entscheid vnd spruch jres Concilij nemen muͤsse, wie Gropper[3] vnd Latomus[4] thun vnd dero gleichen oder vom Papst allein, wie Pighius[5] vnd die Loͤuer[6] als die gewissen[7], ongezweifelten[8] feind aller war Christlichen einigkeit, fliehen vnd mit nichten hoͤren solle.

So gebe nun vnser getrewer, lieber Gott vnd Vatter vnseren Oberen vnd allen, so mit dem namen seines lieben Sons bezeichnet sind, dis gründtlich zů erkennen vnd stetigs mit allem ernst zůbetrachten, das ja niemand auff erden noch auch im himmel, dann allein er, vnser Got vnd Vatter, zeücht vnd bringet zů seinem lieben Son[9], in sein ware gemeinde, in die recht einigkeit vnnd gemeinschafft seiner kirchen, welche er wille, Vnd aber allein die er von diser welt vnd allem jrem gesuch[10] abzeücht[11], seinem lieben Son einleibet vnd denen er gibt, das der selbige, sein lieber Son, in jnen seie vnd lebe vnd sie in jm[12], Auch das vnser lieber Got vnd Vatter vmb dises, vnser heil vnd seligkeit, welche ja gentzlich staht inn diser einigkeit, wille auff das aller hertzlichist vnd one vnderlaß gebetten sein, Vnnd allein von denen, die die welt mit allem jrem pracht ver- | *12/Bijb* | lassen, jr fleisch mit seinen boͤsen lusten vnnd begirden creützigen vnd sich an Gott zů seiner gehorsame vnd lob von gantzem hert-
Psalm 86[10–12] zen ergeben vnd mit dem h. Dauid betten koͤnden: »Du bist gros, o Herre, vnd würckest wunder; du bist allein Gott. lehre mich deine wege, so wille ich

1. (unsauberer) Handel mit geistlichen Sachen, Kauf und Verkauf geistlicher Ämter und Pfründen.
2. genau.
3. s. oben, S. 253, Anm. 7.
4. Bartholomäus Latomus (um 1490–1570), katholischer Kontroverstheologe. Er nahm an den Religionsgesprächen von Hagenau (s. oben S. 253, Anm. 2) und Worms (s. oben S. 253, Anm. 3) teil und war von 1542 an Rat des Erzbischofs von Trier. Er trat von 1542 bis 1546 mit mehreren Schriften gegen Bucer auf, zum Beispiel mit der Schrift »Adversus Martinum Buccerum, de controversijs quibusdam ad religionem pertinentibus, altera plenaque defensio«, Köln: Melchior Novesianus, 1545. VD 16 L 620. Exemplare u. a. in Bonn ULB, München SB, München UB. *Latomus*, Zwei Streitschriften. Vgl. dazu *Schlüter*, Die Publizistik, S. 121–123 und 258; *Varrentrapp*, Hermann von Wied, S. 251; TRE 20, S. 495–499; LThK^2 6, Sp. 822.
5. Albert Pighius (um 1490–1542), katholischer Kontroverstheologe. Pighius (Pigge), der von 1531 wieder in den Niederlanden lebte, nahm an Religionsgesprächen teil und setzte sich mit zahlreichen Schriften für die Erhaltung des Katholizismus ein. LThK^2 8, Sp. 502. Über Bucers Auseinandersetzung mit Pighius vgl. *Greschat*, Martin Bucer, S. 204; *Varrentrapp*, Hermann von Wied, S. 133 und 176.
6. Theologen an der Löwener Universität.
7. sicheren.
8. unbezweifelten.
9. Act 2,47.
10. Versuchung. Vgl. *Grimm* 5 (=IV,1,2), Sp. 4277 f.
11. trennt, löst.
12. I Joh 3,24; I Joh 4,16.

wandlen in deiner warheit. Mach einig mein hertz, das es dich foͤrchte. So wil ich dich preisen, o mein Herre vnd mein Gott, in allem meinem hertzen vnd will deinen nammen gros machen inn ewigkeit.«[1] So vil von dem Ersten mittel vnd wege, christliche einigkeit zů erlangen.

Das ander mittel, zů Christlicher vergleichung[2] vnd einigkeit im Herren zů kommen, ist das gotsferchtig vnd hertzlichs ersuchen der lehre vnd des willens vnsers Gottes vnd Heylands aus seiner goͤtlichen Schrifft. Dann lestere Pighius[3], Latomus[4] vnd aller paͤpstlicher hauffe von[5] kurtze vnd onuolkomenheit oder auch ongewisse vnd onuerstendlicheit der h. Schrifft, was jnen der feind der warheit eingibt, Vnd rhuͤme auch Gropper von dem algemeinen verstand der Christlichen kirchen, dem nach man die h. Schrifft solle verstohn vnd auslegen des gleichen von den alten Traditionen, auch gewalt der kirchen, der Concilien, der Bischouen, inn auslegung der Schrifft, in anrichtung[6] der ceremonien vnd enderung der eusserlichen[7] weisen, inn goͤttlicher Schrifft dargegeben, was auch jm[8] der Geist des widerchrists dauon müge eingeben, so wirt dennoch das noch bei allen gleubigen leicht zů erkennen sein, das der h. Geiste vns kein onwarheit inn seiner h. Schrifft fürgeben hat vnd das gewislich můss war sein alles, das der h. Geist von seiner h. Schrifft gezeuget hatt. Nun | *13/Büja* | hat der h. Geist von seiner schrifft dise zeugnüs gegeben: »Bleibe du in dem, das du gelernet hast vnd dir vertrawet ist, weil du weist, von wem du gelernet hast, vnd das du die h. Schrifft von kindheit vff weysst, welche dich weise machen mag zum heyl durch den glauben in Christo Jesu. Alle schrifft ist von Gott eingegeben vnd nutz zur lere (des, das war vnd gůt ist), zur widerlegung (des falschen vnd boͤsen), zur vnderrichtung vnd reformation i.[9] ἐπανόρθωσιν (des, das vnrichtig vnnd krum worden ist), zur vnderweisung vnd anfuͤrung (der einfeltigen vnd onwissenden) in der gerechtigkeit, das der mensch Gottes gantz seie zů allen gůten wercken aus bereittet vnd geschickt gemacht.« Dis ist die zeügnüs des h. Geists von seiner h. Schrifft.

Ander mittel

ij. Timo. 3[14–17]

Zeugnus von goͤtlicher schrifft

Jst die nun war, als sie ewiglich war ist vnd war bleiben můss, so můss ja das ein gantz grewliche lesterung sein des h. Geists vnd seiner h. Schrifften, fürgeben[10] vnd schreiben, wie nun auch D. Latomus hat thůn doͤrffen, der h. Geist habe vns in seiner h. Schrifft nit alles, das vns zuwissen zum heyl von noͤten seie, gnugsam vnd verstendtlich dar gegeben, sonder es seie vns dessen auch ettwas fürbracht vnd muͤsse vns noch fürbracht werden durch die Paͤpst vnd

1. Ps 86,10–12.
2. Übereinstimmung.
3. Albert Pighius (s. oben S. 260, Anm. 5).
4. Bartholomäus Latomus (s. oben S. 260, Anm. 4).
5. über die.
6. Gestaltung, Ausführung.
7. weltlichen, fremden, eigenartigen. Frühneuhochdt. WB 2, Sp. 1373 f.
8. ihm, sc. Gropper.
9. id est.
10. Darlegung, Behauptung.

Die h. schrifft leeret alles gůtes.

Concilien, vnd die muͤssen vns auch erkleren, was die h. Schrifft dunckel vnd vnuerstendig fürgibt[1]. Dann dis fürgeben dem je[2] gentzlich widerspricht, das der h. Geist von seiner h. schrifft gezeuget hat, das sie koͤnde zum heyl weise machen vnd das sie nutz seie, die leere Gottes also clare vnd reihlich[3] zů lehren vnnd, was deren entgegen, also krefftiglich zů widerlegen, auch also volkommen wider recht an zů richten vnd zů besseren, was gekrümmet vnd verderbet ist, auch zů der gerech- | *14/Biijb* | tigkeit also fuͤglich vnd wol zů vnderweisen vnd anzůfuͤren, das der mensch Gottes gantz vnd volkommen seie gerüstet, ausbereit vnd geschickt gemacht zů allen guten wercken.

Dann solle die heilige, goͤttliche Schrifft dis lob moͤgen haben, das sie zum heil weise mache vnd alles gůts dermassen lehre vnd dar zů anfuͤre[4] vnd vor allem boͤsen so verwarne vnd daruon nemme, das der mensch Gottes inn der gerechtigkeit keinen mangel habe vnd seie geschickt zů allen gůten wercken[5], so můss sie je alle gůte werck vnnd alle gerechtigkeit Gottes also gantz, volkommen vnd reihlich, auch so gewiss, eigentlich[6], klar vnd verstendlich lehren vnd dargeben, das alle menschen vnd kinder Gottes, die dan auch allein den willen Gottes zů erkennen begeren vnd vmb den h. Geist, den einigen, waren ausleger seiner h. Schrifft, mit ernst betten, aus diser h. Schrifft allein on einige weitere lehre oder auslegung der alten oder newen lehrer oder Concilien alles, das jnen zur gerechtigkeit vnd seligkeit immer mehr[7] nit allein not, sonder auch inn einigen weg kan dienstlich sein, erlernen, begreiffen vnnd ins werck bei sich bringen moͤgen. Dann one das weren sie nit weise gemacht zum heyl, noch in der gerechtigkeit gantz vnd volkomen aus der h. schrifft, sonder durch die ausleger vnd ergentzer der goͤtlichen schrifften, die vaͤtter vnd Concilien.

Dise erweisung loͤse D. Latomus auff; kan er. Er hat sie aber inn seinem bůch, wie vilfeltig vnnd tringlich ich sie jm inn meinem[8] hab fürgeworffen, wol onangeregt[9] gelassen Vnd treibet aber die weil zů vil onbesonnen seinen

1. *Bartholomäus Latomus*, »Adversus Martinum Buccerum … defensio« (s. oben S. 260, Anm. 4), Bl. V ijb – Mm iiija. *Latomus*, Zwei Streitschriften, S. 101–160.
2. jedenfalls.
3. reichlich, umfassend.
4. anleite.
5. Vgl. II Tim 3,17.
6. genau, sicher, zutreffend.
7. jemals.
8. Bucer meint hier wohl die von ihm herausgegebene Schrift »Scripta duo adversaria D. Bartholomaei Latomi LL. Doctoris, et Martini Buceri Theologi …«, Straßburg: Wendel Rihel, 1544, Bl. A5a – A5b und D3a – Kk3b. VD 16 B 8925. Exemplare u.a. in Augsburg SStB, Göttingen SUB, Jena ULB, Leipzig UB (2 Ex.), Straßburg BMun, Zürich ZB. Vielleicht meint er auch seinen von Latomus in dessen Streitschrift »Adversus Martinum Buccerum … defensio« (s. oben S. 260, Anm. 4), Bl. Diija – D iijb abgedruckten Brief vom 22. August 1543. *Latomus*, Zwei Streitschriften, S. 22; *Schlüter*, Die Publizistik, S. 121 f., 168 und 258.
9. unberührt, unerwähnt.

Latomj fehlrechnung

Paralogismum[1], ein zůmal[2] schimpfliche fehlrechnung, dise nemlich: Es heben[3] sich jewelts vil | *15/Biija* | leüt – vnd auch gelerte leüt – in auslegung viler oͤrter der Schrifft zertragen[4] vnd die nit gleich[5] verstanden; darumb so hebe[6] die h. Schrifft nit alles, das eim jeden zů seinem heil zůwissen von noͤten seie, volkomen vnd klar gnůg dargegeben[7]. Ein solche fehlrechnung würde aber Latomus gegen seinen schrifften nit lassen gůt sein.

Er hat ein bůch ausgeben wider das wir aus Gots wort leren Von dem gantzen ausspenden vnd niessen des h. Sacraments des leibs vnd blůts vnsers Herren Jesu Christi, Wider das anbetten vnnd anrüffen der hingescheidnen heiligen, Wider die teüfflisch lehre im verbott der Ehe Vnnd von der kirchen, jrem gewalt vnd vrtheil. Dis sein bůch gefellet jm selbs so wol, das er einem gůten freünd geschriben[8], wann jm dasselbige sein bůch nit gnůg thuͤe vnnd jn dahin bewege, das er jm recht vnd vns onrecht gebe, so wisse er nit, wie jm zů helffen seie. Nun seind sonder zweifel auch vnder denen vil, die sich seins Bůchs hoch rhuͤmen vnd getroͤsten, die sich zum verstandt seines Bůchs gar vil gelerter vnd verstendiger achten, dann sich zum verstandt der h. Schrifft gelert vnnd verstendig geachtet haben, die waren ausleger der selbigen von alten oder von newen lehrern, die es aber doch an vilen orten nit recht noch gleich verstohn. Wo nun weren, die daraus schliessen wolten, Latomi bůch vnd schreiben wider vns[9] were darumb nit gnugsam noch verstendig geschriben – autor esset imminutus et obscurus –, da wirde Latomus nein zusagen vnnd die selbigen, wiewol seine gesellen, ehr[10] grob esel vnnd bachanten[11] schelten, die das von jm gantz vnd liecht dargethon, von wegen jres onwissens nit verstehn koͤnden, dann das er vmb jres onuerstands [a]willen wolte sein bůch als nit genůgsam oder dunckel verachtet haben. Also: das das h. Euangeli nit allein verdecket, | *16/Biijb* | dunckel vnd schwer, ja onmüglich zů verstehn ist denen, die verderben woͤllen, ja das auch vil von kindern Gottes vnd gleich[12] heiligen vnnd gelerten leüten aus onwissen der sprachen vnd mangel der historien von

a) willen … verdecket: Textergänzung aus dem Druckfehlerverzeichnis übernommen (s. unten S. 349,10–12).

1. auf einem Denkfehler beruhenden Fehlschluß.
2. besonders.
3. hätten.
4. entzweit.
5. einheitlich.
6. habe.
7. *Bartholomäus Latomus*, »Adversus Martinum Buccerum … defensio« (s. oben S. 260, Anm. 4), Bl. X iiijb. *Latomus*, Zwei Streitschriften, S. 107,1–5.
8. Um wen es sich hier handelt, läßt sich nicht feststellen.
9. *Bartholomäus Latomus*, »Adversus Martinum Buccerum … defensio« (s. oben S. 260, Anm. 4).
10. eher.
11. Betrunkene; vom Weingott Dionysos in Ekstase versetzte Männer.
12. selbst.

Waher aller ongleicher Verstand der h. Schrifften

denen dingen, dauon die Schrifft meldet, ja auch aus jres fleisches bloͤdigkeit[1] vnd fehl schwerlich[2] oder auch ongleich[3] verstehn, das bringt drumb[4] nit, das die h. Schrifft an ettwas mangel habe, es seie an lehre der gottseligkeit oder an liechtem[5], richtigen vnd gewissen dargeben der selbigen. Es bleibt dennoch war, das das Gesatz des Herren gantz ist vnd die sele erquicket[6] vnnd recht anrichtet[7], Die zeugnüs des Herren gewiss ist vnd macht die alberen[8] weise, Die befelch des Herren richtig sind vnd erfrewen das hertz, Die gebott des Herren lauter sind vnd erleuchten die augen.

Aber der Paͤpstler hauff mage das liecht Goͤtlicher schrifften nit erleiden, darumb sůchen sie, was sie koͤnden, wie sie die leut daruon abziehen. Es werden aber alle kinder Gottes leicht die sachen also rechnen[9], weil der h. Geist allein der ist, der allen schreibern gibt, das sie recht gnůgsam vnd liecht[10] schreiben vnd lehren, das er in der h. Schrifft, in welcher er vns will zum ewigen heyl vnderweisen, nichts wirt vergessen noch wissentlich haben ausgelassen oder nit zum best verstendigsten denen nemlich, die es auch zůversten vnd zu thun recht begeren, dargegeben. Auch, so bald sie die h. Schrifft ansehen vnd lesen, finden sie es selb im werck, das alles so zur gotseligkeit immer[11] dienen mag, nierget reilicher[12], gewisser, liechter[13] vnd krefftiger beschriben ist, dann in dem bůch des lebens, inn der heiligen Bibel. Darumb singen sie mit dem h. Propheten Dauid: »Deine zeugnüssen sind | *17/Cja* | mein lust, vnd rahtsgeben seind mein gesang, mein taͤglichs dichten seind mir suͤsser dann honig meinem munde, sein ein liecht vnd leuchte meinen fuͤssen vnd meinem wege, der eingang deiner rede gibt liecht vnd verstandt den einfeltigen.«[14]

Der h. geist gibt allein, wol zůschreiben und zů leren.

Psal. 119[103–105]

War ists: vil ort der Schrifft seind, die man den worten noch[15] besser verstohn moͤchte[16], wa[17] man die Propheten oder Apostel, die sie geschriben oder die sie von den selbigen gehoͤrt, selbs hoͤrete. So hindert auch an vil orten der schrifft, wie gesagt, das man den sinn nit so gewiss vernemen kan mangel[18] der

1. Schwachheit.
2. kaum.
3. unterschiedlich.
4. besagt deswegen.
5. klarem.
6. Ps 19,8.
7. (zu etwas) anstiftet, unterrichtet. Frühneuhochdt. WB 1, Sp. 1374f.
8. Törichten, Närrischen. Frühneuhochdt. WB 1, Sp. 752f.
9. in Anschlag bringen, ansehen.
10. klar.
11. überhaupt.
12. reichlicher, üppiger.
13. klarer.
14. Vgl. Ps 119,103–105.
15. nach.
16. könnte.
17. wenn.
18. in Ermangelung.

sprachen vnd historien[1] von den geschichten, stetten[2], zeiten vnd anderen dingen, von welchen die Schrifft meldung thůt. Dann man kein bůch mehr hat der Biblischen sprachen, dann das einig[3] Bůch, die Bibel, So hat man auch kein Bůch, das die Biblischen sachen gewisslich beschriben hette, dann auch allein die Bibel vnd was Josephus[4] auß der Bibel genommen hat.

Wie aber dem [auch sei], so ist doch die lehre der gottseligkeit an so onzeligen orten der schrifften, die aller ding[5] gantz heiter[6] vnd verstendtlich seind, so gantz klar vnnd gewiss dargegeben, das die wol vnd gewisslich vernemen vnd verstohn moͤgen alle, die jr mit ernst nachfragen vnd vmb die gabe der waren außlegung mit ernst betten, das ist, die in der warheit begeren zůerkennen vnd zůthůn, was die Schrifft lehret, vnd dan auß disen klaren orten, die gewisses verstandts seind, koͤnden solche ware jünger des herren auch die duncklen vnd ongewissen ort zů besserung des glaubens verstohn, ob sie in dem gleich nit alle einerlei verstandt vnd außlegung haben, wie das der h. Augustinus[7] gar | *18/Cjb* | Christlich gelehret hat im andern bůch von Christlicher lehre.[8] Cap. 6 et 9

Gropper[9] erbricht[10] sich vil von dem allgemeinen verstandt der kirchen vnd on Schrifft dargegebnen traditionen vnd branget sehr mit dem, das die alten – Jreneus[11] vnd Tertullianus[12] – dauon geschriben haben.[13] Von den allen aber ist gar kein streit, Dann auch wir bekennen vnd lehren, das kein mensch, keine kirch, kein landt, ja nit die gantze welt die h. Schrifft nach jrem kopff außlegen vnd verstohn sollen, sonder allein wie die die Apostel vnd deren jünger vnd

Was gemeiner verstand der kirchen in h. schrifft

1. Berichte.
2. Orten.
3. einzige.
4. Flavius Josephus (37 – nach 93 n. Chr.), jüdischer Historiker. Bucer meint in erster Linie dessen »Antiquitates Judaicae«, eine Geschichte der Juden von Anbeginn (Adam) bis zum Jahre 66 n. Chr. TRE 17, S. 258–264.
5. in jeder Hinsicht.
6. klar.
7. Aurelius Augustinus (354–430), der größte lateinische Kirchenvater. RGG^{3} 1, Sp. 738–748; TRE 4, S. 646–698.
8. *Augustinus*, De doctrina christiana II,6 und 9. PL 34, Sp. 38 f. und 42.
9. *Johannes Gropper*, »An die Roͤmsche Keyserliche Maiestat, vnsern Allergnedigsten Herren Warhafftige Antwort vnd gegenberichtung, H. Johan. Groͤpper, Keyserlicher Rechten Doctor, Canonichen des Dhoms vnd Scholastern zu sanct Gereon zu Coͤllen, Vff Martini Buceri Freuenliche Clage vnd angeben wider jm D. Groͤpper, in eynem jüngst außgangen Trůck beschehenn«, Köln: Jasper von Gennep, 1545, Bl. ija. VD 16 G 3389. Exemplare u. a. in Augsburg SStB (2 Ex.), Augsburg UB, Köln UStB, Leipzig UB, London BL, München SB (2 Ex.), Paris BNF, Regensburg SB, Wolfenbüttel HAB. *Schlüter*, Die Publizistik, S. 125 f. und 212 f.; *Varrentrapp*, Hermann von Wied II, S. 28–48.
10. tut sich hervor, rühmt sich. *Grimm* 3, Sp. 736.
11. Irenäus von Lyon (gest. um 200). Bischof von Lyon, der wichtigste der altkatholischen Väter. TRE 16, S. 258–268; *Bautz* 2, Sp. 1315–1326.
12. Florens Quintus Septimius Tertullian (um 160–225 n. Chr.), christlicher Schriftsteller in Karthago. TRE 33, S. 93–107; Reclams Lexikon der Antike, S. 629; RGG^{3} 6, Sp. 700 f.
13. *Irenaeus*, Adversus haereses III,4. PG 7, Sp. 855–857. *Tertullian*, De praescriptionibus haereticorum. PL 2, Sp. 9–74.

die gantze allgemeine kirch, so weit die in alle welt vßgebreitet ist, von anfang verstanden hat. Wa[1] findet man aber disen verstandt gewiss vnd one fehl beschriben, dann allein in der h. schrifft selb? Wir haben ja kein solche allgemeine glose[2] vnd außlegung der Bibel, die von der Apostel jünger oder jeman anders beschriben were. Etlicher h. Vetter außlegung haben wir; die stimmen aber in jrem außlegen in onzelligen orten nit mit ein[3], ja in vilen orten auch nit mit jnen[4] selb, woͤllen auch darumb selb nit, das jren schrifften on weiter erforschung vnd bewerung[5] auß goͤttlicher Schrifft solle geglaubet werden. Dis besehe man in jrem Decret, die herrlichen sprüch aus dem heiligen Augustino[6].

Welches Apostolische kirchen. Irenaeus li 3. cap. 4

Es sagt ja Jreneus[7], Wann wir kein schrifft von den Apostolen hetten, so můsten wir dem volgen, das die dargegeben haben, welchen die Apostel die kirchen befolhen[8] haben. Wa findet man aber nunmehr solchs in schrifft oder in haltung? Er schreibt auch, wa ein frag entstoht – vnd gleich[9] von einem geringen ding –, so solle man zů den eltisten kirchen[10] lauffen, in welchen | *19/ Cija* | die Apostel gelehret haben; das hat er aber zů der zeit geschriben, da solche Apostolische kirchen noch trewlich hielten, das[11] sie von den Apostelen empfangen hatten. Er meldet des orts vnder den Apostolischen kirchen auch Smyrnensem[12] vnnd Ephesinam[13]. Was findet man aber jetzunden[14] zů Epheso vnd Smyrna? Des Mahomets[15] Alcoran[16], nit das[17] sie S. Paulus vnd Polycarpus[18] gelehret haben. Also findet man auch lengest zů Rom nit mehr, das sie S. Peter gelehret, sonder was der widerchrist erdichtet hat zů merung[19] vnd erhoͤhung seiner Tyrannei vnd můtwillens.

Tertullianus lib. de praescriptionibus

Der h. Tertullianus[20] heisset auch, den rechten verstandt der h. schrifft bei

1. Wo.
2. erklärende Anmerkung, Auslegung.
3. überein.
4. sich.
5. Prüfung, Bestätigung.
6. Decretum Gratiani pars I, Dist. 11, c. 7–9 (*Friedberg* I, Sp. 25). Vgl. dazu *Johannes Gropper*, »Antwort und gegenberichtung« (s. oben S. 265, Anm. 9), Bl. iijb–iiija.
7. *Irenaeus*, Contra haereses III,4. PG 71, Sp. 855–857.
8. zur Fürsorge übergeben, anvertraut.
9. sei es auch.
10. hier: Gemeinden.
11. das [was].
12. Gemeinde von Smyrna (in Kleinasien).
13. Gemeinde von Ephesus (in Kleinasien).
14. jetzt, derzeit.
15. Mohammeds.
16. Koran.
17. das [was].
18. Polykarp von Smyrna († 155/156 oder 167), Bischof von Smyrna. Er schrieb einen Brief an die Philipper. TRE 27, S. 25–28.
19. Stärkung.
20. *Tertullian*, De praescriptionibus haereticorum XXXII. PL 2, Sp. 44f.; CChr.SL 1, S. 185–224.

den Apostolischen kirchen sůchen. Er lehret aber darbei, welches für Apostolische kirchen zůhalten seind, die nemlich, in denen der Apostel brieue, welche jre stimm lauten[1] vnd jr angesicht erzeigen, gelesen werden, nit die, die sich allein jrer stůl[2] rhůmen. Ja er schreibt, das dis die Apostolischen kirchen seien, die die zucht vnnd glauben der Apostel in warheit halten. Der erzelet[3] nun auch mit Rom etliche andere Apostolische kirchen als die zů Corintho, die zů Philippis, die zů Thessalonica, die zů Epheso. Wie nun, das man die lehr vnd traditionen der Apostelen solte mehr zů Rom, dann zů Corintho oder Epheso sůchen, so doch der Apostolischen zucht vnd glaubens zů Rom gleich so wenig mehr gefunden würt (bei denen nemlich, die allein von allem glauben der kirchen richten wöllen) als zů Thessalonic, Philippis, Epheso, da Türcken vnd Juden das best[4] haben?

Der h. Petrus vermeldet[5] sein selb vnd seiner mit | *20/Cijb* | Apostelen zeugnuß vnd tradition von der vetterlichen stimmen auß dem himmel, von Christo, vnserm Herren: »Das ist mein geliebter Son«, welche stimm er selb gehöret. Noch schreibet er auff solche vermeldung: »Wir haben noch ein gewissere prophetische rede, so jr auff die achten, als auff ein liecht in einem duncklen ort, biß der tag anbreche vnd der morgen stern auffgehe in eweren hertzen, so thůt jr wol. Vnnd das solt jr für das erst wissen, das kein weissagung in der schrifft geschicht aus eigner außlegung. Dann es ist noch nie keine weissagung aus menschlichem willen herfür bracht, sonder die heiligen menschen Gottes haben geredt, getriben von dem heiligen Geist.«

2. Pet. 1[17–21]
Die schriffte ist gewisser dann s. Peters tradition.

Sihe, frommer Christ, S. Peter selb weiset von seiner gantz gewissen tradition, die er selb gehöret vnd gesehen hat, auff die prophetische rede, auff die h. schrifft, vnd nennet die gewisser vnd vester, Nit an jr selb, dann sein vnd der propheten red war von einem h. geist dargegeben, aber von wegen sein, des dargebers. Dan die prophetische rede ware in der h. schrifft, die aller ding keinen fehl mage haben, dargegeben, seine rede aber war von jm fürbracht, der noch im fleisch lebet vnd deshalben auch noch fehlen könde. Also haben auch andere Apostel jre rede mit der h. schrifft bewerет[6], ja der Herre selb.

Darumb rhůmen die widerwertigen vom gemeinen verstandt vnd außlegen der kirchen oder auch traditionen der alten kirchen, was sie wöllen; so ist doch diß der allgemeinest verstandt der kirchen vnd die gewisseste tradition der Apostel, das die h. schrifft in aller erörterung Christlicher lehre allen anderen | *21/Ciija* | schrifften vnd lehren solle vorgesetzt vnd auch alle andere leeren vnd traditionen durch sie, die h. schrifft, gerichtet vnd bewert werden. Dis haben alle h. vetter ein helliglich bezeuget vnd sich des auch selb vest gehalten.

Ein allgemein vnd gewisse tradition, das man alle kirchen lehre vnd ordenung durch die h. schrifft beweren.

1. laut werden lassen.
2. sc. der Gründer ihrer Bistümer.
3. zählt auf.
4. die Hauptsache.
5. II Petr 1,17–21.
6. bekräftigt, bewahrheitet.

Derhalben das ander fürneme mittel, Christliche vergleichung[1] vnd einigkeit zůerlangen, ist vnnd sein můß, die h. schrifft vor allem mit gottseligem fleiß ersůchen, Vnd das ander gewisse mittel, solche einigkeit vnd vergleichung zůuerhindern, weisen von der h. schrifft auff die allgemeine außlegung der kirchen, die man doch nierget dann in der h. schrifft beschriben hat, oder auff die alten traditionen der Apostel, deren man sich auch nur auß der h. schrifft vnd von dem h. Geist mage vergwissen.

Es rhuͤmen aber auch Gropperus vnd sein hauff die alten Apostolischen traditionen der kirchen nit darumb, das sie denen begerten zů geleben, dann sie die alle zůmal[2] haben zum frefflichsten[3] vnder die fůß getretten beide[4] in allen dem, das man in den kirchen mit wort oder zeichen ůben solle, vnnd auch in aller wahl, bewerung[5] vnd entsetzung[6] der kirchen åmpter. Sie vermeinen jre widerchristliche mißbreuch vnnd verkerungen in allem kirchendienst vnd -regierung, die sie wol wissen der h. schrifft gar widerwertig sein, vnder solchem schoͤnen namen der alten kirchen traditionen zů erhalten. Das solle jn[7] aber wol fehlen, hilfft vns Gott mit disen leuthen imer auss[a] liecht recht Christlicher verhoͤre vnd eroͤrterung diser sachen. Da solle onwidersprechlich dargethon werden, das all jr vermeint[8] kirchen regiment vnd -dienst wie der goͤttlichen Schrifft also auch allen waren kirchen traditionen | *22/Ciijb* | gentzlich entgegen vnd zůwider ist, das wissen dise leüte wol; darumb fliehen sie auch das liecht, so lang sie koͤnden vnd moͤgen.

Wir haben (Gottlob) vnd seind darin (in worten nemlich) nit streitig, die noͤtigsten vnd haupt traditionen, als[9] die von den goͤtlichen Bůcheren, welche die seind, das ist den waren Canonen h. Schrifften, Desgleichen auch die von dem rechten verstand der Hauptarticul vnsers Christlichen glaubens, wie der in den gemeinen Symbolis[10] dargegeben ist, vnd das auch aus der h. schrifft. Bei disen traditionen bleib man, vnd denen nach sůche man aus der h. Schrifft, was wir glauben vnd halten sollen zum ewigen leben, Wie doch vnser lieber Herre Jesus selb, die Apostel vnd alle bewerte Leerer der kirchen vnd alle Christliche Concilien je vnd je gethon haben.

Was schrifften vnd regulen vns die lieben vetter in den actis Conciliorum

a) imer aus. Textkorrektur aus dem Druckfehlerverzeichnis übernommen (s. unten S. 349,13). Im Text fälschlich: mehr ans.

1. Übereinstimmung.
2. alle miteinander.
3. ganz frech.
4. beide ... vnnd: sowohl ... als auch.
5. Prüfung, Bestätigung.
6. Absetzung.
7. ihnen.
8. sogenanntes.
9. nämlich.
10. sc. dem Nicaenokonstantinopolitanischen, dem Apostolischen und dem Athanasianischen Glaubensbekenntnis.

oder in jren eigen buͤchern haben verlassen[1], nemme man darzů, aber dermassen vnd gestalt, wie sie das selb zůthůn gelehret haben, Nemlich nach der h. schrifft vnd das alles durch die h. schrifft erkant vnd beweret werde. Diß haben alle h. Vetter von anfang einheilliglich gelehret, bezeuget vnd gehalten, denen kein rechtuerstendiger Christ die liechtflüchtigen Gropperos, Latomos, Cochleos[2] vnd der gleichen gesind der finsternus würt vorsetzen.

DAS dritte mittel, Christliche einigkeit vnd vergleichung[3] der Religion zůfinden, ist, das man solche leüte, dieselbige erstlich auß der h. Schrifft vnd dan auch auß aller lehre vnd haltung der kirchen zůsůchen, verordne, die man auß jren waren, wissentlichen[4] früch- | *23/Ciiija* | ten zů erkennen habe, als die der h. Schrifft vnd Kirchen sachen waren verstandt vnd zůr gehorsame der selbigen bereiten willen haben, Vnd das man auch verschaffe, das dise sollich jr sůchen vnd erforschen von Christlicher Religion vor denen thuͤen, die von Gott gesetzet seind, auch andere vnd gantze gemeinden zůr Christlichen Religion besonders zů beforderen, es sei durch gemeine[5] regierung oder durch das lehr- vnd hirten ampt. Dargegen das die dritte, gefehrlichste hindernus an Christlicher vergleichung vnd einigkeit in der Religion ist, die erforschung vnnd eroͤrterung der Religion an falsche titel vnd personen, an stůl vnd hůt[6] setzen[7], an falsch beruͤmpte Concilien, als das Trientisch[8] ist, vnd der gleichen ongeacht, was man zů der Religion Gottes verstandt oder willen habe, wie Gropperus vnd sein hauff thůt. Dritte Mittel

Daran würt freilich niemand zweiflen: die lieben Apostel vnd die gantze kirch zů Jerusalem haben als die gelerten aus dem h. Geist den schleunigsten, fruchtbaristen vnd aller ding besten wege, Christliche vergleichung in der Religion zůsůchen vnd zůfinden, fürgenomen, da sie den span[9] von den Mosa- Acto. 15[4–7]

1. hinterlassen.
2. Johannes Gropper, Bartholomäus Latomus, Johannes Cochläus und ihre Anhängerschaft. Zu Gropper s. oben S. 253, Anm. 7, zu Latomus s. oben S. 260, Anm. 4. Johannes Cochläus (1479–1552), ein katholischer Kontroverstheologe, nahm 1540/41 an den Religionsgesprächen von Hagenau, Worms und Regensburg (s. oben S. 253, Anm. 2–4) teil. Er setzte sich gegen die von Hermann von Wied für das Erzstift Köln vorgesehene Reformation ein. LThK² 2, Sp. 1243.
3. Übereinstimmung.
4. offenkundigen, bekannten.
5. sc. die übliche weltliche.
6. an Bischofsstuhl und –mitra oder Kardinalshut, d. h. an Bischofsamt oder andere Ämter und Würden.
7. binden.
8. Papst Paul III. berief auf den 1. November 1542 ein Konzil nach Trient ein. Mangels Interesse der Bischöfe und geringer Beteiligung, infolge Spannungen zwischen Papst Paul III. und Kaiser Karl V. und infolge politischer Ereignisse (Krieg zwischen Karl V. und Franz I.) konnte es keine Beschlüsse fassen. Es wurde deswegen am 7. Juli 1543 suspendiert. Am 15. März 1545 berief Papst Paul III. das Konzil erneut nach Trient ein. Eröffnet werden konnte es dort dann am 15. Dezember 1545. LThK² 10, Sp. 343–344; RGG³ 6, Sp. 1012–1014; *Jedin*, Geschichte des Konzils von Trient II.
9. Zwist.

Die Apostolische weis, vergleichung in der Religion zůsůchen

ischen Ceremonien entscheiden haben.[1] Die Apostel vnd eltisten, welche im verstandt vnd eifer die vürnemsten waren, kamen zůsammen vnd aber mit jnen auch die gantze gemeinde Christi. Dann was zůr Religion Christi gehöret, gaht alle Christen an, die sollen auch solchs alle, ein jeder nach seiner maß, verstohn, wie dann ein jeder Christ seins glaubens geleben můs. Da haben sie ein vilfeltigs vnd fleissigs ersůchen – vnd das aus göttlicher schrifft – lassen vorgohn[2], vnd demnach haben Petrus vnd Jacobus als die reihlichst | *24/Ciiijb* | begabten in der kirchen, aber auß der h. Schrifft vnd durch das offenbare werck des h. geists, die warheit geschlossen, die hat aber auch die gantze menige[3] auß den gründen die alda auß h. schrifft waren fürbracht, erkennet vnd mitgeschlossen, auch verordnet, die[4] auß den selbigen schrifftlichen gründen, die kirch zu Antiochea zu gegen[5], der beschlossenen warheit solten berichten.

Wie die alten Vetter vergleichung[6] der religion gesucht haben.

Der gestalt haben auch die alten vätter jre Concilien gehalten vnd in den selbigen vergleichung vnd besserung der religion gesuchet. Die man mochte für die verstendigsten vnd eiferisten zum reich Christi erkennen, hat man zusammen beruffen, wol von Bischouen fürnemlich, dann man damals keine andern[7] zů Bischouen wehlete vnd auffname, aber doch nit allein von Bischouen, sonder auch von anderen Clericen[8] vnd Leien, wa man vnder den selbigen fande, die in der h. schrifft verständig vnd zu erbawung der kirchen eiferig waren.

Bei handlungen[9] von Christenlicher religion sollen allwegen auch die Christlichen oberkeiten sein.

Bei solchen versamlungen seind dann auch die ordenlichen oberkeiten, nach dem die zum glauben kommen, gewesen, ja haben die berüffen vnd geregieret wie Constantinus[10] das gros Concilium Nicenum[11] vnd andere recht gottselige Keiser vnd König die anderen fürnemsten Concilia[12] beruffen vnd geregieret haben durch sich selb oder jre amptleut, Welches sie nach dem gebott Gottes vnd exempel der gottseligen richter vnd königen im volck Jsrael vnd Juda vnd auß dem grundt gethan haben; Dann das[a] ein jeder, nach dem er mehr gewalts vnd vermögens, das reich Christi zubeforderen, vom Herren

a) das: fehlt im Text. Textkorrektur aus dem Druckfehlerverzeichnis übernommen (s. unten S. 349,13).

1. Act 15,4–7.
2. vorangehen.
3. Schar, Menge.
4. diejenigen, die.
5. gegenwärtig, gegenüber.
6. Ausgleich, Übereinstimmung.
7. sc. Verständigen und Eifrigen.
8. Weihegraden.
9. Verhandlungen.
10. Konstantinus I., d. Gr. (um 285–337), römischer Kaiser (306–337). TRE 19, S. 489–500.
11. Ökumenisches Konzil von Nicäa. Es wurde von Konstantinus I. einberufen und tagte vom 20. Mai bis zum 25. August 325 in Nicäa (in Bithynien). TRE 24, S. 429–441.
12. Außer dem Konzil von Nizäa (325) die Konzilien von Konstantinopel (381), Ephesus (431) und Chalkedon (451).

empfangen, so vil mehr solle er auch vor anderen in die råhte vnd zu | *25/Dja* | den handlungen[1] von der religion Christi gezogen werden, damit er sein vermőgen vnd gewalt zů beforderung der religion vnd Gottes diensts desto besser ankeren[2] vnd darreichen kőnde.

Warauff in berůffung der personen zůr handlung vnd vergleichung der Religion fürnemlich zů sehen

Vnd derhalben haben die Alten Christlichen Keiser den fürnemisten Bischoffen vnd auch anderen fürtrefflichern leuten im verstandt vnnd eyfer zů den Concilien gebotten, damit die selbigen beide durch das mehrer vermőgen im geistlichen verstandt, eyfer vnd ansehen bei den kirchen, was zů auffbawen der religion Christi dienen mőchte, ehr vnd volkomner hilffen finden, verteidingen vnd in den kirchen fürtbringen vnd erhalten.

Vergleichung der Religion solle durch wenig, aber vor vilen gesůcht und erőrteret werden. Actorum 15[4–7]

Zů dem erforschen vnd erőrteren der streittigen leeren vnd ordnungen haben sie wol wenig (vnd die meerbegabten vnd erůbteren) verordnet, in dem doch onangesehen, was titels vnd stands sie weren. Die gemeine erkantnüs aber vnd beschluss ist allemal durch die gantze menige[3] beschehen, wie es die Apostel auch zů Jerusalem haben gehalten vnd das exempel vor gegeben.[4] Was dann in solchen Concilien in gemein beschlossen, hat ferner ein jeder Metropolitan Bischoffe im Concilio seiner prouintz, jeder Bischoffe im Concilio seins Bisthumbs vnd jeder Pfarrer im Concilio seiner Pfarkirchen allen vnd jeden gleubigen fürgebracht, Vnnd das nit allein aus jrem eigen oder auch der grősten Concilij gewalt vnd ansehen, sonder aus dem Gottes wort, aus dem dann alle Christ. Concilien allein schliessen vnd setzen, fürbracht vnd erwisen. Dann ein jeder můs seines glaubens geleben, Vnd der glaub můss allein vff Gottes wort beston. Darumb auch ein jeder Christ das selbige erkennen vnd wissen můs, souil jm darzů von nőten ist, das er all sein | *26/Djb* | vertrawen auff Gott setze, jn anrůffe durch vnseren Herren Jesum Christum vnd jm in seiner Gemeinden diene nach seinem wort. Solche ordnung, vergleichung[5] vnd besserung der Religion zů sůchen vnnd Concilien derhalben zů halten ist nach Gottes wort vnd den exempeln aller war gotseligen Concilien in Altem vnnd Newem Testament je vnd je fürgenomen vnd gehalten worden von den aller gotseligsten Kőnigen, Keiseren vnd Priesteren, Wie ich das weitter habe dar gethon inn meinem anderen bůchlin, das ich an die Kei. Mai. vnd Stende des Reichs vff jüngst Wormischem Reichstage[6] versamlet geschriben dauon, »Wie leicht vnd fůglich Christliche vergleichung der Religion vnd des gantzen kirchendiensts Reformation bei vns Deutschen zů finden vnd inn das werck zubringen«[7].

1. Verhandlungen.
2. ins Werk setzen, durchführen. Frühneuhochdt. WB 1, Sp. 1258f.
3. Versammlung.
4. Vgl. Act 15,4–7.
5. Ausgleich, Übereinstimmung.
6. Religionsgespräch in Worms (s. oben S. 253, Anm. 3).
7. *Martin Bucer*, »Wie leicht vnnd fůglich Christliche vergleichung der Religion ... in das werck zů bringen«, Straßburg: Kraft Müller, 1545. Edition in diesem Band, S. 355–454.

Die weise vnnd masse[2], christliche vergleichung zůsuchen, auff dem tag zů Franckfurt[3] versprochen, ist die beste. Weise vnd masse vmb christl. vergleichung zů handlen, wie die zů Franckfurt war verabscheidet.

Darumb were noch[1] die aller Christlichste, austreglichste[4], fruchtbarste weise, Christlich vergleichung in der Religion in Deutscher nation zu sůchen, zu finden vnd wider anzurichten[5], das mans dermassen fürneme, wie es die Kei. Mai.[6] selb Christlich vnd wol bedacht vnd durch jren Oratorn vff dem tag zů Franckfurt fürgegeben vnd durch die beiden Churfürsten, Pfaltz[7] vnd Brandenburg[8], hat verabscheiden lassen[9]; War aber die selbige weise vnd mas also verabscheidet: Die Kei. Mai. hat sollen die Stende des Reichs, beiderley, die, so dem Roͤmischen Stůl noch anhengig vnnd die der Augspurgischen Confession verwandt sind, vff ein gelegnen platz beschreiben, als[10] damols gehn Nürenberg[11], do selbet durch sich selb oder jhre botschafften[12] zů erscheinen; Doch das die gesandten von beiden theilen fromm, richtig, verstendig, gotsfoͤrchtig, frid- vnd ehr- | *27/Dija* | liebend vnd nicht eigensinnig, zenckische, hartneckische leut weren vnd auch vrkundt[13] brechten von den Stenden, von denen sie geschicket wurden. Die selben stende oder jre botschafften solten sich dann der anzal der personen – gelerter Theologen vnd verstendiger leien – jetz gemelter condition vnd eigenschaft eines grossen vnd eins kleinen ausschutzs[14] verglichen[15] vnd vereiniget haben, vnd der zwyspalt des glaubens durch die selbigen erstlich im grossen vnd nachmals im kleinen ausschutz fürgetragen vnd dauon Christlich, fridlich vnd gůtlich geredt vnd auff ein Christliche loͤbliche vereinigung gehandelt vnd demnach die handlung allen erscheinenden stenden vnd bottschafften angezeiget worden sein. Vnd was also eintrechtiglich mit gůtem willen von den Stenden beydertheil vnd jren bottschafften oder durch mittel der verordneten von Kei. vnd Koͤn. Ma.[16] mit jrer aller gůten willen beyderley Stenden oder jrer bottschafften

1. immer noch.
2. Art.
3. Verhandlungen der Religionsparteien im Frühjahr 1539 in Frankfurt/M. Sie wurden am 19. April 1539 mit einem Kompromiß, dem sogenannten »Frankfurter Anstand«, zum Abschluß gebracht. *Bizer*, Reformationsgeschichte, S. K 104–109; *Greschat*, Martin Bucer, S. 176; *Neuser*, Die Vorbereitung, S. 13–15.
4. zweckmäßigste, wirkungsvollste Frühneuhochdt. WB 2, Sp. 1475 f.
5. einzuführen, einzurichten.
6. Kaiserliche Majestät, Karl V.
7. Ludwig V. (1478–1544), Kurfürst der Kurpfalz und Rheinpfalz. Mit seinem Religionsedikt von 1538 ließ er die Ausübung des Protestantismus zu.
8. Joachim II. (1484–1535), Kurfürst von Brandenburg. Seine Kirchenordnung von 1540 wurde von Luther und auch vom Kaiser gebilligt.
9. »Frankfurter Anstand« vom 19. April 1539 (s. oben S. 272, Anm. 3).
10. wie.
11. Waffenstillstand zwischen dem 1531 gegründeten Schmalkaldischen Bund und dem Kaiser in Nürnberg im Jahre 1532. *Lau*, Reformationsgeschichte, S. K 65; *Greschat*, Martin Bucer, S. 176.
12. Abordnungen, Gesandtschaften.
13. sichere Kenntnis, Zeugnis.
14. Ausschusses, Kommission.
15. (über einen) abgesprochen.
16. Ferdinand, Bruder Karls V.

were bewilliget vnd beschlossen worden, das hette sollen an die abwesenden Stende gebracht vnd deren meynung darin gehoͤrt, vnd, so sie das selbige also auch bewilligten, durch der Keis. Maies. Oratorem, wie er sich erbotten hat, in krafft seins habenden gewalts im nammen Roͤ. Keis. Maie. sein ratificiert worden, oder aber hetten die Stende von beiden theilen moͤgen[1], ob[2] sie wolten, die Roͤ. Keis. Maie. vndertheniglich ersůchen, solche Vergleichung[3] durch mittel eins Reichstages oder in andere gebürliche wege hierzů dienstlich vnd notdirfftig zů ratificieren, zů publicieren vnd drob zů halten.

Dise weise vnd gestalt, von Vergleichung der Religion zůhandlen, ist zů Franckfurt verabscheidet gewe- | *28/Dijb* | sen[4]. Man würt auch nit bald ein andere finden, durch die man in Deütscher Nation zů warer einigkeit der Religion ehr[5] vnd füglicher[6] moͤge kommen, Als[7] dann auch dise weise der ordnung Gottes in disen sachen zů handlen, vns in seinem wort vnd den exempeln seiner fürnemsten diener Koͤnig vnd Priesteren vorgeschriben, wie dann auch der edlen freiheit deütscher Nation gantz gemes[8], gleichfoͤrmig vnd wol gelegen ist. Dann auff dise weise wurden die sachen Gottes, die alle Christen vnd die Oberkeitten, als denen der Herre gewalt über alle seelen gegeben, zům fürnemsten belangen[9], gehandlet: erstlich durch ordenlich anschicken[10] der Oberkeiten, dann auch in versamlung solcher leüten, die von Gott mit verstandt diser haͤndel[11] vnd auch mit eyfer zůr besserung der kirchen begabet seind, Auch der massen vnd ordnung, wie dise sachen moͤgen zům besten erforschet, eroͤrteret vnd beschlossen werden.

Fug vnd nutz der franckfortischen, weise zů handlen vmb vergleichung Christlicher Religion

Der geringer[12] ausschutz[13] koͤndte von den aller reichlichst begabten, so der Herre diser Nation gegeben, zů disen sachen erwehlet vnd zů der erforschung vnd eroͤrterung der streitigen artickel verordnet werden, wie dann sollichs erforschen vnd eroͤrteren nicht dann[14] durch wenig[15] fuͤglich geschehen kan. Damit aber dises kleineren ausschutzes disputation vnnd handlung desto dapfferer[16] vnd fruchtbarer beschehe vnd die warheit Christi in allen gewisser

1. können.
2. für den Fall, daß.
3. Ausgleich.
4. Frankfurter Anstand (s. oben S. 272, Anm. 3).
5. früher.
6. rechtmäßiger, schicklicher.
7. wie.
8. gemäß.
9. in erster Linie betreffen.
10. Beschicken, Aufsuchen.
11. Vorgänge, Angelegenheiten.
12. kleinere.
13. Ausschuß, Kommission.
14. nicht dann: nur.
15. wenige.
16. gewichtiger, ansehnlicher.

erfunden[1] vnnd erkandt, auch besser vnd gleichhelliger[2] bey allen kirchen beforderet würde, dazů würde mercklich dienen, das solche erforschung vnd eroͤrterung der streitigen artickel vom geringeren ausschutz vor dem groͤsseren ausschutz geschehe vnd alles dann auch durch den selbigen groͤsse- | *29/ Diija* | ren ausschutz erwegen, bewerет[3] vnd geschlossen[4] würde. Wo dann der liebe Gott wolte geben, das die Keis. Maie. vnd gemeinen Stende[5], die ordenlichen Obren in diser Nation, was vom kleinen vnd grossen ausschutz aus dem Gottes wort wol erkennet vnd beschlossen were, auch für recht vnd Goͤttlich erkennen vnnd annemmen wurden – welches auch desto ehr geschehen moͤchte, wo alle handlung, durch die sie selb darzů gemeinlich verordnet hetten, verhandlet wurde –, So koͤnde die ware Christliche vergleichung[6] der Religion als dann gar wol vnd krefftiglich bey allen kirchen Deütscher Nation ins werck bracht werden.

Nun alle, die sich vmb dise sachen des reichs Christi etwas verstohn vnd Christliche vergleichung in deütschem land warlich begeren, auch dessen gelegenheit wissen, die werden selb leicht erkennen, das kein schleuniger[7] vnd fruchtbarer wege sein mage, ware vnd bestendige einigkeit in der Religion in gemein[8] zů erlangen, dann eben diser, wie er zů Franckfurt ist verabscheidet, Das ja alle Stende selb zů solcher handlung verordnen vnd solche leut darzů verordnen, die sie erkennen als die sich vmb die war Christliche Religion verstahn vnd die selbige gern zům besten wider bey vns angerichtet[9] sehen, Vnd das die streitigen artickel wol durch wenig, aber nit allein vor wenigen, sonder vor vilen vnnd von allen Stenden darzů verordneten, ja wo moͤglich – welchs auch das aller best were – vor allen vnsern heüptern vnd Stenden selb eroͤrteren vnd vergleichung der selbigen gesucht wurde.

Rom. 13[1–3], 1. Timoth. 2[1–4]

Dann so die Oberkeiten darumb von Gott, jede in jren gebieten, vber alle seelen gesetzet sind, das sie die zů allem[a] | *30/Diijb* | jrem frommen[10] vnd heyl vnd darumb zum fürnemsten[11] zů dem waren Gottes dienst vnd der rechten religion regieren vnd beforderen sollen[12], so gepürt jnen ja vor allen anderen Christen, das sie auch selb gewiss vnd grundtlich erkennen, welches die ware Christliche Religion vnd Gottes dienst seie, vnd solche erkantnus an nieman

a) Drf. al=.

1. gefunden, ermittelt, entdeckt.
2. einhelliger.
3. belegt, bekräftigt, bestätigt.
4. beschlossen.
5. Reichsstände.
6. Übereinstimmung.
7. schnellerer.
8. allgemein.
9. eingerichtet, ins Leben gerufen. Frühneuhochdt. WB 1, Sp. 1372 f.
10. Nutzen.
11. in erster Linie.
12. Vgl. Röm 13,1–3; I Tim 2,1–4.

anders setzen[1], wie sie dann inn allen anderen wichtigen sachen billich[2] jr eigen wissenschafft haben woͤllen; Der halben sie ja die vordristen[3] sein sollen in allem solchem disputieren vnd handlen, wie die alten Gottseligen koͤnig vnd obren in Altem vnd Newem Testament so gar fleissig gethon haben.

Wo dann also vil gotsfoͤrchtige vnd in Goͤtlichen sachen verstendige vnd eyferige vnd auch bei den Stenden zů allen theilen wol vertrawte[4] leut im Namen des Herren zů samen kommen vnd dise Gottes sachen mit aller Gottes forcht wolten ersůchen, eroͤrteren vnd schliessen, So hette man sich zů Christo, vnserem lieben Herren, vff seine gnedige zusage, weil man inn dem seinem wort vnd seiner ordnung nach setzet, gewislich zů vertroͤsten, das er selb in solcher versamlung vnd handlung[5] woͤlte zůgegen sein vnd alles durch seinen h. Geist der massen anrichten vnd geben abzůhandlen[6], Das erstlich der kleiner ausschutz die, so zů der ersten erforschung vnd eroͤrterung der streitigen articel solten verordnet werden, wurden in solicher disputation vnd handlung nit allein on allen zanck vnd verwirrung, sonder auch on alle fleischliche anfechtung vnd bewegung allein die warheit Gottes von gantzem hertzen sůchen vnd finden, die mit aller sanfftmůt vnd geistlicher geschicklicheit hoͤren vnd fürbringen, gottseligen bericht geben vnd | *31/Diiija* | nemen; Desgleichen, das auch der groͤsser ausschutz vnd die Obren selb alles, so vom kleineren ausschutz Christlich gedisputieret vnd verglichen[7] wurde, auch wol vnd gewislich erkennen vnd einhellig beschliessen vnd dann auch bey allen kirchen Deutscher Nation auffs trewlichst vnd seliglichst ins werck richten vnnd bringen wurden.

Mathej. 18[18–20]

Dises weis auch der Satan wol vnd hat darumb durch seine werckzeuge bishaͤr noch immer erwehret[8], das man die Religion sachen zů solcher Christlichen vnd dem Goͤtlichen wort gemesser handlung noch nie hat bringen moͤgen[9], vnd wehret noch daran, das best[10] er kan vnd mage, Darzů jm auch der Gropper[11], Latomus[12] vnd die leut getrewlich dienen, in dem sie mit denen Prelaten[13], die kein Christliche Reformation moͤgen oder woͤllen leiden, schreiben vnd schreyen, das Trientisch Concilium[14] seye der Raht vnd die ver-

Was das Trientisch Concilium ausrichten můsse[a] nach des Bapsts anstellung.

a) Drf. můssen.

1. niemandem … überlassen.
2. entsprechend.
3. Vordersten.
4. ganz vertrauenswürdige.
5. Verhandlung.
6. Vgl. Mt 18,18–20.
7. in Einklang gebracht.
8. verwehrt, Widerstand geleistet.
9. können.
10. das best: so gut.
11. Johannes Gropper (s. oben S. 253, Anm. 7).
12. Bartholomäus Latomus (s. oben S. 260, Anm. 4).
13. geistlichen Würdenträgern.
14. s. oben S. 269, Anm. 8.

samlung, durch die allein die Religion wider solle vnd moͤge verglichen vnd alles recht angestellet werden, Das ist: die Lutherischen vertilget, weil sie das gesetz Gottes herfür bringen, Die heilig Schrifft allein leien vnd Clericen, die solche nit wo̊llen, zů erhalten[1] vnd, [um] zů groͤssen[2] diser leut tyranney vnd můtwillen, verkeren[3], entzogen Oder, damit sie desto sicherer seien vor aller Goͤttlichen lehr vnd Reformation, gar abgethon vnnd der Baͤbstlich Alcoran[4] darfür allen Pfarherrn vnd Predigern zů lehren gebotten, Weil doch die h. Schrifft on das, als[5] Pighius[6], Latomus[7] vnd das gesinde fürgeben[a], nit alles das lehret, das zůwissen zům heyl von noͤten ist vnnd, das[8] sie[9] dazů lehret, doch one jres Bapsts auslegung nit kan recht verstanden werden, sonder mehr ketze- | *32/Diiijb* | reien vnd oneinigkeit anrichtet. Also moͤchte ja das widerchristenthumb wider auffgericht, da es abkommen vnd vor aller Christlichen Reformation menschlicher achtung nach nit vbel versicheret vnd bestetiget werden.

Bapst vnd Baͤpstliche Prelaten werden freilich im Concilio eben das sein vnd schliessen, das sie ausser dem Concili sein vnd schliessen.

Dann weil der Papst doch vber das Concilium sein solle, auch nieman im Concilio wurdt stat geben, mit zůschliessen, dann solchen prelaten, denen mit Christlicher Reformation gleich so wol ist als jm Vnd auch keiner gelerten raht hoͤren, dann[10] die alles recht vnd alle vrtheil von der Religion jm inn den schrein[11] seins[12] hertzen setzen, Wie Cochleus[13], die Loͤuener[14] vnd nun auch Gropper anfaht zuthůn, So hat ein jeder wol zugedencken, das sie in disem jrem Concili anders nichts schliessen[15] noch setzen[16] werden, dann eben das sie hieuor in allen Nationen, do sie allein der ordenlichen Potentaten beyfall erlangen moͤgen, geschlossen, gesetzet vnd auch exequiert[17] haben, Nemlich das man als bald verbrennen vnd auffs grewlichst von der erden hinnemen solle

a) fürgeben: fehlt im Text. Textkorrektur aus dem Druckfehlerverzeichnis übernommen (s. unten S. 349,13).

1. Bedeutung nicht ganz klar. Vielleicht: vorzuenthalten. *Grimm* 3, Sp. 834. Oder: zur Verfügung gestellt bleibe.
2. vergrößern.
3. verfälschen.
4. Koran, Gesetzbuch. Wörtliche Bedeutung (arabisch): Lesung. Frühneuhochdt. WB 1, Sp. 779.
5. wie.
6. Albert Pighius (s. oben S. 260, Anm. 5).
7. Bartholomäus Latomus (s. oben S. 260, Anm. 4).
8. das [was].
9. sc. die Schrift.
10. als.
11. Schatzkästchen.
12. sc. des Papstes.
13. Johannes Cochläus (s. oben S. 269, Anm. 2).
14. Theologen an der Löwener Universität.
15. beschließen.
16. festlegen, festsetzen.
17. ausgeführt.

alle die, die h. Schrifft woͤllen selb lesen vnd der selbigen nach jren glauben an Christum, vnseren Herren, bekennen, jre offentliche misbreuch antasten vnd Reformation der kirchen begeren, Jtem, das man dem volck die heilige Schrifften zů haben vnd zů lesen bei hoͤchsten penen[1] verbieten vnd, jre verkerungen aller Christlichen leren inn allen Kirchen zůpredigen vnnd drob zůhalten, gebieten solle, dadurch die heilige Schrifft vnd Gottes lere gentzlich von allen leyen vnd Clericen werde hingenommen vnd dagegen jr Alcoran[2] fürgelegt, wie es jre Articul vnnd handlung, die sie taͤglich uͤben, leyder zů vil reihlich[3] bezeügen. | *33/Eja* |

Derhalben alle Gottes kinder Gott, vnseren himlischen vatter, auffs ernstlichst vnd beharlichst bitten sollen, das er seinem armen volck, seiner so jaͤmerlich zerstrewten vnd verderbten herde selb woͤlle zůhilff kommen vnd sie retthen von den falschen, widerchristischen hirten, die nit die schaͤflin Christi, sonder sich selb, mit ewigem verderben der schaͤflin, weiden, vnd vnsern haͤuptern hertz vnd gemůt verleihen, das sie die ware vergleichung[4] Christlicher Religion mit rechtem ernst vnd durch die erzeleten[5] einigen[6] fruchtbaren mittel[7] vnd wege dise vergleichung fuͤglich[8] vnd in gemein[9] zů erlangen sůchen vnd finden.

Das sie nemlich sich mit allem volck an ein ernstes, verharrendes gebet vnd flehen mit gantz hertzlicher bekerung von allen dem, das Gott misfellet, zů allen seinem wolgefallen vnd seligen gebotten woͤllen begeben vnd jn anrůffen vnd bitten, das er seine so jaͤmerlich zerstrewten vnd verderbten schaͤflin selb woͤlle zů seinem lieben Son in seinen einigen schaafstal seiner waren kirchen zů seiner einigen herden seines erwehlten volcks ziehen vnd bringen vnd das sie dem Herren hiezů mit hoͤchsten trewen darinn dienen, das sie verhelffen, damit die war Christliche vergleichung[10] nierget haͤr dan[11] aus goͤttlicher Schrifft vnd denen kirchen lehren vnd Traditionen, die in der h. Schrifft jren gewissen[12] grundt haben, gesůchet vnd genommen werde, Vnd dasselbige durch solche leüt, die man erkennen mage als war gottsfoͤrchtig, recht verstendig vnd eiferig zů seinem reich vnd mit solcher ordenung vnd mas, das sie alle vnsere heupter Deütscher Nation, selb alles, darin solche vergleichung der Re- | *34/Ejb* | ligion můß stahn, gewißlich vnd gründtlich erkennen vnd

1. Strafen.
2. Koran, Gesetzbuch (s. oben S. 276, Anm. 4).
3. allzu reichlich.
4. Ausgleich, Übereinstimmung.
5. erwähnten, aufgezählten.
6. einzigen, allein.
7. s. oben S. 255,22–261,4; 261,5–269,6; 269,7–277,9.
8. passend.
9. vollständig.
10. Verabredung, Übereinkunft, Übereinstimmung.
11. als.
12. sicheren.

dann bei allen kirchen einhellig vnd auffs getrawlichst[1] helffen befordern vnd ins werck bringen. So vil von den dreien fürnemen[2] mitteln vnd wegen, die Christliche vergleichung vnd einigkeit in vnser Religion auffs fuͦglichst[3] vnd gemeinlich[4] zuͦsuͦchen vnd zuͦerlangen.

Was auff den tagen zuͦ Hagnaw[5], Worms[6], Regenspurg[7] vnd seither für vnd wider Christliche Vergleichung gehandlet worden.

NVn will ich auch vffs kürtzist anzeigen, was auff den tagen zuͦ Hagenaw, Worms, Regenspurg vnd seither für oder wider solche Christliche vergleichung der Religion gehandlet worden sei. Nach dem der Pabst fruchtbare handlung vmb Christliche vergleichung in der waren Religion Christi gleich so[8] wenig als ein gotselige, würckliche Reformation, die er wol achten mage[9] auß solcher vergleichung volgen werden, leiden kan, hat er die vor ermeldte[10] versamlung vnd handlung[11], so gehn Nürmberg Anno 39[12] solte, nach dem das zuͦ Franckfurt[13] verheissen vnd verabscheidet war, beschriben vnd daselbet gehalten worden sein, zuͦruck getriben vnd so vil verschaffet, das solche handlung jren fürgang nit hat erlangen moͤgen.

Franckfortischer Abscheid vernichtet

Vnd als in dem die Keis. Mai. in Deutsche nation ankommen vnd mit der Koͤn. Ma. vnd andern ernstlich berahtschlaget, wie doch frid vnd einigkeit der Religion halben in Deutscher nation moͤchte wider auffgericht vnd dem Türcken desto statlicher[14] begegnet | *35/Eija* | werden, hat er seinen lieben Sons son, Cardinal Farnesium[15], ein mit Bistumben vnd Prelaturen[16] wol beladenen jun-

Cardinal Farnesius bei Kei. Ma.

1. getreulichste.
2. vorzüglichen, wichtigen.
3. rechtmäßigte, schicklichste.
4. überall.
5. s. oben S. 253, Anm. 2.
6. s. oben S. 253, Anm. 3.
7. s. oben S. 253, Anm. 4.
8. ebenso.
9. dafür halten kann, daß sie …
10. vorher erwähnte.
11. Verhandlung.
12. Kaiser Karl V. verspricht im »Frankfurter Anstand« vom 19. April 1539, etwa auf den 1. August 1539 einen Tag nach Nürnberg auszuschreiben. *Bizer*, Reformationsgeschichte, S. K 107; TRE 11, S. 345.
13. Verhandlungen in Frankfurt/M. Sie dauerten vom 24. Februar bis zum 19. April 1539. TRE 11, S. 342–346.
14. angemessener, gründlicher.
15. Alessandro Farnese d. J. (1520–1589). Als Enkel Papst Pauls III. (1468–1539) wurde er bereits 1534 Kardinal und 1535 Vizekanzler. Von 1539 bis 1541 vermittelte er als Kardinallegat zwischen Franz I. von Frankreich und Kaiser Karl V. LThK² 4, Sp. 27 f.; *Brandi*, Kaiser Karl V., S. 422–424, 439–441 und passim.
16. Ämtern eines höheren geistlichen Würdenträgers.

gen[1], der sich auch Roͤmischer zucht wol haltet, bei der Kei. vnd Koͤn. Ma. gehapt vnd durch den selbigen alle handlung mit den Protestierenden, vmb vergleichung in der Religion vnd auch eüsserlichen friden fürzůnemen, mit hoͤchstem fleis vnd ernst widerrahten[2], der vrsachen, wie er es vorgegeben, das alle solche handlungen nit allein vergeblich seien, sonder auch die Protestierenden frecher vnd freueler machen, die Religion jmmer fort zůuerkeren, die kirchen gůtter anzůfallen[3] vnd alle gůte ordnung vnd policei[4], gericht vnd recht zů zerstoͤren, das ist: die leut dauon abzůwenden, das sie den Pabst nit mehr an Christus stat anbetten vnd hoͤren vnd jnen, dem Pabst vnd seinem gesinde, etwas von jren sacrilegijs vnd kirchen raub zů entziehen vnd nit alles gericht vnd gewalt vber aller welt, selen, ehr vnd gůt heimzůstellen[5], Hat aber gerahten, das die Kei. Ma. sich mit dem Koͤn. zů Franckreich[6] vertragen[7] vnd verhelffen wolte, das von jm, dem Pabst, das Concili seins gefallens wie das Trientisch beschriben vnd besetzet vnd von den Potentaten erkennet vnd gehandhabt[8] vnnd auff das selbige alle Religion sachen geschoben würden; Dann Deutscher nation, vermeinet er, solle gar nit gebüren, das sie sich vor[9] vnd on gehell[10] anderer nationen durch Christliche Reformation zů Gott bekere vnnd seinen gebotten volge.

Was der Pabst wider Christliche vergleichung gerhaten.

Damit aber die Protestierenden desto ehe vermoͤcht[11] würden, seinem Concilio die sachen des glaubens vnd der Religion zůuertrawen, sich auch mitler zeit[12] zůr hilff gegen | *36/Eijb* | dem Türcken vnd in anderen sachen desto schleüniger[13] hielten, hat er der Keis. vnd Koͤn. Mai. gerahten, das sie daran wolten sein, das die Nürembergische bündtnus[14], die er foedus Catholicorum heisset, gemehret vnd gestercket würde, als fast[15] sie jmmer moͤchte, Dann durch die vermeint er die Protestierenden solten endtlich vnder sein joch moͤgen wider gebracht worden sein.

Dis alles hat man zulesen im selbigen Paͤbstlichen rahtschlage, der im truck

1. Er kumulierte mehrere Bistümer (u.a. Avignon und Monreale) und galt als einer der reichsten Kardinäle.
2. drohend und warnend abgeraten, untersagt. *Grimm* 29 (=XIV,1,2), Sp. 1141–1143.
3. anzueignen, zu beschlagnahmen. Frühneuhochdt. WB 1, Sp. 1087f.
4. Zustand der guten Ordnung, Rechtssatzung. Deutsches Rechtswörterbuch 10, Sp. 1110–1116.
5. anheimzustellen, zu überantworten.
6. Kaiser Karl V. und König Franz I. von Frankreich.
7. Frieden schließen. *Götze*, S. 83.
8. geschützt.
9. zuvor schon.
10. Billigung, Zustimmung.
11. veranlaßt.
12. mittlerweile.
13. unverzüglicher. *Grimm* 15 (=IX), Sp. 657f.
14. Ein von den Altgläubigen im Juni 1538 in Nürnberg gegen die Protestanten gegründeter Bund (»Heilige Liga«). *Bizer*, Reformationsgeschichte, S. K 105.
15. als fast: so sehr.

außgangen ist sub titulo »Consilium admodum paternum Pauli III. Rom. Pont. datum Imperatori per Card. Farnesium etc. pro Lutheranis«[1].

Der tag gohn Speier vnd Hagenaw ausgeschriben.

Handlung zů Hagenaw vmb stercke des gegen bundts vnd Defension wider die Protestierenden

Wiewol nun die K. M., disen Paͤbstlichen rahtschlag onangesehen, dennoch ein versamlung der Fürsten, die geacht waren, sich noch in Paͤbstlicher gehorsam haltend[2], vnd auch der Protestierenden erstlich gohn Speier vnd von dannen gohn[3] Hagenaw beschriben[4], in welcher versamlung die Fürsten durch freündtlich vnd Christlich gesprech vnd vnderhandlung die weg solten gesůchet haben, dadurch man zů beiden theilen in der Religion Christi hette wider moͤgen verglichen[5] werden, So hat doch der Pabst auch auff dem tag durch die seinen[6] so vil vermoͤcht, das dis die fürnemste handlung ware, wie man die gedachte[7] Nürmbergische bündtnus stercken moͤchte, Vnd da das nit wolte bei jederman erheblich sein[8], das man sust nach einer genanten[9] Defension trachtete wider die Protestierenden, damit der Pabst vnnd die seinen den fürgang Christlicher Reformation abermal desto leichter hetten abzůwenden.

Als aber doch der liebe Gott etliche fromme Chur- vnd | *37/Eiija* | andere Fürsten erweckte, die mehr auff den Keis. befelch sahen vnd dauon handlen wolten, das man durch ein Christlich gesprech nochmals ein gottselige vergleichung[10] in der Religion sůchte, richt es doch der Pabst dahin, das solch gesprech zů Hagenaw nit mochte für genommen werden, Dann die seinen sich in kein gesprech vnd handlung von der Religion wolten begeben, es were dann, das zůuor vnsere obren, die Protestierenden, wolten den genanten

1. Diese Schrift wurde vom päpstlichen Nuntius Giovanni Morone zwischen dem 18. April und dem 23. Mai 1540 Kaiser Karl V. übergeben. Der päpstliche Diplomat Giovanni Morone (1509–1580) nahm 1540–1542 an den Religionsgesprächen in Hagenau, Worms, Regensburg und Speyer teil. Über Morone vgl. *Bautz* 18, Sp. 923–933; LThK² 7, Sp. 641. Paul III. (Papst), »Consilium admodum paternum Pauli III. Pontificis Romani, datum Imperatori in Belgis, per Cardinalem foernesium Pontificis nepotem, pro Lutheranis. Anno 1540. Et Eusebii Pamphili eiusdem consilij pia et salutaris explicatio«, Nicopoli Pamphiliae, bei Johannes Zelotes [= Straßburg: Wendelin Rihel] 1541. BN 131, Sp. 494. Exemplare u. a. in Basel ÖB, London BL, Paris BN und Stuttgart LB. Hinter Eusebius Pamphilus, dem Verfasser der angefügten »Explicatio consilii Pauli III.«, verbirgt sich Jean Calvin. Abdruck der »Explicatio« in CR 33, S. LII–LV. Deutsche Übersetzung des »Consiliums« in *Luther*, Schriften (hg. v. Walch), Bd. 17, Sp. 364–372.
2. die als noch in päpstlichem Gehorsam stehend eingeschätzt wurden.
3. gen, gegen.
4. s. oben S. 253, Anm. 2 und S. 280, Anm. 1.
5. in Einklang gebracht.
6. Von Seiten der Altgläubigen nahmen am Hagenauer Religionsgespräch von 1540 der päpstliche Nuntius Giovanni Morone (1509–1580), Bischof Johannes Fabri (1478–1552), Johannes Cochläus (s. oben S. 269, Anm. 2), Johannes Eck (s. unten S. 281, Anm. 11), Bartholomäus Latomus (s. oben S. 260, Anm. 4), Friedrich Nausea (um 1490–1552) und Johann Pflug (1499–1564) teil. LThK² 4, Sp. 1315.
7. erwähnte.
8. [zu haben] sein.
9. sogenannten.
10. Verabredung, Übereinkunft.

geistlichen die kirchen gůtter wider zůstellen oder die in ein Sequester[3] legen oder darüber an dem Camergericht[4] recht nemmen – welches gericht doch als[5] Paͤbstisch vnd vns so wider war, als sie die genanten geistlichen selb jmmer sein mochten – vnd dann auch nieman mehr in vnser Defension verstendtnus einnemen.

Begerte restitution[1] oder Sequestration[2] oder das die sachen dem Camergericht vbergeben würden

Nun aber vnsere Obren einigen jren bruͤdern vnd glideren des Reichs Teütscher Nation Christliche hilff zů Gottes wort, durch jr Defension[a] vereint[b6], mit gůtem gewissen nit kondten abschlagen oder auch die kirchen guͤter den feinden der kirchen wider vbergeben oder in solchen sequester[7] legen oder solchem gericht vertrawen, dadurch sie dem waren kirchendienst doch hetten moͤgen entzogen werden, Da haben auch die Paͤbstlichen so vil vermoͤcht, das zů Hagenaw kein gesprech noch handlung vmb Christliche vergleichung hat moͤgen erlangt werden[8].

Zů dem gaben sie auch für etliche articul, die solten im gesprech auff dem Reichstag zů Augspurg Anno 30[10] verglichen sein, dan der Eck[11] etwas dauon – aber mit offentlicher onwarheit – zůsamen gerasplet[12] vnd gerhuͤmet hat, wie vnsere Colloquenten[13] jnen sol- | *38/Eiijb* | lichs zů Augspurg solten nachgeben[14] haben, als[15] jetz auch der Gropper mit gleicher onuerschempter onwarheit

Von der falsch erdichten Augspurgischen vergleichung[9]

a) Drf. Defensin.
b) vereine, konj.

1. Wiederherstellung, Wiedergutmachung.
2. gerichtlich angeordnete Übergabe.
3. Zwangsverwaltung des Staates.
4. Hofgericht, oberstes Gericht im Deutschen Reich. *Fuchs/Raab*, Wörterbuch Geschichte, S. 398.
5. als ... als: in gleichem Maße ... wie.
6. verbunden. – Schmalkaldischer Bund, ein 1531 von Fürsten und Städten der Augsburger Konfession gegründetes Verteidigungsbündnis.
7. Zwangsverwaltung des Staates.
8. Die krankheitsbedingte Abwesenheit Melanchthons, das Fernbleiben der Vertreter Hessens und Sachsens und die Angst des päpstlichen Nuntius Giovanni Morone vor einem nicht vertretbaren Kompromiß führten zum Abbruch des Gespräches am 28. Juli 1540. *Bizer*, Reformationsgeschichte, S. K 118f.; LThK² 4, Sp. 1315.
9. Verabredung, Übereinkunft.
10. Reichstag zu Augsburg (20. Juni bis 19. November 1530). Von den altgläubigen Theologen ließ er eine Widerlegung der lutherischen Auffassungen anfertigen. *Lau*, Reformationsgeschichte, S. K 62–64; TRE 28, S. 463.
11. Johannes Eck (1486–1543), streitbarer katholischer Theologe. Vor dem Beginn des Reichstages legte er 404 Thesen zur Widerlegung der protestantischen Auffassungen vor. Verhandlungen zwischen Melanchthon und Eck am Reichstag im August 1530 erbrachten kein Ergebnis. LThK² 3, Sp. 642–644; *Greschat*, Martin Bucer, S. 105–107; *Müller*, Zwischen Konflikt und Verständigung.
12. zusammengekratzt, zusammengerafft. *Grimm* 14 (=VIII), Sp. 141f.
13. Verhandlungsteilnehmer in Augsburg waren Philipp Melanchthon, der Verfasser der »Confessio Augustana«, Justus Jonas, Wolfgang Capito, Bucer und andere.
14. zugegeben, eingestanden.
15. wie.

auff mich erdichtet vnd fürgeben hat, das ich jm zů Hagenaw, Worms vnd Regenspurg solle vil haben nachgeben, das mir doch in meinen sinn nie komen ist.

Als[1] aber nit allein vnsere Colloquenten, deren etliche beihands[2] waren, sonder auch etliche von jenem[3] theil, die bei solchem gesprech gewesen, des Ekken[4] rasparment[5] widersprachen, lies man dis wol fallen, hielte aber doch eben lang an mit dem restituieren[6] oder sequestrieren[7], oder das man sich dem Camergericht des halben wolte darstellen, so man doch als bald von vergleichung der Religion handlen solte, an deren auch das hienge, welche die kirchen guͤtter sollen mit recht inhaben, verwalten vnd niessen.

Weil man dann wol sahe vnd griffe[8], wa[9] der Pabst vnd die seinen der kirchen gewalt vnd -guͤtter wider in jren ruͤwigen[10] besitz bracht hetten, das sie als dann niemand zů einiger handlung vmb Christliche vergleichung vnd Reformation der Religion vnd kirchen hette bringen moͤgen, Haben die vnseren billich[11] den streit von den kirchen guͤttern mit andern streittigen articulen zů[12] gemeiner[13] vergleichung der Religion auff geschoben, damit eins das ander treibe vnd man desto ehr zůr handlung komen moͤchte; dabei hat es auch desmals bleiben muͤssen.

Das gesprech zů Worms

Da dann durch etliche fridliebende Churf. vnd Fürsten die sach zů letst doch dahin gebracht warde, das man nach dem Keis. befelch solte ein gesprech halten vnnd das selbige auff Kei. Ma. bewilligung gehn Worms[14] warde angesehen[15], vermochte des Pabsts geist doch | *39/Eiiija* | so vil, das von solchen Fürsten[16], zůr presidentz vnd zů dem Colloquio geordnet[17], [a]dann solche Theologen jrs theils gehn Worms bracht wurden, das man, nach dem jederman der zům gesprech beschriben ware, zů Worms war ankommen, in zehen wochen zů keinem anfang des gesprechs kommen mochte, Dann sich des

a) vnd dann.

1. Da.
2. rasch zur Stelle, zugegen. Frühneuhochdt. WB 2, Sp. 907.
3. sc. dem anderen.
4. Johannes Eck (s. oben S. 281, Anm. 11).
5. Zusammenfassung, Resumée. Vgl. *Lexer* 2, Sp. 344 (mhd. raspen).
6. Wiederherstellen, Wiedergutmachen (sc. der Kirchengüter).
7. gerichtlich angeordneter Übergabe.
8. erfaßte.
9. wenn.
10. unangefochtenen, ruhigen, ungestörten.
11. entsprechend, mit Recht.
12. [bis] zů.
13. allgemeiner.
14. s. oben S. 253, Anm. 3.
15. festgelegt, bestimmt. Frühneuhochdt. WB 1, Sp. 1442 f.
16. Von Seiten der Altgläubigen nahmen elf Fürsten teil; davon waren drei (Brandenburg, Pfalz und Jülich-Kleve) reformationsfreundlich eingestellt. *Neuser*, Die Vorbereitung, S. 20.
17. bestellt, verordnet.

auch jre Theologen selb nit kunden vergleichen. So tribe der Pabst die sachen als[1] dahin, das in Deutscher nation zur vergleichung[2] der Religion vnd der kirchen würcklichen besserungen vberal nichts gehandlet würde, Dann[3] solchs andere nationen zu gleichem fürnemen[4] anreitzen vnd also ein gemeine Reformation einbringen moͤchte.

Da der Pabst dann so vil erlanget, das auch zu Worms nichts kondte fruchtbars zů Christlicher vergleichung gehandlet werden, wie man dann des orts mehr nit dann zwen tag vnd zwen halbe tag gesprech gehalten hatt[5], ist alle handlung[6] gehn Regenspurg gezogen[7]. Was da selbet für vnd wider vergleichung der Religion von allen teilen gehandlet vnd wie auch des orts alles Christlich fürhaben in diser goͤtlichen vnd so notwendigen sachen durch des Pabsts practicen zů ruck getriben ist, hab ich in beschreibung aller handlung auff dem selbigen Regensp. Reichstag der Religion halben geuͤbt mit warhaffter erzelung dargethan[8], will auch Groppern, der mir das hieuor gestanden[9] vnd meinen fleiß in dem gerhůmet hat, vnd meniglich fůß drumb halten[10], das weder er noch jemant, der lebt, darthůn moͤg, das ich in solcher beschreibung etwas anders, dann es ergangen, fürgegeben habe. Der Pabst hat damals, wie alwegen[11], durch seine botten, die er dem Contareno[12], der ja | *40/Eiiijb* | zů vil zůgelert vnd zů from zů einem Cardinal, auch zůr Reformation der kirchen zů willig, nachsandte[13] vnd durch die er, der Pabst, jm[14] – in Deutscher nation

Wie die handlung zů Regensp. zů nicht gemacht.

Wie der Pabst die Reformation zů Regenspurg verhinderet.

1. insgesamt.
2. Ausgleich, Übereinstimmung.
3. weil.
4. Vorhaben.
5. 14.-17. Januar 1541.
6. Verhandlung.
7. Nicolas Perrenot de Granvella (s. unten S. 314, Anm. 6) verkündete am 18. Januar 1541 die Verlegung der Gesprächs auf den nach Regensburg einberufenen Reichstag. LThK² 10, Sp. 1228.
8. *Martin Bucer*, »Acta colloquii in comitis imperii Ratisponae habiti, hoc est Articuli de religione conciliati ...«, Straßburg: Wendel Rihel, September 1541. VD 16 B 8831 und B 8832. Exemplare u. a. in Augsburg SStB, Jena ULB (3 Ex.), Halle/S. ULB, Straßburg BNU, Stuttgart LB.
Deutsche Fassung: *Martin Bucer*, »Alle Handlungen und Schrifften, zů vergleichung der Religion, durch die Key. Mai., Churfürsten, Fürsten, und Stånde, aller theylen ... auff jüngst gehaltenem Reichstag zů Regenspurg verhandlet ...«, Straßburg: Wendel Rihel, 1541. VD 16 B 8836. Exemplare u. a. in Augsburg SStB, Basel ÖB, Gotha FLB, Straßburg BMun, Weimar HAAB, Zürich ZB.
9. früher zugegeben.
10. Widerstand leisten. *Lexer* 3, Sp. 579.
11. immer wieder, jedesmal. Frühneuhochdt. WB 1, Sp. 803.
12. Gasparo Contarini (1483–1542). Er wurde von Papst Paul III. 1535 als Laie zum Kardinal ernannt. Er gehörte der 1536 gebildeten Reformkommission an und nahm als Legat 1541 am Reichstag von Regensburg teil, wo eine von ihm vorgelegte Kompromißformel zur Rechtfertigungslehre angenommen wurde. TRE 8, S. 202–206.
13. Dem kompromißbereiten Kardinal Contarini wurde von der Kurie der Nuntius Giovanni Morone (s. oben S. 280, Anm. 1) beigegeben.
14. sich.

in allerlei weg verstricket vnd erkauffet[1] – hat so vil erlanget, das die[a] – erstlich der Eck vnd andere seins gleichen – handlung des Colloquij, das ist alle vergleichung der Religion vnd Reformation, můste abermal auff das Påbstlich Concili verschoben werden.

Regenspurgischer Abscheidt

Wie aber doch auff dem selbigen Regensp. Reichstag verabscheidet[2], das auffs fürderlichst[3] ein general-, an gelegener malstat[4] Deutscher nation, oder ein national Concili oder, wo deren keins erhebt werden moͤchte[5], in achtzehen Monaten den nehisten nach dato des selbigen Abscheidts solte sein ein Reichstage gehalten[6] vnd auff dem selbigen handlung vmb endtliche vergleichung vnd einigkeit der streittigen Religion sachen sein fürgenommen worden, Auch das die Bischoue vnnd Prelaten nicht destoweniger mitlerzeit[7] solten ein Christliche ordnung vnd reformation haben für genommen vnd auffgerichtet, die zů gůter gebürlicher vnd heilsamer administration der kirchen hette moͤgen fürderlich vnd dienstlich sein. So hat doch der Pabst abermal so vil vermoͤcht vnd gehandlet, das nit allein in bestimpter zeit der achtzehen Monaten, sonder auch bitz hår, nun in die 48 Monat[8], in solchen goͤttlichen vnd hoͤchstnotwendigen sachen nichts vberal hat moͤgen gehandlet werden.

So hat auch kein Bischoue oder Prelat sich etwas Christlicher ordnung vnd Reformation fürzenemen vnd auff zůrichten woͤllen, oder sein, des Pabsts halben, doͤrffen vnderstohn[9], dann die einigen[10] zwen, der | *41/Fja* | Coͤlnisch Ertzbischoue[11] vnd Bischoue zů Münster[12], Welchen aber der Pabst durch die

a) die: fehlt hier im Text. Textkorrektur aus dem Druckfehlerverzeichnis übernommen (s. unten S. 349,13–14). Das »die« vor »handlung« fällt deshalb weg.

1. in Bestechung verwickelt.
2. Reichstagsabschied vom 29. Juli 1541.
3. möglichst bald.
4. Ort.
5. zu erhalten sein würde.
6. Mit dem Reichstagsabschied vom 29. Juli 1541 wurden der Abschied von Augsburg und der Nürnberger Frieden auf achtzehn Monate bestätigt. Edition dieses Reichstagsabschieds bei *Schmauss/Senckenberg*, Neue und vollständige Sammlung der Reichs-Abschiede, Bd. II, S. 428–444. *Bizer*, Reformationsgeschichte, S. K 124.
7. in der Zwischenzeit, inzwischen.
8. somit bis Dezember 1544.
9. wagen.
10. einzigen, allein die.
11. Hermann von Wied (1477–1552). Er war von 1515 bis zum Januar 1547 Erzbischof und Kurfürst von Köln. *Varrentrapp*, Hermann von Wied; *Deckers*, Hermann von Wied; *Sommer*, Hermann von Wied; RGG^{3} 3, Sp. 240f.
12. Franz von Waldeck (1491–1553). Er war von 1532 bis 1553 Bischof von Münster. Reformatorischen Bestrebungen war er nicht abgeneigt. Mit dem Ziel, ein Erbfürstentum zu errichten, machte er 1541 einen vergeblichen Versucht zur Einführung der Reformation. Er konnte sich dabei gegen das Domkapitel nicht durchsetzen. *Fischer*, Die Reformationsversuche; *Sommer*, Hermann von Wied, S. 425 und passim; *Varrentrapp*, Hermann von Wied (passim); LThK^{2} 10, Sp. 933.

seinen so vil vnd so schwere verfolgung hat zů gericht, das das nit wol auszůschreiben ist.

Der Speirisch Abscheid Anno xliiij durch den Papst auch zů nicht gemacht.

Vnd da die Keis. Mai. eingedenck jrer Christlichen gnedigsten zůsage vnd Abscheid widerumb auff dem jüngst Speirischen Reichstage[1] verabscheidet hat[2], das nechst vergangen Winter solte ein Reichstage gehalten vnd darauff freundtlich vnd Christlich abgehandlet vnd beschlossen worden sein, wie vnd welchermassen es in den streitigen Articulen der Religion bis zů würcklicher erlangung vnnd volnziehung eins Generals Conciliums, wie obstehet[3], im h. Reich Deutscher nation gehalten vnd dadurch die schweren eingerissenen missbreuch gebessert vnd die nachtheilige trennung vnnd spaltung der Religion, auch der Stende, daraus erfolget mißtrawen, widerwill vnd vnfreündschafft, geringert vnd Deüdscher nation vorstehnder nachtheil, schaden vnd abfal[4] abgestellet vnd verhuͤtet wuͤrde, Haben sich abermal solchem gantz gotseligen vnd zům hoͤchsten notwendigen Abscheid die Paͤpstlichen auff dem selbigen Reichstage vnd der Papst bald hernaher zům aller hefftigsten entgegen gesetzet vnd auch dis mals solich Christlich vorhaben zůruck getriben vnd zů neuten[5] gemacht[6]. Dann wie er vnd sein hauff vberal kein Reformation moͤgen dulden, also woͤllen sie auch niemand vberal handlung daruon zůlassen.

Des Pabst schrifft wider den Speirischen Abscheidt

Wie widerchristlich aber alles das ist, das der Pabst in seinen schrifften an die Keis. Mai.[7] wider jetz vermelten Speirischen Christlichen Abscheid[8] fürbracht | *42/Fjb* | hat, hab ich gründtlich dargethon in der erinnerung an die Kei. Ma. vnd Stende des h. Reichs, auff jungst gehaltenen Reichstage im truck ausgangen[9], in deren ich aus goͤtlichem vnd allen rechten[10] klar vnd allen Groppers[11], Latomis[12] vnd anderen Pabstknechten onwiderleglich habe erwisen, das ja der Keis. Maie. vnd Stenden des Reichs gebüre vnnd eigentlich

1. Reichstag von Speyer, 20. Februar bis 10. Juni 1544 (s. oben S. 255, Anm. 6).
2. Abschied vom 10. Juni 1544. Edition des Abschieds bei *Schmauss/Senckenberg*, Neue und vollständige Sammlung der Reichs-Abschiede, Bd. II, S. 495–517; Deutsche Reichstagsakten XV, 4, S. 2236–2285. Zur Textgeschichte vgl. *Bizer*, Reformationsgeschichte, S. K 134.
3. s. oben S. 284,5–18.
4. Untergang, Verfall, Niedergang. Frühneuhochdt. WB 1, Sp. 96.
5. zunichte.
6. Breve der Kurie (Ermahnungsschreiben Papst Leos III.) vom 24. August 1544, in dem die Kurie die Pläne der Nationalversammlung – ein kaiserliches Interim und die Preisgabe der Kirchengüter – als unzulässige Einmischung in kirchliche Angelegenheiten verurteilte. *Bizer*, Reformationsgeschichte, S. K 134.
7. Text des »Tadelsbreve« der Kurie vom 24. August 1544 in deutscher Übersetzung in *Luther*, Schriften (hg. v. Walch), Bd. 17, Sp. 998–1012.
8. Abschied vom 10. Juni 1544 (s. oben S. 285, Anm. 2).
9. *Martin Bucer*, »Wie leicht vnnd fuͤglich Christliche vergleichung der Religion ... in das werck zů bringen«, Straßburg: Kraft Müller, 1545. Edition in diesem Band, S. 355–454.
10. geistlichem und kaiserlichem Recht.
11. Johannes Gropper (s. oben S. 253, Anm. 7).
12. Bartholomäus Latomus (s. oben S. 260, Anm. 4).

zůstande[1] etc., handlung vmb vergleichung vnd besserung der kirchen Deutscher nation fürderlich vnd mit ernst fürzůnemen, Vnnd das solche sachen niemand weniger dann dem Pabst vnd seinem hauffen sollen oder moͤgen vertrawet[2] werden.

Gesprech wider gehn Regensp.

Nicht desto weniger aber hat auch auff dem jetz verschinen[3] Wormischen Reichstage[4] von diser goͤtlichen, heilsamisten vnd aller notwendigsten sachen Christlicher vergleichung vnd Reformation der kirchen nichs moͤgen gehandelt noch fürgenomen werden, Vnd ist wider ein gesprech vnd tag zů diser handlung gehn Regenspurg angesetzet[5]. Wie aber die Påbstl. auch dis mals nit haben willigen wőllen, Also würdt der Pabst auch nichts vnderlassen anzůrichten vnnd zů verschaffen, das sollich gesprech vnd handlung auff künfftigem Regenspurgischen Reichstage auch entweders gar nicht oder aber onfruchtbar vnd vergeblich werde vorgenommen.

Endtlich[6] vorhaben des Pabsts

Dann wie er sich mit seinem hauffen in aller verkerung[7] vnd zerstoͤrung aller goͤtlichen gebot, aller Canonum vnnd aller Christlicher haltung der kirchen, ja alles rechten vnd jmmer grewlicher vertieffet vnd in abgrundt alles argen versencket, hoͤret, sihet vnd | *43/Fija* | greiffet[8] man teglich zům aller erschroͤcklichsten. So weis jederman wol, das die weltliche klůgheit bei disen leüten am hoͤchsten ist. Darumb werden sie auch dar an nichts versaumen, das in einigem[9] wege darzů diene, das nit allein nichts von Christlicher Reformation in einiger nation werde fürgenomen, sonder das auch wir vnd alle die, die dauon etwas doͤrffen anregen, von der erden als bald vertilget werden, Auch die goͤttliche Schrifft mit allem jren rechten verstandt also gentzlich von allem volck Christi werde hin- vnd sein Alcoran[10] angenommen vnd drob gehalten, das auch hernaher niemandt wider sein tyrannei im wenigsten etwas mehr wisse fürzůbringen.

Was die Kei. Ma. vnd Christlichen Stende zur Christlichen vergleichung gehandlet.

Aus disem allen nun haben alle fromme Christen, die es lesen woͤllen, wol zů vernemen, was von allen theilen für vnd wider Christliche vergleichung

1. zustehe.
2. zugetraut. *Götze*, S. 83.
3. zu Ende gegangenen.
4. Wormser Reichstag. Er dauerte vom 15. Dezember 1544 bis zum 4. August 1545. Die Protestanten befürworteten ein weiteres Religionsgespräch, lehnten aber das bereits einberufene Trienter Konzil – es wurde am 13. Dezember 1545 eröffnet – kategorisch ab. *Bizer*, Reformationsgeschichte, S. K 137–140; TRE 28, S. 465; *Kannengiesser*, Der Reichstag zu Worms vom Jahre 1545.
5. Kaiser Karl V. lud während des in Trient stattfindenden Konzils zu einem neuen Religionsgespräch nach Regensburg ein. Dieses Gespräch dauerte vom 27. Januar bis zum 20. März 1546. *Bizer*, Reformationsgeschichte, S. K 140f.; LThK² 8, Sp. 1096.
6. eifriges, eigentliches.
7. Verdrehung, Verfälschung.
8. fühlt, empfindet.
9. irgendeinem.
10. Koran, Gesetzbuch. Wörtliche Bedeutung (arabisch): Lesung. Frühneuhochdt. WB 1, Sp. 779.

vnd Reformation auff den tagen zů Hagnaw[1], Worms[2], Regenspurg[3] vnd seither ist fürgenommen vnnd gehandlet worden: Das nemlich wol die Keiserliche Maiestat vnd die frid liebenden Churfürsten, Fürsten vnd Stende mit vnseren Obren, den Protestierenden[4], nun so offt den einigen rechten vnd fruchtbaren wege, Deutscher nation wider zů warer Einigkeit in der Religion vnd besserung der kirchen zů verhelffen, gern hetten fürgenomen vnnd angetretten, Nemlich den wege gůtlicher vnd Christlicher vnderrede vnnd handlunge von den streitigen Articulen vnd allen dem, das zů Christlicher Reformation dienstlich sein mage, Vnnd das durch recht verstendige, wol bewerte, war gotsforchtige, fridliebende vnnd Christlicher besserunge gründtlich verstendige | *44/Fijb* | vnd hertzlich begirige maͤnner, die auch von allen Stenden darzů solten verordnet werden, damit dise sachen, die aller Christen heil zum hoͤchsten belangen, moͤchten zů letst durch die Keis. Mai. vnd alle Stende diser nation aus dem ewigen Gottes wort vnd aller waren leere vnd haltung des h. Geists in seiner kirchen desto gründtlicher erkennet, beschlossen vnd in allen kirchen diser nation befordert[5], ins werck gericht vnd gebracht werden, Das aber der Pabst sich mit seinen verderbten Prelaten, die sich vor Christlicher Reformation nit weniger dann vor dem todte foͤrchten, wider dis Christlich vnd zum hoͤchsten notwendig werck Gottes also gesetzet vnd gelegt haben, auch sich jmer je strenger darwider setzen, legen vnd streiten mit allen jren onendtlichen, geschwindisten listen vnnd so grewlich grosser macht vnnd gewalt, das bisher solich werck vnsers heils, one das Deutsches land gar bald seinen sententz[6] von Gott zu seinem endtlichen[7] verderben wirt empfahen vnd befinden[8], noch nie hat zů rechtem anfang moͤgen gebracht, auch hinfüro nimmer wirt koͤnden gebracht werden, so lang die Keis. Mai. vnd andere vnsere Haͤupter, die Stende des h. Reichs, den Pabst vnd seine Prelaten nit fahren lassen vnd in diser sachen nichts ansehen, als lang sie das reich Christi fahren lassen vnd darwider auffs onsinnigst vnd ongestimmigst toben vnd wůten, vnd sie, vnsere haͤupter, nit für sich jren goͤttlichen befelch vber die schafe Christi vnd seine arme zerstoͤrten kirchen, auch empfangenen gewalt vber alle selen, recht erkennen vnd gebrauchen. Vnd also die drei erzelten[9] einigen[10] mitele[11], den kirchen Chri- | *45/Fiija* | sti zů warer einigkeit vnd besserung Christlichs glaubens vnd lebens zů verhelffen, an die hand nemen vnd da-

So lang man dem Pabst tyrannei gestattet, darf man sich keiner Reformation vertroͤsten.

1. s. oben S. 253, Anm. 2.
2. s. oben S. 253, Anm. 3.
3. s. oben S. 253, Anm. 4.
4. sc. den Anhängern der Speyerer Protestation und den Mitgliedern des Schmalkaldischen Bundes.
5. gefördert, vorwärts gebracht.
6. Urteilsspruch.
7. am Schluß stehenden.
8. erfahren, vorfinden.
9. erwähnten.
10. einzigen.
11. s. oben S. 255,22–261,4; 261,5–269,6; 269,7–277,9.

durch Christliche vergleichung vnd besserung mit allem ernst vnd one nachlassen sůchen.

Das sie nemlich sich selb vnd jr volck zů Gott mit gentzlichem abstand von allem argen vnd hertzlichstem begeben[1] zů allem gůten bekeren vnd jn bitten vnd flehen, das er doch selb woͤlle seinem volck helffen vnd seine armen zerstrewten schaͤflin zů sich vnd seinem lieben Son in aller waren gottseligkeit versamlen vnd vereinigen, Dann auch jm darzů mit hohistem fleiss vnd trewen dienen, damit, das sie einmal, ongeacht, was darwider singe, sage oder auch thetlich fürneme vnd vnderstande alle welt mit jrem Gott vnd Fürsten, dem Satan, vnd allen seinen stathalteren vnd dieneren zů Rom vnd anderswo, durch sich selb vnd die sie darzů zum reihlichsten mit Christlichem verstand vnd eifer begabet moͤgen finden Aus der goͤtlichen Schrifft, die doch alles gůts volkoͤmlich leeret vnd dargibt vnd darzů auffs best vnderweiset vnnd anfůret, auch vor allem argen vberflüssig[2] verwarnet, abfůret vnd abhaltet, Vnnd aus allem, das der h. Geist aus seiner Schrifft durch alle lehren, ordnungen, Canones vnd haltung in allen seinen kirchen je geleret, fürgeben vnd gehalten hat, sůchen vnd erlernen, was Religion vnd Gottes dienst vns gelert vnd dargeben hat vnser einiger ertzhirt, Pabst, bischoff vnd haupt: Jes. Christus.

Der dis alles in seinem h. Euangelio, das er doch wille allen creaturen geprediget[3] vnd alle voͤlcker geleret haben[4] vnd ja nit vergeblich, sonder also, das da- | *46/Fiijb* | durch alle kinder Gottes vermittels seines Geists gelert, verstendig vnd weise werden, zům heil fertig, geschickt vnd gerüstet zů allen gůten wercken.

Disen sinn, willen, sorg vnd eifer für seine herd woͤlle der liebe Gott, vnser himlischer vatter, allen vnseren Obren, seinen dieneren, reichlich mittheilen, stercken, erhalten, fürtbringen vnd krefftig machen durch vnseren Herren Jesum Christum. Amen.

So vil des Anderen theils diser schrifften, was von allen theilen für vnd wider Christliche vergleichung[5] vnd besserung der kirchen gehandelt worden ist auff den tagen zů Hagenaw, Worms, Regenspurg[6] vnd seither. Nun wil ich zum dritten theil greiffen vnd mein antwort auff das gentzlich erdicht vnd falsche anklagen, das D. Gropper wider mich ausgeschriben hat, auffs kürtzist vnnd aber mit gewisser[7] warheit darthůn. Vnd woͤlle der liebe Gott vns den tag ein mal geben, das ich, solche mein antwort disem man vnder seine augen zů erweisen, moͤge zů gelassen werden.

1. Begebenheit, Ereignis.
2. im Übermaß.
3. Vgl. Mk 16,15.
4. Vgl. Mt 28,19.
5. Ausgleich, Übereinkunft.
6. s. oben S. 253, Anm. 2–4.
7. gesicherter.

Warhaffte Antwort auff D. Groppers falsches anklagen

Groppers anklagen

DOctor Groppers onchristlich falsch erdichtes anklagen[1] ist fürnemlich vnnd mit namen wider mich doch im grund wider alle, die vnser Confession verwandt seind. So vil es aber mich mit namen[2] be- | *47/Fiiija* | langet, staht es alles darin, das ich zů Worms vnnd Regenspurg jm vnd dem Hochgelerten H. Gerharden Veltwyck[3], Keiserlicher Maiestat Secretario, vnd zům theil auch im Colloquio zů Regenspurg solle etwan vil Articul, Catholischer lehre nit ongemäs, gestanden vnd bekennet Vnd aber von den selbigen, als ich in den Stifft Cöllen kommen[4], stümpfflich[5] wider abgefallen, darwider geprediget, gehandelet vnd geschriben haben, Ja, das ich auch im Colloquio zů Regenspurg bei den selbigen bekanten Articulen nit gestanden seie, sonder dauon anders dann vor jnen geredt.

Zů beweren[6] aber dise seine anklage wider mich, bringet er ein etliche vil Articul, die ich jm vnnd gedachtem Secretario vnnd auch im Colloquio solle gestanden[7] vnnd dann widerumb etwan vil Articul, so disen vorbekanten Articulen gentzlich entgegen vnnd zů wider seind, die ich solle gelert vnnd geschriben haben in meinem predigen vnnd[a] schrifften, zů Bonn gethon vnnd ausgeben[8], Vnnd sonderlich im Bedencken Christlicher Reformation[9], von meinem genedigsten Herren von Cöllen[10] fürgeben[11], welches von mir vnd an-

a) Drf. vund.

1. *Johannes Gropper*, »Antwort und gegenberichtung« (s. oben S. 265, Anm. 9).
2. namentlich, ausdrücklich.
3. Gerhard Veltwyck († 1555), ein aus den Niederlanden stammender jüdischer Orientalist, Theologe und Staatsmann. Er nahm als Sekretär des Kanzlers Nicolas Perrenot de Granvella (s. unten S. 314, Anm. 6) am Wormser Geheimgespräch im Dezember 1540 teil. Mit ihm traf auch Bucer in Worms zusammen. *Rosenberg*, Gerhard Veltwyck; ADB 39 [1895], S. 598 f.; BDS 9,1, S. 323–325.
4. Bucer kam am 14. Dezember 1542 auf Einladung des Kölner Erzbischofs Hermann von Wied nach Bonn.
5. kurzweg.
6. beweisen.
7. zugestanden.
8. Neben dem Kölner Reformationsentwurf (s. unten S. 289, Anm. 9) in erster Linie die Erste Verteidigungsschrift »Was im Namen des Heiligen Euangeli vnsers Herrenn Jesu Christi ietzund zů Bonn jm Stifft Cöllen gelehret vnnd geprediget würdt«, Bonn: Laurenz von der Mülen, 1543 (Edition in BDS 11,1, S. 19–131), die von Philipp Melanchthon und Bucer gemeinsam verfaßte Schrift »Christliche vnd ware Verantwortung an den Hochwirdigisten Fürsten vnnd Herren, den Ertzbischoffe vnd Churfürsten zů Cöln etc. Auff die vnbilliche vnnd falsche Anklag des Rectors vnd Vniuersitet zů Cöln«, Bonn: Laurenz von der Mülen, 1543 (Edition in BDS 11,1, S. 133–144) und die Zweite Verteidigungsschrift (Edition in diesem Band, S. 31–247).
9. Der Kölner Reformationsentwurf »Einfaltigs bedencken«, den Bucer in der ersten Hälfte des Jahres 1543 in Bonn verfaßt hat. Edition der Schrift in BDS 11,1, S. 147–432.
10. Hermann von Wied.
11. vorgestellt, herausgebracht.

deren meins gleichen[1] sei zuͦ sammen getragen, wie wir selbs gestehen vnnd von vns schreiben.

Das ich aber jm vnd dem Secretario[2] solche von jm erzelte Articul solle bekennet haben, dis zuͦ erweisen, rhuͤmet er sich erstlich meiner handschrifften[3] Vnd dann auch etlicher zeugen, Zuͦm dritten mei- | *48/Fiijb* | nes stillschweigens vber solche seine klag[4], die er doch wider mich zuͦ Bonn auff zweien landtagen[5] vor dem hochwürdigsten, meinem G. Herren Ertzbischouen zuͦ Coͤllen vnd Churf.[6] vnd den vier Stenden des Ertzstiffts Coͤllen[7] schrifftlich vnd mündtlich habe offentlich vorbracht[8], des allen ich auch eigentlich berichtet worden seie. Das ich aber so vil articul, den vorbekanten[9] articulen vnd aller Catholischen lehre widerwertig, solle geleret vnd angericht[10] haben, das selbige vnderstaht[11] Gropper anders nit zuͦ erweisen[12], dann das er etwan vil seiner calumnien vnd verkerungen[13] erzelet[14], die er vnd sein hauff zuͦ vor in jrem vermeinten[15] Gegenbericht[16] wider das Christlich bedencken von Christlicher Reformation fürbracht haben.

Die gemeine klage, die D. Gropper wider alle, so vnser Christlichen Con-

1. An dem Reformationsentwurf haben von Mitte Mai bis zum 23. Juli 1543 Philipp Melanchthon und von Ende Juni bis zum 23. Juli 1543 an Kaspar Hedio (s. unten S. 331, Anm. 4) mitgearbeitet. BDS 11,1, S. 147 und die dort angegebene Literatur.

2. Gerhard Veltwyck (s. oben S. 289, Anm. 3).

3. Eine entsprechende Stelle konnte ich in Groppers »Antwort und gegenberichtung« (s. oben S. 265, Anm. 9) nicht finden.

4. Hier ist in erster Linie die »Sententia delectorum per venerabile capitulum ecclesiae Coloniensis«, die 1544 als Anhang zu Groppers Schrift »Christliche und Catholische gegen berichtung« erschien, gemeint. Gropper weist darin auf die Unrechtmäßigkeit der Berufung Bucers hin. Beschreibung des Drucks und Wiedergabe der »Sententia delectorum« in BDS 11,1, S. 433–446.

5. Landtage im März 1542 und im März 1543. *Varrentrapp*, Hermann von Wied, S. 120f. und passim; *Schlüter*, Die Publizistik, S. 20–23. Die Landtagsabschiede von 1543 liegen gedruckt vor: »Abschiede dreier Lantaͤge ...«, [Köln: Jasper von Gennep, 1545]. Theodor Schlüter konnte den Druck (vgl. dazu *Schlüter*, Die Publizistik, S. 241) im Jahre 1998 im Hauptstaatsarchiv Düsseldorf in den Kurkölnischen Akten A 101–01 auffinden. Ein Abdruck der Landtagsabschiede ist in der Neuauflage der erwähnten Arbeit Schlüters zu erwarten.

6. Hermann von Wied.

7. Das Domkapitel, die Universität, die Stadt Köln und die Landstände.

8. *Johannes Gropper*, »Antwort und gegenberichtung« (s. oben S. 265, Anm. 9), Bl. vb–via.

9. vorher bekannten.

10. angestiftet, unterrichtet. Frühneuhochdt. WB 1, Sp. 1374f.

11. wagt.

12. beweisen.

13. Verdrehungen, Verfälschungen.

14. aufführt.

15. sogenannten.

16. *Johannes Gropper*, »Antwort und gegenberichtung« (s. oben S. 265, Anm. 9).

fession[1] verwandt seind, einbringet, staht[2] darin, das er vns alle vom Christlichen glauben vnd kirchen abtrünnig vnd einer grewlichen, gifftigen vnd on nachlassen vortkriechender[3] lehre vnnd grausamer[4] trennung schiltet Vnd in dem so betruͤglich vnd halsstarrig beuorab vns, die lehrer, das mit vns nimmer nichts gůts zů vergleichung[5] dis jetzigen erschroͤcklichen zwispalts werde moͤgen[a] gehandlet werden, Darauff, wa[6] im also were[7], ja anders nichts gegen vns solte folgen, dan[8] das die Keis. Mai. vnd alle Christlichen Potentaten an vns erfülleten, da zů sie der Jtalianisch Moͤnich[9] zů Worms[10] in seiner predig vermanet hat, als er die Keis. Mai. zůgegen angeschrewen[b11] hat: Ammaza, Ammaza, Schlage tod, Schlage tod! Du hast vil zů lang verzogen[12]; nit bis morgen soltu dis werck verziehen, heut soltu es angreiffen etc. | *49/Gja* |

Ordnunge der antwort auff Groppers klage

Nun auff dises falsch erdichtes D. Groppers anklagen in der warheit zů antworten, wil ich erstlich erzelen, was ich Groppern vnd anderen gestanden[13] vnd nit gestanden vnd das ich dem jenigen, so ich jm oder anderen von Christlicher Religion ye bekennet vnd gestanden, weder im Stifft Coͤllen noch im Colloquio zů Regenspurg ye etwas entgegen vnd zů wider geprediget, geschriben, geredt oder gehandlet habe, Vnd dann anzeigen, wie nichtig seine falsch beruͤmpte bewerungen[14] wider mich seien; Zům dritten, wie ein warhafftig vnnd glaubwürdig man er, der Gropper, seie, mit erzelung[15] etlicher wissender, claren vnd onwidersprechlichen onwarheiten, die er in seinem

a) Drf. moͤge.

b) angeschrewen: im Text steht: geschruͤwen. Textkorrektur aus dem Druckfehlerverzeichnis übernommen (s. unten S. 349,14).

1. Augsburger Konfession (»Confessio Augustana«). Dieses von Philipp Melanchthon verfaßte Bekenntnis wurde am 25. Juni 1530 vor dem Augsburger Reichstag verlesen und von Kursachsen, Kurbrandenburg, Braunschweig-Lüneburg, Hessen, Nürnberg, Reutlingen und anderen unterschrieben. TRE 4, S. 616–639.

2. besteht.

3. vorwärts kriechender.

4. grauenhafter.

5. Ausgleich.

6. wenn.

7. wäre, sein sollte.

8. als.

9. Ein Franziskanermönch, der in näherer Beziehung zum Beichtvater Karls V., dem spanischen Dominikaner Domingo de Soto, stand. Der namentlich nicht bekannte Franziskaner forderte in seiner Predigt Mitte Mai in Worms Karl V. zum Krieg gegen die Protestanten auf. Vgl. dazu *Kannengiesser*, Der Reichstag zu Worms vom Jahre 1545, S. 52f.

10. Reichstag zu Worms (s. oben S. 286, Anm. 4).

11. angeschrieen.

12. gewartet, hinausgeschoben.

13. zugegeben, zugestanden.

14. Beweise.

15. Aufzählung.

bůch geschriben vnd sich selb damit als einen gar verstockten, wuͤtenden feinde aller lehre vnnd warheit Christi erwisen vnd vberzeuget[1] hat.

Für das Erste so hab ich hieuor in meinem Bůch an die Keis. Maie. vnd Stende des H. Reichs, auff jüngst gehaltenen Reichstag zů Worms ausgangen vnder dem Titel »Wie füglich vnd leicht Christliche vergleichung der Religion etc. bey vnd Deütschen zu finden vnd ins werck zu bringen seie«[2], vom 138. blat bis zu ende[3] des selbigen Bůchs dargethon, was ich mit Groppern vnd anderen Von vergleichung[4] der Religion ye gehandlet, was ich auch jm vnd anderen gestanden oder bekennet habe. Vnd wer sagt oder schreibet, das ich yemandt auff erden ye anders[5] oder weiters bekennet, gestanden oder vertroͤstet habe, der saget oder schreibt die offenbare, wissenliche onwarheit, Vnd so er das von jm[6] selb erdichtet, wie Gropper thut, redt vnd schreibt er als ein wissentlicher feind der warheyt[a] Christi vnd ein Diener der lugen vnd des vatters der lugen[7]. | *50/Gjb* |

Summa, was ich Groppern vnd anderen von Christlicher lehre vnd Reformation bekennet habe.

MEin glaub zů Gott vnd bekantnus – wie gegen meniglich[8], also auch gegen dem Groppero – ist allweg darinn gestanden vnd soll vermittels goͤtlicher gnaden darin ewiglich stahn: Erstlich, das wir Christen vor aller leere vnd haltung der kirchen vnd der alten Vaͤtter vff die h. Schrifft sollen sehen vnd aus der selbigen den willen Gottes in allem lernen. Welche h. Schrifft vns auch den willen Gottes gegen vns so gantz volkomen, gewiss vnd klar lehret, das nieman einigen mangel an aller gerechtigkeit haben mag oder an einigem[9] guten werck, der jr gantzen glauben gibt vnd aus jr nach gleubiger anruͤffung des h. Geists, den willen Gottes zu lernen von hertzen begeret vnd sich befleisset; Darumb man sie auch allein in den Gemeinden Christi solle lesen vnd predigen vnd inn jeder kirchen inn der sprachen, die das volck verstande, da mit es sich solichs vorlesens besseren koͤnde, Wie es dann vor[10] vnd von den zeiten

a) warheyt Christi vnd ein diener der lugen vnd des vatters der lugen. Im Text nur: war= . Textergänzung aus dem Druckfehlerverzeichnis übernommen (s. unten S. 349,14–15).

1. überführt, erwiesen.
2. *Martin Bucer*, »Wie leicht vnnd fuͤglich Christliche vergleichung der Religion ... in das werck zů bringen«, Straßburg: Kraft Müller, 1545. Edition in diesem Band, S. 355–454.
3. S. cxxxviij – cxlviij. Edition in diesem Band, S. 447,12 bis 454,6.
4. Übereinstimmung.
5. etwas anderes.
6. sich.
7. Vgl. Joh 8,44.
8. jedermann.
9. irgendeinem.
10. vorher, früher.

der Apostel haͤr in den recht gleubigen vnd Christlich verordneten Gemeinden der brauch gewesen ist vnd es auch die elteren Canones gebieten[1].

Zum andern, das man aus dieser h. Schrifft von Gott Vatter, Son vnd h. Geist, Von der menschwerdung Christi, den beden naturen gantz, vnd onuermischet, der Goͤtlichen vnd menschlichen, vnd einiger goͤtlichen person in Christo, Von einiger kirchen, Von ver- | *51/Gija* | zeihung der sünden vnd künfftigem gericht lehren, lernen vnd halten solle alles, das die Symbola der elteren Concilien vnd kirchen inhalten[2].

Lehre der Justification

Luce ulti. [24,47]

Zum dritten, das die hauptlehr des h. Euangeli vnd aller goͤttlichen Schrifft seie vnd zům geflissnisten solle getriben werden, wie vnser lieber Herre selb gelehret, Predigen in seinem vnd keinem anderen namen[3], rew vnd verzeihung der sünden, Welche rew vnd verzeihung der sünden niemand im Namen Christi mage recht glauben, haben, empfahen oder predigen, der nit alle gehorsame aller gebotten Gottes mitglaube, anneme, lehre vnd predige; Dann solche rewe vnd verzeihung der sünden im namen Christi nieman empfahen mage, der den sünden nit gestorben ist vnnd lebet[a] in Christo[4].

Roma. 6[11]

Rechter brauch der Sacramenten vnd zucht Christi

Zům vierdten, das alle Sacrament, ceremonien, alle kirchen vbungen vnd - zucht – als[5] sünd, straffen, beichten, bůssen, bannen, wider sünd verzeihen vnd begnaden – also angestellet, dargereichet, empfangen vnd geuͤbet werden sollen, das sie würcklich[6] vnd zům besten darzů dienen, das diese lehre Christi von rew vnd verzeihung der sünden in seinem namen – mit anhangender gehorsame aller Goͤttlichen gebotten – besser vernommen vnd tieffer zů hertzen gelegt werde vnd die leut also immer mehr im Herren leben vnd er in jnen, Darumb auch alles gemein ermanen, betten vnd dancksagen in den kirchen vbungen zů besserlichem verstand der gegenwürtigen geuͤbet werden muͤsse.

1. Corin. 4

Die ware bestellung des kirchen diensts

Zům fünfften, das alle diener der kirchen, vom hoͤchsten bis auff den nideristen grad, yeder von seiner Gemeinde, deren er dienen solle, solliches glaubens, be- | *52/Gijb* | kantnüs, lehre vnd lebens Christi erkent vnd bewert[7] sein Vnd das alle ordnung, grad, zucht, regiment, jurisdiction, Censur, Synoden, visitationen[8] allein dahin gerichtet sein vnd dienen muͤssen, das vermelte leere, Sacrament vnd zucht Christi den kirchen rein, trewlich vnd fruchtbarlich ausgespendet vnd erhalten werden, Vnd darumb von solchen dieneren, die eines vnstraͤfflichen lebens seyen in oder ausser der h. Ehe, wie das Gott

a) Drf. lebe.

1. Vgl. dazu *Lentner*, Volkssprache und Sakralsprache.
2. Symbolum Apostolicum, Symbolum Nicaenum, Symbolum Athanasii.
3. Lk 24,47.
4. Röm 6,11.
5. wie.
6. wirkend.
7. erprobt.
8. Besuch einzelner Pfarreien durch Bischöfe oder Archidiakone zur Überprüfung der Seelsorge und des Kirchengutes. *Denzler/Andresen*, dtv-Wörterbuch der Kirchengeschichte, S. 618 f.

einem yeden verluhen, die auch aller weltlichen geschefft frey disem dienst allein vnd gentzlich obligen; Derhalben auch keiner in einigen[1] kirchen dienst vmb einiger vrsachen willen solle eingelassen oder darin geduldet werden, der nit in solcher lehre vnd zucht Christi onklagbar erfunden vnd on alles fleyschlich gesuch[2] oder mittel darzů berůffen vnd komen seye, auch sich in seinem dienst getrew vnd embsig beweise, Jtem, das auch die ordnung vnd grad der kirchen diener also sollen wider vnderscheiden vnd gehalten werden, wie sie das Goͤttlich Gesetz, Canones vnd leges vnderscheiden vnd halten, das man nemlich nach denen, die das h. Euangeli, Sacrament vnd bůszucht, ausspenden vnd uͤben, welches der einig priesterlich dienst ist, vor allen andern kirchendienern trachte, nit alles mit lesern vnd singern erfülle, Oder auch denen, so priesterlichen titel vnd nies[3] haben, gestatte, jren dienst allein mit singen vnnd lesen aus zurichten, wie dann Gropper vnd sein hauff thůt, zuwider wie[4] Goͤttlichem wort, also auch allen Canonibus.

Warer vnder scheid vnd gradus Cleri

Dis ist mein bekantnüs, die ich von dem an[5] mir der liebe Gott sein h. Euangelion hat geoffenbaret vor meniglich[6], wo des platz gewesen, also auch vor dem | *53/Güja* | Gropper vnd dem Secretarien[7], bekennet vnd gestanden habe zů Worms, Regenspurg vnd anderswo. Es ist auch dis vnd kein ander der allgemein glaub, lehre vnd bekentnüs aller Christen von anfang also vnd anders nit dargegeben: in der Goͤttlichen Schrifft in aller lehre vnd Canonibus der kirchen Christi.

Was ich Groppern vnd andere von Christlicher vergleichung[8] vnsers theils halben vertroͤstet habe.

Was Bucerus der vergleichung halben vertroͤstet.

SO vil dann das vertroͤsten beruͤret zů Christlicher Vergleichung, hab ich auch weder Groppern noch einen menschen auff erden einiger[9] anderen vergleichung oder nachgebens von vnserm theil oder einigen waren Christen ye vertroͤstet oder verwehnet[10], dann wo er vnd die seinen die sachen dahin brechten, das jres theyls die erzelete lehre, brauch der Sacramenten, zucht vnd dienst der kirchen moͤchten wider angenomen, auffgericht vnnd ins werck bracht vnd erhalten werden, Das als dann wir dises theyls vns würden gantz billich vnd lind[11] vernemen lassen inn allen nit notwendigen gebreüchen, die der

1. irgendwelchen.
2. Anstrengung, Bestreben.
3. Nutzen, Nutzungsrecht.
4. wie … also: sowohl … als auch.
5. seit der Zeit.
6. jedermann.
7. Gerhard Veltwyck (s. oben S. 289, Anm. 3).
8. Verabredung, Übereinkunft.
9. irgendeiner.
10. versprochen, zugesagt. Vgl. *Lexer* 3, Sp. 295 (verwaenunge).
11. angenehm, lieblich.

Herre nit gebotten vnd darumb one das nit allwegen[1] noch allenthalben in den kirchen gehalten noch geuͤbet worden seind, wie dann auch solche gebreuch nit allen Voͤlckeren zuͦgleich zuͦr Gottseligkeit dienen, Allein das den kirchen zuͦ allen theylen jre freiheit solcher gebreüch halben vorbehalten würde, das dieselbigen ein yede kirch habe anzurichten[2], zuͦ messigen[3] vnd zuͦgebrauchen, wie sie das bey den jren zuͦr auffbawung des glau- | *54/Giijb* | bens, welches das einige zyl vnd ende ist dieser gebreuch, am dienstlichsten vnd beforderlichsten moͤchte befinden.

Von Bischoffelichem gewalt

Souil dann belanget die ordenliche obersorg vnd gewalt der kirchen, so den Bischoffen solle zuͦstohn, wolten wir die gern einem yeden, der sich darzuͦ beruͦffen zuͦ sein vermeint, wie sie von Alten verordnet, lassen vnd zuͦgeben, so ferr[4] er die koͤnde vnd wolte zuͦr auffbawung der kirchen gebrauchen. Nun ist ja kein ander gewalt in der kirchen Christi, dann allein zuͦr besserung[5]. (ij. Corin. 10[8])

Von zeitlichen guͤtern der kirchen

Der zeitlichen[6] kirchen guͤter halben solten sie auch befinden, das wir dieses theils dem Reich Christi alles zeitlich nachsetzen vnd den Prelaten vnd anderen, so dise guͤter nun innhaben, gern woͤllen alles lassen, was sie haben, Allein das sie hinwider doch auch wolten verhelffen, das den kirchen Christi, welchen doch solche güter alle gegeben sind, die Christliche lehre vnnd zucht durch getrewe diener vorgesetzter massen[7] rein vnd getrewlich ausgespendet vnd gehalten vnd das das so notwendig werck Christlicher schuͦlen vnd steüre[8] der armen nit also jaͤmerlich verlassen würde, So doch alle Canones mit dem Goͤttlichen vnd den Keiserlichen gesetzen[9] also klar, vilfeltig vnd strenglich setzen[10]vnd forderen, das dise guͤter zuͦ keinem andern brauch verwendt sollen werden dann allein zuͦ vnderhaltung des waren vnd noͤtigsten diensts der seelsorge, der tempel vnd anderer instrumenten der Religion vnd zuͦr steure der dürfftigen[12], besonderer[13] leüten vnd gantzer Gemeinden, Vnd demnach[14] diser guͤter so vberflissig[15] vil seind, das allein mit dem, das auff das

Das von kirchen guͤtern allein vff das abergleubisch geseng gewant[11] würt, solte zum waren kirchen dienst[a] genuͦg sein.

a) Drf. dienest.

1. stets.
2. anzufangen, einzurichten.
3. Art und Ordnung geben. *Grimm* 12 (=VI), Sp. 1744.
4. fern.
5. II Kor 10,8.
6. irdischen.
7. wie das im Vorhergehenden dargelegt wurde.
8. Hilfe, Unterstützung.
9. Corpus Iuris Civilis, Cod. Just. 1,3,32,7. TRE 18, S. S. 560–575.
10. festlegen.
11. verwandt.
12. Bedürftigen.
13. einzelner.
14. weil.
15. überreichlich.

vnuerstanden, vnbesserlich vnd zům groͤsseren theil abergleubisch vnd | *55/ Giiija* | schedlich singen vnd lesen in stifften vnd kloͤsteren gewendet würdt, den kirchen zům waren dienst der seelsorge, Schůlen vnd armen hochlich moͤchte gedienet vnd geholffen werden.

Summa, warin vergleichung der Religion moͤchte troffen werden.

Jn solichem eusseren thůn – zeitliche gůter vnd die freyen kirchen gebreuch belangen, die im wort Gottes nit austrucklich gebotten noch verbotten seind – hab ich Groppern vnd andere vertroͤstet, das man sich dises theils wie alle ware Christen würde sonder[1] zweiffel gantz gelind vnd schleünig[2] befinden[3] lassen, wo man mit jrem theil in den notwendigen stucken der Religion vergleichung[4] treffen[5] koͤndte: Das sie nemlich alles, so Gott austrucklich vnd onwidersprechlich gebotten vnd one das niemand mag am Reich Christi theil haben, wolten annemen vnd halten Vnnd, das[6] Gott giwisslich vnd vnuerneinlich[7] verbotten vnd bey dem niemand die gemeinschafft Christi haben mage, abschaffen vnnd besseren, Bey welchem[8] dann die freyheit Christi selb bestünde vnd yeder kirchen wol verwaret erhalten were, alles eüsserlich zůr auffbawung der Gottseligkeit anzůrichten vnd zů gebrauchen, wie das bey jedem Volck zům besten geschehen koͤnde.

Hierinn staht nun auch alles vertroͤsten, das ich zů Christlicher vergleichung der kirchen dem Gropper vnd anderen bey dem Euangeli alle meine tage je gethon habe vnd, mein leben lang zuthůn, mit Goͤtlicher hilffe vorhabe. Vnd weiss Gropper oder ein mensch vff erden, das ich jnen oder jemands anders etwas, über das[9] ich jetzund erzelet, je vertroͤstet habe, so sage vnd schreibe er das frey heraus, aber mit warheit vnd satter bewe- | *56/Giiijb* | rung[10]. Dann so lang Gropper das nit thůt, als[11] ers auch nimmer mer thůn kan, so beweiset vnd vberzeüget er sich selb, das er hierinn dem Vatter der lugen[12] gedienet vnd wider sein eigen gewissen die lauter vnd von jm selbs gentzlich erdichte onwarheit wider mich hab gschriben. Darumb will ich meinen fůss bey den seinen setzen vor jedem gleichmessigen[13] richter.

Dis ist nun mein warhaffte antwort in gemein[14] vom bekennen vnd ver-

1. ohne.
2. glücklich, rasch.
3. finden.
4. Übereinstimmung.
5. erzielen.
6. das [was].
7. unleugbar, unbestritten.
8. sc. Vorgehen.
9. das [was].
10. Beweisführung.
11. wie.
12. Vgl. Joh 8,44.
13. unparteiischen, nicht schwankenden. *Grimm* 7 (=IV,1,4), Sp. 8170f.
14. im allgemeinen.

troͤsten, das ich Groppern vnd anderen in der warheit je gethan habe vnd des er mich mit offenbarer onwarheit gezügen[1] hat.

Wie vnd inn was handlung ich mit Groppern kommen bin

NVn etwas besonderen vnd eigentlichern[2] bericht zů geben, was ich mit Groppern gehandlet vnd wieuil ich jm bekennet vnd jn verwehnet[3] habe, So ist das die warheit: Vff dem tag zů Hagenaw[4] hat mich der fromm gotsgelerte M.[5] Peter Medmann[6], nach dem er mich darumb mer dann einmal ersůcht – dann ich von disem mann gehoͤret, auch zum teil in seiner vermeinten[7] reformation[8] gelesen, wie bitterlich vnd allefentzisch[9] er vnser gesunde lehre gelestert hatte –, letstlich vermoͤcht[10], das ich Groppern in seiner herberg besucht[11] vnd mich jm zu einem freündtlichen gesprech habe angebotten, zů dem er sich nit onwillig hat vernemen lassen, doch nit, als[12] ich bericht worden, on vor erlangte erlaubnüs von m.[13] Gnedigsten h.[14] von Coͤllen[15], damit er sich darin nit vergriffe, das er sich mit einem verdampten Lutherischen, wie sie vns halten, in gespreche inliesse. | *57/Hja* |

Wa von das erste gsprech mit Groppero

Solich gesprech aber ist nit erstlich von seiner Reformation, wie er wider sein gewissen schreybet[16], sonder von der Justification[17] zwüschen vns gehal-

1. geziehen.
2. genaueren.
3. zu bestimmten Annahmen gebracht.
4. s. oben S. 253, Anm. 2.
5. Magister.
6. Peter Medmann (1507–1584). Er stammte aus Köln und trat dort 1522 in die Laurentianer-Burse ein. 1526 studierte er in Wittenberg. Er war 1539 Lehrer der Neffen Hermanns von Wied. Er nahm als Kölner erzbischöflicher Rat 1539 am Religionsgespräch zu Frankfurt/M. teil, 1540 zusammen mit Hermann von Wied und Johannes Gropper auch am Religionsgespräch zu Hagenau. Er unterstützte den Erzbischof in seinen Reformbestrebungen. Die letzten Lebensjahre verbrachte Medmann in Emden. *Varrentrapp*, Hermann von Wied, S. 85 f. und passim; *Ennen*, Geschichte der Stadt Köln IV, S. 372, 393–395, 424, 468 und 788; *Berg*, Reformationsgeschichte, S. 66–70; *Jürgens*, Johannes a Lasco, S. 142 f., 163, 189, 327, 363 f. und 370; *Gropper*, Briefwechsel, S. 9, 287, 353 f., 370 und 375; *Klugkist-Hesse*, Leben und Wirken des Petrus Medmann.
7. sogenannten.
8. Ein entsprechendes gedrucktes Werk von Peter Medmann habe ich nicht nachweisen können.
9. tückisch, listig, boshaft. Frühneuhochdt. WB 1, Sp. 767.
10. dazu gebracht.
11. Bucer besuchte Johannes Gropper Anfang Februar 1542 in Köln in dessen Wohnung. *Lipgens*, Kardinal Johannes Gropper, S. 133; *Varrentrapp*, Hermann von Wied, S. 119 f.
12. wie.
13. meinem.
14. Herren.
15. Erzbischof Hermann von Wied.
16. *Johannes Gropper*, »Antwort und gegenberichtung« (s. oben S. 265, Anm. 9), Bl. xxxvia–xxxvijb.
17. Rechtfertigung. Zur Rechtfertigungslehre vgl. TRE 28, Sp. 282–364.

ten worden. Als er sich dann in dem[1] vernemmen ließ, als ob jm an vnser lehre in disem articel allein daran fehlete, das jn dauchte, wir lehreten nit gnuͤgsam vonn der gerechtigkeit, die der geist Christi jn allen wargleubigen würcket vnd anrichtet, redten[2] auch vom glauben dermassen, das die leüt verursacht würden, sich eines todten glaubens[3] zůgetroͤsten, erkleret ich jm vnsere lehre von der Justification, glauben vnd wercken, das best[4] ich kondte[5], damit ich jm anzeigete, das auch wir erkennen vnd lehren, das das new leben in Christo, vnserem Herren, die ware heiligkeit vnd gerechtigkeit, zum heil gentzlich von noͤten ist. Dann in Christo můß ja ein newe creatur[7], ein newer mensch, der in Gott geschaffen, sein mit warhaffter gerechtigkeit vnd heiligkeit[8], Jtem, das wir auch mit allen trewen lehren, das der glaub, durch den wir gerecht vnd selig werden, bey vns nit ein todt menschen gedicht[9], auch nit allein ein zeitliche, stucklechte[10] vnd zur widergeburt onkrefftige[11] erleuchtung Gottes seye, sonder ein beharrende, gantze vnd gewaltige erleuchtung deß h. geistes, durch den der mensch new geboren, Christo eingeleybet werde vnd Christum bey sich im hertzen wohnen habe.

Erklerung deß articels von der Justification

Gal. vj[15], Ephes. v[6]

Dabey aber sagt ich jm auch, das vnser streyt mit jnen – im articel der Justification – nit daruon were, Ob die newgeburt vnd gehorsame goͤttlicher gebott zum heil von noͤten seie, Auch nit, ob solche gehorsame jre herrliche verheissung vnd belonung von Gott habe Vnd ob sie als ein werck der gnaden Gottes vnd widergeburt den menschen wol troͤstet vnd das hertz freidig | *58/ Hjb* | mache – dann von dem allen hat er vil sprüch eingefuͤret-, sonder das aller streit zwischen vns darinn stůnde, ob wir vns der gerechtigkeit, die wir in vns haben von der newen geburt, wie hoch die jemer[12] kommen seye in diser zeyt, moͤchten im gericht Gottes, zů erlangen verzeihung der sünden vnd das ewig leben, getroͤsten, Oder ob diß getroͤsten vnd hoffnung deß ewigen lebens můsse allein vff dem verdienst vnd gehorsame stehn vnsers einigen erloͤsers vnd Heylands Jesu Christi, den er vns mit aller seiner gerechtigkeit geschenkket hatt[13].

Rom. viij

Dann weyl vnser gerechtigkeit in diser zeyt so gantz[14] nimmer würdt, das vns das gesatz Gottes, welches erfüllung aller gebotten vnd liebe Gottes von

1. dabei.
2. sprächen.
3. fides mortua, ein scholastischer Terminus technicus.
4. so gut.
5. so gut ich nur konnte.
6. richtig: Eph 4,24.
7. Vgl. Gal 6,15.
8. Eph 4,24.
9. Phantasie, Erfindung.
10. stückweise, in Stücken. *Lexer* 3, Sp. 1261 (mhd. stückeloht).
11. kraftlose, bedeutungslose. *Baufeld*, S. 236.
12. auch.
13. Vgl. Röm 8,30.32.
14. vollkommen.

gantzem hertzen fordert[1], nit beschuldige vnd verdamme, so bekenneten wir wie alle heiligen, das alle menschen, dieweyl sie hie leben, wie heilig vnd from sie jmer[2] werden, noch jmer zů Gott betten muͤssen: »Herre, nit gehe in das gericht mit deinem knecht, dann vor dir kein mensch, der hie lebet, würt gerechtfertiget«[3], Darumb sie allen trost vnd hoffnung jres heils setzen müssen vff vnseren Herren Jesum Christ, der die versoͤnung ist fuͤr vnsere sünde.

Niemand mag im gericht Gottes durch sein gerechtigkeit bestohn.

Dabei bekante ich jm aber auch, je steiffer[4] vnd volkomner die gleubigen jre hoffnung vnd trost also auff vnseren Herren Jesum koͤnden setzen, das sie so fil gentzlicher in jm sind vnd leben vnd er in jnen, das sie auch vnd[a] sie, so fil geht, gewaltiger fuͤret vnd treibet der h. Geist zů allem gůten, so fil sie getroͤster wandlen vor Gott, weil sie seine gnade vnd liebe so gewaltig ob[5] sich befinden[6], das sie auch den lohn Gottes so fil reichlicher einnemen vnd niessen in leiblichen vnd geistlichen gůteren Gottes, Aber das alles allein aus der freien gnaden vnd barmhertzigkeit Gottes vnnd durch den verdienst vnsers | *59/Hija* | Herren Jesu Christi, in dem wir zů der gnaden erwehlet sind, ehe der welt grund gelegt warde.

Also hab ich jm auch in den andern streittigen artikeln vnseren glauben vnd lehre dargethan vnd fuͤrbracht, als[7] von der kirchen vnd der kirchen regiment, von den Sacramenten vnd anderem kirchen dienst, in welchen er sich auch also vernemen liesse, als der gern wolte, das aller dienst vnd regiment der kirchen gebessert vnd zů warer auffbawung der gottsåligkeit wider angericht vnd geuͤbet wurde. Doch wie er sich im artikel der Justification jmmer dahin noch bearbeitete, wie er durch schein[9] der h. Schrifft vnd våtter sprüchen deß menschen vermoͤgen zum gůten vnnd sein recht thůn etwas hoͤher erhůbe, dan es der glaub Christi vnd die Gottes gerechtigkeit dulden mage, Also bearbeittet[10] er sich auch jn disen artikelen, wie er durch schein der Schrifft vnd våtter jre gemeine[11] verfaßte[12] gewalt[13] vnd jurisdiction der Bischouen vnnd ander Prelaten vber die kirchen diener vnd gemeinden Christi vnd deß Papsts zů Rom vber alle Bischoue, Kirchen vnd besondere[14] Christen vil groͤsser mechte,

Was fehl[8] der Gropper in der lehr Christi erzeiget.

a) vnd sie, so vil geht: im Text steht: so vil. Textkorrektur aus dem Druckfehlerverzeichnis übernommen (s. unten S. 349,15).

1. Vgl. Dtn 6,5; Dtn 6,17.
2. auch.
3. Ps 143,2.
4. fester, unentwegter.
5. über.
6. erfahren, erkennen. Frühneuhochdt. WB 3, Sp. 486–488.
7. wie.
8. Mangel.
9. (falschen) Beweis.
10. bemühte, befleißigte.
11. allgemeine.
12. festgelegte, definierte.
13. Freiheit, Vollmacht.
14. einzelne.

dan es das Reich Christi leiden mage, Auch jre einbrachte mißbreuch in den Sacramenten vnd kirchen uͤbungen mit falschem entschuldigen vnd vergeblichem deuten mehr ferbete[1] vnd schmuckete, dann es bey dem waren Gottsdienst vnd anbetten bestohn mage, das im geist vnd der warheit[2] geschehen můß.

Noch[3] redt er von dem allen gar glimpfflich vnd ließ sich dauon vil vernemen, wie gern er ein Reformation der kirchen wolte sehen, also das ich jn hielte vor einen, den der geyst goͤtlicher forcht hette troffen. Weil dann nit moͤglich ist, das die zur kindschafft Gott | *60/Hijb* | erwehlet vnd verordnet vnd schaffe Christi seind nit auch zů gentzlicher annemung goͤtlicher kindtschafft vnd in den einigen[4] schaffstal vnd zů der einigen herde Christi durch das h. Euangeli zů seiner zeyt solten bracht werden, hab ich jn als einen, der zum Reich Christi gehoͤre vnd schaff Christi seie, liebgewonnen vnd hette jm gern die hinndernuß vnd anstoͤß, so mich dauchten, jme vnserthalben im wege ligen, das er sich noch nit zů der lehre vnd gehorsame Christi gentzlich kondte begeben, helffen auß dem wege thůn.

Waran fromme leut im Papstumb etwan hangen.

Dann er sich damals – vnd hernaher noch vil mehr – liesse vernemmen als ob jn nichts mehr irrete, dann das er der alten kirchen vnd Vaͤtter lehr vnd gebreuche hoͤher hielte, dann es der Maiestet Christi vnd authoritet der h. Schrifft gemeß war, vnd verstůnde sie doch nit recht, Jtem, das er der gerechtigkeit, so in vns sein solle, mehr zů gabe, dann es der gerechtigkeit Christi leidlich, das er sich auch neben der warheit beredt[5] hatte, wie wir solche eigen gerechtigkeit der kinder Gottes nit gnůgsam lehreten vnd darzů anhielten, Jtem, das er die gemeinschafft mit allen genanten Christen[6] in eusserem thůn vnd die gehorsame, den Bischouen vnd dem Papst zůleisten, mehr achtete, dann die gemeinschafft vnd gehorsame Christi duldet, vnd das er vnseren theyl verdacht[7] hat, alß der alle ordnung vnd rechtmessige gehorsame der Prelaten fliehe vnd schewe, Jtem, das jm auch das herlich geprenge der so vilen zeychen vnd deuttenden worten vnd geberden vnd eusserer zierden im kirchen dienst bass[8] gefiele, dann es die herlicheyt des Creutzes Christi vnd einfalt des glaubens Christi, auch das war anbetten des Vatters im geyst vnd in | *61/Hiija* | der warheyt[9] ertragen moͤge, Vnd das er auch vns darfur hielte als die allen alten kirchen gebreuchen vnd vbungen fur sich selb entgegen vnd zůwider weren.

An disen stucken allein erzeiget er sich wol noch hangen[10], bewise sich aber

1. fälschte. *Götze*, S. 75.
2. Vgl. Joh 4,23.
3. Dennoch.
4. einem.
5. sich … beredt: sich … eingeredet. Frühneuhochdt. WB 3, Sp. 1369 f.
6. die Christen genannt werden.
7. im Verdacht.
8. besser.
9. Joh 4,23.
10. An diesen Dingen erwies er sich als wohl noch hängend.

doch in worten vnd geperden, als ob er Gott warlich vnd nit die welt foͤrchtete, sein vertrawen vff Christum, den Herren, gentzlich setzete vnd nit vff der welt macht vnd gunst, das er auch nach eigner fromkeit würcklich eyfrete, nit nur mit vergeblichen worten daruon disputierte Vnd ein solche gehorsam, zůcht, ordnung vnd zierde der kirchen begerte wider vffgericht zů werden, die zů gewisser[2] wider vffrichtung vnd steter erbawung des reychs vnsers Herren Jesu Christi bey vns thåtlich[3] beforderlich were nit die allein dazů dienet, das sie, die genanten[4] geystlichen, in jrem kirchen raub vnd Tyranney in so grewlichem můtwillen vnd feygkeit onbetrůbet vnd aller kirchen dienst mit einem Jüdischen vnd Heydnischen gepreng vnd laruen werck[5], ja mit greulichem hone vnd gespoͤtt Goͤttlicher Maiestet verrichtet[a] wurde.

Was vi[1] Papstumb behalt.

Dann ich von jm vernommen, das er ein züchtiges vnd arbeitsams leben fürete, So befand ich jn inn goͤttlicher schrifft vnd den Våttern wol belesen, So hat ich auch gehoͤrt, das er die schweren sacrilegia so viler Canonicaten vnd pfarren, die er, wie andere, durch eigen vnd fleischlich gesuch[6], dienst vnd gunst vnd nit allein vmb vnd zů erbawung der kirchen vnd darumb Simoniace[7] bekommen hat, wolte von sich thůn vnd sich ein mal an den war priesterlichen dienst der predig goͤttlichs worts vnd seelsorge gentzlich begeben[8]. Zů dem hat ich auch gehoͤrt, wie er bei | *62/Hiijb* | meim gnedigsten Herren von Coͤllen, der, wie zum friden Deutscher Nation also auch zur Christlichen Reformation der kirchen gantz wol geneigt, berhůmet warde, wie es sich auch im werck befunden, ein gros ansehen hatte. Dann sein Churf. G. noch nichts mit mir geredt hatt, wie D. Gropper neben der warheyt wie anders[9] furgegeben. Diese vnd keine andere vrsachen haben mich ins Groppers kundtschafft[10] bracht, vnnd das ich deren so weyt nachgesetzet vnd, so offt gern zů jm kommen bin, erhalten vnd fürtgetrieben. Das weiß der allmechtig Gott.

Der gůte schein Groppers

Vil der vnseren haben mich zeytlich[11] vor jm verwarnet. Weil ich aber ye nit alle, die noch vnder des Papsts Tyranney stecken, fur verworffene geschirr[12] goͤttlichs zorns[13] halten solle vnd auch teglich sehe, wie der gütig Gott von die-

a) verrichtet wurde: im Text steht: verrichten. Textkorrektur aus dem Druckfehlerverzeichnis übernommen (s. unten S. 349,15–16).

1. an Kraft.
2. glaubwürdiger.
3. durch die Tat. *Grimm* 21 (=XI,1,1), Sp. 320f.
4. angeblichen, sogenannten.
5. Maskenspiel, Schauspiel.
6. Nutzen, Selbstsucht.
7. auf simonistische Weise.
8. hingeben.
9. sonstwo, anderes auch.
10. Bekanntschaft.
11. beizeiten.
12. Gefäße.
13. Vgl. Röm 9,22.

ser zerstrewung imer etliche, gelerte vnd ongelerte, zů seiner herde berüffet vnnd bringet Vnd auch Gropper taͤglich mehr anzeige gab eines gůten willens zur besserung der kirchen, wuste ich von jm nit zůlassen, War mir auch ein gerings, jm in sein herberg[1] nachzůgehn, ob er gleich sich des gegen mir als ein grosser prelat maͤssigte[2]. Dann ob ich schon seer groß were gewesen, so hab ich mich doch desto mehr gegen yederman sollen demütigen vnd mich gern zum dienst begeben allen denen, an welchen ich besserung verhoffte.

Vnder disem vnserem zůsamen kommen hat mir Gropper ja das Bůch seiner Reformation[3] vnd ich jm dargegen das ich vber die Epistel Pauli zun Roͤmern geschriben geschencket[4]. Ob er aber mich von seiner Reformation gefraget, wie mir die gefiele, vnd ob ich jm geantwortet habe, wolte nur Gott, das sol- | *63/Hiiija* | lich Reformation bey den seinen so weyt erhalten vnd ins werck bracht were, des weyß ich mich in der warheyt nit zů erinneren. Aber ich wolt nochmals Gott betten, das ja er selb, der dise vermeinte[5] Reformation beschriben, vnd sein gantzer paͤpstlicher hauff so weit weren kommen, das sie sich nach diser Gropperischen Reformation thaͤtlich hetten gereformieret. Dann[6], ob sie wol darbey noch eben weyt weren von der waren reformation Christi (dan[7] der Gropper vil saurteigs der gleyßnerey vnd menschlicher klůgheyt den alten Canonibus hat eingemischet, wie er selb bekennen můß), noch[8] het[9] er dennoch auch so vil gůts auß dem Gottes wort vnd den Canonibus recht einbracht, das nit zů zweyflen, welchen der Herre so weyt vom Antichristenthumb geholffen hette, die würde er gewißlich vollent in sein Reich bringen.

Von des Groppers Reformation

1. Groppers Wohnung in Köln (vgl. oben S. 297, Anm. 11).
2. sich zurückhielt, sich enthielt.
3. Es dürfte sich um die folgende Schrift Groppers handeln: *Johannes Gropper*, »Reformatio, adiectis aliquot, tum veteribus iam restitutis et repurgatis, tum novis Statutibus et Ordinationibus, Omnibus iurisdictione sprituali uti volentibus apprime utilibus et necessariis«, Köln: Peter Quentell, Februar 1529. *Lipgens*, Kardinal Johannes Gropper, S. 224. Exemplar in Düsseldorf ULB. Ein Teil dieser Schrift erschien neun Jahr später in deutscher Übersetzung: *Johannes Gropper*, »Des Ertzstiffts Cölln Reformation dere weltlicher Gericht, Rechts und Pollicei«, Köln: Peter Quentell, 1538. VD 16 K 1740. Exemplare u. a. in Berlin SB, Göttingen SUB, Halle/S. ULB, Jena ULB, Kiel UB, London BL, Paris BNF, Rostock UB.

Um Johannes Groppers nicht nachweisbare Schrift »Begriff einer Reform«, die erst am 9. Januar 1543 im Namen des Domkapitels dem Erzbischof überreicht wurde, kann es sich hier nicht handeln. *Lipgens*, Kardinal Johannes Gropper, S. 224–226; *Deckers*, Hermann von Wied, S. 91, Anm. 1; *Varrentrapp*, Hermann von Wied, S. 176; *Schlüter*, Die Publizistik, S. 22 und 86f.
4. *Martin Bucer*, »Metaphrases et enarrationes perpetuae epistolarum D. Pauli Apostoli … Tomus primus. Continens metaphrasim et enarrationem in Epistolam ad Romanos«, Straßburg: Wendel Rihel, 1536. VD 16 B 8899. Exemplare u. a. in Basel ÖB, Coburg LB, Jena ULB, Paris BNF, Wolfenbüttel HAB.
5. sogenannte.
6. Denn.
7. weil.
8. dennoch.
9. hatte.

Da nu die Gropperische Reformation souil von den regulen des h. Geists vnnd der kirchen herfür bringt, das man, wa die wider gelten solten, niemant zů einigem kirchen dienst würde vffnemen oder drinn gedulden müssen, dann der gottsfoͤrchtig, eins onstrefflichen lebens vnnd seinen dienst zůuerrichten, tauglich were, Man müste auch keinem mehr dann ein Prebende[1] lassen, damit würde man wol zehen vnd noch mehr recht nutzlicher kirchendiener halten moͤgen vonn denen Prebenden, die Gropper, seine bruͤder vnd diener genossen haben vnnd niessen, die doch alle die geringste dorfpfarre nie ein monat mit dem waren kirchendienst haben versehen, Also müßten auch die kirchendiener alles, was sie in den kirchen handlen, dem volck erkleren vnd für sich der heil. Schrifft vnd gebett tag vnnd nacht obligen, Auch | *64/Hiijb* | allen kirchendienst mit ernst vnd andacht vnnd allein vmb Gottes willen, alles Simoneyisch[2] gewerb vnd gesuch verdammet vnd abgeschaffen[3a], verrichten.

Was gůts in Groppers Reformation

Welche nun die besserung so weyt angenomen vnd also dise schweristen hindernüssen zum reich Christi, die Sacrilegia der vilen pfrunden vnd andere kirchen onuerdienten vnd Simoneyischen genieß[4], mit aller onzucht vnd ergerlichem leben von sich geworfen vnd sich zum lesen goͤttlicher Schrifft zum gebet vnd gottseligem wandel vnnd getrewen dienst der kirchen hetten begeben, welches alles die Gropperische Reformation fordert, wie solte der Herre solchem nit bald forthelffen auch von dem übrigen mißuerstandt vnd mißbrauch in lehre, Sacramenten vnd anderen uͤbungen, die Gropper in seinem bůch[5] noch mit eingemischet hat?

Aber Gropper vnd sein hauff wolten wol schon von Reformationen schreyben, doch solchs mit dem wenigsten[6] finger nit angreiffen. Der kirchen gütter wuͤrde vnd herrlichet[7] wollen sie haben vnnd behalten vnd aber der kirchen drumb im wenigsten nit dienen. Vnd so wir vff ein thåtliche Reformation tringen, muͤssen sie erdencken, was sie künden, dadurch sie vnser Reformation an lehre, Sacramenten vnd kirchenzucht schelten vnd lesteren, damit sie ein schein[8] haben, sich deren zů erwehren vnnd alle würckliche Reformation also imer vffzůschieben vff jre Concilia vnd zů erkantnuß vnd ordnung deren prelaten schieben, denen sterben als[9] leydlich ist als solche war vnd würckliche Reformation. Souil von der Hagenawischen handlung[10] mit Groppern. Nun vonn der Wormischen handlung. | *65/Jja* |

a) Drf. abgesthaffen.

1. kirchliche Pfründe.
2. (unsauberen) Handel mit kirchlichen Ämtern und Pfründen treibend.
3. untersagt, verboten. Frühneuhochdt. WB 1, Sp. 308–310.
4. und andere unverdienten Kirchen- und simoneischen Unterhalte (Pfründe).
5. s. oben S. 302, Anm. 3.
6. kleinsten.
7. Glanz, Pracht.
8. Vorwand. *Götze*, S. 186.
9. als … als: ebenso … wie.
10. Verhandlungen in Hagenau im Jahre 1540 (s. oben S. 253, Anm. 2).

Handlung zů Worms[1]

ALs man nun gohn Worms kommen vnnd die Theologen Groppers teyls sich auch vnder sich selb nit kondten vergleichen[2], wie vil jr ettliche des Maluesiers[3] morgens truncken vnd des zuckers assen, da bin ich, wie ich zů Hagenaw angefangen, allemal zů Gropper kommen, freuntlich gesprech mit jm gehalten. Jn dem hat er an mich vnd ich nit an jne – das weyß Gott vnd er wol – gesunnen[4], das D. Capito[5] selig vnd ich mit jm in beysein des vorgenanten h. Secretari Gerardi[6] solten von allen streitigen articlen vnser religion nach ordnung red haben vnd weg vnd mittel sůchen, wie die zů gleichem[7] verstand möchten gezogen werden, ob filicht das etwan dahin gerahten möchte, das es zů gemeiner vergleichung[8] dienete. Wiewol nun wyr, D. Capito selig vnd ich, vns schuldich wusten, einem yeden vnseren glauben zů bekennen vnd zů rechtem verstand christlicher lehre gern zů dienen, bey dem wyr des einige[9] besserung mochten hoffen vnd vns auch zů disen zweyen souil guts versahen, das wyr gůter hoffnung waren, sollich gesprech vnd handlung mit jnen würde on besserung nit abgohn, Noch haben wir in solich gesprech nit bewilliget[10] on vorgehapten rhat zweyer furnemer männer von den gesandten vnsers theyls[11], Dann wir dannoch auch sorg hatten, weyl man von Key. Mai. gohn Wormbs beschriben[12] war[13], ein gemein[14] gesprech mit den andern Stenden zůhaben, vnser besonder gesprech möchte etwann ein anstoß oder hindernüß an mehrem gůten bringen, Weyl vns aber | *66/Jjb* | beyde[15] Gropper vnd gedachter[16] Secretari[17] vertrosteten, das dis

1. Religionsgespräch zu Worms 1540/41 (s. oben S. 253, Anm. 3).
2. gleich machen, in Einklang bringen.
3. Rotwein aus Griechenland und Süditalien (vor allem aus der Gegend von Neapel und aus Sizilien).
4. an mich ... gesunnen: mich (darum) angegangen, (folgendes Ansinnen) an mich gestellt. *Lexer* 2, Sp. 934.
5. Wolfgang Capito (1481–1541). Er wirkte von 1523 an in Straßburg und arbeitete eng mit Bucer zusammen. Er nahm gemeinsam mit Bucer 1528 an der Berner Disputation und 1540/41 an den Religionsgesprächen von Hagenau und Worms teil. Zusammen mit Bucer arbeitete er 1530 die »Confessio Tetrapolitana« aus. Bucer heiratete im April 1542 Wibrandis Rosenblat, die Witwe Capitos. TRE 7, S. 636–640; *Greschat*, Martin Bucer (passim); *De Lange*, Martin Bucer, S. 24 und 33 f.; *Baum*, Capito und Butzer.
6. Gerhard Veltwyck (s. oben S. 289, Anm. 3).
7. einheitlichem.
8. Ausgleich, Übereinstimmung.
9. irgendwelche.
10. eingewilligt.
11. Am Wormser Religionsgespräch nahmen dreißig evangelische Theologen teil. Aufzählung der Namen mit Kurzbiographie bei *Neuser*, Die Vorbereitung, S. 52–65.
12. zum Kommen aufgefordert, vorgeladen. Frühneuhochdt. WB 3, Sp. 1747 f.
13. Kaiser Karl V. lud die Protestanten auf den 15. August 1540 nach Worms ein.
14. gemeinsames, allgemeines.
15. beyde ... vnd: sowohl ... als auch.
16. erwähnter.
17. Gerhard Veltwyck (s. oben S. 289, Anm. 3).

vnser besonder gesprech solte on alle gefahr vnd meniglich[1] onuergrifflich[2] sein vnd also, wa[3] kein besunder nutz, doch auch niemand einigen[4] nachteil bringen, haben wir nit sehen koͤnden, mit was glimpff[5] wir jnen, D. Groppern vnd dem Secretario, solich gesprech hetten kuͤnden abschlagen.

Also haben wir vns jm nammen des Herren mit jnen in D. Groppers herrberg[6] vnd jn beisein deß Secretari jn begertes gesprech begeben, sind ettlich tag zů gelegnen stunden zůsamen kommen vnd von allen streitigen artickeln freundtlich gehandelt, doch mit solchem geding[8]: Erstlich, das alle handlung vnder vns solte behalten vnd dauon nieman vberal[9] etwas eroͤffnet werden weiter, dann wirs jn gemein fůr besserlich ansehen vnd einander zůgeben; Zum andern, das wir in solchem gesprech jeder seinen glauben solten einfeltig darthůn vnd trewlich anzeigen, was[a] ieder artickel koͤnde[10], was er von jeden articklen hielte vnd wie er meinte, das er koͤnde zů gleichem verstandt gezogen werden, vnd das doch sollichs weder vns noch andern solte vergrifflich[11] oder bindig[12] sein.

Verding[7] des wormischen gesprechs

Daruff haben wir zur handlung griffen[13] vnd von einem streittigen artickel zum andern gehandlet vnd die vergleichung[14] gesůchet. Dan wie nur ein Gott vnd ein wort vnd lehr Gottes ist vnd der Herre seinen h. Geist, der in alle warheit leittet[15], allen, die jn darumb von hertzen bitten, verheissen, also ists nit moͤglich, das sich recht gottsfoͤrchtige leut die Gottes lehre aus seiner h. Schrifft jn der warheit vnd mit recht gottsåligem fleis vnd freundtlichem vnderrichten sůchen, sich nit bald solten – nemlich[16] in allen zum heil notwendi- | *67/Jija* | gen articklen – moͤgen[17] vergleichen vnd einander zů dem einigen[18] rechten verstand des h. Geists fruchtbarlich dienen.

Gottes kinder müssen sich durch christlich vnderrichtung endtlich koͤnden in der religion vergleychen.

a) was ieder artickel koͤnde: Textergänzung aus dem Druckfehlerverzeichnis übernommen (s. unten S. 349,16).

1. jedermann.
2. ohne Präjudiz.
3. wenn.
4. irgendeinen.
5. Berechtigung.
6. Groppers Wohnung in Köln (s. oben S. 297, Anm. 11).
7. Vertrag.
8. Bedingung.
9. irgendwo.
10. wohl vermöge.
11. vorgreifend.
12. bindend, verbindlich.
13. Die in Worms anwesenden evangelischen Theologen kamen im November 1540 zu sieben Vorgesprächen zusammen. *Neuser*, Die Vorbereitung, S. 41–51.
14. Ausgleich, Übereinstimmung.
15. Vgl. Joh 14,13–14; Joh 16,13.
16. vornehmlich, insbesondere.
17. können.
18. einen.

Wie D. Capito vnd Bucerus mit Gropper gehandlet.

Nůn in disem gesprech hat Gropper ja allerlei von der materi fuͤrbracht, die er in seinen articlen, die er mir felschlich zůlegt[1], als ob ich jm die bekennet vnd gestanden hette, vermeldet. Aber D. Capito[2] selig vnd ich haben jm allemal in solchen articklen frei[3] vnd clar angezeiget, was wir in solchen seinen gedancken fuͤr christlich vnd der Schrifft gemeß oder nit, was wir auch zů christlicher vergleichung dienstlich oder ondienstlich hielten.

Von der autoritet der kirchen gegen der h. Schrifft

Gropper macht aus der gabe des h. geist ein gewalt, denn er herschet gern.

Alß in seinem ersten articul von christlicher vnd Catholischer kirchen lehre haben wir jm gern gestanden, das Gott seine kirch erst mit mündtlichem wort berůffen vnd jr die h. Schrifft darnach gegeben; Jtem, das er seiner kirchen auch die gab vnd authoritet verluhen habe, das sie die war gőtlichen Schrifften vor den falschen recht vnd zů besserung der nachkommenden vnder scheiden vnd den canonem Scripturarum wol vnd bestendig erkennet, den auch in allen haupt- vnd notwendigen articlen recht vnd heilsam verstanden hat; Jtem, das man den rechten verstand der Schrifften bei der allgemeinen waren kirchen Christi sůchen vnd nemen solle.

Diß alles haben wir jm gern zů gůtem verstandt bekennet vnd bestanden, Haben jm aber darbei auch angezeigt vnd bekennet, das Gott dise gabe seins h. Geists, seine Schrifften vor frembden zů vnderscheiden vnd recht zů verstohn, seiner kirchen vnd gemeinden verluhen habe vnd noch verleihe in denen vnd durch die seine diener, die er darzů erwehlet, vnd das sollich gabe an keine personen oder stůl[4] gebunden seie, das auch der Herre Christus allein seinen heiligen Geist, seinen waren glidern vnd jüngern verheissen habe, Nit solchen seinen ergsten feinden, wie der Papst vnd sein hauff ist, Ob er gleich ettwann[5] auch den falschen kirchen dienern | *68/Jijb* | solche gabe mitteilet. Jtem haben jm auch angezeigt, ob man wol bey den kirchen vnd allen kirchen lehrern den verstandt der Schrifft sůchen vnd annemmen solle, das doch aller menschen lehre durch die h. Schrifft beweret[6], vnnd die ware auslegung der Schrifft, vom h. Geist erbetten, vnd aus der Schrifft selb fürnemlich genommen werden solle.

Ein gantz widerwertige vnd falsche red Gropperi

Diß alles, so wir jm in disem vnd andern artickeln von der waren vnd gantzen lehr Christi haben furbracht, das lasst Gropper dahinden. Vnd was er damals vnd seither darwider erdichtet, das gibt er fuͤr, als ob wir jm sollichs alles weren gůt gewesen vnd von jm on einigs[7] widersprechen oder erkleren hetten angenommen.

Er erzelet auch hie[8] vnder anderem, das ich jm solle gestanden haben, das

1. *Johannes Gropper*, »Antwort und gegenberichtung« (s. oben S. 265, Anm. 9), Bl. vija–xxxiijb.
2. Wolfgang Capito (s. oben S. 304, Anm. 5).
3. offen.
4. Thron, Lehrstuhl, Papst- und Bischofsstuhl.
5. gelegentlich.
6. bewiesen, belegt.
7. irgendein.
8. *Johannes Gropper*, »Antwort und gegenberichtung« (s. oben S. 265, Anm. 9), Bl. vija–viijb.

die authoritet, die h. Schrifft auszůlegen, bei keinem sondern[1] menschen, sonder bei der allgemeinen kirchen vnd bei dem gemeinen[2] einhelligen verstandt[3] aller gottseligen vätter zůsůchen seie. Welcher Christ köndte aber ein solche rede gedulden? Der h. geist gibt ja seiner kirchen die gabe, die h. Schrifft auszůlegen, anders nit dann durch besondere menschen, wie S. Peter, S. Paulus vnd dergleichen gewesen vnd jre ware nachkommen sind. Warumb solte man dann die gabe, die h. Schrifft auszůlegen, nit bei sondern menschen, aber[4] doch glider der kirchen Christi sůchen, Doch das man die vor allem von dem h. Geist erbette vnd aus der h. Schrifft anneme! Man findt ia die allgemeine kirch, das ist: alle gottsgleubigen, so von anfang der welt gewesen vnnd noch sind, nierget bei ein[5] versamlet, das man sie vmb solche auslegung der Schrifft könde ansůchen. Wer wolt dann auch einem jeden Christen geben, aller gotseligen vätter schrifften zů lesen vnd zůsehen, warinn sie mit ein[6] oder nit mit ein stimmen? | *69/Jiija* |

Der verstandt der schrifft můß allein von sonderen menschen, aber waren dienern der kirchen genommen werden.

Aber dann ists dem Gropper der allgemeinen kirchen auslegung, wann sie seinem Papst vnd deß hauffen gemeinlich gefellet, das ist: dienet zů ferben[7] vnd zů erhalten alle jre verkerung[8] der Religion, tyrannei vnd můtwillen.

Vff dise weiß hatte ich vor, in allen denen articklen, die Gropper fůrbracht hat, als jm von mir zů Worms bekennet vnd die Catholischer lehre sollen nit ongemeß sein, darzů thůn, was ich in der warheit bekennet vnd gestanden habe, auch noch bekenne vnd gestande vnd was nit, Deßgleichen auch, was in den gegen articklen, die er einbracht hat als die meiner vorigen bekantnus vnd Catholischer leere sollen widerwertig sein, mein glaub vnd lehre seye vnd was sein, deß Groppers, zůgelegten calumnien vnd falsch verkeren seie. Als ich aber dise artickel beide[9] die er als Catholischer lehre nit ongemeß vnd die er als Catholischer lehre widerwertig dargibt vnd mir zůschreibet eigentliche[10] besehen, So befinde ich, das dise artickel alle anders nichs seind dann sein vnd seiner deputaten tandt[12] vnnd calumnien, die sie wider das christlich Bedenkken von gottseliger Reformation m. G. H.[13] von Cöllen, jres Ertzbischoues, in jrem vermeinten[14] Gegenbericht haben fürbracht, vff den sich auch Groperus offentlich referiert[15].

Verantwortung m. gnedigsten H. von Cöllen wider den Gegenbericht[11] vermeinter Clerisei im truck ausgangen

1. einzelnen.
2. gemeinsamen, allgemeinen.
3. Auffassung, Verständnis.
4. freilich.
5. (alle) beieinander.
6. überein.
7. fälschen.
8. Verdrehung, Verfälschung.
9. beide … vnd: sowohl … als auch.
10. eigens, genau.
11. *Johannes Gropper*, »Antwort und gegenberichtung« (s. oben S. 265, Anm. 9).
12. Geschwätz. *Baufeld*, S. 47.
13. meines gnädigen Herren.
14. sogenannten.
15. bezieht.

Weil dann aller diser Groppers tandt vnd calumnien der gesunden lehre Christi grundtlich vnd allen porten der hellen[1] vnwiderleglich verlegt[2] vnd refutiert[3] sind in der Verantwortung deß gemeldten Bedenckens von christlicher Reformation deß Hochwürdigsten m. G. Herren von Cöllen jüngst im truck ausgangenn[4], So habe ich hievon in diser schrifft nit wöllen weiter wort verlieren, sonder den christlichen leser zů der selbigen verantwortung weisen, da er reichlich findet, was ich in dem allen gestande[5] vnd nit gestande, für christlich vnd onchristlich erkenne vnd | *70/Jiijb* | halte. Dann wie wir einen Christum, also haben wir auch eine lehr Christi alle, die jn, vnseren einigen erlöser vnd meister, in der warheit erkennen. So gebrauchen auch Gropper vnd alle, die die lehre Christi vnder dem namen Christi anfechten, fast einerley[6] alefantzen[7] vnd falsch wider vns, weil sie alle die einige[8] lehr Christi anfechten.

Darumb wiltu, christlicher leser, eigentlich[9] vernemmen, was ich Groppern vnd meniglich[10] von allen denen articklen, die er mir zůschreibet[11] vnd eins teils Catholischer lehre nit ongemeß, eins teils widerwertig machet, je bekennet, auch im Stifft Cöllen vnd sunst geleret habe vnnd mit mir alle ware christen vnd christliche kirchendiener bekennen vnd lehren, auch was grundt das alles habe in göttlicher Schrifft vnd aller waren kirchen lehre, so besihe die nachuolgenden ort in gemelter Verantwortung[12].

Von dem ersten artickel (von christlicher vnd Catolischer kirchenlehre)[13] besehe die Verantwortung[14] vber die drey ersten Klagen des Gropperischen Gegenberichts.

Vom ij. artickel (von der Erbsünde)[15] besehe die verantwortung[16] der iiij. Klage.

1. Hölle. – Vgl. Mt 16,18; Jes 38,10.
2. widerlegt.
3. zurückgewiesen.
4. *Martin Bucer*, »Bestendige Verantwortung auß der Heiligen Schrifft vnd war Catholischer Lehre ...«, Bonn: Laurenz von der Mülen, 1545. VD 16 K 1732. Exemplare u. a. in Basel ÖB, Bonn ULB (3 Ex.), Emden JALB, Gotha FLB, Schaffhausen StB, Tübingen UB, Wolfenbüttel HAB. Diese Schrift Bucers wird in BDS 11,3 ediert.
5. zugestand.
6. durchaus dieselben.
7. Gaunereien, Betrug.
8. eine.
9. genau.
10. jedermann.
11. *Johannes Gropper*, »Antwort und gegenberichtung« (s. oben S. 265, Anm. 9). *Schlüter*, Die Publizistik, S. 125 f. und 212 f.; *Varrentrapp*, Hermann von Wied II, S. 28–48. Teiledition dieser Schrift (Bl. 7a–19a) in BDS 9,1, S. 484–501.
12. *Bucer*, Verantwortung (s. oben S. 308, Anm. 14).
13. *Johannes Gropper*, »Antwort und gegenberichtung« (s. oben S. 265, Anm. 9), Bl. vija-viijb. BDS 9,1, S. 484–486.
14. *Bucer*, Verantwortung (s. oben S. 308, Anm. 4), Bl. Ia-XXIIIa.
15. *Johannes Gropper*, »Antwort und gegenberichtung« (s. oben S. 265, Anm. 9), Bl. viijb–ixb. BDS 9,1, S. 486 f.
16. *Bucer*, Verantwortung (s. oben S. 308, Anm. 4), Bl. XXIIIa-XXVIIa.

Vom iij. (von der rechtfertigung)[1] die verantwortung[2] der viij. Klage.

Vom iiij. (von gůten wercken)[3] in der verantwortung[4] der ix. vnd x. Klage.

Vom v. artickel (vom freyen willen)[5] hab ich meinen glauben gnůgsam dargethon in dem ersten vnd Bericht[6] vnd anderen[a] vertedigung meiner predig zů Bonn[7].

Vom vj. artickel (von der Bůs predig vnd bůs nach dem tauff)[8] in der verantwortung[9] der vij. Klagen.

Vom vij., viij. vnd ix. artickel (von der kirchen vnd jrer warzeichen, deß worts vnd Sacramenten)[10] in der verantwortung[11] vber die xj. Klage.

Vom x. (vom Tauff)[12] in der verantwortung[13] der xxj. Klage. | *71/Jiiija* |

Vom xj. artickel (von der Confirmation)[14] in verantwortung[15] der xxij. Klage.

Vom xij. artickel (Vom Sacrament des Leibs vnd Blůts Christi)[16] Jm ersten stuck vnd letsten theyl deß fünfften stucks, fol. 10. 142. der Verantwortung[17] vber die xxiij. Klage.

a) anderen: fehlt im Text. Textergänzung aus dem Druckfehlerverzeichnis übernommen (s. unten S. 349,16).

1. *Johannes Gropper*, »Antwort und gegenberichtung« (s. oben S. 265, Anm. 9), Bl. ixb–xa. BDS 9,1, S. 487f.
2. *Bucer*, Verantwortung (s. oben S. 308, Anm. 4), Bl. XLa-XLVIb.
3. *Johannes Gropper*, »Antwort und gegenberichtung« (s. oben S. 265, Anm. 9), Bl. xa. BDS 9,1, S. 488.
4. *Bucer*, Verantwortung (s. oben S. 265, Anm. 9), Bl. XLVIb-LIIIb.
5. *Johannes Gropper*, »Antwort und gegenberichtung« (s. oben S. 308, Anm. 4), Bl. xa–xb. BDS 9,1, S. 488f.
6. Die Erste Verteidigungsschrift »Was im Namen des Heiligen Euangeli vnsers Herrenn Jesu Christi ietzund zů Bonn jm Stifft Cőllen gelehret vnnd geprediget würdt«, Bonn: Laurenz von der Mülen, 1543 (Edition in BDS 11,1, S. 19–131). Bl. b2a. BDS 11,1, S. 34,16–26.
7. *Bucer*, Zweite Verteidigungsschrift, Bl. xvija–xvijb. Edition in diesem Band, S. 31–247.
8. *Johannes Gropper*, »Antwort und gegenberichtung« (s. oben S. 265, Anm. 9), Bl. xb–xja. BDS 9,1, S. 489f.
9. *Bucer*, Verantwortung (s. oben S. 308, Anm. 4), Bl. XXXIIIa-XLa.
10. *Johannes Gropper*, »Antwort und gegenberichtung« (s. oben S. 265, Anm. 9), Bl. xjb–xijb. BDS 9,1, S. 490f.
11. *Bucer*, Verantwortung (s. oben S. 308, Anm. 4), Bl. LXXXa-LXXb.
12. *Johannes Gropper*, »Antwort und gegenberichtung« (s. oben S. 265, Anm. 9), Bl. xijb–xiija. BDS 9,1, S. 491f.
13. *Bucer*, Verantwortung (s. oben S. 308, Anm. 4), Bl. XCVIb-CVIIIb.
14. *Johannes Gropper*, »Antwort und gegenberichtung« (s. oben S. 265, Anm. 9), Bl. xiija. BDS 9,1, S. 492.
15. *Bucer*, Verantwortung (s. oben S. 308, Anm. 4), Bl. CVIIIb-CXa.
16. *Johannes Gropper*, »Antwort und gegenberichtung« (s. oben S. 265, Anm. 9), Bl. xiija–xiijb. BDS 9,1, S. 492f.
17. *Bucer*, Verantwortung (s. oben S. 308, Anm. 4), Bl. CXb-CLVIb.

Vom xiij. Artickel (Von der Transubstantiation[1] vnd geistlicher niessung[2])[3] in der Verantwortung[4] deß achten stucks der xxiij. Klage.

Vom xiiij. Artickel (Von dem Canon der Messen)[5] in verantwortung der xxiij. Klage vom fol. 198 biß ins fol. 229[6].

Vom xv. Artickel (Von den Messen on Communicanten)[7] in der selben verantwortung vom fol. 143 an biß ins 154[8].

Vom xvj. Artickel (von beyder gestalt deß h. Sacraments)[9] Jn der selben verantwortung vom fol. 132 biß ins 142[10].

Vom xvij. vnd xviij. Artickel (Von der Bůß, Absolution vnd Beycht)[11] Jn der verantwort[12] der xxiiij. Klage.

Vom xix. Artickel (von der Ordination oder Weyhung)[13] in der verantwortung[14] der xxvj. Klag.

Vom xx. Artickel (Vonn der heiligenn Ehe)[15] Jn der verantwortung[16] der xxvij. Klage.

Vom xxj. Artickel (Von Salbung der Krancken)[17] Jn der verantwortung[18] der xxviij. Klage.

Vom xxij. vnd xxiij. Artickel (Von den alten Ceremonien vnnd gepreuchen der h. Kirchen bei reichung der h. Sacramenten vnd der Lateinischen sprachen)[19] Jn der verantwortung[20] der xx. vnd xxj. Klagen.

1. Wesensverwandlung: die sich im Abendmahl vollziehende Verwandlung der Substanz von Brot und Wein in Leib und Blut Christi.

2. Nutznießung, Nießbrauch.

3. *Johannes Gropper*, »Antwort und gegenberichtung« (s. oben S. 265, Anm. 9), Bl. xiijb–xiiija. BDS 9,1, S. 493.

4. *Bucer*, Verantwortung (s. oben S. 308, Anm. 4), Bl. CXIa-CXVIIa.

5. *Johannes Gropper*, »Antwort und gegenberichtung« (s. oben S. 265, Anm. 9), Bl. xiiija. BDS 9,1, S. 494.

6. *Bucer*, Verantwortung (s. oben S. 308, Anm. 4), Bl. CXCVIIIb-CCXIIIa.

7. *Johannes Gropper*, »Antwort und gegenberichtung« (s. oben S. 265, Anm. 9), Bl. xiiija–xiiijb. BDS 9,1, S. 494.

8. *Bucer*, Verantwortung (s. oben S. 308, Anm. 4), Bl. CXLIIIIb-CLIIIIb.

9. *Johannes Gropper*, »Antwort und gegenberichtung« (s. oben S. 265, Anm. 9), Bl. xiiija–xiiijb. BDS 9,1, S. 494.

10. *Bucer*, Verantwortung (s. oben S. 308, Anm. 4), Bl. CXXXIIa-CXLIIa.

11. *Johannes Gropper*, »Antwort und gegenberichtung« (s. oben S. 265, Anm. 9), Bl. xiiijb–xva. BDS 9,1, S. 494 f.

12. *Bucer*, Verantwortung (s. oben S. 308, Anm. 4), Bl. CCXIIIa-CCXXXIIIIa.

13. *Johannes Gropper*, »Antwort und gegenberichtung« (s. oben S. 265, Anm. 9), Bl. xva–xvb. BDS 9,1, S. 495.

14. *Bucer*, Verantwortung (s. oben S. 308, Anm. 4), Bl. CCXXXVb-CCXXXIXb.

15. *Johannes Gropper*, »Antwort und gegenberichtung« (s. oben S. 265, Anm. 9), Bl. xvb. BDS 9,1, S. 496.

16. *Bucer*, Verantwortung (s. oben S. 308, Anm. 4), Bl. CCXXXIXb-CCXLIIIa.

17. *Johannes Gropper*, »Antwort und gegenberichtung« (s. oben S. 265, Anm. 9), Bl. xvb. BDS 9,1, S. 496.

18. *Bucer*, Verantwortung (s. oben S. 308, Anm. 4), Bl. CCXLIIIa-CCXLVa.

19. *Johannes Gropper*, »Antwort und gegenberichtung« (s. oben S. 265, Anm. 9), Bl. xvjb–xvja. BDS 9,1, S. 496.

20. *Bucer*, Verantwortung (s. oben S. 308, Anm. 4), Bl. XCIIIa-XCVIb und Bl. CVIIIa-CVIIIb.

Vom xxiiij. Artickel (Von der verehrung fürbit vnd anrüffung der Heiligen)[1] Jn verantwort[2] der xvj. Klag.

Vom xxv. Artickel (Vom Heyligthumb)[3] Jn der verantwortung[4] der xvij. Klag. | *72/Jiiijb* |

Vom xxvj. Artickel (Von den Bilderen)[5] Jn der verantwortung[6] der xviij. Klag.

Vom xxvij. Artickel (Von dem bandt der Liebe vnd Fridens vnnd dem ordenlichen Regiment der Kirchen)[7] Jn der verantwortung deß andren stucks der xj. Klag, fahet an fol. 56[8], Jtem in verantwortung deß iiij. stucks derselbigen Klage ist fol. 70[9].

Vom xxviij. Artickel (Von den Ceremonien)[10] Jn der verantwortung[11] der xx. Klag Vnd in dem bericht, Was die Kirch Christi für ordnung vnd maß am h. Abendtmal zů geben habe, Jn verant. der xxiij. Klag, fo. 135[12].

Vom xxix. Artickel (Vonn der Disciplin oder Kirchen zůcht)[13] Jn verantwortung[14] der xj. Klag.

Vom xxx. Artickel (Vom Priesterlichen Celibat)[15] Jn verantwortung[16] der xxxiiij. Klag.

Vom xxxj. Artickel (Von Clostergelübden)[17] Jn verantwortung[18] der xxxvj. Klag.

Vom xxxij. Artickel (Von den Concilien)[19] Jn der verantwortung der vij.

1. *Johannes Gropper*, »Antwort und gegenberichtung« (s. oben S. 265, Anm. 9), Bl. xvja–xvjb. BDS 9,1, S. 496 f.
2. *Bucer*, Verantwortung (s. oben S. 308, Anm. 4), Bl. LXXIIIb-LXXXIIIIa.
3. *Johannes Gropper*, »Antwort und gegenberichtung« (s. oben S. 265, Anm. 9), Bl. xvjb–xvija. BDS 9,1, S. 497.
4. *Bucer*, Verantwortung (s. oben S. 308, Anm. 4), Bl. LXXXIIIIa-LXXXVIa.
5. *Johannes Gropper*, »Antwort und gegenberichtung« (s. oben S. 265, Anm. 9), Bl. xvija. BDS 9,1, S. 498.
6. *Bucer*, Verantwortung (s. oben S. 308, Anm. 4), Bl. LXXXVIa-XCIa.
7. *Johannes Gropper*, »Antwort und gegenberichtung« (s. oben S. 265, Anm. 9), Bl. xvija–xviija. BDS 9,1, S. 498 f.
8. *Bucer*, Verantwortung (s. oben S. 308, Anm. 4), Bl. LVIb-LXIIa.
9. *Bucer*, Verantwortung (s. oben S. 308, Anm. 4), Bl. LXXa-LXXb.
10. *Johannes Gropper*, »Antwort und gegenberichtung« (s. oben S. 265, Anm. 9), Bl. xviija. BDS 9,1, S. 499.
11. *Bucer*, Verantwortung (s. oben S. 308, Anm. 4), Bl. XCIIIa-XCVIb.
12. *Bucer*, Verantwortung (s. oben S. 308, Anm. 4), Bl. CXXXVa-CXXXVb.
13. *Johannes Gropper*, »Antwort und gegenberichtung« (s. oben S. 265, Anm. 9), Bl. xviija. BDS 9,1, S. 499 f.
14. *Bucer*, Verantwortung (s. oben S. 308, Anm. 4), Bl. LXXa-LXXb.
15. *Johannes Gropper*, »Antwort und gegenberichtung« (s. oben S. 265, Anm. 9), Bl. xviijb. BDS 9,1, S. 500.
16. *Bucer*, Verantwortung (s. oben S. 308, Anm. 4), Bl. CCXLIIIa-CCLXIIIIa.
17. *Johannes Gropper*, »Antwort und gegenberichtung« (s. oben S. 265, Anm. 9), Bl. xviijb–xjxa. BDS 9,1, S. 500 f.
18. *Bucer*, Verantwortung (s. oben S. 308, Anm. 4), Bl. CCLXXIIIIb-CCLXXXIIIIb.
19. *Johannes Gropper*, »Antwort und gegenberichtung« (s. oben S. 265, Anm. 9), Bl. xjxa–xxa.

Klag deß Gegenberichts, in der Vorrede[a] vber vil gedachter Verantwortung meines gnedigsten Herren von Cöllen[1].

Vom Letsten Artickel (Vom Bann)[2] Jn der Verantwortung[3] des vierdten theyls der xxiiij. Klag.

Aus diesen angezeigten orten[4] würstu ja, Christlicher Leser, klar vnnd eygentlich[5], auch auß gůtem, gewissen[6] grundt[7] Gôtlicher Schrifft vnnd aller waren Kirchen Lehre befinden[8], was mein Gnedigster Herre von Côllen, also auch mein haltung vnnd antwort ist vnnd aller waren Christen sein můß, auff alles das, so Gropper in seinen beyderlei Articulen hat fürbracht.

So vil von der Wormischen handlung. | *73/Kja* |

Von der Handlung zů Regenspurg[9]

ALs wir des orts beid zum Colloquio verordnet, haben wir so[10] vil mehr gemeinschafft miteinander gehabt, wie er mich aber im Colloquio mit meinen mit Colloquenten vnsers theils hat in worten vnd schrifften allwegen einhellig[11] vernommen vnnd wie vnsere schrifften, die wir alle drei[12] zů gleich allemal haben vnderschriben vnd der Kei. Mai. vberantwortet, lauten, also hab ich jm, dem Gropper, auch zůuor bekennet vnd im Stifft Côllen hernaher gelert vnnd anders nicht. Vnd ist das auch des Groppers offentlichen[13] onwarheiten eine, das er schreibt, der Secretari Gerardt[14] solle mich des, das im Colloquio anders dann vor jnen von sachen geredt, gescholten haben. Dann bis zů end – vnd auch nach dem end des selbigen Reichstags – haben sie, bede[15] Gropper vnd der Secretari vnd der Gropper, bis ich schon zů Bonn geprediget habe, mich mit worten, schrifften vnnd wercken erkennet vnd gehalten als ein besonders vertrawten lieben freund vnd mir einige vnbestendigkeit oder geenderte rede

a) Drf. Vorede.

1. *Bucer,* Verantwortung (s. oben S. 308, Anm. 4), Vorrede Hermanns von Wied, Bl. aijb–avb.
2. *Johannes Gropper,* »Antwort und gegenberichtung« (s. oben S. 265, Anm. 9), Bl. xxxiijb.
3. *Bucer,* Verantwortung (s. oben S. 308, Anm. 4), Bl. CCXXVIIIb-CCXXXIIIIa.
4. Stellen.
5. ausdrücklich, genau.
6. sicheren.
7. Grundlage, Wahrheit.
8. erfahren, urteilend entscheiden. Frühneuhochdt. WB 3, Sp. 487–491.
9. Reichstag von Regensburg, der vom 5. April bis zum 29. Juli 1541 währte (s. oben S. 253, Anm. 4).
10. entsprechend.
11. übereinstimmend.
12. Gesprächsteilnehmer der protestantischen Seite waren Philipp Melanchthon, Johannes Pistorius und Bucer. *Greschat,* Martin Bucer, S. 188. Vgl. auch oben S. 253, Anm. 4.
13. offensichtliche.
14. Gerhard Veltwyck (s. oben S. 289, Anm. 3).
15. bede ... vnd: sowohl ... als auch.

vnd lehre im aller geringsten nie verwissen[1]; das weis Gott vnd sie war sein[2], der seie mir auch nimmer gnedig, wa sichs anders haltet.

Vnd zwar ein jeder kan das auch leicht, war sein, erkennen, der allein des Groppers schreiben hie recht ansihet. Dan er schreibt, wie ich auff solch des Secretari schelten solle die selbige meine contradiction bei meinen angezognen trewen dermassen entschuldiget ha- | *74/Kjb* | ben, als das die selbige meine Contradiction verhoffter vergleichung[4] entlich nit solte nachtheilig oder hinderlich sein mit allerlei vertröstung, die er doch des orts schreibt on not sein zů melden[5]. Fol. 19[3]

Nun, wie hette verhoffter[6] Concordi das nit sollen nachtheilig sein, da ich in dem Colloquio, darin alle handlung vmb die Concordi ware, das nit bekennet hette, das zůr Concordi solte von nöten sein vnnd ich jnen vor bekennet hatte? Dann ich ja dise sachen nach dem Colloquio nit weiter dann im Colloquio habe bringen mögen[7], Wie ich das auch – Gott lob – nit vnderstanden[8] habe. Es hat doch můhe gehabt von wegen der Calumnien jres theils vnnd besonders des Cochlei[9], das bei vnseren Stenden das jenige, so wir Colloquenten im Colloquio verglichen hatten, mocht erhalten werden. Nit das vnsere Stende an der substantz der verglichenen Articul hetten schewhe gehabt, sonder das sie sich der worten halben von Groppers theils Sophisterei[10] vnd Calumnien nit one vrsach besorgeten. Vnd wa[11] ich je weiters dann im Colloquio bekennet hette, zůr Concordi auff sein, des Groppers, meinung thůn könden, wie das sie sich beide meine so gůte freund bewisen vnnd mir nie kein wort hieuon verwissen[12] haben, auch nach dem alle handlung der Concordi verfallen vnnd sie nun im werck[13] befunden, das mein Contradiction im Colloquio der Concordi auff jr meinung nachtheilig gewesen war? Was? Es schreibt vnnd handelt Gropper, wie einem knecht des Vatters der lugen wolanstaht.

Das er dann von dem anzeucht, das wir, alle drei Colloquenten dises theils, solten, gedrungen durch die | *75/Kija* | Kei. Maiestat, mundtlich vnnd schrifftlich bekennet haben von der gegenwertigkeit des leibs vnnd blůts vnseres Herren Jesu Christi, auch ausser dem gebrauch, den der Herr verordnet vnnd Fol. 19 et 20[14]

1. tadelnd vorgeworfen. *Lexer* 3, Sp. 312.
2. AcI-Konstruktion: das weiß Gott und sie auch, daß es wahr ist …
3. *Johannes Gropper*, »Antwort und gegenberichtung« (s. oben S. 265, Anm. 9), Bl. xixa–xxa.
4. Ausgleich, Übereinkunft.
5. *Johannes Gropper*, »Antwort und gegenberichtung« (s. oben S. 265, Anm. 9), Bl. xxb.
6. der erhofften.
7. können.
8. verhindert.
9. Johannes Cochläus (s. oben S. 269, Anm. 2).
10. Spitzfindigkeit, Spiegelfechterei.
11. wenn.
12. tadelnd vorgeworfen.
13. Wirkung.
14. *Johannes Gropper*, »Antwort und gegenberichtung« (s. oben S. 265, Anm. 9), Bl. xixa–xxa.

eingesetzt hat, von dem behalten vnd anbetten des Sacraments, ist gleich so war vnd redlich fürgegeben wie das vorige, dann von keinem solchen fordern der Kei. Mai., wie er meldet, wissen wir ein wort. Das gesprech war etlich tag angestellet[1], als der liebe Gott den Ecken[2] mit einem gar scharpffen Fieber hat geschlagen, wie er dem Antichrist in diser Disputation vom h. Sacrament trewlich gedienet, die handlung des gesprechs vnd aller vergleichung[3], des er jmmer gelegenheit gesůchet, zů zerstören vnd vnser gesunde lehr in mehrern[4] verdacht vnd hass zůbringen. Da seind ja allerlei handlungen durch den Durchleuchtigsten Hochgebornen Churf. von Brandenburg[5] vnd durch den ehrleuchten Herrn von Granuela[6] mit vns, den Colloquenten dises teils[7], geűbt worden[8], Aber mit keinem wort nie angezeiget, das die Kei. Ma. von vns hette mit besonderem hohem ernst gesinnen[9] vnnd fordern lassen, vnser clar, lauter, vnderscheidliche[10], verstendige antwort auff gemelte[11] drei puncten: der permanentz, reseruation vnd adoration, das ist: von dem bleiben des leibs vnd blůt Christi in den gestalten des Sacraments ausser dem brauch, den der Herr hat eingesetzet von dem behalten vnd anbetten des Sacraments.

Wa auch die Keiserliche Maiestat solchs an vns dermassen, wie Gropper erdichtet, hette gesinnen lassen vnd wir deren solliche bekandtnüs gegeben, wűrde sie freilich sich an dero vnser schrifft vom heiligen | *76/Kijb* | Sacrament, die wir jr mit den Actis[12] überantwortet, in welcher kein wort von disen dreien Gropperischen gedichten[13] ist, in keinen wege ersettigen[14] lassen, sonder die vorűbergeben[15] weitere bekantnüssen erforderet haben, Das[16] aber nit geschehen, wie es die Acta genůgsam erweisen, Daraus ein jeder sihet vnd greiffet[17], das Gropper hie nichts dann sein eigen falsch gedicht herfür bringet.

1. begonnen, im Gange. Vgl. Frühneuhochdt. WB 1, Sp. 1488 f.
2. Johannes Eck (s. oben S. 281, Anm. 11).
3. Übereinkunft.
4. weiteren.
5. Joachim II., Kurfürst von Brandenburg.
6. Nicolas Perrenot de Granvella (1484/86–1550), Staatsmann, von 1524 an Geheimrat Kaiser Karls V. Er präsidierte 1540/41 das Religionsgespräch von Worms (s. oben S. 253, Anm. 3) und verfaßte den Reichstagsabschied vom 29. Juli 1541 (vgl. oben S. 253, Anm. 4). LThK² 4, Sp. 1165 f.; *Bautz* 2, Sp. 286 f.; *Friedensburg*, Zur Geschichte des Wormser Konvents 1541.
7. Partei.
8. Die Verhandlungsteilnehmer und die Vorsitzenden wurden am 21. April 1541 von Kaiser Karl V. ernannt. Die Verhandlungen begannen am 27. April 1541. *Bizer*, Reformationsgeschichte, S. K 122.
9. begehren, verlangen. *Lexer* 1, Sp. 915.
10. deutliche.
11. die genannten.
12. Akten (des Religionsgesprächs).
13. Erdichtungen, Erfindungen.
14. Genüge tun.
15. zuvor übergebenen.
16. was.
17. versteht.

Wir kondten damals vnnd koͤnden noch von der gegenwertigkeit Christi bei dem h. Sacrament weiters nicht bekennen, dann sein heiliges Wort zeuget. Das sagt nun nit: Nemmet, behaltet, traget vmbher, Sonder: »Nemmet, essen, das ist mein leib«[1] etc. So sagt auch Paulus nit: Das brot, das wir behalten, das wir verstellen[2] vnd vmbher tragen, Sonder: das brot, das wir brechen vnd also in gemein niessen, das ist die gemeinschafft des leibs Christi[3]. Auß disen worten sein wir versichert, so wir das heilige Abendmal des Herren halten, wie er vns befohlen, wie er es hat eingesetzet vnnd verordnet, das da warlich gegeben vnd empfangen werde vnd darumb warlich vnnd wesenlich[4] zůgegen seie der ware leib vnnd das ware blůt Christi. Will man aber ettwas anders drauß machen, zum spectakel fürsetzen, heben vnnd tragen vnd nit niessen, wie des Groppers hauff thut, dauon haben wir kein wort Gottes, darumb koͤnden wir auch dauon nichts setzen[5] noch bezeugen, volgen dem Herren vnd entschlahen[6] vns der menschen fünde[7].

Als aber die widerwertigen auß diser vnser richtigen, gotsfoͤrchtigen bekantnüß, von vns felschlich außgossen, als ob wir die ware gegenwertigkeit Christi | *77/Kiija* | im Sacrament, auch so das nach des Herren einsetzung würdt gehalten, nit erkenneten, auch den alten brauch der kirchen, die dis Sacrament den krancken vnd anderen auch ausser der kirchen haben mitgeteilet vnd zůgesandt, freuelich verdammeten, Haben wir in ettlichen schrifften[8] – wieuil deren gewesen, hab ich warlich nit in gedåchtnüß[a] – vnderstanden, vnsere Christliche ware bekantnüß also zůerkleren vnd darzůthun, damit man sehe, das wir von disem h. Sacrament alles das hielten, das das Gottes wort immer vermage, auch nichts, das nit gemeß seie der allgemeinen haltung der war Christlichen kirchen.

Solche schrifften wurde[9] Gropper freilich, wa sie wider mich weren, wie er rhůmet, hie mit einbracht haben, weil ich jm doch solichs frei zůgegeben habe in meinem bůch[10] an die Koͤn. Mai. vnnd die Stende des Reichs. Er hat je[11] wol gedencken moͤgen, das jm als meinem so gar bitteren feind wider mich on

a) Drf. gedåchtmüß.

1. Mt 26,26; I Kor 11,24.
2. verwandeln. *Grimm* 25 (=XII,1), Sp. 1725 f.
3. Vgl. I Kor 10,16.
4. dem Wesen nach, wahrhaftig.
5. festsetzen, bestimmen.
6. meiden, halten Abstand (zu).
7. Listen, Kniffe.
8. *Bucer*, »Einfaltigs bedencken«, 1543 (s. oben S. 289, Anm. 9), Bl. xcivb–cxiiia. BDS 11,1, S. 324–356.
9. würde.
10. *Martin Bucer*, »Wie leicht vnnd fůglich Christliche vergleichung der Religion ... in das werck zů bringen«, Straßburg: Kraft Müller, 1545. Edition in diesem Band, S. 355–454. Vgl. auch oben S. 271,30–35.
11. jedenfalls, wenigstens.

gnůgsame bewerung[1] vnd kundtschafft[2] nichts solle geglaubet werden. Feinds mund redet das ergist![3] Aber wie die Gőttliche vnd der alten h. Vetter schrifften, also hat er auch die vnsere für sich vnnd wider vns. Wa anders, so bringe er nochmals erfür[4], was er hat. Was wir hie von bekennet, ist dargeben in meines G.H.[5] von Cőllen Verantwortung vber des Groppers vnnd seines gegenberichts 23. klage von anfang biß ins folium[6].

Beschluß auff des Groppers anklage von geenderter lehre

So seie nun das die Beschlüßlich antwort auff des Groppers beiderlei artikkel, die er mir zůlegt, die, so Catholischer lehre sollen nit ongemeß vnd jm von mir in oder auch nach dem Colloquio bekant sein, | *78/Kiijb* | vnd die Catholischer lehre sollen widerwertig vnnd von mir hernaher im Stifft Cőllen außgegossen sein. Was ich in den zweien bůchern[7], die ich zů Bonn von meinem dienst daselbet habe in den truck gegeben vnd was in angezogner verantwortung[8] meines G.H. auff des Groppers gegenbericht[9] wider sein Churf. G. bedencken von Christlicher reformation[10] von erzelten articulen bekennet vnd gehalten habe, das bekenn vnd lehre ich vnnd hab auch weitters oder anders weder Groppern nach[11] einigem[12] menschen auff erden, nach dem mir der Herr sein h. Euangeli recht hat geoffenbart, je bekennet oder gelehret; Vnd was Gropper oder andere darwider einbracht oder einbringen mőgen, das můsse gewiß auß dem feind der warheit vnd vatter der lugen[13] herkommen.

Antwort auff die bewerung[14] Groppers

NVn auff seine vermeinte[15] bewerung zů antworten: Alß[16] sein erste bewerung

1. Bestätigung.
2. Nachricht, Beweis.
3. Ähnliche Sprichwörter bei *Wander*, Deutsches Sprichwörter-Lexikon I, Sp. 969, Nr. 86–88.
4. vor.
5. Gnädigen Herren.
6. *Bucer*, Verantwortung (s. oben S. 308, Anm. 4), Bl. CXa-CCXIIIa.
7. Die Erste Verteidigungsschrift »Was im Namen des Heiligen Euangeli vnsers Herrenn Jesu Christi ietzund zů Bonn jm Stifft Cőllen gelehret vnnd geprediget würdt«, Bonn: Laurenz von der Mülen, 1543 (Edition in BDS 11,1, S. 19–131) und die von Philipp Melanchthon und Bucer gemeinsam verfaßte Schrift »Christliche vnd ware Verantwortung an den Hochwirdigisten Fürsten vnnd Herren, den Ertzbischoffe vnd Churfürsten zů Cőln etc. Auff die vnbilliche vnnd falsche Anklag des Rectors vnd Vniuersitet zů Cőln«, Bonn: Laurenz von der Mülen, 1543 (Edition in BDS 11,1, S. 133–144). Möglicherweise meint hier Bucer auch die Zweite Verteidigungsschrift (Edition in diesem Band, S. 31–247).
8. *Bucer*, Verantwortung (s. oben S. 308, Anm. 4).
9. *Johannes Gropper*, »Antwort und gegenberichtung« (s. oben S. 265, Anm. 9).
10. *Bucer*, »Einfaltigs bedencken«, 1543 (s. oben S. 289, Anm. 9).
11. noch.
12. irgendeinem.
13. Vgl. Joh 8,44.
14. Beweis.
15. sogenannte, angebliche.
16. wie.

ist, das er sich meiner handtgeschrifften rhuͤmet[1], Sagt ich mit kurtzem wie hieuor[2], das er sich der falschlich[a] rhuͤmet vnd sie nimmer mehr würdt herfür thůn, wie er sie dann nit hat, welchs einem jeden, der die warheit liebet, damit gnůgsam würdt erwisen sein, das Gropper solcher handtschrifften keine herfür bringet.

Gropper rhuͤmet sich handschrifften, die er nit hat.

Die andere bewerung stelt er auff zeugen, aber nennet allein einen, der zů Worms[3] vnd Regenspurg[4] bei vnserem gesprech gewesen ist[5], der dann auch nit allein einig[6] ist, sonder auch, wie Groppers gesind gerhuͤmet | *79/Kiiija* | vnd er sich auch in etlichen worten zů Bonn solle haben vernemmen lassen, mein widerwertiger worden ist, darumb ein jeder wol weiß, das dise zeugnüß nit genůgsam ist, wiewol ich mich versehe[7], Gropper werde auch von disem Secretari[8] eben souil zeugnüß für sich vnnd wider mich haben, als von dem wolgebornen meinem G. Herrn Graue Diether von Manderscheid[9], dem hochgelerten Herrn Cantzler[10], vnd Latomo[11], die Gropper alle zů zeugen einbringt, die doch keiner bei einigem[12] vnserem besonderen vnd ernstlichen gespraͤch von den streitigen articulen je gewesen ist, wie sie das selb bekennen. Ob[13] tisch haben sie vns wol etwan hoͤren allerlei reden, aber nie einige ernste disputation mit einander handlen, außgenommen, das[14] mein Gnediger Herre, Graue Diether, im colloquio gehoͤret hat, Auff die selbigen diß alles gezogen[15]. So vil von den zeugen.

Zeugen bringet er ein, die von sachen nicht wissen.

a) Drf. faschlich.

1. Eine entsprechende Stelle konnte ich in Groppers »Antwort und gegenberichtung« (s. oben S. 265, Anm. 9) nicht finden.
2. s. oben S. 290,3–5.
3. Religionsgespräch in Worms 1540/41 (s. oben S. 253, Anm. 3).
4. Reichstag zu Regensburg 1541 (s. oben S. 253, Anm. 4).
5. Gemeint ist hier wohl der Sekretär Gerhard Veltwyck (s. oben S. 289, Anm. 3). *Johannes Gropper,* »Antwort und gegenberichtung« (s. oben S. 265, Anm. 9), Bl. xxxviija-xxxixb.
6. einzig, allein.
7. rechne damit, erwarte.
8. Gerhard Veltwyck (s. oben S. 289, Anm. 3).
9. Dietrich IV., Graf von Manderscheid-Schleiden (1481–1551). Er stand im Dienste Hermanns von Wied und nahm als kurkölnischer Vertreter an mehreren Reichstagen teil. Zusammen mit Johannes Gropper, Kanzler Bernhard von Hagen (s. unten S. 317, Anm. 11) und Eberhard Billick (s. unten S. 346, Anm. 8) nahm er an diesem Wormser Religionsgespräch teil. *Ennen*, Geschichte der Stadt Köln IV, S. 399 und passim; *Varrentrapp*, Hermann von Wied, S. 115–117 und passim; *Sommer*, Hermann von Wied (passim).
10. Bernhard von Hagen (gest. 1556), Domherr in Köln 1518–1556, von 1526 an Kanzler. Er bekämpfte zusammen mit Johannes Gropper Hermanns Reformationsversuche. *Gropper*, Briefwechsel, S. 65 und passim; *Varrentrapp*, Hermann von Wied, passim; *Sommer*, Hermann von Wied, passim.
11. Bartholomäus Latomus (s. oben S. 260, Anm. 4).
12. auch nur einem einzigen, irgendeinem.
13. Bei.
14. das [was].
15. beziehe ich mich als Zeugen für dies alles.

Die dritte bewerung gibt er gar prechtig fůr[1]: von meinem stillschweigen auff seine ernste vnd offenbare klage vnd rhůmen meiner handschrifften, die er wider mich auff zweien Landtagen zů Bonn Anno 42[2] mündtlich vnd schrifftlich habe einbracht.

Darauff gebe ich dise warhaffte antwort: Mir ist damals zů Bonn wol fürkomen, wie der mann mich vor meinem Gnedigsten Herren von Coͤllen vnnd den Stenden des Ertzstiffts[3] schwerlich solle angeklaget vnd vil arges wider mich haben fürbracht, Dagegen aber mein Gnediger Herre vnd auch die Stende jm vnd den anderen gesandten des Thumbcapitels[4] zů mehrmalen angebotten haben, mich als | *80/Kiijb* | bald jnen vorzůstellen, damit ich jr anklage hoͤren vnd darauff mein antwort hette moͤgen[5] geben, wie ich dann darumb bei meinem gnedigsten Herren habe vil mal auffs vnderthenigst selb gebetten vnd durch andere bitten lassen. Gropper aber vnd seine mitgesandten haben in solche verhoͤr in keinen wege woͤllen bewilligen[6] vnd vorgegeben, das jnen mit mir – als mit einem verdampten ketzer – von der Religion zů disputieren in Goͤtlichen vnd Keiserlichen rechten vnnd Canonibus verbotten seie; Das doch nit ist.

Da dann Gropper vnd die seinen mich zůr verhoͤr vnd verantwortung nit haben woͤllen kommen lassen, so haben mir meins gnedigsten Herren råht vnd diener desto weniger gantz vnnd eigentlich[7] fürbracht, was Gropper vor meinem gnedigsten Herren vnnd den Stenden wider mich geklaget oder gerhůmet hat; Dann sie on das wol gewüst, wie ernstlich ich darumb allwegen habe angehalten, das ich gegen disen leuten hette zůr verantwortung moͤgen zůgelassen werden.

Daher ist komen, das ich erst zů Speier[8] vnnd vor nie das[9] eigentlich bin berichtet worden, das Gropper sich des berhůmet hat, mich mit meiner eigen-

1. *Johannes Gropper*, »Antwort und gegenberichtung« (s. oben S. 265, Anm. 9), Bl. iija und Bl. vb.

2. Landtage zu Bonn am 15. März und im Juli 1542. Vgl. dazu *Varrentrapp*, Hermann von Wied, S. 120 f.; *Ennen*, Geschichte der Stadt Köln IV., S. 428 f.; *Schlüter*, Die Publizistik, S. 19–23 und 136.

3. s. oben S. 290, Anm. 7.

4. Johannes Gropper, Bernhard von Hagen (s. oben S. 317, Anm. 11) und weitere. Vgl. dazu *Varrentrapp*, Hermann von Wied, S. 129 f. Dem Kölner Domkapitel gehörten 1542 an: als Propst Georg, Herzog von Braunschweig, als Dechant Heinrich Graf von Stolberg-Wernigerode, als Afterdechant Thomas Graf von Rieneck, Chorbischof Christoph Graf von Gleichen, als Scholaster Johann Graf von Eppstein, als Keppler Georg Graf von Sayn-Wittgenstein, als Thesaurar Friedrich Graf von Wied-Runkel, als Priesterherren die Juristen Bernhard von Hagen, Hieronymus Aichhorn, Johann Schulen, Tilman Kriech, Nikolaus von Steinwick, Peter Kannengießer, Johannes Gropper und Jodocus Hoitfilter. *Roth*, Das kölnische Domkapitel.

5. können.

6. einwilligen.

7. ausdrücklich, genau.

8. s. oben S. 255, Anm. 6

9. das … berichtet: darüber … unterrichtet.

handgeschrifft zů vberzeugen, das ich jm zů Worms vnd anderswo anders solte vom h. Sacrament vnd anderen Articulen bekennet haben, dann ich hernaher im Stifft Coͤllen geleret vnd gepredigt habe. Dis argument Groppers schleusst ja nicht, weil ich damals zů Bonn mit vilen andern predigern, in deren zal er sich auch in die backen hawet[1], das ich darumb seiner calumnien aller sei eigentlich bericht worden, Dan man mich dahin, da[2] er die ausgeschüttet, nit gelassen hat. | *81/Lja* |

Er macht jren mehr dan xx, so jren vber x nit gewesen seind.

So bald ich dis zů Speir eigentlich verstanden, habe ich m. Gnedigsten Herren als bald vnderthenigst ersůcht, das sein Ch. F. G.[3] jn, den Gropper, wolte dahin verwoͤgen[4], das er solch sein rhůmen vor sein Ch. F. G. vnd M. G.[5] Herren, dem Churfürsten von Brandenburg, wolte war machen; vnd hette M. Gnedigster Herre von Coͤllen die sach gefordret, als[6] ich darumb gebetten, so were Gropper zu Speyr noch wol betretten[7] worden; in dem aber sein Ch. F. G. etwas darin verzogen[8], ist Gropper M. G. Herren vnd mein[9] von Speir vnuersehenlich[10] hingefaren. Also hab ich geschriben, vnd ist war. Nit das er entlauffen seye, wie mir Gropper[11] meine wort verkeret.

Das er aber alle billiche[12] vnd rechtmessige verhoͤre vnd erkantnus gegen mir fliehe, auch gegen mir im wenigsten nit gegründet ist, hat er damit ja genůgsam über sich selb erwysen, das nit allein ich, sonder auch M. Gnedigster Herr, sein Ertzbischoffe, der jm so vil vnd grosse gůtthaten hat bewysen vnd dem er solichs vermoͤge aller rechten so vilfeltig schuldig ist, jn doch vber also manigfaltigs erfordren noch nit hat dahin koͤnden vermoͤgen[13], das er mich einiges[14] falschs mein zů gegen[15] hette zů erweisen[16] ye vnderstohn doͤrffen.

Vor dem ersten landtag zů Bonn[17] Anno[a] 42 hat sich zůgetragen, das M. G.

a) Drf. Annno.

1. sich auch irrt.
2. sc. in den Landtag.
3. kurfürstliche Gnaden.
4. bewegen. *Grimm* 25 (=XII,1), Sp. 2153.
5. meine gnädigen.
6. wie.
7. angegriffen, ertappt, erwischt. Frühneuhochdt. WB 3, Sp. 2108 f.
8. gezögert.
9. meinetwegen.
10. unerwartet.
11. *Johannes Gropper*, »Antwort und gegenberichtung« (s. oben S. 265, Anm. 9), Bl. via.
12. verdiente.
13. (ihm) vorschreiben, ihn dazu bringen.
14. irgendeines.
15. in meiner Anwesenheit.
16. nachzuweisen.
17. s. oben S. 290, Anm. 5 und S. 318, Anm. 3.

Herre seinen fürnemen Rhat zů Poppelsdorff[1] bey ein[2] hatte, die wolgeboren meine Gnedigen Herren Graue Diether von Manderscheidt[3], Graue Wilhalm von Rennenberg[4], Graue Gumprecht von Newenar[5] vnd etliche fürneme vom Adel vnd bei den allen auch den Cantzler[6] vnd Groppern mit etlichen anderen gelerten. Als ich dann verstan- | *82/Ljb* | den[7], wie Gropper vnd andere, die sich etwan anders von disen sachen haben vernemen lassen, wider meinen dienst allerley onguts solten ausgiessen, habe ich bey m. Gnedigsten Herren lassen auffs vnderthenigst ansuchen vnd betten, das sie mich vor jren Rhäten gnediglichst wölten hören, das ich meines beruffs[8] vnd diensts alda möchte rechenschafft vnd antwort geben, wa den[9] yeman wolte widerfechten.

Dis mein vnderthenigste bitt hat m. Gnedigster Herr[a] gnediglich zugelassen vnd mir vergünstiget[10], das ich solche rechenschafft vnd verantwortung meines berůffs vnd diensts vor seinen Ch. F. G., dem hochwirdigen m. G. Herren, dem Coadiutor[11] vnd gemelten Räthen thůn vnd geben möchte. Vor denen allen hab ich dann die vrsachen dar gethon, warumb ich, m. G.[12] Herren berůff, das h. Euangeli in seinem stifft zů predigen, zů volgen, mich schuldig erkennet vnd dem geuolget hette; Erzelet[13] auch meinen dienst vnd lehre vnd das die selbige mit Göttlicher Schrifft vnd der war Catholischen lehre der allgemeinen kirchen aller ding eins ist; Meldet dabei, das mich anlanget, wie etlichen meine dienst beschwerlich sein vnd ongütlich auffgenommen würden. Nun wusst ich, das ich anders nichs lehrte, dann das Gott gebotten vnd zů gewisser erbawung der kirchen Christi dienet. Were aber jemand – welches ich in sonderheit auff Groppern redt –, der da meinet, das es sich mei-

a) Drf. Herrr.

1. Der Erzbischof von Köln war im Besitz eines Schlosses in Poppelsdorf (in der Nähe von Bonn).
2. beieinander.
3. Dietrich IV., Graf von Manderscheid-Schleiden (s. oben S. 317, Anm. 10).
4. Graf Wilhelm von Rennenberg, Amtmann *Varrentrapp*, Hermann von Wied, S. 148 und 247.
5. Gumprecht IV., Graf von Neuenahr (1500–1546). *Ennen*, Geschichte der Stadt Köln IV, S. 371; *Varrentrapp*, Hermann von Wied, S. 225 und passim; *Gropper*, Briefwechsel, S. 212.
6. Bernhard von Hagen (s. oben S. 317, Anm. 11).
7. gemerkt.
8. Berufung.
9. wa den: sofern dann.
10. erlaubt.
11. Stellvertreter bzw. Gehilfe des regierenden Bischofs. Der Koadjutor wird vom Papst bestellt und kann dem Bistum oder dem Bischof persönlich beigesellt werden. LThK² 6, Sp. 362 f. In Köln war Graf Adolf von Schaumburg (1511–1556) Erzbischof Hermanns Koadjutor. 1546 wurde er als Nachfolger Hermanns eingesetzt. *Gropper*, Briefwechsel (passim); *Varrentrapp*, Hermann von Wied (passim).
12. meines gnädigen.
13. berichtete, legte (auch) dar.

nes beruͦffs vnd diensts anders, dann ich dargethon, hielte, dem erbütte[1] ich mich vor m. Gnedigsten Herren vnd seinen Rhaͤten, antwort zugeben vnd gnuͦgsam zu erweisen[2], das es sich in allem hielte, wie ichs hette fürbracht. | *83/Lija* |

Dis hat nun Gropper zugegen[3] gehoͤret, auch wol vermercket, das ich auff jn geredt hat[4], wie er das im Raht hernaher solle gemeldet haben. Mit namen hette ich jn angezogen, wo ich damals so vil von jm gewusst, als ich hernaher erfaren. War nun da nit zeit, das Gropper durch mein eigen handschrifft – wa er einige gehabt – oder mit seinen zeugen – dann deren zwen zuͦgegen waren: m. Gnediger Herre Graue Diether von Manderscheydt[5] vnd der Cantzler – mich meiner onbestendigkeit vnd falsches in der lehr hette erwisen, Hette mir alda vnder augen verwissen[6], was ich jm zuͦ vor gestanden vnd wie onchristlich ich nun darwider lehrete. Aber dahin hat er sich nichten vermoͤgen[7] lassen, weder damals noch hernaher auff den beiden landtagen oder sust, wiewol er darumb vberflissig[8] vnd zum ernstlichsten von m. Gnedigsten Herren vnd anderen vnd auch mir selb ist mit seinen mitgenossen ersuͦchet vnd prouocieret worden. Aus dem hat ein jeder wol zu erkennen, wie der Gropper, seine klagen wider mich zubeweren[9], gefasset[10] seie, dann was ich hierin von m. Gnedigsten Herren von Coͤllen vnd seiner Ch. F. G.[11] Rhaͤten eingefuͦret, des allen will ich mich auff die selbigen, seine Ch. F. Gnad vnd deren Rhaͤt, gezogen haben[12].

Anzeige, das ich mich vor, in vnd nach dem Colloquio vnd[a] seidther gegen Groppero vnd anderen der lehre habe bestendig vernemen lassen vnd bekandt gewesen bin, die wir in vnser Augspurgischen Confession vor Keiserlicher Maie. bekennet haben. | *84/Lijb* |

ALs wir nach vnserm vorgemelten besondern[13] gespraͤch zuͦ Worms zwischen

a) vnd seidther gegen Groppero vnd anderen der: im Text fälschlich: gegen Gropper vnd anderen seither. Textkorrektur aus dem Druckfehlerverzeichnis übernommen (s. unten S. 349,16–17).

1. anerbiete.
2. beweisen.
3. der anwesend war.
4. hatte.
5. Dietrich IV., Graf von Manderscheid-Schleiden (s. oben S. 317, Anm. 10).
6. vorgeworfen. *Lexer* 3, Sp. 312.
7. vorschreiben. *Baufeld*, S. 84.
8. überreich, im Übermaß.
9. zu sagen, zu bekräftigen.
10. ausgerüstet.
11. kurfürstlichen Gnaden.
12. dafür berufe ich mich auf … als Zeugen.
13. geheimen.

Gropper vnd dem Secretario[1] yenes theils vnd D. Capito[2] vnd mir dises theils geůbet ein schrifft zůr handlung vmb gemeine vergleichung der Religion gestellet[3], welche Christlicher lehre gar vil neher war, dann das[4] Gropper in seinem schreiben wider mich mir hat zůschreiben dőrffen, vertrawet warde[5], habe ich darumb gebetten vnd erlanget, das solich Bůch durch den Durchleuchtigsten m. Gnedigsten Herren, den Churfürsten zů Brandenburg, D. Luther vnd Philippo[6] zůgesandt worden ist[7].

Da ich nun diser meiner lieben Herren vnd Preceptoren lehre wol gewüsst vnd nit habe zweifflen mőgen, das jnen des Groppers artickel, mir von jm felschlich zu geschriben, gentzlich würden misfallen, warauff wolte ich doch soliche artickel bewilliget haben, weil ich mich mit D. Luther vnd Philippo in der lehr gleichhellig[8] wolte finden lassen – wie mich auch nieman anders je funden hat -vnd mit jnen alles gemeinlich handlen? Es war ja vnser besonder gesprech zů Worms darumb nit fürgenommen, das ich mich mit Groppern allein vergliche, sonder das wir weg sůchen solten, wie die Christliche Concordi zwischen allen Stenden vnd Kirchen Deutscher Nation würde auffgerichtet. Darzů wuste ich ja wol, das des Groppers thandt[9] weren gantz verhinderlich gewesen.

So hab ich mich auch im gesprech vnd ausser dem gesprech in offnen predigen vnd schrifften zů Regenspurg auff dem tage[10] vnd hernaher für vnd für allwegen eben der lehre offentlich bekennet, die ich vor vnd nach gelehret vnd gepredigt habe, An alle, die mich gehőret, | *85/Liija* | gezogen[11]. Was ich dann für die Concordi habe mőgen handlen, das hab ich ye[12] bey nieman kőnden

1. Gerhard Veltwyck (s. oben S. 289, Anm. 3).
2. s. oben S. 304, Anm. 5.
3. Im Hinblick auf den Reichstag in Regensburg wurde das »Wormser Buch« von dem in Regensburg tagenden Ausschuß unter dem Vorsitz von Friedrich von der Pfalz und Kanzler Nicolas Perrenot de Granvella im Frühjahr 1541 zum »Regensburger Buch« umgearbeitet. Dem Ausschuß gehörten von Seiten der Altgläubigen Johannes Eck, Julius Pflug und Johannes Gropper an, von protestantischer Seite Philipp Melanchthon, Johannes Pistorius und Bucer. Der Ausschuß konnte in fast allen Punkten Einigkeit erzielen. Am 31. Mai 1541 wurde der Text des »Regensburger Buchs« dem Kaiser übermittelt. Gropper gibt den Text des »Regensburger Buches« als Anhang zu seiner »Antwort und gegenberichtung« (s. oben S. 265, Anm. 9) wieder, Bl. lvib–lxxiiija. *Hergang*, Religions-Gespräch, S. 47–52 und 76–225; BDS 9,1, S. 325–483. TRE 28, S. 432–437; *Greschat*, Martin Bucer, S. 188.
4. das [was].
5. Der Satz ist falsch (wohl unvollständig).
6. Philipp Melanchthon.
7. Kurfürst Joachim von Brandenburg und Markgraf Georg von Brandenburg entschlossen sich, am 8. Juni 1541 an Luther eine Gesandtschaft abgehen zu lassen. Landgraf Philipp von Hessen mißbilligte dies. Die Delegation traf am 10. Juni in Wittenberg ein. *Hergang*, Religions-Gespräch, S. 19–21; *Bizer*, Religionsgespräche, S. K 123.
8. übereinstimmend.
9. Geschwätz. *Baufeld*, S. 47.
10. s. oben S. 253, Anm. 4.
11. habe ich mich auf alle die, die mich gehört haben, berufen.
12. doch.

thůn dann bey vnseren Fürsten vnd Stenden vnd denen Fürsten, die etwan haben vnderhandlung fürgenomen. Da will ich mich nun auff die selbigen alle vnd in sonderheit auff den Durchleüchtigsten m. Gnedigsten Herren Margraffen zů Brandenburg[1], den Durchleuchtigen m. Gnedigen Herren Landtgrauen zů Hessen[2], als mit deren Ch. F. vnd F. Gnaden ich am meisten hievon gehandlet, gezogen haben, ob ich mich bey den selbigen jren Ch. F. vnd F. Gnaden anders habe vernemen lassen, dann vor vnd nach in meinen Predigen vnd schrifften[3].

Was mein buͤchlin[4] inhaltet, Von den missbreuchen zů besseren, das ich Keiserlicher Mai. zů Regenspurg vberantwortet vnd es D. Gropper bald gesehen hat, ist gůt zusehen. Aus dem hat Gropper hernaher in seinem gedicht[5] wider meinen berůff[6] vnnd dienst im stifft Coͤllen woͤllen erweisen, das ich ongesunder vnd auffruͤrischer lehre vnd darumb zům kirchen dienst im stifft Coͤllen mit nichten zů zulassen seie.

Vnd hat aber zů vor dis Buͤchlin sampt den Acten aller handlung, zů Regenspurg der Religion halben geuͤbet, die ich zů Latin hab lassen ausgeen[7], von mir mit besonderem danck angenomen, wie auch den theil meines Latinischen Bůchs De vera Ecclesiarum reconciliatione etc.[8], Jn dem ich doch die lehre, die ich zu Bonn gefuͤret vnd die Gropper nun so grewlich anfichtet, im grund alle fürgegeben habe. Groppers schrifften hie von will ich hernaher einbringen, das du dis alles aus sein eignen worten sehen solt. | *86/Liijb* |

Warauff Bucerus sich gegen Gropper vnd anderen Baͤpstleren, die sich einer Gotsforcht angenomen, freundtlich gehalten.

Das ist war: vor, in vnd nach dem Colloquio binn ich gewesen vnd noch des bedenckens: Der herre hat noch vil der seinen vnder der paͤpstlichen gefengknüss, die selbigen weiden so kurtz, so lang[9] des Herren stimm, weil sie seine schafe sind, hoͤren vnd jm in seinen einigen[10] schafstal vnd zů seiner eigen herde volgen. Dazů dem Herren an solchen jrrigen schaffen alle Christen dienen sollen mit getrewem vnderricht, das best[11] ein jeder kan vnd mage. Dise

1. Markgraf Georg von Brandenburg.
2. Landgraf Philipp von Hessen.
3. Vgl. dazu *Greschat*, Martin Bucer, S. 191.
4. *Martin Bucer*, »Abusuum ecclesiasticorum et rationis [...] indicatio Imperatoriae Maiestati...«, Straßburg: [Wendel Rihel] 1541. VD 16 B 8827. Exemplare u. a. in Basel ÖB, Göttingen SUB, München SB.
5. Machwerk.
6. Berufung.
7. *Martin Bucer*, »Acta colloquii in comitis imperii Ratisponae habiti, hoc est Articuli de religione conciliati et non conciliati omnes, ut ab Imperatore Ordinibus Imperij ad iudicandum, et deliberandum propositi sunt«, Straßburg: Wendel Rihel, September 1541. VD 16 B 8831 und B 8832. Exemplare u. a. in Augsburg SStB, Jena ULB (3 Ex.), Halle/S. ULB, Straßburg BNU, Stuttgart LB.
8. *Martin Bucer*, »De vera ecclesiarum in doctrina, ceremoniis, et disciplina reconciliatione et compositione ...«, Straßburg: Wendel Rihel, 1542. VD 16 B 8929. Exemplare u. a. in Augsburg UB, Augsburg SStB, Basel ÖB, München SB, Paris BNF, Weimar HAAB.
9. so lang [sie].
10. einzigen.
11. so gut.

bringet auch der Herre gemeinlich von den finsternüssen der jrrthumb an das liecht seiner warheit nit eins mals[1], sonder allgemach[2] mit einem steten fürgang in erkantnüs der warheit, Also, das er jnen die erstlich in gemein vnd allein in den noͤtigsten hauptstucken vnser Religion vnnd demnach taͤglich eigentlicher vnd in allem, das zu der waren Religion dienstlich ist, eroͤffnet, Wie wir das taͤglich in der erfarung sechen bei gelerten vnd vngelerten. Der Herre fordert auch gar ernstlich, das seine diener gegen allen jrrigen vnd die der teüffel zů seinem willen verstricket hat, gantz freundtlich seien, geneigt vnd bereit zů lehren, jr arges zůgedulden in sanfftmůt, vnd geflissen, sie zů vnderweisen, da sie sich schon widersetzen, 2. Timoth. 2[24–25].

Aus disen vrsachen vnd das[3] sich die liebe des bessern zu jedem versichet hab ich mich in allen handlungen mit Groppern vnd allen andern, die noch ins Papsts tyranny stecken vnd sich aber gegen mir etwas Gottsforcht haben vernemen lassen, des alle mal beflissen: Erstlich, das ich mit jnen allein in gemein vnd auff die haupt- vnd notwendigsten artickel vnser Religion, nit besonders vff alle vnd jede artickel, so in disen begriffen seind, gehandlet. Zům anderen, das ich gegen solchen, ob sie schon etwan onbillichs vnd allerley calumnien ge- | *87/Liiija* | gen vnser lehre vnd personen fürbracht, doch alle sanfftmůt vnd lindigkeit gehalten, Vnd zům dritten, das ich der wort halben nie gnaw gesůchet habe, wenn sich der verstandt[4] wolte etwas zusamen bringen lassen, dann ich gedachte[a]: sind sie nit aus Gott, so ists doch alles vergeben, man verfasse die abgehandleten artickel mit worten, so gewarsam[5] man moͤge, so werden sie es doch alles verkeren. Sind sie aber aus Got, so würt sichs selb von tag zu tag auch in worten alles bey jnen eigentlicher[6] vnd gewisser[7] begreiffen lassen.

Aus dem aber hat gevolget bey den boͤs verstockten Papisten, das sie mich arglistiger geschwindigkeit gescholten, bey den vnseren, das sie mich zum theil zuleicht gleubig vnd[b] zu ongehorsam geachtet; etliche auch des zu vil nachgebens haben woͤllen verdencken[8]. Das hab ich aber Gott můssen befelhen vnd mich seins worts halten, der mich noch dabey bewaret hat; jm sey ewigs lob, das ich mit nieman ye Christlich vergleichung habe zů treffen gedacht ausser der Summa Christlicher lehre, die ich hie oben gesetzet hab[c] pa-

a) Drf. gedache.
b) Drf. vd.
c) Drf. hah.

1. auf einmal.
2. allmählich, nach und nach. Frühneuhochdt. WB 1, Sp. 771.
3. das [weil].
4. Verständnis.
5. umsichtig.
6. nachdrücklicher, zutreffender.
7. sicherer.
8. im Verdacht haben.

gina 50[1] vnd die in vnser Augspurgischen Confession[2] begriffen[3] ist. Bei deren würdt man mich, ob[4] Gott will, alwegen finden.

Erzelung[5] ettlicher offenbarer onwarheyten des Groppers

Damit du aber, frommer Christ, sehest, wie glaubwirdig diser man sey vnd was warheit man jm habe zů vertrawen[6], so můss ich etliche seiner groͤberen vnd offenbarer onwarheyten hie erzelen[7]. Erstlich meldet Gropper, sich zů beschoͤnen[9], das er sich zů Hagenaw mit mir in gesprech eingelassen, das m. G. H.[10] von Coͤllen mich vor[11] in sein herberg[12] berůffen vnd rede mit mir habe gehalten; | *88/Liijb* | hat aber sein Ch. F. G. damals mich nie berůffen, auch nichts mit mir geredt, dann ein mal ein wenig vnd in gemein, als sie mich one das[13] in jrer herberge, dahin jr Ch. F. G. Marschalch selig, Augustin von Brunbach[14], D. Capitonem[15] seligen vnd mich berůffen, ersehen hat.

Jn Groppers bůch folio 8[8]

Zum andern zeühet er[16] an[17] zu zeügen der gesprech von der Religion, zwischen vns zů Hagenaw gehalten[18], den Coͤlnischen Cantzler[19] vnd Latomum[20], deren keiner nie darbey gewesen; Anders[21], das der Cantzler einmal vnd weiss nicht ob auch Latomus vber dem tisch bey vns ins Groppers herberg gewesen, da wir gemeine tischreden geuͤbet haben, Auff dise beyde gezogen[22].

1. s. oben S. 292,15–294,21.
2. »Confessio Augustana« von 1530. Die Bekenntnisschriften der evangelisch-lutherischen Kirche, S. 31–137.
3. zusammengefaßt.
4. wenn.
5. Aufzählung, Bericht.
6. wieviel Wahrheit man ihm zutrauen kann.
7. berichten.
8. *Johannes Gropper*, »Antwort und gegenberichtung« (s. oben S. 265, Anm. 9), Bl. xxxviija.
9. sich zu rechtfertigen. Frühneuhochdt. WB 3, Sp. 1739.
10. mein gnädiger Herr.
11. zuvor.
12. Groppers Wohnung in Köln (s. oben S. 297, Anm. 11).
13. ohnehin.
14. Bucer meint hier möglicherweise August von Braunsberg zu Brohl. Er begleitete Hermann von Wied 1530 als Beitrag auf den Reichstag nach Augsburg. *Ennen*, Geschichte der Stadt Köln IV, S. 371.
15. Wolfgang Capito (s. oben S. 304, Anm. 6).
16. *Johannes Gropper*, »Antwort und gegenberichtung« (s. oben S. 265, Anm. 9), Bl. xxxviija.
17. erwähnt, führt an. Frühneuhochdt. WB 1, Sp. 1615 f.
18. s. oben S. 253, Anm. 2
19. Bernhard von Hagen (s. oben S. 317, Anm. 11).
20. Bartholomäus Latomus (s. oben S. 260, Anm. 4).
21. außer.
22. dafür berufe ich mich auf diese beiden.

Zum dritten zeuhet er[1] an zu zeugen der gesprech zů Worms[2] Graue Diether[3] vnd auch den Cantzler vnnd schreibt, sie haben solchs alles gůt wissen, deren keiner nie darbey gewesen, vff sie gezogen. Jst aber das nit onverschempt gehandlet von einem solchen man, der doch in der welt gern wolt eer haben?

Zum vierden rhuͤmet er[4] sich meiner handschrifften, aus deren er mich koͤnde vberweysen, das ich alle vnnd jede articel, die er mir felschlich zu geschriben, frey bekennet vnd mir nit habe missfallen lassen, welche handtschrifften er doch von mir nie entpfangen hat; Wo anders, gebe er sie herfür.

Zum fünfften schreibt er[5], Jch hab in den Deutschen actis der Regenspurgischen handlung[6] vil zusamen getragen, das sich vil[7] anders zugetragen, vnd weis dessen vberal nichts anzůzeigen. Vnd hat mich des auch hie vor nie mit einem wort erinneret, da er mir doch daruon geschriben, wie du es hernaher in seinen eigen worten sehen solt. | *89/Mja* |

Fol. 41[8] Zum sechsten schreibt er, ich hebe[9] das bůch, so Kei. Mai. im gesprech hat fürgegeben, nit ongeendert gelassen, hat aber einigen[10] sententz nit fürbringen moͤgen, der geendert were, hat lassen etwann vil felhwoͤrter des schreibers vnd druckers auffzeichen, damit er bewise, wie gern er calumnieren woͤlte, wann sichs reimen wolte.

Ibidem[11] Zům sibenden schreibt er, das wir, die Colloquenten dises theils, seien von jm vnd seinen mit colloquenten im gesprech zů Regenspurg durch die gewaltige warheit vnd h. Schrifft genoͤtiget vnd erzwungen, zůbekennen, das wir nit durch den blossen wercklosen, sonder nur durch den waren, lebendigen glauben, der durch die liebe thetig[12] ist zů allen gůten wercken, gerechtfertiget, fromm vnd selig werden; Vnd das D. Luther mit vns derhalben, wie ich wüsse, nit gar wol seie zůfriden gewesen[13]. Dis seind ja zwo offenbarer onwarheiten; Dann wir, Gottlob, ehe dann wir Groppers namen gehoͤret, gelehret

1. *Johannes Gropper*, »Antwort und gegenberichtung« (s. oben S. 265, Anm. 9), Bl. xxxixa.
2. s. oben S. 253, Anm. 3.
3. Dietrich IV., Graf von Manderscheid-Schleiden (s. oben S. 317, Anm. 10).
4. *Johannes Gropper*, »Antwort und gegenberichtung« (s. oben S. 265, Anm. 9), Bl. xxxvijb.
5. *Johannes Gropper*, »Antwort und gegenberichtung« (s. oben S. 265, Anm. 9), Bl. xxxixa.
6. s. oben S. 253, Anm. 4
7. ganz.
8. *Johannes Gropper*, »Antwort und gegenberichtung« (s. oben S. 265, Anm. 9), Bl. xlb–xlia.
9. hätte.
10. irgendeine.
11. *Johannes Gropper*, »Antwort und gegenberichtung« (s. oben S. 265, Anm. 9), Bl. xlia.
12. fide caritate formata, scholastischer Fachterminus.
13. Luther konnte sich mit der am 2. Mai 1541 am Regensburger Reichstag in der Frage der Rechtfertigung erzielten Verständigung nicht einverstanden erklären und tadelte deswegen Melanchthon. Vgl. dazu *Brecht*, Martin Luther, S. 223–225. Vgl. auch die Darlegungen im Brief von Luther und Johannes Bugenhagen vom 29. Juni 1541 an Kurfürst Johann Friedrich. *Luther*, WA Br, Bd. 9, S. 459–463 (Nr. 3637), hier vor allem S. 461 f.

haben, das wir durch keinen wercklosen, sonder allein durch einen waren, lebendigen glauben gerechtfertiget werden, So hat auch D. Luther deßhalben kein onwillen gegen vns je gehabt, sonder vns dise warheit selb gelehret.

Zům achten meldet er[1] vergleichung[2] der vier Colloquenten zů Augspurg[3], die nie geschehen ist.

Zům neunden verneint vnd verschwert[5] er, das er nit zů Regenspurg habe Fol. 43[4]
gerhaten, den dienern der kirchen, ob sie gleich klosterleut weren gewesen, die Ehe frei zůzulassen, da doch Churf., Fürsten vnd andere das von jm gehört vnd gelobt haben. Dann solte keiner Ehe, die in Clo̊stern gewesen sein, zůgelassen | *90/Mjb* | worden sein, was concordi hette man dann mit disen Stenden machen könden?

Zům zehenden ist das mit der onwarheit gar vberfreulet[6], das er hat schreiben[7] dörffen, wie mein G. H. von Cöllen, als sein Churf. G. mich erstmals zů sich gon Buschouen[8] erfordret[9] vnd bei sich hatten jn vnd den Weihebischoue zů Cöllen[10], zů sich der massen berůffen haben[11], das einer vmb des andren erfordrung, biß sie zů Buschouen zůsammen kommen, nichts gewüßt, auch on vorgohnde anzeigung, das sein Churf. G. mich bei sich hetten Vnd das ich jm darnach zů Cöllen onuersehenlich zů hauß[12] kommen seie.

Dann war ist, das mein G. H. jm, als er jn zů sich, mit mir zůreden, berůffen, mein beikunfft[13] angezeiget hat Vnd das er, alß die selbige wochen die hohe Meß zů halten an jm war, meinem G. H. wider hat geschriben[a][14], wie er

a) Drf. geschribē=.

1. *Johannes Gropper*, »Antwort und gegenberichtung« (s. oben S. 265, Anm. 9), Bl. xlijb.
2. Verabredung, Übereinkunft.
3. Verhandlungsteilnehmer am Reichstag 1530 in Augsburg waren Philipp Melanchthon, der Verfasser der »Confessio Augustana«, der Wittenberger Professor Justus Jonas (1493–1555), Wolfgang Capito und Bucer.
4. *Johannes Gropper*, »Antwort und gegenberichtung« (s. oben S. 265, Anm. 9), Bl. xliija.
5. versichert unter Eid.
6. sehr mutwillig, sehr frech.
7. *Johannes Gropper*, »Antwort und gegenberichtung« (s. oben S. 265, Anm. 9), Bl. xliiija.
8. In Buschhoven (im Kottenforst bei Swisttal, in der Nähe von Bonn) befand sich das Jagdschloß des Kölner Erzbischofs. Bucer und Johannes Sturm (s. unten S. 329, Anm. 5) trafen am 5. Februar 1542 hier ein. Vgl. *Varrentrapp*, Hermann von Wied, S. 119; *Sommer*, Hermann von Wied, S. 427; *Simon*, Chronik von Buschhoven.
9. aufgefordert, eingeladen.
10. Johannes Nopel (gest. 1556). Nopel, aus Lippstadt stammend, war zunächst Dekan der Kölner Artistenfakultät. Im Oktober 1539 wurde er als Nachfolger des verstorbenen Quirin von Willich Kölner Weihbischof. *Gropper*, Briefwechsel, S. 111, Anm. 9.
11. Zum Gespräch in Buschhoven wurden von Hermann von Wied Johannes Gropper und Johannes Nopel hinzugebeten. *Varrentrapp*, Hermann von Wied, S. 119; *Sommer*, Hermann von Wied, S. 427; *Laux*, Reformationsversuche, S. 71.
12. ins Haus.
13. Hinzukommen.
14. Der hier genannte Brief von Johannes Gropper an Hermann von Wied ist nicht erhalten.

in der warheit hoch erfrewet were, das ich zů seinen Churf. G. kommen in verhoffnung, das jr Churf. G. meins getrewen fürhabens, das ich gantz vnd gar zůr Reformation der kirchen vnd befridung der zwitracht in der Religion gericht, wenn sie desselbigen durch mich bericht, ein sonder gefallens haben würden; Jtem, das er, mit mir zů reden vnd zů conuersieren, hoch begirig were vnd drum in aller vnderthenigkeit bette, das sein Churf. G. mich wolte hinein gohn[1] Coͤllen kommen lassen, welches seins erachtens frei vnd on einige fürsorge wol beschehen moͤchte, so jr Churf. G. mich in sein hauß, das an der mauren gelegen[2], geleiten vnd weisen liesse, damit ich mit dem Weihebischoue[3] vnd anderen pijs, die er zů mir in sein hauß beruͤffen wolte, in vnderrede kommen vnd mich mit jnen von allen dingen | *91/Mija* | desto stattlicher[4] vnderreden moͤchte, das[5] jn auß vilen vrsachen für gůt ansehe, demnach wolte er mich zů seinen Churf. G., so jr das gefellig, wider herauß geleiten, vnd was wir vns vnderredt, anzeigen. Wa aber M. G. H.[6] mich nit wolte hinein gohn Coͤllen zů jm kommen lassen, so wolte er dann von stund an herauß kommen, dann jm je von hertzen leid sein solte, das ich, mit dem er souil conuersation in sachen vnsers Herren gehapt, wider von dannen solte abscheiden vnnd er nit doch ein kurtzes gesprech mit mir gehept hette.

Dis alles hat Gropper an meinen G. H. von mir geschriben, das mir S. Churf. G. damals zůlesen gabe, welche schrifft würdt jr Churf. G. sonder zweifel noch bei sich haben. Dieselbig jr Churf. G. wissen auch wol, das wir zů Buschouen von weit anderen vnd wichtigern dingen mit einander geredt haben dann[7] vom kuß des fridens[8] bei dem h. Abendmal vnd hültzin[9] creützlin[10], dauon er allein meldet. Jr Churf. G. wissen auch wol, das er nit allein nit hat vnderstanden, die bißhaͤr gehalten breuch alle zů verteidingen, sonder das er vil mangels an denen bekennet hat. Jr Churf. G. wissen auch, das er mich nach dem gesprech selb in sein behausung zů Coͤllen nachmals geladen hat. Darumb, wenn allein dise so gar grobe onwarheiten in seinem erzelen würden erfunden, hat ein jeder, der die warheit liebet, wol zů erkennen, das jm von mir[11] vberal nichts zuglauben ist, weil er in so nichtiger sachen die onwarheit so gar

1. nach.

2. Der erzbischöfliche Hof in Köln lag an der Trankgasse, zwischen der Hubertsgasse und der Marzellenstraße, etwas nördlich des Doms. Welche »mauren« Bucer meint, bleibt unklar. *Keussen*, Topographie der Stadt Köln im Mittelalter, Bd. II, S. 163.

3. Johannes Nopel (s. oben S. 327, Anm. 10).

4. gehöriger, ausführlicher.

5. das [was].

6. mein gnädiger Herr.

7. als.

8. Der Friedenskuß als sinnbildlicher Ausdruck brüderlicher Gemeinschaft und Bruderliebe war seit apostolischer Zeit vor allem in der Feier der Eucharistie üblich. LThK² 6, Sp. 696 f.

9. hölzernen.

10. Kleine Kreuze wurden bei verschiedenen liturgischen Verrichtungen, auch bei der Eucharistie, verwendet. Vgl. LThK² 6, S. 610–612; Dictionnaire de Spiritualité II, Sp. 2621 f.

11. in Bezug auf meine Person.

freuel vnd onuerschempt hat schreiben dörffen, damit er sich der[1] gemeinschafft mit mir bei seinen Antichristen wol purgieren[2] möchte. | *92/Mijb* |

Wie freunntlich vnd ehrlich[3] er mich gehalten, wissen baß[4] zů zeugen die gelerten vnd frommen Herr Jo. Richwin[5] vnnd Jo. Sturm[6], die mit mir in seinem hauß gelegen sein. Will aber er selb, das alle dise freuntlicheit seie seinet halben jaudisch[a7] gewesen, kan ich jm diesen rhům nit nemen. Das er dann mich der acten halben[8] damals in seinem studorio[9] solle gestraffet[10] haben vnnd etwas[11] annotationes gezeiget, weiß er selb auch wol, das es nit ist.

Zům eilfften der brieuen halben, die er an mich geschriben, sind ja das auch Fol. 50[11] zwo zů vil grober onwarheiten, das er hat dörffen schreiben, er hebe mir gůt, rund[13] vnnd außtrucklich geschriben vnd angezeiget, das jm nit alles was er in meinen schrifften, nach dem Colloquio außgegangen, befunden, gefellig seie vnd das ich, seit dem er vnnd der Weihebischoue bei mir zů Buschouen gewesen, auff mein sechs- oder sibenfeltig schreiben kaum einen brieue[14] von jm habe mögen extorquieren[15].

So uil dann des Groppers rund vnd außtrucklich anzeigen belanget, das jm in meinen schrifften nit alles gefellig gewesen seie, so besehe, frommer Christ, seine eigen wort in zweien brieuen, auff die er sich referiert, die er mir mit ein[16]

a) Drf. laudisch. Textkorrektur aus dem Druckfehlerverzeichnis übernommen (s. unten S. 349,17).

1. [von] der.
2. reinigen.
3. ehrenvoll.
4. besser, mit größerem Recht, genau.
5. Johannes Richwin. Er stammt aus einer angesehenen Speyerer Familie; Licentiatus iuris und Rat des Erzbischofs von Köln. Er schwört am 21. Mai 1542 als Nuntius des Reichskammergerichts. Im Frühjahr 1544 stand er im Briefwechsel mit Philipp Melanchthon und schrieb am 16. April auch kurz über Bucers Aufenthalt in Speyer. Vgl. *Gropper*, Briefwechsel, S. 350; *Krafft*, Briefe Melanthon's, S. 32; *Clemen*, Briefe aus der Reformationszeit, S. 307; MBW 3523.
6. Johannes Sturm (1507–1589). Er wurde 1537 in Straßburg Professor für Rhetorik und Dialektik. Er nahm an den Religionsgesprächen von Hagenau, Worms und Regensburg teil. TRE 32, S. 281–284.
7. jüdisch.
8. sc. wegen der Veröffentlichung der Regensburger Akten.
9. Studierkammer. *Diefenbach*, S. 557.
10. getadelt.
11. da und dort.
12. *Johannes Gropper*, »Antwort und gegenberichtung« (s. oben S. 365, Anm. 9), Bl. la.
13. schlüssig.
14. Briefe vom 10. und 30. Oktober 1541 (s. unten S. 330, Anm. 1 und 3). Später schrieb Gropper weitere Briefe an Bucer. Erhalten sind die Briefe vom 16. April 1542, 8. August 1542 und 7. Januar 1543; außer diesen Briefen muß es in der Zeit zwischen Oktober 1541 und Januar 1543 mindestens weitere fünf Briefe von Gropper an Bucer gegeben haben. Vgl. dazu *Gropper*, Briefwechsel, S. 225, Anm. 11.
15. entwinden, abtrotzen.
16. zusammen.

hat zůgesandt, deren der erst[1] ist gegeben 10. Octob. Binge[2], der ander[3] penultima eiusdem mensis in Fontanis[4]. Jm ersten brieue[5] schreibt er also: | *93/ Miija* |

ANTE Unum aut alterum diem Liber tuus, quem de actis Ratisponen. inscriptum recens edidisti[6], *mihi forte fortuna oblatus est, quem ubi carptim legere cepissem, hoc uno me plurimum oblectavit, quod video te in eo esse perpetuo, ut nobis Irenaeum*[7] *aliquem nostri temporis exhibeas atque praestes, quo studio, quid quaeso melius, quid christianius, quid religiosius esse potest? in quo, ut Christus, qui pacificos beatos ac filios Dei pronunciat*[8], *te adiuvet oro. Et quoniam in eodem libro nobis alterum polliceris propediem edendum, quo sis complexurus brevem conciliatorum articulorum confirmationem et conciliationis non conciliatorum paraskeuh.n*[9]. *Iccirco te vehementer rogatum*[a] *velim, ut is quam primum editus erit, tua cura, meis vero impensis, ad*[b] *me advolet.*[10] *Ego, quem undae negotiorum idque quam maxime invitum in praesentia obruunt,*

a) Drf. rogagatum.
b) Dittographie.

1. Brief von Johannes Gropper an Bucer vom 10. Oktober 1541. Der Brief ist nur hier von Bucer überliefert. Wiedergegeben ist er bei *Krafft*, Briefe Melanthon's, S. 22 f. (Nr. III) und (kommentiert) bei *Gropper*, Briefwechsel, S. 222–226 (Nr. 80).

2. Bingen.

3. Brief von Johannes Gropper an Bucer vom 30. Oktober 1541. Der Brief ist nur hier von Bucer überliefert. Wiedergegeben ist er bei *Krafft*, Briefe Melanthon's, S. 23 f. (Nr. IV) und (kommentiert) bei *Gropper*, Briefwechsel, S. 229–232 (Nr. 82).

4. Bucer nennt in der deutschen Übersetzung dieses Briefes (s. unten S. 333,14–335,5) Bonn. Der lateinische Name Fontanae ist sonst nicht für Bonn belegt. Denkbar ist, daß sich Gropper in Godesberg, damals eine Honschaft im Kirchspiel Rüngsdorf, aufhielt. Dort befand sich eine erzbischöfliche Burg als Sitz eines Amtmanns. Für diesen Hinweis danke ich Herrn Dr. Thomas Becker (Universitätsarchiv Bonn).

5. s. oben S. 330, Anm. 1.

6. Bucers Edition der Akten des Regensburger Reichtages von 1541 erschienen im September 1541 in Straßburg im Druck: *Martin Bucer*, »Acta colloquii in comitis imperii Ratisponae habiti, hoc est Articuli de religione conciliati et non conciliati omnes, ut ab Imperatore Ordinibus Imperij ad iudicandum, et deliberandum propositi sunt«, Straßburg: Wendel Rihel, September 1541. (s. oben S. 323, Anm. 8). Eine Übersetzung dieser Akten ließ Bucer am 17. Dezember 1541 in Straßburg erscheinen: *Martin Bucer*, »Alle Handlungen und Schrifften, zů vergleichung der Religion, durch die Key. Mai., Churfürsten, Fürsten, und Stånde, aller theylen, Auch den Påpst. Legaten, auff jůngst gehaltenem Reichstag zu Regenspurg, verhandlet, und einbracht, Anno D. M. XLI [sic] Getrewes fleiß, beschriben, zusamen getragen, und erkläret«, Straßburg: Wendel Rihel, 1541. VD 16 B 8836. Exemplare u. a. in Augsburg SStB, Basel ÖB, Gotha FLB, Straßburg BMun, Weimar HAAB, Zürich ZB.

7. einen Friedfertigen.

8. Mt 5,9.

9. Vorbereitung.

10. Bucer konnte seine Schrift »De vera ecclesiarum in doctrina, ceremoniis, et disciplina reconciliatione et compositione ...« (s. oben S. 323, Anm. 9) erst im Spätsommer 1542 vollenden und im Herbst bei Wendel Rihel in Straßburg im Druck erscheinen lassen. Vgl. dazu *Gropper*, Briefwechsel, S. 223, Anm. 6.

hoc solum agere possum, quod et ago sedulo, ut tam mei quam aliquot aliorum principum animos impellam, quo semel causam Christi serio tractare et de suae et Ecclesiae salute saltem, quod ad greges sibi commissas attinet, dispicere incipiant. Quod profecto, ut diutius sine extrema pernitie negligere non possunt: ita mihi bona spes est eos id nunc tandem multo quam antehac diligentius facturos; Deus Opt. Max. et mea vota et illorum conatus prosperet. Tu interim, quod agis, age, sed in spiritu – te per Christum Iesum oro – lenitatis, ne ulli praebeas offendiculum. Sunt, fateor, craßißimi in Ecclesia abusus[1], *sunt morbi verum tam altis radicibus tam exulcerati, ut saevioribus medicamentis citius, ut scis, irritentur, quam sanentur, de quibus corrigendis tu quidem multa in illo libro tuo prudenter admones, sed cuperem tamen, ut – si ita tibi quoque videtur – in ijs, quae de eadem re edes, ita moderari velis omnia, ut initio, quoad fieri poßit non abolitis, sed retentis, qui sunt in Ecclesia, numerum Ecclesiasticorum titulis, singuli ad sua officia et functiones revocarentur. Video enim hoc ipso et tuis et omnium piorum votis abunde satisfieri posse.*

Interim hoc inprimis et ante omnia necessarium arbitror, ut Ecclesijs parochialibus idonei ministri dentur, qui Verbum Dei et velint et poßint syncere populo tradere, qui inspectioni Archipresbyterorum subsint, utque scholae ubique instaurentur, seminarium utique ministrorum, sine quibus, ut brevi maxima penuria bonorum pastorum laboremus, oportet.

Nos hic utrumque pro virili urgebimus. Tu istic omnibus in universum pacandis, ut facis, stude, recepturus olim a Christo Iesu, boni ministri super multa talenta constituti, inaestimabilem retributionem[2]. *Qui te et omnes pios ad provehendam nominis sui gloriam et* | 94/Miijb | *procurandam Ecclesiae suae pacem ab omni adversitate custodiat ac servet. Quos in literis tuis per me nominatim salvere iußisti tuo nomine diligenter salutavi ac literas etiam Flatteno*[3] *inscriptas reddi statim curavi. Tu vicißim meo nomine plurima salute imperties D. Hedionem*[4], *Capitonem*[5] *et Sturmium*[6] *atque inprimis D. Iacobum Stur-*

1. Gropper prangerte den nicht vorbildlichen Lebenswandel der altgläubigen Würdenträger an, und auch Bucer kritisierte den schlechten Lebenswandel in der römischen Kirche und auch bei den Evangelischen. Vgl. dazu *Gropper*, Briefwechsel, S. 224, Anm. 7.

2. Vgl. Mt 25,14–30.

3. Johann von Vlatten (vor 1500–1562). Er war seit etwa 1530 Vizekanzler und nach dem Tode Johann Gogreves (1554) Hofkanzler des Herzogs von Jülich-Kleve. *Gropper*, Briefwechsel, S. 110f., Anm. 7; *Varrentrapp*, Hermann von Wied, S. 121. Gropper stand im Sommer 1541 mit dem in Regensburg weilenden Johann von Vlatten in Briefkontakt. *Gropper*, Briefwechsel, S. 197–201.

4. Kaspar Hedio (1494–1552). Er war vom Herbst 1523 an Prediger am Straßburger Münster. Er nahm 1529 mit Bucer zusammen am Religionsgespräch in Marburg und 1540/41 an den Religionsgesprächen von Worms und Regensburg teil und war an der Durchführung der Reformation in den oberdeutschen Reichsstädten beteiligt. Von Ende Juni bis zum 23. Juli 1543 unterstützte er Bucer in Bonn bei der Fertigstellung der Reformationsordnung (s. oben S. 290, Anm. 1). Hedio gilt als der erste protestantische Kirchenhistoriker. RGG[3] 3, Sp. 111 f.; *De Lange*, Martin Bucer, S. 34.

5. s. oben S. 304, Anm. 5.

6. Johannes Sturm (s. oben S. 329, Anm. 5).

mium[1] *utrum multis ac raris in eo magistratu et vitae genere dotibus praeditum. Bingae 10. Octobris Anno 1541.*

D. T.[2] *deditißimus*
Io. Gropperus D.[3]

EX ALTERIS LITEris[4] eiusdem:

»CAEterum quod petis[5], *ut, si quae putem inesse Actis, quae displicere bonis poßint, de ijs te admoneam: facis tu quidem pro tua modestia neque ego omnino, quod cupis, detrectarem, si vel ingenio vel iudicio, quid admonitionem desideret, assequi poßem. Nihilo secius tamen praeter ea, de quibus in annexis literis admonui, decreveram – modo tantum ocij daretur, ut Acta illa diligentius inspicere et evolvere possem – de alijs quoque sed paucis monere, quod et forsan per proximum Tabellarium fiet*[6].

Atque utinam alterum illum, quem nunc in manibus habes librum, qui ad conciliandas has vere exitiales controversias maximi indubie momenti erit, semel inter nos, priusquam aederetur, quamlibet cursim relegere poßemus[7]. *Non quod mihi tantum iudicij arrogem – scio enim, quam sim illius plane inops –, sed quod forsan poßem, veluti is, qui experientia docente ut cunque didici, qualem medicinam morbi, qui ex hac parte plus satis convaluere, principia ferant, subinde iudicare, ut queat pharmacum, quod propinabis, sic attemperari, quo non prius ab offensis respuatur, quam gustetur. Verum ut hoc per longa terrarum spacia, quib. dißiti sumus, fieri non poßit, certus tamen sum, interim te pro tua prudenti pietate mihi probe cognita sic moderaturum omnia, ut in neutram partem propensior fuisse, sed tantum Christi gloriam et Ecclesiarum et piam et Christianam reformationem et pacificationem summo studio quaesisse videaris.*

Quos ego articulos de reformandis Abusibus mihi delineavi, non ausim per ullum tibi scripto communicare, quod misere metuam evulgationem, quae meo instituto a pietate etiam, ut spero, non abhorrenti quamplurimum poßit obesse. Verum dabit quandoque Deus, ut coram eos tibi | 95/Miiija | exhibeam, ut praesentes, de publica Ecclesiarum instauratione et utilitate procuranda, copiosius et liberius commentemur[8].

Gratulor Ecclesiae Argentinae eum contigisse Episcopum, qui aliquantam

1. Jakob Sturm (1489–1553). Er gehörte von 1524 an dem Rat der Straßburg an und trug wesentlich zur Durchsetzung der Reformation bei. RGG³ 6, Sp. 438.

2. Dominationi tuae.

3. Doctor.

4. s. oben S. 330, Anm. 3.

5. Bezugnahme auf einen nicht überlieferten Brief Bucers (zwischen 10. und 30. Oktober 1541). Vgl. *Gropper*, Briefwechsel, S. 225, Anm. 11.

6. Vgl. dazu *Gropper*, Briefwechsel, S. 230, Anm. 3.

7. Vgl. oben S. 323, Anm. 9 und S. 330, Anm. 10.

8. Diese »Reformationsschrift« Groppers ist nicht bekannt. Vgl. dazu *Gropper*, Briefwechsel, S. 231, Anm. 5.

saltem spem praebeat boni pastoris, h. e.[1], *qui suae Ecclesiae bene consultum velit*[2]. *Scis enim quam grate amplectenda sit, quam diligenter promovenda in hoc corruptißimo rerum statu – ubi res prope modum desperatae et deploratae sunt -vel levißima occasio, quae ullum bonum initium reformationi inchoandae praebere posse videatur, id quod quoque, ut video, tu hic facis. Deus Opt. Max. illi, quem istic dedit, atque adeo omnibus Episcopis nostris mentem se dignam largiatur, ut tandem quae eius, non quae sua sunt, ut se dignum est, quaerant. Qui et te spiritu suo benigno, quo gentes olim longe lateque dispersas in unitatem fidei congregavit, impleat et prosequatur in laudem gloriae gratiae suae et Ecclesiae utilitatem. Multam ex me salutem dices clariß. Dominis Hedioni*[3], *Capitoni*[4] *et Sturmio*[5] *et in primis D. Iacobo*[6], *viro spectabili. Datum Fontanis*[7] *penultima Octob. Anno salutis restitutae 1541.*

D. T.[8] *deditißimus Ioan. Gropperus D.*[9]«

Das ist[10]: Vor eim tag zweien[11] ist mir dein bůch, das du mit dem titel Regenspurgischer handlung[12] außgeben hast, zůkommen, in dem ich mich, als ichs hin vnd wider gelesen, daran seer belustiget[13] habe, das[14] ich sehe, wie du dich darauff stetigs richtest, das du vns einen Jreneum – ein fridfertigen – erzeigest vnd beweisest.

Vnd was koͤnde besser, was Christlicher, was gotsfoͤrchtiger sein, dann dis dein vorhaben? Jch bitte, das dir Christus, der die fridmachenden selig vnd Gottes kinder spricht, helffen woͤlle.

Dis mag bei dem nit stehn, das ich in vnd nach dem gesprech ander vergleichung solle dem, das ich vor nachgeben, widersprochen haben.

Vnd als du vns in dem selbigen bůch noch ein anders verheissest, das du wilt bald lassen außgohn, in welchem du begriffen habest ein befestigung der verglichen artickel vnnd ein zůbereitung zůr vergleich- | *96/Miiijb* | ung deren, die noch nit verglichen sind, Derhalben wolt ich dich gantz geflissen gebetten haben, das du verschaffen woltest, das sollich bůch, so bald es außgangen, mir auff meinen kosten zůkomme.

Jch, den die waͤllen der geschefften diser zeit – vnnd das gentzlich wider

Wann hastu dann dich zů predigen vnd geistlichen geschefften woͤllen begeben? Ja, wann sie so wol lohneten, als die weltlichen.

1. hoc est.
2. Als Nachfolger des am 29. Juni 1541 verstorbenen Straßburger Bischofs Wilhelm von Honstein wurde am 9. Dezember 1541 Erasmus von Limburg ins Amt eingesetzt.
3. s. oben S. 331, Anm. 4.
4. s. oben S. 304, Anm. 5.
5. s. oben S. 329, Anm. 5.
6. s. oben S. 332, Anm. 1.
7. s. oben S. 330, Anm. 4.
8. Dominationi tuae.
9. Doctor.
10. Es folgt eine vollständige deutsche Übersetzung des obenstehenden Teiles des lateinischen Briefes von Johannes Gropper an Bucer vom 10. Oktober 1541.
11. einem oder zwei Tagen.
12. s. oben S. 253, Anm. 4.
13. erfreut.
14. weil.

Merck hie, das jeder seine herde sol reformieren vnd lenger nit verziehen. Nun aber solle man des Pabst vnd der gantzen welt warten.

meinen willen – vberfallen, mage das allein thůn, das[1] ich auch embsig thůe, das ich meines vnd etlicher anderen Fürsten gemůter erwecke vnnd treibe, das sie die sach Christi ein mal[2] mit ernst handlen vnd anfahen, zůtrachten nach dem heil der kirchen, doch souil die herden, so jnen befohlen, belanget; Welches sie, wie ich gůter hoffnung bin, nun fleissiger thůn sollen dann hieuor, als[3] sie es dann auch warlich sonder das eusserist verderben lenger nit moͤgen verziehen. Der gůtig, Allmechtig Gott woͤll mein begeren vnd jres vnderstahn[4] beglücken.

So hab ich im colloquio nit gefellet. wie dann alle herbrachte gebreuch gůt in deiner schrift. Fol. 45[7]

Jsts weisslich erinneret, wie dan das du mich aus disem bůch hast woͤllen abtrünnig vnd auffruͤrisch erweisen. Warumb hastu das noch nie angefangen vnd den war priesterlichen dienst angegriffen?

Du thůe dieweil, das[5] du thůst, aber im geist der lindigkeit[6]; darumb bitt ich dich durch Christum Jesum, damit du nieman keinen anstoß gebest. Jch bekenn es seind in der kirchen gantz grobe misbreuch; es sind sůchten aber so tieff eingewurtzlet vnd so verseret, das sie mit strenger artznei mehr angereitzt – wie du weist – dann geheilet werden. Von welchen misbreuchen zů besseren, du vil in deinem bůch weislich erinnerest. Mein beger were aber, das du – wa es auch dir also gefiele – das jenige, das du von diser sachen | *97/Nja* | handlen wirst, also woltest messigen[8], das die titel der kirchenämpter anfangs nit abgethan, sonder behalten vnd jede wider zů jren ämpteren vnd diensten widerbracht würden. Damit sehe ich, das deinem vnd aller gotsfoͤrchtigen begeren vberig gnůg geschehen würde.

Jn dem acht ich aber, das zum ersten vnd vor allem von noͤten seie, das den pfarkirchen taugliche diener gegeben werden, die das Gottes wort dem volck woͤllen vnd vermoͤgen lauter dargeben, die vnder der visitation der Ertzpriester seien, Vnnd das schůlen allenthalben gebesseret vnd angericht[9] werden als nemlich ein saaht der kirchen diener, on die wir in kurtzem seer grossen mangel gůter hirten leiden můssen.

Ja den frommen Ertzbischoue daruon treiben Hab ichs damals noch gethon, wie hab ich dan im Collo.[10] gefehlet? Nun sind wir abtrinnige ketzer.

Wir woͤllen hie auff die beide treiben; du kere fleis an das jederman in gemein befridet werde wie du thůst so würstu zů seiner zeit von vnserm Herren Jesu die onerschetzliche belohnung des gůten dieners, den er vber vil pfund hat gesetzet[11], empfahen, Der dich allen gottseligen, die herrlicheit seines namens fürzůbringen vnd zůschaffen friden seiner kirchen, vor aller widerwertigkeit woͤlle behůten vnnd bewaren. Welche du in deinem brieue mit namen[12] hast heissen grůssen, die hab ich in deinem namen fleissig gegrůsset, vnd die

1. das [was].
2. endlich.
3. wie.
4. Unternehmung.
5. das [was].
6. Milde, Sanftmut.
7. *Johannes Gropper*, »Antwort und gegenberichtung« (s. oben S. 265, Anm. 9), Bl. xlva.
8. so maßvoll tun wolltest.
9. eingerichtet.
10. s. oben S. 312, Anm. 9.
11. Vgl. Lk 19,11–27; Mt 25,14–30.
12. ausdrücklich.

brieue, so du Flatteno[1] zůgeschriben, hab ich geschafft[2], das sie jm als bald seind vberantwortet worden; du hinwider woͤllest von meinet wegen vil grůs sagen D. Hedioni[3], D. Capitoni[4] vnd Sturmio[5] vnd | *98/Njb* | vor allem H. Jacoben Sturmen[6], einen mann, der in dem Magistrat vnd dem thůn mit vilen vnd besondern gaben begabet ist. Binge, 10. Octob. Anno 1541.

Jn dem andern brieue[7]: Das du aber begerst, wa ich achtete, wann in den Actis etwas sei, das gůten leuten moͤchte mißfallen, das ich dich des wolte erinneren, in dem thůstu nach deiner demůt. Jch wolte auch, das[8] du begerest, nit abschlagen, wa ich des verstands vnd der geschicklicheit zů vrteilen were, das ich vernemen koͤnde, was erinnerens bedoͤrffte. Nit desto weniger aber hat ich fürgenommen, wa mir allein souil můß[9] gegeben würde, das ich die Acta fleissiger besehen vnd erwegen koͤndte, dich vber das ich im beigehefften brieue erinneret habe, auch anderer dingen, aber weniger, zů erinneren. Welches villeicht mit nechstem botten geschehen würdt.

Jst von den titulen der kirchen empter.
Merck: weniger.

Jch wolt aber, das wir das ander bůch das du ietzund in henden hast, das onzweiffel, zů vergleichen dise warlich verderblichste spaͤn[10], ein gros thůn würt, doch ein mal vnder vns, wie eilendt das were, vberlesen moͤchten. Nit das ich mir so vil verstands anmasse, dann ich weis, wie gar[11] ich des in mangel stehe, sonder als der dir vilicht moͤchte[12], als der es aus der erfarnus etlicher massen hat erlernet, vnderweilen anzeigen, was artznei die süchten[13], so auff disem theil zuuil vberhand genomen haben, anfangs erleiden moͤgen, Damit die artznei, die du geben wilt, moͤge also temperiert werden, das sie nit ehr[14] verworffen werd von denen, die schon wider sie erzürnet sind, dann versuchet[15]. Aber ob | *99/Nija* | dis schon von wegen der ferre[16] des lands, die zwischen vns ist, nit geschehen kan, so bin ich doch gewis, das du nach deiner Gottseligen klůgheit, die mir wol erkandt ist, alle ding also wurst messigen[17], das du gesehen werdest, auff keinen teil geneigter gewesen zů sein, sonder allein die herr-

Merck von weis vnd mas des fürgebens nit vom lehren an jm selb hat er erinneren woͤllen.
Wie das, so ich im colloquio schon gefehlet hab?

1. Johann von Vlatten (s. oben S. 331, Anm. 3).
2. veranlaßt.
3. s. oben S. 331, Anm. 4.
4. s. oben S. 304, Anm. 5.
5. s. oben S. 329, Anm. 5.
6. s. oben S. 332, Anm. 1.
7. Es folgt eine vollständige deutsche Übersetzung des lateinischen Briefes vom 30. Oktober 1541.
8. das [was].
9. [an] Muße.
10. Zwiste, Anstöße.
11. gänzlich, sehr.
12. könnte.
13. Krankheiten.
14. eher.
15. genommen.
16. Ferne.
17. so maßvoll behandeln wirst.

licheit Christi vnd Gottselige Reformation vnd befridung der kirchen mit hoͤchstem fleis gesuchet haben.

Warumb foͤrchtet sich ein priester Gottes, die welt der sünden zů straffen?

Die articul von den misbreuchen zůbesseren, die ich entworffen habe, darff ich dir durch nieman zůstellen, darumb das ich mich vor dem außgeben engstig foͤrchte, als die meinem vorhaben, welches von der Gottseligkeit, als[1] ich hoffe, nit frembd ist, seer hinderlich sein moͤchte. Es würdt aber Gott etwann ein mal geben, das ich sie dir zeige vnd das wir zůgegen[2], von gemeiner[3] besserung vnd nutz der kirchen zůschaffen, weitleuffiger vnnd freiher mit einander reden moͤgen[4].

Gott gebe woͤllen vnd thůn.

Jch frew mich mit der kirchen zů Straßburg, das jr ein solcher Bischoue[5] ist worden, der doch etwas hoffnung gebe eines gůten hirten, das ist, der doch gern wolt, das seiner kirchen gerahten würde. Dann du weist, wie danckbarlich anzůnemen vnnd zůbefordren ist in disem aller verderbtisten standt aller ding auch der aller geringste[a] anlas, der geacht werden mage, das er einigen gůten anfang geben werde einer Reformation, welches du auch hie thust, als[6] ich sehe. | *100/Nijb* |

Der guͤtigst, allmechtigst Gott, der jn[7] des orts gegeben, der woͤlle jm vnd allen vnseren Bischouen ein gemuͤt[8] geben, das jnen gepüret, damit sie doch zů letst ein mal das sůchen, das sein, des Herren, vnd nit das jr ist, wie jnen züstaht, der dich mit seinem milten geist, durch den er etwan die voͤlcker, weit vnd breit zestrewet[9], hat in einigkeit des glaubens versamlet, woͤlle erfüllen vnnd verfolgen zů dem preis der herrlicheit seiner gnaden vnd zů nutz seiner kirchen. Vil gruͤs sage von mir den wolberhuͤmpten herren Hedioni[10], Capitoni[11] vnd Sturmen[12] vnnd zůfordrist herr Jacoben[13], dem achtbarn man. Gegeben zů Bonn[14] on eins den letsten[15] Octobris Anno 1541[16].

a) Drf. gerinste.

1. wie.
2. einander gegenüber, bei einem Zusammentreffen.
3. allgemeiner.
4. können.
5. Als Nachfolger des am 29. Juni 1541 verstorbenen Straßburger Bischofs Wilhelm von Honstein wurde am 9. Dezember 1541 Erasmus von Limburg ins Amt eingesetzt.
6. wie.
7. ihn, sc. den neuen Straßburger Bischof Erasmus von Limburg.
8. Willen.
9. großzügig verteilt (an).
10. s. oben S. 331, Anm. 4.
11. s. oben S. 304, Anm. 5.
12. Johannes Sturm (s. oben S. 329, Anm. 5).
13. Jakob Sturm (s. oben S. 332, Anm. 1).
14. Bucer übersetzt Fontanis mit Bonn (s. oben S. 330, Anm. 4).
15. on eins den letsten: vorletzten.
16. 30. Oktober 1541.

Sehet: das ist das rund vnd ausdrucklich anzeigen der fehle[1] in meinen schrifften. Halte das gegen dem, das er hieuon geschriben hat Fol. 50, 53[2]. Neben disem: wie hertzlich gern wolten wir auch den leuten alle jre Ecclesiasticos titulos lassen vnd erhalten, wann sie sich wolten auch zů jren ämpteren vnd diensten, zů denen sie sich nach[3] solchen jren titulen so hoch verbunden, widerbringen lassen, ja wolten jnen gern auch das in gar vilen nachgeben, wann sie sich allein zů rechter versehung der pfarren vnd schůlen wolten vermögen lassen.

Nun so vil die ander onwarheit belanget, das ich jm auff mein sechs- oder sibenfeltig schreiben kaum einen brieue, seit dem wir zů Buschouen[5] bei ein[6] gewesen, habe mögen extorquieren[7], So ist war, das er mir seit der selbigen zeit fünff brieue hatt zůgeschriben vnnd gesandt vnd die viere desselbigen 42. jars von Quasimodo[8], an dem tag er den ersten gegeben[9], bis auff 16. Augu- | *101/Niija* | sti, da er den letsten geben hat[10], den fünfften hat er mir 7. Januarij Anno 43[11], als ich zů Bonn war zu predigen[12] schon angestanden[13], vberschikket. Hat er nun von mir in der zeit empfangen dreissig oder xxv. briue, das ist für einen briue siben oder sechse, so lege er sie dar; das würt er wol lassen vnd sich damit abermal seiner onwarheit selb vberzeugen. Fol. 50[4]

Dabei besehe auch, mit was worten er den verzug seins widerantwortens entschuldiget hat, in seinem on eins letsten[14] briue an mich, gegeben 8. Octob. Anno 42[15], demnach ich auch bald gehn Bonn kommen bin. Dann also hat er mir geschriben:

»S. D.[16] Plane falleris, eximie ac longe doctiß. D. Bucere, si vel ulla suspiciuncula ab alienati mei abs te animi tibi irrepat. Absit enim ut quem iam dudum non forte fortuna, sed in Christo coepi cognoscere nec cognoscere solum, sed

1. Mängel.
2. *Johannes Gropper*, »Antwort und gegenberichtung« (s. oben S. 265, Anm. 9), Bl. la und liija.
3. etwa, vielleicht. *Götze*, S. 164.
4. *Johannes Gropper*, »Antwort und gegenberichtung« (s. oben S. 265, Anm. 9), Bl. la.
5. s. oben S. 327, Anm. 8.
6. beieinander.
7. entwinden, abtrotzen.
8. 16. April 1542.
9. s. unten S. 337,23–338,10 und S. 339,4–33.
10. Dieser Brief ist nicht überliefert.
11. s. unten S. 342,6–31.
12. Bucer predigte im Bonner Münster am 17. Dezember 1542 zum ersten Mal. *Greschat*, Martin Bucer, S. 196.
13. in Dienst getreten.
14. on eins letsten: vorletzten.
15. Brief von Johannes Gropper an Bucer vom 8. August 1542. Bucer schreibt hier versehentlich »8. Octob.«. Der Brief Groppers ist im Original überliefert: Cambridge CCC, Ms. 119, S. 257f. und 265f. Wiedergegeben ist er bei *Gropper*, Briefwechsel, S. 240–242 (Nr. 87).
16. Salutem dico.

Talem me iudicavit, cum omnis pro concordia actio Ratisponae suscepta, esset facta irrita. Post lecta Acta et annotata, post lectum etiam librum meum, quem nunc criminatur.

cum quo de summis rebus religionis et instaurationis Ecclesiae dei pie, ut credo, etsi forsan non aliorum, meo tamen maximo cum fructu, toties et tam saepe, tum privatim tum publice, sum collocutus et magna cum iucunditate conversatus[1] *animo meo unquam excidere patiar. Nec debeas huius ullam coniecturam facere tantum ex intermisso aliquantulo tempore rescribendi officio, qui sciebas evenire posse, ut tuae literae me crebrius a Colonia absentem quam praesentem offenderent. Et si quandoque praesentem, non tamen tam cito quam polliciti fuerunt tabellarij, redderentur. Atque has esse morulae per me licet invitum commissae causas, si mihi quid credis, ambigere non debes, quamlibet forsan aliud a quovis acceperis.«*[2]

Das unquam – immermehr[5] – ist gar bald außgangen.

Sihe, wie er mich auch nach aller handlung zů Regenspurg vnd gesprech zů Buschouen, auch fleissigem verlesen meiner bůcher, habe gehalten.

Das ist[3]: Du jrrest dich gentzlich, fürnemer vnnd wolgelerter h. Bucere, wa dir einigs argwoͤnlin von | *102/Niijb* | mir eines gemuͤts von dir entfremdet, einschleichet, dann das sei ferr[4], das ich den aus meinem gemuͤt immermehr solte empfallen[6] lassen, den ich nun ein zeitlang nit ongefehr[7], sonder in Christo habe anfangen zů erkennen vnnd nit allein zů erkennen, sonder mit dem ich von den hoͤchsten sachen der Religion vnd besserung der kirchen Gottes gottseliglich, als[8] ich glaube, vnd ob wol nit anderer, doch mit meinem seer grossen nutz, so offt vnd dick[9] – besonders vnd in gemein[10] – geredt vnd mit grossem lust conuersiert[11] habe, vnd du soltest des kein můtmassung gewonnen haben aus dem, das ich in etwas zeit[12] nit widergeschriben habe, weil du weisst, das geschehen kan, das deine brieue mich offter von Coͤllen abwesend dann zůgegen finden, Vnnd ob sie mich schon zůgegen fünden, doch nit so bald vberantwortet werden, als es die botten verheissen. Vnd du solt nit zweifelen, wa[13] du mir etwas glaubest, das dis die vrsachen seind, dadurch der kleine verzug fürgefallen ist wider meinen willen, ob du gleich von einem anderen villicht ein anders vernomen hast. Haec ille.

Hie sihe, was er für vrsachen seines verzugs im widerschreiben geben[14] vnd

1. Vgl. dazu *Johannes Gropper*, »Antwort und gegenberichtung« (s. oben S. 265, Anm. 9), Bl. 45b.
2. Die folgenden ca. 18 Zeilen des Briefes (wiedergegeben bei *Gropper*, Briefwechsel, S. 240f.) läßt Bucer hier aus.
3. Es folgt eine vollständige deutsche Übersetzung eines Teils des lateinischen Briefes vom 8. August 1542.
4. fern.
5. jemals.
6. entfallen.
7. irgendwie.
8. wie.
9. ausführlich.
10. unter vier Augen und zu mehreren.
11. (mich) unterhalten.
12. seit einiger Zeit.
13. wenn.
14. gegeben.

was extorquirens[1] der brieuen es meinet halben bei jm bedörfft habe. Es seie dann[2] onwar, was er hie geschriben hat. | *103/Niiija* |

Ja er schreibt noch ferner in diser jetz angezogen Epistel[3] zů mir dise wort:

»ET certe quam honorifice semper et quanta cum commendatione de te etiam interdum non citra gravem invidiam, quam tui causa levem duco apud omnes loquar, malo ut alij quam ipse de me testentur[4].

Denique ut mihi nihil acerbius quam videre hac deploratißima tempestate Christi causam non tantum misere negligi, sed omnia etiam, autore diabolo – permittente quidem ob scelera nostra Deo – sic agi, ut ea plane, si fieri poßit evertatur: ita comperi tibi quoque nihil potuisse ac posse molestius esse. Scio enim quam sit tibi cordi doctrinae Christi sinceritas et propagatio, quae sis concordiae Christianae studiosus. Quae cum Diabolus nunc plane solutus, ut res ipsa commonstrat, ac furens omnia cum maximo Ecclesiae detrimento perturbet, putas dubitem te vario mentis cruciatu agi? Sed quid faciemus, dulcißime Bucere? Si ita habet Mundus, si sic merentur nostra scelera, si ita a Deo constitutum est, ut suos electos, priusquam Ecclesiae suae pax restituatur, comprobare velit? Certe ipse aliud consilium non video, quam, ut Apostolorum exemplo, omnes, qui vel micam pietatis Dei gratia tenemus, ad indormientem Christum accurramus et cum illis inclamemus, Domine, salva nos, perimus[5].

Noster ille Senex[6], *quem optimum Virum nosti, non desinit de Reformatione cogitare. Multa sunt, quae illum impediunt. Attamen sperare te volo futurum ut eius conatus non in totum frustrentur. Qua de re fusius ad te proximo tabellario scribam*[7].

Accepi eam partem operis tui, quam de Originali peccato conscripsisti, utinam toti operi ad eam, quam coepisti rationem, ultimum colophonem imposuisses. Multis enim aperies oculos, qui gravi Philautia obcaecati, quod se videre putant, non vident. Ago gratias partis ad me transmissae acturus maiores ac relaturus etiam ubi potero, cum miseris opus totum. Interea optime per Christum valebis, cuius causam et Ecclesiae concordiam, ut promovere quemadmodum hactenus non desinas, te per illum qui sanguinem suum, ut utraque unum faceret, effundere non dubitavit, oro atque obtestor. Coloniae, 8. Augusti Anno 1542.

Deditiß. Ioan. Gropper« | *104/Niiijb* |

1. Entwindens.
2. wäre denn.
3. Weiterer Teil des Briefes von Johannes Gropper an Bucer vom 8. August 1542 (s. oben S. 337,23–338,10.
4. Vgl. oben S. 332, Anm. 8.
5. Mt 8,25.
6. Gemeint ist Hermann von Wied.
7. Möglicherweise Brief vom 16. August 1542. Vgl. dazu *Gropper*, Briefwechsel, S. 235, Anm. 1.

Also solle man nit von ketzern vnd Schismaticen reden.

Das ist[1]: Vnd zwar[2], wie ehrlich ich allwegen vnd mit was lobe ich von dir bei jederman rede, Ja auch vnderweilen nit on schweren onwillen, den ich deinethalben gering achte, das will ich lieber das andere von mir bezeugen, dann das ichs selbs[a] thůe.

Dis lob gepůret keinen ketzeren vnd schismaticen.

Vnd wie mir nichs herbers ist, dann sehen die sachen Christi in diser verderptisten zeit nit allein ellendlich verlassen werden, sonder auch alle ding durch den teuffel auß verhengnüß Gottes vmb vnser sünden willen also gehandlet werden, das die sach Christi gar, wa es moͤglich were, moͤchte vmbgekeret werden, Also hab ich erfaren, das auch dir nichts hat moͤgen[3] vnnd nichts mage beschwerlicher sein. Dann ich weiß, wie dir die reinigkeit vnd das beforderen der lehre Christi hertzlich ist angelegen, wie girig vnd beflissen du bist zů Christlicher Concordi. Weil dann der teuffel nun gar außgelassen, wie es die sach selb beweiset, vnd wůtend dis alles mit hoͤchstem schaden vnnd nachteil der kirchen betrůbet vnnd zerstoͤret, meinstu, das ich daran zweifel, das du deßhalben mit mancherlei schmertzen gequelet werdest? Was woͤllen wir aber thůn, freuntlicher Bucere? wens also vmb die welt staht, so es vnsere sünd also verdienen, so es von Gott also verordnet ist, das er seine erwehlten will, ehe der frid seiner kirchen werde wider zůgestellet, beweren? Jch zwar sehe keinen anderen rhat, dann das wir nach dem exempel der Apostel alle, die noch etwas von der Gottseligkeit auß Gottes gnaden vberig behalten, zů dem schlaffenden Christo lauffen vnnd jn mit den Apostlen anrůffen: »Herr, hilff | *105/O ja* | vns, wir verderben!«[6] Vnser alter[7], den du weist ein gantz gůten mann sein, hoͤret nit auff, von der Reformation zůgedencken; vil ding sind, die jn verhinderen. Du solt aber helffen, das sein vorhaben vnd vnderstohn nit gantz solle vergeblich sein. Dauon ich zů dir mit nechstem botten will weiter schreiben.

Nun ist diser mann der einig Eolus[4], der alle Sturmwind[5] wider die kirchen Christi vnd seinen frommen Ertzbischoue mehr außlasset vnd treibet. Vnd nieman ehe vnd mehr dann du.

Was ist dir aber leider, dann das du so ein warer prophet bist gewesen? Dabei ist auch von dem vermoͤgen vnd onuermoͤgen des menschens vor vnd nach dem fal, welches du nun als Manicheisch lesterest[9].

Jch hab empfangen den theil deines wercks, in welchem du von der Erbsünd hast geschriben[8]. Jch wolt, du hettest das gantze werck auff die meinung geendet, wie du angefangen, dann vilen würstu die augen auffthůn, die, auß schwerer eigen liebe geblendet, meynen, sich sehen[10], das sie nit sehen. Jch

a) Drf. sels.

1. Es folgt eine vollständige deutsche Übersetzung eines weiteren Teiles des lateinischen Briefes vom 8. August 1542.
2. in der Tat.
3. können.
4. Aeolus (Aiolos), in der antiken Mythologie der Gott der Winde. Reclams Lexikon der Antike, S. 26f.
5. Anspielung auf den Namen (Jakob) Sturm.
6. Mt 8,25.
7. Gemeint ist Hermann von Wied.
8. *Bucer,* Zweite Verteidigungsschrift, Bl. ija–xb. Edition in diesem Band, S. 31–247.
9. Gropper hat also Bucers Schrift »De vera ecclesiarum in doctrina, ceremoniis, et disciplina reconciliatione et compositione ...« (s. oben S. 323, Anm. 9) empfangen und darauf reagiert.
10. sie seien sehend.

sage danck für den vbersendten theil; groͤssern danck wil ich sagen vnnd auch vergelten, wa ich kan, wann du mir das gantze werck würst zůsenden. Dieweil woͤllest dich durch Christum wol gehaben, Des sache vnd die concordi der kirchen woͤllest zůbeforderen wie bißhår nit nachlassen. Darumb bitte vnd bezeuge ich dich durch den, der sich nit bedacht[1] hat, sein blůt zůvergiessen, damit er die beide eins machete. Colonie, 8. Augusti Anno 1542. | *106/Ojb* |

Nota: auff die meinung, welche er nun verdammet, vnd darff schreiben, ich hebe jm hieuor darwider bekennet.

Nota: wie bißhår ergo ich hab in jetz gemelten schrifften vnd im colloquio recht gehandlet wider dein falschen klagen.

Diss halte nun ein jeder gegen dem, das er nun von mir schreibt, vnd sehe, wie es sich mit einander zů trag.

Die vermanung aber, so er hie anzeucht, die hat er mir im ersten brieue nach vnserem gesprech zů Buschouen vnd Coͤllen, zů geschriben[2], Vnd haltet sich in seinen worten also:

»FEci describi consultationem illam[3] Latine, sed rudißime (quod fieri necesse est, dum verbum verbo redditur) versam quam ad te mitto. Ac oro te per Christum, ut omnia tua studia ad pacificationem Ecclesiae (ut fecisti hactenus) convertas, non discedens a semitis antiquis Ecclesiae Catholicae Dei. Ipse, dum video me non posse commodare, silebo et omnes iniurias ultro citroque latas Christo condonabo, Qui te in eo quo es studio tranquillandae domus suae iuvet ac promoveat.«

Jst der rathschlag Von den beschwerden des Houes[6] zů Rom, der zů Augspurg von den På̊bstlichen Stenden ist zůsammen getragen worden[7]. Merck, Wie du etc.

Das ist[4]: Jch hab den rahtschlag zů Latein gemacht, wiewol onartlich, wie dan sein můs, wann man wort für wort verdolmetschet, lassen abschreiben; den sende ich dir vnnd bitt dich durch Christum, das du woͤllest allen deinen fleiss vnd handlung ankeren[7] zůbefridung der kirchen, wie du bisshår hast gethan, nit abweichend von den alten pfåden der allgemeinen kirchen Gottes. Jch, weil ich sehe, das ich keinen nutz kan schaffen, will schweigen vnd Christo schencken das onrecht, das ich von beiden theilen leide, der | *107/Oija* | dir in dem fleiss vnd handel du bist, sein haus zůberuͤwigen, helffen vnd beforderen woͤlle.

Das hab ich noch gehalten; anders würdts weder Gropper noch jemandts jmmermehr erweisen. Vnd dieweil vil feister pfründen verzeren vnd Christum verfolgen.

Hie mercke abermal (ut fecisti hactenus), wie du bis her gethon hast Vnnd (in eo in quo es studio) in dem fleiss du bist.

1. gezögert.
2. Erschlossene Datierung des folgenden, nur hier teilweise überlieferten Briefes: 16. April 1542. Vgl. dazu *Gropper*, Briefwechsel, S. 235, Anm. 1.
3. Ein Ratschlag katholischer Stände auf dem Reichstag zu Augsburg. *Gropper*, Briefwechsel, S. 235.
4. Es folgt eine vollständige deutsche Übersetzung des obenstehenden Teils des lateinischen Briefes vom 16. April 1542.
5. durch den Hof.
6. s. oben S. 341, Anm. 3.
7. aufbringen, aufbieten.

Aber was darffe es rede? da ich schon, zů Bonn zů predigen[1], war auffgestellet, hat er mir noch kein ongleicheit meiner lere nie fürgeworffen oder einigen deren mengel, die er hernaher mit seinen Pabstknechten so grewlich wider mich hat getriben. Er schribe mir noch als seinem lieben freünd, ja auch preceptori, Vnd haltet der selb letste brieue[2] also:

»DOCTißime Vir. Accepi literas tuas, quas et Magnifico Domino Cancellario[3] *ostendi eique multam ex te salutem dixi. Cuperem vero eam esse conditionem tuam, ut Clero et populo nostro Coloniae gratus esse ac placere posses. Nunc cum secus se res hic habeant, non est, quod mihi imputes. Christi gloria et propagatio regni eius mihi quoque (ut spero) curae est, quod et reipsa forsan aequis iudicib. poßem comprobare, et ipsa etiam res docebit. Sed nolim tamen sic urgere causam Christi, ut dum promotam eam velim, magis remorer. Scis enim zelum oportere secundum scientiam esse.*

Si de adventu tuo et munere, quod suscepisti, me priusquam advenires, consuluisses aut etiam de eo, quid in dicasses, admonuissem vicißim ingenue te de multis. Nunc vero secus habet. Sed utcunque sit, nolim ut suspiceris me sic totum inescatum esse mundo, ut plane refugiam, si ita res postulet, et dignum fructum facturus videar, post Dominum meum cum pijs omnibus crucem ferre. Hactenus quidem utrinque male audio, gravib. iniurijs impetor, laceror atque adeo in periculum vocor. Sed tamen a deo meo gratias ago, quod vel tantillam fidei particulam gratuito munere mihi largitus sit, ut hinc nihil commovear, quae etiam ut indies in me augescat, Christum | 108/Oijb | precor.

Hoc saltem, ut de me statuas, oro futurum, ut in eo instituto, in quo nunc sum (quantum per alias gravißimas occupationes licebit), per Dei gratiam tandiu gnaviter pergam ac perdurem, insuper Collegas, qui mihi adiuncti sunt et alios, quoscunque potero, ut idem faciant, sedulo inhorter, donec tibi et omnibus pijs ac bonis viris, ipso Deo volente persuasum faciam me rei Christiane bene consultum saltem voluisse. Eventus in manu eius est, in quo bene valebis, vir doctißime. Ex Colonia 7. Ianuarij Anno salutis et ce. 43.

Deditiß. Ioan. Gropper«

1. Bucer predigte vom 17. Dezember 1542 an im Bonner Münster. *Greschat*, Martin Bucer, S. 196.

2. Brief von Johannes Gropper an Bucer vom 7. Januar 1543. Er reagiert damit auf den Brief Bucers vom 2. Januar 1543 (*Gropper*, Briefwechsel, S. 282–286, Nr. 107). Der Brief ist nur hier von Bucer überliefert. Wiedergegeben ist er bei *Krafft*, Briefe Melanthon's, S. 44 f. (Nr. XV) und (kommentiert) bei *Gropper*, Briefwechsel, S. 286–288 (Nr. 108).

3. Bernhard von Hagen (s. oben S. 317, Anm. 11). Vgl. auch Krafft, Briefe Melanthon's, S. 45, Anm. 1.

»Wolgelerter[1] man, deinen brieue hab ich empfangen vnd dem grosthetigen herren Cantzler[2] gezeiget vnd jm vil grus von dir gesaget. Jch wolte aber, das dein eigenschafft were, das du vnserem Clero vnnd volck moͤchtest angeneme sein vnnd gefallen. Nun da sich die sachen hie anders halten, ist nit, das du mir das zů messest. Die herrlicheit Christi vnd fürtbringen seines Reichs ist auch mir, als ich hoff, angelegen, welches ich vileicht mit der that vor billichen[3] richtern moͤchte erweisen, vnd das werck selb solle es war machen. Jch wolte aber in der sachen Christi nit also anhalten, das ich sie, in dem ich sie forderen wolte, mehr verhinderte, dann du weist, das der eifer solle mit verstandt sein.

Aber nit mit solchem, das man der welt ehr, gunst vnd gůt mit dem reich Christi behalte.

Hettestu mich von deiner zůkunfft[4] vnd dienst, den du hast angenommen, ehe du herkommen, rhats gefraget oder etwas dauon angezeiget, so wolte ich | *109/Oiija* | dich hinwider von vilen dingen erinneret[5] haben. Nun haltet sichs anders. Aber wie jm sei, so wolt ich, das du mich nicht verdechtest, das ich durch die welt so gar solte verleckeret[6] sein, das ich gentzlich fliehen wolte, das creutz, wans die sache also erforderet vnnd ich frucht, die der sachen gemeß were, schaffen koͤndte, dem Herren mit allen gottseligen nachzůtragen. Bißhår redt man mir[7] zů beiden theilen nit wol, fellet mich an mit schwerem onrechten, ich würde schwerlich gelestert vnd in gefahr gesetzet. Jch dancke aber meinem Gott, das er mir doch ein sollich stücklin des glaubens aus seiner mildten gaben hat verluhen, das ich des halben nit bewegt werde, vnd bitte Christum, er woͤlle mir disen glauben mehren.

Das sicht man nun wol.

Dich bitt ich, woͤllest von mir vrtheilen, als der in dem vorhaben, in dem ich bin, will durch die gnad Gottes dapffer[10] fürt faren vnnd verharren, als lang mirs durch andere gantz wichtige geschefft gepüren mage[11], vnd meine mitgenossen, die mir darinn zůgeordnet seind vnnd alle, die ich kan, darzů fleissig vermanen, biß ich mit Gottes willen dir vnd allen gotseligen, frommen månnern beweise, das ich doch gern gesehen hette, das Christlichem handel wolgerahten würde. Der ausgang ist in dessen hand, in welchem dich wol gehabe, gelerter man. Auß Coͤllen den sibenden Jenners Anno 1543.«

Dis vorhaben war ein bedecken[7] von der reformation jrgen[8].

Das hat man nun ins dritte jar wol erfaren.

Diss ist sein letstes schreiben an mich, darinnen du des scheltens vnd verwerffens, des er sich hernaher vnd in seinem schreiben[12] wider mich mit nich-

1. Es folgt eine vollständige deutsche Übersetzung des lateinischen Briefes von Johannes Gropper an Bucer vom 7. Januar 1543.
2. s. oben S. 317, Anm. 11 und S. 342, Anm. 3.
3. gerechten.
4. Ankunft.
5. über vieles unterrichtet haben.
6. weichlich gemacht, begierig gemacht, verwöhnt. *Grimm* 25 (=XII,1), Sp. 755; *Götze*, S. 79.
7. spricht man über mich.
8. Bedecken, Verheimlichen.
9. Ergehen, Fortgang.
10. beharrlich.
11. solange mich keine anderen wichtigen Geschäfte davon abhalten.
12. *Johannes Gropper*, »Antwort und gegenberichtung« (s. oben S. 265, Anm. 9).

ten weisse[1] zů massen[2], nichts findest, als das ich kein brůder seie, | *110/Oiijb* | nit vom Coͤlnischen clero, nit von jnen bewert[3] ein abtrinniger, verdampter ketzer, bigamus[4] vnd weis nit was. So fil dißmal von seinen brieuen, die ich gern gantz, weil[5] er mirs erlaubet – dann sunst hette ich mich des rechtens der waren freundtschafft in dem wol gewüst zu halten –, vnd mein antwort auff sein letstes schreiben an mich drauff hie inseriert hette, wan der Trucker so fil zeit hette gehabt. Aus keiner andern vrsachen ist das dißmal vnderlassen.

Nun wiewol Gropper noch gar fil offenbarer onwarheiten in seiner schrifft widder mich vermeldet, als das ich jm solte gestanden haben, das Christliche Reformation auff vnser seiten nit weniger solte von noͤten sein als auff seiner seiten, Jtem, das wir ein Concilium, der massen es nun zu Trient angesetzet, begeret haben, Das ich als ein mittel der Concordi solte haben fürgeschlagen, frei zu lassen, Meß one communicanten vnd die ander gestalt des Sacraments allein zu dispensieren, Vnd andere nicht wenige, So wil ich doch die sachen dißmal hie bei berůwen lassen vnd allein mit seiner aller schweristen vnnd jm vnd andern schedlichsten onwarheit beschliessen.

Er rhůmet sich so theür vnd vilfeltig seines gantz gůten vnd geneigten willens vnd eifers zů war Christlicher Reformation, so er beschriben[6], vermeldet auch geflissen, wieuil vnnd grosse leut, als[7] Cardinål vnnd Bischoͤue, jm die selbige gelobt vnnd geprisen haben. Er rhůmet auch die form der Reformation, so ettliche Cardinål, Bischoͤue vnnd andere Prela- | *111/Oiiija* | ten haben gestellet[8] auff forderung des jetzigen Papsts Pauli 3. Nun in den beiden des Groppers eigner vnnd in der Cardinål von jm gerůmpter form der Reformation werden dise Canones aus goͤttlichem vnd den ewigen kirchen rechten wider fürbracht: Das ein jeder Pastor bei seiner kirchen sein vnnd die mit dem dienst Gottes worts vnd gantzer seelsorge mit hoͤchsten trewen versehen solle, Jtem, das auch keiner mehr dann zů eim kirchen dienst vnd prebende[9] solle verordnet werden, welche prebenden auch keiner lenger niessen[10] solle, dann er seiner Kirchen seinen dienst nach vermoͤge[11] seins titels mit allem fleiß vnd, wie sichs gepüret, zu würcklicher besserung der gemeinden Gottes leistet vnd verrichtet; Das auch keiner in einigem[12] kirchen dienst oder gemein-

1. wußte.
2. mäßigen.
3. überführt (als). Frühneuhochdt. WB 3, Sp. 2275.
4. zweifach Verheirateter.
5. da.
6. *Johannes Gropper*, »Antwort und gegenberichtung« (s. oben S. 265, Anm. 9) und »Christliche und Catholische gegenberichtung«, Köln 1544 (s. BDS 11,1, S. 443–446).
7. wie.
8. Papst Paul III. (1468–1549), vorher Alessandro Farnese, Papst von 1534 bis 1549. LThK² 8, Sp. 198–200.
9. kirchliche Pfründe.
10. nutzen, innehaben.
11. Macht, Kraft.
12. irgendeinem.

schafft der Christen solle geduldet werden, der mit einigem offentlichen[1] laster – als[2] simoni[3], hůrei, fůllerei vnd dergleichen – behafftet ist; Jtem, das aller kirchen dienst mit aller andacht vnd zu besserlichem verstandt des volcks vnd vmb Goͤttes willen, nit vmb geldt oder einiges zeitlichen geniesses[4] willen solle verrichtet werden; Jtem, das in verleihung der pfrunden nichts dann besserung der kirchen, kein fleischliche anmůtigkeit[5], gunst, dienst, nütz oder was zeittlichs ist, sonder allein das solle angesehen werden, das den kirchen durch Christliche lehr vnd leben mit dem besten gedienet vnnd genützet werde, nit das die leut mit den kirchen nutzungen versehen vnd begabet werden.

Nun disen canonibus nach hett Gropper sich selb, die seinen vnd noch vil andere lengist wol moͤgen re- | *112/Oiiijb* | formieren, hat aber das nit gethon vnd thůt es noch nit. Er ist ein Scholasticus[6] zů Sanct Gereon[7], daher er gar ein grosse nutzung ettlicher vnd nit wenig hundert gulden niessen solle, was schůl hat er da noch angericht[8], wieuil lectionen hat er inn Goͤttlicher schrifft seinen brůdern vnd andern gelesen?

Er ist vber das ein priester – Canonic im Thum[9] –, dauon er auch ettlich hundert gulden hat, das die Canones schon als ein sacrilegium verdammen[10]. Aber man dispensiere gleich in dem mit jm, wa hat er sich noch einer predigen, einer außspendung der Sacramenten vnd vberiger seelsorge vnderstanden, Welches doch das einig[11] vnd eigentlich priester ampt vnd werck ist, vermoͤge aller Canonum mit dem Gottes wort, Darumb er sich auch der so vilen vnd wol gewinlichen[12] weltlichen hendlen vnnd geschefften solte lengist gentzlich entschlagen vnd dem geistlichen allein obgelegen sein. Vber das hat er noch in der Stat Coͤllen, zů Bonn vnd anderßwa mehr Canonicaten[13] vnd prelaturen[14]; das Decanat zů Xanten[15] hat er erst[16] vber dis alles[17] angenommen,

1. offenkundigen.
2. wie.
3. (unsauberer) Handel mit geistlichen Sachen, Kauf und Verkauf geistlicher Ämter und Pfründen.
4. zeitlichen geniesses: irdischen Nutzens.
5. nichts, was dem Fleische lieb ist.
6. Vorsteher einer Dom- oder Klosterschule.
7. s. oben S. 254, Anm. 7.
8. gegründet, eingerichtet.
9. Dom.
10. Decretum Gratiani II, c. 12, q. 1, c. 5 (*Friedberg* I, Sp. 677 f.). Vgl. dazu *Dierk*, Das Kanonische Recht in reformatorischen Flugschriften, S. 87–89.
11. einzige.
12. ganz gewinnbringenden, einträglichen.
13. Ämter eines Kanonikers im Dom- oder Stiftskapitel.
14. Ämter eines höheren geistlichen Würdenträgers.
15. Johannes Gropper wurde 1532 Kanoniker in Xanten.
16. vor kurzem.
17. darüber hinaus.

da er sich schon wider Christliche Reformation meines G. H.[1] hat auffgelehnet. Nun solle ein Decan der geistlichen seelsorg vnd zucht in stifften[2] für sein[3] vnd vor allen andern personlich bei seinem Collegio wohnen.

Nun des allen nit ersettiget, beraubt er auch etliche pfarren, denen er die seelsorg durch sich selb nie versehen; wie dann seine pfarverweser vnd jr dienst denen Canonibus gemeß, die er selb wider herfür bringt, seien vnd verrichtet werden, ligt auch am tag. Wes[4] vnd wie er dann allen disen seinen hauffen pfrunden bekommen vnd angenomen hat für sich, die seinen vnd seine diener, ist auch offenbar. | *113/Pja* |

Mit was leuten er dann gemeinschafft hat vnd was leut er sich zůbeschirmen vnderwunden[5] hat, ist grewlich zůhoͤren, dann die zucht vnd Geistlicheit eins gar grossen hauffen der Coͤlnischen Clerisey leider zů vil bekant ist. Wieuil grosser gesellen vnder jnen seind, die offentliche[6] Sauffer, Spiler, Hůrer, Nonnen- vnd ander weiber schender, simoneijsch[7] vnd mit allerley wuͤsten lastern besudlet sind, ist mehr am tag, dann es jemand koͤnde bedencken! Was sein Eerwürdiger Carmelitischer Prouincial[8], seines hauffens herrlicher vorfechter, mit was wůstem zůsauffen mit was vnzucht vnd spilsucht ist der besudlet vnd behafftet, der auch sein heilig Cappen hat verspilen doͤrffen, das er on die hat in sein closter gehen můssen. Dis ist disem man der wol zusamen gefuͤgte leib der loͤblichen Clerisei zu Coͤllen, für die stellet er sich ein maur vnd ernstlichsten fürfechter wider das haus Gottes vnd alle getrewen diener vnd kinder Gottes.

Das nun diser man sich bey allem disem jamer an jm selb, an den seinen, in seinem dienst, an denen, die er zuschützen vnd verteidigen so tratzlich[9] vnderstaht, sich vil rhümen wille von grossem willen vnd eyfer zur Reformation, mag ein jeder wol erkennen, das sollichs nicht dann aus einem zůuil onuerschempten vnd dem Vatter der lugen[10] zůuil verstrickten hertzen kommen můs.

Nun vber das alles hat diser arme vnd von Gott erschrocklich verlassen mensch sich erst zum greulichsten wider das so hoch notwendig vnd gottselig

1. gnädigen Herren.
2. mit Präbenden ausgestattetes Kollegium von kanonisch lebenden Klerikern; Kollegiatstift. LThK² 9, Sp. 1073 f.
3. vorstehen.
4. Auf welche Weise.
5. auf sich genommen.
6. offensichtliche.
7. unsauberen Handel mit geistlichen Sachen (Ämter und Pfründe) treibend.
8. Vorsteher einer (mehrere Klöster umfassenden) Ordensprovinz, hier Eberhard Billick (1499/1500–1557). Er war Kölner Karmeliter, von 1542 an Provinzial. Er nahm 1540 und 1541 an den Religionsgesprächen teil und war einer der Wortführer im Kampf gegen die von Hermann von Wied und Bucer angestrebte Reformation im Kurfürstentum Köln. *Varrentrapp*, Hermann von Wied, S. 165–175 und passim; *Postina*, Der Karmelit Eberhard Billick; *Bautz* 1, Sp. 591.
9. feindselig, trotzig.
10. Vgl. Joh 8,44.

vnderstan[1] Christlicher Reformation seins frommen vatters vnd Ertzbischoffs vffgelehnet vnd durch sein geschwindist, onnachlessigs vngestůmstes practicieren vnd | *114/Pjb* | anhalten[2] fast die gantz genant[3] Clerisei der statt vnd stifft Cőllen – wenig gottsfőrchtiger auss genomen, die der liebe Gott von seinem natergifft gnediglich hat errettet[a] – in ein grausamiste Coniuration vnd auffrůrische bündtnus wider jren getrewen Gottseligen vatter vnd Bischoue erweckt, auffbracht vnd biss her erhalten, Vnderlasst auch nichts, das er dem theüren Churfürsten auch alle seine fromme Landtschafft, deren er nun vber die dreissig jar so wol vnd nutzlich ist vorgewesen, abfellig mache, ja jn vnd mit jm so vil tausent kinder Gottes bringe vmb alle zeitliche eer, leib vnd leben vnd die anderen vmb alles zeitlich vnd ewig gůt vnnd leben, Vergisst in dem so gantz erschrocklich vnd verstocket Gottes, seines Schőpffers vnd erlősers, vnsers Herren Jhesu Christi, wider den alles dis sein natrisch[4] vnd Achitophelisch[5] practicieren vnd vffrůrische handlung gehet, Vergisset so vil herrlicher, grosser gemeinden Christi im Stifft Cőllen, von denen er doch sich vnd die seinen so lang wol gemestet hat, die er nun dagegen, so vil an jm, in ewige verwůstung vnd zerstőrung zůfůren vnderstet, Vergisset der so thewren, grossen gaben Gottes, damit jn Gott an gemůt, eer, leib vnd gůt also reichlich hat begabet vnd gezieret, Vergisset der so mercklichen gůtthaten, die der allmechtig Gott durch disen seinen getrewen diener, den Ertzbischoffe, dem gantzen Ertz stifft Cőllen vnd inn sonderheyt jm selb, dem Gropper, so vber miltigklich hat bewisen, Vergisset seiner so vilfeltigen eid vnd gelübt, mit denen er seinem Ertzbischoffe in so vil wege verpflichtet vnd verstricket[6] ist als sein Clericus, als von jm vilfeltig bega- | *115/Pija* | bet vnd belohnet, Als sein rhat, Als sein Canonic im hohen Stifft. Ja, er vergisset mit Gott vnd allem Gőtlichen vnd menschlichen rechten auch himels vnd helle vnd des strengen gerichts vnsers Gottes vnd heillands Jesu Christi, Vergisset seins lieben vatterlands gantzer Deütscher Nation, Welche, so vil an jm, er in endtlichen[7] vnd ewigen vndergang vnnd vertilgung gantz onsinnigs wůtens treibet vnd stürtzet. Dann er selb wol weiss, wo hin sein gifftigste meuterei vnd coniuration hin lauffen můss, wo es der liebe Gott nit wunderbarlich fürkommet.

Noch[8] ist er in ein so gar hart verstocktes wůten kommen wider den Herren vnd seinen gesalbten, das jn sein getrewster vnd wolthetiger vatter vnd

a) wohl Drf. erredttet.

1. Unternehmen, Vorhaben.
2. Beharren. Frühneuhochdt. WB 1, Sp. 1208 f.
3. sogenannte.
4. schlangenartig. *Grimm* 13 (=VII), Sp. 428.
5. in der Art wie Ahithophel, der sich als (schlechter) Ratgeber Davids auf die Seite Absaloms schlug (II Sam 15,12.31).
6. verhaftet.
7. endgültigen.
8. Dennoch.

Ertzbischoffe nun in das dritte jar nie hat doch allein[1] dahin mit einigem bitten vnd flehen vnnd ernstlichem anhalten durch sich selb vnd die gantze Landtschafft vnd durch so vil andere eerliche, ansehenlich leüte könden vermögen, das er sich mit jm in ein gottsförchtig, freündlich gesprech in bei sein etlicher, die inn Göttlicher schrifft vnd der waren kirchen lehre vnnd haltung etwas bericht haben, wie er selbs bekennen můss vnd so vilfeltig bekennet hat, hette begeben wöllen. Der vndersteht nun mit seinen so gantz offentlichen[2] vnd greifflichen[3] onwarheiten mich bei menigklich glaubloss[4] vnd zů Christlichen handlungen vnd diensten vnser h. Religion vnrichtig zů machen. Ja, die werden jm glauben geben, die sich dem Römischen Antichrist verpflichten vnnd Christum mit seinem Euangeli vnd himelreich verleügnen vnd verlieren vnd sich mit jm feynd vnd durchechter[5] machen wöllen Christi, vnsers lieben herren, vnd | *116/Pijb* | aller seiner glider.

Souil seie jm dismals geantwortet, des allen ich mich jm erbiete für alle gericht, da man dise sachen, wie recht, hören vnd richten wil vnd vor allem vor die Kei. Ma. sampt den stenden des h. Reichs vnd wen die samptlich darzů verordnen wöllen, Mit geding[6], wa ich nit aus klaren, onwidersprechlichen zeügnüssen der götlichen Schrift vnd aller waren kirchen lehren vnd rechten, auff die ich dem Gropper vnd seinen gesellen wille die finger legen, alles das erweyse vnd darthůe was ich hierinn wider disen vnd alle feind Christi vor[7] sein h. Euangelion, kirchen vnd diener habe fürbracht, das ich mich selb allen straffen der rechten[8] jetzund will vnderworffen haben.

Hiezu hab ich mich jm auch hieuor erbotten. Aber Gropper übergahts mit gantz steiffem[9] stillschweigen, berůffet sich dieweil an sein Concili, da er mit allen seinen falschen belegen vnd calumnien die sach lengist gewunnen hat, Schiltet vns nachteülen, die das liecht nit dulden mögen, weil wir dis widerchristlich Concili erkennen vnnd halten mögen, wie es ist, Als ob kein tag noch licht rechts verstands noch vrtheils seie in allen ordenlichen Reichs- vnd kirchen versamlungen, Rähten vnd gerichten, dahin wir vns nun xxv jar beruffen vnd alle stunde, vns vor zu stellen bereit seind, sonder allein bei seinem Concilio, bei dem hauffen ewiger finsternüs.

Dann Gropper vnd sein liechtfliechtiger hauffe sich noch nie haben vermögen[10] lassen, das sie mit mir hetten wöllen zu gericht vorkomen weder vor m. gnedigsten Herren, jrem Ertzbischoue, vnd den Stenden des ertzstiffts Cöl-

1. nur.
2. offensichtlichen.
3. handgreiflichen, feststellbaren.
4. vertrauensunwürdig.
5. Verächter.
6. Bedingung.
7. für.
8. des Rechts.
9. beharrlichem.
10. dazu bringen.

len, Weder[1] vor jnen selb zu Cöllen, dann ich mich auch dahin vor sie selb, das Capitel, Clerisei, stat | *117/Piija* | vnnd Vniuersitet zu Cöllen, erbotten habe, mich auch vor ein wilköriges[2] gericht[3], von beiden theilen ernennet, Ob ich sie wol darumb schrifftlich vnd mundlich, auch jm druck, ersucht vnd erfordert habe, Daraus ein jeder leicht hat zu sehen, was fůg[4] vnd warheit Gropper vnd sein hauffe jnen selb wider mich bewüsst sein vnd was jnen wider mich zu glauben seie. Der HERRE erlöse seine kirchen vnd getrewen diener von disen gifftigen schlangen vnd natern. Amen. | *118/Piijb* |

Was jm druck vbersehen, wöllest also besseren:

An der 15. seiten zů end lise: onuerstands willen wolte sein bůch als nit genůgsam oder dunckel verachtet haben, Also das das h. Euangeli nit allein verdecket, dunckel etc.

21.27.: imer auss. 24.28.: das ein. 31. zeil 27: gesinde fürgeben. 40.6.: so vil erlanget das die. 48.28.: angeschrewen. 49.: vlti warheyt Christi vnd ein diener der lugen vnd des vatters der lugen. 58.26.: vnd sie so vil geht. 61.21.: verrichtet wurde. 66.18.: was ieder artickel könde. 70.24.: vnd anderen. 83.25.: Colloquio vnd seidther ge. Gr. v. an. der. 92.5.: jaudisch.

Getruckt zů Strassburg bey Wendel Riheln.

1. noch.
2. erwähltes.
3. zu ergänzen: zu kommen erboten habe.
4. Recht.

Wie leicht vnnd füglich christliche Vergleichung der Religion zu finden

1. Entstehung

Im Frühjahr 1545 unternahm Bucer mit der an den Kaiser und die zum Reichstag in Worms versammelten Reichsstände gerichteten Schrift »Wie leicht vnnd füglich ...«[1] einen weiteren Versuch[2], eine Entscheidung für ein freies deutsches Nationalkonzil und gegen das von Papst Paul III. nach Trient einberufene Generalkonzil zu erreichen. Wie er zu Anfang gleich mitteilt, nimmt er zwar mit dieser Schrift »gegen den Cœlnischen Sophisten«, nämlich Johannes Gropper, Stellung, tut dies dann aber nur kurz. Bereits im Januar 1545 hatte sich Bucer mit der »Bestendigen Verantwortung«[3] in größter Ausführlichkeit im einzelnen mit Groppers Darlegungen in dessen Schrift »Christliche vnd Catholische gegenberichtung«[4] auseinandergesetzt. Diesem unendlich breiten und wenig ansprechenden Werk ließ Bucer nun rasch die hier edierte Schrift »Wie leicht vnd fuͤglich ...«[5] folgen, die besser lesbar war und von der er sich eine gewisse Wirkung erhoffen durfte.

2. Inhalt

Bucer wendet sich mit dieser Schrift »gegen den Cœlnischen Sophisten«, nämlich Johannes Gropper. Er ruft den Kaiser und die Reichsstände dazu auf, sich für Deutschland in kirchlichen Fragen zu einigen, alle noch bestehenden Hindernisse aus dem Wege zu räumen und die Reformation einzuführen. Als den geeigneten Weg hierzu nennt er, wie auch andernorts schon, die Einberufung eines Nationalkonzils ohne Beteiligung des Papstes, um »darin Christliche vergleichung der Religion vnnd der kirchen Reformation in diser Nation zů sůchen, anzůrichten vnnd ins werck zůbringen«[6]. Er weist darauf hin, daß diese Einigung und die Einführung einer Reformation in Deutschland leicht zu erzielen seien, aufgrund göttlicher Gnade sogar »vil leichter vnd fuͤglicher

1. Zu dieser Publikation Bucers vgl. *Greschat*, Martin Bucer, S. 206f.

2. Im Frühjahr 1545 tat er dies auch mit seiner Schrift »Ein Christliche Erinnerung, an die Keis. und Kön. Maiestaten, sampt Churfürsten, Fürsten und Stende des Hl. Reichs Teütscher Nation, jetzund zu Wurms versamlet ...«, [Straßburg] 1545. *Stupperich*, Bibliographie Nr. 83.

3. Dieses Werk wird in BDS 11,3 ediert werden.

4. *Johannes Gropper*, »Christliche vnd Catholische gegenberichtung eyns Erwirdigen Dhomcapittels zu Cœllen«, Köln: Jaspar von Gennep, [nicht vor 4. Februar 1544]. Beschreibung des Drucks in BDS 11,1, S. 433. Das Werk wurde von Eberhard Billick ins Lateinische übersetzt: »Antididagma seu christianae et catholicae religionis ... propugnatio«, Köln: Jaspar von Gennep, 1544 (VD 16 G 3401) und Löwen: Servatius Zassen, 1544.

5. Zu dieser Publikation Bucers vgl. *Greschat*, Martin Bucer, S. 206f.

6. s. unten S. 356,1–3.

dann bey andren Nationen«. Eine Reformation der Kirche könne »mit gotsfoͤrchtigem, einfaltigem erforschen der schrifft vnd gewiß Apostolischer Tradition vnd haltung ... gar leichtlich vnd schleunig«[1] gefunden werden. Grundlage für die Einigung seien das Alte und das Neue Testament sowie die schriftgemäßen Märtyrergeschichten, Gesänge und Gebete in der Volkssprache und überhaupt alles, was »in der H. Schrifft vnd dann auch in den Schrifften der H. Vaͤtter in den Canonibus vnnd Legibus klar vnd überflüßig fürgeschriben vnnd dargegeben ist«[2]. Bucer beruft sich in allen seinen Darlegungen ständig auf Äußerungen der Kirchenväter und berücksichtigt dabei vor allem die Werke von Ambrosius, Augustin und Cyprian. Die einzelnen Stellen gibt er in deutscher Übersetzung, meist jedoch nur zusammengefaßt und sinngemäß wieder und verzichtet oft auf konkrete Stellenangaben. Ähnlich verhält es sich bei den Stellen aus dem Kanonischen (Corpus iuris canonici) und dem römisch-kaiserlichen Recht (Corpus iuris civilis), auf die er immer wieder fast formelhaft hinweist[3]. Sehr oft führt er in dieser Schrift zudem Belege aus den Akten der Konzilien der ersten Jahrhunderte an.

Der folgende Teil[4] ist der Auseinandersetzung mit den »Coͤlnischen Sophisten« und deren Wortführer Johannes Gropper gewidmet. Er stellt die Geschehnisse der vergangenen drei Jahre dar und erwähnt dabei einige der Kampfschriften und Appellationen der Kölner Altgläubigen. Im letzten Teil[5] kommt er nochmals auf die anzustrebende Einigung zu sprechen und legt dar, wie er diese stets gesucht habe.

3. Wirkung

Das Werk scheint, wie die Anzahl der nachgewiesenen Exemplare zeigt, Verbreitung gefunden zu haben. Der von Bucer angegriffene Johannes Gropper ließ die Vorwürfe nicht auf sich sitzen und publizierte schon im Mai 1545 die Schrift »An die Roͤmsche Keyserliche Maiestat, vnsern Allergnedigsten Herren Warhafftige Antwort vnd gegenberichtung ... Vff Martini Bucer Freuenliche Clage vnd angeben wider jm D. Groͤpper, in eynem jüngst außgangen Truͦck beschehenn.«[6]

1. s. unten S. 364,13–17.
2. s. unten S. 384,20–22.
3. Über Bucers Berücksichtigung und seine Berufung auf Kanonisches und Römisches Recht vgl. die Beiträge in »Bucer und das Recht«, Genf 2002, hier vor allem die Beiträge von Cornelis Augustijn, Gottfried Seebaß, Christoph Strohm und Cornel A. Zwierlein.
4. s. unten S. 440–447.
5. s. unten S. 447–454.
6. s. oben S. 249; Bucers Reaktion darauf in diesem Band (S. 253–349).

4. Überlieferung

Das Werk erschien im März oder April 1545 in Straßburg im Druck[1]. Eine handschriftliche Vorlage ist nicht erhalten.

Wie leicht vnnd fůg/ | lich Chriſtliche vergleichung der | Religion/ vnd des gantzen kirchendienſts Refor | mation/ bey vnß Teutſchen zů finden/ | vnd in das werck zů brin= | gen. | Wellche die fürnemiſtenn hinder= | nůſſen diſes wercks/ vnnd wie die Chriſtlich | hinzůlegen. | Mit erbiettung/ alles gründtlich | zů erweiſen/ vor der Keiſerl. vnd Koͤnigl. Maieſteten/ Churfürſtenn/ | Fůrſtenn vnnd Stenden des Reichs/ gegen den | Coͤlniſchen Sophiſten vnd me= | niglich. | Durch Martinum Bucerum. | ANNO M.D.XLV. | MATTH. XI. | Mein joch iſt ſanfft/ vnd mein burde iſt leicht. | PSAL. XIX. | Meine befelch ſeind richtig/ vnd erfrewen das hertz.

Straßburg: Kraft Müller, 1545.

4°. 2 ungezählte S., 148 gezählte S., 2 ungezählte S. Lagen: A^4-T^4: Bl. A^1b und T^4b leer.

Schwabacher Drucktype; 27 Textzeilen; Seitenkustoden; Marginalien; Kopftitel. Initiale auf Bl. Aija.

Bibliographische Nachweise: VD 16 B 8958. *Index Aureliensis* 126.357. *Mentz* 64. *Stupperich*, Bibliographie 84. *Schlüter*, Die Publizistik 70.

Amberg ProvB, Augsburg SStB, Basel ÖB (Signatur: FP X 22 Nr. 3; von uns in zweiter Linie benutztes Ex.), Berlin SB, Brandenburg DomB, Coburg LB, Darmstadt LHB, Eichstätt UB, Emden JALB, Erfurt UB, Genf IHR, Halle/S. ULB (2 Ex.), Hannover StB, Jena ULB (2 Ex.), Köln UStB, Lindau RSB, Linz OÖLB, London BL, Michelstadt KB, München SB, München UB, Neustadt a. A. KB, New Haven UL, Nürnberg LKArch (F), Oxford Bodl, Stettin KP, Straßburg CWilh (Signatur: 16.131 b/14; von uns in zweiter Linie benutztes Ex.), Straßburg BNU (Signatur: R 101.526; von uns in erster Linie benutztes Ex.), Stuttgart LB, Thorn UB, Trier StB, Weimar HAAB, Wien NB, Wien UB, Wittenberg Lutherh., Wolfenbüttel HAB, Zofingen StB, Zürich ZB, Zwickau RSB.

1. s. oben S. 351.

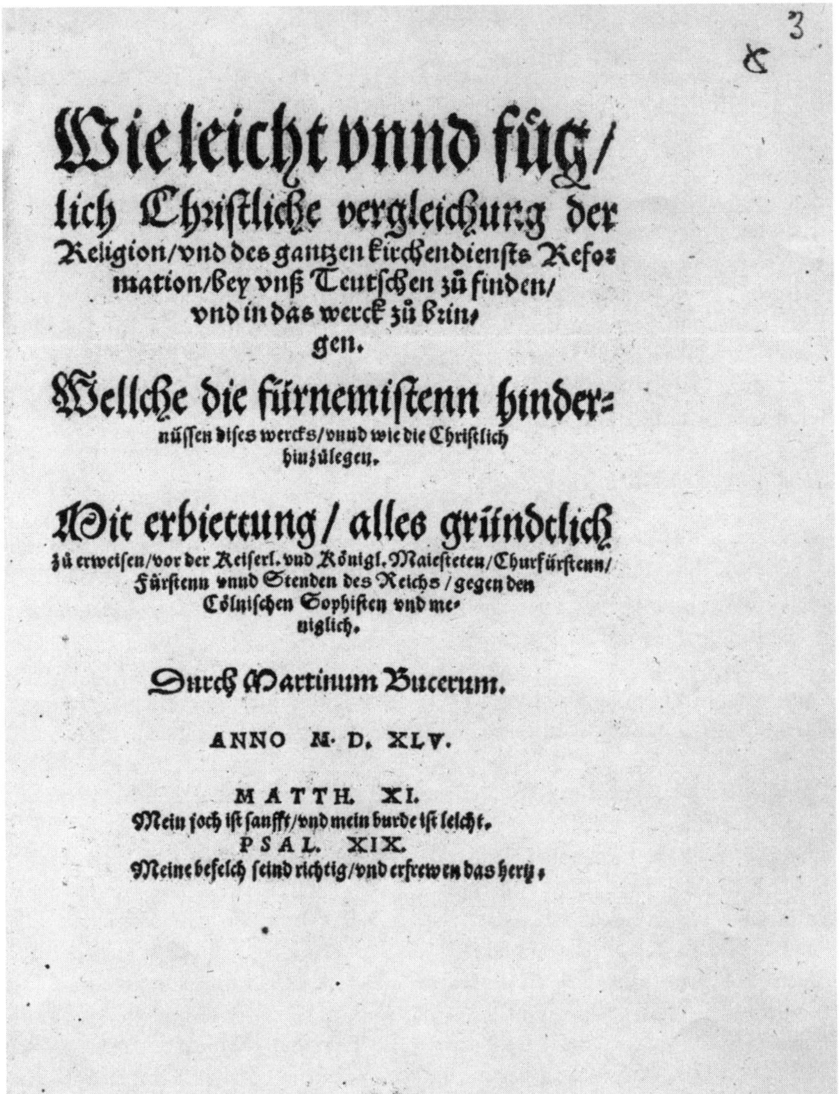

Wie leicht vnnd füg/
lich Christliche vergleichung der
Religion/vnd des gantzen kirchendiensts Refor-
mation/bey vnß Teutschen zů finden/
vnd in das werck zů brin-
gen.
Wellche die fürnemistenn hinder-
nüssen dises wercks/vnnd wie die Christlich
hinzůlegen.
Mit erbiettung/alles gründelich
zů erweisen/vor der Keiserl. vnd Königl. Maiesteten/Churfürstenn/
Fürstenn vnnd Stenden des Reichs/gegen den
Cölnischen Sophisten vnd me-
niglich.
Durch Martinum Bucerum.
ANNO M. D. XLV.
MATTH. XI.
Mein joch ist sanfft/vnd mein burde ist leicht.
PSAL. XIX.
Meine befelch seind richtig/vnd erfrewen das hertz.

Martin Bucer: Wie leicht vnnd fůglich Christliche vergleichung der Religion, vnd des gantzen kirchendiensts Reformation, bey vnß Teutschen zů finden, vnd in das werck zů bringen. Straßburg 1545

Wie leicht vnnd fuͤglich[1] Christliche vergleichung[2] der Religion vnd des gantzen kirchendiensts Reformation bey vnß Teutschen zů finden vnd in das werck zů bringen, Wellche die fürnemistenn hindernůssen dises wercks vnnd wie die Christlich hinzůlegen[3],

Mit erbiettung[4], alles gründtlich zů erweisen[5] vor der Keiserl. vnd Koͤnigl. Maiesteten, Churfürstenn, Fuͤrstenn vnnd Stenden des Reichs gegen den Coͤlnischen Sophisten[6] vnd meniglich Durch Martinum Bucerum.
ANNO M.D.XLV.

MATTH. XI[30]:
»Mein joch ist sanfft, vnd mein burde ist leicht.«
PSAL. XIX[9]:
»Meine befelch seind richtig vnd erfrewen das hertz.« | *j/Aija* |

Christlich vergleichung vnd Reformation leicht zů finden.

NVn aber, aller Gnedigste keyser vnd koͤnig, Gnedigste, Gnedige Churfürstenn, Fürsten vnd Stende des H.[7] Reichs Teutscher Nation, auch deren nit wenig vnnd vil vnder den gůthertzigen sind, die sich selb vnd andere bereden vnnd bereden lassen, wann schon E.[8] keis.[9] vnd koͤn.[10] Maiestaten mit Churfürsten[11], Fürsten vnd Stenden gepuͤre, ein National Concilium in diser Na-

1. passend, rechtmäßig.
2. Übereinstimmung, Ausgleich.
3. aufzuheben, beizulegen.
4. Angebot, Erklärung. *Baufeld*, S. 70.
5. darzulegen.
6. Wortverdreher. Gemeint ist hier Johannes Gropper (1503–1559), Jurist, Theologe und Kirchenpolitiker. Er befand sich von 1526 an im Dienste des Kölner Erzbischofs Hermann von Wied und strebte innerkatholische Reformen an. Er hatte maßgebenden Anteil an mehreren Konzilien. Um 1542 entwickelte er sich wegen der reformatorischen Bestrebungen zum vehementen Gegenspieler des Erzbischofs und trug zur Verhinderung der Kölner Reformation bei. RGG^3 2, Sp. 1883 f.; LThK^2 4, Sp. 1241 f.; *Lipgens*, Kardinal Johannes Gropper; *van Gulik*, Johannes Gropper; *Beckmann*, Johann Gropper; *Varrentrapp*, Hermann von Wied (passim); *Ennen*, Geschichte der Stadt Köln IV (passim); *Braunisch*, Die Theologie der Rechtfertigung; *Braunisch*, Johannes Gropper; *Greschat*, Martin Bucer, S. 184–188, 194–196, 202, 205.
7. Heiligen.
8. Euer.
9. Kaiser Karl V. (1500–1558). LThK2 5, Sp. 1358–1360; *Brandi*, Kaiser Karl V.
10. Ferdinand I. (1503–1564), Bruder Karls V., König von Böhmen, römisch-deutscher König 1531–1558. LThK^2 4, Sp. 79 f.
11. Zu diesem Zeitpunkt waren dies der Kölner Erzbischof Hermann von Wied (1477–1552), der Mainzer Erzbischof Albrecht von Brandenburg (1490–1545), der Trierer Erzbischof Johann Ludwig von Hagen (1492–1547), König Ferdinand von Böhmen (s. oben S. 355, Anm. 10), Kurfürst Friedrich II. von der Pfalz (1482–1556), Kurfürst Joachim II. von Brandenburg (1505–1571) und Kurfürst Johann Friedrich von Sachsen (1503–1554).

tion zůberuͤffen[1] vnnd zů halten auch one den Papst Vnd darin Christliche vergleichung der Religion vnnd der kirchen Reformation in diser Nation zů sůchen, anzůrichten vnnd ins werck zůbringen[a], So seye doch diß ein solich werck vnd thůn, das sich in einem Concili diser Nation zů gůtem, besserlichem[2] entscheid nit werde bringen lassen; Eins theils darumb, das der mißuerstandt in den streitigen articklen vnser H. Religion zů weit gelauffen, Eins teyls auch deßhalb, das die leut in diser zwitracht zů ferre[3] von einander kommen vnnd jeder theyl sich in seinem vorhaben zů hart befestiget habe[4]. | *ij/ Aijb* |

Dagegen wil ich vermittels goͤttlicher gnaden auß dem klaren, gewissen Gottes wort vnnd aller Christlichen Apostolischen Tradition vnd lehre der kirchen Christi anzeigen vnd darthůn:

Erstlich, das dise Christliche vergleichung vnnd Reformation an jr selb durch Gottes hilff gantz leicht vnnd fuͤglich wie bey jedem Christlichen volck also auch bey vnß Teutschen (ja bey vnß Teutschen von wegen viler grossen gnaden vnd vortheil, die vnß der Herre vor anderen Nationen bewysen, vil leichter vnd fuͤglicher dann bey anderen Nationen) zů finden, anzůrichtenn, ins werck zů bringen vnd zů erhalten seye[5].

Darnach, was in diser sachenn nit jren selb, sonder der leut halben mag schwer vnd verhinderlich sein; Warin das selbige stande vnnd wie man auch soliche beschwerden, so man allein in der warheit wolte, leicht vnd woll hinlegen[6] koͤnde[7].

Das auch nit schwere seye, Christliche vergleichung vnnd Reformation zů finden.

So vil nunn das erst belanget, das ware vnd gottselige vergleichung der Religion vnnd dadurch auch recht bestendige der kirchen Reformation bey vnß

a) Drf. zůbrigen.

1. Die Protestanten und auch Bucer befürworteten ein weiteres Religionsgespräch, ein freies deutsches Nationalkonzil, lehnten aber das von Papst Paul III. bereits einberufene Trienter Konzil kategorisch ab. *Bizer*, Reformationsgeschichte, S. K 136–140; *Kannengiesser*, Der Reichstag zu Worms vom Jahre 1545, S. 20–27; *Greschat*, Martin Bucer, S. 206–208.
2. förderlichem.
3. weit.
4. Bucer wandte sich bereits einige Wochen oder Monate vorher an die in Worms versammelten Reichsstände, die er zur Durchführung eines Nationalkonzils bewegen wollte, nämlich mit der Schrift »Ein Christliche Erinnerung an die Keis. vnd Koͤn. Maiestaten, sampt Churfürsten, Fürsten vnd Stende des H. Reichs Teütscher Nation, jetzund zů Wurms versamlet«, [Straßburg: Kraft Müller] 1545. VD 16 B 8852; Index Aureliensis 126.358. Exemplare u. a. in Basel ÖB, Coburg LB, Heidelberg UB, Straßburg BNU, Zofingen StB, Zwickau RSB. Vgl. dazu *Greschat*, Martin Bucer, S. 206; *Kannengiesser*, Der Reichstag zu Worms vom Jahre 1545, S. 37f. und 119.
5. Vgl. dazu unten S. 384,19 bis 386,6.
6. beseitigen, beilegen.
7. Vgl. dazu unten S. 386,7 bis 388,17.

Teutschen one besondere muͤhe, ja auch mit geringerer arbeit[1] dann[2] bey andern zů finden, anzůstellen vnnd im werck fuͤrzůbringen vnd zů erhalten seye, wa[3] wir deren allein von hertzen begereten vnnd sie mit recht Christlichem ernst sůchen vnd annemmen wolten, haben | *iij/Aiija* | E.[4] keis. vnd koͤn. Maiestaten vnd alle Christen auß dem[5] leicht zů erkennen: Vnser Herre Christus ist darumb von himmel kommen vnd mensch worden vnd hatt den bittern todt erlitten, das er vnß den weg zům leben vnd warer ewigen seligkeit zeigete vnd vnß darauff zům aller trewlichsten leitete vnnd fůrete. So ist er die ewige weißheit, der allein zům ewigen heyl lehret vnnd weißmachet[6] vnnd allein durch seinen H. Geyst in alle warheit einfůret. Welcher Christ koͤnde nun – der anders diß recht bedencket – jmme[7] das auffredenn[8] lassen, das diser vnser einiger[9] himlischer aller getrewester Meister vnd lehrer solte sein H. Euangelion vnd lehre von der waren Religion so dunckel vnd onuerstendig, ja nit auff das aller klaͤrist vnnd verstendtlichest – denen nemlich[10], die den willen seins vatters zů thůn begeren[11] – oder auch so stucklich[12] vnd onuolkommen vnd nit mehr auffs aller gentzlichest vnnd volkommest dargegeben haben, das nit alle menschen, die allein diser lehre von hertzen begeren vnnd jn vmb seinen gůten geyst trewlich bitten, solten auß den H. Euangelien vnd schrifften der Apostel klar vnd gentzlich erkennen moͤgen alles, das einem jeden zů seinem heyl mage zů wissen nodt vnd dienstlich sein? Diser vnser aller getrewester meyster hatt sein Euangelion Ja nit vergeblich heyssen allen crea- | *iiij/Aiijb* | turen predigen vnnd jm alle voͤlcker zů Jüngeren machen vnnd sie alle alles lehren, was er befolhen hatt[13]. Alles, das er vom Vatter gehoͤret, hat er, wie er von jm[14] selb zeuget, seinen Apostelen[a] kundt gethon. So haben auch die Apostel den kirchen allen raht Gottes geoffenbaret vnd jnen nichts verhalten[15], das jnen nutzlich sein koͤnde. Mit jrem blůt, wie der h. Tertullianus[16]

Christus, vnser Herre, hat durch sich selb vnd seine lieben Apostel alle heylsame lehre auffs klarist vnnd voͤlligist dargegeben.

Iohan. 15[15]
Actorum 20[20]

a) Drf. Apostostelen.

1. Mühe.
2. als.
3. wo, wenn.
4. Euer.
5. dem (folgenden).
6. weise macht.
7. ihm.
8. (zudringlich) einreden. Frühneuhochdt. WB 2, Sp. 598 f.
9. einziger.
10. in erster Linie.
11. Vgl. Joh 7,17.
12. unvollständig. *Grimm* 20 (=X,4), Sp. 244.
13. Mt 28,19–20.
14. sich.
15. vorenthalten.
16. Florens Quintus Septimius Tertullian (um 160–225 n. Chr.), christlicher Schriftsteller in Karthago. TRE 33, S. 93–107; Lexikon der antiken christlichen Literatur, S. 668–772.

De praescriptionibus Aduersus Praxeam

schreibt[1], haben sie den kirchen alle lehre außgegossen. Darumb ist auch, was das erst ist, war[2], wie auch der selbige Tertullianus zeuget[3], was hernaher komen, falsch. Auß disem würdt freylich ein jeder Christ, der es allein recht Christlich bedencken wille, wol[4] erkennen vnd vest[5] schliessen, das alle Christen, als wol[6] wir Teutschen als andere – vnnd wir Teutschen für[7] anderen, so vil vnß der liebe Gott alle seine H. Schriffte vnnd lehre für anderen durch so vil herrliche beyde[8] dolmetschung vnnd erklaͤrung vnd dann auch freyheit, die selbige zů hoͤren vnd zů lesen, begabet hat –, Wa wir allein die H. Schrifft, die lehre Christi, vnsers Heylands vnd einigen Meysters, wie vnß die in Euangelien vnd Schrifften der Apostlen dargegeben ist, wolten in warer Gottsforcht ansehen vnd ersůchen Vnnd darbei vnserem himlischen vatter im nammenn vnsers Herren Jesu Christi vmb seinen H. Geist | *v/Aiiija* | bitten, Auch gern hoͤren, wem der Herre hierin etwas offenbaret hat, Gar leicht vnnd bald finden vnnd erlernen moͤgen, was die ware, einige[9] Religion Christi seie, die rechte eigentliche[10] bestellung[11] vnd versehung[12] der kirchen Christi vnd der rechtgeschaffene, reine dienst der seelsorge.

Durch was mittel ware Religion zů erkundigen.

Vil wolten gern diser zeit grosse dempff vnd dicke nebel, wider die klarheit vnnd richtigkeit Christlicher lehre durch etliche Sophistische[13] vorgeben[14], auffblasen Vnnd erstlich mit dem, das sie sagenn, Es seie die Christliche lehre nit allein in goͤttlicher Schriffte, sonder auch inn den Traditionen, das ist lehren vnd gebreuchen, welche die[a] kirchen von Apostolen one Schrifft empfangen haben sollen, dargegeben. Man sage aber von ongeschrifft[16] übergebnen[17] lehren vnnd traditionen der Apostlen, was man woͤlle, so můssen doch alle soliche lehren durch die H. Schrifft erkennet vnd bewehret werden. Wir haben je[18] kein buch auff erden, in dem vnß soliche onschrifftliche[19] lehren vnnd tra-

Was lehre die H. Kirch on schrifft empfangen, můsz doch durch die H. Schrifft erkennet vnd bewehret[15] werden.

a) Drf. der.

1. *Tertullian*, De praescriptione haereticorum, cap. 36. PL 2, Sp. 49; CSEL 70, S. 45,10–11.
2. wahr.
3. *Tertullian*, Adversus praxean, cap. 2. PL 2, Sp. 157; CSEL 47, S. 229.
4. genau.
5. sicher.
6. als wol … als: sowohl … als auch.
7. vor.
8. beyde … vnnd: sowohl … als auch.
9. einzige.
10. genaue.
11. Ordnung, Verwaltung.
12. Pflege.
13. spitzfindige, wortverdrehende.
14. Vorschläge.
15. nicht schriftlich.
16. überlieferten.
17. bewiesen.
18. jedenfalls.
19. nicht schriftlichen.

ditionen gewißlich[1] dargegeben sind. Die H. Schrifft aber ist nutz zů lehren, was gůt ist, zů widerlegen, was arge ist, auch zů solicher artlichen[2] vnd aller gotförchtigen einfalt gemessigter[3] vnderweisung, das der mensch Gottes in der gerechtigkeit gantz vnd eben vnd zů allem gůten werck gerüstet seie.[4] Darumb kan | *vj/Aiiijb* | auch gewißlich kein Apostolische vnd kirchen lehre oder -ordnung sein, die man nit durch die H. Schrifft beweren[5] möge[6], Wie man auch kein falsche[a] fürbringen wurt[7], die man nit durch die H. Schrifft widerlegenn könde. Auß dem sichs ja onwidersprechlich schleusset, das man sich aller Christlichen lehre vnnd ordnung der kirchen auß der H. Schrifft überreichlich vnnd grundtlich berichten vnd entscheiden mage, Wille man allein vnd begeret, des Herren willen zů erkennen vnnd zů geleben[8], vnd sůchet nit ein falschen schein vnd deckel[9], wie wir vnseren willen vnnd anfechtungen für[10] Gottes willen vnd gehorsame felschlich dargeben vnd erhalten möchten.

2. Timoth. 3[16–17]

Das ander Sophistisch vorgeben deren, dieweil sie die clarheit des gewissen Gottes wort vnß in der H. Schrifft dargeben, nit leiden mögen, andere auch gern daruon abwenden wolten, ist, das sie sagen, Man sehe doch wol, wie die schrifft nit leicht von jederman zů verstehn seie, weil sie ongleich zů allen zeiten verstanden vnnd außgelegt worden seie, Welches auch zů diser zeit schwerlich[11] vor augen, Vnd darzů bey denen, die für die fürnemmistenn[12] in Christlicher lehre gehaltenn werden.

Hierauff ist aber diß die antwort der Warheit, Die solichen nichtigen rauch vnd nebel bey | *vij/Bja* | allen gottsuerstendigen gar bald abtreibet[13]: Es seind ja vil ort[14] der H. Schrifft, die mangels halben der sprachen vnd Hystorien, weder von Alten noch von Newen außlegeren gleich verstanden vnnd außgelegt seind vnnd werden. Dabei aber sind deren orten in H. Schrifft mehr dann gnůg, die alle notwendige stück vnser Christlichen Religion gantz klar vnd eigentlich[15] lehren; Also, das die war gotsförchtigen auß den selbigen, was zů Christlicher Religion erforderet würdt oder darzů dienstlich ist, so reichlich

Was zům heil dienstlich, ist in klarenn ortenn der schrifft überreichlich dargebenn, das man die anderen ort one gefahr ongleich verstehet[a].

a) Drf. falche.
b) Drf. versthet.

1. zuverlässig.
2. geschickten, sorgfältigen, klugen.
3. angemessener.
4. II Tim 3,16–17.
5. belegen.
6. kann.
7. würde; hier eher: wird.
8. nachzuleben.
9. Vorwand.
10. an Stelle von.
11. belastend.
12. Vornehmsten, Besten, Ausgezeichnetsten.
13. vertreibt.
14. Stellen.
15. zutreffend, genau.

vnnd gewiß lernen mögen, das sie auß den selbigen auch in den minder klaren vnnd ongleich verstandenen orten (in welchen der Herre vnseren fleiß üben vnd die maßleidigkeit[1], wie der H. Augustinus[2] sagt[3], vertreiben wille) dennach alweg etwas besserlichs lernen mögen vnd sich in solchem mit nichten verirren oder verergeren.

2. Cor. 4[3]; Psalm. 69[23]

Das aber denen, die die warheyt vnd hertzlichen[4] Gottes dienst nit meynen noch sůchen, das Euangeli verdecket ist[5] vnd die h. Schrifft zům strick gerahtet, ist der verdiente lohne jres gottlosen stoltzes vnd falsches[6]. Dann sollche nit, wie sie den willen des Herren erkennen vnnd thůen, sonder wie sie jren bösen begirden aus der Schrifft ein schanddeckel[7] sůchen, die Schrifft lesen vnd ersůchen. Das dann dise durch jr falsches anziehen der schrifft vil mit jnen verwirren, wie das auch | *viij/Bjb* | zůn zeiten der Apostel vnd zů allen zeiten, wann je[8] die h. Gottes lehre rein gefůret worden, beschehen, ist auch kein wunder, weil alle mal[9] deren nit wenig sind, die die liebe der warheyt nit annemen vnd damit verdienen, das jnen der Herre krefftig jrthumb zůsende[10] durch den Satan, der sich selb zům Engel des liechts vnd seine diener vnd Apostel zů Apostolen Christi verstellet[11], Des man heutigs tags im Niderland grewlich exempel hatt[12]. Der Herre gebe, das disen armen leuten durch gesunde lehre geholffen werde, ee der teuffel, ein lügner vnnd todtschleger von anfang[13], abermal ein feur anzünde, das auch den nachkomnen zům schrecken seye.

Das sich vil in der schrifft verwikklenn, ist jre, nit der schrifft schuld. 2. Thess. 2[10–11]; 2. Cor. 11[13–14]

Psal. 25[12.10] Der Herre hatt seine Schrifft seinen kinderen gegebenn, denen macht er sie auch wol verstendig. Psal. 19[8–9]

Der herre hatt seine h. schrifft seinen kinderen gegeben, denen gibt er, sie auch zů jrem heyl richtig vnd wol zů verstohn. Also singet der Psalm[14]: Wer ist der mann, der den Herren förchtet; den selbigen würdt er seinen erwelten weg lehren. Das gesatz des herren ist einfaltig vnd gantz, erquicket die seel. Die zeugnuß des Herren ist gewiß vnnd machet weiß die einfaltigen vnd onuerschalcketen[15]. Die befelch vnd gepott des Herren sind richtig vnd erfröwen

1. Überdruß (fastidium).
2. Aurelius Augustinus (354–430). TRE 4, S. 646–698; Lexikon der antiken christlichen Literatur, S. 78–98.
3. *Augustinus*, Sermones I (De scripturis), Sermo LXXI,7(11). PL 38, Sp. 450. Den Hinweis auf diese Stelle verdanke ich Herrn Prof. Cornelius Petrus Mayer OSA, Würzburg.
4. von Herzen kommenden.
5. Mk 3,1–6; ferner II Kor 4,3 und II Kor 3,16–18.
6. Vgl. Ps 69,23.
7. Deckmantel, Beschönigung.
8. immer.
9. alle mal: stets.
10. II Thess 2,10–11.
11. II Kor 11,13–14.
12. Bucer denkt hier an die in diesen Jahren durch die habsburgische Regierung in Brüssel verfolgten Täufer in den Niederlanden und in Friesland. TRE 32, S. 612; *Mellink*, De Wederdopers in de noordelijke Nederlanden 1531–1544, S. 153–420 (passim); *Zijlstra*, Om de ware gemeente, S. 232–247.
13. Vgl. Joh 8,44.
14. Ps 25,12.10.
15. die nicht Arglistigen, die nicht Durchtriebenen. *Grimm* 24 (=XI,3), Sp. 2081 und 25 (=XII,1), Sp. 1055.

das hertz[1]. Das befinden[2] alle die, so die h. schrifft mit warer Gottes forcht lesen vnd ersůchen[3], das sie warlich nach weiterer lehre von der Religion nicht fragen moͤgen. | *jx/Bija* |

Doch weil der Herre auß seiner reichen guͤte seinen kirchen nach seiner h. Schrifft auch vilfeltige erklaͤrung der schrifft, vil heilsamer lehren vnd besserlicher ordnungen auß der schrifft gezogen durch seine getrewe alte diener, die lieben Vetter, verluhen vnd biß her wunderbarlich erhalten hatt beide[4] in jren schrifften vnnd inn den Canonibus vnd Decretis der Concilien, so hat man auch auß disen gaben des Herren vil fortheyls vnd beforderung zů erkennen, wie die kirchen Christi bestellet vnnd bedienet werden sollen[5], welche die ware zucht Christi seie beide[6] im volck vnd Clero Christi. Vnd diser theuren gaben des Herren kan vnd solle man sich auch mit warer Gottes forcht vnd besserlich[7] geprauchen, Welches man thůn würdt, wann man vor allem würdt vff das allein gantz gewisse wort Gottes, vns inn der h. schrifft dargeben, sehen vnd darauß den willen Gottes erkennen Vnd dann auch durch das alles anders beweren – wie alle h. Vetter selb gethon vnnd zů thůn gelehret haben – Vnd dabei auch fleissig darauff sehen, was bei allen Vettern von anfang gleich[8] gelehret vnd bezeuget vnd was in den Canonibus auch von anfang gleich gesetzet vnd geordnet ist.

Der Herre hat seiner kirchen auch erklärung seiner Schrifft gegeben.

Wie der vaͤtter Schrifft vnnd Canones besserlich zů gebrauchen.

Dann damit der Herre vns gentzlich bei seinem wort vnd schrifft behielte, hatt er keinen heyligen je die gnad gethon, das sie sich nit in vilen din- | *x/Bijb* | gen menschen beweisen[9] vnd daher geschriben vnd geordnet hetten, das nit bestohn mage; Auß dem dann kommen, das man so grosse ongleicheit bei allen h. Vettern findet, wie in außlegung der schrifft also auch in anderen lehren vnd ordnungen; Darumb sie offt nit allein einer dem anderen, sonder die besten vnder jnen auch jnen selb widersprochen, vnd jre vorige lehren vnd ordnungen gebesseret haben[10]. Derhalben, wer auß den schrifften der h. Vetter vnnd decreten der Concilien wille die rechten Apostolischen vnd mit dem wort Gottes bestendigen Traditionen in außlegung der schrifft vnnd ordnung der kirchen zucht gewißlich erlernen, der můß allweg[11] darauff sehen – wie das auch alle h. Vetter vnnd besonder die zwen theuren zeugen Christi lehren,

Keine Vaͤtter, so heylig noch so gelert, es finden sich noch fehl bey jnen.

In der Vaͤtter schrifften vnd ordnungen solle man sehen, was das elter vnd allgemein ist.

1. Ps 19,8–9.
2. stellen fest.
3. erforschen.
4. beide … vnnd: sowohl … als auch.
5. Bucer meint hier den Gottesdienst und die Seelsorge.
6. beide … vnd: sowohl … als auch.
7. zur Besserung.
8. übereinstimmend.
9. als Menschen erwiesen.
10. Bucer meint hier Augustins »Retractationes«, das Ergebnis einer in den Jahren 426/427 vorgenommenen Durchsicht der eigenen Schriften.
11. stets.

Jreneus[1] vnd Tertullianus[2] –, Was das erst vnd allgemeyne ist in den lehren vnd ordnungen der h. Vetter vnd kirchen. Dann wie der liebe Tertullianus schreibet[3]: »Was das erst ist, das ist war, was hernaher kommen ist, das ist falsch«. Vnd welcher Christ koͦnde jme doch das auffreden lassen, das die lieben Apostel nit solten die geistreichsten vnnd getrewesten vnd darumb auch die volkomnesten lehrer vnd pflantzer der kirchen gewesen sein, Welche die kirchen zům aller besten angestellet vnd, wie vor gemeldet[4], jnen nichts nützlichs vorgehalten[5] haben? | *xj/Biija* |

Was die Apostel vnnd Martyrer nit gelehret, mage zůr Christlichenn lehre nit notwendig sein.

Was die erste kirch zůr Religion notwendig erkennet, haben die nachkommen nit abzůthůn.

Darumb würdt auch ein jeder Christ das leicht zůschliessen haben, das zů Christlicher religion nichts nutz oder dienstlich sein mage, das die Apostel nit gelehret vnd geordnet hatten, Auch nichts der religion zů wider vnd abbrüchlich[6], das sie nit mit ernst verpotten vnnd darfür gewarnet haben. Der wegen das kein Christ mit eynigem schein würdt widersprechen moͤgen: Was man erweisen[7] mage in den kirchen der Apostel vnd Martyrer, die die besten Christen waren, nit gelehret noch gehalten worden sein, das sollichs auch zů Christlicher religion nimmer mehr als notwendig erkennet werden mage, Vnnd was man befindet von den Apostolen vnnd jren nechsten jüngern, als zůr religion notvendigklich erfordret sein, das solchs auch durch einigen menschlichen gewalt oder nachkomende weißheyt nimmer mehr mit Gott mage abgethon oder geendert werden.

Was der Herre Christus vnnd die Apostel dargegeben, hatt kein mensch zů enderen.

Vnd weil dann auch gewiß, das vnser Herre Christus durch sich selb vnnd seine lieben Apostel vns alles, das zůr Gottseligkeit in einigen wege dienlich vnd forderlich sein mage, zům reihlichsten vnd besserlichsten geleeret vnd geordnet hat, so würdt auch kein Christ[a] gedencken moͤgen, das einige[8] nachkomende[9] weißheit oder heiligkeyt ettwas an dem verbesseren moͤchte, das er, der Herre, durch sich selb vnd | *xij/Biijb* | seine lieben Apostel außstruckelich gelehret vnd geordnet hatt.

Was leut zůr handlung von der Religion zů verordnen.

Wa dann nun der Herre die gnad gebenn wolte, das E. kei. Mai.[10], sampt E. koͦn. Mai., den Curf., Fürsten vnnd Stenden des Reichs wolten ettliche in der h. schrifft gelerhte vnnd erůbte, aber auch recht Gotsfoͦrchtige menner, die Christum, vnseren Herren, vnnd nit sich selb, nit der welt ehr gunst oder habe meinen vnd sůchen Vnd die auch geschlachte[11], freündtliche, demůtige, ge-

a) Drf. Christi.

1. Irenäus von Lyon († um 200). Bischof von Lyon. TRE 16, S. 258–268.
2. Tertullian (s. oben S. 357, Anm. 16).
3. *Tertullian*, Adversus praxean, cap. 2. PL 2, Sp. 157; CSEL 47, S. 229.
4. s. oben S. 357,25–27.
5. vorenthalten.
6. schädlich, unzuträglich. Frühneuhochdt. WB 1, Sp. 33.
7. beweisen, dartun.
8. irgendeine.
9. spätere.
10. Euer kaiserliche Majestät.
11. gesittete, von guter Art.

linde gemieter haben, zůsamen verordnen, Vnnd selb auch, so vil moͤglich, doch ettlich mal bei jnen sein, wie der fromme Constantinus[1] vnd vil andere grosse keiser vnd koͤnig gethon haben, Allwegen aber ettliche von jnen vnd den jren darbei haben, Die auch der forcht Gottes vnd gůttes, Christliches vnnd fridliebenden verstands bezeuget vnnd berhůmet seien, Vnd die lassen nach ernstem gepett auß der h. schrifft, demnach auch auß zeugnuß der alten Apostolischen kirchen, besehen, sůchen vnd eroͤrteren, welches vnser ware Christliche religion seie vnd warinn die ware seelsorge vnd versehung der kirchen vnd aller kirchendiensten stande, Wie solte es moͤglich sein, das solche nit sich gar leicht vnd bald durch den Herren (der doch selb mitten vnder solchen sein vnd jnen alles gůts vom Vatter erwerben vnd geben wille) vergleichen[2] Vnnd recht zůsam- | *xiij/Biiija* | men tragen solten, welches die rechten notwendigen vnd haupt artickel sind Christlicher lehre, auch recht besserliche ordnung vnd haltung Christlicher zucht vnd regiment, Deßgleichen die ware eigenschafft vnd verrichtung der seelsorge vnd aller kirchen diensten?

An welcher vergleichung der notwendigen stücken Christlicher Reformation man sich anefangs solle vernůgen[3] lassen, Dann in den nit wesenlichen stucken der religion haben es die kirchen Christi nie, auch nit zů jren besten zeiten, gleich, sonder allwegen[4] mit einigkeyt des glaubens vnd der liebe in sollichen dingen nit einerlei weis vnnd mass gehalten, Vnnd also jede kirch der anderen jre andacht inn solchen dingen frei gelassen. Also würdt es auch nun vorab zům anefang Christlicher vergleichung vnnd reformation von noͤten sein, das man dran genůg habe, auch zům ersten allein darauff arbeite, wie man sich vereinbare, inn gemein anzůstellen vnd anzůnemen alles das, so zů Christlichem leben also von noͤten ist, das wir one des nit moͤgen Christen vnd kinder Gottes sein Vnnd das alles abzůschaffen vnd zů besseren, das Christlichem leben so gar[5] entgegen vnd zů wider ist, das niemand mit dem selbigen ein Christ sein vnnd theil am reich Christi mag haben. | *xiiij/Biiijb* | Man solle je das noͤtigest vor dem onnoͤtigen sůchen vnnd dem tausentlistigen Satan nit statt geben[6], das er vns durch gezenck der[7] onnoͤtigen stücken, wie er bis her zů vnserem grossen schaden bei vns erlanget hatt[8], von dem sůchen vnnd findenn der gantz notwendigen stücken ableite. Er weißt wol, das sein hauff in so grewlicher verkehrung stecket aller notwenigen stucke Christlicher religion, das sie, wa man an den selbigen noͤtigen articulen die handlung anfahen solle, in keinen weg bestehn moͤgen. Darumb richt er an, das man sich

Onnoͤtige stück sind in den alten kirchen nit gleich gehalten worden.

Jn nit notwendigen stücken der Religionn můss mann jeder kirchen jr vrtheil vnd andacht im Herren frey lassen.

Noͤtige vor den onnoͤtigen articulen abzuhandlen.

1. Konstantinus I. der Große (um 285–337), römischer Kaiser (306–337). TRE 19, S. 489–500.
2. verständigen.
3. begnügen, zufriedenstellen.
4. fortwährend, stets.
5. ganz, vollständig.
6. erlauben.
7. über die.
8. Bucer bringt diese schädlichen Zustände und Hindernisse im folgenden (v. a. S. 386,8 bis 440,21) ausführlich zur Sprache.

inn onnötigen disputationen verwickle vnd verwirre vnd in den selbigen dann vergeblich můd vnd matt werde, Vff das man dann die gantze religion sachen auch in haupt vnd wesenlichen stucken zů vnserem zeitlichen vnd ewigen verderben lenger auffziehe. Darumb wir vns vor disem griff[1] des Satans wol hieten sollen vnd nach der ordnung des Herren die vergleichung der Religion vor allem in den wesenlichen stücken sůchen, Vnd, so vns der Herre die verleihet, sollen wir einander in warer Christlicher Liebe vnd gemeinschafft als seine mitglieder in Christo erkennen vnnd halten. Dann welchen der Herre dahin geholffen, die hatt er zů seinen gnaden auffgenomen; wie könde dann vns mitknechten[2] gepůren, solche zůverwerffen, ob sie es schon inn vilen anderen aber on- | *xv/Cja* | nötigen stücken der Religion mit vns nit gleich hielten.

Wa man dann dise ordnung halten vnnd mit gotsförchtigem, einfaltigem erforschen der schrifft vnd gewiß Apostolischer Tradition vnd haltung vergleichung – erstlich[3] allein inn den notwendigen stucken Chistlicher lehre vnnd gantzer seelsorge, auch allerlei kirchen diensten – sůchet, so wurde man die gar leichtlich vnnd schleunig finden, Vnd erstlich, so vil die lehre belanget, würde man sonder[4] můhe bald sehen vnnd erkennen, das die verrichtung Christlicher lehre in folgenden articulen wesenlich stehn můsse.

Vergleichung der lehre in den kirchenn warin? Das erste wesenlich stück Christlicher lehre, das in den kirchenn nichts dann das Schrifftlich fürgetragen werde. Canones Concilij Laodien. 16.59[6], Synodi Aphricanae 3.[7], Synodi 6. c. 17[8], Constan. c. 19 et 53[9]

Zům ersten, das nach der offenbaren ordnung des h. geists, im Alten vnd Newen Testament dargeben vnd gehalten in den Gemeinden vnnd versammlungen Christi, nichts überal für die[5] gemeinde Christi gelesen, erklåret, gelehret, gesungen vnd gebettet werden solle, dann die Göttliche schrifft vnd was deren gentzlich gemåß, als wahrhafftige historien der lieben Martyrer Vnd solche geseng vnd gebett, die aus der h. Schrifft gezogen seind, Vnd das auch alles, so in den kirchen gelesen, gesungen vnnd gebettet werden solle, inn gemeiner[10] sprachen der gegenwertigen vnnd mit ernst zůr besserung der Gottseligkeyt gelesen, gesungen vnd | *xvj/Cjb* | gebettet werde, Wie das der h.

1. List.
2. Vgl. Mt 18,21–35.
3. zuerst, im Anfang.
4. ohne.
5. vor der.
6. Concilium Laodicense, can. 16 und 59. Concilia (1551) I, S. 377 und 380; *Hefele*, Histoire des conciles I,2, S. 1008 f. und 1025 f.
7. Concilium Carthaginense (Aphricanum) III. Eine entsprechende Stelle konnte ich in den Kanones dieses Konzils (CChr.SL 149, S. 329–341) nicht finden.
8. Concilium Aphricanum VI (=Concilium Milevitanum). Eine entsprechende Stelle konnte ich in den Kanones dieses Konzils (CChr.SL 149, S. 361–369) und im Corpus iuris canonici nicht finden; der Kanon 17 kann hier nicht gemeint sein.
9. Welches Concilium Constantinopolitanum Bucer meint und welcher Zählung er folgt, habe ich nicht feststellen können.
10. allgemeiner, verständlicher.

Geist so gar ernstlich fordert vnnd gebeutet (j. Corn. xiiij.[1]) Vnd bei den alten kirchen allwegen[3] gehalten worden ist in aller welt; Bey welchen das ja onerhoͤrt, ja, wie es der h. Geist erkennet, für ein onsinnigkeyt vnd zauberwerck gehalten worden were, das man vor dem volck Christi von der Religion Christi[a] etwas hette lesen, lehren oder betten woͤllen in einer sprachen, die das volck in gemein[4] nit verstanden hette.

Vide Ambrosium[2] in hunc Pauli locum.

Zům anderen würdt man auch durch die wege das gewißlich finden, das alle erclärung der h. Schrifft, alle lehre vnd ermanung in den kirchen auß der Schrifft dahin mit höchstem fleis vnd ernst gerichtet vnd verrichtet werden sollen, das bei den leuten gepflantzet vnd erwecket werde vor allem ein lebendige, thaͤtliche[5] erkantnüs, glaube vnd forcht der almechtigen gůte Gottes in der schoͤpffung vnd regierung aller dingen Vnd dann auch seines[b] h. gesetzes Vnd auß dem selbigen auch ein rechtes fuͤlen vnd rewen vnser angebornen boͤsen süchten vnnd widerspenstigkeit gegen dem gůten willen Gottes sampt aller boͤsen früchten sündtlicher gedancken, worten vnnd wercken, so aus diser bitteren wurtzel taͤglich entspringen, so lang wir hie leben. Demnach auch ein warer, würcklicher[6] Glaube vnd hertzlichs vertrawen auff die erloͤsung vnd gemeinschafft vnsers Herren Jesu Christi – als[7] | *xvij/Cija* | durch des einigen verdienst wir verzeihung der sünden vnnd das erb ewiger seligkeyt zů erwarten vnd zů hoffen vnd durch des[8] gemeinschafft vnd leben in vns allein ware frombkeit vnd tugenden zů erlangen vnd zů ůben haben – Vnnd dann auch ein recht grundtliche, einbrünstige liebe zů Gott vnnd vnserem Herren Christo in allen seinen worten, wercken vnnd gerichten Vnd des nehisten in jm, Welche liebe allen nehisten, übel- vnnd wol verdienten, alles zů werden, zů thůn, zů leiden vnd zů meiden, damit sie an aller wolfart zů leib vnd seele gefürdert vnd gebessert werden, bereit vnd willig seie Vnd darumb auch gern den leib casteie vnd dem geist vnderwerffe, Gern alles lerne vnd schaffe zůr besserung des nehisten, jn zům preiß des Herren zů bringen vnnd zů befürderen. Bey wellchem glauben vnd liebe besteht die getroͤste hoffnung vnd froͤliche erwartung der seligen zů kunfft[9] des Herren vnnd vnser gantzen ernewerung in das himlisch Goͤttlich wesen durch die aufferstendtnüß vnd volkomne widergepurt.

Erkantnis Gottes vnd vnser selb

Der ware glaub an Cristum

Liebe Gottes vnnd des nehisten

Christliche casteiung vnnd ůbung des leibes vnnd gemuͤts

Hoffnung

a) Drf. Christ.
b) Drf. feines.

1. I Kor 14,15.
2. *Ambrosiaster*, In epistolam ad Corinthios primam, cap. 14. PL 17, Sp. 255.
3. fortwährend, stets.
4. insgesamt.
5. durch die Tat sich vollziehende.
6. Wirkung zeigender.
7. wie.
8. dessen.
9. Wiederkehr.

Bei welchem die leut auch des getrewlich vnderricht werden müssen, das

Wellches ware, gůtte werck

keine gůte werck sind, die vor Gott angenem seien dann allein die, so auß jetzgemeldtem glauben vnd liebe nach jedes | *xviij/Cijb* | berůff vnnd gaben beschehen zům preiß des Herren vnd besserung des nehisten, Also auch, das

Ware gebett

kein betten vor Gott angesehen werden möge, das nit von hertzen auß gemeldtem glauben geschicht zů Gott, vnserem himlischen vatter, durch vnserenn Herren Jesum Christum vmb heiligung seines namens vnd erweiterung

Wares fasten vnd abstinentz

seines Reichs vnd was darzů dienet, Desgleichen auch kein fasten vnnd vnderscheid der speiß vnd trancks vnd des Ehefreyen lebens vnd alle andere abstinentz leiplicher ergetzlicheit, wa[1] das nit alles auch auß solichem glauben vnd liebe dahin gerichtet vnd vorgenomen wurdt, das der leib gedemütiget dem geist desto baß[2] diene zům preiß des Herren vnd heil des nehisten.

Weil dann in der liebe des nehisten das gantze gesatz erfüllet würdt,

Ware opffer vnd Gottes gaben

schleußt sich auch das hierauß, das die werck, opffer vnnd gaben, damit[3] dem nehistenn an leib oder seele ettwas genutzet würt, denen wercken, opfferen vnnd gaben weit für zů setzen[4] seind, durch wellche die tempel vnnd Sacrament eusserlich geschmucket vnnd gezieret werden, Vnnd das auch nach der

Ambros.[6] lib. Offic. 1., Cap. 28

lehre vnnd exempel der alten Heyligen Vätter[5], nit allein der Schrifft, solich kirchen- vnd Sacrament schmuck vnd -zierde offt solle zerbrochen vnnd zů gůt den dürfftigen hingeben werden. | *xix/Ciija* | Bey dem allen sich auch das finden würdt, das man die leut trewlich lehren vnnd erinneren solle, wie nutz-

Mangel in gůten wercken

lich vnnd kostlich alle jre gůte werck an jnen selb, wie groß auch der glaub vnd die liebe in den selbigen seie, das sie dennoch in dem allen noch onnütze knecht des Herren sein[7] vnnd das ziel der liebe Gottes auß gantzem hertzenn, auß gantzer seele vnd allen krefften[8] noch nit erreichen, Derhalben sie alles vertrösten[9] jres heils allein auff die gnade Gottes vnd den verdienst vnsers Herren Jesu Christi stellen müssen; Desgleichen – ob woll der Herre die

Vom lohn gůter wercken

gůtenn werck überreichlich belohnet hie vnnd im künfftigen leben, auch seine zeitlichen straffenn, so man sich in gůten werckenn ůbet, gnediglich abwendet vnd milteret –, das doch der milte, gůtige Gott das thůe auß seiner freyen liebe vnnd gnaden vnnd vmb seines lieben Sons Christi willen, Mit dem er

1. wenn.
2. eher, mehr.
3. mit denen.
4. vorzuziehen.
5. *Ambrosius*, De officiis ministrorum I,28. PL 16, Sp. 139–142; *Ambrosius*, De officiis ministrorum (ed. Testard) II, S. 138–140.
6. Aurelius Ambrosius (339–397), Bischof von Mailand. RGG³ 1, Sp. 307f.; TRE 2, S. 362–386.
7. Vgl. Lk 17,10.
8. Vgl. Mt 22,37 par.
9. Zusicherung.

vnß alles geschencket[1] vnd in dem er vnß vnd all vnser thůn[a] jm[2] selb angenem vnnd geheiliget hatt, Vnd mit nichten darumb, das vnsere werck durch jren werdt jm etwas abuerdienen[3] koͤnden, Weil wir jm doch noch vil mehr gůter werck vnd die selbigen auch vil volkomner, dann wir sie leisten konden, on das[4] schuldig sind, Zů dem, das vnsere güten werck des Herren werck in vnß vnnd geschencke sind. | *xx/ Ciijb* | Diß ist die war vnd allgemeine lehre der kirchen, wellche nit allein in der h. Schifft, sonder auch durch alle heylige Vaͤtter bezeuget ist wie auch durch die Concilien vnd fürnemlich die, so wider die Pelagianer[11] gehalten worden sind.

Videantur scripta[a] Augustini[5], Hieronymi[6], Innocentij[7], Zozimi[8], Acta Concilij Carthag.[9] et Mileuetani[10] contra Pelagianos.

Nun aber, wurdt man sich diser lehre vergleichen[12], das nun, Gott lob, fast bey allen, so etwas in der H. Schrifft eruͤbet vnd nit gar[13] onwissende oder verrüchte widersprecher der warheit sind, geschehen ist, So würt schon aller zanck dahin sein von glauben vnd wercken, von der gnad Gottes vnd menschlichen krefften. Dann diß theils[14] lehret man ja keinen todten vnd wercklosen glauben, So würdt auch die notwendigkeit, natur vnnd rechter lohn der recht gůten wercken von Gott gantz trewlich gelehret. Die natur auch des menschens alls ein werck Gottes, würdt mit nichten verworffenn noch verkleinet, Sonder allein der gnaden Gottes, dem verdienst Christi vnd der newen geburt

Wie weit vergleichung erzelter stücken reiche. Man lehret dis theils ein rechten, lebendigenn glauben, bricht der natur nichts ab[11], gibt der gnade das jr zů.

a) Drf. ihůn.
b) Drf. cripta.

1. Vgl. Röm 8,32.
2. sich.
3. bei Gott ein Verdienst erwerben.
4. ohnehin.
5. *Pseudo-Augustinus*, Hypomnesticon contra Pelagianos et coelestianos III,11(19). PL 45, Sp. 1631; *Chisholm*, The Pseudo-Augustinian Hypomnesticon, S. 138,523. Ferner die folgenden Stellen: Hypomnesticon III,13(29). PL 45, Sp. 1636 f.; *Chisholm*, S. 147,733–737. Hypomnesticon VI,7(11), Sp. 1663; *Chisholm*, S. 205,295 f.
6. Sophronius Eusebius Hieronymus (347/348–420), Kirchenvater, schuf die »Vulgata«. RGG³ 3, Sp. 315 f.; TRE 15, S. 304–315; Lexikon der antiken christlichen Literatur, S. 323–330. Welche Stellen Bucer hier meint, habe ich nicht eruieren können.
7. Innozenz I., Papst (402–417). LThK² 5, Sp. 685 f.; RGG³ 3, Sp. 764 f.; Lexikon der antiken christlichen Literatur, S. 349 f. PL 20, Sp. 463–636. Eine hier in Frage kommende Stelle konnte ich nicht finden.
8. Zosimus (Zozimus), Papst (417–418). LThK² 10, Sp. 1406; Lexikon der antiken christlichen Literatur, S. 732. Epistolae et decreta. PL 20, Sp. 639–686. Eine hier in Frage kommende Stelle konnte ich nicht finden.
9. Concilium Carthaginense (418). CChr.SL 149, S. 69–77.
10. Synode von Mileve 416. LThK² 7, Sp. 414. Concilium Aphricanum VI (= Concilium Milevitanum). CChr.SL 149, S. 361–364. Vermutlich sind hier can. 4 und 5 gemeint.
11. Anhänger des Pelagius († nach 418), der die Erbsünde leugnete und die Freiheit des Willens verteidigte. Auf mehreren Synoden und vom 3. Ökumenischen Konzil von Ephesus (431) wurden sie als Ketzer verdammt. TRE 26, S. 176–185; RGG³ 5, Sp. 206–208.
12. verständigen, einigen.
13. ganz.
14. sc. auf Seiten der Protestanten.
15. schränkt nicht ein, nimmt nichts weg.

Die auff dem gegentheil etwas verstendig bekennen die warheit von vnser erlősung. Rom. 7[19]

in Christo, das jr[1] zůgeschriben vnd trewlich dargegeben. So bekennen auch auff jenem theil[2] alle, die etwas verstands[3] diser dingen haben, das alle, so in Christo, dem Herren, noch nit newgeporen, kinder des zorns[4] bleiben mit aller jrer vermeintenn[5] weißheit vnnd frombkeit, Auch, das in allen, die schon im Herren newgeporen sind, so lang sie | *xxj/Ciija* | hie leben, die Sünd noch wonet vnd die glider des alten Adams, die bősen suchten vnd begirden, leben, Also, das sie vil gůts, das sie wőllen, nit vnd vil arges thůn, das sie hassen[6], Derhalbenn sie in diser zeit so from nimmer werden, sie haben noch zů betten: Herre, vergib vnß vnser schuld[7], Wie das die Aphricanischenn Concilien[8] auch trawlich[9] bekennen; Auß dem ja ein jeder erkennen můß, das alle hoffnung vnserer seligkeit allein auff vnserem Herren Christo bestehn můsse.

Von der verscheidnen heyligen gedåchtnüs

Von den lieben Heyligen, so von hinnen gescheiden sind, richten vil grossenn streit an. Wille man aber bey dem bleiben, als[10] man je solle, das die H. Schrifft vnd auch die alten Våtter allgemeinlich vnd alwegen gelehret vnd geübet haben (welches allein Catholicum heißt[11] vnd ist), so würdt man die gedechtnüß vnd verehrung der lieben heyligen alle darein stellen, das man jre ware exempel der gottseligkeit, wa man die hat, dem Herren zům preiß vnnd den leuten zů besserlicher[12] nachfolgunge verkünde vnnd jnen getrewlich nachkomme. Auff jren verdienst vnnd macht würdt sich niemand getrősten[13], noch weniger vff jre gepein[14] vnd bilder. Wa man dann sich in dem vergleichen wollte, wie man eigentlich thůn würdt, wa man mit der Schrifft auch der alten Christlichen kirchen Catholicam – algemeinen – lehre vnd haltung fol- | *xxij/Ciijb* | gen wille[a], So würdt ja da durch ein grewlicher, grosser hauffe viler offenbaren abgőtterey von dem volck Christi außgefeget werden. Also, das die lieben Heyligen Gott für vnß bitten, widersprichet dises theils niemand; das man sie aber anrůffen vnd anbetten solte, das ist noch auff den heutigenn tag

a) Im Reklamant steht: wőlle.

1. was ihr zukommt.
2. sc. auf Seiten der Altgläubigen.
3. Einverständnis, Einsicht.
4. Vgl. Eph 2,3.
5. angeblichen.
6. Vgl. Röm 7,19.
7. Mt 6,12.
8. Concilium Aphricanum VI (Synode von Mileve 416). CChr.SL 149, S. 363 f., can. 7; Concilium Carthaginense (418). CChr.SL 149, S. 72 f. und 77.
9. treulich, ehrlich.
10. wie.
11. Das »Commonitorium pro Catholicae fidei antiquitate et universitate adversus profanas omnium haereticorum novitates« des Vinzenz von Lérins, an das Bucer hier wohl denkt, wurde in der Reformationszeit sowohl von den Altgläubigen als auch von den Protestanten beachtet. *Vinzenz von Lerinum*, Commonitorium (ed. Jülicher).
12. förderlicher.
13. seinen Trost darauf setzen, sich verlassen.
14. Knochen, Reliquien.

in die gemeinen[1] gebett der kirchen, die Collecten[2], nit kommen. Nun aber sollen dise gebett noch[4] den gebetten der H. Schrifft[5] ein exempel vnnd formular sein aller gebetten der gleubigen.

Concilij Tolet. 3., C. 27[3]

Der anderen gemeinen[6] verscheidnenn leuthen halben würdt auch leicht die sachen zů[a] recht zů bringen sein, wan man mit der Schrifft das gelten will lassen, das Catholicum[7] ist, das ist, das in der kirchen allwegen[8] vnnd allenthalben gehalten worden ist[9]. Dann ob wol die alten Christen in verscheidung[10], bestaͤtigung[11] zůr erden vnnd gedaͤchtnüß jrer todtenn heylige versamlung, lectionen, gebett vnd opffer, auch etwan[12] das H. Abentmal gehalten, so habenn sie doch das zů trost vnnd besserung der lebendigen gethan, mehr rew vnd leid der sünden in jnen zů erwecken vnnd den glauben der aufferstendtnüß zů stercken, vnnd gar nit, jnen damit auß dem fegfewr zů helffen[13]. Dann die lieben Vaͤtter vor dem H. Augustino daruon nichts gehalten, sonder in jren todten gedechtnüs- | *xxiij/Dja* | sen allweg Gott gedancket vnd die lebendigen damit getroͤstet haben, das jre todten, so im glauben verscheiden, auch die schon[14] in schwachem glauben gelebt hatten, durch den verdienst vnsers Herren Christi schon bei jm inn der seligen růge[15] gewesen seien. Des besehe man die leich predigen Ambrosij vom Abscheid Valentiniani[16] vnd Theodosij[17]. Vnnd ob sie wol alda jren[18] todten auch vmb die selige růge vnd die aufferstendtnüs gebetten, so haben sie doch das selbige gethon, wie es der Diony-

Von gemeinen verstorbnen

Todtenbegengnus

Wie die alten den verstorbnen vmb selige růwe gepetten.

a) Dittographie.

1. überall üblichen.
2. Kollektengebete der Messe.
3. Concilium Toletanum III, can. 22 (nicht 27). PL 84, Sp. 356; *Mansi* 9, Sp. 998 f.
4. nach.
5. Vaterunser, Magnificat, Benedictus.
6. gewöhnlichen.
7. allgemein (das Ganze betreffend).
8. fortwährend, stets.
9. s. oben S. 368, Anm. 11.
10. beim Sterben.
11. Bestattung.
12. gelegentlich.
13. Die Totenmessen und das ihnen gebrachte Opfer sollte den Verstorbenen im Fegefeuer zugewendet werden.
14. selbst wenn sie.
15. Ruhe.
16. Valentinian II. (371–392), Halbbruder des Gratian. Ambrosius hatte erheblichen Einfluß auf ihn. LThK[2] 10, Sp. 600 f. – *Ambrosius*, De obitu Valentiniani. PL 16, Sp. 1417–1444; CSEL 73, S. 329–367.
17. Theodosius I. der Große (347–395), römischer Kaiser (379–395). Gratian erhob ihn 379 zum Mitaugustus im Osten. TRE 33, S. 255–258; LThK[2] 10, Sp. 50 f. – *Ambrosius*, De obitu Theodosii. PL 16, Sp. 1447–1468; CSEL 73, S. 369–401.
18. für ihre.

sius[1] erclaͤret[2], nit das sie daran zweiffleten, das jre verscheidnen schon inn der seligen ruͦge weren, Sonder das sie damit haben den kirchen dienst an jnen zuͦr letz[3] beweisen vnd damit bezeugen woͤllen, das die verscheidenen schon hetten, darumb[4] sie jnen baͤtten. *Enchirid. c. 69* Der h. Augustinus ist der erste, der des Fegfeurs gedencket[5], Gedencket sein aber als eines disputierlichen dings, dem man nachfragen vnd finden oder nit finden moͤge.

Zuͦm dritten: Der Sacramenten halben würdt auch wol kein span[6] bleiben, wa[7] man nicht beiden[8] der h. Schrifft vnnd allen lieben h. Vetteren stracks entgegen sein wille, Dann man deren haltung inn handlung vnnd außspendung der Sacramenten so klar vnd überflüssig[9] bei den | *xxiiij/Djb* | lieben Vetteren, auch in Canonibus beschriben findet, das man dauon nur nichts zuͦ disputieren hat.

Vom heyligen Tauffe

Vnnd erstlich vom h. Tauff findet man bei den lieben Vetteren, in den Canonibus[10] vnd auch Legibus[11] der Christlichen keiser, das diß Sacrament, wa nit gefahr des tods ist, allein zuͦ den herrlichsten festen vor aller Gemeinden Gottes durch heilige diener inn bei sein der bewerten[12] Christen gereichet werden solle[13] vnd das mit ernster vnd liechter[14] erklaͤrung der Goͤttlichen geheimnussen vnnd gaben, die er vns inn disem Sacrament mittheilet[15], Dann auch mit recht andechtigsten Lectionen vnd gebetten, Vnd das alles in der sprachen, die den gegenwertigen inn gemein[16] verstendtlich seie, Vnnd darzuͦ, das die gleubigen mit dem allen in dem Glauben vnnd der gemeinschafft Christi gestercket vnnd zuͦ aller gottseligkeit befürderet werden.

Vom heyligen Abentmal

Also haltet es sich auch mit dem Sacrament des leib vnnd bluͦts vnsers Herren Jesu Christi, dem heiligen Abendtmal oder Messen (am namen ist wenig gelegen), dann dis Sacrament haben alle alte Vetter also vnd anders nit gehal-

1. Dionysius Areopagita (Pseudonym eines um 500 lebenden Autors). TRE 8, S. 772–780; Lexikon der antiken christlichen Literatur, S. 203–205.
2. Möglicherweise meint Bucer diese Stelle: *Pseudo-Dionysius Areopagita*, De ecclesiastica hierarchia VII,5–6. PG 3, Sp. 575–580.
3. zum Abschied.
4. worum.
5. *Augustinus*, Enchiridion de fide, spe et charitate, cap. 69. PL 40, Sp. 265.
6. Zwist, Anstoß.
7. wenn.
8. beiden … vnnd: sowohl … als auch.
9. im Übermaß.
10. Decretum Gratiani III, De consecratione, Dist. 4, c. 11-18 (*Friedberg* I, Sp. 1364-1367).
11. Codex Theodosianus 15,5,5.
12. wahren.
13. Vgl. dazu *Kretschmar*, Die Geschichte des Taufgottesdienstes, S. 137–140; BDS 11,1, S. 298.
14. heller, erhellender.
15. Taufkatechesen des Cyrill von Jerusalem.
16. allgemein.

ten vnd zů halten geleret, das sie nemlich inn einer versammlung nur eins, vnnd das durch einen vnstraͤflichen Bischoue oder Priester vnd auch mit onlesterlichen Sacrament genossen[1] inn hoͤchster an- | *xxv/Dija* | dacht vnd ernst gehalten Vnd in dem die erloͤsung vnnd gemeinschafft vnsers Herren Jesu Christi mit hertzlichster dancksagung vnd gebett in gemeiner[2] sprachen der gegenwertigen geprediget vnnd die leut zů aller gottseligkeit vermanet Vnd jnen dann nach gemeiner bekantnus des glaubens dancksagung, gebett, opffer vnnd frid geben, die h. Sacrament – vnnd beide[3] – außgespendet[4] Vnnd dis alles dahin gerichtet vnnd verrichtet haben, das die leut im glauben Christi gestercket wurden vnd aus dem jnen selbs[5] als mehr[6] absturben vnnd im Herren Christo volkomner lebten vnnd er gewaltiger inn jnen lebete[7]. Dis ist die ware Christliche Messhaltung der waren kirchen Christi, von Apostolen herkommen vnd bei den alten getrewlich gehalten, Bey welchen ein gar onerhoͤrtes, ja onuersehens gewesen ist, das in einer versamlung zůmal[8] mehr dann ein Messe vnd darzů one Communicanten gehalten Oder das ettwas dem volck darbei vorgelesen, gesungen oder gebetten werden sollte, anders dann inn gemeiner sprachen des volcks, damit es sich darauß hette zů besseren vnd sein Amen vff alles zů sprechen. Noch grewlicher were gewesen, offentliche[9] lesterliche leut die Messen halten oder auch dabei sein lassen, Vnd zům aller grewlichsten, das sie die leut in dem jrthumb solten gelassen, geschwigen[10] drein | *xxvj/Dijb* | gefůret oder drin gehalten haben, das die Messen jemand für sich selb nutzen, ja, nit verdamlich sein solten, der sich auff das eusser werck der Messen troͤsten wolte vnd die halten oder hoͤren one hertzlich rewe der sünden vnd gentzliche bekoͤrung zů Gott durch vnseren Herren Christum. So hetten sie das auch für ein erschroͤcklichen Gottes raub gehalten, dis Sacrament im außspenden halbieren[11] Oder das geringist an der einsatzung des Herren enderen. Des besehe man alles, das bei allen alten Vetteren[12] vnd in allen Canonibus vnd Legibus von disem Sacrament vnd ampt beschriben vnd verordnet ist.

Wie die altenn das H. Abentmal gehalten.

Die offenbarenn verkerungen Paͤpstlicher Messen

Eben so leicht würdt man sich auch vergleichen moͤgen von dem hend auf-

1. am Abendmahl teilgenommen.
2. allgemein verständlicher.
3. sc. Brot und Wein.
4. Zum Beispiel *Justin*, Apol. I,65 f.
5. sich selbst.
6. ebenso gern. *Götze*, S. 7.
7. Vgl. Kol 2,10.20.
8. gleichzeitig.
9. allgemein bekannte.
10. geschweige denn.
11. den Laien den Kelch zu verweigern. Vgl. dazu den entsprechenden Abschnitt in der Zweiten Verteidigungsschrift (Edition in diesem Band, S. 209–216).
12. *Chrysostomus*, In epistolam ad Corinthios primam hom. XXVII,3–4. PG 61, Sp. 229.

Vom zeichen des hend aufflegens

Das hend aufflegen solle allein durch vnd gegen[4] die war gleubigen mit andacht vnd verstand der gegenwertigen geprauchet werden.

legenn[1], So man wille nach der H. Schrifft[2] auch der Alten[3] haltung in dem recht ansehen vnd jre folgen, Dann die Alten diß zeichen nach dem brauch des Herren vnd der Apostel nicht anders dann zů allerlei segen vnd Gottes gaben gebrauchet, vmb die sie den leuten nach dem befelch des Herren haben betten vnd sie deren sollen vertrösten, fürnemlich aber haben sie diß zeichen gebrauchet zů der Confirmation, Absolution vnd Ordination, Vnd in allem brauch[5] dises zeichens erfordert, das es durch wargleubige Bischoue vnd Priester an wargleubigen leuthen vnd zů erbawung des glaubens an | *xxvij/ Diija* | Christum geprauchet würde Vnd darumb auch mit ernstlicher, war andechtiger vnd verstendlicher handlung, Also, das alles, so im brauch auch dises zeichens hat sollen gelesen, gesungen vnd gebettet werden, schrifftlich[6] were vnd dem gleubigen volck in verstendlicher sprachen gelesen, gesungen vnd gepettet würde.

Confirmation

Bey dem sie zů der Confirmation[7] auch das erfordret haben, das die, so man mit dem hendaufflegen hat in die gemeinschafft der kirchen bestettigen sollen, vor der Gemeinde jren glauben vnd begebung in die gehorsame des Herren vnd der kirchen selb bekennen vnd versprechen můßen.

Absolution

Jn der Absolution[8], das die[9] man mit dem hend auflegen[10] absoluieren vnd mit der Gemeinden Christi hat versůnen sollen jre sünde zů vor bekenneten vnd beklageten mit genůgsamer beweisung des waren leids über die sünden vnd bestendigem fürsatz zůr besserung.

Ordination

Jn der Ordination[11], das die Ordinanden zů vor zům kirchendienst ordenlich gewehlet, examinieret vnnd beweret[12] weren beyde[13] vom Clero vnd volck Christi.

1. Handauflegung bei der Taufe, der Firmung und der Übertragung geistlicher Amtsvollmachten. Im Mittelalter wurde diese Praxis etwas vernachlässigt. *Braun*, Liturgisches Lexikon, S. 128 f.; LThK² 4, Sp. 1343–1346; *Angenendt*, Geschichte der Religiosität im Mittelalter, S. 414 f. und passim.

2. Act 8,14–17; Act 19,6; II Kor 1,21–22; Hebr 6,2.

3. *Hippolytus*, Traditio apostolica 19–21,2,7. *Hippolytus*, La tradition apostolique, S. 40–59.

4. gegenüber, für.

5. Gebrauch, Verwendung.

6. der Hl. Schrift entsprechend.

7. Zu Bucers Konzeption der Konfirmationshandlung vgl. die Ziegenhainer Zuchtordnung und das liturgische Formular der Kasseler Kirchenordnung von 1539, BDS 7, S. 264 f. und 310–312. Vgl. dazu auch das Kapitel »Von der firmung« in Bucers Kölner Reformationsentwurf, BDS 11,1, S. 315,25–324,2.

8. Zur Absolution vgl. RGG³ 1, Sp. 78 f. Vgl. dazu das Kapitel »Von bekerung der sünden, warer bůß vnd Christlichem Bannen« in Bucers Kölner Reformationsentwurf, BDS 11,1, S. 357,1–360,23.

9. diejenigen, die.

10. s. oben S. 372, Anm. 1.

11. Vgl. dazu in Bucers Kölner Reformationsentwurf das Kapitel »Von einsetzung der pastoren«, BDS 11,1, S. 363,15–365,13.

12. bestätigt, approbiert. Frühneuhochdt. WB 3, Sp. 2273 f.

13. beyde … vnd: sowohl … als auch.

Was die alten weiter zeichen[1] vnnd kirchen uͤbungen geprauchet, in denen habenn sie alleweg[2] dahin gesehen, das solche zeichen vnnd uͤbungen zuͦ erbawung des glaubens an Christum würck- | *xxviij/Diijb* | lich[3] dieneten vnd zuͦ keiner verletzung des selbigen reicheten. Es hat auch jede kirch die andere im gebrauch solicher zeichen frey gelassen, Allein das alles der heyligen Schrifft gemaͤß were vnd zuͦ befürderung der erkantnüß vnd gehorsame Christi thetlich[4] dienete, Dann sie in allen ceremonien vnd kirchenuͤbungen hoͤchstes fleiß[5] verhietet haben, das da nichts onschrifftlichs[6], nichts Heydnisches vnnd aberglaubiges, nichts onuerstendiges vnnd onandechtiges eingefuͤrt oder geuͤbet würde, Damit aber hernaher die kirchenn leider gantz erfüllet worden sind.

Von anderen zeichen vnnd uͤbungen der kirchen

Zuͦm vierdten, so vil die kirchenzucht vnd geistlich regiment belanget, würdt die Christliche vergleichung auch on alle muͤhe zuͦ finden sein, wan man nach dem Gottes wort die Apostolischen Traditionen vnnd ordnungen, die wir in schrifften der H. Vaͤtter in den Canonibus der heyligen Concilien vnd auch in den Legibus Christlicher keyser überreichlich haben, wille gelten lassen.

Von der kirchen zucht

Dann erstlich, so vil die ordnungen belanget der zeit[7], staͤtt[8] vnd massen[9], wan, wa[10] vnd wie sich das volck Christi zuͦm wort Gottes, zuͦm Gebett, zuͦ den Sacramenten versamlen vnd diß alles halten vnnd gebrauchen solle, Jn dem haben | *xxjx/Diiija* | die alten nach dem wort des Herren – j. Corinth. xiiij[26] – alwegen dahin gesehen, das alles fein vnnd ordenlich vnnd – wie jetz gesagt –, zuͦ erbawen den glauben Christi, dienstlich[12] angerichtet vnnd verrichtet würde. Demnach haben sie die feir- vnnd fasttage vnd alle zeit, stett, weiß vnnd massen der H. Lectionen, Außlegung der selbigen vnd predigen, der Gebett, Psalmen, Opffer angesetzet vnd gehaltenn, Auch in dem jeder kirchen[13] jre Christliche freyheit gelassen, soliche ding der massen zuͦ verordnen vnd zuͦ gebrauchen, wie jede kirch das jrem volck hat zuͦr auffbawung der gottseligkeit am dienstlichsten sein erkennen moͤgenn, Außgenommen allein ettliche gantz allgemeine ordnungen, die bey allen kirchen, so weit die wellt ist, von Apostolen her gehalten werden, Als[14] die feir des Sonnentags ist, Jtem,

Von feier- vnd fastagen vnd anderen zeiten, stetten vnnd weisen der lere, Sacramenten vnd gebet

Das ende[11] aller kirchenuͤbung ist erbawung des glaubens an Christum.

1. [an] zeichen.
2. stets.
3. nachwirkend.
4. durch die Tat.
5. mit größter Sorgfalt.
6. der Hl. Schrift nicht Entsprechendes.
7. Zeitpunkte, Zeiträume.
8. Örtlichkeiten.
9. Art und Weise.
10. wo.
11. Ziel.
12. nützlich.
13. Kirchengemeinde, Kirchenprovinz.
14. wie.

das man das H. Abentmal vor dem leiplichen essen haltet, der kinder Tauffe Vnd etliche andere gepreuch mehr. Des besehe man, was der H. Augustinus lehret ad Januarium[1] vnd auch in lib. de doctrina Christ. iij. cap. jx.[2]

Von dem besonderen auffsehen vnd vermanen

Also in dem besonderen auffsehen[3] vnd besseren der gleubigen habenn die alten darauff gesehen, das niemand von empfangner gnaden abfiele, sonder jeder nach seinem berůff in Christo, dem Herren, immer wiechse[4] vnnd zůnemme. | *xxx/Diiijb* | Daher haben sie nit allein die Bischoue vnd Priester, die zům wort vnnd dienst der seelsorge besonders verordnet sind, sonder auch alle andere kirchendiener vnd auch bewerte elteren[5] vom volck darzů geordnet vnd gehalten, Das sie auff alle vnd jede Christenn acht hetten, die tregen zů manen, die sich übersehen[6] vnd in sünde gefallen, zůr besserung zů weisen vnd anzůhalten Vnnd welcher[7] sünde offenbar zů gepürender bůß zů binden vnd, so die genůgsam gebuͤsset, dann wider zů versuͤnen, Welche aber in sünden halßstarrig fortfaren wolten, zů bannen vnnd von aller gemeinschafft der Christen biß zů warthetiger[8] besserung außzůschliessen, Jn welchem die waren Bischoue alleweg auff das ende[9] gesehenn, das sie die Christen vor sünden, so vil müglich, verhuͤteten, Welche aber gesündiget hatten, zů warer rew vnd besserung beforderten Vnnd welche sich nit wollten besseren lassen von gemeinschafft der gleubigenn abhielten, damit sie andere nit mit sich verderbeten.

Vom bann vnnd widerversůnung

Vom buͤssen deren, so in schwere sünd gefallen, sind in nachgehenden zeiten, da es mit rechter versehung[10] der kirchen inn abgang[11] komen, vil onordenlicher, onbesserlicher bůß regulen gesetzet worden, Welche man darnach hatt mit gelt vnd anderem thůn lassen wider abloͤsen, Daher der Ablaß krom[12] entstanden ist. Catholicum[13] ist aber das | *xxxj/Eja* | allein inn den kirchen Christi nach dem Gottes wort von den Apostolen her allwegen[14] gehaltenn worden ist. Also aber haltet es sich nit mit disen bůs regulen, Sonder alle alten bewerten[15] Vaͤtter lehren hie von, wie der h. Augustinus daruon geschriben hat Cap. lxiij. in Enchirido suo[16], das man die bůs mehr nach der schmertzlichen

Schedliche bůsregulen, falsch ablas war.

1. *Augustinus*, Epistola altera ad Januarium LV (119),19. PL 33, Sp. 221; CSEL 34/2, S. 210.
2. *Augustinus*, De doctrina christiana III,9. PL 34, Sp. 71; CSEL 80, S. 87f.
3. Aufsicht.
4. wüchse, wachse.
5. Älteste (der Gemeinde).
6. vergehen. *Götze*, S. 215.
7. diejenige, deren … sind.
8. wahrhaftiger, tatsächlicher.
9. Ziel.
10. Versorgung.
11. Verfall, Niedergang, Rückgang.
12. Kram, Ablaßhandel.
13. Allumfassend, Das Ganze betreffend.
14. fortwährend, in jeder Hinsicht.
15. bewährten, anerkannten.
16. *Augustinus*, Enchiridion, sive de fide, spe et charitate, cap. 64 (nicht 63). PL 40, Sp. 262.

rewe dann nach der zeit messigen[1] vnnd allwegen auff ware besserung der sünder vnd der gantzen kirchen richten solle.

Von den kirchen Dieneren

Zům fünfften, von den verseheren der Seelsorge vnd allen diensten der kirchen, hat man auch nach der h. Schrifft so überflissig[2] klare versehung inn allen schrifften der h. Vaͤtter[3], in den Canonibus[4] vnnd Legibus[5] piorum Principum[6], das man inn dem den kirchen helffen kan on einige[7] disputation. Man lasse allein gelten, was das wort Gottes, Canones vnnd Leges klar vnd on alles widersprechen forderen.

Was von den kirchen dieneren inn gemein erfordert wirt.

Dann einmal forderen die Canones vnnd Leges mit dem Gottes wort gantz einhellig vnd zům ernstlichsten von allen kirchen dienern, in was dienst oder grad[8] die seien, vom vndersten biß zům oͤbersten, das sie eins reinen vnd steiffen[9] glaubens, eins heiligen vnd onstraͤfflichen lebens seien Vnd das sie frei von allen weltlichen vnd fleischlichen gescheff- | *xxxij/Ejb* | ten vnd hendlen jeder seinem dienste in seiner ordnung mit getrewen fleis oblige vnnd außwarte[10] Vnd das auch keiner zů dem Clero solle auffgenomen noch darinn geduldet werden, dem es an disen dreien stucken fehlet: An gesunder lehre oder onstraͤfflichem[a] leben oder getrawer[11] verrichtung seines diensts.

Vom Bischoͤuelichen Ampt

Gleich so rheilich[12] vnd klar beschreiben vnnd forderen die Canones[13] vnd Leges nach dem wort Gottes, was einem jeden grad vnd dienst im Clero inn sonderheyt gepuͤret vnnd zůstaht, Als[14] erstlich von den Bischoͤuen, den obristen Seelsorgeren, das ein jeder von seiner gantzen kirchen, das ist von dem Clero vnnd dem volck, zů disem ampt erwehlet vnd beweret[15] vnd von den Bischoͤuen seiner prouintzen da zů tauglich erkennet vnd verordnet seie. Jtem, das er bei seiner kirchen wohne vnnd aller anderen geschefften frei, seinem ampt in heiligem, onstraͤfflichem leben mit hoͤchstem fleiß oblige vnd

a) Drf. onstaͤfflichem.

1. abmessen, veranschlagen. *Lexer* 1, Sp. 2067.
2. reichlich.
3. Zum Beispiel *Ambrosius*, De officiis ministrorum. PL 16, Sp. 23–184; *Ambrosius*, De officiis ministrorum (ed. Testard); *Gregor I.*, Regula pastoralis. PL 77, Sp. 13–128; *Chrysostomus*, De sacerdotio. PG 48, Sp. 623–692; SC 272, S. 52–363.
4. Decretum Gratiani I, Dist. 23–61 und II, C. 21–26 (*Friedberg* I, Sp. 76–233 und 852–1046).
5. Codex Theodosianus 15,5,5.
6. der frommen Kaiser in der Zeit des frühen Christentums.
7. irgendeine.
8. Rang.
9. festen.
10. nachgehe, versehe. Frühneuhochdt. WB 2, Sp. 1507 f.
11. getreuer.
12. üppig, herrlich.
13. Decretum Gratiani I, Dist. 15–101 (*Friedberg* I, Sp. 34–256).
14. wie.
15. bestätigt.

außwarte, Fürnemlich in lehren vnd predigen, Dann auch inn reichung der h. Sacramenten, vnnd volgends[1] mit trewem auffsehen auff die gantze Gemeinde Christi, Doch in sonderheit auff die priester Vnd alle andere kirchen diener, mit anhalten, das jeder seinen dienst wol verrichte vnd die gemeinden Christi in allen jren stenden vnnd glideren zůr Gottseligkeit jm- | *xxxiij/Eija* | mer erbawen werden, beide[2] die in der Statt seines ordenlichen sitzes vnd die in dem land vnd bistumb seind seiner seelsorge vertrawet[3] vnd zůgeordnet.

Vom priesterlichen ampt

Gleiches forderen die Canones[4] vnd Leges[5] auch von den Statt- vnd land priesteren, außgenomen das die vnder dem Bischoue vnd nach der massen vnd dem theil, wie jedem sein dienst gemessiget[6] vnd zůgetheylet wirt, das ampt der lehre, der Sacrament reichung vnd der überigen seelsorge verrichten sollen, Wie dann – allein außgenomen die ober kirchensorg – das priesterlich vnd Bischoͤuelich ampt ein ampt ist.

Von den vnden[6] kirchendiensten

Also, ob wol die alten Canones[7] vnd leges[8] den Diacon vnd Subdiacon die sorge der opffer vnd der almůsen vnd was die versehung der dürfftigen erfordert besonders befehlen[10] vnd aufflegen, Den Acoluthen[11] das warten auff die Bischoue vnnd Priester, Den Leseren vnd Psalmisten die heyligen Lectionen in der kirchen dem volck vorlesen vnd die Psalmen vor singen, Den Ostiarien[12] die kirchen verwaren, zů- vnd auffschliessen, wen vnd welchen leuten es gepüret, So forderenn sie doch auch, das dise alle, jeder nach seiner maß, die Christliche[a] lehr vnd zucht beforderen helffen vnnd zůr herlicheit der Sacramenten jren dienst mit leisten. Also ist nichts, das man an versehung vnd war[13] nutzlichen diensten der kirchen begeren moͤge; | *xxxiiij/Eijb* | es ist daruon in den Canonibus vnnd Legibus nach dem Gottes wort übergnůgsam geordnet[14], Wa[15] man dem allein begerte zů folgen Vnd nit mehr gegen disem theil vil von alten ordnungen schreien vnd aber das geringste in den selbigen wider in haltung zů bringen nit zůlassen wolte.

Eins, meinen die widerwertigen[16] Christlicher Reformation, seie in den Ca-

a) Dr. Chriliche.

1. in der Folge, nachher.
2. beide … vnd: sowohl … als auch.
3. anvertraut.
4. Decretum Gratiani II, C. 7, qu. 1. c. 19–26 (*Friedberg* I, Sp. 576 f.).
5. Die Stelle habe ich nicht finden können.
6. zugemessen.
7. Vgl. z. B. Decretum Gratiani I, Dist. 25, c. 1 (*Friedberg* I, Sp. 89–91).
8. Vgl. etwa Corpus iuris civilis, Codex lustinianus 1,3,6.
9. unteren.
10. anvertrauen, auftragen.
11. Begleitern (Laien, die während der Messe bestimmte Dienste am Altar verrichten).
12. Klerikern des untersten Grades der niederen Weihen.
13. wirklich.
14. verordnet. *Götze*, S. 102.
15. wenn.
16. Entgegenstrebenden, feindlich Gesinnten, hier also die Altgläubigen.

nonibus[1] vnd Legibus[2] vom kirchendienst versehenn[3], des man sich mit disem theil[4] nit werde vergleichen[5] moͤgen[6], wa[7] man die Canones vnd Leges halten woͤlle, Das nemlich die Canones[8] vnd Leges[9] von allen hoͤheren kirchendieneren erforderen ein Ehefrei leben. Aber in der warheit findet sichs, so man dise Canones vnd Leges recht ansehen vnd der H. Vaͤtter meinung vnnd lehre darin statt geben wille, Das dise Canones vnnd Leges niemands ontreglicher[10] vnd mehr entgegen sind dann eben den widerwertigen Christlicher verbesserung vnnd jrem gantzen hauffen, für den sie fechten. Dann das gewiß ist, das die H. Vaͤtter an den kirchendieneren das nit für sich selb forderen, das sie nit Eheweiber haben, Ja auch nit allein, das sie sich aller weiber gentzlich enthalten, sonder das sie sich der Ehe vnd aller weiber darumb enthalten solten, damit sie allen goͤttlichen sachen, der lehre, dem gepett vnd der gantzen seelsorge desto gentz- | *xxxv/Eiija* | licher vnnd stehter obligen moͤchten, weil sie aller hauß- vnd weltlichen sorgen mit der Ehe frei weren; Vnd welche diß nit gethon vnd sich nit gentzlich von allem fleischlichen vnnd weltlichen thuͦn entzogen vnnd dem geistlichen vnnd himlischen gantz vnd gar ergeben vnd also ein Engelisch leben auff erden zuͦ fuͦren beflissen, Die haben die H. Vaͤtter den fünff dorechten jungfrawen[12] verglichen vnnd jren Celibat gentzlich verdammet vnd verworffen[13] Vnd jede gotsfoͤrchtige eheleut, die goͤttlichem thuͦn obligen, solichen jungfrawen vnd ehefreien leuten weit vorgezogen. Sie haben auch allen denen, die sich nit enthalten, mit dem lieben Paulo[15] zuͦ Ehe gerahten, ob sie gleich die verlobt hatten, Dann sie es vil leidlicher geachtet, das sie ein mal den ersten glauben menschlichs gelübds brechen[16] vnd kemen in die H. Ehe, dann das sie den ersten glauben stetigs brechen in übertrettung goͤttlicher gebotten durch ein onsauber leben, das kein

Von der priester Ehe vnd ehefreiem leben

Keusch leben on gentzlichs ergeben an ein gantz Engelisch vnd goͤtlich leben ist der dorechten[11] jungfrawen thuͦn, die der herre nit erkennet.

Die H. vaͤtter heissen auch die, so die ehe verlobt, in die Ehe kommen, wan sie sich nit enthalten. Vide Cyp. li. 1. Epistola 11[16]

1. Decretum Gratiani I, Dist. 28, c. 9 (*Friedberg* I, Sp. 103). Vgl. auch unten S. 377, Anm. 8.
2. Corpus iuris civilis, Codex lustinianus 1,3,44; 1,3,47; Nov 6,1; 6,5.
3. verordnet.
4. Partei (Bucers).
5. verständigen.
6. können.
7. wenn.
8. Decretum Gratiani I, Dist. 28, hier v. a. c. 9 (*Friedberg* I, Sp. 103); Decretum Gratiani II, c. 27, q. 1, c. 6 (*Friedberg* I, Sp. 1049).
9. s. oben S. 377, Anm. 9.
10. unerträglicher.
11. törichten.
12. Vgl. Mt 25,1–13.
13. In Bucers »Florilegium patristicum« finden sich unter der Überschrift »Contra celibatum« (BOL 3, S. 168–170) einige teilweise in Betracht kommende Stellen: *Cassiodorus*, Historia ecclesiastica tripartita I,10. PL 69, Sp. 895; V,44. PL 69, Sp. 1024; IX,38. PL 69, Sp. 1156; *Hieronymus*, Adversus Iovinianum c. 36. PL 23, Sp. 259 f.; c. 41. PL 23, Sp. 271.
14. I Kor 7,1–9.
15. Vgl. I Tim 5,12.
16. *Cyprianus*, Ep. 62. PL 4, Sp. 364–372, hier v. a. Sp. 369; CChr.SL 3C, S. 16–26 (hier Ep. 4), v. a. S. 21 f.

Wa man die Canones vnd Leges vom Celibat der Priester recht exequierete[7], so wurde man sich des streits bald vergleichen.

theil am Reich Christi hatt. Besser ists, schreibt Epiphanius[1], ins gericht fallen ernster bůssen von wegen des verlassenen gelübds, das Gott nit gebotten, Dann in die verdamnüß von wegen der verlassenen küschheit, die Gott gepotten hat[2]. Wa[3] man dann auch wurde[4] die Canones[5] vnd Leges vom Celibat recht vnd gantz an den | *xxxvj/Eiijb* | Clericen forderen, das sie nemlich nit allein zů hauß keine weiber dann jre můter vnd schwester haben, sonder auch allenn verdechtlichen zůgang der weiber meiden můsten[7] oder aber des Clericats verstossen werden, sie solten sich dises artickels bald zů Christlicher vergleichung begeben[8].

Vom klosterleben

Eben das wurde sich auch finden vom klosterleben[9] der mannen vnd der frawen, wa man der alten kirchen lehre vnnd Canones vnnd der Christlichen keiser gesetze, so wir von disem leben vnnd wesen haben, wollte recht gelten lassen. Dann so man das klosterleben den selbigen Canonibus vnd Legibus nach Reformieren solte, můsten die klosterleut sich von allen kirchen- vnnd weltgeschefften gentzlich entziehen vnd den[a] übungen der gottseligkeit also ergeben, das sie in allen Christlichen wercken ein besonders exempel dem anderen[10] volck vortriegen, Můsten auch der handarbeit also obligen, das sie damit nit allein sich selb erhielten, sonder auch gewinnen, dadurch sie den dürfftigen[11] steuren[12] mőchten[13].

Von kirchen gůteren

Gleich so leicht kőnde man sich auch der kirchen gůter[14] vertragen[15], so man

a) wohl Drf. denn.

1. Epiphanius (310/320–403), Bischof von Salamis. LThK² 3, Sp. 944–947; Lexikon der antiken christlichen Literatur, S. 226–228.
2. *Epiphanius*, Adversus LXXX haereses II,1,9. PG 41, Sp. 868 f.
3. Wenn.
4. würde.
5. s. oben S. 377, Anm. 8.
6. vollstreckte.
7. Vgl. dazu Kanon 3 des Konzils von Nicäa (325). Dekrete der ökumenischen Konzilen I, S. 7.
8. verpflichten.
9. Vgl. dazu auch das Kapitel »Von Reformation der Mann- und Frawen klőster« in Bucers Kölner Reformationsentwurf, BDS 11,1, S. 421,18–427,10.
10. sonstigen. übrigen.
11. Bedürftigen.
12. Unterstützung leisten.
13. könnten.
14. Bucer setzte sich mehrmals intensiv mit Kirchengüter-Fragen auseinander, so zum Beispiel: [*Martin Bucer*], »Von Kirchengütern: Wes deren besitz, vnd eigenthum seie. Wer die raube, oder recht anlege, wol oder vbel brauche. Wie sie wider zurecht Christlicher, vnd allen Stenden nützlichster besitzung, anlage, vnd gebrauche, vfs aller füglichest könden bracht werden ...«, Freiberg: Johan Gutman [= Straßburg: Wendel Rihel oder Johann Prüß d. J.?] 1540. VD 16 B 8943. Exemplare u. a. in Basel ÖB, Marburg/L. UB. Vgl. dazu auch das Gutachten der Wittenberger Theologen vom 9. März 1540 (BDS 9,1, S. 79–90) und BDS 11,1, S. 63, Anm. 257.
15. verständigen, einigen.

dem volgen wolte, das die Canones[1] vnd Leges[2] hieuon nach dem Gottes wort gesetzet haben, Welche dann alle kirchen gůter wöllen dem Herren geheiliget vnnd in keines menschen gůter gezehlet sein vnd mit höchsten tre- | *xxxvij/Eiiija* | wen außgespendet werden Allein zů vnderhaltung der waren kirchendienst, tempel vnd tempel geschirre[3] vnd zů versehung der dürfftigen, heimischen vnd frembden, Vnnd was anders wahin gewandt[4], das erkennen sie[5] sacrilegium sein, Welches außspenden wol mit raht vnd willen des Bischoues vnnd der priester, aber doch nit durch sie, dann sie dem geistlichen außwarten[6] sollen, sonder durch die Diacon, Subdiacon vnd Oeconomos[7] geschehen solle. Nun seind wol vnder den titel der kirchengůter gar vil vnd grosse gůter komen vnd nit durch die wege, so den Canonibus vnd kirchenrechten gemäs sind[8], welche gůter also durch disen schein wol dem gemeinen nutz entzogen, aber doch weder anfangs noch hernaher zům waren dienst, instrumenten der religion, noch zů hilff für die armen geprauchet, Sonder vil mehr zům grössern theil zů schwerem nachtheil der Gemeinden Christi vnd reipub.[11] mißbrauchet worden sind. Wa[12] man aber auff Gott wolte sehen vnd das ewig dem zeitlichen, das gemein dem eignen vorsetzen, wie leicht könde mit disen gůtern, die doch nun gemeine[14] gůter vnnd ein mal vnder den titel vnd namen der gůter, so Christo, vnserem Herren, geheyliget sein sollen, komen seind, die ordnung treffen vnd die versehung thůn, das sie | *xxxviij/Eiiijb* | doch nach täglichem[15] absterben der onnützen leuten, die sie nun niessen[16] – warlich wider alle canones[17] vnd leges wie auch wider das göttlich vnd natürlich gesetz –, der religion vnd gemeinem[18] nutz zů gůt angelegt vnd gebrauchet

Welches der recht gebrauch der kirchengůter

Durch wen die kirchengůter auszůspenden

Vil ist mit onbillichenn[9] zugen[10] vnder den[a] titel der kirchengůtter kommen.

Wie die kirchengůtter zů rechtem brauch[13] zů bringen

a) wohl Drf. denn.

1. Decretum Gratiani II, c. 12, qu. 1 und 2 (*Friedberg* I, Sp. 676–712).
2. Die Stellen aus dem Corpus iuris civilis gibt Bucer weiter unten an (S. 384, Anm. 5-15).
3. der zum Gottesdienst notwendigen Gegenstände.
4. für anderes verwendet wird.
5. setzen sie fest, daß es …
6. nachgehen, obliegen. Frühneuhochdt. WB 2, Sp. 1507f.
7. Schaffner, Verwalter (im Kloster).
8. Apostolische Konstitutionen II,25. Les constitutions apostoliques I, S. 227–235. Vgl. *Knecht*, System des Justinianischen Kirchenvermögensrechtes, S. 93f., 102–105; *Schröcker*, Die Verwaltung des Ortskirchenvermögens; *Braun*, Das kirchliche Vermögen, S. 1–20.
9. unrechten, unstatthaften.
10. Winkelzügen, Kniffen. *Lexer* 3, Sp. 1163.
11. Staates.
12. Wenn.
13. Verwendung.
14. öffentliche, profane.
15. allmählichem.
16. nutzen.
17. s. oben S. 379, Anm. 1.
18. allgemeinem.

Die kirchenguͤter sollen auch gemeiner notturfft[2] dienen.

wurden. Die alten heiligen Bischoͤue haben kelch vnd andere gulden[1] vnd silbere geschirr der kirchen zerbrochen, die gefangenen damit zů loͤsen vnd den armen steur[3] zů thůn. Der h. Gregorius[4] erzelet[5] der keiserin Constantie[6], keisers Mauricij[7] gemahel, welchs hie oben[8] einbracht ist, wie die kirch zů Rom zů seinen zeiten über das sie den Longobardern taͤglich gegeben, damit die Burger zů Rom vor jnen bleiben[9] moͤchten, auch zů allerley zůfallender[10] notdurfft[11] des reichs so vil außgeben habe, das er in sollchen sachen als vil als des keysers seckelmeister gewesen seie. Aus dem man wol zůsehen hat, das die alten lieben Vaͤtter das für Goͤttlich vnnd recht diser guͤter halben gehalten haben, das sie zů aller notdurfft der gleubigen sollen außgespendet werden Vnd nit weniger zů der notdurfft gantzer gemeinden dann[12] besunderer[13] leuten. Derhalben, wa[14] von disen so überflissigen[15] guͤtern, die nun alle kirchenguͤter heissen (vnd doch dauon also lange zeit so gar ein geringer theil dahin komen vnd gepraucht worden ist, dahin die kirchen guͤter alle solten angeleget werden), auch ettwas zů gemeiner notdurfft deutscher nation geordnet wurde, gegen | *xxxix/Fja* | dem Türcken vnd sunst, Sollichs were nit allein nit wider die eigenschafft diser guͤter vnd das in den Canonibus vnd Legibus diser guͤter halben verordnet ist, sonder were eben das die lieben Vetter für das eigenliche recht vnd den waren gepreuch diser guͤter erkennet haben. Wer nun begeret zeugnüß der alten Concilien, H. Vaͤtter Canonum vnd Legum hieuon zů lesen, der besehe nach[16] verzeichnete ort[17].

Von dem, das in den Gemeinden Christi nichts solle dann die H. Schrifft vnnd was darauß genommen vnd in der sprachen, die das volck verstaht vnd zů auffbawung des glaubens Christi gelesen, gesungen vnd geprediget werden, besehe man Libros de doct. Christiana Augustini[18], Item cap. 3. lib. 10.

1. goldene.
2. Bedürfnis.
3. Unterstützung.
4. Gregor I. (um 540–604), Papst seit 590. LThK² 4, Sp. 1177–1181.
5. *Gregor I.*, Epistolarum liber V,21. PL 77, Sp. 749 f.
6. Aelia Constantina († 605/607), Tochter Kaisers Tiberius I., verheiratet mit dem oströmischen Kaiser Mauritius. Prosopography of the later Roman Empire 3,1, S. 337–339.
7. Mauritius (Maurikios), byzantinischer Kaiser (582–602). *Bautz* 20, Sp. 998–1002; Prosopography of the later Roman Empire 3,2, S. 855–860.
8. s. oben S. 378,20 bis 380,1.
9. vor ihnen verschont bleiben.
10. gelegentlich vorkommendem.
11. Bedürfnis.
12. als.
13. einzelner.
14. wenn, wo.
15. überreichlichen.
16. hernach, unten.
17. s. unten S. 381, Anm. 1–3.
18. *Augustinus*, De doctrina christiana, Prologus, § 5. PL 34, Sp. 17; CSEL 80, S. 5.

Confess.[1], Canones Concilij Laodicen. 16, 17 et 58[2] Et Canon. 24. Concilij Carthaginen.[3].

Von der recht gotseligen vnd herlichen darreichung des H. Tauffs, wie da der gantze glaub Christi[a] zů gůtem verstand des volcks vnnd hoͤchstem ernst geleret vnd bekennet Vnd diß Sacrament zů der herlichsten zeit[4] vor aller Gemeinden Gottes solle dargereichet werden, Besehe vnd erwege man, das wir haben De Consecr. dist. 4. c. Non ratione[5] Cum. Capit. octo sequentibus[6], Item ibidem c. Ante viginti[7] Et capit. 8. sequentia[8] Vnd lese dann die predigen der alten H. Vaͤtter vom Tauff[9]. | *xl/Fjb* |

Vom rechten halten des H. Abentmals, das sie die Maͤß heissenn, Das in einer versamlung nur eins vnnd allen gemein gehalten, mit außspendung beyder Sacramenten[10], dabei alles zům verstand des volcks vnd erbawung des waren glaubens an Christum solle gelesen, gesungenn vnd gebettet werden, besehe man Canonem Apost. 8. et 9.[11], Canon. 19. Laodic. Concilij[12], 17. Concilij Toletani tertij[13], Homelia 18. Chrysost. in Posterior. ad Corinth.[14] Vnd zwar[15] alle schrifften, da die alten H. Vaͤtter vom heyligen Abentmal meldungen thůn.

Von rechter Confirmation lese man c. Vt Ieiuni. et sequens. de Consecr. dist. 5. ex Concilijs Aurelian.[16] et Melden[17].

Von der Absolution besehe man allein, das der H. Cyprianus[18] hieuon

a) Drf. Ckristi.

1. *Augustinus*, Confessiones X,3. PL 32, Sp. 780 f.; CSEL 33/1, S. 227–229.
2. Concilium Laodicense, can. 16, 17 und 58. Concilia (1551) I, S. 377 und 380; *Hefele*, Histoire des conciles I,2, S. 1008 f. und 1025.
3. Wohl Concilium Carthaginense IV, can. 24. Concilia I (1551), S. 439.
4. sc. der Osterzeit.
5. Decretum Gratiani III, De consecratione, Dist. 4, c. 11 (*Friedberg* I, Sp. 1364).
6. Decretum Gratiani III, De consecratione, Dist. 4, c. 8–10 (*Friedberg* I, Sp. 1363 f.).
7. Decretum Gratiani III, De consecratione, Dist. 4, c. 19 (*Friedberg* I, Sp. 1367).
8. Decretum Gratiani III, De consecratione, Dist. 4, c. 8–10 (*Friedberg* I, Sp. 1363 f.). Bucer gibt diese Stellen hier versehentlich nochmals an.
9. Vgl. dazu TRE 32, S. 674–696.
10. sc. beider Teile, Brot und Wein.
11. Apostolische Kanones 8 und 9 (=Apostolische Konstitutionen VIII,47,8–9). Les constitutions apostoliques III, S. 277.
12. Concilium Laodicense, can. 19. Concilia (1551) I, S. 377 f.; *Hefele*, Histoire des conciles I,2, S. 1010 f.
13. Concilium Toletanum III. Der von Bucer angegebene Kanon 17 kommt kaum in Betracht, eher vielleicht Kanon 11. Concilia (1551) II, S. 170; PL 84, Sp. 353 und 354 f. *Mansi* 9, Sp. 997 und 998 f.
14. *Chrysostomus*, In epistolam ad Corinthios secundam, hom. XVIII. PG 61, Sp. 523–530, hier v. a. Sp. 527.
15. in der Tat, außerdem.
16. Decretum Gratiani III, De consecratione, Dist. 5, c. 6 (*Friedberg* I, Sp. 1414).
17. Decretum Gratiani III, De consecratione, Dist. 5, c. 7 (*Friedberg* I, Sp. 1414).
18. Caecilius Cyprianus (200/210–258), Bischof von Karthago, Kirchenvater, Märtyrer. LThK² 3, Sp. 115–117; TRE 8, S. 246–254.

schreibet: Lib. 1. Epist. 3.[1], Li. 2. Epist. 12.[2], Lib 3. Epist. 11.[3], Item in Sermone de lapsis[4], Item Canon. 32. Concil. Carthaginen. 3.[5], Desgleichen die alten formulas der Absolution[6].

Von der Ordination vnd herrlichen einsetzung der kirchendiener, wie die mit ernster vnd verstendtlicher handlung, auch vor allem volck, zů warem, würcklichem[7] erbawen des glaubens an Christum solle geschehen, hat man gar vil bey allen H. Vättern zů lesen. Man besehe aber allein die einsatzung Eraclij[a][8], des nachkommens Augustini, die man hat vnder den Epistolen Augustini | *xlj/Fija* | numero. 110[9], Jtem die predigen Nazanzeni[10], so er in seiner vnd anderer einsetzung in das Bischouelich ampt gethon hat.

Von recht Christlichem gebett, fasten, besserlicher maß vnd geprauch aller anderen ceremonien vnd kirchen übungen, wie diß alles auß warem glauben vnnd zů warer thetlicher[11] aufferbawung des glaubens angerichtet vnd geübet solle werden, Hie von besehe man die predigenn der alten H. Vätter vom betten vnnd fasten[12] Vnd dann die zwo Epistolen Augustini ad Ianuarium (die 119. vnd 120.)[13], vnd das 8. cap. libri 3. de doctr. Christiana[14].

Der Christlichen bůßzucht vnd Bans halben hatt man überflüßig[15] vil bey allen alten Vätteren vnd in Canonibus Vnd besonders in vermeldten Epistolen Cypriani[16] vnd in den büchern der lieben Vätter von der Bůß geschriben[17].

a) Drf. Eradij.

1. *Cyprianus*, Ep. 12 (ad Cornelium). PL 3, v.a. Sp. 822–824; CChr.SL 3C, S. 336–373 (hier Ep. 59).

2. *Cyprianus*, Ep. 8 (ad Cornelium). PL 3, Sp. 733; CChr.SL 3B, S. 241 f.

3. Gemeint ist hier der Brief von Papst Cornelius an Cyprianus. *Cornelius I.*, Ep. 6. PL 3, Sp. 717–725, hier v.a. Sp. 720.

4. *Cyprianus*, De lapsis, cap. 18 und 29. PL 4, Sp. 495 f. und 503 f.; *Cyprian*, De lapsis and De Ecclesiae Catholicae Unitate, S. 28–30 und 44 f.

5. Decretum Gratiani I, Dist. 38, c. 7 (*Friedberg* I, Sp. 142).

6. Die ersten Absolutionen (Lossprechungen) finden sich als Fürbittegebete im Bußritus. Vgl. dazu LThK² 1, Sp. 74 f.; LThK² 6, Sp. 1152 f.; *Jungmann*, Die lateinischen Bußriten, S. 201–206 und 250–255.

7. wirksamem, nachhaltigem.

8. Eraclius (Heraclius) wurde 426 zum Nachfolger Augustins im Amt des Bischofs von Hippo designiert. TRE 4, S. 655.

9. *Augustinus*, Ep. 213. PL 33, Sp. 966–968; CSEL 57, S. 373–379.

10. *Gregor von Nazianz*, Or. XXX. PG 36, Sp. 265–280; Or. XIII. PG 35, Sp. 851–856.

11. durch Taten sich vollziehende.

12. Zum Beispiel: *Tertullian*, De ieiuniis. PL 2, Sp. 953–978; *Augustinus*, De utilitate ieiunii. PL 40, Sp. 707–716; Ambrosius, De Elia et ieiunio. PL 14, Sp. 697–728.

13. *Augustinus*, Epistola prima ad Januarium LIV,6–8. PL 33, Sp. 202 f.; CSEL 34/2, S. 164–167. Epistola altera ad Januarium LV (119),19. PL 33, Sp. 221; CSEL 34/2, S. 210.

14. Die von Bucer angegebene Stelle (III,8) kommt nicht in Betracht. Möglicherweise meint Bucer die folgenden Stellen: *Augustinus*, De doctrina christiana IV,7 und IV,20. PL 34, Sp. 94 und 109; CSEL 80, S. 125 und 148–150.

15. im Übermaß.

16. s. oben S. 382, Anm. 1–6.

17. Zum Beispiel: *Tertullian*, De poenitentia. PL 1, Sp. 1223–1248; *Ambrosius*, De poenitentia. PL 16, Sp. 465–524.

So vil dann belanget die wahl, bewerung[1], åmpter, besondere zucht, ordnung vnnd regiment des gantzen Cleri in allen gradibus vnd diensten, auch jren waren Celibat, besehe man neben den Canonibus Apost.[2] vnnd der ersten Concilien allein was Gratianus dauon zůsammen gelesen hat in seinem Decretbůch vnd besonders von der xv. distinction biß zů ende des ersten theils des selbigen Bůchs[3], Jn dem man allein den vnderscheid | *xlij/Fijb* | halt, das man das jenige, so diser man auß den waren decreten der Elteren Concilien vnd bewerten schrifften der H. Våtter einbringt, wol ansehe vnd erwege, so würdt desto weniger jrren das jenige, das er einbringet auß den erdichten Epistolen den ersten waren Påpsten felschlich zůgeschriben oder auch auß den waren der nachkomenden abgefallenen Påpsten vnnd Concilien schrifften vnd gesetzen.

Von den kirchen gůteren jrem besitz vnnd gebrauch besehe man Canones Apost. 4, 38, 39 et 41[4], Canones Concilij Antioch. 24[5] et 25[6], Item Canonem Concilij magni Calched. 26[7] Et Canonem Concilij Agathen. 4[8], Item 36.[9] Desgleichen hat man auch hieuon allerlei sprüch: Distinct. 42[10], Item 12, q. 2.[11] Et 16, q. 1.[12]

Von dem waren klosterleben lese man, was Basilius[13], Hieronymus[14], Augustinus[15] hie von geschriben vnd auch das Concilium Chalcedonen.[16] gesetzet hat.

1. Prüfung, Bestätigung.
2. Apostolische Kanones 1–85 (=Apostolische Konstitutionen VIII,47). Les constitutions apostoliques III, S. 275–309.
3. Decretum Gratiani I, Dist. 15–101 (*Friedberg* I, Sp. 34–256).
4. Apostolische Kanones 4, 38, 40 (nicht 39!) und 41 (=Apostolische Konstitutionen VIII,47,4,38,40 und 41). Les constitutions apostoliques III, S. 276, 287f. und 289.
5. Decretum Gratiani II, c. 10, qu. 1, c. 5 (*Friedberg* I, Sp. 613f.).
6. Decretum Gratiani II, c. 12, qu. 1, c. 23 (*Friedberg* I, Sp. 684f.); Decretum Gratiani II, c. 7, qu. 1, c. 25 (*Friedberg* I, Sp. 577).
7. Concilium Chalcedonense, can. 26. Conciliorum Oecumenicorum Decreta, S. 75. Decretum Gratiani I, Dist. 89, c. 4 (*Friedberg* I, Sp. 312); Decretum Gratiani II, c. 16, qu. 7, c. 21 (*Friedberg* I, Sp. 806).
8. Concilium Agathense, can. 4. CChr.SL 148, S. 194. Decretum Gratiani II, c. 13, qu. 2, c. 11 (*Friedberg* I, Sp. 724).
9. Concilium Agathense, can. 36. CChr.SL 148, S. 208. Decretum Gratiani II, c. 1, qu. 2, c. 10 (*Friedberg* I, Sp. 411).
10. Decretum Gratiani I, Dist. 42 (*Friedberg* I, Sp. 151f.).
11. Decretum Gratiani I, Dist. 12, c. 2 (*Friedberg* I, Sp. 27).
12. Decretum Gratiani I, Dist. 16, c. 1 (*Friedberg* I, Sp. 41).
13. Basilius der Große (329–379), Bischof von Cäsarea (Kappadozien), Kirchenlehrer. RGG³ 1, Sp. 913; TRE 5, S. 301–313; Lexikon der antiken christlichen Literatur, S. 114–120; *Vischer*, Basilius der Große. – *Basilius*, Ep. 2. PG 32, S. 223–234.
14. Sophronius Eusebius Hieronymus (347/348–420), Kirchenvater, schuf die »Vulgata«. RGG³ 3, Sp. 315f.; TRE 15, S. 304–315. – *Hieronymus*, De vita Hilarionis. PL 23, Sp. 23–53.; De vita Malchi. PL 23, Sp. 53–60; Vita Pauli primi Eremitae. PL 23, Sp. 17–28.
15. Zum Beispiel: *Augustinus*, De opere monachorum. PL 40, Sp. 547–582.
16. Concilium Chalcedonense, can. 4, 7, 8, 23, 24. Conciliorum Oecumenicorum Decreta, S. 66f., 73f.

Man hat auch im bůchlin Dionysij de Ecclesiast. Hierarchia[1] vast von allen vor ermelten stücken zů lesen, wie es zů dises mans zeiten in jm bekantenn kirchen gehalten ist worden.

So man dann auch wille sehenn, was die Christlichen keyser nach dem Gottes wort mit gehell[2] vnd bewerung[3] der waren vnnd besten Bischöuen, so die kirch je gehebt, gesetzt vnd zů recht | *xliij/Fiija* | verordnet haben von den kirchen, kirchen diensten vnnd -dienern, Von der selbigen einkomen, halten[4], zucht vnnd regiment, Auch von kirchengůtern vnd jrem rechten gottseligen gebrauch, besehe man die sechs ersten titel In Cod. Iustiniani.[5] vnd in den Nouellis Constit. 3.[6], 5.[7], 6.[8], 7.[9], 16.[10], 57.[11], 58.[12], 69.[13], 89.[14], 123.[15]

Jn vermeldten vnd anderen vil mehr schrifften, Canonibus der H. Vätter vnd gesetzen der Christlichen keyser hat man klar zů sehen, was die ordnung, haltung vnd recht der allgemeinen kirchen Christi gewesen ist vor Tausent jaren in der besten zeit der kirchen, wellches auch der H. Schrifft gemäß ist. Da bedencke nun ein jeder Christ, ob das auch ein ander dann des Antichrist geyst habe thůn mögenn, das soliche ware Christliche ordnung, haltung vnnd recht der kirchen nit mehr – vnnd alles das dem entgegen ist – gelten solle vnd gehalten werden?

Beschluß des, das die Christlich vergleichung wol zů finden seie.

Nun, aller gnedigster keyser vnnd könig, auch gnedigste vnnd gnedige Churfürsten[16], Fürsten vnnd Herren, weil diß alles, wie ichs erzelet, in der H. Schrifft vnd dann auch in den Schrifften der H. Vätter in den Canonibus vnnd Legibus klar vnd überflüßig[17] fürgeschriben vnnd dargegeben ist Vnd es ein jeder Christ, der allein wille, klar vnd eigentlich[18] in ernenten bůcheren, die auch allenthalben in henden sind, alles zů lesenn | *xliiij/Fiijb* | vnd zů erkennen hat – anders würdt sichs nimmer erfinden, darumb ich stehn vnd halten wille –, So haben ja E.[19] keis. vnd kön. Maiestaten, E. Churfürstlichen vnd

1. *Pseudo-Dionysius Areopagita*, De ecclesiastica hierarchia. PG 3, Sp. 369–584.
2. Zustimmung.
3. Erprobung, Bewährung.
4. Entlöhnung.
5. Corpus iuris civilis, Cod. Just. VIII,1–6, CICiv II, S. 331–333.
6. Corpus iuris civilis, Nov. 3, CICiv III, S. 18–24.
7. Corpus iuris civilis, Nov. 5, CICiv III, S. 28–35.
8. Corpus iuris civilis, Nov. 6, CICiv III, S. 35–48.
9. Corpus iuris civilis, Nov. 7, CICiv III, S. 51–64.
10. Corpus iuris civilis, Nov. 16, CICiv III, S. 115–117.
11. Corpus iuris civilis, Nov. 57, CICiv III, S. 312–314.
12. Corpus iuris civilis, Nov. 58, CICiv III, S. 314–316.
13. Corpus iuris civilis, Nov. 69, CICiv III, S. 349–354.
14. Corpus iuris civilis, Nov. 89, CICiv III, S. 428–445.
15. Corpus iuris civilis, Nov. 123, CICiv III, S. 593–624.
16. s. oben S. 355, Anm. 11.
17. im Übermaß.
18. zutreffend, genau.
19. Euer.

Fürstlichen gnaden vnd ein jeder Christ wol zů erkennen, wa[1] man allein dem wort des Herren, der lehre, haltung vnnd dem rechten der Alten, war[2] Apostolischen kirchen gehoͤre vnnd stat geben wolte – als[3] man je[4] solle vnd die hoͤchste zeit ist, das es geschehe –, das man sich, wie verwirret vnnd verwicklet die streittigen Religion artickel durch die Sophisten[5] sein oder geachtet werden moͤgenn, nicht desto weniger aller notwendigen stücken vnser Christlichen Religion vnnd recht goͤttlicher bestellung[6] vnd versehung[7] der kirchen one besondere muͤhe, zeit vnd kosten wol vergleichen[8] mag vnnd kan, Allein, das auch soliche leut zů disen goͤttlichen sachen gezogen vnnd gewehlet werden, die deren etwas verstands vnd waren willen haben, wellches auch die gemeine vernunfft lehret vnd erfordert.

Beschluß, das Christl. vergleichung vnd Reform. bey vns teutschen am leichtsten zů finden.

Derhalben nun klar vnd onwidersprechenlich erwisen ist, das ware Christliche vergleichung der Religion vnd alles kirchendiensts Reformation auch bey vnß Teutschen, denen der liebe Gott je[9] auch sein gesetz vnnd alle alten kirchen lehre vnd -ordnungen fürgeben vnnd seinen H. Geyst, der in disen sachenn allein in alle warheit | *xlv/Fiiija* | einfuͤret vnd leitet, versprochen vnd verheissen hatt[10] zů finden vnnd anzůrichten, an im[11] selb mit nichten schwer vnd muͤheselig, man geschwige[12] onmüglich sein kan, Wa[13] allein vnsere heupter vnd wem der Herre hierin etwas zů rahten vnd zů thůn gegeben vnd befohlen solicher vergleichung vnd Reformation warlich begeren vnd die gern annemmen wollen.

Ja, weil der Herre vnß einfeltigen[14] Teutschen, die sunst in aller welt klůgheit vnd -weißheit die letsten zů sein pflegen, verluhen, das sein seligmachends wort, sein H. Schrifft vnd alle schrifften der alten H. Vaͤtter bey vnß Teutschen vil mehr dann in anderen Nationen gelesen vnd gelehret werden, auch erkant seind Vnnd so vil tausent lieber Christen allenthalben Gott, vnseren himlischen vatter, on vnderlasse anrůffen vnd betten, das er vnseren Heuptern vnd lehrern vnnd allen menschen woͤlle seinen H. Geyst vnd durch den ein rechten, waren verstandt vnd willen zů disem werck Christlicher Reformation geben vnnd taͤglich mehren, So wurt auch daran kein Christ, der diser sachen etwas verstands vnd nachdenckens hat, zweiflen moͤgen, das

1. wenn.
2. wahren.
3. wie.
4. jedenfalls.
5. Wortverdreher.
6. Ordnung, Verwaltung.
7. Versorgung, Pflege.
8. verständigen, einigen.
9. jedenfalls, immer.
10. Joh 16,13.
11. sich.
12. geschweige denn.
13. wenn.
14. einfachen, arglosen.

Christliche vergleichung der Religion vnd der kirchen Reformation diser zeit in keiner Nation leichter vnd fuͤglicher[1] zů erfinden, anzůstellen, ins werck zů brin- | *xlvj/Fiiijb* | gen vnd zůerhalten sein moͤge als eben bey vnß onklůgen Teutschen, die nit allein inn aller welt weißheit vnnd -klůgheit, sonder auch in erkantnüß[a] Christlicher Religion gegen[2] vil anderen Nationen wol alß ein affter gepuͤrt[3] geachtet moͤgen werden.

Von den fürnemsten[4] hindernussen Christlicher reformation

Vergleichung der Religion vnnd Reformation an jr[14] selb leicht, aber schwer von der boͤsen vnd schwachenn leut wegen.

NVn aber, aller gnedigste keyser vnd koͤnig, gnedigste, gnedige Churf., Fürst. vnd Stende, wiewol die vergleichung[5] Christlicher religion vnd der kirchen reformation an jr[6] selb vnd von wegen der erzelten[7] grossen vortheil, die der liebe Gott vnns Teutschen vor anderen verluhen, nierget[8] leichter vnd fuͤglicher[9] dann[10] in diser vnser Nation mage erfunden, angestellet, ins werck gebracht vnd erhalten werden, Noch[11] weil auch bey vns Teutschen vil mehr berůffen sind dann erwehlet[13] vnd der glaube Christi nit yedermans ding ist[14], der alte feind auch allenthalben gar vil seins onkrauts, boͤser Sophistischer hund vnd Epicurischer[15] sewe[16] vnder den weitzen der waren Gotsfoͤrchtigen menschen geseet hat[17], die vil gůthertziger vnd war Gotsfoͤrchtiger leut, deren glauben der liebe Gott also beweren[18] wille, mit jren geschwinden[19] alefaͤntzen[20] vnd auch fleischlich- | *xlvij/Gja* | en beyde[21] anreitzungen vnnd abschrecken inn diser sachen des reichs Christi vnnd vnsers ewigen heyls zům theyl etwas

a) Drf. erkatnüß.

1. schicklicher, rechtmäßiger.
2. gegenüber, im Vergleich zu.
3. Nachgeburt. Frühneuhochdt. WB 1, Sp. 686.
4. wichtigsten.
5. Übereinstimmung, Angleichung.
6. sich.
7. aufgezählten.
8. nirgendwo.
9. passender, rechtmäßiger.
10. als.
11. dennoch.
12. Mt 22,14.
13. II Thess 3,2.
14. sich.
15. auf Genuß aus seiende. Vgl. auch S. 433, Anm. 10 und die dort angegebene Literatur.
16. Säue.
17. Mt 13,24–30.
18. prüfen.
19. listigen, tückischen.
20. Gaunereien, Schlichen. Frühneuhochdt. WB 1, Sp. 765 f.
21. beyde ... vnnd: sowohl ... als auch.

jrre, zům theil bloͤde[1] vnnd kleinmůtig machen, So finden sich ja noch auch bey vns Teutschen ettliche schwere hindernussen gegen disem so notwendigen vnd heylsamen werck Christlicher reformation, welche der Satan vnnd seine diener mit der geschwindigkeit[2] vnd ernstem anhalten vnseren heuptern vnd anderen inn den wege legen, das dis so notwendig heilsam werck, wie leicht vnnd fuͤglich[3] es ist an jm[4] selb vnd auch von wegen das vnß der liebe Gott so groſse vortheyl hiezů vor andern Nationen gegeben hatt, dennoch on mercklichen vnd bestendigen fleiß vnd arbeit sampt empsigem gebett vnd trewlichsten anhalten nit mage zům seligen anheben[5] noch weniger zů fruchtbarem für- vnd außgange bracht werden. Derwegen hoch von noͤten, das auch solche hindernussen wol[6] erkent vnd, wie die abzůwenden sein moͤgen, ernstlich bedacht werde. Seind aber diser hindernussen fünff fürnemste[7] vnd hartiste.

Wie die erste hindernus da von ist, das die kirch nit jrren solle, vnd wie die ab zůwenden. Die erste hindernus an disem werck ist die falsche bere-[a] | *xlviij/ Gjb* | dung[8], das alle lehren vnd gebreuch, die inn gemeine haltung der kirchen vnder dem Papst kommen seind, seien lehren vnd gebreuch der kirchen Christi, die in solchen dingen nit moͤge jrren.

Die ander hindernuß ist nach[9] schwerer, mage aber doch [10]den kindern Gotes hingenomen[11] werden Vnd ist der anstoß so viler vnd schwerer ergernussen, die in lehre vnd leben bey denen taͤglich entstehn, die von paͤpstlicher gehorsame abgetretten vnd sich des h. Euangelij berhůmen. Die ander

Die dritte hindernuß ist nit so schwer vnd darumb auch so vil leichter abzůwenden, ob sie gleich wol vil feiner leut hoch jrret[12], Vnd ist die schewe der ongleicheyt in den kirchen gepreuchen vnd -ordnungen mit anderen Nationen Christlichs namens, in die man durch ein reformation komen Vnnd damit dise Nation in hass der anderen Nationen vnnd deßhalben auch in gefahr bringen moͤchte. Die dritte

a) bere- steht nur im Reklamant.

1. schwach.
2. Tücke.
3. passend, schicklich.
4. sich.
5. Anfang.
6. genau.
7. wichtigste.
8. Erklärung, Übereinkunft.
9. noch.
10. [von] den.
11. auf sich genommen.
12. beirrt, verdrießt.

Die vierdte

Die vierde vnd der zweyen schweristen hindernussen eine an disem Göttlichen werck ist die woll vergebliche, aber zů vil dieff steckende sorge des abgangs an zeitlichem[1] geniesse[2], ehren vnnd gewalt, des sich die Teutschen Bischöue, Stiffte vnd Prelaten sampt so vilen in allen stenden, auch der großmechtigen, von Christlicher Reformation besorgen, Alß die des jetzigen so herrlichen stands der Bischöuen vnd Prelaten enderung bringen sol- | *xljx/ Gija* | te, dessen aber so gar vil vnnd grosse leut meinen ettwas zůgeniessen[3] an weltlichem gůt, ehren vnd pracht.

Die fünffte

Die fünfft vnnd aller schweriste ist das, wie vil deren sind, die zů vnserem Herren Christo sagen: Herre, Herre[4], das doch deren leider allenthalben so wenig sind, die sich selb gantz verleugnen vnd, dem Herren Christo zů volgen[5] vnnd seinen willen zů thůn, sein gůt vnd komlich[6] joch[7] vff sich zů nemmen, in der warheit ergeben haben.

Dise hindernussen můß man ja wol erkennen vnd, wie tieff sie in leuten stekken, fleissig war nemmen vnd dann, wie sie möchten[8] den leuten entweders gar[9] abgewandt oder ringer[10] gemacht werden, allen fleiß vnd ernst fürwenden.

Ob die kirch auch jrre.

Die erste hindernus Christlicher Reform., das man meinet, die kirche jrre nicht.

NVn, souil die erste hindernüß belanget, die falsche beredung[11], das alles, so in Päpstlichen kirchen ein mal in gemeine[12] übung komen ist, seyen lehren vnd gepreuch der kirchen Christi, die in solchen nit jrren könde, darumb man deshalben von keyner reformation reden dörffe, befindet sich[13], das dise falsche, schädliche beredung gar vilen trefflichen vnd auch Gottsförchtigen leuten daher eingeredt worden | *l*/Gijb | ist, das jnen dise reden vnd sprüch der heiligen schrifft nit recht vorgegeben vnd eingebildet[14] seind: Der Herre verlasse seine kirch nit, sein heiliger Geiste, den er jr verheissen,[15] bleibe bei jr, wie auch der

1. irdischem.
2. Nutzen, Unterhalt.
3. teilzuhaben, Nutzen zu haben.
4. Mt 7,21; Lk 6,46.
5. Mt 16,24 par.
6. bequemes, sanftes.
7. Vgl. Mt 11,29–30.
8. könnten.
9. ganz.
10. geringer.
11. Erklärung, Rechtfertigung.
12. allgemeine.
13. stellt sich heraus, verhält sich die Sache so.
14. faßlich gemacht.
15. Vgl. Joh 14,16–17.

Herre selb bis zů ende der welt[1], vnd leite sie in alle warheit[2], Vnd dero gleichen. Dise sprüch sind den gůten leuten[a] also eingeredt, das sie meynen, wa[3] so vil an der gemeinen Religion vnnd dem fürnemen kirchendienst zů verbesseren sein solte, wie nun fürgeben werde, so muͤßte doch folgen, das die Christliche kirch so lang in jrthumb vnnd missbreuchen gelegen were. Das duncket sie dann den jetzgemelten[4] verheissungen des Herren gantz entgegen vnd zůwider. Derhalben, ob sie wol am leben der geistlichen erkennen[5] vil zů reformieren sein, so meynen sie doch, das die gemeynen lehren vnd Ceremonien der Paͤpstlichen kirchen an jnen[6] selb mit nichten mangelhafft oder zů verbesseren sein sollen. Darumb můß man dise gůte leut trewlich vermanen, das sie woͤllen fleissig darauff sehen, welche die jünger vnnd Gemeinden vnsers Herren Jhesu in der warheit sind vnd nit allein heissen, denen er solche, sein selb[7] vnnd des h. Geistes beiwohnung, lehre vnnd leitung verheyssen hatt.

Der Herre hatt ja[8] die gemeldten zůsagen gethon, aber allein seinen jüngeren vnnd seinen wa- | *lj/Giija* | ren jüngeren; Dann als er dise red zů jnen thette, war Judas schon hinaus gangen[9]. So hatt er auch dise verheissung mit solchen worten gethon, welche außdrucklich außschliessen alle, die jn[10] nit inn der warheit lieben vnnd seine gebott halten, Johan. xiiij[15–17]: »Habt jr«, spricht er, »mich lieb, so halten[11] meine gepott, So wille ich den Vatter bitten, das er euch einen anderen meister, lehrer vnd troͤster, das ist Paracletum geben wirt, auff das der bei euch bleibe ewiglich; Der Geist der warheit, den die welt nit mag empfahen« ect. Jtem:[12] der meine gebott hatt vnd die bewahret, der selbig ists, der mich lieb hat. Vnd wer mich liebet, der wirt geliebet von meinem Vatter, vnd ich werde jhn lieben vnd mich jm offenbaren. Jtem:[13] »Wer inn mir bleibet vnnd ich in jm, der bringet vil frucht, Dann one mich koͤndt jr nichts thůn. Wer inn mir nit bleibet, der wirt hinauß geworffen vnd erdorret, vnd sie samlen sie vnd werffen sie jns fewr vnd brennen«, Johan. xv[5–6]. Man lese dise gantze rede des Herren[14] aus, in deren er seinen jüngeren seinen

Welchen der heylige geyst vnnd beywonung Christi verheissen.

a) Drf. leutem.

1. Vgl. Mt 28,20.
2. Vgl. Joh 16,13.
3. wenn.
4. hier genannten.
5. erkennen, [daß ... ist].
6. sich.
7. eigene.
8. allerdings.
9. Vgl. Joh 13,30.
10. ihn.
11. haltet.
12. Vgl. Joh 14,21.
13. Joh 15,5.
14. Joh 13,31–16,33.

h. Geist vnnd sein selbs beiwohnung verheissen hatt, so findet man das ůberflüssig[1] ausgedrucket vnnd versehen, das der Herre seinen h. Geist, der inn alle warheit einleitet vnd von jrthumb ausfüret, allein denen seinen[2] jüngeren verheissen hat, die warlich seine jünger vnd nit von diser welt seind, Die der Vatter | *lij/Giijb* | seinem lieben Son gegeben vnd der Son von diser welt erwehlet vnnd geheiliget[3], Denen er seine wort gegeben vnnd dem selbigen auch zůglauben verluhen hatt: Die sinds, bei welchen der Herre vnd sein h. Geist bleibet vnnd die der h. Geist von aller jrthumb in alle warheit einfuͤret[4], Die seind auch allein die waren glider vnd der ware leib Christi[5], das ist sein heilige kirch vnd Gemeine, die gemeinschafft der heiligen. Vnder welchem weitzen wol vil onkrauts[6] sich im eusserlichen[7] thůn taͤglich mit einmischet vnd mit auffwechset, noch[8] ist onkraut nit weyssen[9], vnnd was dem weytzen verheissen, geht das onkraut nit an. Es hangen die onfruchtbaren, verdorreten reben[10] auch ein weil am rebstock, doch sind sie nit die reben, denen der Rebstock die fruchtbringende feuchtigkeit mittheile[11]. Das alte volck Jsrael hat nit weniger verheissung gehabt von der beiwonung vnnd lehre Gottes dann wir. Es stehet aber vor vnnd nach solchenn verheissungen: »So jr werden in meinen satzungen wandlen vnnd meine gepott halten vnnd thůn«[12], Also hat auch vnser Herre Christus gesagt: »so jr in mir bleibet vnd meine wort in euch bleiben, was jr dann woͤllen, das wert[13] jr bitten, vnd es würt euch werden« etc. | *liij/Giija* | Nun aber, wie Papst, Cardinaͦl, Bischoue, Prelatenn vnnd der gantz genante[14] geistliche hauffe Vnnd mit jnen auch der groͤsser theil des volcks von der welt gesündert[15] vnnd im Herren seind vnd bleiben, seine gebott halten vnd die bewaren, darüber klagen alle kinder Gottes auffs jaͤmmerlichist nun ob den[16] fünffhundert jaren. Derhalben auch kein wunder ist, das der gerechte Gott dem geyst der verfuͤrung vnd lugen gegen solichem abfelligen volck so vil zů gegeben vnd jm kreftig jrthumb hatt zůgesandt, weil es die liebe der warheit nit hat woͤllen annemmen, ij. Thessal. ij[9–12].

Leuit. 26[3–13]

Iohan. 15[7]

Papst vnnd sein hauff sind nichts wenigers dann die, denen der h. geist verheissen were.

Da dencken aber nicht desto weniger vil gůt hertziger leut: Seind nun dem-

1. reichlich.
2. [von] seinen.
3. Joh 17,19; ferner Act 26,18; I Kor 6,11; Hebr 2.11.
4. Joh 4,23; ferner Joh 14,16f., Joh 15,26; Joh 16,13; I Joh 4,6.
5. Vgl. I Kor 12,27; Eph 4,12; Kol 1,24 u.a.
6. Vgl. Mt 13,24–30.
7. weltlichen.
8. dennoch.
9. Weizen.
10. Vgl. Joh 15,5.
11. austeile, zuteile.
12. Lev 26,3.
13. werdet.
14. sogenannte.
15. abgesondert.
16. ob den: seit über.

noch[1] alle dise zeit auch vil warer Christen vnder den ontrewen hirten vnd dem abfelligen volck gewesen – welches freilich niemand widersprichet –, wie das Gott die selbigen, seine ware schaff so gar verlassen vnd jnen nit bessere hirten vnd seelsorger hat gegeben?

Der Herre erhelt seine erwelten auch vnder gemeiner[2] zerstőrung der religion.

Gegen disen gedancken solle man das wort des Herren halten, der verheissen hat, das er alle, die auff jn trawen, nimmer mehr wőlle verlassen[3]. Darumb, ob Gott gleich von der sünden wegen des grősseren hauffens solichen gůthertzigen leuten bessere hirten nit gegeben vnnd auch sie selb mit dem hauffen hat in vilen stucken schwerlich fehlen lassen, so ist doch nit müglich, das sie der Her- | *liiij/Giiijb* | re in jrthumb verlassen habe, Alls wenig[4] als er zůn zeiten Helie die sibentausent in Jsrael, die jre kneie[5] dem Baal nit gebogen, verlassen hat[6], da er doch auch über die Gottlosigkeit des überigenn volcks erzürnet gottlose kőnig, Priester vnnd Propheten herschen vnd beide[7] das Politisch[8] vnd kirchen regiment verwalten vnd verderben liesse. Also hatt der Herre auch im Christenthumb in diser so schweren finsternüß also viler vnd grawlicher mißbreuchen alle zeit im glauben an sich vil erhalten, Denen er gegeben, ob sie gleich im eusseren[9] thůn auß onwissen vil mit gethon, das nit tauget, das sie doch jr hertz als[10] zů jm auffgericht vnd sich seiner gnaden vnd verdiensts allein vertrőstet[11] haben. Jn dem ist aber nicht desto weniger in dem offenbaren vnd gemeinen[12] verwalten der religion in den kirchen diensten vnd -ůbungen alles vffs schwerlichest verkeret bliben vnd jmer verkerter worden, Welches, wa[13] es nit gebesseret solte werden, vnß anders nichts bringen konde oder mochte, dann es den Juden vnnd auch so vilen Christenn durch gantz Aphricam, Aegyptum, Syriam, Asiam, Greciam vnd nun auch Hungeren[15] bracht hat[16], Die ja nit weniger verheissung des heyligen geists gehabt dann wir, auch nit weniger die kirch vnd ein volck Christi wolten sein dann wir. | *lv/Hja* | Die Juden haben sich auch etwan[17] gőttlicher zůsagen, in welchen er jnen verheissen, jr Got zů sein vnd mitten vnder jnen zů wohnen,

1. Reg. 19[18]

Ieremiae 7[17]: Verheissung gőtlicher gnaden vnd beiwohnung, den Juden geschehen, gienge auch alleinn die gottsförchtigen an.

1. demnach.
2. allgemeiner.
3. Vgl. Joh 10,12–13.
4. ebenso wenig. *Götze*, S. 7.
5. Knie.
6. I Reg 19,18.
7. beide … vnd: sowohl … als auch.
8. Staats-.
9. weltlichen.
10. immer, ganz.
11. zuversichtlich gemacht.
12. allgemeinen.
13. wenn.
14. Ungarn.
15. Bucer zählt hier die Gebiete auf, in denen das Christentum vom Islam überwunden wurde.
16. früher, manchmal.
17. Jer 7,3–7.

hoch getroͤsten woͤllen Vnnd, so jnen die Propheten die schweren trewungen[1] Gottes fürwarffen, gesagt: »Hie ist der tempel des Herrenn, der tempel des Herren, der tempel des Herren.«[2] Es wirt nit noht haben; der Herre hat vnß zůgesagt, in disem tempel vnder vnß zů wohnen, vnser gebett zů erhoͤren vnnd alles arges abzůwenden. Was sagt aber der liebe Gott dagegen? »Bessert ewer leben vnnd wesen, so will ich bey euch wohnen an disem ort.«[3] Verlasset euch nit auff die lugen »Hie ist des Herren tempel, hie ist des Herren tempel« etc. Sihe, weil stelen, moͤrden, ehebrechen, meineide, abgoͤtterey vnnd ander onrecht in dem volck noch ware, wie jnen der Herre diß orts[4] verweisset[5], so sagt er, es weren lugen, da sie sprachen, Bey jnen were der tempel des Herren; Dann der Herre allein in seinen wargleubigen wilte[6] wohnen vnd die selbigen für seinen rechten tempel vnd kirchen halten vnnd, wa die in seinem nammen zů sammen kommen, mitten vnder jnen sein[7]. Darumb drewet[8] er den selbigen Juden, er woͤlte den tempel, wie er vor[9] dem ort Silo gethon[10], zerstoͤren lassen vnnd sie von seinem angesicht hinwerffen, wie er | *lvj/Hjb* | jre brůder, den gantzen samen Ephraim, hatt hingeworffen[11]. Weil es dann nun lengist[12] der Religion vnd alles lebens halben bey dem genanten[13] Christenn volck leider als[14] übel gestanden vnd nach[15] staht, alls[16] es damals bey den Juden ye gestanden ist, So sinds ja auch nit weniger lugen, wann die leut, die nichts minders[17] dann Christo, vnserem Herren, glauben vnnd leben, schreien: Hie ist die kirch Christi, die kirch Christi. Vnd darumb hatt auch der Herre so vil herrlicher kirchen zů Jerusalem, zů Antiochia, zů Epheso, zů Corintho, zů Thessalonic, zů Constantinopel mit gantzen keiserthumben vnnd koͤnigreichen dem Türcken übergeben vnd die selbigen voͤlcker gar[18] hingeworfen[19], Wie er zůuor erstlich[20] den zehen geschlechten Jsrael vnd Silo[21] vnd dann auch Juda[22], Jeru-

1. Drohungen.
2. Jer 7,4.
3. Jer 7,3.
4. Jer 7,9.
5. tadelnd vorwirft.
6. wollte.
7. Mt 18,20.
8. droht.
9. vorher.
10. Ps 78,60; Jer 7,12.
11. Jer 7,15.
12. längst.
13. sogenannten.
14. immer.
15. noch.
16. wie.
17. weniger [tun].
18. ganz.
19. weggeworfen, verworfen.
20. zuerst.
21. Ps 78,60; Jer 7,12.
22. Babylonische Gefangenschaft des Volkes Juda 597–538 v. Chr.

salem[1] vnd dem Tempel[2] daselbet gethon hat, damit er bewise, das jr rhuͤmen vnd troͤsten lauter lügen weren. Anders mag es auch den überigen mundtchristen[3] nit gohn, wa sie sich nit als bald zů jm bekeren von gantzem hertzen. Dann er jm[4] kinder Abrahe vnnd kirchen wol auß den steinen erwecken[a] kan[5], an welchen er seine zůsage erfülle, wann er schon die, so er erstlich dazů beruͤffen, darumb, das sie sein gnad so verstocklich von sich stossen, gar[6] dahin gibt vnd von der erden vertilget. | *lvij/Hija* | Vnnd weil die überigen genantenn[7] Christen beyde[8] Priester vnd volck, Obren vnd vnderthon, von der waren gehorsame Gottes in gemein[9] so grawlich[10] abgefallen, dem Herren den ruckenn so verstocklich gekeret, ein yeder auff seinen weg abgetretten vnnd sich in allerlei sünd vnnd schand begeben haben, So hatt es auch bey jnen anders nit moͤgen gohn, dann wie es yewelten[11] bey allen Heyden, Juden vnd anderen falschen Christen, bey denen der Satan krefftig gewürcket hatt, ergangen ist, Nemlich das der selbige, vatter vnd stiffter aller lugen[12] vnd abfals von Gott, bei diser aleybe[13] der Christen alles auch mit den schweristen jrthumben vnd falschen gottsdiensten wie mit anderen sünden vnnd lastern erfüllet vnnd überschüttet hat.

Papst vnnd sein hauff haben nit allein jrthumb in der Religion, sonder die gantz Religion verworfen.

Souil zwar[14] den Papst vnd sein gesinde belanget, die sich vor andern die kirch Christi sein[15] berhuͤmen vnd jnen[16], das[17] sie inn der religion nit jrren sollen, zůmessen doͤrffen, sihet lengist[18] vnd klaget alle welt, inn was grausamer gottloßkeyt, verlassung vnnd verkerung alles kirchendiensts die stecken, Mit was Simoney[19], welches die h. Vaͤtter die erste[20] ketzerey zelen[21], Mit was[22]

a) Drf. erwercken.

1. Einnahme und Zerstörung Jerusalems im Jahre 587 v.Chr.
2. Zerstörung des Tempels in Jerusalem im Jahre 70 n.Chr.
3. Vgl. Mt 15,8.
4. sich.
5. Lk 3,8.
6. gänzlich.
7. sogenannten, angeblichen.
8. beyde … vnd: sowohl … als auch.
9. im allgemeinen.
10. greulich, schrecklich.
11. immer. *Götze*, S. 127.
12. Vgl. Joh 8,44.
13. Rest, Überbleibsel. Frühneuhochdt. WB 1, Sp. 768.
14. freilich, allerdings.
15. [zu] sein.
16. sich.
17. daß.
18. längst.
19. (unsauberer) Handel mit geistlichen Sachen, Kauf und Verkauf geistlicher Ämter und Pfründen.
20. bedeutendste.
21. betrachten als, halten für.
22. was [für].

schwerem berauben der armen, denen das kirchen gůt mitgetheylet solte werden, welches S. Paulus ein abgoͤtterey vnnd goͤtzendienst heysset[1], sie behafftet sind, Jn was on- | *lviij/Hijb* | zucht sie ligen, durch die sie sich vom leib Christi abgerissen haben. Weil nun diß die schweristen jrthumb sind vnd ein gantzes hinwerffen[2] der religion Christi, sihet yederman wol, wes glider vnd diener dise leut sind: Nit Christi, sonder des Antichristi, nit Gottes, sonder des Satans; Darumb auch auff erden nit leut sind, die weniger angehe, was der Herre seiner kirchen vnd der selbigen diener verheyssen hat. Ja, nach aller anzeige vnd warnung der schrifft hatt man sie für die zů erkennen, durch welche alle jrrthumb vnnd verkerung der religion Christi hatt eingefuͤret vnd so weit bracht sollen werden. Wa[3] man nun die, so von Gott, vnserem himlischen vatter, seinem lieben Son, vnserem herren Christo, geschencket seind[4] – welche auch allein die ware Religion erkennen vnd annemen werden –, des allen getrewlich vnd vleissig berichten[5] wurdt, so werden sie sich die falsche beredung[6], das die kirch des Papsts, der hauffe, der wider Christum, vnseren Herren, inn allem so trotzlich vnnd verstocket wůtet, nichts wenigers ist Dann die gemeinde Christi, die der h. geyst also lehret vnd fuͤret, das jre gemeinen lehren vnd gebreuche nicht solten zů reformieren sein. Daneben aber můß man

Wie auch ware kirchen Christi jrren moͤgen.

dise gůthertzigen leut auch des fleissig erinneren, das auff erden gar keine, auch kein ware kirch Christi ist noch ye[7] ge- | *ljx/Hiija* | wesen, die sich aller ding[8] nit jrren solte auch in gemeinen kirchen lehren vnd -uͤbungen. Dann so lang die Christen inn disem fleisch leben, seind sie noch als[9] mit allerlei onwissen vnnd gebrechlicheit beladen, dadurch sie taͤglich jrren vnd felen, besonders[10] vnnd inn gemein[11], Aber doch nit in den hauptstucken Christlicher religion, Dann solche das haupt vnd fundament der waren religion, Christum,

1. Cor. 3[11]

behalten. Auff dis fundament aber bawen sie offt auch holtz, hew vnd stupfflen[12] vnd[a] nit allein gold, silber vnd edelgesteyn[13]. Ein solcher fehl[14] war in der so weit (damals) berůmpten kirchen zů Rom der onfreuntlich zanck von we-

a) Dittographie

1. Eph 5,3; Kol 3,5.
2. Wegwerfen.
3. Wenn.
4. Vgl. Joh 10,29.
5. unterrichten, leiten.
6. Erklärung, Verteidigung.
7. jemals.
8. durchaus, in allen Teilen. Frühneuhochdt. WB 1, Sp. 790f.
9. immer.
10. als einzelne.
11. insgesamt.
12. Stoppeln.
13. I Kor 3,12.
14. Mangel.

gen des Mosaischen vnderscheids[1] inn den speisen[2]. Also waren bei den Corinthern, die doch Paulus preiset, reich gewesen sein[4] in allerley rede vnd erkantnuß vnnd keinen mangel gehebt haben an einiger[5] geystlichen gaben, die zwitracht von wegen der lehrer vnd fleischlicher weißheit, Verlassung des Banns in so grewlicher onzucht, die bruͤder bekümmern[6] vor[7] die heydnischen Richter, Gemeinschafft haben mit den goͤtzenopffern, Onberdtig[8] im gepett vnnd bey dem wort Gottes erscheinen, Sich in der kirchen vnd bei dem h. Abenmal rotten[12] vnd das heylig Abentmal zů einer gemeinen[13] zech machen, Die grossen gaben des heyligen geysts, alß[14] weissagen vnnd mit sprachen reden, zů | *lx/Hiijb* | zanck vnd pracht mißbrauchen, Von der vfferstendtnüß schwancken. Alle dise so grobe faͤl vnnd jrthumb můste der liebe Paulus reformieren bei den Corinthern; Bey den Galatern můßte er das gantz Euangeli Christi reformieren. Also war auch nach[15] jmmer zů reformieren an den Ephesern, Colossern vnd Thessal., wie das die Epistolen, zů jnen geschriben, zeugen. Vnd was ist alle sein schreiben vnd seine Jünger senden vnnd selb die kirchen besůchen anders gewesen dann reformieren? Vnd wie sagt er zů den Eltern[16] von Epheso zů Mileto:[17] Das weiß ich, das nach meinem abscheid werden vnder euch kommen grewliche wǒlffe, die der herd nicht verschonen werden. Auch auß euch selbs werden auffstehn menner, die da verkerte lehren reden, die jünger an sich ziehen. Darumb seit wacker vnnd dencket dran, das ich nit abgelassen habe drei jar, tag vnnd nacht, einen yeglichen mit threhern[18] zů ermanen. Sihe, dise kirch der Ephesier war ein fürtreffende[19], herrliche gemeinde Christi, deren der Herre alle seine zůsage reihlich[20] gehalten hatt. Nach[21] můßt jr so bald[22] vnd also schwerer abfall begegnen Vnd durfft[23] so

1. Cor. 1, 2, 3, 4[3]
Noch zůn zeiten Pauli ware in allen kirchen vil zů Reformieren an lehre, ceremonien vnd leben.
1. Cor. 5, 6[9]; 1. Cor. 8, 9, 10, 11[10]; 1. Cor. 12, 14, 15[11]

1. Bescheids, Belehrung.
2. Röm 14,2–4.15–23.
3. I Kor 1,10–13; I Kor 3,4–10.
4. [zu] sein.
5. irgendwelchen.
6. in Haft nehmen, festnehmen. Frühneuhochdt. WB 3, Sp. 1167.
7. anstelle [der].
8. unreif, kindisch, würdelos. Vgl. *Grimm* 24 (=XI,3), Sp. 249 f.
9. I Kor 5,1.9–11; I Kor 6,9–11.
10. I Kor 10,14–22; I Kor 11,20–22.27–29.
11. I Kor 14,12–13.27–33; I Kor 15,12.
12. zusammenkommen.
13. gemeinsamen, gewöhnlichen.
14. immer wieder.
15. danach, später.
16. Ältesten.
17. Act 20,29–31.
18. Tränen, Weinen.
19. vortreffliche.
20. reichlich.
21. Dennoch.
22. so bald vnd also: so rasch wie möglich, in demselben Augenblick. Vgl. Frühneuhochdt. WB 2, Sp. 1743 f.
23. bedurfte.

grossen ernst, das sie bei reyner religion blibe. Was dann hernaher sich zů reformieren bei allen kirchen zůgetragen auch nach[1] zůn zeitten der Martyrer, ist erschroͤcklich zů lesen; Man besehe | *lxj/Hiiija* | da von Jreneum[2], Originem[3], Tertullianum[4], Cyprianum[5]; ja man lese allein die Sermon Cypriani de Lapsis[6] vnd sehe, was reformierens damals von noͤten gewesen seye. Vnnd eben der vrsachen halb, das taͤglich so vil in den kirchen einfellet – weil der Satan nimmer feiret[7] vnd das arge[8] fleisch jm so leicht volget zů allen jrthumben vnd sünden –, das reformierens bedarffe, haben die kirchen von Apostelen haͤr die Synoden so fleissig gehalten vnd geordnet, das in yeder prouintz jaͤrlich zween Synodi[9] gehalten solten werden, Damit auß dem[a] geist Christi durch die waren kirchen diener vnnd -glider gereformieret wurde an lehre, ceremonien vnd leben, was der Satan yemals durch seine glider vnnd diener deformierete. Der h. Augustinus[10] klaget, das schon zů seinen zeiten inn den kirchen alles mit menschenlichen vermessenheyten erfüllet ware. Das muͤssen ja irrige vnnd onbesserliche breuch gewesen sein! Also hatt auch der h. Hieronymus[12] vnd andere Vaͤtter vber viler kirchen, auch der Roͤmischen, offentliche[13] mißbreuch geklaget. Hatt es dann damals reformierens an der religion vnnd den kirchen uͤbungen bedoͤrffet, zů welchen zeiten die kirchen noch durch so ware Bischoue versorget wurden, wie notwendig solle es dann nun sein, nach | *lxij/Hiiijb* | dem die kirchen so vil hundert jar beherschet worden seind von solichen leuten, von denen der H. Bernhardus[14] vor vierhundert ja-

Zůn zeitenn Augustini vnd bey allen H. vaͤtterenn hat es vil reformierens bedoͤrffet, wie vil mehr jetzunder[11]?

a) Drf. den.

1. noch.
2. *Irenäus,* Adversus haereses. PG 7, Sp. 433–1224; SC 263 und 264.
3. Origenes (ca. 185/186–253/254), griechischer Kirchenschriftsteller. TRE 25, S. 397–420. Bucer meint hier vielleicht die folgenden Werke: *Origenes,* De principiis. PG 11, Sp. 115–414; SC 252, 253, 268, 269 und 312; *Origenes,* Contra Celsum. PG 11, S. 637–1632; SC 132, 136, 147, 150 und 227.
4. *Tertullian,* De praescriptione haereticorum. PL 2, Sp. 9–74. Adversus praxean. PL 2, Sp. 153–196; CSEL 47, S. 227–289.
5. *Cyprianus,* De unitate ecclesiae. PL 4, Sp. 493–520. *Cyprianus,* De lapsis (s. folgende Anm.).
6. *Cyprianus,* De lapsis. PL 4, Sp. 463–494; *Cyprianus,* De lapsis and De Ecclesiae Catholicae Unitate, hier S. 2–55.
7. ruht.
8. schlechte, nichtswürdige.
9. Im 4. Jahrhundert wurden die zweimal jährlich tagenden Synoden zum Institut der Kirchenprovinzen. *Denzler/Andresen,* dtv-Wörterbuch der Kirchengeschichte, S 571.
10. Die Stelle, die Bucer hier meint, habe ich nicht finden können.
11. gerade jetzt.
12. Bucer denkt hier vielleicht an *Hieronymus,* Dialogus adversus Pelagianos. PL 23, Sp. 491–590.
13. offensichtliche.
14. Bernhard von Clairvaux (1090–1153), Kirchenlehrer und Abt, Zisterzienser. TRE 5, S. 644–651; LThK² 2, Sp. 239–242.

ren geschribenn hat[1], das sie sich wol[2] diener Christi vnnd Prelaten der kirchen rhuͤmen, dienen aber dem widerchrist vnd verderben die kirchen. Da die frommen Vaͤtter im Concilio zuͦ Costentz[3] auff Reformation drangen, warff man das auch für[4], die kirch Christi were auff den felsen Christum gegrundfestet, darumb, wie starck die sturmwind vnd wassergiessen wider sie stürmeten vnd lieffen, so moͤchten sie sie doch nit fellen[5]; darumb doͤrffte[6] sie auch keiner Reformation. Aber der fromme Gerson[7] sagt dargegen: »Doͤrffte die kirch keines Reformierens, Wa dann die onzeligen heyligen satzungen vnd ordnungen der Vaͤtter weren, denen man zuͦ gehorsamen[8] so gar[9] vergessen hette?«[10] Er zelet daruff über die[11] lxxv. gantz schwere jrthumb vnd mißbreuch vnd sagt doch, er woͤlle viler vnd der schwerern geschweigen, welcher Reformation zuͦm hoͤchsten von noͤten were. Diß buͦchlin[12] will ich, ob[13] Gott will, als bald in druck geben[14]. Also haben jewelts[15] die notwendigkeit Christlicher Reformation in den kirchen erkennet vnd darumb zuͦm ernsten angehalten, die doch, was der kirchen verheissen ist, zuͦm besten gewißt haben. | *lxiij/ Jja* |

Gersonis anzeige, wie in vilen stukken der Reformation von noͤten.

Auß disem haben E.[16] keis. Maiestat vnnd alle Christen leicht zuͦ erkennen, wie wol der Herre ja[17] selb bey seiner kirchen wonet, jr haupt ist[18], sie regieret

1. Vielleicht ist folgende Stelle gemeint: *Bernhard von Clairvaux*, Sermones in cantica canticorum, Sermo XXXIII,15. PL 183, Sp. 959.
2. zwar.
3. Konstanzer Konzil (1414–1418). An ihm nahmen viele hundert kirchliche Würdenträger und Gelehrte teil und bemühten sich um eine Beseitigung der Spaltung und um allgemeine Kirchenreformen. LThK² 6, Sp. 501–503: TRE 19, S. 529–535.
4. vor.
5. Vgl. I Reg 19,11.
6. bedürfte.
7. Johannes Gerson (1363–1429), einflußreicher Theologe und Kirchenpolitiker. LThK² 5, Sp. 1036; TRE 12, S. 532–538.
8. gehorsam zu sein, zu befolgen.
9. gänzlich.
10. Die Stelle habe ich nicht finden können. Allenfalls in Betracht kommt folgende Stelle: *Gerson*, Sermo post recessum Joannis XXIII, 23. März 1415, hier v. a. Nr. 11. *Gerson*, L'oeuvre oratoire, S. 44 f. Ich danke Herrn Prof. Christoph Burger für seine Bemühungen um die Identifizierung dieser von Bucer möglicherweise ungenau übersetzten Stelle. Vgl. unten S. 397, Anm. 12.
11. mehr als.
12. Ein solches Werk Gersons ist nicht bekannt. Möglicherweise handelt es sich um eine Schrift, die Bucer Gerson zuordnete oder die zu Bucers Zeiten Gerson zugeordnet wurde.
13. wenn.
14. Dies ist dann nicht geschehen, auch nicht als Teiledition oder als Beigabe oder Anhang zu einem anderen Werk.
15. mhd. iewelten: von jeher, seit Bestehen der Welt (ab aevo condito). *Lexer* 1, Sp. 1417 und 716; *Grimm* 17 (=X,2,1), Sp. 272. Zu ergänzen wäre dann »sie«. Unwahrscheinlicher ist hier das mhd. iewelich: jedwelche(r). *Lexer* 1, Sp. 1417.
16. Euere.
17. durchaus.
18. Eph 1,22; Eph 4,15; Kol 1,18.

vnd fuͤret, jr seinen H. geyst gibt, das der alle zeit bey jr bleibe[1] vnd sie in alle warheit einleite[2], das doch daher nit folget, das nit vil zů vil auch in gemeiner[3] lehre vnd ceremonien solte zů Reformieren sein, Weil leider die, so sich des titels[4], geistes vnd gewalts der kirchen am meisten anmassen, nit allein nit die kirch vnd junger Christi, sonder deren ergiste zerstoͤrer vnd feind sind, Also das niemand weniger dann[5] jnen das jenige, so den jungeren vnd kirchen Christi verheissen ist vnnd eignet[6], gepüren mage, Vnd dann auch der gemeine Christen hauff dem fleisch vnd der wellt nach[7] so vil stat[8] bey sich gibt vnd sich dem Geist Christi nit von welltlichen vnd fleischlichen geschefften gantz ledig darstellet. Der H. Geyst wil růhenn ob[9] denen, die Gott foͤrchten vnnd erzitteren ab seinem wort.

Von der anderen hindernuß an Christ. Reformation, herreichend von den ergernussen der beruͤmbten Euangelischen[10]

Die schweren ergernussenn von den falsch beruͤmbtenn[13] Euangelischen

DJe ander hindernüß, die auch nit wenigenn vnnd gůthertzigen leuthen im wege ligt, das | *lxiiij/Jjb* | sie zůr handlung Von enderung in der Religion vnd kirchen gebreuchen desto weniger willens haben, ist, Das sie dises theils, da man sich besserung in Religion sachen vnnd kirchen uͤbungen rhůmet, auch noch so wenig frucht sihet der gottseligkeit, Wares abstands von welltlichem pracht vnd lusten, gründtlicher zucht vnd heiligkeit in allem leben thaͤtlicher[11] liebe gegen dem nehisten vnnd bestendiger gedult vnnd freudiges tragen des creutzes Christi, Sonder bey vilen eben[12] wie bey anderen ein onsinniges streben nach zeitlichem[14] gůt, nach pracht der welt vnnd wollust des fleischs, Gleich so grosse onmildtigkeit gegen den armen, ontrew, neid, haß gegen dem nechsten, ongedult vnnd kleinmuͤtigkeit vnder dem creutz Christi Vnd was der werck des fleisches vnnd onglaubens mehr sind, Also das vnder gar einem[15] grossen hauffen der berhůmbten Euangelischen vnd Paͤpstischen kein ander vnderscheidt vernommen würdt dann das der ein theil Predig, der an-

1. Joh 14,16.
2. Joh 16,13.
3. allgemeiner.
4. Autorität.
5. als.
6. zukommt.
7. noch.
8. Platz, Raum.
9. über.
10. derer, die man als evangelisch rühmt.
11. tätiger.
12. ebenso.
13. fälschlich so genannten.
14. irdischem, weltlichem.
15. einem ganz.

der theil Meß hoͤret; Sunst ist nichts so weltlich vnd fleischlich, es findet sich zů beiden theilen gleich, ja bey vilen falschen Euangelischen mehr dann vnder etwa vilen deren, so den Messen vnd alten Ceremonien noch anhangen, Vnder welchen man nit wenige sicht, die in andacht zů Got, in zucht vnd erbarkeyt jres lebens, in trew, glaub vnd fridsamkeit gegen dem | *lxv/Jija* | nechsten, inn mildtigkeyt an den armen eben vil der Euangelischen übertreffen, Dann deren falsch Euangelischen nit ein kleyner hauff ist, die der Sacramenten des Herren, des gepettes vnnd aller ůbungen der Gottseligkeit nichts oder gar wenig achten, Auch der predig zimlich massleidig[1] worden sind. Zů dem allen kommet, das auch nit ein geringer hauff deren, so von den Påpstischen Cerimonien abgetretten vnd sich zů der Euangelischen Reformation rhůmen, vnder solchem schein vnd rhůmen vil boͤser, gifftiger ketzereyen vnd secten[2], entpoͤrungen[a3] vnnd -auffrůren angericht haben vnnd noch anrichten.[4] Nun war ist, auß disen also schweren ergernussen kommen gar vil gůter leut in die gedancken, Es lige vileicht nit so vil daran, was man eusserlich[5] für kirchen gepreuch vnnd -uͤbungen habe. Man koͤnde Gott gefallen vnd from sein, welcherley weiß vnd cerimonien angestellet vnd gehalten werden; Dann[6] were[7] one das nit lust zů frombkeyt vnd erbarkeyt[b] habe, sehe man wol, das den die predigen vnnd Euangelische Reformation nit from machen. Also herwiderumb: wer sunst woͤlle frombklich vnd erbarlich leben, der koͤnde es bei den Messen vnd anderen Båpstlichen cerimonien auch wol thůn. | *lxvj/Jijb* | Dise ergernuß ist warlich allzů groß vnnd würdt sonder[8] zweifel auch noch vil zůschwer werden allen denen, die das h. Euangelion erkennen vnd es aber mit jrem leben nit baß[9] zieren vnd beforderen, Sonder es nur verdechtig vnd verhasset machen vnd so schwere vrsachen geben, das der theure name Christi vnd sein seligs Euangelion also grewlich gelesteret vnnd so vil frommer seelen dar von abgeschrecket vnnd inn jnen selb verirret werden. Weh dem, durch den ergernüs kommet.

Frombkeit deren, die noch an den Påpstlichen ceremonien hangen.

Boͤse ketzereienn der abgetrettenen vom Papst

Denen nun dise – warlich ein merckliche hindernüs an Christlicher reformation – im weg wille[10] ligen, denen solle man mit allen trewen das wol[11] ein-

a) Drf. entpoͤrugn.
b) Drf. erbarkeytr.

1. überdrüssig.
2. Irrlehren.
3. Aufständen.
4. Bucer denkt hier wohl an die Täufer in Münster und an Aufrührer wie Thomas Müntzer. Vgl. dazu auch S. 360, Anm. 12.
5. im Weltlichen.
6. denn.
7. wer.
8. ohne.
9. mehr, weiter.
10. werde.
11. genau.

Auß dem gottes wort, nit von dem leben der menschen můß man lehrnen, welches die ware Religion seie.

Der H. våtter zeugnüß sind überflüssig da.

scherpffen, Wie es jmmer bei den leuten, die sich Christi, vnsers Herren, rhuͤmen, stande zů allen theilen, das doch ja nur ein Heiland, ein Mittler sein mag, durch den wir zů den gnaden Gottes, zů rechter frombkeyt vnd seligkeyt muͤssen komen, Vnd das vns der selbige auch nur ein einige[1] lehre vnnd einige haußhaltung[2] der kirchen hatt gegeben, On die niemandt war[3] Gottselig vnd from mage[4] werden noch sein. Vnd das er vns die selbige, seine einige lehre in seinen h. Euangelien vnd schrifften seiner Apostolen hat klar vnd gentzlich fürgegeben, Da man sie auch allein sůchen vnd lernen můss vnnd an keyner menschen leben; Dann[5] Gott allein war- | *lxvij/Jiija* | hafft ist vnd nit fehlet, so[6] alle menschen lugenhafftig sind[7] vnd fehlen. Zů dem haben wir von diser einigen[8] lehre Christi auch überflüssige[9], clare vnd gewisse zeugnüß bei allen h. Vettern, wie gemeldet, Welcher lehre vnd haltung des Papsts lehre vnd haltung gentzlich entgegen ist, Das man eigentlich[10] befinden[11] wirdt wille[12] man allein Gott die ehr geben, als[13] man schuldig, vnnd ein mal doch mit recht Gottseligem fleiß erkennen, was das h. Gottes wort vnd dann auch die h. Våtter hie von geschriben vnnd gezeuget haben, Vnnd dem fürsten der finsternuß mit seinem liechtflüchtigen hauffen nit jmmer statt geben mit auffschieben vnnd verzug Christlicher handlung hie von vnd eroͤrterung Christlicher Religion, damit die sachen doch ein mal koͤnden ans liecht kommen, Welches die jmmer fliehen, deren werck boͤß sind.

Gegen dem aber, das man bei denen, so Paͤpstlichen cerimonien noch anhangen, auch vil frommer, erbar leut vnd bei denen, die sich deren entschlagen[14], auch vil ongotsfoͤrchtiger, fleischlicher[15] menschen, ja auch nit wenig hoch[16] schedliche leut findet, solle man die gůthertzigen, so sich hier an stossen vnd die Paͤpstliche lehre vnd gepreuch derhalben gerecht vnd die lehre vnd gepreuch deren, so vom Papst abtretten, ongerecht oder auff sie beyde de- | *lxviij/Jiijb* | sto weniger halten, trewlich vermanen, die vier folgenden Erinnerungen fleissig wolten zůbetrachten.

Zům Erstenn: Wa[17] vnder denen, so mit den Paͤpstischen misspreuchen noch

1. einzige.
2. Führung, Administration.
3. wahrhaft.
4. kann.
5. Denn.
6. dagegen. *Baufeld*, S. 220.
7. Vgl. Ps 116,11.
8. einzigen.
9. reichliche.
10. [für] zutreffend.
11. erkennen, halten.
12. wolle.
13. wie.
14. davon befreien.
15. auf das Diesseitige sehende.
16. sehr.
17. Wenn.

behafftet sind, recht Gotsfoͤrchtige vnd erbar leut gesehen werden, das der liebe Gott damit woͤlle sein grundlose barmhertzigkeit beweisen, inn dem er jn[1] auch solchem schwerem abfal von seinem wort etliche zů sich zeuhet vnd so wunderbarlich fuͤret, Wie er auch zůn zeiten Elie vnder dem Baalitischen Jsrael siben tausent zů sich gezogen vnd wunderbarlich in seinem glauben erhalten hat[2]. Auß welchem glauben auch allein komet, was warer[3] frombkeit an sollichen erfunden[4] würdt, Vnd gar nit auß den Paͤpstischen cerimonien, die soliche leut wol auß onwissen mit uͤben, aber doch den trost jres hertzes gewißlich nit vff dise cerimonien, sonder vff Christum, vnseren heyland, setzen. Dann das dise verkerten ceremonien nit allein nit from machen, sonder alle frombkeit zerstoͤren vnd vertilgen, hat man leider vil zů klar zů sehen an denen, die ob den selbigen am meisten halten vnd sie am embsigsten uͤben, den genanten[5] geistlichen zů Rom vnd an anderen orten. Man richte[6] allein von disen leuten ein wares vrteil, Sehe an keine person, sonder allein das Gottes wort vnd jre thaten. Man halte recht gegen[7] den zehen gepotten vnnd der lehre des H. Euangeli, | *lxjx/Jiiija* | was die, so teglich Messen vnd andere ceremonien uͤben, leben vnd thůn.

Got erhaltet die seinen wunderbarlich, auch vnder[a] schwerenn jrthumben.

Die schweriste verachtung Gottes vnd üppigest leben findet mann bey denen, die sich der Paͤpstlichen ceremonien zům hefftigsten annemmen.

Zům anderen solle man dise gůthertzigenn leut vermanen, das sie auch wol darauff sehenn woͤllen, was ware gottes forcht vnnd frombkeit seie, Dann[9] man auch bey den Juden vnd Türcken findet, die vil betten, ernstlich in jren kirchen erscheinen, trewlich vnd erbarlich mit jren nechsten leben. Darumb würdt aber noch kein Christ sagen, das sie Gott darinn gefallen vnd recht dienen, weil sie nach[10] von Christo, vnserem Herrenn, entfrembdet vnd also one erkantnüß vnnd glauben zů Gott sind. Die eigentlichen früchten der Gottseligkeit seind Gott, vnseren himelischen vatter, erkennen auß seinem wort vnd in seinem[b] lieben Son, vnserem Herren Christo, jn[11] von gantzem hertzen foͤrchten vnd lieben vnd getroͤst anrůffen durch vnseren Herren Jhesum Christum, Sein wort zům hoͤchsten vor augen haben vnd sich daran steiff[12] halten, weder zůr rechten noch zůr linken dar von abweichen[13], Sich selb gar[14] ver-

Der ausser[8] schein der gotseligkeit findet sich auch bey Judenn vnd Tuͤrcken.

Die rechten frücht vnnd warzeichen der gottselikeit

a) Drf. vuder.
b) wohl Drf. seinen.

1. in.
2. I Reg 19,18.
3. [an] wahrer.
4. erkannt, festgestellt.
5. sogenannten.
6. fälle.
7. gemäß. *Lexer* 1, Sp. 778.
8. äußerliche.
9. da.
10. noch.
11. ihn.
12. fest.
13. Dtn 17,11.
14. ganz.

leugnen vnd nierget in[1] sůchen, Sich in die gemeinschafft vnd gehorsame Christi gentzlich ergeben vnd darinn mit hoͤchstem fleiß halten, Allen nechsten, feinden vnd freunden, vnd den feinden als[2] den geprechlichern, so vil mehr, alles werden leiden vnd thůn, damit man sie dem Herren | *lxx/Jiiijb* | gewinne Vnd zů disem end[3], der waren liebe, richten vnd ůben alle werck der religion vnd leiblicher zucht. Nach disen früchten můß man sehen; Dann[4] von denen allein hat man zů erkennen, welches die pflantzungen vnsers h. vatters sein[5] vnd seine heilige, fruchtbaren beum. Dann wa[6] sollcher glaub, liebe, heiligkeyt nit ist, da ist auch kein newe gepuͤrt[7], kein pflantzung Gottes vnd darumb nichts dann[8] ein falscher schein, was joch[9] da von frombkeit vnd[a] gottseligkeyt gleisset. Will man nun nach der warheyt richten vnd sehen, wa dise früchte nit im schein allein, sonder im sein gefunden werden, so würdt man dennoch, Gott lob, an denen orten, da man das h. Euangeli reyn prediget vnnd die h. Sacrament dem selbigen nach außspendet, solliche frucht wol finden Vnd gar vil reihlicher[11] dann an denen orten, da die reyne lehre des Euangelij vnnd rechter brauch[12] der sacramenten noch verhalten[13] ist; Dann[14], wie gesagt, zů einem waren Christlichen lebenn nit gnůg ist vil eusserlich betten, fasten, almůsen geben, züchtig vnd erbar leben, in dem offt Tuͤrcken vnd Juden hoch fürtreffen[15]. Es můß als da sein ein recht hertzliches, getroͤstes anrůffen Goͤttlicher gnaden durch den einigen mittler, vnseren Herren Jhesum Christum, Welchem die ware liebe zů Gott vnd dem nech- | *lxxj/Kja* | sten allweg[16] gewißlich anhanget mit gantzer gelassenheit sein[17] selb vnd begebung in alle dienst des nechsten. Dises glaubens vnd anrůffens Gottes mit sollicher gantzen liebe Gottes vnnd des nechsten in gantzer gelassenheit vnnd dienstbarkeit gegen jedermann, auch gegen[18] den feinden findet man leyder alzů we-

Wa[10] man die rechten, waren frucht der gottseligkeit findet oder nit.

a) Drf. g vnd.

1. nierget in: durchaus nicht. *Grimm* 13 (=VII), Sp. 853 f.
2. wie.
3. Ziel.
4. denn.
5. Vgl. Mt 15,13.
6. wo.
7. Geburt.
8. als.
9. auch immer.
10. Wo.
11. reichlicher.
12. Verwendung, Sitte.
13. vorenthalten.
14. Denn.
15. [die anderen] weit übertreffen.
16. in jeder Hinsicht, gänzlich.
17. seiner.
18. gegenüber.

nig, da die Påpstischen[a] jrthumb noch im schwanck gehn[1] vnd der leut vertrawen auff die hingescheidnen heiligen vnd eusseren cerimonien vnd andere werck der menschen so vilfeltig verleitet würdt. Doch wie gemeldet: nach dem der liebe Gott an solchen orten noch etwas von seinem h. Euangelio[b] wunderbarlich erhaltet, also gibt er auch, das das selbige, sein euangelion, bei ettlichen seine frucht bringet eines entlichen[2] vertrawens auff sein genad durch vnseren Herren Christum mit folgenden waren fruchten des glaubens, Wie wol das neben vilen vnd schweren onwissen vnd jrsalen[3].

ZVm dritten: gegen der ergernuß, das man so vil bȍses vnnd gottloß wesen sihet bey denen, die die Påpstlich haltung verlassen vnnd sich des Euangelij rhȗmen, solle man bedencken, Das allein der vierdte theil des somens gȍttlichs worts in ein gů̊t erdtrich fallet vnd frucht bringet[4]; Jtem, das in diser welt der feind sein onkraut vnder den weitzen des Herren allwegen[5] seet: Welches on- | *lxxij/Kjb* | kraut auch hauffet[6] mit dem weitzenn auffgeht[7]; Jtem, das allwegen vnnd allenthalben vil berů̊ffet vnd wenig außerwelet sind[8]. Man sehe vnnd bedencke, wa mit[9] der Satan von anfang wider Christliche Reformation vnnd Religion gefochten habe als bald[10] zů̊n zeiten der Apostel vnnd Martyrer, So findet man, das er eben mit disen waffen wider sie gestrittenn hat, Das er nemlich neben der eusseren verfolgung vnder denen, die sich des H. Euangelij berhȗmeten, erwecket hat Bey einen theil vil grewlicher ketzereien, secten[11] vnd spaltungen, damit sie sich von den Gemeinden des waren Euangelij sȍnderten, Bey dem anderen theil, der eusserlich in gemeinschafft der kirchen bleibe, vil schwerer, grewlicher laster vnd farleßigkeit in allem gů̊ten, Wie die grossen, ernstlichen klagen über solch übel vilfeltig beschriben sind von den lieben Apostolen Petro[12], Paulo[13], Johanne[14] Vnnd dann auch von

Allein der vierdte theil des Euangelischen somens bringet recht bestendige frucht.

Vilfeltige ketzereien erwecket der Satan dann am meisten, wan die gesund lehre vorhanden.

a) Drf. Påpsttischen.
b) Drf. Euangelo.

1. verbreitet sind.
2. eifrigen, vollständigen. *Lexer* 1, Sp. 551.
3. Irrtümern, Ketzereien.
4. Vgl. Mt 13,1–9 par.
5. überall.
6. in Haufen, gehäuft.
7. Mt 13,24–30.
8. Mt 22,14.
9. womit.
10. bereits.
11. Irrlehren.
12. Vgl. etwa II Petr 2; I Petr 4,14.
13. Vgl. etwa II Joh,7–10; I Joh 4,1–3; I Joh 3,7–8; I Joh 2,3–4.6.11.
14. Vgl. etwa I Kor 1,10–12; I Kor 3,3–5; I Kor 5,1–13; I Kor 6,15–18; I Kor 10,7–13; I Kor 15,12; II Kor 6,11–18; II Kor 11,1–5; Gal 1,6–8; Kol 2,8; I Tim 1,3–4; I Tim 6,20; II-Tim 2,14–26; Tit 1,10–16.

den lieben Martyrern Jreneo[1], Origene[2], Tertulliano[3], Cypriano[4] vnd anderen. Es hat ja auch der Satan nimmer mehr vrsachen, gegen der waren Religion vilerlei secten falscher lehre zů erwecken, dann[5] wan sie, die ware Religion, vorhanden vnd recht gelehret würdt. Dann wan er die leut mit einerlei[6] verkerung der Religion in seiner Tyrannei behalten kan wie bey Türcken, Ju- | *lxxiij/Kija* | den vnd abfelligen Christen, was darff[7] er viler darzů? Derhalben die gar[8] onbesonnen schliessen, die auß dem, das diser zeit so vil grewlicher, falscher lehren vnnd secten entstanden seind, mehr dann hie vor in langer zeit, Vnd fürnemlich durch die erwecket, die vom Papst abgefallen vnnd sich der reinen lehre des H. Euangeli berhuͤmen, schliessen woͤllen, die lehre dises teyls seye nit die ware Euangelische lehre, Weil die ware Euangelische lehre einig[9] seie, die leut auch eines sinnes mache vnnd nichts dann[10] alle frombkeit, demůt, gehorsame vnd alles gůts bringe. Dann[11] solte diß argument gelten, so hetten auch die Apostel vnd Martyrer nit die ware lehre des H. Euangelij gehabt, Dann zů vor nie soliche grewliche, falsche lehren erhoͤret sind worden als[12] gleich[13] zůn zeiten der Apostel die jenigen auffbrachten, welche von der gemeinen Juden- vnd Heiden Religion abstůnden vnd wolten die aller besten Christen vnd allein die rechten jünger vnnd nachuolger Christi sein. Man lese, was erschrecklicher ketzerienn Jreneus[14] vnnd Tertullianus[15] erzelen, so von der Apostel zeiten biß auff jr zeit geroset[16] haben, Von denen man zů vor bey allen Heiden vnd Juden kein wort nie erhoͤret hat. Solte aber darumb der Juden vnd Heiden fal- | *lxxiiij/Kijb* | sche lehre vnd Religion bey den kinderen Gottes für gerecht vnd die ware lehre Christi, die die Apostel vnd Martyrer fuͤreten, ongerecht geachtet worden sein, wa[17] were das Christenthumb bliben? Wan man erkennen wille, was ein kunst[18] vnd lehre bringe vnd vermage,

Wan vil secten vnnd[a] ketzereien, ists ein zeichenn, das die ware lehre des H. Euangelij vorhandenn ist.

Zůn zeitenn der Apostel vnd gleich darauff sind die grewlichsten ketzereien entstanden.

a) Drf. vund.

1. *Irenäus,* Adversus haereses. PG 7, Sp. 433–1224; SC 263 und 264.
2. Origenes, s. oben S. 396, Anm. 3 und 4.
3. *Tertullian,* De praescriptione haereticorum. PL 2, Sp. 9–74. Adversus praxean. PL 2, Sp. 153–196; CSEL 47, S. 227–289.
4. s. oben S. 396, Anm. 5 und 6.
5. als.
6. einer einzigen, einer grundsätzlichen.
7. bedarf.
8. ganz.
9. einheitlich.
10. als.
11. Denn.
12. wie.
13. sogleich, gleich schon.
14. s. oben S. 404, Anm. 1.
15. s. oben S. 404, Anm. 3.
16. Rosen getragen, hier: geblüht. *Grimm* 14 (=VIII), Sp. 1181 f.
17. wo.
18. Wissen, Wissenschaft, Fähigkeit.

můß man nit die ansehen, die sich solicher kunst vnd lehre felschlich rhuͤmen vnnd anmassen, sonder die, die solicher kunst vnd lehre warlich anhangen vnd recht kundig sind. Ja man solle ein jede lehre vnnd kunst, von deren man recht vnd im grund vrtheilen wil, vor allem in jr selb, inn dem, das sie lehret, erkennen Vnnd nicht an denen, die sich der selbigen lehre oder kunst berhuͤmen, Dann die menschen doch überal keine gůte lehre oder kunst gantz erreichen vnd die ware Euangelische lehre am aller wenigsten. Vil sind aber, die sich allerlei künsten vnd lehren vergeblich annemmen vnd felschlich rhuͤmen, Vnd keine ist, deren sich mehr leut one vrsach rhuͤmen dann[1] die Euangelische, Dan[2] jederman wille Christen[3] geachtet sein. Wie vil aber sich vmb das ware Christlich leben bekümmeren, sihet man leider alzů wol[4]. Derhalben, welche von diser lehre des reinen Euangelij, das dises theils gelehret würdt, nach der warheit richten woͤllen, die selbigen sollen vor allem vernemmen, was doch dises theils | *lxxv/Kiija* | gelehret werde; So werden sie finden, das das selbige nichts ist dann das einige[5], ware Euangeli vnsers Herren Jesu Christi, Nichts, dann das[6] man sich Christo, vnserem Herren, von hertzenn solle ergeben, Welche lehre ja einig[7] ist vnnd die leut eines sinnes machet, geneigt vnd bereit zů allem gůten; Bringet keine secten[8], kein spaltung, nichts arges. Aber diser lehre glauben vnd folgen nit als[9] vil, als vil sich jren[10] berhuͤmen vnd annemmen. Je mehr aber die leut sich diser lehre felschlich annemmen, je[11] mehr der Satan in solichenn falschen, gotliegenden[12] hertzen mechtig ist, durch jr falsches vorgeben diser lehre allerlei boͤse vnnd gifftige lehren, auffrůr vnd mordt einzůfuͤren vnd anzůrichten, Da durch er dann die gewisse[13] Gottes lehre in den verdacht bey der welt bringet, als ob sie soliche falsche lehren, secten vnd spaltungen gepere, So doch dise lehre nichts dann[14] das recht vnd gůt ist geperen[15] vnd würcken[16] mage Vnd alle solche falsche lehren, rotten[17] vnnd auffruͤr allein auß des Teuffels eingeben[18], der von anfang ein lug-

Die sich des Euangelij felschlich annemmen, sind die schedlichsten wercke des Satans zů allem argen.

1. als.
2. weil.
3. als Christ.
4. gut.
5. einzige.
6. außer daß.
7. in sich einig und übereinstimmend.
8. Irrlehren.
9. als … als: so viel … wie.
10. ihrer.
11. desto.
12. Gott leugnenden.
13. glaubwürdige, unangreifbare.
14. als.
15. hervorrufen, erzeugen.
16. bewirken.
17. rebellischen Verschwörungen.
18. Eingebungen, Einflüsterungen.

ner vnd moͤrder[1] ist, vnd auß dem verkerten sin solicher seiner werckzeuge, die sich Euangelischer lehren felschlich rhuͤmen, herkommen vnnd auffbracht werden, die ware Euangelische lehre, wie gesagt[2], verdacht[3] vnd verhasset zů machen. | *lxxvj/Kiijb* |

Der Satan machet durch die vil[4] secten[5], das sich vil der Religion gar nichts bekümmeren.

Bei welchen dann der Fürst diser welt sollichs erlanget, das er jnen die lehre des heyls durch sollche ergernüssen in verdacht vnd hass gebracht hatt, bei den selbigen bringet er bald zů wegen, Bei einem theil leuten[6], das sie der Religion halben jrr werden, Sagen, sie wissen nit, wie sie dran seien, was recht oder onrecht seie, welchen lehrern sie gehoͤr geben sollen oder nit, Einer lehre sie weiss, der ander schwartz, einer weise sie hieher, der ander dort hin; Weil sie dann one das nit lust haben zůr lehre der waren vnnd hertzlichen frombkeit, fuͤret sie der Erbfeind der Religion ferner allgemach[7] dahin, das sie sich der Religion gar nichts bekümmern vnd sich dieweil in allen schlom[8] fleischliches vnnd weltliches thůns begeben, Sagen, sie woͤllen also harren (ja[9] ins teuffels banden), bis die großen Herren mit den gelerten der sachen eins werden; Bei dem anderen theil vnnd fürnemlich bei den Weltweisen[10] vnnd gewaltigen, die gern alles in stiller růwe vnnd zeitlicher[11] ordnung erhalten, das sie dem h. Euangelio hertzlich feind werden vnnd nichts vnderlassen, wie sie es vndertrucken vnd verfolgen Als ein lehre, dadurch die leut nur verwirret vnd in der Religion jrr vnd volgends[12] alles burgerlich leben zerrüttet, vil entpoͤrung[13] vnd auffrůr erwecket werden, Verpieten derhalben die heilige[a] schrifft dem gemeinen man zů lesen, daruon | *lxxvij/Kiiija* | zů reden vnd lehren, ja auch jr gebet zů Gott in jrer sprachen zů lernen vnd zů sprechen, Allein zů verhieten, wie sie sagen, solche boͤse secten, auffrůr vnd vngehorsame gegen der Oberkeit, die sie meinen da her komen, das sich die gemeinen leut mit der schrifft vnd religion bekümeren, Woͤllen dann der halben die religion zů denen stellen[14], da in der welt nit leut sind, die nach war[15] Christlicher lehre weniger fragen, Aber doch jre verwaltigung[16] der kirchen also anschicken, das auch

a) wohl Drf. heilge.

1. Vgl. Joh 8,44.
2. s. oben S. 399, 21–27.
3. verdächtig, suspekt.
4. zahlreiche.
5. Irrlehren, Abspaltungen.
6. der Leute.
7. allmählich, in Kürze. Frühneuhochdt. WB 1, Sp. 771.
8. Schlamm.
9. sogar.
10. nach menschlich-irdischen Maßstäben Klugen.
11. weltlicher.
12. in der Folge, nachher.
13. Aufstand.
14. denen anvertrauen.
15. wahrhaft.
16. Verwaltung.

sie die selbigen Weltklůgen vnd mechtigen des Patrimoniums[1] Christi mit geniessen[2] moͤgen; Damit nimmet dann die gottlosigkeit allenthalben grewlich überhand, der zorn Gottes brennet auffs erschroͤcklichest an vnnd frisset dann auff kopf vnnd schwantz, stumpff vnd åste, wie der Prophet Esaias sagt[3]. Das ists dann, das der Satan, der alte feind vnd moͤrder menschlichs geschlechts, wolte vnnd sůchet vnd darzů er dise, seine getrewe diener vnnd Apostel, die felscher Christlicher Religion, erwecket vnd vffbringet, Auch sie offt durch grossen ernst, durch allerley grosses leiden vnnd thůn, das ein schein[4] geben mag, zů Apostolen Christi wunderbarlich verstellet wie auch sich selbs zům Engel des liechts[5]. Des hatt er sich auch zůn zeiten der Apostel, der Martyrer vnd der h. Vetter beflissen, ja auch zůn zeiten der Propheten, das ist zů allen | *lxxviij/Kiiijb* | zeiten, wann die ware Gottes lehre auff das aller reinest vnnd getrewlichest auff dem plan gewesen[6] vnnd getriben[7] ist worden. Der Herre hat auch selb vnd die Apostel diß alles[a] vor[8] weißgesagt, das es dermassen würde ergohn, wann man sein heylig Euangeli würde in der welt reyn vnd ernstlich predigen.

Ernstlicher schein vnnd verstellung der falschen lehrer

Matth. 24[5–26], Act. 20[28–31]

Darumb, so der Satan diser zeit so hefftig vnnd eben mit disen[9] waffen, die er gegen der Apostel vnd Martyrer lehre gebrauchet, wider die lehre dises theyls[10] fichtet, ist das selbige vil mehr ein zeichen, das es die ware lehre Christi ist, dann ein zeichen, das es sie nit seie; Welches auch man aus dem zů vermercken hat, das alle solche boͤsen secten denen, die diese lehre bekennen vnd lehren, vil feinder seind dann den ergisten Paͤpstlern. Doch weil alle menschen lügner vnnd Gott allein warhafftig ist[11], solle man die gesunde vnd ware lehre Christi in jr selb vnd mit halten gegen goͤttlicher schrifft, die allein nit fehlet, vnnd mit getrewem bitten vmb den h. Geist, der allein alles gůts lehret, erkennen vnnd richten.

Zům vierden solle man den gůthertzigen leuten, die sich an vermelten ergernussen stossen, auch des wol[12] berichten: Weil der Satan, der vatter der lugen[13], auff erden niemand feinder ist dann denen, die vnsern Herren Christum recht bekennen vnd | *lxxix/Lja* | also jm sein tyrannei am gewaltigesten zer-

Der vatter der lugen beleuget niemand meer dann die besten Christen.

a) Drf. alses.

1. Erbteils, Erbvermögens.
2. nutzen.
3. Jes 9,13–14.
4. (falschen) Schein, Ansehen.
5. II Kor 11,14.
6. in Erscheinung getreten.
7. gefördert, verbreitet.
8. zuvor schon.
9. denselben.
10. Partei.
11. Röm 3,4.
12. genau.
13. Vgl. Joh 8,44.

Vide Tertullianum in Apologet. c. 9. Histo. Ecclesiast. Eusebij lib. 4. c. 8

stören, das er auch wunder geschwinde[1] lugen vnnd lesterung wider sie auffbringet vnnd der welt auffredet, Wie er das auch an vnserem Herren Christo selb, an allen waren Propheten, Apostolen vnd alten, lieben Christen vnnd Martyrern bewisen hatt – Man lese bei dem Tertulliano[2] vnd in Ecclesiastica historia[3], was grewliche, onmenschliche laster vnd mordt vor zeiten von den bewertisten Christen, die jren waren glauben täglich mit jrem blůt bezeugeten, auffbracht vnnd von menigklich[4] geglaubet worden seind, Also, das offt das gantze volck wider die lieben Christen grausamklich getobet vnnd gewütet vnnd sie zů aller pein vnnd martyr erfordret hatt als die ergisten vnnd schädlichsten leut, die der erdboden mochte[5] tragen – So dann auch das die art vnnd eigenschafft der waren Christen ist, der massen von[a] der gantzen welt, von allen denen, die sich Christo, vnserem Herren, noch nit recht ergeben haben, belogen vnd verlesteret zů werden nach dem wort des Herren[6]: »Selig seit jr, wann euch die menschen vmb meinet willet schmähen vnd verfolgen vnd reden allerlei vbels von euch, so sie daran liegen«[7], So soll man ja auch wol daruff sehen, was man von disem teyl vrteile, das man nicht nach dem losen geschrey vnd falschen vrteil der welt, sonder nach der war- | *lxxx/Ljb* | heit vnnd den gewissen[8] früchten richte. Man sehe auff die[9] sich dieser lehr inn der warheit ergeben, nit die sich jr felschlich rhůmen, Vnnd habe auch gůt acht auff die waren vnnd eigentlichen früchte der gottseligkeit vnnd nit auff die scheinwerck, welche offt Juden vnd Türcken ernstlicher beweisen dann[10] vil genanter[11] Christen zů allen theilen, So würdt man dannoch, Gott lob, weit[12] ein andere vnd ernstere Gottes forcht, vertrawen zů Gott, zucht vnd erbarkeit, straff der laster an den orten, da dises theils lehre im schwanck geht[13], befinden[14], dann da dise lehre nit geht. Die werck geben zeugnuß von den leuten, die frücht von beumen[15]; man erkenne allein die beum von jren eigen waren früchten, nicht von den erdichten vnd felschlich angehenckten früchten. Man

a) Drf. won.

1. listige, tückische.
2. *Tertullian*, Apologeticus adversus gentes pro christianis, cap. 9. PL 1, Sp. 314–327, v. a. Sp. 324.
3. *Eusebius*, Ecclesiastica historia IV,8. PG 20, Sp. 322–326.
4. jedermann.
5. konnte.
6. Mt 5,11.
7. lügen.
8. sicheren.
9. diejenigen, die.
10. als.
11. sogenannter.
12. bei weitem.
13. verbreitet ist.
14. feststellen, erkennen.
15. Mt 7,16–20 par.

mache es aber auff disem theil als[1] gebrechlich man woͤlle, als dann leider alzů vil geprechlicheit bey vnß allen ist, so sollen die Christen doch bedencken, je mehr geprechlicheit zů allen theilen erfunden würdt, so vil mehr es von noͤten ist, das man on allen lengeren auffschub zůr handlung der Reformation greiffe vnd Christliche besserung mit hoͤchstem fleiß vnd ernst sůche. Dann kein Christ das leugnen kan, das wir zů warer frombkeit anders nicht kommen koͤnden dann durch die gesunde lehre des H. Euangeli, durch | *lxxxj/Lija* | rechten brauch[4] seiner H. Sacramenten vnd ware kirchen zucht. Dann der Herre selb dise ordnung vnd mittel, vnß seinen waren glauben vnd frombkeit mit zů teilen, eingesetzet vnnd zů gebrauchen befolhenn hat. Derhalben wer dem Herren dise seine H. ordnungen, seine so theure gaben vnnd so ernste befelch verachtet, der verachtet auch jn selb, Darumb bey solichen der H. geyst nit ist noch sein mage[5] vnnd muͤssen soliche leut im gewalt des teuffels vnnd also gewißlich on ware, hertzliche frombkeit bleiben, Wen[6] sie gleich berg versetzen koͤnden[7], alles jr gůt den armen vnd jre leib zů brennen[8] hingeben[9]. So vil von der anderen verhindernuß an handlung vmb Christliche Reformation.

Je mehr geprechlicheit allenhalben, je[2] ee[3] vnd ernster man reformieren solle.

Die dritte hindernuß an Christlicher Reformation daher, das mann besorget, Teutsche Nation werde dadurch in ein grosse vnd gefehrliche ongleicheit der Religion mit anderen Nationen kommen.

DJe dritte hindernuß ist von der vngleicheit in den kirchen uͤbungen mit anderen nationen; Dann die weltlich weißheit liebet gleichfoͤrmig- | *lxxxij/Lijb* | keit in dem euserem[10] thůn, das einerlei sein solle. Daher sagen vil: Solte Teutsche Nation ein Reformation in kirchen gepreuchen fürnemmen, so wurde sie inn ein gar grosse ongleicheit komen mit den anderen Christlichen nationen. Das were dann ein übelstandt vnd würde auch vil onwillens vnd gefehrlichen haß wider vnß Teutschen bey den anderen Nationen erwecken.

Die dritte hindernus der reformation, das sich die Deutschen land nit von anderen nationen[a] sondern.

Jn dem muͤssen die Christen bedencken, was der Herre gesagt hat[11]: »Jr seit nit von der welt, sonder ich habe euch erwehlet von der welt, darumb hasset

Die Christen muͤssenn nieman dann zům preise Gottes gefallen.

a) Drf. natinen.

1. als … als: so … wie.
2. desto.
3. eher.
4. Verwendung, Sitte.
5. kann.
6. Wen … gleich: wenn … auch.
7. Vgl. I Kor 13,2.
8. verbrennen, aufzehren.
9. Vgl. I Kor 13,2–3.
10. äußerlichen.
11. Joh 15,19.

Rom. 15[2]
Gal. 1[10]

euch die welt.« Die Christen sollen wol sich zům hoͤchsten befleissen, das sie jederman wol gefallen, aber zům gůten, zům preiß vnsers Herren Jesu Christi; One das wer den leuten gefallen wille, der mage[1] kein knecht Christi sein. Man solle ja sůchen, wie man sich mit allen menschen vergleiche[2] – dann gleicheyt bringet liebe vnd gunst –, aber in der waren religion vnd allem recht

Leuit. 26[3];
2. Cor. 6[17]

thůn, nit inn falscher religion vnnd onrecht thůn. Jn dem heißt es:« Gehet aus von jnen, sondret euch ab«, spricht der Herr, »vnnd rueͤret kein onreines an, So will ich euch auffnemmen vnd ewer vatter sein, vnnd jr solt meine soͤne vnd toͤchter sein«, spricht der Almechtig Herre. Vor allem můssen wir auff vnseren herren Christum sehen, dem volgen vnd vnß mit jm ver- | *lxxxiij/Liija* |

Wir sollenn anderenn nationen ein gůt exempel geben mit der Reformation.

gleichen[4] vnnd damit anderen Nationen ein gůt, heilsam exempel fürtragen, das auch sie sich zům Herren bekeren vnd sich mit vnß in jm vergleichen. Also můssen wir gleicheit der Religion sůchen vnd nit, das wir in gemeinen[5], offenbaren mißbreuchen verharren wolten, biß die auch andere Nationen besseren vnnd sich mit vnß zů gleicher reformation begeben. Welchen der Herre ehe[6] růffet, die sollen auch ehe kommen; denen der herre seine gnade ehe anbeutet, die sollen die auch ehe mit aller danckbarkeit annemmen. So bald der Herre Petrum vnd Andream beruͤffte, verliessen sie alles vnd volgten

Matth. 4[18–22];
Act 8[5], 11[19], 12[24] et 14[1.6.20–21]

jm nach, beitteten[7] auff nieman Also theten auch die soͤne Zebedei[8]. Dergleichenn name[9] erstlich Samaria[10] das wort Christi an, darnach Antiochia[11], darnach andere Stette, eine nach der anderen, keine wartet vmb mehr gleicheit willen in der Religion auff die anderen. Also můssen wir auch thůn vnd das angebotten reich Christi mit hoͤchster danckbarkeit als bald[12] annemmen vnnd vnserem Gott vnd heylandt vmb dise so grosse gnad, das er vnß, in dem anderen vor zů gohn vnnd jnen ein exempel des heils vor zů tragen, gewürdiget hat, hertzlich lob vnd danck sagen. Woͤllen dann die anderen Nationen diß vnser gůt vnd heilsam exempel dahin nit verstehn | *lxxxiiij/Liijb* | vnd auffnemmen, sonder bleiben in den gemeinen[13] mißbreuchen vnd vnß, so wir die nach dem wort des Herren verbesseren, als Schismaticen vnnd die vnß[14] onbil-

1. kann.
2. verständige.
3. Bucer meint vielleicht Lev 15,31.
4. einswerden.
5. allgemeinen, verbreiteten.
6. früher.
7. warteten.
8. Mt 4,18–22.
9. nahm.
10. Act 8,14.
11. Act 11,19–22.
12. sogleich.
13. allgemeinen, verbreiteten.
14. als die wir uns = die sich.

lich[1] von jnen[2] in der Religion sonderen[3], hassen vnd verfolgen, so muͤssen wir bedencken, wie der Herre gesagt hat: »Hasset euch die welt, so erkennent, das sie mich vor gehasset hat. weret jr von der welt, so hette die welt das jr liebe.«[4] Jtem: »der knecht ist nit besser dann sein Herre. Haben sie mich verfolget, so werden sie euch auch verfolgen.«[5] etc. Die Religion Christi ist ja ein gemeine sach aller Christen; die solten sich deren auch inn allen haupt- vnnd wesentlichen stucken gleich vnnd einig halten, Jn nit wesenlichen yede kirch der anderen jre freiheit lassen mit warer liebe vnd gemeinschafft Christi. Wa[6] aber gleich alle welt das nit wolte, sonder setzet sich auch gegen vnser Christlichen verbesserung so hefftig sie jmmer kan, noch mage vns[7] mit nichten[8] gepüren, drumb mit vnser gehorsame vnd folge ein augenblick zů verziehen[9] auch in dem geringsten stuck, das wir wissen Christum[10], vnseren herren, von vns fordren. Er ist ja allein vnser rechter vnd obrister herre vnd kein mensch. Er hatt vns auß nicht[11] geschaffen vnnd mit seinem bluͤt erkauffet vnd keine creatur. Das würde ja kein mensch von seinem | *lxxxv/Liiija* | knechte zůr entschuldigung annemen, wann er seine gepott hette nachgelassen vnd dann sagen wolte, er hette auff seine mitknecht, denen sollichs auch were gepotten gewesen, woͤllen harren vnd sich vor[12] mit den selbigen deßhalben vergleichen[13], damit nit ein vbelstandt vnder inen were, so einer arbeitet, die anderen muͤssig giengen, oder so einer diß, der ander ein anders thete, da jnen doch allen eynerley vnd gleich gepotten were. Es ist ja ein übelstandt vnd ein abscheulich ding, das nit alle Christen mit einem hertzen vnd einer seel sich Christo, vnserem herren, ergeben, den vatter durch jn anrůffen vnd großmachen, in jm eynerlei gesinnet sein, einerlei reden vnd thůn. Diser vbelstand aber berůwet auff denen, die sich mit dem herren nit woͤllen vergleichen, vnnd ist deren ehr vnd herzlicheyt so vil groͤsser, die sich dem herren ergeben vnd leben, so vil sie inn dem groͤsseren widerstandt der welt erleiden. Das die Juden ein sonders[14] hatten mit der religion, ware bei allen heyden vnnd jren nachparen fürnemlich[15], auch ein gantz abscheulich ding; sie wurden auch

Gleicheit der notwendigen stücken ist den Christen von noͤten. Jn deren solle aber keiner auff den anderen harren.

Act. 4[32]; 1. Corin. 1[10]

Es steht vbel, das nit alle Christen vff einerlei weis Gott dienen. Die schand aber dessen ist deren, die seinem wort nit folgen woͤllen.

Die Juden hetten in der Religion[a] ein sonders vor allen voͤlckern; das war aber jr groͤste ehr.

a) Der Beginn des Marginalientextes steht auf S. lxxxv und auf S. lxxxvj.

1. zu Unrecht.
2. ihnen.
3. absondern, abtrennen.
4. Joh 15,18–19.
5. Joh 15,20.
6. Wenn.
7. so könnte uns dennoch.
8. kann es uns dennoch in keiner Weise.
9. zu verzögern, hinauszuschieben.
10. Christum … fordren: daß Christus … fordert.
11. nichts.
12. zuvor.
13. verständigen, einigen.
14. Besonderes, Außergewöhnliches.
15. besonders, im besonderen.

darumb grewlich gehasset vnd verfolget von allen vmbligenden voͤlckern. Was sagt aber Mose zů jnen auß dem geist Gottes? »Würstu hoͤren die stimme des Herren, deines Gottes, das du alle seine gepott bewarest, sie | *lxxxvj*[a]*/Liijb* | zůthůn, die ich dir heut gebeute«[1], so würdt dich dein Gott das hoͤchste volck setzen[2] vnder allen voͤlckern der erden. Jtem hie vor: »Diß solt jr bewaren vnd thůn, Dann diß würdt ewer weißheit vnd verstandt sein vor den voͤlckeren, welche sagen werden, wann sie hoͤren alle dise ordnung: wie[3] ein weiß[4], ver- Deut 4[6–8] stendig volck, wie ein groß vnd herrlich volck[b] ist diß volck? Wa[5] ist so ein groß vnd herrlich volck, dem seine Goͤtter allso nahe seind, als[6] der Herre, vnser Gott, ist allen denen, die jn anrüffen? Vnnd wa ist so ein grosses, herrliches volck, das solliche gerichte, ordnung vnnd rechte habe, alß[7] diß gesatz ist, das ich euch vorgebe?« Darumb auch der Psalm von der kirchen Christi Psal. 48[3] singet: »Der berg Zion ist wie ein schon[8] zweiglin, das die gantze erde erfre- Iesa. 61[9] wet.« Jtem Jesaia: »Jr som[9] würdt bekandt vnd edel sein vnder den Heyden vnd jre kinder vnder den voͤlckern. Alle die sie sehen, werden sie erkennen, das sie ein gebenedeiter somen des Herren seind.« Wa[10] etwan[11] wenige gleich mit seer vilen leuthen gefangen, blind oder sunst arm vnd erbselig[12] weren, die aber lieber wolten frey sein, gesehen[13] vnd glückselig leben, Die anderen aber, vnder denen dise wenige gefangen, blind oder sunst ellend weren, weren alle also dorecht[14] vnd onsinnig, das sie gern wolten gefangen, blind vnd erbselig bleiben, vnd so jemand kaͤme, der jnen wolte vnd koͤn- | *lxxxvij/Mja* | de helffen, den[15], jnen zů helffen, nit zůlassen, Ja wolten auch das für ein grosse schand vnnd onrecht achten vnd auffnemmen, wa[16] einer auß jrem hauffen jm[17] helffen liesse vnnd vnderstünde, sich von jnen in solichem elende zů sonderen vnd vnder so vilen gefangnen, blinden vnd elenden leuten allein frey sein, sehen vnnd wol leben, Wurden da die selbigen wenigen, die es besser verstün-

a) falsche Paginierung: lxvj.
b) Drf. wolck.

1. Vgl. Dtn 4,2; Dtn 13,1.
2. einsetzen (als).
3. welch.
4. weises.
5. Wo.
6. wie.
7. wie.
8. schönes.
9. Same.
10. Wa … gleich: Wenn auch, obwohl.
11. manchmal.
12. mühselig.
13. sehen. Vgl. *Lexer* 1, Sp. 908.
14. töricht.
15. dann.
16. wenn.
17. sich.

den vnd jr sach besseren koͤnden, zů gefallen solicher jrer mitgefangnen blinden vnd elenden leuten woͤllen lenger gefangen, blind vnd erbselig[1] bleiben, damit sie kein ongleicheit mit jnen inn sollichem gefangnen, blinden vnnd elenden wesen anrichteten vnnd sich von jnen mit jrem onwillen soͤndreten? Freylich nicht! Die ongleicheit mit solichen erbseligen leuten vnd onsinniger onwil[2] würde niemand rechtuerstendigs daruon abwenden, das er jm[3] helffen liesse, das beldist[4] jmmer sein koͤnde, Die anderen bliben als[5] lang gefangen vnd blind sie wolten. Nun ist kein elend vnnd jamer so abschewlich vnd grewlich als in wissender[6] ongehorsam bleiben der seligen gepotten vnnd befelchen vnsers Herren Jesu Christi. Darumb were das die eusserste onsinnigkeit, das wir in solicher ongehorsame lenger wolten verharren, nach dem vnß der Herre seinen gnedigen willen so klar vnnd wissentlich geoffenbaret hat, Wen[7] | *lxxxviij/Mjb* | gleich tausent welt anders gesinnet weren vnd in diser ongehorsam zů verharren gedechten, auch vnß der sonderung von jnen seer übel zů schelten vnd zům hefftigsten zů verfolgen vorhetten. Wir sind doch niemand zům argen verbunden, sonder allein zům gůten. Wir seind Christi, des Herren, leib vnd seel eigen vnd keiner creaturen, Vnnd dazů, das wir jm, vnserem Herren Christo, allein vnd gentzlich leben vnd dienen, ist die gantze welt vnnd alles vnser[8]. Wir seind sein, vnsers lieben Herren Jesu glider vnd aller gleubigen mitglider, darumb wir einander, Jhm, vnserem Haupt vnnd Herren, zů leben, beforderen[9] mit nichten daran verhinderen sollen. Darnach sollen wir trachten on alles hindersich sehen vnnd auffschieben vmb einiger[10] creaturen willen. Moͤgen[11] wir vil leut mit vnß zůr gehorsam des Herren vnd in sein seligs reich bringen, daran sollen wir keinen moͤglichen vnnd gottseligen fleiß sparen. Moͤgen wir nieman oder wenig mit vnß zům Herren bringen, So sollen doch wir nit auch dem Herren den rucken keren vnd den Teuffel anbetten, Das wir warlich thetten, wa[12] wir im aller geringsten mißbrauch wider das bekante wort Gottes bleiben vnnd verharren wolten, biß auch ander leut sich durch ein General Concilium[13] oder in andere wege[14] eins besseren be-

Die verwantschafft mit anderen nationen in der Religion ist zům gůten, nit zům argen.

1. mühselig.
2. unsinniges Nichtwollen.
3. sich.
4. so bald als.
5. so.
6. bewußtem.
7. wenn.
8. I Kor 3,22f.
9. unterstützen.
10. irgendwelcher.
11. Können.
12. wenn.
13. Das Konzil war von den Päpsten immer wieder aufgeschoben worden. Erst am 15. März 1545 berief Papst Paul III. das Konzil von Trient ein. Es wurde am 15. Dezember 1545 eröffnet und tagte bis zum Jahre 1563. LThK^2 10, Sp. 342–352; RGG^3 6, Sp. 1012–1017; *Jedin*, Geschichte des Konzils von Trient I–IV (mit umfassenden Literaturverzeichnissen).
14. auf andere Weise.

dechten. | *lxxxix* |Mija | Diß hatt ja ein jeder Christ leicht zuͦ erkennen, der bedencken wille, das wir dem Herren dienen muͤssen auß gantzem hertzen, gantzer seele vnd allen krefften[1] Vnnd darüber alle welt vnd auch vnser eigen leben gern darstrecken[2]. Derhalben nemens andere nationen auff, wie sie moͤgen, das man durch nun so offte vertroͤste vnd versprochene handlung nach Christlicher vergleichung[4] vnd besserung vnser kirchen im Deutschen lande trachtet, die selbige auch mit Gottes hilff anstellet vnnd ins werck richtet, Rechnen vns solche enderung vnd besserung der Religion zuͦ so streff-licher sonderung alß[5] sie woͤllen, Trewen[6] vnd nemen wider vns für, was sie koͤnnen, So sind wir doch selig diser sonderung[7] halben, durch die wir vns von keinem Christen noch Christlicher ordnung, sonder allein von denen, die das selig joch Christi auff sich nicht woͤllen nemen vnd[8] bekandtlichen[9] mißpreuchen vnnd jrsalen[10] sonderen vnd entziehen.

Ware liebe zuͦ Got laße in seiner gehorsam nit auff alle welt ein augennblick verziehen[3].

Ob dann vnser, die vns in dise gehorsame des Herren begeben, wenig, jener, die vns in dem widerfechten, vil seind, solle vns troͤsten, das der Herre sagt: »Foͤrchte dir nit, du kleine herd, dann dem vatter gefallen hatt, dir das reich zuͦ geben.«[11] Jtem durch den Propheten Jesaiam: »Jch, ich bin ewer troͤster, vnd wer bistu, das du dich vor einem menschen soltest foͤrchten, der sterben muͦß, vnnd vor dem menschen kind, das alß hew geachtet ist?« Jtem, | *xc/Mijb* | Das der selbige Prophet sagt: »Hoͤren das wort des Herren, die jr euch entsetzen ab seinem wort. Es sagen ewere bruͦder, die euch hassen vnd verstossen: der Herre ist vns schwer. Aber man würdt jn sehen inn ewer freud, vnnd sie muͤssen zuͦschanden werden«[12]; Welches der liebe Gott den anderen Nationen, in welchen er auch freilich vil erwehlte hat, gnedigklich woͤlle abwenden. Aber die jenigen, die sie durch jre geschwindigkeit[13] vnd gewalt von besserer erkantnuß Christi vnd Christlicher Reformation vnnd besserung abhalten, die werden diß vrtheyl Gottes gewißlich erfaren.

Iesa. 51[12]

Dise hindernusse der ongleicheyt in der religion brauchet der geyst des widerchrists auch noch auff einen anderen wege: Gibt durch seine diener, die

Der widerchrist wolte mit vorgeben gemeiner[14] Reformation gern alle Reformation verhinderen.

1. Dtn 6,5.
2. hergeben.
3. hinausschieben.
4. Übereinstimmung, Ausgleich.
5. wie.
6. drohen.
7. Trennung.
8. vnd [von].
9. erkennbaren, klar faßbaren.
10. Irrtümern, Ketzereien.
11. Lk 12,32.
12. Jes 66,5.
13. Arglist, Betrügerei.
14. allgemeiner.

feind Christlicher reformation, für, Weil je[1] gůt were, wie jedermann[a] gestoht[2], das sich alle voͤlcker Christlichs namens der reformation auffs beldist[3] verglichen[4], so sollte ja beßer sein, man befordrete die selbige allgemeine reformation durch das general Concilium[5], dann[6] das wir die durch ein National Concilium[7] allein bei vns Teutschen anzůrichten vnderstanden, Vnd nemlich[8], so[9] das general Concilium schon außgeschriben ist[10], [b]in Teutscher Nation, Da dann die kei. Mai. vnd koͤnig zů Franckreich, alß die[11] nun der sachen eins seind, | *xcj/Miija* | des Papsts tyranney wol so vil wehren moͤgen, das die gelerten, so alda auß allen Nationen zůsamen komen, sich einer waren vnd allgemeinen reformation werden vergleichen[12]. Wir Teutschen wissens ja nit alles vnd moͤchten bald in vnserem National Concili anrichten, das hernaher durch ein allgemein Concilium wider muͤßte abgethon werden, Gott habe anderen Nationen seinen geyst auch mittgeteylet, Darumb ye[13] rahtlicher were, den wege des Generals Concili vor die hand zůnemen[14], damit der gantzen Christenheit geholffen würde, dann[15] das wir Teutschen vnß selb allein zů rahten fürnemen vnd als bald dran fehlen vnd onraht[16] anrichten. Mit diser schafs laruen vnd -stimmen gaucklen vil schwere woͤlffe vnd meinen, man solle sie nit erkennen. Aber die sich vmb dise sachen Christlich verstehen[c], sehen das wolffsmaul vnd -klawen wol vnd erkennen, das dis der gemeinen griffe[17] vnnd einreden eine ist aller deren, denen besserung menschlicher fehl[18] nit wol[19] treglich[20] ist vnnd sich deren doch offenbar nit doͤrffen[21] entgegen setzen.

a) Drf. edermann.
b) Drf. vnd in.
c) Drf. veresthn.

1. immer, jedenfalls.
2. zugibt.
3. so bald als möglich.
4. verständigten, einigten.
5. s. oben S. 413, Anm. 13.
6. als.
7. Ein auf das Deutsche Reich beschränktes Konzil. Vgl. oben S. 356, Anm. 1.
8. in erster Linie.
9. wenn.
10. Das päpstliche Konzil in Trient, das Papst Paul III. am 15. März 1545 einberief. Vgl. oben S. 413, Anm. 13.
11. diejenigen, die.
12. verständigen, Einigung erzielen.
13. jedenfalls.
14. zu befolgen, einzuschlagen.
15. als.
16. Schaden.
17. Listen, Kniffe.
18. Mangel.
19. gut.
20. ertragbar.
21. wagen.

Welche der besserung an jnen[1] selb nit leiden moͤgen, die rahten, man solle sie gegen jederman fuͤrnemen.

Dann taͤglich hoͤret man das, wann fromme leut in besonderen[2] stetten vnnd herrschafften gern wolten eingerissner gemeiner[3] mißbreuche, die sich anderßwa auch befinden, besserung fürnemen, das die, die solche besserung nit leiden moͤgen vnd sie doch gern glimpflich wolten abwenden, sagen: Ey, was woͤllen | *xcij/Miijb* | wir ein sonders[4] machen vor andern leuten? Seind nit anderßwa auch weise leut? Jst ye[5] so von noͤten, die ding zů besseren, sehe man, das sich das gantze lande solcher besserung vergleiche vnd die die anderen Fürsten vnd Stett mit annemen, so kan sie einen bestandt haben. Solliche leut aber gemeinens[6] mit der reformation vnd besserung eben als[7] trewlich, als es die mit dem heyl Teutscher Nation meineten, die rahten doͤrfften, wann der Türck schon mit aller macht daher auff Teutsche Nation zuͤge, wir Teutschen solten vns wider solchen feind für vns selb[a] nit setzen, sonder vor einen gemeinen tag halten mit allen übrigen Christlichen Potentaten vnd Nationen vnnd vns der gegenwehr wider die Türcken mit den selbigen allen zů vor vergleichen, so würde die sach vns leichter vnd moͤchten auch desto eher ettwas außrichten.

Was gůts man nit zů mal den gantzen hauffen kan erlangen, da zů solle man forderen, die es zům ersten moͤgen bekommen.

War ists: was an jm selb gůt ist, ye[8] gemeiner[9] man das machen koͤnde, ye besser es were. Wann aber etwas gůts von noͤten ist vnd mage wol alle mal wenigen, aber nit jederman zů mal erlanget werdenn, wer da in der warheit begeret, das man solich gůt bekomme vnd nit lieber wolte, das sein[10] yederman manglete, der würdt nit rahten, das man solches gůt vnderstande eins mals yederman zů erlangen, das nit moͤglich ist, sonder | *xciij/Miiija* | das ein jeder, der das am ersten vnnd besten vermage, darnach trachte vnnd dann verhelffe, das es andere auch bekommen. Wan vil krancker in einer Statt legenn[11] vnnd weren aber wenig aͤrtzet vorhanden, also das die aͤrtzet, die man moͤchte haben, dem gantzen hauffen der krancken zů mal nit raht thůn koͤnden, moͤchten aber jnen wol allen helffen, wa[12] sie yedes mal jren[13] ein wenig[14] fürnemen, vnd, wen die geheylet, mit hilff der selbigen geheileten aber einem theil vom hauffen rhat thůn, biß sie jnen allen hulffen; Wa[15] in solichem fal leut weren, die es

a) Drf. seb.

1. sich.
2. einzelnen.
3. verbreiteter.
4. Eigenes, Spezielles.
5. tatsächlich.
6. meinen es.
7. als … als: so … wie.
8. ye … ye: je … desto.
9. allgemeiner.
10. seiner.
11. liegen, lagern.
12. wenn.
13. von ihnen.
14. einige wenige.
15. wenn.

nit wolten gůtt sein lassen, das die aͤrtzet jr heylen also an wenigen anfiengen, sonder fordreten, die aͤrtzet solten den gantzen hauffen zůmal[1] für sich nemmen vnnd gesundt machen, wolten die auch, das yemand in solicher statt gesund würde?

Also wan[2] in einer Statt die heuser alle abgepronnen[3] vnd man hette werckmeister vnd zeuge[4], das man anfangs etlich[5] wenig heuser wider moͤchte auffrichten vnd bawen vnd dann durch hilff deren, die solche newgebaweten heuser bewoneten, die anderen mit der zeit alle bawen, Begerten die auch, das etwas in solicher Statt gebawet würde, die nit ehr wolten das bawen zůlassen, man fienge es dann zůmal an an allen heusern, dazů man weder meyster noch zeuge gnůg | *xciiij/Miiijb* | hette? Wer weißt nun nit, das alß[6] verkert vnser natur ist zü allem argen vnd widerspenstig zů allem gůten, das alle besserung menschlicher fehlen[7] alweg[8] vil ehr[9] an wenigen dann an vilen zů erlangen ist? Man bringet ja alwegen von boͤsen gewonheiten vnnd gemeinen mißbreuchen zů gůtem, rechtgschaffenem thůn vnnd wesen ehr ein hauß dann[10] ein gantze zunfft, ehr ein zunfft dann ein gantze burgerschafft, ehr ein Statt dann ein gantzes land, ehr ein Landt dann ein gantze Nation. Es hat doch vnser Herre Christus die Euangelische[a] Reformation von den falschen Gottsdiensten selb erstlich[11] also auffbracht, wie vor[12] angezogen[13]. Erstlich beruͤfft er ein wenig[14] jünger, dann noch mehr, darnach vil vom volck. Nach seiner aufferstendtnüß hatt er jetzt in diser, dann in einer anderen statt ein kirch[16] versamlet. Wie vil haben wir dann auch diser zeit deren[17] Bischoue, die, zů allgemeiner Christlichen Reformation zů rahten, willen oder verstandt hetten, wie die waren, die Constantinus[18], Theodosius[19] vnd andere Christliche keyser zů den groͤssern

Man hat der werckmeister nit, die die Tempel des Herenn allenthalben zůmal[16] wider bawen.

a) Drf. E- Euangelische.

1. auf einmal.
2. wenn.
3. abgebrannt (wären).
4. Gerätschaften, Ausrüstung.
5. ein paar.
6. so.
7. Fehler, Unzulänglichkeiten.
8. auf jeden Fall.
9. eher.
10. als.
11. zuerst.
12. zuvor.
13. s. oben S. 386,7 bis 409,17.
14. einige wenige.
15. Gemeinde.
16. gleichzeitig.
17. von solchen.
18. Konstantinus I. der Große (um 285–337), römischer Kaiser (306–337). TRE 19, S. 489–500.
19. Theodosius I. der Große (347–395), römischer Kaiser (379–395). TRE 33, S. 255–258; RGG[3] 6, Sp. 750; LThK[2] 10, Sp. 50f.

Concilien[1] versamlet haben? Vnd ob wol in allen Nationen sonder[2] zweiffel vil gelerter vnd gotsfoͤrchtiger leut sind, so haben sie doch leider wenig gehoͤre [a]bey den gewal- | *xcv/Nja* | tigen, Welches man dabey wol hat abzůnemmen, das nach[3] kein andere Nation dahin hat moͤgen kommen, das alle Christen das Euangeli jres heyls selb lesen doͤrfften, Wie mans jnen dann prediget, ligt auch am tage; ja man verpeutet erst[4] den armen leuten auch, jr vatter vnser in der sprachen zů sprechen, die sie verstohn. Wie nahe dann dahin seye, das man des Papsts halben ein recht frey, Christlich Concilium erlangen werde, haben alle die wol zů erachten, die etwas von des Papsts anhang vnd der anderen Nationen gelegenheit[5] wissen. Darumb alle die gewisse[6] feind sind aller Christlichen reformation vnd begeren die allenthalben zů verhinderen, so darwider seind, das wir Teutschen die selbige auffs forderlichst[7] für vns vnd alle Christen, die selb mit zů Christo, dem Herren, begeren, fürnemen vnd darumb vnser National Concili halten, Was sie joch[8] dauon kluͤglen[9], wie vil besser sein solte, Christliche reformation in gantzer vbriger Christenheit dann[10] allein bey vns Teutschen anzürichten. Dann[11] in den rahtschlegen, mit denen man was außzůrichten begeret, můs man nit allein sehen, was das besser, sonder auch, was moͤglich seye. Es were auch besser, das yederman im eusseren[12] genůg hette vnnd nieman mangel litte; weil aber das zů verschaffen nit eins | *xcvj*[b]*/Njb* | mans noch einer Statt oder lands, ja noch viler landen thůn ist, so lůget[13] ein yeder mensch, ein yede statt vnnd yedes landt für sich, wie sie zům ersten jre notturfft[14] bekommen, Also můß man auch in diser geystlichen notturfft thůn. Dann kein besonder[15] Christ, kein kirch, kein Nation mage warer Christlicher lehre vnd religion ein stundt[16] sonder[17] gefahr

Jn anderen Nationen ist gemeinen Christen noch verpotten, die H. Schrifft zů lesen vnnd mit verstand zů betten.

Wer warlich noch etwas gůtem trachtet, der nimmet es an, wie es jm werden kan.

a) Drf. die bey.
b) fehlerhafte Paginierung: cxvj.

1. Ökumenisches Konzil von Nicäa. Es wurde von Konstantinus I. einberufen und tagte vom 20. Mai bis zum 25. August 325 in Nicäa (in Bithynien). TRE 24, S. 429–441. Das Ökumenische Konzil von Konstantinopel wurde 381 von Theodosius I. einberufen. TRE 19, S. 518–524.
2. ohne.
3. noch.
4. jetzt noch.
5. Lage.
6. sichere.
7. sehr, sofort. *Grimm* 26 (=XII,2), Sp. 979 f.
8. auch immer.
9. klug tun, überfein ausdenken. *Grimm* 11 (=V), Sp. 1282.
10. als.
11. Denn.
12. in diesseitigen, irdischen Dingen.
13. schaut.
14. Lebensunterhalt.
15. einzelner.
16. Stunde.
17. ohne.

ewiges verderbens manglen. Derhalben, ob wol ja besser were, man koͤnde ein general Christlich Concilium bekommen von aller weiten welt vnd Christliche reformation darinn anrichten für alle Nationen, so vnder der Sonnen sein, Nach[1], die weil wir wol[2] sehen, das sollichs so bald zů erlangen nit moͤglich ist, Vnnd aber der liebe Gott vns Teutschen hiezů so groß vortheil vor anderen Nationen verluhen, wie vor vermeldet[3], so were es warlich gar ein grewliche verachtung Goͤttlicher Maiestet vnd ein gottlose vndanckbarkeit gegen solcher reichen gnaden vnd miltigkeit vnsers himmlischen Vatters vnd vnsers getrewen heylands Jesu Christi, auch ein onsinnigs hinwerffen[4] vnsers eigen heyls, wa[5] wir inn diser so grossen gelegenheit einen tag verziehen[6] wolten, Christliche reformation bei vns anzůrichten, das ist das selige reich vnsers Herren Jesu wider recht anzůnemen. | *xcvij/Nija* | Wa[7] wir aber dem Herren, wie er vns hiezů vor allen anderen Nationen berůffen zů vnserem selb[9] zeitlichen vnd ewigen heyl volgen vnd sein seligs reich alßbald auffnemmen werden, will dann Gott geben, das zů vnsern[a] zeiten ein war Christlich Concili viler Nationen versamlet werde – dann ein gar[10] allgemeines Concili aller Christlichen Nationen vnd kirchen ist nie gehalten worden vnnd würd freilich, biß es der Herre mit der jüngsten posaunen vnd stimmen des Ertzengels versamlet, nit versamlet werden –, so würdt vnser vorgohn hierinn nit ein geringe beforderung darzů sein. So dann auch wir Teutschen das klare Gottes wort vor vnß haben mit allen waren ordnungen vnnd haltungen der alten kirchen Christi vnnd der Herre vnß sein H. Geist auch nit weniger dann anderen verheissen hat, der vnß das selbige alles recht zů verstehn geben will, So darff[11] es auch der sorge nicht, das wir etwas in vnser Reformation anrichten werden – woͤllen wir anders dem wort Gottes folgen vnnd jn vmb seinen H. Geyst trawlich[12] bitten –, das hernaher in einem General Concili Christi wider muͤßte abgeschaffet werden, Nemlich in den notwendigen stucken Christlicher Religion, Jn den nit notwendigen werden die waren kirchen Christi einander vngefangen[13] vnnd onuerstricket[14] halten, | *xcviij/Nijb* | Auch die[15] nach

Vnser national Concili wuͤrde das General[8] fürderen.

Will man auff Gott sehen, so werden auch wir teutschen die ware Christliche reformation wol finden.

a) Drf. vnsen.

1. Dennoch.
2. genau.
3. s. oben S. 356,13–18 und 386,8–13.
4. Verwerfen.
5. wenn.
6. verzögern, warten.
7. Wenn.
8. s. oben S. 413, Anm. 13 und 356, Anm. 1.
9. eigenen.
10. ganz.
11. bedarf.
12. treulich, ehrlich.
13. frei.
14. unabhängig. *Grimm* 24 (=XI,3), Sp. 2106.
15. diejenigen, die.

der zeit vnd gelegenheit der menschen mit besserung enderen moͤgen. Derhalben auch dise einrede von gleicheit der Religion vnder den Christen an christlicher Reformation nieman, der sie Christlich ansehen vnd vrteilen will, hinderen würdt, das er die nit begeren solte bey yeden Christen, in jeder kirchen vnd Nation zů beforderen das beldest[1] vnd best[2] er kan on einiges[3] verziehen[4].

Welches die vierdte vnd erste von den zweien hertisten hindernussen ist an Christlicher Reformation, herreichend von der vergebnen[5] sorge, das Christliche Reformation die eusseren[6] herrschafften vnd verwaltungen zeitlicher gůter, so die Bischoue vnnd Prelaten jetzund in henden haben, enderen werde, Vnd wie die abzůwenden.

DJe vierdte vnd der fürnemsten[7] hartsteckenden hindernussen an warer vnnd thåtlicher[8] handlung vmb Christliche reformation eine ist die vergeben[9] sorge der Deutschen Bischoͤuen vnd Prelaten, so weltliche herrschafften haben. Dann dise bedencken, solte man Christliche Reformation inn den kirchen würcklich[10] fürnemen, so muͤste | *xcix/Niija* | man vor allem versehen[11], das die kirchen widerumb jre ware Bischoͤue vnd obren seelsorger hetten nach der form vnd maß, wie die im h. Paulo[12], in den Canonibus vnd Legibus vorgeschriben ist vnd deren[13] sich die lieben alten, waren Bischoͤue[14] gehalten haben[15]. Nun aber solliche kirchen Bischoͤue, das ist auffseher vnd versorger des geystlichen, der Christlichen lehre vnnd zucht, nit auch Bischoͤue, auffseher vnd Regierer viler landen vnd leuten vnnd verwalter der weltlichen herrschafften vnd so viler grossen gůter sein, noch sich inn weltlichen pracht zů houe vnd sunst mit geschefften der eusseren Policei[16] bekůmmeren moͤgen, So schliessen sie, die jetzigen Fürstlichen Bischoͤue vnnd Prelaten, bei jnen[17] selb – wiewol gantz vergeblich –, das fürhaben Christlicher Reformation

1. so bald als möglich.
2. so gut als möglich.
3. irgendeine.
4. Verzögerung.
5. unnötigen.
6. weltlichen.
7. wichtigsten.
8. sich durch die Tat vollziehender.
9. unnötige.
10. wirksam, nachhaltig wirkend.
11. Vorsorge treffen.
12. I Tim 3,1–7; Tit 1,7–9.
13. an die.
14. Ambrosius, Martinus, Basilius, Augustinus, S. unten S. 421,2.
15. Vgl. dazu oben S. 374,4 bis 376,6.
16. weltlichen Regiments. Deutsches Rechtswörterbuch 10, Sp. 1110–1116.
17. sich.

werde es dahin bringen, das sie, die nun lengest in ein fürstlich vnd herren thůn kommen, zům theil auch drein geporen sind, sich muͤsten in ein nidrigs, armes, arbeytseliges[1] wesen begeben, wie sie das von den lieben alten Bischoͤuen Ambrosio[2], Martino[3], Basilio[4], Augustino[5] vnd der gleichen lesen. Weil dann sie, die Bischoͤue vnd Prelaten, in sollcher vergebner sorgen stekken, reden vnnd treiben sie die auch ein allen denen, welche sie lieber sehen[6] fürsten vnd herren sein dan[7] solliche kirchen diener, wie die jetzgemelten[8] alten Bischoͤue gewesen | *c/Niijb* | seind vnd alle kirchen Bischoͤue sein sollen vnnd auch, wa[9] den kirchen solle geholffen werden, sein muͤssen. Nun aber lengest so vil land herrschafften vnd gůter vnder den titel[10] der kirchen gezogen vnd bracht seind Vnnd auch zů der verwaltung vnd genieß[11] diser herrschaften vnd guͤter die[12] fast allein den zůgang bekommen haben, welche vom Adel vnnd von herren geporen oder aber vmb die grossen herren wol verdienet sind, Auch die gewaltigen koͤnig das erlanget, das sie die groͤsseren vnd reicheren prelaturen geben, welchen sie woͤllen Vnd gemeinlich allein denen, die jnen zů houe vnd sonst zů weltlicher regierung oder zům wenigsten zům houe pracht[13] wol dienen, Oder aber den jenigen, so jnen hie zů wol dienen verwandt seind, So seind auß disen vrsachen, deren warlich eben vil vnd auch vil von den gewaltigsten, die gar ongern sehen wurden, das an den Bistumben vnd prelaturen einige[14] enderung geschehen solte. Dann erstlich ist deren hauff gar groß, die diensts vnd vil anderer vrsachen halben nit geringem[a] genieß[15] von der jetzigen verwaltung der Bistumben vnnd Prelaturen haben. Zům anderen sind auch die in grosser anzal vnnd nit geringer macht, die die jren in solichen Prelaturen schon haben oder hoffen drein zů bringen. Zům dritten reichet auch das gar weit vnnd vermage treflich | *cj/Niiija* | vil, das die Bistumb vnnd reicheren Prelaturen auch zů gemeiner verwaltung der

Die prelaten treiben jr vergeben sorge vil leuten an.

Wo her so vil leut des jetzigen stands der prelaten enderung so vbel foͤrchten.

Wie vil ab[16] enderung der prelaturen schewen

a) Drf. geringem.

1. mühseliges. Frühneuhochdt. WB 2, Sp. 49.
2. Aurelius Ambrosius (339–397), Bischof von Mailand, politisch einflußreicher Kirchenlehrer. RGG³ 1, Sp. 307f.; LThK² 1, Sp. 427–430; TRE 2, S. 362–386.
3. Martin (316–397), Bischof von Tours. LThK² 7, S. 118f. – *Sulpicius Severus*, Vita S. Martini. CSEL 1, S. 109–216. *Sulpicius Severus*, Leben des heiligen Martin.
4. s. oben S. 383, Anm. 13.
5. s. oben S. 360, Anm. 2.
6. sehen, daß … sie sind.
7. als.
8. gerade genannten.
9. wenn.
10. Autorität.
11. Nutzung.
12. diejenigen.
13. zur Pracht bei Hofe.
14. irgendeine.
15. Nutzen.
16. vor.

koͤnigreich vnd gewaltigsten Fürstenthumben so mergklich vnd hoch dienen vnd nutzen vnd die koͤniglichen vnnd groß Fürstlichen houe[1] so wol zieren, Zů dem allen entsetzen[2] sich auch alle weysen, verstendigen vnd fridliebenden leut ab aller mergklichen enderung der Policei[3] vnnd regierung, wen[4] sie schon jnen[5] besonders[6] daruon nichts nutzes oder schadens erwarten. Seitenmal[7] dann nun also mergklich vil vnd so mechtig leut zů der vergeben nichtigen sorgen vnd angst beweget werden, als würden durch Christliche Reformation alle jetzige verwaltung, geprauch vnd nieß der landen, leuten, herschafften vnd gůter, so zů den stifften vnd kirchen kommen sind, zerrissen, geendert vnd verwandlet, Vnd – wie vil noch[8] vergeblicher sorgen – gar[9] zerstoͤret, zerstrewet vnd gantz zů neut[10] werden, So ists ja kein wunder, das so vil erdacht, auffbracht vnnd vnderstanden würdt, das mans nur zů keiner rechtgeschaffnen handlung von der Religion vnnd grundtlicher eroͤrterung, warin doch Christliche Reformation stande, kommen lasse; Dann sie, die Prelaten, vnnd mit jnen so vil vnd so gewaltige leut nit zweiflen, wa[11] dise sachen durch den weg ein mal recht ans liecht gemei- | *cij/Niiijb* | nes gotsfoͤrchtigen verstands bracht würden, so wurde auch das werck der Reformation muͤssen volgen vnnd fort goͤhn. Darumb erdencken die Prelaten vnd Bischoͤue mit allen jrem so grossen, mechtigen anhang vnd vnderstohn[12], was sie koͤnden vnd moͤgen, damit dem anfang des allen bei zeiten begegnet vnd verhindert werde, das man dise sachen auch zů keiner ernsten, wircklichen[13] handlung kommen lasse.

Diß ist ja die eine von den zweien hartisten hindernussen an recht würcklicher handlung vmb Christliche reformation, so dißmals disem werck im wege ligen. Aber wolte man auff Gott vnnd auff das gemein heil der Christenheit recht sehen, Wolte man sein wort, das je[14] das allerwegist[15] vnd beste lehret vnnd fürgibt, gelten lassen, Wie leicht würde man befinden, das dise fürsorge vnd angst der Prelaten vnd aller, die jren standt ongern geendret sehen, nit allein on allen grundt vnnd vrsach, sonder gantz wider allen rechten verstand vnd wider alle natur vnd eigenschafft Christlicher reformation eingetriben

1. Höfe.
2. entsetzen sich … ab: geben … auf.
3. guten Ordnung, Regiments. Deutsches Rechtswörterbuch 10, Sp. 1110–1116.
4. wenn.
5. für sich.
6. speziell.
7. sintemal, da.
8. dennoch.
9. ganz.
10. zunichte.
11. wenn.
12. unternehmen.
13. Wirkung zeigenden.
14. jedenfalls, immer.
15. Geeignetste.

vnd angenomen würdt. Dann so vnß der Herre zů Christlicher Reformation wille helffen vnnd geben, das die seelsorge verordnet vnnd bestellet werde, wie das die form vnd exempel des H. Geists, in der H. Schrifft, in den Canonibus vnd Legibus fürge- | *ciij/Oja* | geben, erforderet vnd fürschreibet, so würdt man die jetzigen Fürstlichen Bischoue, Prelaten vnnd Stifftherren[1] zů disem dienst der seelsorge vnnd dem demuͤtigen wesen, das diser dienst erforderet, mit nichten wider jren willen tringen, So werden auch die, so man zů diesem dienst nach der regel des H. Geists verordnen würdt, die Fürstlichen Bischoue, Prelaten vnnd Stifftherren, an jren herschafften vnd guͤtern im wenigsten nit jrren[3], So kan man auch wol mit dem Gottes wort die wege finden, das die Fürstlichen Bischoͤue, Prelaten vnd Stifftherren bey allen jren herschafften vnd guͤtern bleiben wie bißhar vnd die doch zům gefallen des Herren vnnd frommen[4] der kirchen wol verwalten.

Bischoue, nach Christlicher Reformation gezogen, werdenn am zeitlichen[2] nieman jrren.

Dann erstlich, so vil die bestellung[5] der Seelsorgen betrifft, můß man warlich, wie alle die wissen, die diser bestellungen einigen[6] verstand[7] haben, niemand vnder den last dises ampts vnd diensts wider seinen willen zwingen, Auch nit die alle, so sich selb des willig anbietten, darzů auffnemmen, Sonder allein die darzů wehlen vnd ziehen, welche mann durch die zeichen vnd prob, die der H. Geist vorgeben hat, erkennen mage[8], das sie sich selb von allen weltlichen geschefften abgesonderet vnnd der lernung Goͤttlichs worts vnd ůbung aller gottseligkeit zům gentzlichsten begeben[9] haben vnnd | *ciiij/Ojb* | auch mit anderen tugenden vnnd geschicklicheiten, die diß ampt erheischet, begabet sein. Soliche leut würdt man zů disem dienst vnd werck wehlen vnd ziehen muͤssen, Nit Fürsten vnd Herren darzů zwingen vnd dringen, die nichts wenigers gelernet oder aber kein willen darzů haben.

Fürs ander: welche dann also nach der ordnung des H. Geists zů disem dienst gezogen werden, Die selbigen, weil sie den grossen, schwerenn last dises ampts erkennen vnd sich darunder nit dann[10] auß warer Gottes forcht begeben, werden selb fliehen vnd[11] mit hoͤchstem ernst nit allein alle eussere[12] regierung vnnd pracht, sonder auch alle weltliche geschefft vnd thůn, Also das sie auch die geringste sorg zeitlicher[13] ding auff sich nit nemen werden, wie die Apostel die versorgung der witwen von sich auff die syben Diacon legten. Act. 6[1–5]

1. Kanonikern (an einem Dom oder in einem präbendierten Kollegium).
2. irdischen Gütern.
3. irre machen, davon abbringen.
4. Nutzen.
5. Anstellung.
6. nur etwas.
7. Kenntnis.
8. kann.
9. hingegeben.
10. nit dann: nur.
11. vnd [zwar].
12. irdische, diesseitige.
13. irdischer, diesseitiger.

Dise sind dann auch des zeitlichen[1] halb vor[2] jre vnderhaltung[3] gar leicht zů vernuͤgen[4], wann sie fůter vnnd decke[5] haben, wie S. Paulus sagt[6], die notturfft[7] nemlich, jren dienst den kirchen getrewlich zů leisten, begeren sie nit allein nichts weiters, sonder erkennen vnd fliehen, weiters zů haben, als ein gefehrliche hindernuß jres diensts, Das den armen vnd zůr pflantzung vnd vnderhaltung des waren kirchen diensts verordnet ist, darob halten sie wol getrewlich, das es zů | *cv/Oija* | seinem geprauch wol bewaret vnd gottseligklich außgespendet werde. Doch richten sie auch darob kein onrath[8] noch streit an. Was sie nit mit Christlicher guͤtigkeit moͤgen[9] erhalten, darumb legenn sie sich mit nieman ein[10], Lassen, wie der lieb Ambrosius[11] zůthůn bereit ware gegenn dem jüngern Valentiniano[14] seiner kirchengůter halben, einem jeden zů den gewalt, den Gott einem jeden verluchen, auff sein gewissen zů gebrauchen. Dise waren diener der Seelsorgen sagen mit vnserem Herren Christo: »Vnser reich ist nit von diser welt.«[15] Jtem mit den Apostolen: »Es ist nit gefellig (vor Gott), das wir das wort Gottes verlassen vnd dienen den dischen.«[16] Jtem mit dem H. Paulo: »Die waffen vnser ritterschafft sind nit fleischlich, sonder mechtig durch Gott.«[17] Jtem: »Jch hab mich euch in allem onbeschwerlich[18] bewisen vnnd wil mich also beweisen durch mich selb vnd die ich zů euch gesandt habe. Jch sůch euch, nit das ewer.«[19] Jtem: »Jch hab gelernet mit dem, das ich hab, genuͤgig zu sein[20]; Jch kan niderig sein vnnd überig haben in allem, vnnd gegen allem bin ich vnderricht[21], satt zů sein vnd hunger zů dulden, überig zů haben vnd mangel zů leiden.«[22] Des befleissen vnd halten

Ambros. In Auxentium[12] et ad Marcellinam sororem[13]

Ioan. 18[36]; Acto. 6[2]

2. Corinth. 11[9] et 12[13–14]

Philip. 4[11–12]

1. Diesseitigen.
2. im Blick auf.
3. Lebensunterhalt.
4. zufriedenzustellen.
5. Kleidung.
6. I Tim 6,6–11.
7. Bedürfnis.
8. Schaden.
9. können.
10. an.
11. Aurelius Ambrosius (s. oben S. 421, Anm. 2).
12. Hier meint Bucer vielleicht: *Ambrosius,* Sermo contra Auxentium de basilicis tradendis, 31–34. PL 16, Sp. 1016–1018.
13. Hier meint Bucer wohl: *Ambrosius*, Ep. 41 (ad Marcellinam). PL 16, Sp. 1113–1121.
14. Valentinian II. (371–392), Halbbruder des Gratian. Ambrosius hatte erheblichen Einfluß auf ihn. LThK² 10, Sp. 600f.
15. Joh 18,36.
16. Act 6,2.
17. II Kor 10,4.
18. nicht zur Last fallend.
19. II Kor 12,13–14.
20. mir genügen zu lassen.
21. geschickt.
22. Phil 4,11–12.

sich alle die auffseher[1] vnd Seelsorger der kirchen des vndren, mittelen vnd obren grads[2], welche nach Christlicher re- | *cvj*[a]*/Oijb* | formation zů solchem ampt vnnd dienst moͤgen[3] vnd sollen gewehlet, auffgenommen vnd darinn gehalten werden. Derwegen vor Christlicher reformation, auch so vil die bestellung der kirchen mit waren kirchen dieneren belanget, yedermann seiner herrschafft vnd zeitlicher[4] guͤter halb wol[5] sicher vnd aller ding onbetruͤbet würdt[6] bleiben.

Fürs dritte, so vil dann die jetzigen Bischoͤuelichen vnd andere kirchen herrschafften vnd -guͤter vnd deren verwaltung belanget an jnen selb, würt[7] die war Christlich reformation auch an dem allen eusserlich nichts enderen, Sonder allein das bringen, das die Herren, so dise herrschafften vnnd guͤter jetzund inhaben vnd verwalten, die selbigen moͤgen mit gůtem gewissen vnd zů warem frommen[b][8] der kirchen on einige[9] eussere enderung oder schmelerung diser jrer herrschafften vnd guͤter behalten vnd verwalten. Dann ware Christliche besserung auch das mit sich bringet, das man alle ding zů friden, růw vnd gemach[10] zům nechsten richtet vnnd vmb keiner zeitlichen ding willen einiger[11] zerreüttung oder verletzung des fridens vrsach gibet; Dann die Christen eer[12] den anderen backen, so man sie auff den einen geschlagen, darhalten, den mantel zům rock geben, zwo meilen gehn, so man sie nur zů einer | *cvij/Oiija* | dringet[13], dann[14] das sie onfriden vnd verletzung der Liebe liessent[15] erwecket werden. Weil dann die wege wol zů finden sind, das die jenigen, so jetzund die Bistumbe vnd prelaturen verwalten, mit Gott vnnd den kirchen zům besten bleiben in aller solcher verwaltung vnd niesse[16], wie sie jetzund seind, vnnd den kirchen dennoch jre dienst zůr notdurfft[17] recht bestellet werden, So wirt kein warer Christ einiger[18] eusseren enderung an disen

a) falsche Paginierung: clvj.
b) Drf. frome men.

1. Amtleute, Verwalter. Frühneuhochdeutsches WB 2, S. 696.
2. Geistliche des unteren, mittleren und oberen Standes.
3. können.
4. weltlicher, irdischer.
5. recht.
6. wird.
7. wird.
8. Nutzen.
9. irgendeine.
10. Sicherheit, Ordnung.
11. irgendeiner.
12. eher.
13. Mt 5,39–41.
14. als.
15. zuließen, daß …
16. Nutznießung.
17. Bedürfnis, Erfordernis.
18. irgendeiner.

Die jetzigen kirchen Fursten vnd Prelaten koͤnden wol mit Got in jrem yetzigem standt vnnd gewalt bleiben.

kirchen herrschafften vnd -guͤteren noch an denen, die sie nun verwalten, begeren; Dann[1] alle dise herrschafften vnd guͤter, so ein mal zůr kirchen kommen, seind ja auch des Herren vnd sollen nach seinem willen zů gůt den menschen geregieret vnd verwaltet werden. Was gewalts dann ierget[2] ist, der zů gůt dem menschen reichet, der ist von Gott auß gnaden geordnet vnd solle von den menschen onzerrüttet vnd onuerhindret bleiben[3], Mage[4] auch durch die[5] Gott darzů gezogen mit gůtem gewissen verwaltiget werden. Zů dem sollen auch die glider am leib Christi jedes zů dem werck, da zů es von Gott am meisten begabet ist, verordnet vnd geprauchet werden[6]. Weil dann nun die[7] jetz und der kirchen land vnnd leut, herrschafften vnnd guͤter verwalten, ja nit on schickung Gottes zů disen empteren vnnd thůn kommen sind vnnd dise empter vnnd dienst an jnen[8] selb auch guͤte vnd goͤttliche empter vnnd | *cviij/ Oiijb* | dienst seind, auch dise herren zů solchen emptern mehr dann zů anderen tauglich, was vrsachenn solten dann sein, das man nit mit gott vnd den kirchen vnnd gantzer Deutscher nation zům besten moͤchte eben die, so jetzund in disem berůff vnnd[a] thůn sind, dise herrschafften vnnd guͤter der kirchen auch hinfür regieren vnnd verwalten lassen, in Christlichem[b], ehrlichem leben vnd wesen Vnd eben mit der massen, so vil ir wahl vnd ander zeitliche ordnung belanget, wie es herbracht ist[9].

Aus dem hat auch das nun ein jeder Christ wol zů erkennen, das[10] sich von Christ. Reform. niemand einiger[11] enderung oder schmelerunug an den kirchen herschafften vnd -gůtern nach[12] an verwaltung der selbigen, auch jren selb halben, hat zů besorgen. Weil dann nun dem also[13], das die Fürstlichen Bischoͤue, Prelaten vnd stifftherren[14] jrer zeitlichen regierung vnd verwaltung bei Christlicher Reformation gentzlich versicheret vnd wol[15] berůwiget moͤgen bleiben, weil sie dann one das[16] die geistliche seelsorge anderen biß her

a) Dittographie.
b) Drf. Christlichlichem.

1. denn.
2. irgendwo.
3. Vgl. Röm 13,1–2.
4. kann.
5. diejenigen, die.
6. Vgl. I Kor 12.
7. diejenigen, die.
8. sich.
9. überliefert ist, die Sitte ist.
10. daß.
11. irgendeiner.
12. noch.
13. also[ist].
14. Kanoniker (an einem Dom oder in einem präbendierten Kollegium).
15. ganz.
16. one das: ohnehin.

beuolhen vnd jnen selb dauon mehr nicht dann die lehren[1] namen vnnd beschwerliche gelübde behalten haben, was solte dann jnen daran beschwerlich sein, das die jenigen, so das heilsamiste vnd notwendigste ampt der seelsorge wůrcklich[2] verrichten sollen, inn allen graden vnd vnderscheyden diser empter vnd dien- | *cjx/Oiiija* | sten der massen von den kirchen gewehlet, beweret[3] vnd verordnet, Auch in gepůrender zucht vnd ordnung, jr ampt den kirchen zů warer besserung zů verrichten gehalten würden, wie diß alles das wort Gottes vnnd die Canones fordern? Damit hetten sie doch ye[4] ein frei gůt gewissen vor Gott, erretteten jr vatterlandt, die Deutsche nation von jrem endtlichen[a5] verderben, hulffen jm zů den reichen gnaden vnd segen Gottes inn zeitlichem vnd ewigem Vnd kőndten zů dem auch noch ein gepůrendes Christliches auffsehen[6] vnnd oberhandt vber das alles behalten vnd also auff jre maß[7] noch Bischőue vnnd prelaten der kirchen bleiben. Solte jnen nun diß nit vil lieber sein, dann mit so schwerem gewissen jr eigen vatterlandt mit sich selb in zeitlich vnd ewigs verderben fůren – Welches gewißlich geschehen můß, wann man die Christliche reformation lenger verziehen[8] würdt –, So jnen doch durch dise verbesserung je[9] das geringeste nit, wie erwisen, genomenn oder entzogen würde, das sie jnen[10] selb zů gůt in einigen wege begeren mőgen? Sie behielten ja, das sie begeren, theten, das sie kőndten vnd doch allein thůn, Weren[11] landen vnnd leuten vor, verwaltigeten das zeitlich[12], theten gůts vnd hulffen da von, wem sie kőndten, theten vnd geben das jr mit, in vnnd zůr | *cx/Oiiijb* | regierung vnd allem anderem, was das gemein[13] reich Deutscher nation erfordret, wie sie das bishar gethon vnd geben haben. Allein der gelübden, die sie doch nit halten, vnd der seelsorge, die sie doch nit versehen, würden sie entladen[14], vnnd würde die selbige denen auffgeleget, die Gott dar zů begabet vnnd tauglich gemacht hatt, Damit dann auch der so jemerlich verderbenden herde Christi geholffen vnnd vnser vatterlandt, die Deutsche nation, vor zeitlichem vnnd ewigem verderben errettet wurde. Als Papst Eu-

Wie leicht den Prelaten Christliche Reformation sein würde.

Christliche Reformation laßt die kirchen Fůrstenn in allem eusserem, wie sie sindt, bleiben.

a) Drf. entdlichen.

1. leeren.
2. wirkungsvoll.
3. erprobt, geprüft.
4. jedenfalls.
5. baldigen, endgültigen. *Baufeld*, S. 67.
6. Aufsicht, Verwaltung.
7. Weise.
8. hinausschieben, verzögern.
9. jedenfalls.
10. sich.
11. wären, stünden.
12. beizeiten.
13. gemeinsame, gemeinschaftliche.
14. befreit. *Lexer* 1, Sp. 573 f.

genius[1] dem Cardinal Juliano[2], der, dem Concilio zů Basel[3] vor zů sein, verordnet, was geschriben[4], das selbige Concilium widerumb ab zůpracticieren[5], vnd jn hie zů auch zům mehrern teyl bewegt, das er sorget, das Concilium würde durch Christliche Reformation, die es vorhatte, jm, dem Papst, vnd anderen Prelaten der kirchen die zeitliche macht vnd gewalt etwas[6] abnemen, Schribe jm der Cardinal vnder anderem[7]: »Jch sorge, es werde vns geistlichen ergohn, wie es den Juden ergangen ist, die do sagten: ›Lassen wir den hin, so werden die Rœmer kommen vnnd vnser statt vnd volck nemmen.‹[8] Also sagen auch wir: Lassen wir ein Concilium halten, so kommen die leyen vnnd nemen vns die temporalitaten[9], die zeitliche herrschung vnd gewalt. Aber wie auß gerechtem | *cxj/Pja* | vrteil Gottes geschehen ist, das die Juden jr statt[10] eben darumb verloren haben, das sie Christum nit wolten loß geben, Also würdt auch das auß gerechtem vrteil Gottes geschehen, das wir eben dadurch, das wir kein Concilium wœllen halten« – in dem nemlich ein reformation des Cleri wurde fürgenomen, dann von sollichem Concili schreibt er –, »vnser zeitliche gewalt vnd macht verlieren werden vnd, gebe Gott, das wir nicht auch leib vnnd seel mit verlieren.«

Ein prophecei des Cardinals Juliani wider die falschen geistlichen

Dise Prophecey ist zwar seyther in Hungeren[11] vnd mehr orten vilen grossen Bischœuen vnd prelaten war worden. Darumb warlich zeit were, das vnsere Bischœue vnnd geistlichen Fürsten die augen einmal aufftheten vnnd ansehen, was wercks vnnd gerichts der Herre vor hatt, ja nun ein gůte zeit eben ernstlich ůbet, Ee[12] dann sie vmb des zeitlichen willen sich vnnd jr vatterland

1. Papst Eugen IV. (um 1383–1447). LThK² 3, Sp. 1172f.; RGG³ 2, Sp. 728; *Bautz* 1, Sp. 1553–1555.
2. Giuliano Cesarini (1398–1444), Kardinal. Er präsidierte das Basler Konzil von 1431 bis 1437. LThK² 2, Sp. 997.
3. Papst Eugen IV. versuchte das am 23. Juli 1431 eröffnete und von ihm nicht gewünschte Basler Konzil im Dezember desselben Jahres aufzulösen und berief ein neues Konzil nach Bologna. Das Konzil, das seine Superiorität über den Papst betonte, tagte aber weiter und ließ es auf Konflikte mit dem Papst und der Kurie ankommen. 1437 brach das Konzil teilweise auseinander. Eugen IV. verlegte das Konzil nach Ferrara. Die in Basel verbliebene reformgesinnte Mehrheit setzte den Papst ab und wählte Herzog Amadeus von Savoyen zum Papst (Felix V.). Das Konzil tagte weiter bis zum Jahre 1449. TRE 5, S. 284–289.
4. Brief Papst Eugens an den Kardinallegaten Giuliano Cesarini, Rom, 18. Dezember 1431. Concilium Basiliense, S. 246f. (Nr. 14).
5. aufzulösen, zu suspendieren. Vgl. Frühneuhochdt. WB 1, Sp. 272.
6. später einmal.
7. Brief des Kardinallegaten Giuliano Cesarini an Papst Eugen, Basel, 13. Januar 1432. Monumenta conciliorum generalium II, S. 95–107, hier S. 103. Bucer könnte diesen Brief gekannt haben aus dem »Fasciculus rerum expetendarum ac fugiendarum, in quo primum continetur Concilium Basiliense, quod Aeneas Sylvius conscripsit«, hg. von Ortuinus Gratius, Köln [Peter Quentell], 1535, hier Bl. 27b–32a. VD 16 G 2924. Exemplare u.a. in Heidelberg UB, Köln UStB, München SB, Trier StB, Wolfenbüttel HAB.
8. Joh 11,48.
9. Zeitlichkeiten, das auf Zeit Gegebene.
10. Status, Würde.
11. Ungarn, dadurch daß die Türken in der Schlacht bei Mohács 1526 das Land eroberten.
12. bevor.

beide[1] vmb alles zeitlich vnd ewig gůt bringen. Es wandte jetzgemeldter[2] Papst Eugenius[3a] vnder anderem schein[4], das Concilium zů Basel abzůtreiben[5], weil da auff Refomation gehandlet warde, auch das für[6], er hette ein krieg gefűret. Darauff schriebe jm gedachter[7] Cardinal[8]: Wann die krieg schon noch wereten vnnd jr auch gewiß weren[9], das jr Rom vnnd das gantz Patrimonium[10] der kirchen verlieren würden, Noch[11] solle man mehr sehen, wie man dem glauben vnd den seelen zů hilff | *cxij/Pjb* | komme durch Christliche Reformation, für die vnser Herr Jesus Christus gestorben ist, dann[12] wie man schlősser vnd stett behalte. Ein seel ist Christo lieber dann nit allein das Patrimonium der kirchen, sonder himmel vnd erden. Diß gebe der liebe Gott vnseren Bischouen vnd prelaten vnd allen denen, die jren fürstlichen Herren staht[13] lieben, bei zeiten zů erkennen vnd zů hertzen zůfűren, damit sie sich Christlicher Reformation nit lenger entgegen setzen, So jnen doch die selbige vberal nichts[14] nemen noch abwenden würdt dann allein ein bőß, verdamlich gewissen vnnd den ewig verderblichen zorn Gottes, Aber sicheren vnnd bestetigen alles, das sie jnen[15] selb zů gůt jmmer wünschen oder haben mőgen[16], Zů dem, das die Deutsche nation, vnser liebes vatterlandt, durch dise Reformation von jrem zeitlichen vnnd ewigen verderben errettet vnd in die ewige gnade vnnd segen Gottes zeitlich vnnd ewiglich gesetzet würdt.

So vil von den vierden hindernus an gepűrender vnd versprochner handlung vmb Christliche Reformation.

Abwendung der fünfftenn vnnd schweristen hindernus an Christlicher reformation, das[17] deren so wenig sind, die der Religion Chri- | *cxiij/Pija* | sti in der warheit begeren, Deren aber so vil, auch vnder den Mechtigen, die sie gar nit mőgen gedulden.

a) Drf. Eugeuius.

1. beide ... vnd: sowohl ... als auch.
2. gerade genannter.
3. s. oben S. 428, Anm. 1.
4. Vorwand.
5. aufzuheben, für nichtig zu erklären.
6. darüber hinaus. *Götze*, S. 92.
7. der erwähnte.
8. Giuliano Cesarini (s. oben S. 428, Anm. 2).
9. wäret.
10. Erbe, ererbtes Vermögen.
11. dennoch.
12. als.
13. Prunk.
14. vberal nichts: nirgendwo etwas.
15. sich.
16. können.
17. daß.

DJe fünffte vnnd wie die aller gemeiniste, also auch die aller hefftigeste vnd schedlichste hindernus an Christlicher Reformation vnd fruchtbarer handlung, wie man die zům fuͤglichsten moͤchte ins werck bringen, ist, das in allen stenden vnd vnder allen titulen vnnd namen leyder so seer wenig seind, die sich von hertzen vnd gentzlich inn die gehorsam Gottes vnd zů dem waren Gottes dienst, der in gründtlicher, warhaffter heyligkeit vnd gerechtigkeit staht, zůbegeben gesinnet seind. Daher dann auch von anfang der welt alle verletzung vnd zerstoͤrung warer Religion wie auch einfierung vnnd erhaltung aller falschen Religion vnd alle verhinderung an warer, Gottseliger Reformation kommen seind.

Was die ware Religion

Die ware Religion Christi erfordret solches kirchen versamlen, predigen vnd lehren goͤttlichs worts, solche handlung vnd geprauch der h. sacramenten, sollich betten, fasten, opfferen vnd uͤbung gůter wercken, solche kirchen zucht vnd –regiment, damit[1] bei allem volck ein sollcher glaub an Gott durch vnseren Herren Jesum Christum würcklich[2] gepflantzet, gestercket, gemehret vnnd befor- | *cxiiij/Pijb* | dret werde,

Die art wares glaubens an Christum

Der alles gůts allein von den gnaden Gottes durch den verdienst vnsers Herren Jesu Christi sůchet, bittet vnd hoffet Vnd daher auff Gott allein alles sein vertrawen in allen dingen setzet[3] Vnd jn daher ob[4] allem liebet Vnd das von gantzem hertzen, gantzer seele vnnd allenn krefften[5] Vnd in allen seinen worten, wercken vnd gerichten Vnnd auß diser liebe Gottes auch den nechsten als sich selb[6]; Dann auch durch solche liebe Gottes vnd des nechsten das fleisch mit allen seinen boͤsen lüsten vnd süchten creutziget vnd toͤdtet, lernet alles, würdt[7], thůt, leidet vnnd meidet alles, was er mit Gott kan oder mage lernen, werden, thůn, leiden vnd meiden, Damit er in allerlei hilff, trost, ergoͤtzung vnnd besserung der nechsten, der feinden vnd freunden, seinen Gott vnd vater in vnserem herren Jesu Christo jmer mer preise vnd groß̈mache.

Aller Gottes dienst ist ein grewel vor Gott on das hertzlich vnd gentzlich ergeben in sein gehorsame.

1. Cor. 13[3]

Iesaiae 1[14–15]

Ja, disen glauben fordret der Herre in allem vnd vor allem; in dem steht die gantz Christliche Religion. Vnnd was auß dem glauben nit geschicht vnd, disen glauben zů beforderen, nit würcklich[8] dienet, das hebe[9] was gůten schein es woͤlle vnd seye auch an im[10] selb wie goͤtlich vnnd gůt es woͤlle, es seien Predigen, Sacramenthandlungen, betten, den leib casteien, ja gar zů verbrennen dargeben opffer vnd almůsen, vnd ob einer gleich alles sein gůt dahin gebe, So hat doch Gott kein | *cxv/Piija* | gefallen dran[11]. Es ist bei jm falsch vnd vergeb-

1. durch die.
2. wirksam.
3. Vgl. II Kor 1,8–10.
4. über.
5. Dtn 6,5.
6. Mk 12,30–31.
7. wird, entsteht, wächst, entwickelt sich. *Lexer* 3, Sp. 775 f.
8. wirksam.
9. habe.
10. sich.
11. Vgl. I Kor 13,3.

lich, ist jm ein grewel, er mage sein[1] nit, es ist vor jm onrecht, sein seel ist jm feindt, es ist jhm ein last, das er sein[2] muͤde ist zü tragen. Er wille seine augen wenden von allen denen, die jm also dienen vnd jn anruͤffen, will jr gebett nit erhoͤren.[3] Alle dise so ernste wort – hat Gott selb durch den Propheten Jesaia geredt – wider des altenn volcks fest, kirchen versamlung, -dienst vnnd -vbung, opffer vnd gepett, die er jnen doch selb verordnet vnnd gepotten hat, Die weil sie das alles uͤbeten on erzelten waren glaubenn, on[4] ware rewe der sünden vnd willen der besserung. Nun aber diser warer glaube leider nit jedermans ding ist, wie Paulus sagt[5], ja weniger leuten, darumb sind auch wenig, die nach war[6] Christlicher verbesserung der kirchen mit ernst fragen, Vil aber, die mit jedem leren schein vermeintes[7] Gottes diensts sich gern vernuͤgen[8] lassen, So ist dem fleisch auch der Paͤpstliche falsche Gotsdienst besonders wol gemeint vnd angenem, Dann da würdt vast aller gotsdienst in frembder, onuerstendiger sprachen vnd aber mit schoͤnem, lustigem geprenge verrichtet. Des erstenn halben ist diser Gotsdienst den leuten onbeschwerlich, dann weil sie nichts daruon verstehen, werden sie jrer sünden nichts[9] beschemet, in jrem gewissen nit onruͤwig[10] ge- | *cxvj/Piijb* | macht, goͤttlichs zorns[11] nit erschrecket; die Messe, Vesper vnd der gleichen ceremonien beissen nieman, schelten nieman, lassen auch wol einen jeden seinen sachen darbei nach sehen vnd –dencken: Einer beradtschlaget seine hendel[12] darbei, der ander buͤlet[13] darbei, der dritt treibet seinen pracht darbei, der vierdte uͤbet anders, das gleich so[14] wenig tawget[a][15]. Jch hab eins grossen Herren Cantzler[16] kandt, der war seer embsig in den kirchen mit seinem Pater noster, gieng da vil auff vnd ab vnnd bettet, wie man sagt. Aber das hat er selbs bekandt, wie das etliche fürnemme Herren von jm gehoͤret vnnd noch zeugen, Wie er seine

Wie anmuͤtig dem fleisch der Paͤpstlich Gotsdienst seye.

Der Paͤpstlich gotsdienst beschemet niemans seiner sünden.

a) wohl Drf. tawet.

1. seiner (sc. das Genannte).
2. ihrer (sc. der Last).
3. Vgl. Jes 1,14–15.
4. ohne.
5. II Thess 3,2.
6. wahrer.
7. angeblichen.
8. begnügen, zufriedenstellen.
9. nicht.
10. unruhig.
11. durch göttlichen Zorn.
12. Angelegenheiten, Geschäfte.
13. treibt Liebeshändel.
14. gleich so: ebenso.
15. Kraft hat, nützt.
16. Bucer meint hier wahrscheinlich den Kölner Kanzler Bernhard von Hagen († 1556), Domherr in Köln 1518–1556, von 1526 an Kanzler. Er bekämpfte zusammen mit Johannes Gropper Hermanns Reformationsversuche. *Gropper*, Briefwechsel, S. 65 und passim; *Varrentrapp*, Hermann von Wied, passim; *Sommer*, Hermann von Wied, passim.

Bei anderen Nationen ist die gantz Religion dem volck verschlagen.

Der Påpstlich falsche Gottsdienst vertroͤstet goͤtlicher gnaden on abstand[8] von sünden.

hendel[1] nimmer baß[2] habe bedencken koͤnden dann vnder solchem seinem gepett. Der hat nun mit mund gesagt »Vatter vnser im himmel«, mit dem hertzen aber die weil getrachtet, wie man gůt vnd eer bekome auff erden. Wes[3] man dann in Franckreich vnnd anderen Nationen bey den Messen offentlich spiele, ist denen, die in solichen Nationen gewesen, wol bewüßt. Bey welchen[4] Nationen gar nahe[5] alles, das zů dem waren gottsdienst gehoͤret, dem gemeinen, armen voͤlcklin entzogen vnd verschlagen[6] würdt, Also das man sie auch jr Vatter vnser, artickel des glaubens vnd zehen gepott allein zů Latin | *cxvij/Piiija* | lehret sprechen, das sie nicht verstohn. So predigt man jnen des jars gar wenig zeit, vnd wen man jnen prediget[a], verleitet man sie auff die heyligen dienst, Messen, Ablaß vnd der gleichen. Jm beichten weren wol die gewissen zů ersůchen vnnd recht zů vnderrichten; was aber für leut beicht hoͤren vnd was die darin sůchen vnd ůben, ligt am tage. Was man dann auch in dem durch den newen Ablaß[7] hat angefangen nach zů geben, ist onuerborgen. Also findet sichs, das aller Påpstlicher gottesdienst dahin gerichtet ist vnd verrichtet würt, das die leut etwas eusserlichs geprengs ůben on verstandt, on erinnerung jrer sünden vnnd des strengen gerichts Gottes, on lebendig vnd krefftig predig der erloͤsung Christi, on ernstes anhalten zů war Christlichem leben vnd mit der falschen, verderblichen vertroͤstung, wann die leut solich eusserlich geprenge geuͤbet vnd volbracht haben, so werde jnen vor Gott alles übel vnnd schandtlich leben verzigen[9] vnd dennach hie vnnd dort allerlei hilff vnd segen von Gott erworben. Darumb gehe auff[10] solich eusser geprenge, was arbeit, muͤhe vnnd kosten es woͤlle, weil da nit erfordret würdt ein hertzlichs vnd geistlichs ergeben vnnd verlassen auff Gott durch vnsern Herren Jesum Christum, ein warhaffte verleug- | *cxviij/Piiijb* | nung sein selbs, ein ernstes creutzigen vnnd toͤdten des alten Adams mit gantz williger vnderwerffung vnd begebung in dienst aller menschen, der feinden als wol als[11] der freunden, so mage es die boͤß, gotsflüchtige art des alten menschens noch alles ertragen. Nun über das, das diser Gottes dienst die leut bleiben laßt vnnd auch sicheret in jren boͤsen lusten vnd suchten, hat er auch sein fleischliche anreit-

a) Drf. predigiet.

1. Angelegenheiten, Geschäfte.
2. besser, mehr.
3. In welcher Art.
4. diesen genannten.
5. gar nahe: beinahe.
6. verborgen. *Götze*, S. 81.
7. Vermutlich meint Bucer hier den Ablaß, den Papst Leo X. 1515 zur Beschaffung der notwendigen Mittel zum Bau der Peterskirche in Rom gewährte.
8. Abwendung.
9. verziehen.
10. wachse, sprieße, nehme zu. Frühneuhochdt. WB 2, Sp. 436–438.
11. als wol als: so wohl wie.

zung vnd belustigung[1] in dem, das es in disem gotsdienst alles so schoͤn, herrlich vnd lieblich scheinet vnd lautet: Da belustiget[3] die augen der herrliche schmuck mit seiden, sylber, goldt, artlichem[4] gemeld vnd bildwerck, die prachtigen, schoͤnen gepew, das fein ordenlich prangen in den Cerimonien, Die oren haben ir lieblich gesang, jr orglen- vnd ander seitenspil, mit den herrlichen glocken. So dann nun diser gotsdienst dem fleisch so ansichtig[5] vnd lustlich[6] ist, den menschen jre lust vnnd vorhaben nichts[7] betruͤbet vnd sie über das auch vertroͤstet, das man bei Gott dadurch, was man sonst sündige vnd vnrecht thuͤe, abtragen koͤnde, so hat die welt ja wol vrsachen, das sie, solchen Gottesdienst zů verbesseren, nit begere, Sonder mehr, das sie ab[8] aller verbesserung des selbigen hertzlich schewe vnd die hasse.

Paͤpstlicher gottsdienst dem fleisch anmuͤtig[2] vonn seines schoͤnen prachts wegen.

Nun über disen so grossen hauffen sind auch | *cxjx/Qja* | deren allenthalben vil zů vil vnd werden jren[9] durch die Roͤmische lehre vnd exempel taͤglich grewlich mehr, denen alle Religion ein lauter gespoͤt vnd kinderwerck ist, zů weiter[11] nit dienstlich, dann[12] den gemeinen man damit desto baß[13] in gehorsame zů behalten. Weil dann dise die Paͤpstliche superstition[14] als die dem fleisch für sich selb jrer lindigkeit vnd prachts halben anmůtiger, darzů wol dienstlich achten vnnd auch one das ab[15] aller eusseren onruͤwe vnd allem betrieben[16] jres fleischlichen wesens schewen, so legen sich auch dise mit allem ernste wider alle handlung der Reformation, Wie mans an jren vetteren, den Sadduceren[17], auch zů erkennen hatte.

Die anderen feinde der Reformation, die Epicurischen[10], die alle Religion verachten.

1. äußeren Reiz.
2. gefällig, angenehm.
3. ergötzt, erfreut.
4. kunstvollem. Frühneuhochdt. WB 2, Sp. 202.
5. geachtet. Frühneuhochdt. WB 1, Sp. 1451 f.
6. angenehm, ergötzlich. *Grimm* 12 (=VI), Sp. 1347.
7. nicht, in keiner Hinsicht.
8. vor.
9. ihrer.
10. Menschen, die auf materiellen Genuß aus sind. Bucer meint hier wie Luther bewußt herabsetzend und polemisch Intellektuelle, die auf das Diesseitige aus sind, in ihrer kirchenfernen Haltung die Religion als »kinderwerck« verspotten, über die Gläubigen lachen und damit das Christentum von innen her gefährden. *Greschat*, Martin Bucer, S. 136; *Lienhard*, Croyants et sceptiques au XVIe siècle, S. 15–54; *Maron*, Martin Luther und Epikur, S. 29–33 und passim.
11. weiterem.
12. als.
13. besser.
14. Wahnglauben.
15. vor.
16. Betrübnis, Kummer.
17. Anhänger einer konservativen Standespartei der Priester des jüdischen Volkes, die sich ihre alten Vorrechte nicht streitig machen lassen wollten. In ihren Auffassungen waren die Sadduzäer nicht homogen. Flavius Josephus stellt sie seinen hellenistischen Lesern fast als eine den Epikuräern vergleichbare Gruppe von Freigeistern dar. RGG[3] 5, Sp. 1277 f.; TRE 29, S. 589–594.

Vber dise alle sind auch deren leider nit wenig, die sich wol etwan[1] gar[2] ernstlich wider das papstthumb mit worten vernemmen lassen vnnd sich zům Euangeli bekennen, lassens aber fast[3] bei eusserem[4] predig hoͤren, wann es anders[5] so wol gerahtet, bleiben. Diesen were nun auch leid vnd ontreglich[6], das die Christenliche gemeinsame[7] vnnd zucht solte nach dem wort Gottes gentzlich wider angericht vnnd erhalten werden. Nun vnder disen feinden Christlicher reformation allen findet man auch einen zimlichen[8] hauffen deren, die des wetters, wie man sagt, nit kleine | *cxx/Qjb* | macht haben[9] vnnd gar leicht abwenden moͤgen, was jnen nit gemeinet[10] ist.

Weil dann leider deren so vil sind, vnd vnder allerley leuthen vnnd Stenden, vnd auch vnder denen, an derenn raht vnnd macht solche sachen vast[11] hangen, die ware Religion gar nit moͤgen leiden, man geschweige[12], das sie jren[13] mit rechtem eifer begerten, so ist ja kein wunder, das man zů recht fruchtbarer handlung vmb Christliche reformation, wie offt vnd ernstlich die versprochen[14] vnd verabscheidet worden[15], nit komen kan. Das wort des Herren můß je[16] war sein: »Wer nit mit mir ist, der ist wider mich. Wer nit mit mir samlet, der zerstrewet.«[17] Nun kan aber mit dem Herren niemand sein vnd mit jm samlen, er můß sich selb vnd alle welt, nutz, pracht vnnd ehr verleugnen, sein creutz auff sich nemen vnd dem Herren von gantzem hertzen volgen in aller Gottseligkeit[18]. Wie wenig aber nun deren allenthalben seind vnd wie wenig jren[19] in dem ansehen oder in der macht seind, das sie zů solchen großwichtigen sachen gemeiner reformation der kirchen inn diser Nation vil rahten oder helffen moͤgen, sihet vnd erferet man taͤglich. Darumb ist ja dis, das der waren

1. wol etwan: vielleicht einmal.
2. ganz.
3. ganz, völlig.
4. äußerlichem.
5. im übrigen.
6. unerträglich.
7. Gemeinschaft.
8. recht großen.
9. Bei der Abwehr von Unwettern und der Herstellung guten Wetters können Zauberei und Magie der Wettermacher mit frommen Bräuchen verbunden sein. RGG³ 6, Sp. 1670.
10. zugedacht.
11. ganz.
12. geschweige denn.
13. ihrer.
14. gerechtfertigt, verteidigt.
15. Bucer denkt hier wohl an Reformbestrebungen in den einzelnen Diözesen (auch Köln), an die Reformdekrete der päpstlichen Kommissionen von 1535, 1536 und 1537 sowie an die Reformen, die Kardinal Gasparo Contarini 1541 und Kardinal Giovanni Morone 1542 im Auftrag des Papstes in Deutschland durchsetzen wollten. *Lortz*, Die Reformation in Deutschland II, S. 109–129; *Pastor*, Geschichte Papst Pauls III., S. 96–153.
16. immer, jedenfalls.
17. Mt 12,30.
18. Mt 16,24; Mk 8,34.
19. ihrer.

Christlichen Religion so wenig leuthe begeren, Ja, sie so gar wenig erdulden moͤgen auch vnder denen, die jm rahten den groͤsten glauben[1] vnd im thůn die groͤste | *cxxj/Qija* | macht haben, die aller schweriste vnnd schedlichste hindernus an Christlicher Reformation. Vnd ist auch gegen diser hindernus kein ander raht noch hilff überig dann[2] erstlich, das alle gleubigen Gott, vnseren himlischen Vatter, durch vnseren Herren Jhesum Christum auff das aller trewlichst vnd one vnderlaß anrůffen, betten vnd flehen, das er die hertzen vnser Heupter vnd aller, die jnen in disen sachen rahten sollen, woͤlle erleuchten[3] vnd zů seinem lieben sone ziehen, zů dem doch niemandt kommet, er ziehe, lehre vnnd gebe jms[4] dann[5], Auff das sie erkennen vnnd lernen moͤgen, was doch die einige[6] ware Religion vnnd Gottes dienst seie, vnd auch willen vnd liebe darzů gewinnen. Zům andern, das auch alle wargleubigen sich des h. Euangeli nierget[7] beschemen, sonder das vor vnseren Heupteren vnd allenthalben, da es mit frucht geschehen kan, mit aller freudigkeit vnd bescheidenheit[8] bekennen, die schrifften vnd alle lehre der kirchen Christi von dem waren vnd wider den falschen Gottes dienst trewlich allenthalben fürbringen Vnd besonders die Schrifften, die da zeugen, wie Gott aller vermeinter Gottes dienst, der one rew vnd besserung der sünden, on waren glauben an Christum, der durch die liebe zů allen gůten wercken thetig seie, so ein grewlicher grewel ist vnd wie er den mit so erschroͤcklichen plagen rich- | *cxxij/Qijb* | et[9], Auch mit allem ernst vnnd bei allen Stenden nach jedes gepuͤre[10] der kirchen Christi recht forderen vnd auff alles, das in dem verheissen vnd versprochen, mit bestendigem ernst tringen. Zům dritten, das sie auch an jnen selb vnd in allem jrem leben alle ergernüssen vnd alle anzeigen[11], die einen verdacht bringen moͤgen, alß ob jnen selb mit der reformation nit ernst seie, mit hoͤchstem vleis vermeiden vnd das h. Euangeli mit allen vorerzelten[12] waren früchten der Gottseligkeit mit getrewem ernst zieren vnd beforderen. Diß sind ja die einigen[13] mittel, ermeldte[14] schweriste hindernüssen Christlicher Reformation abzůwenden. Darumb alle, die den nammen vnsers Herren Jesu anrůffen, sich auff dise drei mittel des ernsten gebets, des trawen[15] bekennens, lehrens vnd

1. für ihre Ratschläge das höchste Vertrauen.
2. als.
3. Vgl. Eph 1,18.
4. ihm es.
5. Vgl. Joh 6,44.
6. einzige.
7. in keiner Beziehung.
8. Wissen, kluger Einsicht. Frühneuhochdt. WB 3, Sp. 1650.
9. rächt.
10. nach dem jedem Stand gebührenden Anteil.
11. Anzeichen.
12. vorher erwähnten.
13. einzigen.
14. die erwähnten.
15. treuen.

anhaltens[1], auch zeugnüß vnd befürderung durch ein ganz gotselig leben mit dem aller ernsten eyfer begeben vnd legen muͤssen, Nemlich in diser eusseristen not Teutscher Nation, die on Christliche Reformation lenger nit bestehn mage, wie man doch taͤglich sihet vnnd greiffet[2], Dann wir je[3] weder zuͦ gemeinem[4] Rechten vnnd Policei[5] im Reich noch zuͦ gemeiner defension wider den Türcken kommen moͤgen[6], so lang dise zerstoͤrung der Religion weret[7]. Welches reich nun in jm[8] selb also zertrennet ist, das es bey jm | *cxxiij/Qiija* | selb kein recht vnnd gegen seinen feinden kein defension haben kan, wie solte das etwas zeit[9] moͤgen bestohn[10]? So fület man auch daher, das die geisel Gottes, der Türck, jmer wider vnß fürdrucket[a] vnd sich bey vnß kein raht, geschweig etwas[11] thaten dagegen befindet nach so vilem versuͦchen, das sich die Gottes hand wider vnß außgestrecket hat[12], die wir mit nichten dann[13] mit Christlicher Reformation, mit gantz hertzlicher vnd gemeiner[14] bekerung zuͦ jm von vnß moͤgen abwenden. Derhalben ja die eusseriste not hie ist, das bette, lehre, rahte vnd halte an, wem der Herre das gegeben, Vnd das sich alle kinder Gottes an ware, ernste buͦß begeben[15], das der Herre sich doch uber die so kleine bleybe[b][16] seines volcks vmb seines nammens willen woͤlle erbarmen vnd vnsere Heupter vnnd wer jnen zuͦ rahten hat zuͦ sich recht ziehen vnd keren[17] vnnd jnen seine selige wege geben zuͦ erkennen vnd anzuͦtretten. Dann weil der Papst mit seinem anhang in so grewliche, grosse macht vnd gewalt über alle gewaltigen kommen vnnd ob dem gewonlichen vnd dem fleisch one das so anmuͤtigem geprenge seines falschen Gottes diensts so trutzlich vnd verstockt haltet vnd deren so gar nit vil sind, die nach war[18] hertzlichem Gottes dienst fragen, Ja die nit dulden moͤgen, Wa[19] dann der Herre vnseren Heup-

a) Drf. sürdrucket.
b) Drf. oleybe.

1. Beharrens. Frühneuhochdt. WB 1, Sp. 1208 f.
2. wahrnimmt.
3. jedenfalls.
4. allgemeinem, gemeinsamem.
5. Rechtssatzung. Deutsches Rechtswörterbuch 10, Sp. 1110–1116.
6. können.
7. währt, andauert.
8. sich.
9. einige Zeit.
10. Vgl. Mk 3,24 par.
11. irgendwelche.
12. Vgl. Am 9,2.
13. nichten dann: nichts anderem als.
14. allgemeiner.
15. hingeben.
16. den so kleinen Rest.
17. bekehren.
18. wahrhaft.
19. wenn.

te- | *cxxiiij/Qiijb* | ren nit wirt geben ein solichen recht fürstlichen vnnd zů dem reich Christi gantz eyferigen, můtigen geyst, wie er seinen lieben, getrewen dienern Dauidi[1], Hizkie[2], Josie[3], Constantino[4], Theodosio[5] vnnd anderen gottseligen keysern vnd koͤnigen hat gegeben, das sie den Herren auch von gantzem hertzen sůchen vnd lieben vnd sich vmb seinet willen gern in alle můhe, arbeit vnd gefahr stecken vnd ein mal mit rechtem ernst selb das Bůch des gesatzes heruorziehen, nach den alten wegen des Herren fragen, heiligung der waren Priester vnd des tempel Gottes schaffen, ins werck richten vnnd steiff[8] darob halten, So darffe sich niemand getroͤsten, das einige[9] gemeine[10] fruchtbare handlung von Christlicher Reformation konde erlanget, man geschweige[11] zů gůtem ende gebracht werden. Solten dann abermal, nach dem meniglich[12] bekennet, das die Reformation, so lang die Christenheit gestanden, nie so hoch von noͤten gewesen vnd an niemand mehr dann[13] an dem Papst vnd den seinen die religion sachen, disen leuthen zůgefallen, die doch alle deformation vnnd zerstoͤrung der Religion eingefuͤret, gehauffet[14] vnnd biss her vor aller reformation geschutzet haben, abermal nach so vilfaltiger, ernstlicher vertroͤstung vnnd ansetzung[15] vffgeschoben vnd angestellet Oder aber – das noch verderblicher were – jnen[16] selb, denen kein | *cxxv/Qiiija* | tod so erschroͤcklich ist als[17] ein war[18] Christliche, würckliche[19] reformation, übergeben vnd heimgestellet werden – wie sie es mit onmenschlicher onuerschampte[20] noch forderen doͤrffen bei disem liecht Goͤttlicher warheit, bei solchem verstand der waren religion, den Gott in allen nationen hatt erwecket –, So werden wir sonder[21] zweifel, wie in anfang diser erinnerung gemeldet[22], mit

Gemeine reformation in Teutscher Nation mag[6] nit dann[7] durch die Gemeinen Obren der selbigen angerichtet werden.

1. David, König von Israel 1012–972.
2. Hiskia, König von Juda 719–691.
3. Josia, König von Juda 638–608.
4. Konstantinus I. der Große (um 285–337), römischer Kaiser (306–337). TRE 19, S. 489–500.
5. Theodosius I. der Große (347–395), römischer Kaiser (379–395). TRE 33, S. 255–258; LThK² 10, Sp. 50f.
6. kann.
7. nit dann: nur.
8. fest.
9. irgendeine.
10. gemeinsame.
11. geschweige denn.
12. jedermann.
13. als.
14. angehäuft.
15. Unternehmung, Festsetzung.
16. sich.
17. wie.
18. wahrhaft.
19. Wirkung zeigende.
20. Unverschämtheit.
21. ohne.
22. s. oben S. 363,29 bis 364,12.

vnserem endlichen[1] vnd ewigen vndergang vnd verderben erfaren vnnd innen werden, das der Allmechtig Gott vns solchen hon vnd gespoͤt seiner Goͤttlichen maiestet lenger nit würdt vertragen[2]; Dann man das zů allen theilen wol weiß, das Gott ein geyst ist vnd will im geist vnnd der warheit, nit in eusserem gepreng angebetten vnd verehret werden[3]; Jtem, das er auch ein Eiferer vnnd verzerendes fewr[4] ist, der die verachtung seines gesatzes straffet in das dritt vnd vierde geschlecht[5]. So ist auch des Goͤttlichen gesetzes niemand so onwissend, der nit wisse, das alles Gesetz Gottes vnnd Propheten an denen zweien gebotten hangen: »Liebe Gott von gantzem hertzen etc. vnnd deinen Nehisten als dich selb.«[6] Wer solte dann so onuerstendig sein, der dise zwei gepott mit ernst wille ansehen vnnd aller Stenden leben vnd thůn, auch die kirchen uͤbungen dagegen halten, der nit erkennen, ja greiffen[7] solte, wie so gar weit von disen gebotten abkomen seien | *cxxvj/Qiiijb* | wie[8] das gemeine leben vnnd thůn bei allerley leuten vnnd Stenden, also auch die gemeinen kirchen uͤbungen vnd genante[9] Gottes dienste. Dann das freilich ein jeder wol gedencken kan, wa[10] man Gott von gantzem hertzen, gantzer seele etc. liebet[11], das man auch sein wort predigen vnd hoͤren, die h. Sacrament handlen, ausspenden vnd empfahen vnd alle andern ceremonien uͤben vnd geprauchen můss mit der aller hertzlichsten andacht, grundtlichem verstand vnd beharrlichem nachtrachten vnd eifren in allem leben, Das dann auff erden nit leute sind, die dem allen grewlicher entgegen leben vnd handlen dann[12] der Papst vnd sein hauff, das bekennet vnd klaget alle welt. Darumb würt auch das kein vernünfftig mensch anders moͤgen[13] erkennen, wa[14] man disen genanten[15] geistlichen, dem Papst vnd den seinen, die handlung vmb Christliche reformation wider wolte zůstellen[16] vnd jrem Concilio[17] vertrawen, das dis anders nit were, dann die lieben kirchen Christi mit fürwenden[18] jrer hilff vnd besserung in endtlichs[19] verderben vnd vertilgen hingeben Vnd den woͤlffen befelhen, das

1. zeitlichen, endgültigen.
2. (bei uns) ertragen.
3. Vgl. Joh 4,24.
4. Dtn 4,24.
5. Vgl. Ex 20,5; Dtn 5,9.
6. Mt 22,37–40.
7. begreifen.
8. wie … also auch: sowohl … als auch.
9. sogenannte.
10. wenn.
11. Dtn 6,5; Mt 22,37 par.
12. als.
13. können.
14. wenn.
15. sogenannten.
16. zuweisen, anheimstellen.
17. Konzil von Trient (s. oben S. 413, Anm. 13).
18. unter dem Vorwand.
19. endgültiges.

sie solten den schaffen jre hirten reformieren vnd denen ordnung geben, damit die zerstreweten schaff recht versamlet vnd wol geweydet werden moͤchten. Wie dann der liebe Gott sollches hingeben | *cxxvij/Rja* | seiner schaͤfflin zů jrem entlichen vnd ewigen verderben, die er jm[1] zům ewigen heil so theur durch das blůt seines lieben Sons erkauffet hatt, auffnemmen vnd wie erschroͤcklich er das an allen, die daran schuldig, rechen würde, ist allen Gottseligen, die von sollcher rach in den Propheten lesen[2], erschroͤcklich zůgedencken. Derwegen warlich, warlich die hoͤchste zeit ist, das wir alle Gott mit groͤstem ernst anruͤffen vnnd bitten, auch ein jeder darzů thuͤe mit bekennen, mit lehren, mit rahten, mit erinneren, mit forderen, mit ermanen, mit anhalten, mit leben vnnd wercken, das beste[3] ein yeder vermittels Goͤttlicher hilff vermag vnd kan, damit vnsere[a] Heupter[b] vnd wer hie zů rahten vnnd helffen mage recht sehen, erkennen vnd bedencken moͤchten, das wir alle allein in jm, vnserem Gott vnd Heiland, leben, weferen[4] vnd seind[5], das wir allein von seinen gnaden durch seinen lieben Son, vnsern Herren Jesum Christum, alles gůts an leib vnd seele empfahen vnd haben Vnnd das der[6] das hertz forderet vnd daran nit will genůg haben, das wir jm mit worten vnd ceremonien »Herr, Herr« sagen[7], sonder erfordert, das wir jn[8], vnseren Herren vnnd Gott, erkennen von gantzem hertzen, von gantzer seelen vnd allen krefften[9] vnd also auch in vnd mit gantzem leben, Auff das man ein mal auffhoͤre, die Goͤtt- | *cxxviij/Rjb* | liche maiestet mit lehren[10] worten vnd gepreng[11] verhoͤnen, vnd fahe an, zů fragen nach seinen wegen in der warheit vnd mit bestendigem ernst, alle falsche vnd zeitliche[12] hindernus hindan gesetzet[13].

Der Almechtig Gott, vnser himlischer vatter, woͤlle vmb vnsers lieben Herren Christi vnd seiner armen kirchen willen E.[14] keiserl. vnd koͤn. Maiestaten sampt den Churfürsten, Fürsten vnd Stenden des H. Reichs ein waren eyfer für sein arme vnd so übel zerstrewte vnd verlassene herde verleihen, woͤlle sie

a) wohl Drf. vnsern.
b) wohl Drf. heupteren.

1. sich.
2. Vgl. z.B. Jer 46,10; Jes 61,2; Jes 63,4.
3. so gut.
4. hin und her gehen, sich bewegen. *Götze*, S. 224.
5. Vgl. Act 17,28.
6. sc. Gott.
7. Vgl. Mt 7,21.
8. ihn.
9. Ergänze: lieben. – Vgl. Dtn 6,5; Mt 22,37 par.
10. leeren.
11. Zeremoniell.
12. diesseitigen, weltlichen.
13. Satz: nachdem … hintangesetzt ist.
14. Eurer.

fuͤren vnd erhalten, damit sie jnen[1] dise sachen also befolhen vnd angelegen lassen sein, als[2] an deren jr eigen vnd gantzer Teutscher Nation alles zeitlich vnd ewig heil zům hoͤchsten gelegen vnd one deren gottselige eroͤrterung vnd bestellung für dise Nation nichts gůts noch heylsames recht bedacht noch angerichtet werden kan oder mage, Dann wie der Herre alles zeitlich[3] gůt denen überflüßig[4] zů gibt, die sein reich vnd sein gerechtigkeit vor allem begeren vnd sůchen[5], Also wendet er ab vnnd benimmet[6] alles, das man zeitlich begeren mage, denen, die nit nach seinem H. Reich vnnd seiner gerechtigkeit vor allen anderen gescheфften vnnd obligen[7] trachten vnd eyferen, Welche dann erst[8] sein reich vnd sein gerechtigkeit allen anderen gescheфften vnd hendlen nach setzen[9], Ja, so es der Herre jnen gnedig- | *cxxix/Rija* | lich anbeutet vnd sie darzů also vilfeltig vnd ernstlich berůffet vnnd erfordret, zům theil verachten vnnd nit woͤllen annemmen, zům theil auch von jnen[10] stossen vnd verfolgen; Denen benimmet er warlich auch vnd wendet ab alles, das sie zeitlich[11] sůchen vnd begeren sampt dem, das sie meinen zů haben, Vnd volstrecket an jnen das vrtheil, das er in allen seinen Propheten dem alten volck des halben getrawen[12] hat, do es seiner stimm nit gehorchet vnd sein seliges joch zerrisse vnd von sich warffe, Das er auch in der gleichnüß getrawen hatt allen denen, die jm embieten[13]: Wir woͤllenn nicht, das der über vnß hersche[14]. Dauor woͤlle der Barmhertzige Gott E.[15] keis. vnd koͤn. Maiestaten sampt Churfürsten, Fürsten vnd allen Stenden diser Nation gnediglich verhieten.

Christlich erbietten[16] vor der Keis. vnd koͤn. Maiestaten sampt den Churfursten, Fürsten vnd Stenden des Reichs, alles, was hie einbracht, mit aller meiner lehre vnd leben gegen den Coͤlnischen Sophisten[17] vnd aller wiederwertigen Christlicher Reformation durch das wort Gottes vnd alles kirchenrecht zů vertedigen. | *cxxx/Rijb* |

1. sich.
2. wie.
3. irdische.
4. im Übermaß.
5. Vgl. Mt 6,33.
6. nimmt weg.
7. Pflichten. *Grimm* 13 (=VII), Sp. 1113.
8. zuerst.
9. hintansetzen, unterordnen.
10. sich.
11. weltlich, irdisch.
12. angedroht.
13. sagen lassen, zu wissen tun. *Grimm* 3, Sp. 494.
14. Lk 19,14.
15. Eurer.
16. Angebot, Erklärung. *Baufeld*, S. 70.
17. Wortverdreher. Gemeint ist hier Johannes Gropper (s. oben S. 355, Anm. 6).

NVn, aller Gnedigster keiser vnnd koͤnig, Gnedigste vnnd Gnedige Churfürsten, Fürsten vnnd Herren, ich inn diser Erinnerung mit vnnd nach dem H. Gottes wort die Canones, Leges vnnd Schrifften der H. Vaͤtter vil mal angezogen, wie ich auch in anderen Schrifften, die ich zů Latin vnnd Teutsch, zů fürderen Christliche Reformation, lassen außgohn[1], mehr gethon habe, Haben etliche Coͤlnische – die sich doch biß har mit jrem eignen nammen nit genennet, sonder jetz vnder dem namen Deputaten[2], Secundarij Cleri[3], dann auch Primarij[4] vnd des gantzen Cleri – Dagegen in etlichen jren lesterschrifften, von jnen wider mich vnnd meinen berůff[5] in den Stifft Coͤllen außgangen[6], vnd jüngst auch in jrer vermeinten[7] Appellation schrifft[8] wider das Gottselig

Die Coͤlnischen Sophisten geben sich mit jrem eigen nammenn nit herfůr.

1. Der Kölner Reformationsentwurf »Einfaltigs bedencken«, der 1543 in Bonn erstmals im Druck erschien. Beschreibung der Drucke und Edition der Schrift in BDS 11,1, S. 147–432. Das Werk erschien 1545 in Bonn in der lateinischen Übersetzung von Albert Hardenberg (BDS 11,1, S. 151–153 und 160). Die Erste Verteidigungsschrift »Was im Namen des Heiligen Euangeli vnsers Herrenn Jesu Christi ietzund zů Bonn jm Stifft Coͤllen gelehret vnnd geprediget würdt«, die 1543 Bonn erschien. Beschreibung des Drucks und Edition der Schrift in BDS 11,1, S. 19–131. Die von Philipp Melanchthon und Bucer gemeinsam verfaßte Schrift »Christliche vnd ware Verantwortung an den Hochwirdigisten Fürsten vnnd Herren, den Ertzbischoffe vnd Churfürsten zů Coͤln etc. Auff die vnbilliche vnnd falsche Anklag des Rectors vnd Vniuersitet zů Coͤln«, die 1543 in Bonn erschien. Beschreibung des Drucks und Edition der Schrift in BDS 11,1, S. 133–144. Zweite Verteidigungsschrift (Edition in diesem Band, S. 31–247). Bucer meint hier vielleicht auch seine gegen Albert Pighius gerichtete lateinische Schrift »De vera ecclesiarum in doctrina, ceremoniis, et disciplina reconciliatione et compositione …«, Straßburg: Wendel Rihel, 1542. VD 16 B 8929. Exemplare u. a. in Augsburg UB, Augsburg SStB, Basel ÖB, München SB, Paris BNF, Weimar HAAB. Die gegen Bartholomäus Latomus gerichtete lateinische Schrift »Scripta duo adversaria D. Bartholomaei Latomi LL. Doctoris, et Martini Buceri Theologi …«, Straßburg: Wendel Rihel, 1544. VD 16 B 8925. Exemplare u. a. in Augsburg SStB, Göttingen SUB, Jena ULB, Leipzig UB (2 Ex.), Straßburg BMun, Zürich ZB.

2. Abgeordnete.

3. Geistliche des unteren Standes, der niedere Klerus.

4. Geistliche des oberen Standes, der obere Klerus.

5. Berufung.

6. *Bartholomäus Latomus*, »Adversus Martinum Buccerum, de controversijs quibusdam ad religionem pertinentibus, altera plenaque defensio«, Köln: Melchior Novesianus, 1545. VD 16 L 620. Exemplare u. a. in Bonn ULB, München SB, München UB. *Albert Pighius*, »Apologiae adversus Martini Buceri calumnias, quas et solidis argumentis, et clarissimis rationibus confutati«, Mainz 1543. VD 16 P 2746. Exemplare in München SB, München UB, Regensburg SB, Tübingen UB, Wolfenbüttel HAB. *Matthias von Aech*, »Christlich berichtt, war vff zů gruntfestigenn, der standhafftich will bleiben in dem vffrechtigen Christen glauben, mit widerlaͤgung der principalicher articulen der verfůriger lehr Martini Bucers im bůch zů Bon außgegangen …«, Köln: Jaspar von Gennep, [nicht vor 14. Juli] 1543. VD 16 K 2341. Exemplare in Köln UStB, München SB, München UB. Weitere Schriften von Eberhard Billick (s. oben S. 31, Anm. 5), Johannes Gropper (s. oben S. 355, Anm. 6) und Johannes Cochläus (s. oben S. 269, Anm. 2). Vgl. dazu auch *Schlüter*, Die Publizistik (passim).

7. sogenannten.

8. Vermutlich ist hier die Appellation des Kölner Domkapitels vom 8. November 1544 gemeint. Die Adhäsionsschriften sind bei *Schlüter*, Die Publizistik, S. 187–189 (Nr. 47–49) verzeichnet. Vielleicht denkt hier Bucer auch noch an die Appellation des Domkapitels vom 8. Oktober 1544. *Schlüter*, Die Publizistik S. 174 (Nr. 35).

Vor außgegangen antwort Buceri wider die falschen lesterung der Coͤlnischen

Bucerus hat sich erbottenn, vor denen zů Coͤll selb zů verantworten aller seiner lehre vnnd lebens.

vorhaben Christlicher Reformation jres getrewen vatters vnnd Ertzbischoues mit freueler onwarheit neben jren anderen falschen lesterungen geschriben vnnd fürgegeben, Jch krümme vnd verkere den H. Vaͤtteren jre Canones vnd schrifften, ziehe die ontrewlich an. Wie wol ich mich nun diser vnd anderer lesterung, die dise leut von mir außgeschriben, – alß das[1] ich solte falscher vnd verdampter lehre sein, vnnd sonderlich vom H. Sacrament des leibs vnd blůts vnsers Herren Jesu Christi, Solte ge- | *cxxxj/Riija* | lübdbrüchig[2] vnnd mit ongoͤtlicher ehe[3] verwůstet sein, zerstoͤrung vnnd vertilgung des waren Gottes diensts vnd stands der geistlichen einfuͤren etc. – hieuor im Druck[4] mit gründtlicher warheit genůgsam verantwortet habe vnnd dargethon, Das sie die selbigen leut sind, die die H. schrifft, Canones, Leges vnnd der H. Vaͤtter schrifften felschen vnd verkeren Wie auch die gantze Religion Christi, So hab ich mich doch in den selbigen gedruckten Verantwortungen[5] vnd dann auch in besonderen[6] schrifften an das Hohe Capitel zů Coͤllen, an den Raht daselbet vnd Vniuersitet empotten[7], zů jnen gen Coͤllen zů kommen vnnd auch alles, das jemand ab mir zů klagen hette, vor jnen selb zů verantworten Vnd auch zů erweisen, was ich geschriben vnd aus der h. Schrifft vnnd den schrifften vnnd Canonibus der lieben Vaͤtter eingefuͤret vnd angezogen, das ich in dem die gründtliche vnd ewige warheit geschriben, Auch die h. Schrifft, die Canones vnd andere schrifften der h. Vaͤtter inn jrem waren, rechten sinne vnd verstand angezogen Vnd, Got seie lob, mein lehre vnd leben also gefuͤret habe[a], das weder jre Deputaten noch jemand anders mich einiges[8] verdamlichen jrthumbs in der lehre oder lasters im leben vberweisen[9] werden. Dise verhoͤre habe ich aber bei jnen nit erlangen moͤgen. Die brieue, so | *cxxxij/Riijb* | ich des halben

a) Drf. abe.

1. wie zum Beispiel, daß.
2. Bucer wurde am 29. April 1521 von seinen 1508 geleisteten Mönchsgelübde (Profeß bei den Dominikanern) entbunden. *Greschat*, Martin Bucer, S. 44–47.
3. Eheschließung Bucers im Juli oder August 1522 in Landstuhl mit Elisabeth Silbereisen (um 1495–1541), Klosterfrau in Lobenfeld (im Kraichgau). Vermutlich wird Bucer auch wegen seiner raschen zweiten Eheschließung am 16. April 1542 mit Wolfgang Capitos Witfrau Wibrandis Rosenblat- exakt ein halbes Jahr nach dem Tod der ersten Ehefrau – kritisiert. *Ebert*, Elisabeth Silbereisen, S. 50–63; *De Lange*, Martin Bucer, S. 23.
4. Bucer meint hier wohl mehrere Schriften. Vgl. oben S. 441, Anm. 1.
5. s. oben S. 441, Anm. 1.
6. speziellen, eigenen.
7. s. oben S. 441, Anm. 1.
8. irgendeines.
9. überführen. *Grimm* 23 (=XI,2), Sp. 640–642.

an die zů Cöllen geschriben[1], will ich, ob[2] Gott will, auch bald in truck geben[3].

Als ich dann auch auff jüngst gehaltenen Speirischen reichs tage[4] verstendiget[5] warde, wie D. Johann Gropper[6], Scholaster[7] zů S. Gereon[8] zů Cöllen, solte zůvor zů Bonn auff einem landtage[9] vnnd hernaher zů mehrmalen von mir haben außgeben, wie ich jm zů Regenspurg[10] vnd hernaher anders sollte bekennet oder zůgesagt haben, dann ich mich zů Bonn in meinen predigen[11] vnnd anderem thůn bewisen hette, vnd das er des[12] mein handschrifft da von haben solte, Da hab ich den Ehrwürdigsten vnnd durchleüchtigsten, meinen gnedigsten Herren von Cöllen vnderthäniglichst angerůffen vnd gebetten[13], das jr Churf. Gnad. disen mann wolten vermögen[14], so er dis oder was anders wider mich hette, das er mich vor seinen Churf. gnaden vnnd dem Durchleichtigsten hochgebornen, meinem gnedigst. Herren Churfürsten von Brandenburg beschuldigen vnd mein antwort darüber wolte geben lassen. Als aber

Gropperi außgegeben anklage

Gesůchte verhör gegen Groppero

1. Briefe von Johannes Gropper an Bucer vom 10. Oktober 1541, 30. Oktober 1541, 16. April 1542, 8. August 1542 und 7. Januar 1543. Außer diesen Briefen muß es in der Zeit zwischen Oktober 1541 und Januar 1543 mindestens weitere fünf Briefe von Gropper an Bucer gegeben haben. Vgl. dazu *Gropper*, Briefwechsel, S. 225, Anm. 11.

2. wenn.

3. Einige dieser Briefe sind in der Schrift »Von einigen rechten wegen …« abgedruckt (s. oben S. 330–343).

4. Reichstag von Speyer. Er dauerte vom 20. Februar bis zum 10. Juni 1544. *Bizer*, Reformationsgeschichte, S. K 133–135; TRE 28, S. 465; Deutsche Reichstagsakten XV. 1–4.

5. unterrichtet, informiert.

6. Johannes Gropper (1503–1559), Jurist, Theologe und Kirchenpolitiker (s. oben S. 355, Anm. 6).

7. Vorsteher der Klosterschule.

8. Stiftskirche St. Gereon in Köln. Dem Range nach war St. Gereon die zweite Kirche der Stadt und des Bistums. Vgl. dazu *Nattermann*, Die Goldenen Heiligen.

9. Landtag zu Bonn Mitte Juli 1542. Gropper erwähnt seine Teilnahme an diesem Landtag: *Johannes Gropper*, »An die Römsche Keyserliche Maiestat, vnsern Allergedigsten Herren Warhafftige Antwort vnd gegenberichtung, H. Johan. Gröpper, Keyserlicher Rechten Doctor, Canonichen des Dhoms vnd Scholastern zu sanct Gereon zu Cöllen, Vff Martini Buceri Freuenliche Clage vnd angeben wider jm D. Gröpper, in eynem jüngst außgangen Trůck beschehenn«, Köln: Jasper von Gennep, 1545, Bl. vb. VD 16 G 3389. Exemplare u. a. in Augsburg SStB (2 Ex.), Augsburg UB, Köln UStB, Leipzig UB, London BL, München SB (2 Ex.), Paris BNF, Regensburg SB, Wolfenbüttel HAB.

10. Reichstag von Regensburg. Er dauerte vom 5. April bis zum 29. Juli 1541. Dieses Religionsgespräch wurde von Kaiser Karl V. einberufen und geleitet. Die Verhandlungen begannen am 27. April; an ihnen nahmen, vom Kaiser ernannt, Julius Pflug, Johannes Eck, Johannes Gropper, Philipp Melanchthon, Johannes Pistorius (1503–1583) und Bucer teil. *Bizer*, Reformationsgeschichte, S. K 121–125; TRE 28, S. 464 und 659 f.; *Remy*, Die Reichsreligionsgespräche; *Greschat*, Martin Bucer, S. 188–192.

11. Bucer predigte vom 17. Dezember 1542 an im Bonner Münster. *Greschat*, Martin Bucer, S. 196.

12. dafür.

13. Ein Brief Bucers an Hermann von Wied aus dieser Zeit (Frühjahr 1544) ist nicht nachzuweisen.

14. veranlassen.

mein gnedigster Herr von Coͤllen mir das, so viel an seiner Churf. Gna. were, gnediglichst bewilliget[1], war diser man[2] onuersehenlich[3] von Speir hingefaren.[4]

Erbieten Buceri vor die Keis. vnnd Koͤn. Maiestaten vnnd Stende des Reichs

Nun aber es seie in der Regenspurgischen handlung vmb vergleichung[5] Christlicher Religion, zü deren ich durch E.[6] keis. vnnd koͤn. Maie- | *cxxxiij/Riiija* | stat gezogen bin worden, oder in allen dem, so ich zů vor oder hernaher im Stifft Coͤllen vnd sunst gelehret, geschriben vnnd geuͤbet habe, weiss diser mann – dem der liebe Gott woͤlle geben, seine thewre, herrlichen gaben recht zů erkennen vnnd zů geprauchen, – oder alle, die sich zů Coͤllen oder anders wo solliches wissens moͤgen berhůmen, etwas anzůzeigen, da ich nit redlich, nit warhafftig vnnd dem wort Gottes gemås fürgenomen, gelehret, geschriben oder gehandlet oder darinn ich die h. Schrifft, die Canones oder andere schrifften der h. Våtter nit trewlich vnd recht hette angezogen, So embiet[7] ich mich, des vor E.[8] keis. vnnd koͤnig. Maiest. vnnd allen Stenden des h. Reichs oder wen die gemeinlich[9] darzů verordnen, zů verantworten vnd mit grundt der warheit so vil darzůthůn, das alle Christen sollen sehen vnnd greiffen[10], das diese leut mir in allen jrem klagen vnnd lesteren gewalt vnd onrecht thůn Vnd an mir nichts anders hassen vnnd verfolgen, dann das ich nach der geringen maß meines glaubens die so notwendige reformation der kirchen gern wolte helffen befürderen. Erfindet[11] sichs anders, so will ich mich selb aller der straffen gern begeben, die falschen lehrern vnd schrifft felscheren gepuͤret vermoͤge Goͤtliches gesetzes, Canonum vnd Legum. | *cxxxiiij/Riiijb* |

Die Coͤlnischen dörffen nit ans liecht vnd sagenn dann, jnen seie verpotten, mit ketzern zů disputieren.

Werden aber dise leut wie biß har anß liecht onparteischer, redlicher verhoͤre nit woͤllen, sonder sich mit jrem offenbaren felschen der Schrifft, Canonum, Våtter vnnd Legum, als ob jnen die selbigen verpütten[12], mit mir als einem verstockten vnd zancksüchtigen von der Religion zů disputieren, außreden[13], So woͤllen E. keis. vnd koͤn. Maiestaten vnd die anderen Churfürsten, Fürsten vnd Stende erkennen, das die allein das liecht scheuhen vnd fliehen,

1. Ein Brief Hermanns von Wied an Bucer aus dieser Zeit (Frühjahr 1544) ist nicht nachzuweisen.

2. Johannes Gropper fand sich im März 1544 im Auftrag des Grafen Wilhelm von Nassau zum Reichstag in Speyer ein. Am 2. Mai war Gropper noch oder wieder in Speyer. Er blieb aber nicht bis zum Ende des Reichstages (10. Juni 1544) dort, sondern befand sich in dieser Zeit mehrfach auf Reisen. *Lipgens*, Kardinal Johannes Gropper, S. 148 f.; *Gropper*, Briefwechsel, S. 330–332.

3. bereits, unerwartet.

4. abgefahren.

5. Übereinstimmung, Ausgleich.

6. Eure.

7. biete ich mich an.

8. Eurer.

9. üblicherweise.

10. wahrnehmen,erfassen.

11. Erweist, stellt sich heraus.

12. verböten.

13. Vgl. Tit 3,9–10; Sir 8,14.

wie vnser lieber Herre zeuget, deren werck boͤß sind[1]. Dann die H. Schrifft, Canones vnnd Leges verpieten nicht, sonder forderen vnd gepieten, das man alle, die in jrthumb vnd ketzereien ligen, so man sie dazuͦ allein kan vermoͤgen[2], mit allem fleiß des besseren berichten, genuͦgsam hoͤren vnnd, warin sie sich jrren, freuntlich vnderweisen solle. Also haben sich die alten H. Vaͤtter nit allein gegen gemeinen jrrigen, sonder auch gegen den ertzketzern erbotten vnd gehalten. Die ketzer aber, die haben alwegen das liecht solicher handlung geflohen. Des[8] lese man die Acta solicher handlungen in den Concilien vnd sunst mit den ketzeren geuͤbet.

Vide c. 36, 59 et 60 Conciliorum Aphricanorum[4], Opus Breuic. August.[5], 107. Epistolam[6] eiusdem 147[7] et 252[8]

Mit welchen ketzerenn nit zuͦ disputieren

Allein die, so nun genuͦgsam vnd offt gehoͤret, vnderwisen vnnd gelehret seind vnnd doch verstocklich wider die Gemeindenn Gottes mit falscher lehre wuͤten, habenn die lieben Vaͤtter | *cxxxv/Sja* | nach der lehre Pauli[9] gemitten[10] vnd meiden gelehret; Der Apostel sagt ja[11]: Nach dem einer ein mal vnd aber mal vermanet ist. Wie sol aber dise vermanung fruchtbarlich geschehen, wen man einen nit hoͤren vnd berichten[12] wille auff das, das jm vß dem wort Gottes ein vrsach were, auff seiner meinung zuͦ pleiben? Nun, dise weise zuͦ handlen gepeutet die H. Schrifft, das forderen die Canones vnd Leges, des haben sich auch die H. Vaͤtter gehalten gegen den gewißlich jrrigen vnnd ketzeren. Es werden aber weder die Coͤlnischen noch andere widerwertigen Christlicher Refomation mich einiger[13] falschen, jrrigen lehre in vnser H. Religion jmmer mehr[14] moͤgen[15] erweisen[16]. Derhalben jnen das goͤtlich vnnd natürlich vnnd alle geschriben gesetz auch gepietten, das sie mich zuͦr verantwortung auff jr klagen vnd lesteren lassen kommen vnnd das jenige, des sie

1. Vgl. Joh 3,19–20.
2. dazu bringen, überreden. *Lexer* 3, Sp. 182.
3. Registri ecclesiae Carthaginensis excerpta, can. 36, 59 und 60. CChr.SL 149, S. 184 und 196f.
4. *Augustinus*, Breviculus collationis cum Donatistis. Möglicherweise ist das Ende von cap. VIII,12 gemeint. PL 43, Sp. 630f.; CSEL 53, S. 62f.
5. Zählung nach der 1528 in Basel bei Johann Froben erschienenen Ausgabe der Opera Augustins (VD 16 A 4148). *Augustinus*, Ep. CCXVII,30. PL 33, Sp. 989; CSEL 57, S. 424f.
6. Zählung nach der 1528 in Basel bei Johann Froben erschienenen Ausgabe der Opera Augustins (VD 16 A 4148). *Augustinus*, Ep. XXXIII,6. PL 33, Sp. 131; CSEL 34, S. 22f.
7. Einen Brief mit der Nummer 252 gibt es in der 1528 in Basel bei Froben erschienenen Ausgabe 1528, deren Zählung Bucer nennt, nicht. Vielleicht ist Ep. 179,4–9 gemeint. PL 33, Sp. 775–777; CSEL 44, S. 693–696.
8. Dafür (als Beleg).
9. Vgl. Tit 3,10–11.
10. gemieden.
11. Vgl. Tit 3,10–11; Mt 18,15–17.
12. unterrichten.
13. irgendeiner.
14. jemals.
15. können.
16. überführen, (mir) nachweisen.

mich beschuldigen vnd lesteren, wie recht[1], wider mich erweisen[2] vnnd bewehren[3]; Dazů als[4] auch mein antwort erforderet wurdt vermoͤge aller rechten. Es haben aber weder die von Coͤllen noch andere meiner anklaͤger vnnd lesterer in der Religion sich mit mir je in handlung von der Religion, darauß sie hetten vernemmen moͤgen, ob ich zůr lehre der warheit verstocket were, einlassen woͤllen. | *cxxxvj/Sjb* | Solle dann solichen leuten, die so in greiflichen[5] fehlen vnd verkerungen ligen der lehre, der ceremonien vnnd des lebens wider das offenbare Gottes wort, Canones vnd Leges, das zů gegeben werden, das sie moͤgen alle die, so sie vnd andere vermanen zů Christlicher Reformation vnd jnen des halben jre fehl vnd mengel anzeigen, schelten, lesteren vnnd verdammen, wie sie gelust, der selbigen onuerhoͤret[6] vnnd einiges[7] fehls oder lasters onüberwunden[8], Vnd dann, so man sie zů beweisung jrer klage erfordret, fürgeben, Die H. Schrifft, Canones vnnd Leges verpieten jnen, mit solichen leuten zů handlen, Vnnd also erlangen[9], das sie allein einen jeden moͤgen anklagen, was sie anficht, vnnd an jrem klagen nichts bewehren[10] doͤrffen, So würdt es warlich nit allein vmb alle Religion, sonder auch vmb all natürlich recht vnd billigkeit gethon sein.

Die feind Christl. Reformation woͤllen lesterenn, was sie glustet, vnnd nichts beweren.

So vil aber D. Groppern[11] vnnd seine klage wider mich belanget, so mage ich von jm wol sagen, wie im Psalmen steht[12]: Vnd du, mensch, warest nach meinem sinn mein patron vnnd bekanter; suͤssiglich[13] haben wir von dem geheimnüs Gottes geredt vnd seind ins haus des Herren mit einander gangen. Dann von allen denen, die sich noch in Paͤpstlichem thůn eusserlich[14] halten vnd zů volkomener bekantnüs[15] Christlicher Reformation | *cxxxvij/Sija* | sich noch nit ergeben, hab ich nie keinen erfaren, zů dem ich mich mehr Christlicher gleichhelligkeit[16] vnd auch eifers zů würcklicher[17] besserung der Religion versehen[18] hette; Darumb ich auch auff das aller vertrawetist mit jm gehandlet habe. Des gleichen hatt er sich gegen mir erstlich vff dem tag zů Hagnaw[19],

Was gemeinschafft zwischen Groppero vnd Bucero

1. [es] recht [ist].
2. beweisen.
3. (als wahr) belegen.
4. insgesamt, nämlich.
5. gut wahrnehmbaren, handgreiflichen.
6. unverhört, ungeprüft.
7. irgendeines.
8. nicht nachgewiesen.
9. [zu] erlangen.
10. beweisen, als wahr darlegen.
11. s. oben S. 355, Anm. 6.
12. Vgl. Ps 55,14–15.
13. angenehm, freundlich.
14. weltlich, eigenartig.
15. Bekennen.
16. Übereinstimmung. *Grimm* 7 (=IV,1,4), Sp. 8138 f.
17. wirksamer, nachdrücklicher.
18. erwartet, mich darauf gefaßt gemacht.
19. Religionsgespräch in Hagenau. Es dauerte vom 25. Mai bis Anfang August 1540. Zunächst fanden sich die Altgläubigen zusammen, unter ihnen auch Johannes Gropper. Die

dann vff dem gesprecht tag zů Wurms[1], darnach auff dem tag zů Regenspurg[2] vnd hernaher zů Buschoͤuen[3] vnnd Coͤllen in seinem eigen haus[4], auch darzwischen vnd hernaher also freundtlich erzeiget vnd bewisen in worten, wercken vnd schrifften, mich auch bei vilen vnd auch grossen leuthen mehr gelobt vnnd erhaben[5], dann ich bei mir selb ye erkennet habe, das ich alle trew vnnd liebe bei jm gegen mir gemercket vnd befunden. Was nun jhn geendert, weiß Gott vnnd er am besten. So weiß auch Gott vnd alle, die meines gemůts[6] vnd thůns wissen haben, das ich eben des sinnes vnd gemůts in den religion sachen vff den heutigen tag binn, des ich ware, da ich mit disem mann von disen sachen gehandelt habe.

Waruff Bucerus die handlung vmb vergleichung der Religion allwegen[7] gestellet Vnd was er damit gesůchet. | *cxxxviij/Sijb* |

Er, Gropperus, vnnd vil andere seines teyls[8] wissen, das ich jnen alle mal mit hoͤchstem ernst bezeuget habe, das man sich weder mit Gott noch disem theil einiger[9] vergleichung vnd bestendigen fridens habe zů versehen, wa[10] man jres theils nit die drei stuck erlangen moͤge[11]: Erstlich, das die reine Christliche lehre nach dem Wort des Herren allenthalben im Reich frey gange vnnd das klar vnd getrewlich gelehret werde, das wir allein durch vnseren Herren Je-

Evangelischen, unter ihnen auch Bucer, nahmen vom 6. Juni an daran teil. *Bizer*, Reformationsgeschichte, S. K 118f.; *Greschat*, Martin Bucer, S. 182–184; *Neuser*, Die Vorbereitung, S. 15–19; *Remy*, Die Reichsreligionsgespräche.

1. Religionsgespräch in Worms. Es dauerte vom 25. November 1540 bis zum 18. Januar 1541. Beteiligt waren u. a. die Altgläubigen Johannes Eck und Johannes Gropper, von evangelischer Seite Bucer, Wolfgang Capito und Philipp Melanchthon. Der wichtigste Verhandlungsgegenstand war die Rechtfertigungslehre. *Bizer*, Reformationsgeschichte, S. K 119–121; TRE 28, S. 658f.; *Remy*, Die Reichsreligionsgespräche. Über Bucers Beteiligung an diesem Religionsgespräch vgl. *Augustijn*, Die Religionsgespräche, S. 45–48; *Greschat*, Martin Bucer, S. 184–187; *Neuser*, Die Vorbereitung, S. 41–56; BDS 9,1, S. 323–330.
2. Reichstag von Regensburg. Er dauerte vom 5. April bis zum 29. Juli 1541 (s. oben S. 443, Anm. 10).
3. In Buschhoven (im Kottenforst bei Swisttal, in der Nähe von Bonn) befand sich das Jagdschloß des Kölner Erzbischofs. Bucer und Johannes Sturm trafen am 5. Februar 1542 hier ein, Gropper auf Einladung des Erzbischofs wenige Tage später. Vgl. *Varrentrapp*, Hermann von Wied, S. 119; *Sommer*, Hermann von Wied, S. 427; *Simon*, Chronik von Buschhoven.
4. Bucer besuchte Johannes Gropper Anfang Februar 1542 in Köln in dessen Wohnung. *Lipgens*, Kardinal Johannes Gropper, S. 133; *Varrentrapp*, Hermann von Wied, S. 119f.
5. erhoben.
6. Verlangens, Absicht.
7. fortwährend, in jeder Hinsicht, stets.
8. Partei.
9. irgendeiner.
10. wenn.
11. könne.

sum Christum from vnd selig werden, so wir an jn warlich glauben, Nemlich mit solchem glauben, der durch die liebe thåtig seie zů allen gůten wercken. Zům anderen, das die h. Sacrament[a] vnd kirchen gepreuch vnd -uͤbungen der selbigen lehre gemås nach der einsatzung Christi vnnd zu würcklicher[1] befürderung dises glaubens ausgespendet vnd verrichtet werden. Zům dritten, damit man moͤge Priester vnd diener haben eines gůten gewissens, die gemeldte lehre vnnd Sacrament mit allem kirchen dienst trewlich vnd in heiligem, vnstråfflichem leben dem volck darreichen vnd verrichten, das auch die heilig Ehe zůgelassen werde allen denen, die sich zů deren geschaffen vnd berůffen vnd, on die onstraͤfflich zů leben, nit begabet befinden[2]. Das ja dise drei stuck, bei jrem theil zů erlangen, gentzlich von noͤten, habe ich jm allwegen[3] gesagt vnnd bezeuget, | *cxxxjx/Siija* | Welche auch er selb, also von noͤten sein, erkennet vnd, die zů erlangen, zů Regenspurg[4] getrewen fleis angekeret hatt. Wa[5] aber der Herre daß gegeben, das man dise drei stuck vom anderen teil erlanget, als dann so hette ich ja gern darzů geholffen, wie auch noch, das man das überig, so im span[6] sein mage, nach disen gemeldten hauptstücken Christlicher religion als[7] nahe zůsamen getragen vnnd gezogen hette, als es der Herr hette woͤllen geben, Vnd das in dem übrigen, so noch[8] der zeit sich nit hette zůsamen woͤllen bringen lassen, ein kirch die andere in Christlicher liebe vnd gemeinschafft geduldet hette, Wie es dann – als auch oben gemeldet[9] – in solchen dingen, so in h. Schrifft nit ausdrucklich gepotten, in den kirchen Christi von anfang nie gleich gehalten ist worden.

Warin die kirchen einander dulden sollen.

Weiters hab ich weder disem noch einigem[10] mann auff erden ye vertrőstung von Christlicher vergleichung mit vnserem theil gethon oder auch koͤnden oder sollen thůn. Dann was were das für ein vergleichung in der religion, dadurch etwas der waren, gesunden lehre Christi vnnd den Christlichen breuchen der Sacramenten vnd kirchenuͤbungen solte abgebrochen[11] oder daran verduncklet werden?

Alle handlung vmb Christliche vergleichung der religion hab ich allwegen[12], allein in den zweyen stück- | *cxl/Siijb* | en stehn, erkennet[13]:

Handlung vmb Christliche vergleichung der Religion steht in zweien stucken.

a) Drf. Scarament.

1. wirksamer.
2. halten.
3. stets.
4. Reichstag von Regensburg 1541 (s. oben S. 443, Anm. 10).
5. Wenn.
6. Zwist.
7. als … als: so … wie.
8. nach.
9. s. oben S. 373,12 bis 374,3 und 411,4–13.
10. irgendeinem.
11. weggenommen, zerstört.
12. stets, fortwährend.
13. beurteilt.

Das erste, das die war gleubigen vnnd gotsfoͤrchtigen, mit welchen dann ein Christliche vergleichung in der religion allein gemacht werden kan, durch Christliche, freundtliche vnderrede sich der weisen vnd frommen[a] vergleichen[1], die notwendigen stuck Christlicher lehre zů bekennen vnd zů lehren, Das yeder teyl den anderen recht verstehn vnnd seine lehre dem glauben auffbewlich[2] erkennen moͤchte. Dann alle ware kinder Gottes, mit denen von der Religion mage fruchtbarlich gehandlet werden, můssen im grund aller notwendigen articul vnsers Christlichen glaubens zů vor eins sein, sunst weren sie ye nit ware Christen. Aber das kan wol kommen, das solche ware Christen, die im grund aller notwendigen artickel vnnd ůbungen[b] vnser Christlichen religion eins seind, noch[3] dennoch nit alles in sollichen articulen recht von einander verstehn oder auch selb außsprechen, bekennen vnnd lehren; Da her offt kommet, das sie sich der formen vnnd massen der reden, wie jede lehre am besserlichsten[4] für zů geben seie, nit als bald vergleichen koͤnden, Als[5] inn der lehre vom glauben vnnd gůten wercken, Von der gnaden Gottes vnd der natur seind allerley reden, durch die ein theyl sorget, es werde der natur vnd den gůten wercken zů vil vnd | *cxlj/Siiija* | dem Glauben vnnd der gnaden zů wenig zůgegeben. Ein ander rede ist, da der ander theil foͤrchtet, man verkleine damit die natur vnd werck mehr, dann recht seie, vnnd mache die leut durch das erheben der Gnaden vnnd des glaubenß[6] auff die Gnaden Gottes vermessen vnd an gůten wercken fahrlessig. Dergleichen missuerstand von wegen der worten vnnd sorge der jrthumben, die darunder dargegeben moͤchten werden auß mangel, nit gleicher bekantnüs vnd weise zů lehren, halten sich auch inn anderen lehren, das die waren Christen einander nit so bald recht verstehn Oder auch jeder teil des anderen theils reden als füglich[7] vnd besserlich auffnemen kan. Wa[8] aber Gott gebe, das solliche zů rechtem, Gotseligen, freundtlichen gespreche gepracht moͤchten werden, wurden[9] sie sich auch der reden im bekennen vnd dargeben aller notwendigen articul vnser Christl. Religion, so vil nemlich zů war Christl. vereinigung vnd gemeinschafft der kirchen von noͤten, leicht vnd wol vergleichen.

Jn notwendigen stuckenn der Religion solle man gleichen verstandt vnd rede sůchen.

Zům anderen tregt sich auch dis vnder den waren Christen zů, das ein theil ettliche gepreuch von den onnoͤtigen freien, gepreuchen zů der Gottseligkeit

Jn onnoͤtigen stukkenn der Religion solle man gleicheit sůchen vnnd ongleicheit dulden.

a) Drf. formmen.
b) Drf. ůbungnn.

1. verständigen.
2. [als] aufbauend.
3. eben, zur gleichen Zeit.
4. förderlichsten.
5. wie zum Beispiel.
6. Vertrauens.
7. rechtmäßig.
8. Wenn.
9. würden.

forderlich[1], der ander theil nit forderlich achtet, inn dem ist dann das ander werck Christlicher vergleichung zů uͤben, das sich die Christen | *cxlij/Siiijb* | solcher nit noͤtigen uͤbungen halben zůsamen rucken, so weit sie koͤnden, vnnd inn den überigen mass treffen[2], wie ferre[3] sie einander im Herren bey ongleichheyt sollcher gepreuchen gedulden woͤllen vnd sollen, Des sich auch alle waren Christen in Gotsfoͤrchtigem, vertrawten, freundtlichen gesprech sonder[4] muͤhe koͤnden vergleichen. Dann alle die Christi seind, durch[5] den einigen geist Christi leben, gefuͤret vnd getriben werden. Der fuͤret vnd leitet sie inn alle warheyt, treibet[6] vnd haltet sie als glider eines leibs zůsammen[7], Wenn sie sich zům Herren recht koͤren[8] vnd jn vmb disen geist mit ernst bitten.

Auß diser vrsachen hette ich ja gern allemal, so vil an mir gewesen, helffen forderen vnd noch[9], das die waren kinder Gottes, die sich in der Religion noch nit eins erkennen, sich in Christliche handlung mit einander hetten begeben vnd nach[10] begeben, Hab mich derhalben gegen allen, da bei ich ein forcht Gottes vermerckt oder verhoffet, in aller demůt vnd gelindigkeit vernemmen lassen, die reden vnsers theils, die ich vername, von solichen nit wie bey vnß verstandenn oder aber für ergerlich gehalten werden, erklåret vnd gelinderet. Diß aber hab ich warlich gethon, allein Christliche vergleichung vnnd gemeinschafft mit waren Christen zů befordren vnd die grewliche er- | *cxliij/Tja* | gernüß schwebender[11] spaltung abzůwenden, vnd gar nicht, jemand damit zů betriegen vnd hinder das liecht zů fuͤren, wie mir die Coͤlnischen wider die warheit zůlegen. Jch were auch alwegen[12] fro gewesen vnnd noch, das ich mit dem war Gotsfoͤrchtigen gemeldte vergleichung inn den notwendigen articulen Christlicher Religion hette finden moͤgenn oder noch finden moͤgen oder noch finden moͤchte[13], ob ich gleich in den onnoͤtigen ein zeit lang etwas dulden muͤste, das ich vil lieber anders sehe. Dabey aber hab ich darumb nit moͤgen[14] das volkomner, das der Herre vnseren kirchen verluhen, dem onuolkomneren auff jenem theyl nachsetzen[15] oder auch, das ander zů thůn, lehren.

1. förderlich.
2. das Ausmaß festlegen.
3. weit.
4. ohne.
5. [die] durch.
6. Joh 16,13.
7. Vgl. I Kor 12,13.
8. kehren.
9. dazu noch, erst recht.
10. noch.
11. andauernder, noch nicht entschiedener. Vgl. *Grimm* 15 (=IX), Sp. 2377–2379.
12. in jeder Hinsicht, stets.
13. könnte.
14. können.
15. hintansetzen.

Derwegen mein wunsch, beger vnd handlungen in disen sachen alwegen dahin gerichtet gewesen vnnd nach, wa[1] der Herre vnß in den vermeldten dreyen hauptstucken zůsammen hette geholffen oder noch helffen wolte, das wir dann in den übrigen wol auch allen fleiß ankereten[2], als[3] nahe zůsammen zůrucken, alß Gott vnß jmmer wolte verleihen, Auch deßhalben ye[4] über ein jar oder zwey gesprech vnd handlung dauon fürnemmen vnd hielten, Dann der Herre nach erlangter vergleichung in haupt- vnd notwendigen stucken die gemůtter gewißlich jmmer naͤher zůsammen | *cxliiij/Tjb* | neigen vnd fuͤgen vnd das liecht seines worts jmmer heller in den hertzen wurde scheinen lassen, da mit sie selb als[5] naͤher zůsammen begerten vnnd auch jmmer einander besser verstehn vnd zůr volkommen[a] einigkeit einander die handt bietten koͤnten. Was aber sich je[6] noch nit zů gantz gleichem geprauch wolte bringen lassen, in dem hab ich keine andere vergleichung ye zů bewilligen[7] gewüßt vnd weyß sie noch nit zů bewilligen, dann[8] das die kirchen, denen der Herre gegeben, in solichen gepreuchen seinem wort naͤher zůkommenn, bey solichen theuren gaben Gottes steyff[9] bleybenn vnd dapffer fürtfaren Vnd die jenigen, die noch derzeyt so nahe nit kommen sind, noch kommen moͤgen[10], aber doch in haupt- vnd notwendigen stucken in warer einigkeit mit vnß verharrenn, bey jren gepreuchen in Christlicher liebe vnd gemeinschafft dulden, auch zů taͤglichem fortfaren in besserung alles des, so nach dem wort Gottes besserung bedarffe, freündtlich vnnd trewlich, wa[11] mit sie koͤndten, anreitzen vnd beforderen. Das ist, Gott lob, mir in meinen sinn nie kommen, das man solte vmb vergleichung willen der kirchen einige[12] warheit Christi vertuncklen oder einigen[13] gůten gebrauch zům mißbrauch verenderen. Jch weiß wol, das man, gůts zů erlan- | *cxlv/Tija* | gen, nit boͤses, sonder gůts thůn můß, Das auch war Christliche vergleichung vnd Reformation nit mit verduncklen der warheit noch mit wider annemmen der mißbreuchen oder abthůn gůter gepreuchen, sonder allein mit weiter erklaͤrung der warheit vnd bestendigem fürtfaren in anrichtung[14] Gottseliger gebreuche vnnd abschaffung der ongottseligen

Wie weit vnd mit was massen Bucerus Christliche vergleichung gesůchet.

a) Drf. vol volkommen.

1. wenn.
2. daran wenden.
3. als … alß: so … wie.
4. jedenfalls, wenigstens.
5. jeweils.
6. jedenfalls, jemals.
7. billigen, genehmigen.
8. als.
9. beständig, fest.
10. können.
11. wo.
12. einzige.
13. irgendeinen.
14. Einführung. Frühneuhochdt. WB 1, Sp. 1375.

Rom. 15[1]; 1. Cor. 8[9–13] befordret mage werden. Mit dem H. Apostel Paulo wolte ich woll[1] nit allemal alle scrupel vnnd spitzige disputation bey den schwachen im glauben bewegen noch alle onordnung eins mals antastenn, Sonder alle mal das noͤtigest zůr Gottseligkeit zům ersten sůchen vnnd beforderen. Dabey aber seye ferre[2] von mir, das ich solte etwas boͤses gůt oder gůts boͤß machen, die besserliche[3] warheit an einigem[4] ort verschweigen oder vertuncklen oder auch einigem mißbrauch fürschub[a] thůn vnd gůtem geprauch abstehn[5] oder das anderen rahten.

Solicher meinung vnd massen vnnd keiner anderen hab ich mit D. Gropper vnnd anderen vmb vergleichung der Religion gehandlet. Weiß aber er oder jemand anders etwas anzůzeigen, darin ich weiter gangen oder mehr nachgeben oder jemand vertroͤstet habe, der zeige es an, bring auch herfür, was schrifften er von mir habe. Jch wil dennoch mit denen brieuen, die mir | *cxlvj/Tijb* | von solichen geschriben sind, das gesetz warer freundtschafft halten; Allein man lass mich auch zů verantwortung komenn, vnderstande nit alle lesterung auff mich aus zůschütten vnnd dann daruon zůlauffen vnnd zůsagen: Sie doͤrffen nit mit mir vnd meins gleichen als ketzern reden vnd disputieren. Das ist in der kirchen Christi, ja auch bei allen, die natürlich billicheit[6] noch behalten, onverhoͤret[7], das ergest[8] auff die leut klagen vnnd sie darüber nit hoͤren woͤllen noch die klage beweren[9]. Wa bleibet: Man hoͤre auch den anderen theil?, Jtem: die letste rede solle des beklagtenn sein, Jtem: so der klaͤger sein klag nit bewere[10], solle man den beklagtenn ledig[11] sprechen. Oder darff[12] es gegen der hoͤchsten, schweristen klagen gefelschter religion vnnd empoͤrung inn Christlicher gemeinden nit so vil billicheyt als gegen anderen geringen klagen?

Aber weil E.[13] keyserliche Maiestat sampt den Stenden des Reichs fridliche vnnd Christliche handlung vmb vergleichung vnnd besserung Christlicher Religion auff disem tag[14] so dapffer verheissen, sollche handlung auch vns

a) Drf. fürschhub.

1. wohl.
2. fern.
3. förderliche.
4. irgendeinem.
5. abstehen (von), (sich) abwenden (von).
6. Gerechtigkeit.
7. unerhört.
8. auf das Ärgste.
9. beweisen.
10. beweist.
11. frei.
12. bedarf.
13. Eure.
14. Reichstag von Speyer. Er dauerte vom 20. Februar bis zum 10. Juni 1544. *Bizer*, Reformationsgeschichte, S. K 133–135; TRE 28, S. 465; Deutsche Reichstagsakten XV.1–4. Viel-

Deutschen zům hoͤchsten von noͤten ist, So sollen wir vnß zů E. keyserlichen vnd koͤniglichen Maiestaten vnd Stenden des Reichs alle, die Christliche besserung zů allen theylen von hertzen begeren, des bil- | *cxlvij/Tiija* | lich getroͤsten, das sie ein mal dise sach, an deren doch gantzer Deutscher Nation zeitliches vnnd ewigs heyl vnnd verderben staht, ans liecht recht Christlicher verhoͤre vnnd eroͤrterung kommen lassen Vnnd auch vnserem theil einmal ein rechtmåssige, gepuͤrende verhoͤr vergoͤnnen, Sich des, das der gegentheyl[1] nun ob den zwentzig jaren[2] vber vns, wider alle warheyt klaget vnnd lesteret, mit grund der warheit zů verantworten Vnnd hinwider auch vnsere klagen wider die widerwertigen vnnd feind der Christlichen Reformation zůbeweren, Vmb welche verhoͤre wir nun so lang gepetten vnnd angerůffen haben vnd noch jmmer bitten vnnd anrůffen vmb des heyligen namens vnnd kirchen willen vnsers herren Jesu Christi. Hie zů sollen, ob[3] Gott will, E. keis. Maiest. die hieuor eingefuͤrten schrifften vnd vrsachen mit den Christlichen exempeln der recht gottselige keisern Constantini[4], Theodosij des elteren[5] vnd jüngeren[6], Valentiniani des dritten[7], Martiani[8], Justiniani[9], Caroli Magni[10] vnd anderer mehr bewegen vnd vermoͤgen, dann[11] sie davon das falsche fürgeben[12] vnd drewen[13] des Papstes vnd seines hauffen abwenden oder abschrecken moͤge. So man dann in dem des Herren wort volgen wirt, so wirt er auch selb | *cxlviij/Tiijb* | bei der sachen sein vnnd seine selige wege allen denen, die sie zů wandlen begeren, bald zů erkennen geben vnd sie fuͤglich[14] darauff leiten.

Dis woͤlle er vnser einiger[15] Heyland, Ertzhirt[16] vnnd himmlischer meyster

leicht meint Bucer hier aber den Reichstag von Worms. Dieser dauerte vom 15. Dezember 1544 bis zum 4. August 1545. *Bizer*, Reformationsgeschichte, S. K 137–140; TRE 28, S. 465; *Kannengiesser*, Der Reichstag zu Worms vom Jahre 1545.

1. gegnerische Partei.
2. gut zwanzig Jahre.
3. wenn.
4. Konstantinus I. der Große (um 285–337), römischer Kaiser (306–337). TRE 19, S. 489–500.
5. Theodosius I. der Große (347–395), römischer Kaiser (379–395). TRE 33, S. 255–258; LThK² 10, Sp. 50f.
6. Theodosius II. (401–450), Enkel Theodosius' I., oströmischer Kaiser (408–450). LThK² 10, Sp. 48.
7. Valentinianus III., Flavius Placidus (419–455). Er kämpfte als Kaiser (424–455) gegen soziale Ungerechtigkeiten im römischen Reich an. LThK² 10, Sp. 601.
8. Martinianus, römischer Kaiser im Jahre 324.
9. Justinianus (ca. 483–565), byzantinischer Kaiser (483–565). TRE 17, S. 478–486.
10. Karl der Große (768–814), König der Franken, römischer Kaiser (800–814). TRE 17, S. 644–649.
11. als.
12. Behaupten.
13. Drohen.
14. schicklich, wie es sich gehört.
15. einziger.
16. Vgl. I Petr 5,4.

seiner armen, zerstöreten gemein gnediglich verleihen vnnd E.[1] keis. vnd koͤn. Maist. sampt allen heupteren vnd Oberen Deudscher nation dazů vnd zů aller seligen verrichtung jres ampts gnediglich bewaren, fuͤren vnnd segnen. Amen.

CHRISTVS MATTH. XI[28–30]:
»Kommet her zů mir alle, die jr muͤheselig vnd beladen sind; Jch will euch erquicken. Nemet auff euch mein joch vnnd lernet von mir; Dann ich bin sanfftmůtig[a] vnd von hertzen demůtig; So werdet jr růge[2] finden fůr euwere seele. Dann mein joch ist sanfft, vnnd mein last ist leicht«.

IEREMIAE VI[16]:
»Trettet auff die wege vnd schawet vnd fraget nach den vorigen wegen, welcher der gůt wege seie, vnd wandlet drinnen, so werdet jr růge finden euweren seelen«.

Gedruckt zů Straßburg bey Crafft Müller. Anno M.D. XLV.

a) Drf. sanffmůtig.

1. Eure.
2. Ruhe.

Bibelstellenregister

Zitate und Belege

Personenregister

Ortsregister

Sachregister

Literaturverzeichnis

ACO II: Acta conciliorum oecumenicorum, Bd. II/1–6, hg. von Eduard Schwartz, Berlin 1932–1938.

ADB: Allgemeine Deutsche Biographie, Bde. 1–56, Leipzig 1875–1912.

Altaner/Stuiber, Patrologie: *Berthold Altaner/Alfred Stuiber*, Patrologie. Leben, Schriften und Lehre der Kirchenväter, Freiburg, Basel, Wien 1978.

Altenstaig/Tytz, Lexicon: *Joannes Altenstaig/Joannes Tytz*, Lexicon Theologicum, Köln 1619; Nachdr. Hildesheim, New York 1974.

Ambrosius, De officiis ministrorum (ed. Testard): *Saint Ambroise*, Les devoirs. Texte établi, traduit et annoté par Maurice Testard, Paris 1984/1992 (CUFr).

Analecta Hymnica: Analecta Hymnica medii aevi (AHMA), hg. von Guido Maria Dreves, Bde. 1–55, Leipzig 1886–1922; Nachdr. Frankfurt/M. 1961.

Angenendt, Geschichte der Religiosität im Mittelalter: *Arnold Angenendt*, Geschichte der Religiosität im Mittelalter, Darmstadt 1997.

Angenendt, Heilige und Reliquien: *Arnold Angenendt*, Heilige und Reliquien. Die Geschichte ihres Kultes vom frühen Christentum bis zur Gegenwart, München 1994.

Angenendt, Missa specialis: *Arnold Angenendt*, Missa specialis. Zugleich ein Beitrag zur Entstehung der Privatmessen, in: FMSt 17 (1983), S. 153–221.

Anselmus, Opera: S. Anselmi Cantuarensis Archiepiscopi Opera omnia, ad fidem codicum recensuit Franciscus Salesius Schmitt, 2 Bde., Stuttgart/Bad Cannstatt 1968.

Antonius de Rosellis, Monarchia seu tractatus: *Antonius de Rosellis*, Monarchia seu tractatus de potestate imperatoris et papae. A cura di Giacomo Perticone, Bologna 1944 (Scritti politici italiani, Bd. 10).

ARC: Acta Reformationis Catholicae ecclesiam Germaniae concernentia saeculi XVI. Die Reformverhandlungen des deutschen Episkopats von 1520–1570, hg. von Georg Pfeilschifter, Bde. I-VI, Regensburg 1959–1974.

Arntz, Die ehemaligen Kirchen: *Ludwig Arntz*, Die ehemaligen Kirchen, Klöster, Hospitäler und Schulbauten der Stadt Köln, Köln 1937 (Die Kunstdenkmäler der Rheinprovinz, hg. von Paul Clemen, Erg.-Bd. VII.3); Nachdr. Düsseldorf 1980.

Athanasius, Werke: *Athanasius*, Werke. Im Auftrag der Kirchenväter-Kommission der Preußischen Akademie der Wissenschaften hg. von Hans-Georg Opitz, Bd. 3: Urkunden zur Geschichte des Arianischen Streites, Berlin 1934–1935.

Augustijn, Die Religionsgespräche: *Cornelis Augustijn*, Die Religionsgespräche der vierziger Jahre, in: Die Religionsgespräche der Reformationszeit, hg. von Gerhard Müller, Gütersloh 1980 (SVRG, Bd. 191), S. 43–53.

Backus, Bucer's view of Roman and Canon Law: *Irena Backus*, Bucer's view of Roman and Canon Law in his exegetical writings and in his Patristic Florilegium, in: Martin Bucer und das Recht. Beiträge zum internationalen Symposium vom 1. bis 3. März 2001 in der Johannes a Lasco Bibliothek Emden, hg. von Christoph Strohm unter Mitarbeit von Henning P. Jürgens, Genf 2002 (THR 361), S. 83–99.

Barbel, Gregor von Nazianz: *Joseph Barbel*, Gregor von Nazianz. Die fünf theologischen Reden [Test. 3], Düsseldorf 1963 (SC 250).

Baufeld: *Christa Baufeld*, Kleines frühneuhochdeutsches Wörterbuch, Tübingen 1996.

Baum, Capito und Butzer: *Johann Wilhelm Baum*, Capito und Butzer, Straßburgs Reformatoren. Nach ihrem handschriftlichen Briefschatze, ihren gedruckten Schriften und anderen gleichzeitigen Quellen dargestellt, Elberfeld 1860 (LASRK III).

Bautz: *Friedrich Wilhelm Bautz*, Biographisch-bibliographisches Kirchenlexikon (BBKL), Bde. 1–18, Hamm 1975–2001.

BCor: Correspondance de Martin Bucer, hg. von Jean Rott, Bde. 1 ff., Leiden 1979 ff.

BDS: Martin Bucers Deutsche Schriften, hg. von Robert Stupperich u. a., Bde. 1 ff., Gütersloh 1960 ff.

Beckmann, Johann Gropper: *Josef Hermann Beckmann*, Johann Gropper, in: Westfälische Lebensbilder. Im Auftrage der Historischen Kommission des Provinzialinstituts für westfälische Landes- und Volkskunde hg. von Otto Leunenschloß, Hauptreihe Bd. 4. Aloys Bömer zum fünfundsechzigsten Geburtstag, Münster/W. 1933, S. 62–77.

Beissel, Die Verehrung der Heiligen: *Stephan Beissel*, Die Verehrung der Heiligen und ihrer Reliquien in Deutschland im Mittelalter, Freiburg i. Br. 1890/1892; Nachdr. Darmstadt 1976.

Benzing, Die Buchdrucker: *Josef Benzing*, Die Buchdrucker des 16. und 17. Jahrhunderts im deutschen Sprachgebiet, Wiesbaden [2]1982 (Beiträge zum Buch- und Bibliothekswesen, Bd. 12).

Berg, Reformationsgeschichte: *Johann Peter Berg*, Reformationsgeschichte der Länder Jülich, Cleve, Berg, Mark, Ravensberg und Lippe, hg. von Ludwig Troß, Hamm 1826.

Bernhard von Clairvaux, Opera: S. Bernardi Opera, hg. von J. Leclerq/C. H. Talbot/H. M. Rochais, 8 Bde., Rom 1957–1976.

Bernhard von Clairvaux, Sämtliche Werke: *Bernhard von Clairvaux*, Sämtliche Werke, lateinisch/deutsch, hg. von Gerhard B. Winkler, 9 Bde., Innsbruck 1990–1999.

Bibliotheca sanctorum: Bibliotheca sanctorum. Enciclopedia dei santi. Istituto Giovanni XXIII nella Pontificia Università Lateranense, 12 Bde., Ro, 1961–1970.

Bizer, Reformationsgeschichte: *Ernst Bizer*, Reformationsgeschichte 1532 bis 1555, in: *Franz Lau/Ernst Bizer*, Reformationsgeschichte Deutschlands bis 1555, Göttingen [2]1969 (KIG 3), S. K 67–170.

BM: British Museum: General catalogue of printed books. Photographie ed. to 1955, Bde. 1–263, London 1965–1966.

BN: Catalogue général des livres imprimés de la Bibliothèque Nationale. Auteurs, 231 Bde., Paris 1897–1981.

BOL: Martini Buceri Opera Latina, hg. von François Wendel u. a., Bd. 15/1.2, Paris/Gütersloh 1955; Bde. 1 ff., Leiden 1982 ff.

Borchling-Claussen: *Conrad Borchling/Bruno Claussen*: Niederdeutsche Bibliographie. Gesamtverzeichnis der niederdeutschen Drucke bis zum Jahre 1800, Bde. 1–3, Neumünster 1931–1957.

Bosbach, Köln: *Franz Bosbach*, Köln. Erzstift und Freie Reichsstadt, in: Anton Schindling und Walter Ziegler (Hg.), Die Territorien des Reichs im Zeitalter der Reformation und Konfessionalisierung. Land und Konfession 1500–1650, Bd. 3: Der Nordwesten, Münster 1991 (KLK 51), S. 58–84.

Brandi, Kaiser Karl V.: *Karl Brandi*, Kaiser Karl V. Werden und Schicksal einer Persönlichkeit und eines Weltreiches, München [5]1959.

Braun, Das kirchliche Vermögen: *Johann Bapist Braun*, Das kirchliche Vermögen von der ältesten Zeit bis auf Justinian I. mit besonderer Rücksicht auf die Verwaltung desselben gegenüber dem Staate. Habilitationsschrift, Gießen 1860.

Braun, Liturgisches Handlexikon: *Joseph Braun*, Liturgisches Handlexikon, Regensburg 1924; Nachdr. München 1993.

Braunisch, Johannes Gropper: *Reinhard Braunisch*, Johannes Gropper zwischen Humanismus und Reformation. Zur Bestimmung seines geistigen Standorts bis 1543, in: RQ 69 (1974), S. 192–209.

Braunisch, Die Theologie der Rechtfertigung: *Reinhard Braunisch*, Die Theologie der Rechtfertigung im «Enchiridion» (1538) des Johannes Gropper, Münster/W. 1974.

Brecht, Martin Luther: *Martin Brecht*, Martin Luther, 3 Bde., Stuttgart 1981–1987.

Browe, Die Pflichtkommunion: *Peter Browe*, Die Pflichtkommunion im Mittelalter, Münster/W. 1940.

Bruck, Erbrecht: *Eberhard F. Bruck*, Kirchenväter und soziales Erbrecht. Wanderungen religiöser Ideen durch die Rechte der östlichen und westlichen Welt, Berlin/Göttingen/Heidelberg 1956.

Burnett, Martin Bucer and the church fathers: *Amy Nelson Burnett*, Martin Bucer and the church fathers in the Cologne Reformation, in: Reformation and Renaissance review. Journal of the Society for Reformation Studies 3 (2001), S. 108–124.

CAO: Corpus Antiphonalium Officii, hg. von Renato-Joannes Hesbert. Vol. IV. Responsoria, Versus, Hymni et Varia, Rom 1970.

CChr.SL/SG: Corpus Christianorum, Series Latina, Bde. 1 ff., Turnhout 1953 ff.; Series Graeca, Turnhout 1977 ff.

Chisholm, The Pseudo-Augustinian Hypomnesticon: *John Edward Chisholm*: The Pseudo-Augustinian Hypomnesticon against the Pelagians and Celestians. Volume II. Text edited from the Manuscripts, Fribourg 1980.

Clemen, Briefe aus der Reformationszeit: *Otto Clemen*, Briefe aus der Reformationszeit, in: ZKG 31 (1910), S. 300–323.

Cod.: Corpus Iuris Civilis, Bd. 2: Codex Iustinianus, recognovit et retractavit Paulus Krueger, Dublin/Zürich [15]1970.

Cohrs, Die evangelischen Katechismusversuche: *Ferdinand Cohrs*, Die evangelischen Katechismusversuche vor Luthers Enchiridion, 5 Bde., in: MGP 20–23.39, Berlin 1900–1907; Neudr. Nieuwkoop 1970.

Concilia (1551): Conciliorum omnium tam generalium quam partcularium, quae iam inde ab apostolis in hunc usque diem celebrata, ex vetustissimis diversarum Regionum Bibliothecis haberi potuerunt, in tres nunc tomos recentem multorum additionem divisa. Bde. I-III. Köln 1551.

Concilium Basiliense: Concilium Basiliense. Studien und Dokumente zur Geschichte der Jahre 1431–1437, hg. von Johannes Haller, Basel 1896 (Concilium Basiliense. Studien und Quellen zur Geschichte des Concils von Basel, Bd. I: Studien und Dokumente 1431–1437).

Constitutions apostoliques III: Les Constitutions apostoliques, Tome III. Livres VII et VIII. Introduction, texte critique, traduction et notes par Marcel Metzger, Paris 1987 (SC 336).

CR: Corpus Reformatorum, Bde. 1–28: Philippi Melanchthonis opera quae supersunt omnia, hg. von Carl Gottlieb Bretschneider und Ernst Bindseil, Halle-Braunschweig 1834-1860; Nachdr. Frankfurt/M. 1963.

CR 33: Corpus Reformatorum, Bd. 33: Ioannis Calvini opera quae supersunt omnia V, Braunschweig 1866.

CSEL: Corpus scriptorum ecclesiasticorum Latinorum, Bde. 1 ff., Wien 1866 ff.

Cyprian, Correspondance: Saint Cyprien. Correspondance. Texte établi et traduit par L. Bayard, 2 Bde., Paris [2]1961–1962.

Cyprian, De Lapsis and De Ecclesiae Catholicae Unitate: *Cyprian*, De Lapsis and De Ecclesiae Catholicae Unitate. Text and translation by Maurice Bévenot, Oxford 1971.

Dalton, Johannes a Lasco: *Hermann Dalton*, Johannes a Lasco. Beitrag zur Reformationsgeschichte Polens, Deutschlands und Englands, Gotha 1881.

Dekerete der ökumenischen Konzilien: Dekrete der ökumenischen Konzilien, besorgt von Giuseppe Alberigo, Giuseppe L. Dossetti, Perikles-P. Jannou, Claudio Leonardi, Paolo Prodi, Bd. 2: Konzilien des Mittelalters vom ersten Laterankonzil (1123) bis zum fünften Laterankonzil (1512–1517), hg. von Josef Wohlmuth, Paderborn [3]2000 (Conciliorum oecumenicorum decreta).

De Kroon, Bucer: *Marijn de Kroon*, Bucer und die Kölner Reformation, in: *Krieger/Lienhard* 2, S. 493–506.

De Lange, Martin Bucer: Martin Bucer (1491–1551). Auf der Suche nach Wiederherstellung der Einheit. Begleitbuch zur Ausstellung im Universitätsmuseum Heidelberg 1. November 2001–24. Januar 2002; bearb. Albert de Lange und Thomas Wilhelmi, Ubstadt-Weiher 2001 (Archiv und Museum der Universität Heidelberg, Schriften, Bd. 5).

Deckers, Hermann (1837): *Matthias Deckers*, Hermann V., Graf von Wied, Erzbischof und Kurfürst von Köln, in: Einladungsschrift zu der öffentlichen Prüfung der Schüler des katholischen Gymnasiums zu Köln am 13. und 14. September 1837, Köln 1837.

Deckers, Hermann von Wied: *Matthias Deckers*, Hermann von Wied, Erzbischof und Kurfürst von Köln, Köln 1840.

Denzler/Andresen, dtv-Wörterbuch der Kirchengeschichte: *Georg Denzler und Carl Andresen*, dtv-Wörterbuch der Kirchengeschichte, München [4]1993.

Deutsche Reichstagsakten XV.1–4: Deutsche Reichstagsakten unter Kaiser Karl V. Jüngere Reihe (DRTA. JR) XV. Bd., Teile 1–4, bearb. von Erwein Eltz, Göttingen 2001.

Deutsche Reichstagsakten VII.2: Deutsche Reichstagsakten unter Kaiser Karl V. Jüngere Reihe VII. Bd., 2. Halbbd., bearb. von Johannes Kühn, Stuttgart 1935; Nachdr. Göttingen 1963.

Deutsches Rechtswörterbuch: Deutsches Rechtswörterbuch. Wörterbuch der älteren deutschen Rechtssprache, hg. von der Königlichen Preußischen Akademie der Wissenschaften Berlin, Bde. 1–5, Weimar 1932–1960, hg. von der Heidelberger Akademie der Wissenschaften, Bde. 6 ff., Weimar 1972 ff.

Dictionnaire de Spiritualité: Dictionnaire de Spiritualité ascétique et mystique doctrine et histoire (DSp), Bd. II, Paris 1953.

Diefenbach: *Lorenz Diefenbach*, Glossarium Latino-Germanicum mediae et infimae aetatis, Frankfurt/M. 1857; unveränderter reprograph. Nachdr. Darmstadt 1997.

Dierk, Das Kanonische Recht in reformatorischen Flugschriften: *Heidrun Dierk*, Das Kanonische Recht in reformatorischen Flugschriften. Eine Untersuchung zur Beurteilung des Kirchenrechts in der Frühphase der Reformation (1518–1530), Diss. theol. masch. Heidelberg 1992.

Drobner, Lehrbuch der Patrologie: *Hubertus R. Drobner*, Lehrbuch der Patrologie, Freiburg, Basel, Wien 1994.

Drouven, Reformation: *Georg Drouven*, Die Reformation in der Cölnischen Kirchenprovinz zur Zeit des Erzbischofes und Kurfürsten Hermann V., Graf zu Wied, Neuß/Köln 1876.

Ebeling, Zur Lehre vom triplex usus legis: *Gerhard Ebeling*, Zur Lehre vom triplex usus legis in der reformatorischen Theologie, in: ThLZ 75 (1950), Sp. 235–246.

Ebert, Elisabeth Silbereisen: *Doris Ebert*, Elisabeth Silbereisen. Familie und Lebensstationen. Buchen/Walldürn [2001] (Heimatverein Kraichgau e. V., Sonderveröffentlichung Nr. 24).

Ennen/Höroldt, Vom Römerkastell zur Bundeshauptstadt: *Edith Ennen/Dietrich Höroldt*, Vom Römerkastell zur Bundeshauptstadt. Kleine Geschichte der Stadt Bonn, Bonn 1985.

Ennen, Geschichte der Reformation: *Leonhard Ennen*, Geschichte der Reformation im Bereiche der alten Erzdiözese Köln, Köln/Neuß 1849.

Ennen, Geschichte der Stadt Köln IV: *Leonhard Ennen*, Geschichte der Stadt Köln. Meist aus den Quellen des Stadt-Archivs, Bd. IV, Köln/Neuss 1875.

Epistolae Romanorum pontificum genuinae: Epistolae Romanorum pontificum genuinae et quae ad eos scriptae sunt a S. Hilario unsque ad Pelagium II. ... recensuit et edidit Andreas Thiel, Bd. I., Braunsberg 1868.

Fasciculus rerum expetendarum ac fugiendarum (1535): Fasciculus rerum expetendarum ac fugiendarum. In quo primum continetur Concilium Basiliense: non illud, quod in magno Conciliorum volumine vulgo Aeneas Sylvius (qui postea Pius II. est appellatus) et eidem Concilio praesend interfuit, fideliter, et eleganter conscripsit, hg. von Ortuinus Gratius, Köln [Peter Quentell], 1535.

Finger, Der Kölner Seelsorger und Theologe Kardinal Johannes Gropper: *Heinz Finger* (u. a.), Der Kölner Seelsorger und Theologe Kardinal Johannes Gropper. Eine Ausstellung der Diözesan- und Dombibliothek Köln zum 500. Geburtstag Groppers (25. Februar bis 30. April 2003), Köln 2003 (Libelli Rhenani, Bd. 4).

Fischer, Die Reformationsversuche: *Franz Fischer*, Die Reformationsversuche des Bischofs Franz von Waldeck im Fürstentum Münster, Diss. phil. Münster/W., Hildesheim 1906.

Floß/Pastor, Actenstücke: Actenstücke zur Geschichte des Kölner Erzbischofs Hermann von Wied aus den Jahren 1543–45, gesammelt von Heinrich J. Floß, eingeleitet von Ludwig Pastor, in: AHVNRh 37 (1882), S. 120–176.

Frank, Grundzüge: *Karl Suso Frank*, Grundzüge der Geschichte des christlichen Mönchtums, Darmstadt 1975 (Grundzüge 25).

Franzen, Bischof und Reformation: *August Franzen*, Bischof und Reformation. Erzbischof Hermann von Wied in Köln vor der Entscheidung zwischen Reform und Reformation, Münster 1971 (KLK 31).

Franzen, Kölner Archidiakonate: *August Franzen*, Die Kölner Archidiakonate in vor- und nachtridentinischer Zeit. Eine kirchen- und kirchenrechtsgeschichtliche Untersuchung über das Wesen der Archidiakonate und die Gründe ihres Fortbestandes nach dem Konzil von Trient, Münster 1953 (RGST, Bde. 78–79).

Franzen, Die Kelchbewegung am Niederrhein: *August Franzen*, Die Kelchbewegung am Niederrhein im 16. Jahrhundert. Ein Beitrag zum Problem der Konfessionsbildung im Reformationszeitalter, Münster/W. 1955 (KLK 13).

Friedberg: Corpus Iuris Canonici. Editio Lipsiensis secunda post Aemilii Ludouici Richteri instruxit *Aemilius Friedberg*, 2 Bde., Leipzig 1879; Nachdr. Graz 1959.

Frühneuhochdt. WB: Frühneuhochdeutsches Wörterbuch, hg. von Robert R. Anderson, Ulrich Goebel und Oskar Reichmann, Bde. 1, 2 und 3 (Lief. 1 und 2), bearb. von Oskar Reichmann; Bd. 4 (Lief. 1 und 2), bearb. von Joachim Schildt; Bd. 8 (Lief. 1), bearb. von Vibeke Winge, Berlin/New York 1989ff.

Friedensburg, Zur Geschichte des Wormser Konvents 1541: *Walter Friedensburg*, Zur Geschichte des Wormser Konvents 1541, in: ZKG 21 (1900), S. 112–127.

Fuchs, Zeitalter: *Walther Peter Fuchs*: Das Zeitalter der Reformation, München 1973 (*Gebhardt*, Handbuch der deutschen Geschichte, 9., neubearb. Aufl., hg. von Herbert Grundmann, Bd. 8).

Fuchs/Raab, Wörterbuch Geschichte: *Konrad Fuchs* und *Heribert Raab*, Wörterbuch Geschichte, München [11]1998.

GCS: Die griechischen christlichen Schriftsteller der ersten drei Jahrhunderte, Leipzig 1897 ff.

Geelen, Die Margarethen-Kapelle zu Köln: *Wilhelm Geelen*, Die Margarethen-Kapelle zu Köln und die Grabstätte der Familie Gelenius, in: Alt-Köln 6, 1913, H. 1.

Gelenius, De admiranda: *Aegidius Gelenius*, De admiranda, sacra, et civili magnitudine Coloniae Claudiae Agrippinensis Augustae ubiorum urbis libri IV, Köln 1645.

Gerson, Oeuvre polémique: *Jean Gerson*, L'oeuvre polémique (492–530). Suppléments, documents, tables, Paris 1973 (Oeuvres complètes, ed. Palémon Glorieux, vol. X).

Gerson, L'oeuvre oratoire: *Jean Gerson*, L'oeuvre oratoire (207–253), Paris 1963 (Oeuvres complètes, ed. Palémon Glorieux, vol. V).

GW: Gesamtkatalog der Wiegendrucke. Hg. von der Kommission für den Gesamtkatalog der Wiegendrucke. Bde. 1 ff. Leipzig; Bde. 8 ff. Stuttgart 1925 ff.

Gescher, Der kölnische Dekanat: *Franz Gescher*, Der kölnische Dekanat und Archidiakonat in ihrer Entstehung und ersten Entwicklung. Ein Beitrag zur Verfassungsgeschichte der deutschen Kirche im Mittelalter, Stuttgart 1919 (KRA 95).

Gescher, Die kölnischen Diözesansynoden: *Franz Gescher*, Die kölnischen Diözesansynoden am Vorabend der Reformation (1490–1515). Untersuchungen und Texte, in: ZSRG.K 21=52 (1932), S. 190–288.

Gesenius, Wörterbuch: *Wilhelm Gesenius*, Hebräisches und aramäisches Handwörterbuch über das Alte Testament, in Verbindung mit H. Zimmern, Max Müller und O. Weber bearb. von Frants Buhl, unv. Neudr. der 1915 erschienenen 17. Aufl., Berlin/Göttingen/Heidelberg

Götze: *Alfred Götze*, Frühneuhochdeutsches Glossar, Berlin [7]1967.

Graesse, Orbis latinus: *Johann Georg Thoeodor Graesse, Friedrich Benedict, Helmut Plechl*, Orbis latinus. Lexikon lateinischer geographischer Namen, Braunschweig [4]1971.

Greschat, Martin Bucer: *Martin Greschat*, Martin Bucer. Ein Reformator und seine Zeit, München 1990.

Greschat, Dominikanermönch: *Martin Greschat*, Martin Bucer als Dominikanermönch, in: *Marijn de Kroon/Friedhelm Krüger* (Hg.), Bucer und seine Zeit. Forschungsbeiträge und Bibliographie, Wiesbaden 1976 (VIEG 80), S. 30–53.

Greving, Protokoll über die Revision der Konvente: *Joseph Greving*, Protokoll über die Revision der Konvente der Beginen und Begarden zu Köln im Jahre 1452, in: AHVNRh 73 (1902), S. 25–77.

Grimm: Deutsches Wörterbuch von *Jacob* und *Wilhelm Grimm*, hg. von der Deutschen Akademie der Wissenschaften zu Berlin, 16 Bde., Leipzig 1854–1954; Nachdr. München 1991.

Gropper, Briefwechsel: *Johannes Gropper*, Briefwechsel I 1529–1547, bearb. von Reinhard Braunisch, Münster/W. 1977 (CCath 32).

Gryson, origines: *Roger Gryson*, Les origines du célibat ecclésiastique du premier au septième siècle, Gembloux 1970.

Gulik, Johannes Gropper: *Wilhelm van Gulik*, Johannes Gropper (1503–1559). Ein Beitrag zur Kirchengeschichte Deutschlands, besonders der Rheinlande im 16. Jahrhundert, Freiburg i. Br. 1906 (Erläuterungen und Ergänzungen zu Janssens Geschichte des deutschen Volkes V/1 und 2).

Hammann, Entre la secte et la cité: *Gottfried Hammann*, Entre la secte et la cité. Le projet d'Eglise du Réformateur Martin Bucer (1491–1551), Genf 1984 (HistSoc 3).

Hammann, Martin Bucer 1491–1551: *Gottfried Hammann*, Martin Bucer 1491–1551. Zwischen Volkskirche und Bekenntnisgemeinschaft, Stuttgart 1989 (VIEG 139; Übersetzung des oben genannten Buches).

Handwörterbuch des deutschen Aberglaubens: Handwörterbuch des deutschen Aberglaubens, hg. von Hanns Bächtold-Stäubli, Bd. 4, Berlin/New York 2000.

Hauschild, Armenfürsorge: *Wolf-Dieter Hauschild*, Art. Armenfürsorge II. Alte Kirche, in: TRE 4, Berlin/New York 1979, S. 14–23.

Hauschild, Lehrbuch der Kirchen- und Dogmengeschichte: *Wolf-Dieter Hauschild*, Lehrbuch der Kirchen- und Dogmengeschichte Bd. 1: Alte Kirche und Mittelalter, Gütersloh 1995.

Hefele, Histoire des conciles: *Carl Joseph von Hefele*, Histoire des conciles d'après les documents originaux, 10 Bde., 1909–1938.

Hefele, Conciliengeschichte: *Carl Joseph von Hefele*, Conciliengeschichte. Nach den Quellen bearbeitet. 9 Bde., Freiburg [2]1873–1890.

Helmrath, Sitz und Geschichte: *Johannes Helmrath*, Sitz und Geschichte. Köln im Rangstreit mit Aachen auf den Reichstagen des 15. Jahrhunderts, in: Köln. Stadt und Bistum in Kirche und Reich des Mittelalters. Festschrift für Odilo Engels zum 65. Geburtstag, Köln/Weimar/Wien 1993, S. 719–760.

Hennig: *Beate Hennig*, Kleines Mittelhochdeutsches Wörterbuch, Tübingen [2]1995.

Hergang, Religions-Gespräch: *Karl Theodor Hergang*, Das Religions-Gespräch zu Regensburg i. J. 1541 und das Regensburger Buch, nebst andren darauf bezüglichen Schriften jener Zeit, Kassel 1858.

Hinschius, Kirchenrecht: *Paul Hinschius*, System des katholischen Kirchenrechts mit besonderer Rücksicht auf Deutschland, Bde. I-VI/1, Berlin 1869–1897 (Das Kirchenrecht der Katholiken und Protestanten in Deutschland I-VI/1).

Hippolytus, La tradition apostolique: La tradition apostolique de Saint Hippolyte. Essai de reconstitution. Texte latin, introduction, traduction et notes par Bernard Botte, Paris 1963 (LWQF Heft 39).

Hogg, The evolution: *James Hogg*, The evolution of the Carthusian statutes from the Consuetudines Guignonis to the Tertia compilatio. Documents. Salzburg 1989 (ACar 99).

Index Aureliensis: Index Aureliensis. Catalogus librorum sedecimo saeculo impressorum. P. I/1 ff., Baden-Baden 1962 ff.

Jedin, Geschichte des Konzils von Trient: *Hubert Jedin*, Geschichte des Konzils von Trient, Bde. I-IV, Freiburg i. Br. 1949–1975.

Jungmann, Die lateinischen Bußriten: *Josef Andreas Jungmann*, Die lateinischen Bußriten in ihrer geschichtlichen Entwicklung, Innsbruck 1932 (FGIL 3./4. Heft).

Jungmann, Missarum Sollemnia: *Josef Andreas Jungmann*, Missarum Sollemnia. Eine genetische Erklärung der römischen Messe, Bd. 2, Wien [5]1962.

Jürgens, Johannes a Lasco: *Henning Jürgens*, Johannes a Lasco in Ostfriesland. Der Werdegang eines europäischen Reformators, Tübingen 2002 (Spätmittelalter und Reformation, Neue Reihe, Bd. 18),

Justin, Apol.: Die Apologieen Justins des Märtyrers, hg. von G. Krüger, Freiburg i. Br./Leipzig [2]1896 (SQS 1).

Kampschulte, Geschichte der Einführung: *Heinrich Kampschulte*, Geschichte der Einführung des Protestantismus im Bereiche der jetzigen Provinz Westfalen, Paderborn 1866.

Kannengiesser, Der Reichstag zu Worms vom Jahre 1545: *Paul Kannengiesser*, Der Reichstag zu Worms vom Jahre 1545. Ein Beitrag zur Vorgeschichte des Schmalkaldischen Krieges, Strassburg 1891.

Keller, Ein ungedruckter Brief Melanchthons: *L. Keller*, Ein ungedruckter Brief Melanchthons, in: Evangelisches Gemeindeblatt für Rheinland und Westfalen 1 (1884/85) Nr. 7, Sp. 63–65.

Keussen, Topographie der Stadt Köln im Mittelalter: *Hermann Keussen*, Topographie der Stadt Köln im Mittelalter, 2 Bde., Bonn 1910.

Kittel/Friedrich, Theologisches Wörterbuch zum Neuen Testament: *Gerhard Kittel/Gerhard Friedrich*, Theologisches Wörterbuch zum Neuen Testament, Stuttgart 1933–1979; Nachdr. Stuttgart 1990.

Klasen, Die territorialen Beziehungen: *Thea Klasen*, Die territorialen Beziehungen zwischen Paderborn und Köln im Mittelalter (Grenzverhältnisse), Diss. phil. Münster, Münster 1937.

Klöckener, Liturgiereform: *Martin Klöckener*, Liturgiereform in der nordafrikanischen Kirche des 4./5. Jahrhunderts, in: Liturgiereformen. Historische Studien zu einem bleibenden Grundzug des christlichen Gottesdienstes. Hg. von Martin Klöckener und Benedikt Kranemann. Teil I: Biblische Modelle und Liturgiereformen von der Frühzeit bis zur Aufklärung, Münster 2002, S. 121–168.

Kluge: *Friedrich Kluge*, Etymologisches Wörterbuch der deutschen Sprache, bearb. von Elmar Seebold, Berlin/New York [23]1995.

Klugkist-Hesse, Leben und Wirken des Petrus Medmann: *Hermann Klugkist-Hesse*, Leben und Wirken des Petrus Medmann, geheimen Rates des Kurfürsten Hermann von Wied. Zugleich ein neuer Beitrag zur Biographie Adolf Clarenbachs, in: Monatshefte für rheinische Kirchengeschichte 26 (1932), S. 321–341.

Knecht, System des Justinianischen Kirchenvermögensrechtes: *August Knecht*, System des Justinianischen Kirchenvermögensrechtes, Stuttgart 1905 (KRA 22. Heft).

Knepper, Das Schul- und Unterrichtswesen in Straßburg: *Joseph Knepper*, Das Schul- und Unterrichtswesen in Straßburg im Elsaß von den Anfängen bis gegen das Jahr 1530, Straßburg 1905.

Koch, Sammlung: *Ernst August Koch* (Hg.), Neue und vollständigere Sammlung der Reichs-Abschiede, Welche von den Zeiten Kayser Conrads des II. Bis jetzo, auf den Teutschen Reichs-Tågen abgefasset worden, sammt den wichtigsten Reichs-Schlůssen, so auf dem noch fůrwåhrenden Reichs-Tage zur Richtigkeit gekommen sind. In Vier Theilen, 2 Bde., Frankfurt/M. 1747.

Köhn, Bucers Entwurf: *Mechtild Köhn*, Martin Bucers Entwurf einer Reformation des Erzstiftes Köln. Untersuchung der Entstehungsgeschichte und der Theologie des »Einfaltigen Bedenckens« von 1543, Witten 1966 (UKG 2).

KP: Der Kleine Pauly. Lexikon der Antike, auf der Grundlage von Pauly's Realencyclopädie der classischen Altertumswissenschaft unter Mitwirkung zahlreicher Fachgelehrter bearb. und hg. von Konrat Ziegler und Walther Sontheimer, 5 Bde., Taschenbuch-Ausg., München 1979.

Krafft, Briefe Melanthons: *Carl Krafft*, Briefe Melanthons, Bucers und der Freunde und Gegner derselben, bezüglich der Reformation am Rhein zur Zeit des Churfürsten und Erzbischofs Hermann von Wied, in: TARWPV Bd. II, Elberfeld 1874, S. 12–91.

Kretschmar, Geschichte des Taufgottesdienstes: *Georg Kretschmar*, Die Geschichte des Taufgottesdienstes in der alten Kirche, in: *Karl Ferdinand Müller/Walter Blankenburg* (Hg.), Leiturgia. Handbuch des Evangelischen Gottesdienstes, Bd. 5, Kassel 1970, S. 1–348.

Krieger/Lienhard: Christian Krieger/Marc Lienhard (Hg.), Martin Bucer and Sixteenth Century Europe. Actes du colloque de Strasbourg (28–31 août 1991), Bde. 1–2, Leiden/New York-Köln 1993 (SMRT 52/53).

Krüger, Reform und Einheit: *Friedhelm Krüger*, Reform und Einheit der Kirche nach Bucers ‹Einfältigem Bedenken›, in: MEKGR 43 (1994), S. 19–29.

Landau, Inkorporation: *Peter Landau*, Art. Inkorporation, in: TRE 16, Berlin/New York 1987, S. 163–166.

Landau, Jus patronatus: *Peter Landau*, Jus patronatus. Studien zur Entwicklung des Patronats im Dekretalenrecht und der Kanonistik des 12. und 13. Jahrhunderts, Köln 1975.

Latomus, Zwei Streitschriften: *Bartholomaeus Latomus*, Zwei Streitschriften gegen Martin Bucer (1543–1545), Edition (mit Einleitung) von Leonhard Keil, Münster/W. 1924 (CCath, Bd. 8).

Lau, Reformationsgeschichte: *Franz Lau*, Reformationsgeschichte bis 1532, in: *Franz Lau/Ernst Bizer*, Reformationsgeschichte Deutschlands bis 1555, Göttingen [2]1969 (KIG 3), S. K 1–65.

Laube, Flugschriften der frühen Reformationsbewegung: *Adolf Laube* (Hg.), Flugschriften der frühen Reformationsbewegung (1518–1524), Bd. 1, Vaduz 1983.

Laux, Reformationsversuche: *Stephan Laux*, Reformationsversuche in Kurköln (1542–1548). Fallstudien zu einer Strukturgeschichte landstädtischer Reformation (Neuss, Kempen, Andernach, Linz), Münster 2001.

Lentner, Volkssprache und Sakralsprache: *Leopold Lentner*, Volkssprache und Sakralsprache. Geschichte einer Lebensfrage bis zum Ende des Konzils von Trient, Wien 1964 (WBTh 5).

Legenda aurea: Die Legenda aurea des Jacobus de Voragine. Aus dem Lateinischen übersetzt von *Richard Benz*, Gerlingen [11]1993.

Lenz: Max Lenz (Hg.), Briefwechsel Landgraf Philipp's des Großmüthigen von Hessen mit Bucer, 3 Bde., Leipzig 1880–1891 (PPSA, Bde. 5. 28. 47); Neudr. Osnabrück 1965.

Lexer: *Matthias Lexer*, Mittelhochdeutsches Handwörterbuch, 3 Bde., Leipzig 1872–1878; Nachdr. Stuttgart 1979.

Lexikon der antiken christlichen Literatur: Lexikon der antiken christlichen Literatur, hg. von Siegmar Döpp und Wilhelm Geerlings unter Mirarbeit von Peter Bruhns, Georg Röwekamp, Matthias Skeb OSB und Bettina Windau, 3., vollständig neu bearb. und erweiterte Aufl., Freiburg/Basel/Wien 2002.

Liebs, Römisches Recht: *Detlef Liebs*, Römisches Recht. Ein Studienbuch, 4., wiederum verb. Aufl., Göttingen 1993 (UTB 465).

Lienhard, Croyants et sceptiques au XVIe siècle: *Marc Lienhard,* Croyants et sceptiques au XVIe siècle. Le dossier des »Epicuriens«. Actes du colloque organisé par le GRENEP, Strasbourg 9–10 juni 1978, Straßburg 1981.

Lipgens, Kardinal Johannes Gropper: *Walter Lipgens,* Kardinal Johannes Gropper 1503–1559 und die Anfänge der katholischen Reform in Deutschland, Münster 1951 (RGST 75).

Lortz, Die Reformation in Deutschland: *Joseph Lortz*, Die Reformation in Deutschland. Unveränderte Neuausgabe. Mit einem Nachwort von Peter Manns, Freiburg i. Br., Basel, Wien ^{6}1982.

LThK^{2}: Lexikon für Theologie und Kirche, hg. von Michael Buchberger, 2. Aufl., Bde. 1 ff., Freiburg i. Br. 1957 ff.

Lurz, Initiation im Einfältigen Bedenken: *Friedrich Lurz*, Initiation im Einfältigen Bedenken. Die Formulare der Taufe, der Firmung und der Abendmahlsfeier in der Kölner Reformationsdenkschrift von 1543, in: Kölnische Liturgie und ihre Geschichte. Studien zur interdisziplinären Erforschung des Gottesdienstes im Erzbistum Köln, hg. von Albert Gerhards und Andreas Odenthal, Münster 2000 (LWQF 87), S. 291–307.

Lurz, Durch die Kraft des Heiligen Geistes: *Friedrich Lurz*, »Durch die Kraft des Heiligen Geistes«. Die Wiederentdeckung der eucharistischen Geist-Epiklese im 16. Jahrhundert, in: JLH 39 (2000), S. 9–34.

Luther, WA: *Martin Luther*, Werke. Kritische Gesamtausgabe, Bde. 1–58, Weimar 1883–1970.

Luther, WA Br: *Martin Luther*, Werke. Kritische Gesamtausgabe, Briefwechsel, Bde. 1 ff., Weimar 1930 ff.

Luther, Schriften (hg. von Walch): *Martin Luther*, Sämtliche Schriften, hg. von Johann Georg Walch, St. Louis 1880–1910; Nachr. Groß Oesingen 1986.

Mansi: *Giovanni Domenico Mansi*, Sacrorum conciliorum nova et amplissima collectio, Bde. 1–29, Florenz 1759–1788.

Maron, Martin Luther und Epikur: *Gottfried Maron,* Martin Luther und Epikur. Ein Beitrag zum Verständnis des alten Luther, Hamburg und Göttingen 1988 (Berichte aus den Sitzungen der Joachim-Jungius-Gesellschaft der Wissenschaften e. V., Bd. 6,1).

Martin/Lienhart: Ernst Martin und *Hans Lienhart*, Wörterbuch der Elsässischen Mundarten, 2 Bde., Straßburg 1899–1907; Nachdr. Berlin/New York 1974.

Matheson, Martin Bucer an the Old Church: *Peter Matheson*, Martin Bucer and the Old Church, in: Martin Bucer. Reforming church and community, hg. von David F. Wright, Cambridge 1994, S. 5–16.

MBW: Melanchthons Briefwechsel. Kritische und kommentierte Gesamtausgabe, im Auftrag der Heidelberger Akademie der Wissenschaften hg. von Heinz Scheible, Bde. 1 ff., Stuttgart-Bad Cannstatt 1977 ff.

Meister, Studien zur Wachszinsigkeit: *Aloys Meister*, Studien zur Geschichte der Wachszinsigkeit, Münster/W. 1914 (MBGF 44).

Melanchthon, Loci communes: *Philipp Melanchthon*, Loci communes 1521 Lateinisch-Deutsch. Übersetzt und mit kommentierenden Anmerkungen versehen von Horst-Georg Pöhlmann, hg. von Lutherischen Kirchenamt der Vereinigten Evangelisch-Lutherischen Kirche Deutschlands, Gütersloh 1993.

Melanchthon, Bekenntnisse und kleine Lehrschriften: *Philipp Melanchthon*, Werke. Bd. 6: Bekenntnisse und kleine Lehrschriften, hg. von Robert Stupperich, Gütersloh 1955 (Melanchthons Werke in Auswahl).

Mellink, De Wederdopers in de noordelijke Nederlanden: *Albert Fredrik Mellink*, De Wederdopers in de noordelijke Nederlanden 1531–1544. Academisch Proefschrift, Groningen 1953.

Mentz: *Ferdinand Mentz*, Bibliographische Zusammenstellung der gedruckten Schriften Butzer's, in: Zur 400jährigen Geburtstagsfeier Martin Butzer's, Straßburg 1891.

Mettke, Mittelhochdeutsche Grammatik: *Heinz Mettke*, Mittelhochdeutsche Grammatik, Tübingen ^{7}1993.

Meuthen, Die alte Universität: *Erich Meuthen*, Die alte Universität, Köln/Wien 1988 (Kölner Universitätsgeschichte, Bd. 1).

Monumenta Conciliorum generalium (MCG), Concilium Basileense: Monumenta Conciliorum generalium seculi decimi quinti ediderunt Caesaereae Academiae scientiarum socii delegati: Concilium Basileense, Scriptorum Tomus secundus, Wien 1873.

Muller, Bucer et les images: *Frank Muller*, Bucer et les images, in: *Krieger/Lienhard* 1, S. 226–238.

Müller, Zwischen Konflikt und Verständigung: *Gerhard Müller*, Zwischen Konflikt und Verständigung. Bemerkungen zu den Sonderverhandlungen während des Augsburger Reichstages 1530, in: Die Religionsgespräche der Reformationszeit, hg. von Gerhard Müller, Gütersloh 1980 (SVRG, Bd. 191).

Nattermann, Die Goldenen Heiligen: *Johann Christian Nattermann*, Die Goldenen Heiligen. Geschichte des Stiftes St. Gereon zu Köln, Köln 1960.

Neuer Pauly: Der Neue Pauly. Enzyklopädie der Antike, hg. von Hubert Canzik, Bde. 1 ff., Stuttgart 1996 ff.

Neuser, Die Vorbereitung: *Wilhelm H. Neuser*, Die Vorbereitung der Religionsgespräche von Worms und Regensburg 1540/1541, Neukirchen/Vluyn 1974 (TGET, Heft 4).

Niebergall, Die Geschichte der christlichen Predigt: *Alfred Niebergall*, Die Geschichte der christlichen Predigt, in: Leit., Bd. 2, Kassel 1955.

Niessen, Geschichte der Stadt Bonn: *Josef Niessen*: Geschichte der Stadt Bonn. I. Teil, Bonn [1956].

Nov.: Corpus Iuris Civilis, Bd. 3: Novellae, recognovit Rudolfus Schoell und Guilelmus Kroll, Dublin/Zürich [10]1972.

Oyer, Bucer and the Anabaptists: *John S. Oyer*, Bucer and the Anabaptists, in: *Krieger/ Lienhard* 2, S. 603–614.

Pastor, Geschichte Papst Pauls III.: *Ludwig von Pastor*, Geschichte Papst Pauls III. (1534–1549), Freiburg i. Br. 1909 (Geschichte der Päpste seit dem Ausgang des Mittelalters, Bd. V).

Petke, Oblationen, Stolgebühren und Pfarreinkünfte: *Wolfgang Petke*, Oblationen, Stolgebühren und Pfarreinkünfte vom Mittelalter bis ins Zeitalter der Reformation, in: *Hartmut Boockmann* (Hg.), Kirche und Gesellschaft im Heiligen Römischen Reich des 15. und 16. Jahrhunderts, Göttingen 1994 (AAWG. PH 206), S. 26–58.

PG: Patrologiae cursus completus. Accurante Jacques-Paul Migne. Series Graeca, 167 Bde. und 2 Registerbde., Paris 1857–1936.

Piel, Geschichte: *Albert Piel*, Geschichte des ältesten Bonner Buchdrucks. Zugleich ein Beitrag zur rheinischen Reformations-Geschichte und -Bibliographie, Bonn/Leipzig 1924 (RhA. Arbeiten zur Landes- und Kulturgeschichte, 4); Nachdr. Nieuwkoop 1965.

PL: Patrologiae cursus completus. Accurante Jacques-Paul Migne. Series Latina, 217 Bde. und 4 Registerbde., Paris 1841–1864, 5 Supplementbde., Paris 1958–1970.

Plassmann, Almosen: *Otto Plassmann*, Das Almosen bei Johannes Chrysostomus [Diss. phil. Bonn], Münster 1960.

Pol. Cor.: Politische Korrespondenz der Stadt Straßburg im Zeitalter der Reformation, hg. von H. Virck/O. Winckelmann/J. Bernays/H. Gerber/W. Friedensburg, 5 Bde., Straßburg/Heidelberg 1882–1933.

Pollet I und II: *Jacques V. Pollet*, Martin Bucer. Études sur la correspondance avec de nombreux textes inédits, 2 Bde., Paris 1958–1962.

Pollet III: *Jacques V. Pollet*, Martin Bucer. Études sur les relations de Bucer avec les Pays-Bas, l'électorat de Cologne et l'Allemagne du Nord avec de nombreux textes inédits, Bd. 1: Études, Leiden 1985 (SMRT 33).

Pollet IV: *Jacques V. Pollet*, Martin Bucer. Études sur les relations de Bucer avec les Pays-Bas, l'électorat de Cologne et l'Allemagne du Nord avec de nombreux textes inédits, Bd. 2: Documents, Leiden 1985 (SMRT 34).

Postina, Der Karmelit Eberhard Billick: *Alois Postina*, Der Karmelit Eberhard Billick. Ein Lebensbild aus dem 16. Jahrhundert, Freiburg i. Br. 1901 (Erläuterungen und Ergänzungen zu Janssens Geschichte des deutschen Volkes, Bd. II, Heft 2 und 3).

Prosopography of the later Roman Empire: The prosopography of the later Roman Empire, hg. von Arnold Hugh Martin Jones, John Robert Martindale, J. Morris, Bde. I-III, Cambridge 1971–1992.

Pseudo-Dionysius Areopagita, De ecclesiastica hierarchia: Corpus Dionysiacum II. *Pseudo-Dionysius Areopagita*, De coelesti hierarchia. De ecclesiastica hierarchia. De mystica theologia. Epistulae, hg. von Günter Heil und Adolf Martin Ritter, Berlin/New York 1991 (PTS 36), S. 61–132.

Reclams Lexikon der Antike: Reclams Lexikon der Antike, hg. von Margaret C. Howatson, Stuttgart 1996.

Remy, Die Reichsreligionsgespräche: *Jochen Remy*, Die Reichsreligionsgespräche von Hagenau, Worms und Regensburg (1540/41) als Ausgangspunkt für die Kölner Reformation, in: MEKGR 32 (1994), S. 29–49.

Remy, Die «Kölner Reformation«: *Jochen Remy*, Die «Kölner Reformation« und ihre Bedeutung für die evangelische Kirchengeschichte – Anmerkungen zu einer Verhältnisbestimmung zwischen dem «Einfältigen Bedenken« und dem «Book of Common Prayer«, in: Veröffentlichungen des Kölnischen Geschichtsvereins 67 (1993), S. 119–140.

RGG³: Die Religion in Geschichte und Gegenwart, 3. Aufl., Bde. 1–6, Tübingen 1956–1962.

Richter, Die evangelischen Kirchenordnungen: *Aemilius Ludwig Richter*, Die evangelischen Kirchenordnungen des sechszehnten Jahrhunderts. Urkunden und Regesten zur Geschichte des Rechts und der Verfassung der evangelischen Kirche in Deutschland, Bde. 1–2, Weimar 1846.

Rosenberg, Gerhard Veltwyck: *Manfred Rosenberg*, Gerhard Veltwyck. Orientalist, Theologe und Staatsmann, Diss. phil. Göttingen, [Göttingen] 1935.

Rößner, Zur Entstehungsgeschichte der »Gegenberichtung«: *Maria Barbara Rößner*, Zur Entstehungsgeschichte der »Gegenberichtung« in der Auseinandersetzung um den Kölner Reformationsversuch Hermanns von Wied, in: Veröffentlichungen des Kölnischen Geschichtsvereins 67 (1993), S. 75–103.

Roth, Das kölnische Domkapitel: *Hermann Heinrich Roth*, Das kölnische Domkapitel von 1501 bis zu seinem Erlöschen 1803, in: Der Dom zu Köln. Festschrift zur Feier der 50. Wiederkehr des Tages seiner Vollendung am 15. Oktober 1880, bearb. und hg. von Erich Kuphal, Köln 1930, S. 257–294.

Rotscheidt, Butzers Rechtfertigung: *Wilhelm Rotscheidt*, Martin Butzers Rechtfertigung seiner Wirksamkeit in Bonn, in: MRKG 37 (1943), S. 11–23.

SC: Sources chrétiennes, Bde. 1 ff., Paris 1941 ff.

Schieß: *Traugott Schieß* (Hg.), Briefwechsel der Brüder Ambrosius und Thomas Blaurer 1509–1548, 3 Bde., Freiburg i. Br. 1908–1912.

Schindling, Humanistische Hochschule: *Anton Schindling*, Humanistische Hochschule und freie Reichsstadt. Gymnasium und Akademie in Straßburg 1538–1621, Wiesbaden 1977.

Schlüter, Die Publizistik: *Theodor Schlüter*, Die Publizistik um den Reformationsversuch des Kölner Erzbischofs Hermann v. Wied aus den Jahren 1542–1547. Ein Beitrag zur rheinischen Reformationsgeschichte und -Bibliographie, Diss. phil. masch. Bonn [1957] [erscheint demnächst in wesentlich überarbeiteter und erweiterter Fassung in SVRKG].

Schmauss/Senckenberg, Neue und vollständige Sammlung der Reichs-Abschiede: *Johann Jakob Schmauss/Heinrich Christian von Senckenberg* (Hg.), Neue und vollständige Sammlung der Reichs-Abschiede, welche von den Zeiten Kayser Conrads des II. bis jetzo, auf den Teutschen Reichs-Tagen abgefasset worden, Bd. 2., Frankfurt/M. 1747; Nachdr. Osnabrück 1967.

Schmidt, Historisches Wörterbuch der elsässischen Mundart: *Charles Schmidt*, Historisches Wörterbuch der elsässischen Mundart. Mit besonderer Berücksichtigung der früh-neuhochdeutschen Periode. Aus dem Nachlasse von Charles Schmidt, Strassburg 1901.

Schmidt, Wörterbuch zur Strassburger Mundart: *Charles Schmidt*, Wörterbuch zur Strassburger Mundart. Aus dem Nachlasse von Charles Schmidt, Strassburg 1896.

Schott, Das Meßbuch der heiligen Kirche: *Anselm Schott*, Das Meßbuch der heiligen Kirche. Neubearbeitet von Mönchen der Erzabtei Beuron, Freiburg i. Br. ⁴⁸1941.

Schottenloher: *Karl Schottenloher*, Bibliographie zur deutschen Geschichte im Zeitalter der Glaubensspaltung, 6 Bde., Leipzig 1933–1940.

Schröcker, Die Verwaltung des Ortskirchenvermögens: *Sebastian Schröcker*, Die Verwaltung des Ortskirchenvermögens nach kirchlichem und staatlichem Recht, Paderborn 1935 (Görres-Gesellschaft zur Pflege der Wissenschaft im katholischen Deutschland, Veröffentlichungen der Sektion für Rechts- und Staatswissenschaft, 70. Heft).

Scriptores Historiae Augustae: *Ernst Hohl* (Hg.), Scriptores Historiae Augustae, 2 Bde., Leipzig 1927.

Seebaß, Martin Bucers Beitrag: *Gottfried Seebaß*, Martin Bucers Beitrag zu den Diskussionen über die Verwendung der Kirchengüter, in: Martin Bucer und das Recht, Genf 2002 (s. oben bei Bakkus), S. 167–183.

Sehling: Die evangelischen Kirchenordnungen des 16. Jahrhunderts, hg. von Emil Sehling u. a., Bde. 1–5, Leipzig 1902–1913; Bde. 6,1 ff., Tübingen 1955 ff.

Selderhuis, Huwelijk: *Huwelijk J. Selderhuis*, Huwelijk en echtscheiding bij Martin Bucer, Leiden 1994 (Kerkhistorische monografieën 1).

Selderhuis, Martin Bucer und die Ehe: *Huwelijk J. Selderhuis,* Martin Bucer und die Ehe, in: *Krieger/Lienhard* 1, S. 173–184.

Sieveke, Aesop: *Franz Günter Sieveke*, Aesop, in: Die Deutsche Literatur (DDL). Biographisches und bibliographisches Lexikon, Reihe B, Bd. 1 (1991), S. 331–340.

Simon, Chronik von Buschhoven: *August Simon*, Chronik von Buschhoven, Heft 4 (1980).

Simons, Melanchthon in Bonn: *Eduard Simons*, Melanchthon in Bonn. Vortrag auf Veranlassung der akademischen Ortsgruppe des Evangelischen Bundes in Bonn am 16. Februar 1897, Bonn 1897.

Smend, Kelchversagung: *Julius Smend*, Kelchversagung und Kelchspendung in der abendländischen Kirche. Ein Beitrag zur Kultusgeschichte, Göttingen 1898.

Sommer, Hermann von Wied: *Rainer Sommer*, Hermann von Wied. Erzbischof und Kurfürst von Köln Teil 1: 1477–1539, Köln 2000.

Staehelin, Frau Wibrandis: *Ernst Staehelin*, Frau Wibrandis. Eine Gestalt aus den Kämpfen der Reformationszeit, Bern/Leipzig [1934].

Statuts de Prémontré: Les Statuts de Prémontré réformés sur les ordres de Grégoire IX et d'Innocent IV au XIIIe siècle, Löwen 1946 (BRHE fasc. 23).

Strohm, Die Berufung auf kanonisches Recht: *Christoph Strohm*, Die Berufung auf kanonisches Recht, römisches Recht und Reichsrecht in der Auseinandersetzung um die Kölner Reformation 1543–1546, in: Martin Bucer und das Recht, Genf 2002 (s. oben bei Backus), S. 123–145.

Stupperich, Bibliographie: Bibliographia Bucerana, unter Mitwirkung von Erwin Steinborn zusammengest. und bearb. von *Robert Stupperich*, in: SVRG 169, Gütersloh 1952, S. 37–96.

Stupperich, Bucer und die Kirchengüter: *Robert Stupperich,* Bucer und die Kirchengüter, in: *Krieger/Lienhard* 1, S. 161–172.

Stupperich, Bucers Gebrauch des Kanonischen Rechts: *Robert Stupperich*, Martin Bucers Gebrauch des Kanonischen Rechts, in: *Marijn de Kroon/Marc Lienhard* (Hg.), Horizons européens de la Réforme en Alsace. Mélanges offerts à Jean Rott, Straßburg 1980, S. 241–252.

Stupperich, Der unbekannte Melanchthon: *Robert Stupperich*, Der unbekannte Melanchthon. Wirken und Denken des Praeceptor Germaniae in neuer Sicht, Stuttgart 1961.

Stupperich, Neuordnung: *Martin Stupperich*, Die Neuordnung der Kirchenfinanzen im Zeitalter der Reformation und ihre Voraussetzungen, in: *Wolfgang Lienemann* (Hg.), Die Finanzen der Kirche. Studien zu Struktur, Geschichte und Legitimation kirchlicher Ökonomie, München 1989 (FBESG 43), S. 602–681.

Sulpicius Severus, Leben des heiligen Martin: *Sulpicius Severus*, Leben des heiligen Martin, lateinisch und deutsch. Eingeleitet, übersetzt und mit Anmerkungen versehen von Kurt Smolak, Eisenstadt 1997.

Thomas von Aquin, Summa theologica: *Thomas von Aquin*, Vollständige, ungekürzte deutsch-lateinische Ausgabe der Summa theologica, Bd. 14, Heidelberg, Graz, Wien und Köln 1955.

Thomas von Aquin, Summa theologica: *Thomas von Aquin*, Vollständige, ungekürzte deutsch-lateinische Ausgabe der Summa theologica, Bd. 20, München und Heidelberg 1943.

Thomas von Aquin, Summa theologica: *Thomas von Aquin*, Vollständige, ungekürzte deutsch-lateinische Ausgabe der Summa theologica, Bd. 30, Salzburg und Leipzig 1938.

Thomas von Aquin, Summa theologica: *Thomas von Aquin*, Vollständige, ungekürzte deutsch-lateinische Ausgabe der Summa theologica, Bd. 31, Heidelberg, Graz, Wien und Köln 1962.

Thomas von Aquin, Opera omnia: Thomas von Aquin, Opera omnia, hg. von Roberto Busa, Bd. 2, Stuttgart 1980.

Toepke, Matrikel: *Gustav Toepke* (Hg.), Die Matrikel der Universität Heidelberg von 1386 bis 1662, Bd. I, Heidelberg 1884.

TRE: Theologische Realenzyklopädie, hg. von Gerhard Krause und Gerhard Müller, Bde. 1 ff., Berlin/New York 1977ff.

Trübner: Trübners Deutsches Wörterbuch. Im Auftrag der Arbeitsgemeinschaft für deutsche Wortforschung hg. von Alfred Götze/ (ab Bd. 5) Walther Mitzka, 8 Bde., Berlin 1939–1957.

Uckeley, Die Kirchenordnungen: *Alfred Uckeley*, Die Kirchenordnungen von Ziegenhain und Kassel 1539, Marburg 1939.

Ueding, Kanones: *Leo Ueding*, Die Kanones von Chalkedon in ihrer Bedeutung für Mönchtum und Klerus, in: *Aloys Grillmeier S. J./ Heinrich Bacht S. J.* (Hg.), Das Konzil von Chalkedon. Geschichte und Gegenwart, Bd. II: Entscheidung um Chalkedon, Würzburg 1953, S. 569–676.

Varrentrapp, Hermann von Wied: *Conrad Varrentrapp*, Hermann von Wied und sein Reformationsversuch in Köln. Ein Beitrag zur deutschen Reformationsgeschichte, Leipzig 1878.

VD 16: Verzeichnis der im deutschen Sprachbereich erschienenen Drucke des XVI. Jahrhunderts. VD 16. Hg. von der Bayer. Staatsbibliothek München in Verbindung mit der Herzog August Bibliothek in Wolfenbüttel. I. Abteilung: Verfasser – Körperschaften – Anonyma, Bde. 1–22, Stuttgart 1983–1995.

Vinzenz von Lerinum, Commonitorium (hg. Adolf Jülicher): *Vinzenz von Lerinum*, Commonitorium pro Catholicae fidei antiquitate et universitate adversus, hg. von Adolf Jülicher, Freiburg i. Br. 1895 (SQS, 10. Heft).

Vischer, Basilius der Große: *Lukas Vischer*, Basilius der Große. Untersuchungen zu einem Kirchenvater des vierten Jahrhunderts. Diss. theol. Basel 1952, Basel 1953.

Voulliéme, Der Buchdruck Kölns: *Ernst Voulliéme*, Der Buchdruck Kölns bis zum Ende des fünfzehnten Jahrhunderts, Bonn 1903 (Gesellschaft für rheinische Geschichtskunde, Bd. 24).

Wackernagel, Kirchenlied: *Philipp Wackernagel*, Das deutsche Kirchenlied von der ältesten Zeit bis zu Anfang des XVII. Jahrhunderts, Bde. 1–5, Leipzig 1864–1877.

Wander, Deutsches Sprichwörter-Lexikon: *Karl Friedrich Wilhelm Wander*, Deutsches Sprichwörter-Lexikon, Bde. 1–4, Leipzig 1867; Nachdr. Augsburg 1987.

Wenig, Buchdruck und Buchhandel in Bonn: *Otto Wenig*, Buchdruck und Buchhandel in Bonn, Bonn 1968.

Wichelhaus, Die erzbischöfliche Denkschrift: *Manfred Wichelhaus*, Die erzbischöfliche Denkschrift und der Gegenbericht des Domkapitels zur Kölnischen Reformation 1543, in: Veröffentlichungen des Kölnischen Geschichtsvereins 67 (1993), S. 61–74.

Wright, Martin Bucer and the Decretum Gratiani: *David F. Wright*, Martin Bucer and the Decretum Gratiani, in: Martin Bucer und das Recht, Genf 2002 (s. oben bei Backus), S. 29–81.

Zijlstra: Om de ware gemeente: *Samme Zijlstra*, Om de ware gemeente en de oude gronden. Geschiedenis van de dopersen in de Nederlanden 1531–1675, Hilversum 2000 (Fryske Akademy, Bd. 908).

Zwierlein, Reformation als Rechtsreform: *Cornel A. Zwierlein*, Reformation als Rechtsreform. Bucers Hermeneutik der lex Dei und sein humanistischer Zugriff auf das römische Recht, in: Martin Bucer und das Recht, Genf 2002 (s. oben bei Backus), S. 29–81.

Abkürzungen

A

a. a. O.	= am angegebenen Ort
add.	= addidit; addiderunt
Anm.	= Anmerkung(en)
Art.	= Artikel
AST	= Archives St. Thomas (Straßburg)
AT	= Altes Testament
Aufl.	= Auflage

B

bearb.	= bearbeitet
Bd., Bde.	= Band, Bände
bes.	= besonders

C

C.	= causa
c., Cap.	= capitulum, Kapitel, Kanon

D

d.h.	= das heißt
d.J.	= der Jüngere
Dig.	= Corpus Iuris Civilis, Digesten
Dist.	= distinctio
Drf.	= Druckfehler

E

ebd.	= ebenda
Ed.	= Edition
ed.	= ediert
erg.	= ergänze, ergänzt
Erg.	= Ergänzung
Ex.	= Exemplar(e)

F

f.	= folgende(s)
ff.	= folgende
fol.	= Folio
Forts.	= Fortsetzung

G

geb.	= geboren
gest.	= gestorben
gestr.	= gestrichen

H

hg.	= herausgegeben
hom.	= homilia(e)
Hs., Hss.	= Handschrift(en)

K

konj.	= konjiziert
Konj.	= Konjektur(en), Konjunktiv
korr.	= korrigiert, korrigiere
Korr.	= Korrektur(en)

L

lat.	= lateinisch
Lit.	= Literatur(hinweise)
LXX	= Septuaginta

M

Ms., Mss.	= Manuskript(e)

N

n. Chr.	= nach Christus
Nov.	= Corpus Iuris Civilis, Novellen
Nr.	= Nummer
NT	= Neues Testament

O

Orig.	= Original

P

π	= Corpus Iuris Civilis, Pandekten (= Digesten)
par.	= und Parallelstellen

Q

qu. = quaestio

R

r = recto

S

S. = Seite(n), Sankt
s. = siehe
sc. = scilicet
Ser. = Serie, series
Sp. = Spalte(n)
StArch = Stadtarchiv
SArch = Staatsarchiv
SB = Staatsbibliothek
StB = Stadtbibliothek
s. v. = sub voce

T

Teiled. = Teiledition

U

u. a. = und andere; unter anderem
u. ä. = und ähnliche(s)
UB = Universitätsbibliothek
ULB = Universitäts- und Landesbibliothek

V

v = verso
V. = Vers(e), versus
v.a. = vor allem
v. Chr. = vor Christus
verb. = verbessert
Vg. = Vulgata
vgl. = vergleiche

Z

z. B. = zum Beispiel
Zit. = Zitat(e)
zit. = zitiert

Bibliotheken und Archive

Aberdeen UB	University Library
Amberg ProvB	Staatliche Bibliothek (Provinzialbibliothek)
Amsterdam VUB	Bibliotheek Vrije Universiteit
Aschaffenburg HB	Hofbibliothek
Augsburg UB	Universitätsbibliothek
Augsburg SStB	Staats- und Stadtbibliothek
Basel ÖB	Öffentliche Bibliothek der Universität
Brandenburg DomB	Dombibliothek
Braunschweig PSem	Predigerseminar
Berlin SB	Staatsbibliothek zu Berlin
Bonn ULB	Universitäts- und Landesbibliothek
Cambridge CCC	Corpus Christi College
Coburg LB	Landesbibliothek
Darmstadt LHB	Hessische Landes- und Hochschulbibliothek
Den Haag KglB	Koninklijke Bibliotheek
Dillingen StudB	Studienbibliothek
Düsseldorf LArchEv	Archiv der evangelischen Kirche im Rheinland
Düsseldorf ULB	Universitäts- und Landesbibliothek
Eichstätt UB	Universitätsbibliothek
Emden JALB	Johannes a Lasco Bibliothek
Erfurt UB	Universitätsbibliothek
Esslingen StArch	Stadtarchiv
Freiburg/Br. UB	Universitätsbibliothek
Genf IHR	Institut d'Histoire de la Réformation
Halle ULB	Universitäts- und Landesbibliothek Sachsen-Anhalt
Hannover StB	Stadtbibliothek
Hannover LB	Niedersächsische Landesbibliothek
Jena ULB	Thüringische Universitäts- und Landesbibliothek
Köln UStB	Universitäts- und Stadtbibliothek
Lindau RSB	Ehem. Reichsstädtische Bibliothek (StA)
Linz OÖLB	Oberösterreichische Landesbibliothek
London BL	British Library
Lübeck StB	Bibliothek des Hansestadt Lübeck
Marburg/L. UB	Universitätsbibliothek
Michelstadt KB	Kirchenbibliothek
München SB	Bayerische Staatsbibliothek
München UB	Universitätsbibliothek
Neustadt a. A. KB	Kirchenbibliothek
New Haven UL	University Library
Nürnberg GNM	Bibliothek des Germanischen Nationalmuseums
Nürnberg LKArch	Landeskirchliches Archiv
Oxford Bodl	Bodleian Library
Paderborn EAB	Erzbischöfliche Akademische Bibliothek
Paris BNF	Bibliothèque Nationale de France
St. Petersburg NB	Nationalbibliothek
Schaffhausen StB	Stadtbibliothek Schaffhausen
Stettin KP	Wojewodzka i Miejska Biblioteka Publiczna
Straßburg CWilh	Collegium Wilhelmitanum (Séminaire protestant)
Stuttgart LB	Württembergische Landesbibliothek
Stuttgart OKR	Oberkirchenrat
Thorn UB	Biblioteka Uniwersytecka

Trier StB	Stadtbibliothek
Tübingen UB	Universitätsbibliothek
Ulm StB	Stadtbibliothek
Utrecht UB	Universiteitsbibliotheek
Weimar HAAB	Herzogin Anna Amalia Bibliothek (Landesbibliothek)
Wien NB	Österreichische Nationalbibliothek
Wien UB	Universitätsbibliothek
Williamstown WColl	Williams College Library (Chapin L)
Wittenberg Lutherh.	Lutherhalle
Wolfenbüttel HAB	Herzog August Bibliothek
Zofingen StB	Stadtbibliothek
Zürich ZB	Zentralbibliothek
Zwickau RSB	Ratschulbibliothek